VINDOBONA

VERLAG SEIT 1946

NURCAN GROSS

ENTPUZZELT

Höre nie auf nachzudenken, denke nie daran,
aufzuhören Fragen zu stellen!

VINDOBONA
VERLAG · SEIT 1946

Bibliografische Information
der Deutschen Nationalbibliothek:

Die Deutsche Nationalbibliothek
verzeichnet diese Publikation in
der Deutschen Nationalbibliografie.
Detaillierte bibliografische Daten
sind im Internet über
http://www.d-nb.de abrufbar.

www.vindobonaverlag.com

© 2024 Vindobona Verlag

ISBN 978-3-903574-30-4
Lektorat: Mag. Eva Reisinger
Umschlagabbildungen: Petr Vaclavek,
Scaliger | Dreamstime.com
Umschlaggestaltung, Layout & Satz:
Vindobona Verlag
Innenabbildungen: Nurcan Gross

Die vom Autor zur Verfügung gestellten
Abbildungen wurden in der bestmög-
lichen Qualität gedruckt.

Gedruckt in der Europäischen Union
auf umweltfreundlichem, chlor- und
säurefrei gebleichtem Papier.

Inhaltsverzeichnis

VORWORT 11
 Es ist an der Zeit, Verantwortung zu übernehmen! 13
 Was sind diese gestrickten Netze? 16
 Gedanken sind mächtiger als Waffen! 23
 Neue Weltordnung = The Great Reset 27

Teil 1
BILDUNG, WISSENSCHAFT
UND TECHNIK

UNSERE SCHULBILDUNG 32
 Verpflichtungen und Zumutungen 34
 Bestimmungen des Lehrplans 35
 Schülertaktiken gegen Fehlfunktion der Systeme 36
 Disziplin und Gehorsamkeit 38
 Lernen fürs Leben? 40
 Wie geht es den Lehrern? 43
 Gibt es noch mehr? Ja, gibt es!
 „Fulbright-Abkommen" 44
ETHIK IN DER WISSENSCHAFT 48
 Vergewaltigung der Menschheit im Namen
 der Wissenschaft! 51
 Betrug und Fälschung in der Wissenschaft 88
 Agnotologie 92
 Betrügereien einiger Wissenschaftler 96
 Warnung! – Politischer Missbrauch der Wissenschaft 101
AUSEINANDERSETZUNG MIT BEKANNTEN
WISSENSCHAFTLICHEN THEORIEN 112
 Urknall – „Big Bang"-Theorie 119
 Dunkle Materie 123
 Schwerkrafttheorie – Gravitationstheorie 126

Die Relativitätstheorie 131
Darwinismus – Die Evolutionstheorie 138
Evolutionslüge – oder Evolutionsverschwörung? 147
Falsche Beweise der Evolutionstheorie:
Es gibt kein „fehlendes Glied", die ganze Kette fehlt! 150
VERÄNDERTE WELTGESCHICHTE 153
Die offizielle Version der Menschheitsgeschichte
ist eine Lüge: Wir befinden uns in einer
kollektiven Amnesie! 160
Fakten … Fakten … und noch mehr FAKTEN 166
Die bahnbrechende „Neue Geschichtschronologie" 193
Fomenko- und Nosovsky-Hypothese 196
WAS SAGEN UNS ARCHÄOLOGISCHE
ÜBERRESTE? 204
Unheimliche und unglaubliche Erkenntnisse –
was könnte dahinterstecken? 207
TECHNISCHE ENTWICKLUNGEN 220
Die wichtigsten Vor- und Nachteile der Technologie 222
„Freie Energie ist für alle kostenlos" – Nikola Tesla 225
WAS VERBIRGT SICH VOR UNS,
WAS WURDE UNS WEGGENOMMEN? 230
Verbotene Erfindungen, die nicht entdeckt
werden dürfen 231
Orte auf der Welt, die niemand besuchen darf 237

Teil 2
MANIPULATIONEN,
MEDIEN UND
UNTERHALTUNGSINDUSTRIE

MANIPULATIONEN 256
Subliminale Botschaften – unterschwellige
Manipulation 261
Gedankenkontrolle – Mind Control 264
MEDIEN 267
Politik und Medien 271

*Nachrichtenagenturen: Wie zuverlässig
sind Nachrichtenquellen?* 275
UNSERE TÄGLICHE ZUFLUCHTDROGE TV –
Verdummungsapparat 282
Gesundheitliche Probleme durch Fernsehen 283
UNTERHALTUNGSINDUSTRIE –
Betäubung der Gesellschaft 292
Die aktivsten Bereiche der Unterhaltungsindustrie 297
Okkultismus in der Musik 300
Filmindustrie – Die dunkle Seite Hollywoods 301

Teil 3
FINANZEN, GELD
UND BANKWESEN,
WELTHERRSCHAFTEN, POLITIK

Finanzen, Geld und Bankwesen 312
Shadow Financial Index: Dunkle Wege des Geldes 312
Die FED und der amerikanische Imperialismus 322
Finanzpyramidensystem: BlackRock 326
WER REGIERT DIE WELT? 330
Bilderberg 332
Das Buch „Massoni" 334
Weltmacht Vatikan 338
Familien, die die Welt regieren 343
*UNO – Vereinte Nationen
(United Nations Organisation)* 352
*Codex-Alimentarius-Kommission
(International Food Standard)* 356
Neue Weltordnung (New world order) 358
POLITIK 365
Die Bedeutung der heutigen Demokratie 362
Lobbyismus in der Politik 373
MISSION: TEILE UND HERRSCHE! 375
Spaltung/Konflikt in der gesellschaftlichen Struktur 377
Der Ursprung des Feminismus 379

WARUM MUSSTEN SIE STERBEN? 383
Mysteriöse Todesfälle 385
Die mysteriösen Todesfälle der Bühnenwelt 385
Die mysteriösen Todesfälle der Musikwelt 397
Mysteriöse Todesfälle in Politik
und Staatsverwaltung 404
Atatürks mysteriöser Tod (1881–1938) 404
Kennedys mysteriöser Tod (1917–1963) 411
Mysteriöser Tod von Ärzten 417
Todesfälle von Wissenschaftlern und
anderen Medizinern 421
Andere mysteriöse Todesfälle 424
Todesfälle von Journalisten 426

Teil 4

**TERRORISMUS, PUTSCHE,
REVOLUTIONEN, KRIEGE**

TÖDLICHE BRUTALITÄT/TERROR 434
Amerika, 9. September 2001, Terroranschlag –
World Trade Center, Zwillingstürme 438
PUTSCHE, REVOLUTIONEN 447
Türkei 1980 – Militärputsch 448
Liste der wichtigsten Putsche nach 1950 451
KRIEGE UND IHRE HINTERGRÜNDE 454
Ist Krieg ein politisches Instrument? 456
Menschlicher Schlachthof 459
Einige wichtige Kriege auf der ganzen Welt 464
Erster Weltkrieg 1914–1918 461
Türkischer Unabhängigkeitskrieg 1919–1923 469
Zweiter Weltkrieg 1939–1945 472
Koreakrieg 1950–1953 485
Amerikanischer Vietnamkrieg 1964–1975 488
Jugoslawienkriege 1991–2001 492
Afghanistan-Krieg 2001 496

Golfkriege 501

Ukraine-Krieg 508

WELTPOLIZEI USA 515

US-Außenpolitik und CIA-Interventionen nach 1945 520

War Gaddafi ein irrer, tyrannischer Diktator? 528

Charta der Vereinten Nationen 533

SCHLUSSWORT 537

„Wir töten die halbe Menschheit – und es wird

schnell gehen! – Der Plan der Elite" 540

Deagel-Liste 542

Die Neue Welt der Zukunft wird als eine

zentralisierte Weltregierung etabliert! 543

Sie sagen es ja selbst! 547

ÜBER DAS BUCH 552

VORWORT

Gedanken brauchen immer einen verlässlichen Leitfaden, um ihre eigene Spur zu bewahren. Dafür muss man jedoch bereit sein, den Gewinn der Kenntnisse als Wissen zu definieren und sich nicht zu verschachteln. Die Essenz des Bewusstseins ist nicht nur das Beschriebene, sondern auch das Wissen über Zusammenhänge auf der Grundlage vorhandener Fakten. Deshalb ist jeder aufgefordert, den induktiven Ansatz zu stützen, um aus Einzelfällen oder Beobachtungen allgemeine Schlussfolgerungen zu ziehen. Der **Condillac** wusste diese Vorgehensweise bereits, als er seine Statue[1] ins Leben rief. In einem Gedankenexperiment fügte Condillac einer Statue eine Sinneswahrnehmung nach der anderen zu, bereicherte sie mit möglichen Kenntnissen und erweckte damit ihr Bewusstsein. Es ist ebenso an der Zeit, die geschichtlichen Fakten anhand der Beispiele und

---

1 Der Kern des Werkes ist ein 1749 beschriebenes Gedankenexperiment. Der französische Philosoph Étienne Bonnot de Condillac (1715–1780) nimmt eine Statue an, die einem Menschen ähnelt, stellt sie sich aber so vor, als hätte sie noch keine Kenntnis, noch keinen Sinneseindruck. Er gibt der Skulptur zuerst einen Geruchssinn, so dass die Skulptur ein erstes Informationsempfinden erhält. Von nun an kann sie nur noch Gerüche wahrnehmen. Wenn eine Statue eine Rose riecht, besteht die Statue vorerst nur aus dem Gefühl einer Rose. Wenn wir sie dann eine andere Blume riechen lassen, lernt sie die Differenz kennen und kann sie mit dem ersten Gefühl vergleichen, an das sie sich erinnert. Ein schlechter Geruch führt zu einer Unterscheidung zwischen angenehm und unliebsam, so dass Vergnügen und Schmerz nun alle Vorgänge des Geistes bestimmen können. Dies wird sie zu den Hauptprinzipien führen, wenn andere Empfindungen (durch hören, sehen, berühren) nacheinander ins Spiel kommen (Schmerz, Quantität, Qualität, zeitliche, räumliche Fiktionen und mathematische Werte), die sie nach und nach zu allen Informationen durch Sortierung, Klassifizierung führen werden.

deren Kontext zu interpretieren, um ein besseres Verständnis unserer Welt zu erlangen.

Dieser Planet gehört nicht ganz allein uns Menschen; wir teilen ihn ja nur mit den Tieren, Bäumen und anderer Vegetation. Zunächst muss klar sein, dass wir Wesen sind, die in einer kollektiven Einheit zusammenleben, miteinander interagieren und so ein vitales Gleichgewicht bilden. Dennoch, der Mensch hat sich mit seiner Intelligenz als „das höchste Lebewesen" an die Spitze des Evolutionsbaums gesetzt und definiert sich somit als Herrscher über alle anderen Lebewesen. Die Mehrheit der Menschen glaubt, dass die Kapazität des Gehirns das überlegene Merkmal ist, das den Menschen von anderen Lebewesen unterscheidet, und dass er daher das auserwählte Geschöpf ist. Sind wir also auch Menschen mit Behinderungen überlegen?

Die meisten Menschen denken nicht weiter darüber nach, oder sie sind der Meinung, dass sie mehr Glück haben als die Behinderten. Jedoch sehen wir unsere Überlegenheit gegenüber Tieren als selbstverständlich an. Natürlich liegt der Mensch mit seiner Intelligenz nicht so falsch, aber das rechtfertigt noch lange nicht den Missbrauch seiner Überlegenheit. Vor allem hat der Mensch kein souveränes Recht über andere Lebewesen und darf sie nicht zu seinem eigenen Vergnügen ausbeuten. Sobald er dieses Recht anerkennt und entsprechend handelt, nimmt die unaufhaltsame soziale Hierarchie ihren Lauf. Dies bedeutet, dass Individuen mit wenig bis keinem Einfühlungsvermögen an die Spitze der Pyramide gelangen und sich über andere erheben. Infolgedessen wird die Überlegenheit auf eine hegemoniale Strukturierung unter den Menschen verbannt sein. Das ist ja genau das, was bereits geschehen ist. Die Funktionalität, die wir bisher angenommen haben, reicht nicht mehr aus, denn das Ende des Weges, den die Menschheit geht, weist auf eine Sackgasse hin.

Es ist an der Zeit, Verantwortung zu übernehmen!

Wälder, die Lunge unseres Planeten wird unverantwortlich zerstört. Jedes Jahr werden durchschnittlich 13 Millionen Hektar Wald in Holz-, Papier-, Öl-, Palmen- oder Sojafelder und Weideland für die Mast von Schlachttieren umgewandelt. Darüber hinaus verschwinden sie für die Ausbeutung natürlicher Ressourcen wie Gold, Eisen, Öl, Gas. Bei diesem Tempo könnten wir bis 2030 in nur elf Regionen der Welt bis zu 170 Millionen Hektar verlieren. Am auffälligsten ist der brasilianische Regenwald, der rapide schrumpft. Gleichzeitig geht die unbestrittene Ausbeutung von Tieren weiter. Weltweit werden jedes Jahr mehr als 115 Millionen Tiere in Tierversuchen getötet, 150 Milliarden Tiere werden wegen ihres Fleisches geschlachtet – **sprich 4.756 Tiere pro Sekunde** – und Millionen für den Pelz- und Lederhandel. Dies wird systematisch und gnadenlos in allen Kategorien durchgeführt, oft sogar bei vollem Bewusstsein des Tieres.

Was ist mit unseren Abfällen? Millionen Tonnen Müll, Fabrik- und Industrieabfälle, Öl, vor allem Plastik, verschmutzen jedes Jahr Ozeane, Flüsse, Seen und oberirdische und unterirdische Gewässer auf der ganzen Welt. Es scheint, als hätte der Müll kein Ende. Dadurch sterben ebenso viele Lebewesen an Land und im Wasser auf erbärmliche Weise. **Wie können wir dann sagen, dass der heutige Mensch eine bewusste Reife erreicht hat, und in welchem Maße verdient er es, das „höhere Wesen" zu sein und die Verantwortung für das Dasein zu tragen?**

Mit der Revolution der „**Industrialisierung**" geriet der Mensch, der sich allmählich von der Natur trennte, in einen Zustand, in dem die manipulativen Faktoren der Informationen in verschiedene Richtungen gelenkt wurden. Obwohl die Industrialisierung technische Möglichkeiten und positive Veränderungen bot, die das Leben erleichterten und beschleunigten, brachte sie auch sozioökonomische (Geschäftsleben, Einkommen, Ausgaben, Produktion, Konsum usw.) und soziale Umstrukturierung (schrumpfende Familie, verblühender Unterhaltungssektor) mit sich. Es wäre bedingt in Ordnung gewesen, wenn das Klischee die Werte nicht konstant gehalten hätte. Die materialistische Weltanschauung führte zu unnötigem und wertlosem Konsumverhalten.

Bei der „**Digitalisierung**" hingegen entkoppelt sich der Mensch jedoch nicht nur von der Natur, sondern auch von seiner eigenen Natur und entfremdet sich zunehmend. Da die Industrialisierung die Menschen an Bequemlichkeit und Sorglosigkeit gewöhnt hat, führt die Digitalisierung zu Verantwortungslosigkeit und Isolation. Wenn der heutige Mensch in diesem letzten Veränderungsprozess die unbestrittene Gültigkeit der gesellschaftlichen Lebensart anerkennt und sich nicht die Mühe macht zu hinterfragen, so sieht die Zukunft für die nächsten Generationen nicht sehr rosig aus. Während diese Prozesses funktioniert das perfekt strukturierte (geplante) System, trotz kleinerer Rückschläge, weiterhin erfolgreich. Und weiterhin wird die Ausbeutung von Mensch und Natur in allen Lebensbereichen fortgesetzt. Da die Annahme des Systems als vollkommene gesellschaftliche Lebensform etabliert wurde, hat der Mensch sich diese von seiner Geburt an als einzige Normalität eingeprägt. Von da an ist fast jeder Einzelne dazu bereit, unter dem Einfluss trügerischer äußerer Reize (z. B. der Medien), dies zu respektieren und neigt dazu, einen bedingungslosen, dogmatischen Glauben an einen Vertreter des Systems (z. B. einen Arzt, einen Politiker) zu zeigen.

Unterdessen genießen unsere arroganten Menschen zwar die Überlegenheit gegenüber anderen Lebewesen mit einem darwinistischen Ansatz, akzeptieren andererseits aber auch die Überlegenheit anderer über sich selbst und bejahen diese mit ihrem freien Willen. Sogar auch manchmal, obwohl der potenzielle Schaden wahrgenommen wird. Die Intuition des möglichen Schadens wird durch die alltäglichen Beschäftigungen schnell beseitigt –hier tritt der Glaube auf: „**Was nicht wahr sein sollte, kann nicht wahr sein!**" Unter dem Einfluss der allgemeinen intellektuellen Überzeugungen wird der Abwehrmechanismus ausgelöst und man neigt dazu, alles zu ignorieren, was sein Glaubenssystem erschüttern würde. Der Mensch weiß nicht, dass er gelegentlich von diesem System ausgebeutet wird. Mehr noch, manche wissen nicht einmal, dass es ein System gibt, das gegen sie arbeitet.

So werden die möglichen Wahrheiten von vornherein verworfen und der Mensch errichtet eine Mauer, um sich eine Komfortzone zu bilden. Bald will er nicht mehr sehen, hören oder sprechen, genau wie die drei Affen.

Nichts sehen, nichts hören und nichts sagen!

Jenseits dieser Mauer können nur Informationen gelangen, die seiner eigenen Weltanschauung keinen Schaden zufügen. Eine dieser Informationen, die ihnen immer wieder vermittelt und wiederholt wurden, ist die „Verschwörungstheorie". Wir können Papageien einige Wörter beibringen und sie können sie wiederholen, richtig?

Wir erwarten von Menschen, die intelligenter als Papageien sind, dass sie anfangen, selbst zu denken und zu recherchieren!

Natürlich ist eine solche naive Einstellung (nicht sehen, nicht hören und nicht sprechen) auch für die Verwendung böser Absichten offen. Dieses Phänomen stellt seit Jahrhunderten die manipulativen Bausteine der Menschheitsgeschichte dar, sodass „**universelle multiparasitäre Kräfte**" mit ihren cleveren, perfekt gestrickten Netzen den Menschen als Energiequelle nutzen. Es scheint unvermeidlich, dass selbst hochgebildete, sachkundige und sogar intelligente Menschen nicht in diese gestrickten Netze geraten.

Was sind diese gestrickten Netze?

1. Beginnt es mit unserer Schulbildung?
Obwohl es Unterschiede zwischen den Individuen gibt, bestimmen die Informationen und Lehren, die im jungen Alter in den Köpfen verankert werden, unsere allgemeine Weltanschauung, die sich schließlich in späteren Zeiten vervollständigen wird. Gleichzeitig wird dafür gesorgt, dass das schulpflichtige Kind mit dem gewünschten Autoritätssystem verbunden wird, und es werden ihm Verpflichtungen auferlegt sowie der vollkommene Gehorsam des Kindes gegenüber Autoritäten strukturiert. **Ist ein dogmatischer Gehorsam oder eine Verantwortungslehre erforderlich?**

2. Werden verzerrte und verdrehte Informationen angewendet?
Fakten werden entweder verschleiert oder verdreht. Zum Beispiel war der Grund für die Invasion in den Irak im Jahr 2003, dass das Land und sein Diktator Saddam Hussein die Welt mit Massenvernichtungswaffen bedrohten und den islamistischen Terrorismus förderten. Der Krieg begann, Saddam Hussein wurde eliminiert, aber es wurden keine Massenvernichtungswaffen gefunden. **Diese Argumente erwiesen sich also als falsch?**

3. Verfügen sie über das gesamte Finanzsystem?
Die Staaten werden verschuldet. Sie werden mit dem Zinseszinssystem belastet. Und wenn sie nicht zahlen können (was absolut ist), werden eigennützige Forderungen mit auferlegten Verträgen erhoben und es entsteht eine unvermeidliche Abhängig-

keit in der Außen- und sogar Innenpolitik des Staates. Im Jahr 1912 sank die Titanic (offiziell durch einen Unfall ...[2]), war es ein Versicherungsbetrug? Oder standen Finanzmagnaten wie **J. Astor**, **B. Guggenheim** und **I. Straus,** die durch diesen Unfall ums Leben kamen, alle vor **J. P. Morgan**, dem überzeugten Befürworter der Gründung der Federal Reserve Bank?

Könnte auf diese Weise die Macht über den US-Dollar und damit die Finanzmacht der Welt in die Hände von Privatbankiers übergegangen sein?

4. Kollidieren Glaubenssätze und politische Meinungen ständig miteinander?

Gespaltene Überzeugungen, Meinungen und Konflikte jeglicher Art, sei es in religiösen, ethnischen oder politischen Richtungen, halten Gesellschaften schwach und bringen sie in eine leicht zu beherrschende Position. Das ist genau der Weg, dem diese Mächte folgen. Zum Beispiel unterstützen sie sowohl politische Rechte als auch linke Ansichten, die im Konflikt miteinander stehen, und so lenken sie die möglichen sozialen Reaktionen in Richtung ihrer Ziele. **Ist ihr Motto „teile und herrsche"?**

5. Verfügen sie über manipulative Methoden?

Mediendominierte Fake News werden entweder als Wahrheiten wiederholt, bis sie in den Köpfen verankert sind, oder die Fokussierung auf vollständige Informationen wird durch die Taktik des Richtungswechsels verhindert. Beispielsweise wird ein geplanter politischer Wandel durch einen aktuellen Skandal, einen Unfall, oder eine Katastrophe überdeckt. Manchmal wenden sie listige und manchmal brutale, grausame Methoden an. Emotionaler Missbrauch ist eine davon. Manchmal ist

---

2 Kurioserweise sollte der Titel des Films „Titanic" eigentlich „Olympic" lauten, wie einer der Überlebenden bei seinem letzten Atemzug sagte: „Das sinkende Schiff war Olympic."

der Künstler-Politiker nicht in der Lage, öffentlich die Tränen zurückzuhalten oder zögert nicht, beim Heiligen Buch (Koran oder Bibel) zu schwören, dass das, was er sagt, wahr ist. Zu diesen Methoden gehören das Ausnutzen der Schwachstellen von Menschen, das Erpressen, das Bedrohen oder das Erkaufen mit Geld oder anderen weltlichen Werten. Es gibt ein klischeehaftes Zitat von **Franklin Roosevelt** (Präsident von Amerika, 1933–1945): „**In der Politik passiert nichts zufällig. Wenn es doch passiert, war es so geplant.**"

6. Erzeugen sie Angst, Unruhe und Panik?

Sozialpolitisch gewichtet sind zum Beispiel gesundheitliche Einschränkungen, Angst vor Krankheiten, Tod oder Vermögensvernichtung, Zweifel, Zukunftsängste, Verbote, Bußgelder. Während unsere derzeitige Panik, die Corona-Pandemie, langsam verschwindet, führt uns die Entwicklung **der Angst, die mit dem Ukraine-Krieg begann, dazu, uns Sorgen über einen Atomkrieg bzw. Dritten Weltkrieg zu machen?**

7. Gibt es Taktiken zur Massenbetäubung und Gehirnwäsche?

Und wie! Die Unterhaltungsindustrie spielt bewusst oder unbewusst eine große Rolle. Sie konzentriert sich darauf, uns mit ihren verführerischen Taktiken in einer „Matrix" zu halten. So sehr, dass es für alle Altersgruppen – von sieben bis 70 –, geschlechtsspezifisch – weiblich, männlich – und für Nationalstaaten einzigartig ist, alle Arten von Neigungen, Interessen, Befindlichkeiten und Wahrnehmungsfähigkeiten von Menschen. Die Ablenkungsmechanismen, die ständig mit zeitgenössischen Techniken in verschiedenen Details – passend zur Generation – aktualisiert werden, funktionieren einwandfrei wie ein Uhrwerk und halten uns systematisch von unerwünschten Ereignissen fern durch Richtungswechsel.

Dies sind sehr erfolgreiche Methoden, die weiterhin ununterbrochen angewendet werden. Welche Methoden?
(Nur einige davon ohne jegliche Verallgemeinerungen.)

- **Musikindustrie:** Oft zieht sie besonders die jüngere Generation mit neuen Strömungen und ihrer Vielfalt und mit geschaffenen Idolen an. Worüber hat der beliebte türkische Künstler **Barış Manço** in einem Interview einen Monat vor seinem Tod gesprochen? Die Verbreitung einiger Musikgenres, deren Entstehung mit einigen Militärputschen zusammenfiel, erregte seine Aufmerksamkeit. Er bereitete eine Dokumentation darüber vor und war bereit, sie zu beenden. In diesem Dokumentarfilm wollte er alles verraten. Er sagte: „Es gibt interessante Parameter zwischen neuen Musikgenres und einigen Daten." Aber leider haben wir nach seinem Tod (Herzinfarkt? Es muss eine modische Art des Sterbens unter Prominenten weltweit sein!) diesen Dokumentarfilm nie gesehen. **Ist er in ein Fettnäpfchen getreten?**
- **Viele Fernsehserien:** Es ist sehr manipulativ, dehnt sich wie Kaugummi und wird mit minutenlanger Werbung dazwischen präsentiert.
- **Die Fernsehprogramme:** unsinnige, bedeutungslose Spielshows mit Idealen zum Beispiel von Essen, Ehe, Schönheit. **Ist das Ziel, die Freizeit zu füllen oder das leere Leben zu füllen?**
- **Zeitschriften, Magazine und Zeitungsartikel:** weit verbreitete Nachrichten in den sozialen Medien, insbesondere die Skandale und das Leben von Prominenten, die uns interessieren. **Aber ist es wirklich interessant?**
- **Sportveranstaltungen:** Normalerweise wird Fußball verwendet, weil er die Menschen am meisten in Aufregung versetzt.
- **Verschiedene Glücksspiele und Wettspiele:** Es besteht ein großes Potenzial für materiell-geistige Abhängigkeit.
- **Computerspiele:** Sie sind fast überall wie Pilze aus dem Boden gewachsen und richten sich vor allem an Kinder und Jugendliche. Es kann genauso süchtig machen wie Glücksspiel.
- **Orientierung an gezielten kollektiven Ideologien:** zum Beispiel die Umweltschutzbewegung „**Fridays for Future**". Tatsächlich hat es eine sehr positive Ideologie. Aber gerade darin liegt der manipulative Reiz. Wer hinter die Kulis-

sen blickt, erkennt, dass es keine Idealisten, sondern harte, rücksichtslose Großkapitalisten waren, die diese Bewegung (2018) ins Leben riefen. Propagiert und inszeniert von der damals 16-jährigen schwedischen Klimaaktivistin **Greta Thunberg**. Was viele Menschen auch nicht wissen, ist, dass Greta an einer Entwicklungsstörung, dem Asperger-Syndrom, leidet[3]. Das bedeutet, dass sie Schwierigkeiten hat, menschliche Emotionen zu verstehen. Außerdem besteht ihre Familie aus Schauspielern.

Verstehen wir nun besser, wie unsere Emotionen und unser guter Wille missbraucht werden?

- **Besessenheit von neuen Produkten**, Mode und Marken: Glücklicherweise ist die Werbebranche in dieser Hinsicht sehr fleißig, und wenn ein bekanntes Gesicht (Schauspieler) für diesen Job eingesetzt wird, stehen „naive Verbraucher" Schlange, um das Produkt zu besitzen. **Beschränkt sich unser Daseinszweck darauf, Produkte zu besitzen, die immer einen Schritt voraus, schöner, überlegener und besser sind, und identifizieren wir uns damit?**
- **Smartphones/Internet:** Sucht nach der virtuellen Welt, zum Beispiel Facebook, WhatsApp, Twitter usw. Im öffentlichen Verkehr kann man das beobachten, wenn man sich umschaut. Dort isolieren sie sich von der Außenwelt, es gibt sie ausnahmslos in jeder Altersgruppe und es werden von Tag zu Tag mehr. Ein Grund dafür ist, dass neue Generationen bereits im Kindesalter mit diesen Apparaten aufwachsen. Ist uns bewusst, wie groß die Gefahr ist?

Diese Methoden sind reine Ablenkungstaktiken, die darauf abzielen, künstliche, wohltuende Beschäftigungen zu erzeugen.

---

3 https://www.fr.de/ratgeber/gesundheit/asperger-syndrom-daran-erkennen-sie-form-autismus-greta-thunberg-zr-12753483.html

Wäre es falsch, wenn ich sagen würde, dass es unter uns keinen einzigen Menschen gibt, der nicht mindestens eines davon leidenschaftlich befürwortet? Natürlich nicht! Weil wir immer noch nicht verstanden haben, dass alles so gewollt und koordiniert ist. Während wir weiterhin unseren materialistischen Lebensstil verfolgen und zunehmend in einer passiven Haltung verharren, verlieren wir, durch die unterdrückenden Kräfte, allmählich unsere Freiheit, Verantwortungen und Individualität. Es ist offensichtlich, in welcher zeitgenössischen Entwicklung sich die Menschen von heute befinden, die in einem solchen System ständig mit „**Augen weit geschlossen**"[4] im Sumpf der Manipulation wandeln. Und dieser Trend bringe tendenziell „eine neue Generation von Menschen mit sich, die mit künstlicher Intelligenz geprägt und für eine neue Weltordnung geeignet sind".

Heute leben wir in einer Zeit, in der die Wissenschaft der Science-Fiction sehr nahekommt, vielleicht sind noch ein paar Schritte dazwischen. Tausende Menschen auf der ganzen Welt haben sich bereits einen subkutanen Chip implantieren lassen (bei Haustieren ist das wieder normal), das ist nichts Unbekanntes mehr, schon gar keine Verschwörungstheorie. Der weltweite Umsatz der Chipindustrie erreichte im Jahr 2020 rund 440 Milliarden US-Dollar. Soweit wir wissen, wurde mindestens 30 Menschen ein Chip ins Gehirn implantiert. Davon nutzen 28 die derzeit noch recht unbekannte Technologie von Blackrock Neurotech[5]. Dies könnte der Grund dafür sein, dass der Mensch

---

4 „Augen weit geschlossen" ist ein Filmtitel, Originaltitel: „Eyes Wide Shut", ein Film aus dem Jahr 1999 mit bemerkenswerten Botschaften. Offizielle Quellen gaben bekannt, dass sein Regisseur Kubrick unmittelbar nach Ende des Films in seinem Haus an einem Herzinfarkt gestorben sei, obwohl seine Frau das Gegenteil behauptete.

5 Blackrock Neurotech entwickelt eine Schnittstelle zwischen Computer und Gehirn. Im Gegensatz zu Neuralink sind die Chips bereits im Einsatz. Elon Musks Startup Neuralink implantierte kürzlich ein BCI (Gehirn und Computer) in das Gehirn eines Affen.

in Zukunft seine Menschlichkeit verliert, d. h. dass der Mensch in der Maschine schmilzt. (siehe Mensch und Maschine)

Können wir diese neue menschliche Generation als **Bioroboter** definieren?

(Ich möchte hier nicht die neuen technologischen Entwicklungen kritisieren oder leugnen, sondern auf die Verlagerung der Neuen Weltordnung, der letzten Stufe, in diese Richtung hinweisen.) Mit anderen Worten: Innerhalb dieser Ordnung werden alle anderen Tugenden, insbesondere die Liebe, und alle menschlichen Werte – wie die Institution der Familie – nach und nach ausgelöscht und ersetzt, wie eine einzige Nation, ein einziger Staat, eine einzige Religion – wahrscheinlich in einem satanischen Kontext. Vor Jahren wurde die erste satanische Kirche offiziell im Pilotland Kolumbien eröffnet – Bilder davon sind im Internet zu finden –, eine einzige Sprache und sogar eine einzige menschliche Spezies (bisexuelle Menschen, in diesem Fall werden bei Bedarf definitiv Babys im Labor gezeugt).

Wahrscheinlich sollte diese neue Generation mit künstlichen und synthetischen Lebensmitteln ernährt werden. Diese Art der Lebensmittelproduktion hat bereits begonnen, die Chemikalien in unseren Lebensmitteln waren der Vorläufer davon, und es werden noch weitere folgen. Ein nächster Schritt ist die künstliche Fleischproduktion. Im Labor hergestelltes künstliches Fleisch wird bereits in Restaurants im Pilotland Singapur angeboten und es ist nun möglich, einen Kuchen mit dem Drucker zu drucken.

Ist das eine Science-Fiction-Geschichte?

Ich befürchte, dass Menschen in Luftblasen gefangen sind, nie in der Lage sein werden zu verstehen, was Science-Fiction ist und was nicht, oder was keine Verschwörungstheorie ist. Wenn der Mensch nicht bald aufwacht und die Hinweise bewertet, kann er nicht über das Bewusstsein hinausgehen, welches in der berühmten Metapher „**Höhlengleichnis**"[6] des griechischen Philosophen **Platon** dargestellt wird.

Wenn das, was man für die einzige Realität hält, tatsächlich nur eine künstliche Bildreflexion ist, dann bedeutet dies: Es wäre unangemessen, sogar erbärmlich zu behaupten, dass die Menschheit im Vergleich zu vor ein paar Jahrhunderten Fortschritte gemacht hat.

Gedanken sind mächtiger als Waffen!

Kraken haben acht Arme (vier Paare). Die Arme, insbesondere der Saugnapf, sind stark mit Nerven und großen Ganglien ausgestattet, die in der Lage sind, bestimmte Signale selbst zu empfangen und zu bewerten und zu reagieren, ohne sie an das Gehirn weiterzugeben, und Entscheidungen unabhängig vom Gehirn zu treffen. Das bedeutet, dass das Tier auf Befehl des Gehirns sowohl für eine kollektive Integrität sorgen kann als auch dass jeder Arm sich unabhängig vom Gehirn bewegen kann. Unter diesem Gesichtspunkt ist das Gehirn eines Oktopusses sowohl

---

6 Kurze Zusammenfassung: Ihm zufolge sitzen die Menschen in der Höhle in einer festen Position und können nur die Wand vor sich sehen, ohne sich nach links oder rechts zu drehen. Die Lichtquelle dahinter wirft einige Schatten auf die gegenüberliegende Wand. Da die Menschen nirgendwo anders hinschauen können und nicht einmal wissen, dass sie sich in einer Höhle befinden, denken sie, dass die einzige Realität die an ihnen vorbeiziehenden Schatten sind. Somit zeigt es die Weltanschauung, die die in dieser Höhle Gefesselten kennen können, und daher die einzige Wahrheit, die sie begreifen können. Wenn einer von ihnen freigelassen, aus der Höhle gezwungen wird, ins Licht zu schauen, kann er nicht sofort etwas sehen, da er all die Jahre in der Dunkelheit der Höhle gelebt hat. Doch nach einer Weile, wenn er sich an das helle Licht gewöhnt und die Welt um sich herum besser versteht, erkennt er, dass die Welt, in der er aufgewachsen ist, nur eine Illusion ist.

ein Ganzes als auch eine Gesamtheit, die aus vielen miteinander verbundenen Einheiten besteht.

Das Tier, das einen oder zwei Arme verliert, lebt weiter, aber erstens geht seine vollkommene Integrität verloren, zweitens wird seine Lebensqualität beeinträchtigt und es stellt eine stärkere Belastung für andere Gliedmaßen dar. Ein möglicher Schaden wirkt sich also auf die gesamte Integrität aus. Wer dies erkennt, also die Sinnlosigkeit von Überlegenheit versteht, wird nun anfangen, transparenter und umfassender zu denken. Gleichzeitig wird ihm bewusst, dass er als einzigartiges Individuum Teil eines kollektiven Ganzen ist.

Wenn wir das **menschliche Gehirn** nehmen: Es ist das komplexeste Organ, das die Natur je geschaffen hat: Es besteht aus etwa 100 Milliarden Neuronen (Nervenzelle) und einem Vielfachen mehr an Kontaktstellen, seine Hauptaufgabe besteht in der Informationsübertragung. Dies verleiht ihm Fähigkeiten, die noch kein Supercomputer erreichen konnte.

Forscher berichten über diese überraschende, neue Erkenntnis, die in der Fachzeitschrift „**Nature Neuroscience**" veröffentlicht wurde: In unserem Gehirn, das über zahlreiche Neuronen verfügt, reichen im Extremfall (Informationsübertragung, zum Beispiel beim Denken) nur fünf dieser Zellen aus, um Informationen zu verarbeiten. Diese neu entdeckte Leistungsfähigkeit und Genügsamkeit des Gehirns könnte dazu führen, dass unser Denkorgan zu viel mehr Informationen fähig ist als bisher angenommen. Warum ist das menschliche Gehirn nicht in der Lage, zusätzliche Informationen zu generieren, wenn es eine so enorme Kapazität hat?

Der Grund scheint einfach zu sein: Der Mensch muss in seinen Ängsten leben. Dies impliziert, dass er sich in den Grenzen seines Vertrauens bewegen muss, insbesondere hinsichtlich der Ablehnung neuer Denkweisen. Und selbst die Haltung eines sogenannten furchtlosen Menschen, der nur den Freuden des Lebens nachjagt, weist darauf hin.

Josef Stalin (1878–1953 kommunistischer Politiker) sagte: „**Gedanken sind mächtiger als Waffen. Wir erlauben es**

unseren Bürgern nicht, Waffen zu führen – warum sollten wir es ihnen erlauben, selbstständig zu denken?"

Ist das ein politischer Weg, wird deshalb die Denkfähigkeit des Menschen, der ständig angegriffen wird, behindert und eingeschränkt?

Mit anderen Worten: Unsere körperliche Vitalität wird durch die von uns verwendeten Nahrungsmittel und Produkte, Chemikalien, Medikamente, Giftstoffe und Magnetfelder ständig geschwächt. Doch trotz all dieser Angriffe verfügen wir über genügend Denkfähigkeit und es ist keineswegs verzeihlich, dass wir sie nicht nutzen. Auch wenn wir bislang nicht die essenzielle Bedeutung des Bewusstseins erkannt haben, wird es zu spät sein, wenn wir es tun. Ein bekanntes Sprichwort besagt: „**Wer in der Demokratie schläft, wacht in der Diktatur auf!**"

Während wir ausnahmslos weiterschlafen, ist es den Exekutivorganen gelungen, die Menschheit auf die letzte Stufe dieses Ziels zu bringen, indem sie jahrelang heimtückisch und stillschweigend daran gearbeitet haben. Die Idee, die dieses Ziel ermöglichen wird, ist die Notwendigkeit, die menschliche Bevölkerung so weit wie möglich zu reduzieren. Dadurch kann die einwandfreie Funktion des Kontrollmechanismus gewährleistet werden. Wurde dieser seit Jahrzehnten auf der Tagesordnung stehenden Frage deshalb ein Denkmal gesetzt?

Das Georgia Guidestones-Denkmal[7] wurde von anonymen Person(en) im Bundesstaat Georgia, USA, genehmigt, in Auftrag gegeben und installiert. Es besteht aus sechs Meter hohem monumentalem Granit. Auf seiner Oberfläche sind zehn Prinzipien in acht modernen Sprachen und vier alten Sprachen geschrieben. Einige der Prinzipien kann man auf den ersten Blick als human bezeichnen. Aber das auffälligste und erschre-

---

7 Am 6. Juli 2022 wurde eine der Granitplatten durch Sprengstoff von Personen, deren Identität noch nicht geklärt ist, zerstört und das Denkmal schwer beschädigt. (Eigentlich ist das ein bemerkenswertes, positives Zeichen.)

ckendste Prinzip ist das erste und das letzte, nämlich: Das erste lautet: **„Reduzieren Sie die menschliche Bevölkerung auf 500 Millionen"** (die menschliche Bevölkerung betrug zum Zeitpunkt der Entstehung 4,3 Milliarden, 1979), und das letzte Prinzip wird im letzten Gebot beschrieben: **„... Lassen Sie Raum für die Natur."**

Lag der Hauptzweck der unter dem Deckmantel der Pandemie verordneten Impfungen in dieser Richtung, wurde also eine Reduzierung der Bevölkerung angestrebt? (Die Spanische Grippe tötete 1918 über 50 Millionen Menschen, und fast alle von ihnen erkrankten und starben nach der Impfung.) Warum hören wir über all das keine einzige Nachricht in den Medien? Vielleicht sind sie es, die die Medien finanzieren, wie in allen anderen Organisationen auch?

Was nicht verstanden wird, ist tatsächlich da. Plant und führt der eine es durch, und der andere lässt zu, was ihm angetan wird, sogar mit seiner eigenen Unterschrift, ohne Frage, ohne Sorge?

Der Autor **Ian Watson** sagt: „Wenn du überredet, ermahnt, unter Druck gesetzt, belogen, durch Anreize gelockt, gezwungen, gemobbt, bloßgestellt, beschuldigt, bedroht, bestraft und kriminalisiert werden musst, wenn all dies als notwendig erachtet wird, um deine Zustimmung zu erlangen – kannst du absolut sicher sein, dass das, was angepriesen wird, nicht zu deinem Besten ist."

Ein weiterer wichtiger Aspekt war die wissenschaftliche Forschung, die nicht nur darauf abzielte, die menschliche Masse unter Geburtenkontrolle zu bringen, sondern auch die genetischen Merkmale der menschlichen Rasse – nach diesen Eliten – zu korrigieren und nach ihren Idealen zu perfektionieren. Die erste dieser Theorien ist **„Eugenik"**[8]. Beispielsweise war Bill

---

8 Es handelt sich um eine Doktrin des Rassismus, die auf der Beseitigung negativer Erbmerkmale durch passive oder aktive Methoden basiert. Die Wurzeln reichen bis in die Mitte des 19. Jahrhunderts zurück.

Gates' Vater W. Gates in einer dieser Organisationen in Amerika aktiv, „**Planned Parenthood**", eine internationale Dachorganisation[9], die im Bereich der Bevölkerungspolitik tätig ist. Darüber hinaus wird die **Weltgesundheitsorganisation** (WHO) derzeit zu 80 % von privaten Spendern und Stiftungen finanziert. Ihr größter Privatspender ist die Bill & Melinda Gates Foundation. Vielleicht schlägt **Bill Gates** deshalb in den Medien offen vor, dass alle Menschen der Welt geimpft werden sollten. In seinen eigenen Worten, auf einer Konferenz vor der COVID-Pandemie. „… wenn wir mit neuen Impfstoffen in der Medizin wirklich gute Arbeit leisten können, können wir die Weltbevölkerung um 10 bis 15 % reduzieren", nach Beginn der Pandemie sagte er: „… für die Welt im Allgemeinen kann Normalität nur zurückkehren, wenn wir den Großteil der Weltbevölkerung geimpft haben." (Erinnern wir uns, dass die Impfschäden-Todesfälle, Verstümmelungen, Unfruchtbarkeit – in Indien und Afrika –Millionen ausmachen. Die Mainstream-Medien sind wie immer still und schweigen über dieses Thema.)

Neue Weltordnung = The Great Reset

„**The Great Reset**" ist eine Initiative des **Weltwirtschaftsforums** (WEF), die einigen Quellen zufolge darauf abzielt, die globale Gesellschaft und Wirtschaft im Zuge der COVID-19-Pandemie neu zu gestalten.

Ihr Präsident und Gründer **Klaus Schwab** zog den Zorn vieler Menschen auf sich. Nicht umsonst: Der Great Reset ist ein umfassender Versuch, unsere globale Zivilisation zum klaren Nutzen der Elite des Weltwirtschaftsforums und ihrer Verbün-

---

9 Organisation, die aus mehreren thematisch-fachlich oder regional zusammengehörigen Unterorganisationen besteht.

deten umzugestalten[10]. Auf der Jahrestagung des Forums im Januar 2021 betonte Schwab, dass der Aufbau von Vertrauen ein Schlüsselfaktor für den Erfolg des Great Reset sein werde, und signalisierte den Teilnehmern damit, dass die bereits massive **PR-Kampagne** noch weiter ausgeweitet werden muss. Während Schwab versucht, Vertrauen durch vagen „Fortschritt" aufzubauen, entsteht Vertrauen oft durch das, was man Transparenz nennt. Dem WEF mangelt es jedoch an Transparenz, weshalb nicht viele Menschen Schwab und seinen Motiven vertrauen. Aber wenn Schwab weiterhin die Wahrheit über das „nationalsozialistische Musterunternehmen" und die Geschichte seines Vaters in den 1930er und 1940er Jahren, bekannt als Escher-WYSS, verheimlicht, haben wir gute Gründe, den Motiven der globalen, undemokratischen Great-Reset-Agenda zu misstrauen.

Das Weltwirtschaftsforum (WEF) und sein Gründer Klaus Schwab sehen die Corona-Pandemie als Chance, die Welt in Ordnung zu bringen. Schwab ist der Meinung, dass es jetzt an der Zeit ist, dieses Modell umzusetzen.

Dieser unter dem Namen „Pandemie" umgesetzte „Lockdown" – Regeln und Beschränkungen – führte zu einer riesigen Finanzkrise. Er hat die Völker der Welt im globalen Maßstab in diese Krise gestürzt und sie von den Staaten abhängig gemacht. Damit wurden geeignete Grundlagen für die Umsetzung der „Löschen, neu starten"-Agentur geschaffen. Ich befürchte, dass, wenn die Bürger der Welt von dieser Minderheitelite regiert werden, alle ihre Rechte dauerhaft eingeschränkt und auf diese übertragen werden. In der EU (Europäische Union) wird dieser Weg schon seit längerem verfolgt. Ganz im Geiste der Zentralisierung werden zunehmend Aufgaben ohne den demokratischen Einfluss des Volkes delegiert. Darüber hinaus hat Schwab zusammen mit dem französischen Autor Thierry Malleret ein mehrteiliges Buch mit dem Titel „Covid-19: The Great

---

10 https://www.pravda-tv.com/2021/04/klaus-schwab-und-der-grosse-reset-die-karriere-eines-voelkermoerders/

Reset" veröffentlicht. Auch wenn einige Dinge positiv erscheinen – zum Beispiel kostenlose Energie –, ist es wie immer naiv,
daran zu glauben, und kann einen Abschied von unserer Freiheit und unseren lebenswichtigen Rechten bedeuten. Denn so
lautet der Inhalt dieses Buches: „Du wirst nichts besitzen, aber
glücklich sein!"

Das heißt, niemand wird sein Vermögen besitzen können,
wie Häuser, Autos, Gegenstände und alles wird vermietet werden. Lachen Sie nicht; dazu gehören auch die Kleider, also auch
unsere Unterhosen!

**Sind Sie jetzt bereit, sich auf eine spannende Reise von
Puzzleteil zu Puzzleteil zu begeben?**

3D-Welt

TEIL 1

BILDUNG, WISSENSCHAFT UND TECHNIK

UNSERE SCHULBILDUNG

Die Welt braucht mutige Herzen und kluge Köpfe, aber können wir dies mit statischen, stereotypen Systemen erreichen?

Besteht der Hauptzweck der Bildung nicht darin, geistige Freiheit aufzubauen, die Entwicklung kreativer Fähigkeiten zu unterstützen, moralische Werte durch individuelle und soziale Verantwortung zu festigen, und sollte das erworbene Wissen nicht ein Beitrag zum wirklichen Leben sein?

Wenn wir jedoch unser heutiges Bildungssystem betrachten, sehen wir das Gegenteil. Vor allem die weiterführende Bildung ist zu einer überholten Verschwendung geworden. Fragt man Jugendliche und Kinder, werden sie sagen, dass die meisten Informationen, die man ihnen gibt, sinnlos, nutzlos sind und in keiner Weise einen wertvollen Beitrag zum Leben darstellen. Stecken wir ihr Bewusstsein in einen Panzer wie „Lotusfüße"[11], den sie während dieses Trainingsprozesses nicht frei entfalten können?

Ist es nicht die Hauptaufgabe der Erziehung, die kulturellen Werte voranzutreiben, das soziale Kontinuum zu erhalten, Recht von Unrecht zu unterscheiden, im Rahmen der wissenschaftlichen und technischen Entwicklung freie, kritische und kreative Individuen zu formen?

---

11 Es ist eine alte Tradition in Asien. Da kleine Füße ein Symbol für Schönheit sind, werden die Zehen der Mädchen in jungen Jahren mit engen Stoffstreifen an die Fußsohlen gedrückt – manchmal sind die Zehen gebrochen. Die Bänder wurden dann um die Knöchel gewickelt, um dem Fuß eine zusätzliche Kurve zu verleihen, die Schnürsenkel wurden mit der Zeit noch enger und sogar Eisenschuhe wurden getragen, um das Fußwachstum zu verhindern. Am Ende sollen die Füße wie eine geschlossene Lotusblume aussehen. Die Verbände blieben sogar über Nacht. Obwohl das Fußwachstum gehemmt wird, kommt es nach einiger Zeit zu Fußverformungen und dauerhaften Behinderungen.

Es muss dringend eine Revolution in der Schulbildung geben, und die Hauptrage lautet: Nun, ist es wünschenswert, dass Kinder auf diese Weise zu Freigeistern erzogen werden?

Weitere Fragen, die dringend gestellt werden müssen, sind: Die Gültigkeit und Entwicklung des wissenschaftlichen Fortschritts hängt von kritischer Bildung ab. Müsste es also nicht notwendig sein, dass Schüler mit dem Bewusstsein ausgestattet werden, dass sie jede Information und Quelle hinterfragen müssen, dass sie dieses Recht haben sollten und dass dies als eine der absoluten Grundvoraussetzungen in der Bildung angesehen werden sollte?

Haben die vermittelten Informationen etwas mit dem täglichen Leben zu tun, wird die Person zu einem freien und verantwortungsbewussten Bürger erzogen oder wird sie zu einem passiven Bürger erzogen, der alles gutheißt und sich nicht widersetzt?

Wenn der Unterricht langweilig und uninteressant ist, müsste dann nicht der Unterrichtsstil angepasst werden, wie kann sichergestellt werden, dass Kinder gerne und freiwillig zur Schule gehen? Sollte Schule nicht Allgemeinbildung sein, also die Schülerinnen und Schüler aufklären und befähigen, selbstständig an komplexe Aufgaben zu denken und daran zu arbeiten?

Sollte Schule nicht eine anregende Wirkung auf die Persönlichkeitsentwicklung haben, oder müssen vor allem didaktische Formen den Geist des Kindes dogmatisch von oben füllen?

Wenn sich die Schule nicht von dogmatischen Strukturen befreien kann, wird sie zu einem Trainingslager, fast zu einem Militärlager. In diesem Lager sollten also Menschen gefügig gemacht, gehorsam erzogen werden, die im Einklang mit dem Ziel des Systems lernen. Und zielt es auch darauf ab, grundlegende, lebenswichtige Bedeutungen zu zerstören, Gleichgültigkeit zu fördern, emotionale Abhängigkeit und instabiles Selbstvertrauen aufzubauen und Gewohnheiten durch routinemäßige, ständige Aufsicht, Überwachung und Kontrolle von Kindern zu schaffen?

Wenn das so ist, wenn das das Ziel ist, dann ist es diesem System gelungen, uns gemäß seinem Willen der Weltanschauung bedingungslos zu akzeptieren.

Eine weitere Frage ist diese: Nutzt die heute geforderte Leistung die unterschiedlichen Potenziale jedes Kindes?

Möglicherweise, kaum!

Dies sind für einige Erkenntnisse sehr schwere und mühsam verdauliche Fragen, aber sie sind dennoch notwendig. Auf den ersten Blick sieht alles in diesem System gar nicht so schlecht aus und ist so vertraut, dass es unbemerkt als normal gilt. Doch auf den zweiten Blick tauchen Fragen auf. Das heutige Schulbildungssystem war einst dem damaligen Zeitgeist angemessen und nützlich, aber angesichts der heutigen Fortschritte ist es völlig deformiert und richtet nun mehr Schaden als Nutzen an.

Kinder können viel mehr tun, als wir denken, wenn sie interessiert sind. Wer nicht interessiert ist, verliert an Konzentration, wer gezwungen wird, kann sein Selbstvertrauen verlieren und wird geschwächt. Denn die Anerkennung des Systemerfolgs hängt immer von guten Noten ab. Die auferlegten Zwänge fördern – vorübergehend – ungewollt den Lernzwang, sonst gibt es eine schlechte Note. Die Kinder lernen also eine Sache, die sie lernen müssen, um die Klasse zu bestehen, oder weil sie scheitern, wenn sie es überhaupt nicht lernen. Also, in beiden Fällen lernen sie, dass dies eine Strafe ist.

Verpflichtungen und Zumutungen

Dabei handelt es sich um eine zeitliche Abhängigkeit, das heißt, dass sich Schulanfänger beim ersten Lernen zu einem bestimmten Zeitpunkt an einem bestimmten Ort aufhalten müssen. Solange diese Abhängigkeit als optionale Aufgabe reifen kann, hört sie auf, eine Notwendigkeit oder Verpflichtung zu sein und wird zu einer Verantwortung, die man gerne übernimmt. Wenn das Kind dies nicht so wahrnimmt, bleibt die innere Belastung, die bestimmte Verpflichtungen und Zumutungen mit sich bringt, eine Last, die es ein Leben lang tragen muss. Und diese innere Not wird es in Zukunft wohl auch auf sein Geschäftsleben übertragen.

Was der Lehrplan vorschreibt und welche Auflagen er stellt, sollte von der Schule und den verantwortlichen Lehrkräften umgesetzt werden. Da es sich um eine etablierte Funktionalität handelt, kann die einwandfreie Ausführung dieses Systems eine Frage des reinen Gehorsams sein. Daher sollte es im festgelegten Zeitrahmen und mit der vorgesehenen Informationsdichte erfüllt werden. Dabei geht es darum, dass es in kurzer Zeit der sicherste Weg ist, bei den meisten Kindern die Lust am Lernen völlig zu eliminieren. Für Kinder wird Lernen nicht mehr mit Kreativität, Experimentierfreude und Lust auf Spaß in Verbindung gebracht, sondern mit Zwang und Langeweile, die keinen Sinn mehr ergeben.

Bestimmungen des Lehrplans

Die Durchsetzung des Lehrplans steht in direktem Zusammenhang mit dem Lerngebot und bezieht sowohl Lehrer als auch Schüler mit ein. Sie legen Regeln fest, was, wann und wie gelernt und ausnahmslos praktiziert werden soll. Dabei stehen nicht nur die Schüler unter Stress, sondern auch Lehrer und Eltern sind in diesen Stress einbezogen. Um sicherzustellen, dass die im Lehrplan festgelegten Lernziele in Vollzeit erreicht werden, bleibt den Lehrern nur eine Möglichkeit: schnelles und hartes Training. Während von Hausaufgaben erwartet wird, dass sie die Informationen des Unterrichts vertiefen und erfolgreich verarbeiten, führt die Situation oft zum Gegenteil. Denn es reicht nicht aus, jeden Tag stundenlang still zu sitzen – insbesondere für Schulanfänger – und sich die Themen in vielen verschiedenen Fächern anzuhören, sondern gleichzeitig verschlingen die Hausaufgaben, die fast jede Unterrichtsstunde mit sich bringt, die außerschulische Zeit der Kinder, was zu einer herzzerreißenden Notwendigkeit wird. Und das bereits erlernte Wissen nützt ihnen im täglichen Leben kaum oder gar nichts.

Schülertaktiken gegen Fehlfunktion der Systeme

Manche müssen unfreiwillig einige Taktiken entwickeln und umsetzen. Wenn es stimmt – „Entweder du machst es so oder du bist draußen" –, dann wird dieses Bewusstsein der Notwendigkeit, das auf den Menschen angewendet wird, ihn unweigerlich zu einer gewissen List verleiten, und es wird ihm nicht unbequem sein, einige Taktiken zu entwickeln. Diese Taktiken reichen oft vom Vortäuschen, etwas zu verstehen, über Betrug, Auswendiglernen oder sogar Improvisieren bis hin zum Schummeln bei schriftlichen Prüfungen. Und sicherlich haben wir alle mehr oder weniger unweigerlich auf diese Täuschungen zurückgegriffen. Wenn wir also zurückblicken, was fühlen und denken wir?

Ist das alles nur als angenehme Erinnerung geblieben, über die wir lächeln können? Ist das alles?

Es gibt zum Beispiel noch mehr. Wir haben gelernt, dass wir nicht immer ehrlich vorankommen können, und haben dies in den folgenden Jahren, insbesondere in unserem Geschäftsleben, optimiert und dies auch weiterhin getan. Einige von uns sind innerhalb der Grenzen der Ehrlichkeit geblieben (Vertrauen sollte niemals verloren gehen), was einen großen Teil der Menschheit umfasst, während andere von uns daraus ein Profit-Nutzen-Prinzip gemacht haben und bewusst oder unbewusst zu unverzichtbaren Helfern bei der Umsetzung dieses Systems geworden sind. **Sprichwort (nur umgekehrt): „Was Hänschen lernt, lernt Hans immermehr!"**

Obwohl das Auswendiglernen als wichtigste Taktik der Schüler vorherrscht, gab es nie das Bewusstsein, dass es sich um eine Verteidigungstaktik oder eine vorübergehende Lösung handelt, mit anderen Worten, dass es sie nicht gibt. Das aufgezwungene Wissen unseres Bildungssystems bleibt nur bis zu den Prüfungen im Gedächtnis! Hier bricht die Realität zusammen. Die Tatsache, dass das gesamte in den Schulen vermittelte Wissen von unserer Jugend in keinem Lebensbereich genutzt wird, offenbart die Schuld unseres Bildungssystems. Unterstützt unsere Ausbildung das Lernen, nur um Prüfungen zu bestehen?

Es ist Zeit, die Rechnung zu begleichen. Es kann der Schluss daraus gezogen werden, dass die Schüler das erworbene Wissen nicht auf das reale Leben anwenden können, dass sie das in den Schulen gelernte Wissen auf der Auswendiglernen-Ebene lernen, d. h. dass es kein Bildungsverständnis gibt, das auf Fragen und Denken basiert, dass das Wissen nicht mit dem Alltag verbunden ist und darüber hinaus auf einem niedrigen Niveau vermittelt wird. Bildet unser Bildungssystem unsere Kinder nicht aus, sondern bereitet sie nur auf die Prüfungen vor?

Daher gilt es zunächst, unseren Kindern den Prüfungsdruck zu ersparen. Es ist sicher, dass die Beseitigung von Prüfungen neue Ungleichheiten und Ungerechtigkeiten in einem bereits ungleichen Bildungssystem schaffen wird. Das Kriterium der Prüfungen besteht darin, den Speicher in kurzer Zeit mit einer Vielzahl von Daten und Informationen zu füllen und diese in der Prüfung zu nutzen, denn sie zielt auf den Sprung in eine höhere Klasse ab. Im wahrsten Sinne des Wortes haben Kinder keine Motivation, frei zu lernen, und die Liebe zum Wissen entwickelt sich nie. Ohne das Bewusstsein der Liebe kann nichts erreicht werden. In dieser Leistung findet der Bildungswahn unserer Zeit seinen Niederschlag.

Diese Situation ist unweigerlich vergleichbar mit einem Rennpferd, das so schnell wie möglich springt, um von einer Etappe zur nächsten zu gelangen. Am Ende bleibt nur eine Lehre übrig, nämlich die Lehre des schnellen Auswendiglernens und Bestehens. Folglich sind wir gezwungen, die Lernfächer, die nicht in unserem speziellen Interessengebiet liegen, rasch zu verwerfen. Erfolg haben dabei diejenigen, die eine schnelle Auffassungsgabe und zumindest ein gutes Kurzzeitgedächtnis besitzen. Tatsächlich handelt es sich bei diesen Fähigkeiten um Fähigkeiten, die in der Familie und/oder im Kindergarten vor dem Schulalter erworben werden können. Damit dem Kind dies aber gelingt, muss es Glück haben und die Eltern ihm auf jeden Fall genügend Aufmerksamkeit schenken. Andernfalls kann es sein, dass es nicht als „erfolgreich" definiert wird. Denn im gegenwärtigen Bildungssystem wird der Wissenstransfer von der Theorie in die Praxis, also die Fähigkeit, verwertbare Rohstoffe sinnvoll zu nutzen, wohl kaum gelingen. Anstatt die Strukturen von Konzepten zu erkennen, in einem objektiven Kontext zu denken, Analogien herzustellen und unterschiedliche relative Informationen bewerten zu können, soll eine bestimmte Leistung erbracht werden, unabhängig davon, ob die Hintergründe verstanden werden, ob sie sinnvoll sind oder nicht. Wenn dies so bleiben soll, wird dieses System überhaupt nicht mit den Grundprinzipien der modernen Schulbildung vereinbar sein.

Disziplin und Gehorsamkeit

Wie der Soziologe **Max Weber** betont: Gehorsam bedeutet, dass die Handlung des Gehorsams im Wesentlichen die Ausführung des Inhalts des Befehls ist, als hätte er sein Verhalten um seiner selbst willen und einfach um der offiziellen Gehorsamsbeziehung willen maximiert, ohne seine eigene Sicht auf den Wert oder die Wertlosigkeit des Befehls zu berücksichtigen. Der erwartete Gehorsam bringt Passivität, aber solange der Erzieher bestimmte Grenzen seiner Autorität nicht überschreitet und gegenseitiges Vertrauen aufrechterhält, kann er diesen Gehorsam so erreichen, wie das Kollektiv davon profitiert. Sich in einer „mächtigen" Position zu befinden, sollte nicht automatisch bedeuten, dass man seine Macht in eine unterdrückende Richtung nutzt.

Generell besteht ein deutliches Machtgefälle zwischen Pädagogen und Auszubildenden. Diese Unterschiede ergeben sich nicht nur aus der Anhäufung von Wissen und Erfahrung, sondern auch aus der Verantwortung der Ausbildungs- und Betreuungsaufgabe. In Fällen, in denen Lehrer immer noch ein gewisses Maß an Gewalt/Unterdrückung gegen Kinder anwenden – auch wenn diese nicht bis in die physische Dimension reicht – und in ihren Klassenzimmern eine sehr autoritäre, bedingungslose Herrschaft etablieren, sollte die Situation nicht ignoriert werden. Natürlich existiert der Stock heute nicht mehr physisch, aber entgegen dem Anschein herrscht immer noch das alte autoritäre System.

Ivan Illichs Werk „**Die Schullosigkeit der Gesellschaft**" erschien erstmals 1970 in den USA unter dem Titel „Deschooling Society". Wie der Titel nahelegt, offenbart Illich in seinem Buch eine Vielzahl radikaler Thesen, die im Kontext der Zeit gesehen werden müssen, wäre es heute geschrieben worden. **Illich** kritisiert in dem Buch die Institutionalisierung einiger wichtiger Werte. Da in den von ihm genannten Bereichen keine „Deinstitutionalisierung" stattgefunden hat, lässt sich diese Kritik zweifellos auf die heutigen Verhältnisse übertragen. Beispielsweise wird davon ausgegangen, dass medizinische Behandlung mit Gesundheit, Polizeischutz mit Sicherheit und Sozialarbeit mit Verbesserung des Gemeinschaftslebens verwechselt wird. Ihm zufolge führt die Institutionalisierung von Werten dazu, dass die falsche Annahme verbreitet wird, dass Werte nur verbessert werden können, wenn den entsprechenden Institutionen immer mehr finanzielle Ressourcen zur Verfügung gestellt werden. Bedürfnisse, die nicht auf Materialität basieren sollten, wie im Gesundheitsbereich, werden so in Waren umgewandelt und als Ergebnis dieser Dienstleistungen akzeptiert. Anhand seiner Untersuchung des Schulsystems soll deutlich gemacht werden, dass beispielsweise das öffentliche Bildungssystem, aber auch die Politik und das Familienleben von der Entschulung der Gesellschaft profitieren werden. Deshalb muss nicht nur das Bildungssystem „entschult" werden, sondern die Gesellschaft als Ganzes, um die allgemeine Frage nach der Wechselbeziehung zwischen der menschlichen Natur und der Natur moderner Institutionen zu stellen, die unsere Sprache und unsere Sicht auf die WELT bestimmt, brauchen.

Lernen fürs Leben?

Lernen wir in unseren Schulen fürs Leben?
Die Antwort liegt auf der Hand: Nein. Mit wenigen Ausnahmen wurden Kinder und Jugendliche auf eine Gesellschaftsform konditioniert, die nicht dafür dient, was er verspricht. Was sie lernen, nützt ihnen im täglichen Leben kaum oder gar nichts. Sie wachsen in Angst auf und wissen nicht, ob sie ihren Lebensunterhalt bestreiten. Man hat uns glauben lassen: Wer gut ausgebildet ist, bekommt einen guten Job. Doch draußen herrscht eine andere Realität. Jeder bemüht sich, seinen Beruf mit viel Hingabe auszuüben. Dennoch ist es nicht selten der Fall, dass man beruflich unzufrieden ist. Schön wäre es, wie der Konfuzius (551 – 479 v. Chr.) sagte: „Wähle einen Beruf, den du liebst, und du brauchst keinen Tag in deinem Leben mehr zu arbeiten."

Darüber hinaus werden viele wichtige Kompetenzen in der Schule nicht vermittelt und nicht als Kernkompetenzen anerkannt und gefördert. Dazu gehören alle sozialen Fähigkeiten, vor allem künstlerische und kreative Fähigkeiten, und in manchen Ländern ist auch die Wertschätzung handwerklicher Fähigkeiten sehr gering. Immer mehr Berufswege erfordern einen Schulabschluss – ein Abschluss, der bald nicht mehr das Papier wert ist, auf dem er steht. Und im Ernst, es kann so gefragt werden: Was kann jemand mit Abitur tun? Wenig. Nur, wenn sich dieser junge Mensch dieses Wissen woanders angeeignet hat, durch sein Engagement in einem Verein oder in einem Job außerhalb der Schule.

Aladin El-Mafaalani hat eine besondere Perspektive auf das Paradox. Der Pädagoge und Soziologe wurde mit seinem ersten Buch „Das Integrationsparadoxon" zum Bestsellerautor und greift nun ein weiteres kontroverses Thema auf. „**Der Mythos der Bildung. Ungerechte Gesellschaft, Bildungssystem und seine Zukunft**".

Bildung ist der Schlüssel zur wirtschaftlichen, sozialen, kulturellen und zumindest politischen Teilhabe in unserer zunehmenden Bildungs- und technologiegetriebenen Gesellschaft. Gut ausgebildete Menschen gelangen schneller und dauerhafter in den Arbeitsmarkt, sind flexibler in ihrer beruflichen Laufbahn und haben mehr Entwicklungsmöglichkeiten. Folglich ist die Wahrscheinlichkeit, dass sie langfristig arbeitslos sind, geringer. Gut ausgebildete Menschen sind gesünder und haben im Durchschnitt eine längere Lebenserwartung als Menschen mit geringerer Bildung. Schließlich zeigen sie eine größere Flexibilität und nehmen viel häufiger und intensiver an gesellschaftlichen und politischen Prozessen teil, während ein niedriges Bildungsniveau auch zu sozialer (Selbst-) Ausgrenzung und erheblichen gesellschaftlichen Kosten führt.

In der **Frankfurter Rundschau**, 02. September 2021, veröffentlichte er den Artikel „**Das alte Schulsystem: warum ignoriert die Politik Kinder?**".

Das aktuelle Schulsystem ist veraltet und unzureichend. Die Zukunft der nächsten Generation deutet darauf hin, dass in der Pandemie Bildungspolitiker eine schnelle Rückkehr in den „normalen Zustand" anstrebten, der oft vor der Krise als fast ideal bezeichnet wurde. Man muss die Situation in Frage stellen, die man für normal hält. Warum ignoriert die Politik Kinder und Jugendliche? (…) Warum hören wir seit Jahrzehnten, stets kurz vor den Wahlen, wie wichtig unsere Kinder sind und die Schulen und die Bildung – und doch passiert nicht viel?

Zudem werden viele Kinder ständig von normfreundlichen Lehrern geächtet. Möglicherweise neigen wir dazu, Kinder auszusortieren. Wir durchforsten weiterhin das Standardsieb vieler unserer Kinder, die den Erwartungen des Systems nicht gerecht werden können. Wie viele Talente bleiben zurück, wie viele Kinder werden unwillkürlich in die falsche Richtung getrieben? Was passiert mit Menschen mit körperlichen Behinderungen, haben sie eine besondere Chance?

Und noch dazu: Sind also Privatschulen, die eine bessere Bildung versprechen, besser als öffentliche Schulen? Bevor wir dieser Frage nachgehen, müssen wir die folgende Frage beantworten: Haben Kinder mit unzureichendem Familienbudget eine Chance, bezahlte Schulen zu besuchen?

Tatsächlich können wir bezahlte Bildung buchstäblich mit der folgenden Situation vergleichen: Wer nicht über ausreichende finanzielle Mittel verfügt, kann keine Bio-Produkte kaufen. Infolgedessen leben wir in einem unfairen System und haben uns so sehr daran gewöhnt, dass unsere Sicht auf die Ereignisse sehr begrenzt und verschwommen geblieben ist. Denn die Lehre des Materialismus wurde uns schon in jungen Jahren beigebracht, das heißt, die Grundlage unserer Weltanschauung basierte auf der Philosophie „**Wer gut schmiert, der fährt auch gut**".

Aber so muss es wirklich nicht sein. Deshalb braucht die Behindertenstruktur eines veralteten Schulsystems dringend mehrere tragende Säulen, denn wir können die Gesellschaft mit einem biologischen Organismus vergleichen, der aus Teilen besteht, die jeweils unterschiedliche Funktionen erfüllen. In diesem Fall erfolgt, wie bei jedem lebenden Organismus, die Aufrechterhaltung seiner Vitalität durch eine neue Generation von Individuen in einer Weise, die dieser Struktur durch die Stärkung ihres eigenen Immunsystems zugutekommt. Sollten wir also der Bildung nicht in erster Linie die gebührende Bedeutung beimessen?

Welche Konsequenzen dies haben kann, zeigen die „**PISA**"-Studien[12], wenn wir ihnen nicht genug Bedeutung beimessen. Die erste PISA-Studie war ein Schock, weil deutsche Schülerinnen und Schüler im internationalen Vergleich unterdurchschnittlich abgeschnitten haben. Die Studie zeigte auch einen

---

12 Die von der Organisation für wirtschaftliche Zusammenarbeit und Entwicklung (OECD) in Auftrag gegebene Schulleistungsstudie PISA International bewertet die Kompetenzen von 15-Jährigen in den Bereichen Lesen, Mathematik und Naturwissenschaften. Seit dem Jahr 2000 wird die PISA-Erhebung alle drei Jahre durchgeführt. Ziel der PISA-Studie ist es, aufzuzeigen, inwieweit Schülerinnen und Schüler am Ende ihrer Pflichtschulzeit wichtige Kenntnisse und Fähigkeiten erworben haben, die für eine umfassende Teilhabe am Leben moderner Gesellschaften erforderlich sind.

klaren Zusammenhang zwischen der sozialen Herkunft und den schulischen Leistungen. Die neuste PISA-Studie 2018 wurde im Dezember 2019 veröffentlicht. Weltweit nehmen 79 Länder und mehr als 600.000 15-Jährige an PISA teil. Deutschland landet dabei gerade mal auf **Platz 30,** noch hinter Großbritannien, Schweden, den Niederlanden, Frankreich, Portugal und Russland. Die durchschnittlichen Leseleistungen in Deutschland sind nach den Verbesserungen bis 2012 wieder auf das Niveau von 2009 zurückgegangen. Am stärksten abgefallen sind in Deutschland die Ergebnisse der Schülerinnen und Schüler in den Naturwissenschaften.

Wie geht es den Lehrern?

Der Aufbau einer neuen Generation auf solidem Fundament liegt in den Händen der Lehrer, und sind wir sicher, dass wir ihnen die nötige Bedeutung beimessen?

Damit ein Lehrer seinen Beruf effizient genug ausüben kann, darf er keine materiellen oder geistigen Probleme haben, die sein Leben behindern. Aber meistens zeigt sich das Gegenteil. Auch der weltweite Druck auf Lehrkräfte ist nicht zu übersehen. Am stärksten betroffen sind die Länder, die aufgrund politischer, wirtschaftlicher und sozialer Schwächen die besten Voraussetzungen für Repression bieten. Zum Beispiel die Beobachtung des jüngsten Ereignisses im Iran. Im Iran wurde der Kampf der Lehrer für gerechte Löhne, bessere Renten, kostenlose öffentliche Bildung, ein Ende der Privatisierung des Bildungswesens, die Verfolgung von Lehrergewerkschaften und die Freilassung inhaftierter Lehrer in den letzten Monaten fortgesetzt. Am 14. Oktober 2021 veranstalteten Lehrer in fast 50 Städten nach Aufruf des Koordinierungsrats der iranischen Lehrergewerkschaften Kundgebungen und Demonstrationen. Derzeit sitzen die ihm gefolgten Lehreraktivisten aufgrund verschiedener erfundener Anschuldigungen des Geheimdienstministeriums und der Justiz der Islamischen Republik Iran im Gefängnis[13]. **Bei näherer Betrachtung scheint es schwierig zu sein, als Lehrer in Würde zu leben, was darauf hindeutet, dass es als Menschenfamilie unmöglich ist, sich dafür nicht zu schämen.**

Gibt es noch mehr? Ja, gibt es! „Fulbright-Abkommen"

Das **Fulbright-Programm** ist eines der Kulturaustauschprogramme, dessen Ziel die Entwicklung interkultureller Beziehungen und kultureller Kompetenzen durch den Austausch von Wissen und Fähigkeiten zwischen den Vereinigten Staaten und anderen Ländern ist.

Das Fulbright-Programm, das renommierteste Stipendienprogramm in den Vereinigten Staaten, wurde 1946, nach dem Zweiten Weltkrieg, vom US-Senator (Demokrat) **J. William Fulbright** gegründet, um durch Bildungs- und Kulturaustausch ein gemeinsames Verständnis zwischen den Ländern zu entwickeln. Es begann mit einem Gesetzesentwurf, dem er sich unterwarf, und wurde nach ihm benannt. Dank dieses Programms profitieren amerikanische Studenten und Künstler von Bildungs- und Forschungsmöglichkeiten in vielen Teilen der Welt, während Studenten, Lehrer und Akademiker aus der ganzen Welt in den Vereinigten Staaten forschen und eine Ausbildung erhalten können. Derzeit gibt es weltweit insgesamt mehr als 180 Länder, von denen 51 über eigene duale Fulbright-Kommissionen verfügen. Deutschland trat **1952** bei, WE-Hochkommissar John J. McCloy und Bundeskanzler **Konrad Adenauer** unterzeichneten das „**Fulbright-Abkommen**".

---

13 https://www.labournet.de/interventionen/solidaritaet/iran-unter-drueckung-von-lehrergewerkschaftern-und-aktivisten-geht-weiter-ihr-kampf-auch/

Ist die Fulbright-Organisation so harmlos, wie es scheint?

Fulbright ist in Deutschland hauptsächlich für die Vergabe von Stipendien bekannt. Der Initiator des Programms, Senator J. William Fulbright, beabsichtigte nach dem Zweiten Weltkrieg, den internationalen Austausch von Studierenden und Wissenschaftlern zu fördern, um so Bindungen zwischen den Ländern zu knüpfen. Deshalb werden die Aktivitäten dieser US-amerikanischen Organisation in nahezu allen Ländern fortgesetzt, die überwiegend unter seiner wirtschaftlichen und politischen Herrschaft stehen. Sie umfasst harmlose Namen wie die Fulbright-Kommission, das Fulbright-Bildungszentrum und das Fulbright-Stipendium. Haben wir es hier mit einer bewussten Operation zu tun, die möglicherweise über unsere Vorstellungskraft hinausgeht?

Die von Fulbright beauftragte Präsidentin Deutschlands, derzeit US-amerikanische Politikwissenschaftlerin Cathleen Fisher, die seit 2021 als Exekutivdirektorin der Fulbright-Kommission fungiert, wird Ende August in die Vereinigten Staaten zurückkehren und ab September 2023 wird der Vorstandsvorsitzende, Herr Hakan Tosuner, als neuer Exekutivdirektor der Fulbright-Kommission beitreten. Vor 20 Jahren hätte ich diese Frage nicht gestellt, aber jetzt frage ich mich, was etwas seltsam ist: Warum sollte ein Türke als Direktor (früher ein Amerikaner) einer deutschen Bildungskommission beitreten, während die türkische Fulbright-Kommission einen amerikanischen Direktor hat? Es scheint, dass dies die Fulbright-Politik ist und demnach der richtige Führer für jedes Land ein Ausländer sein muss.

Wer war der Gründer dieses Systems, James William Fulbright (1905–1995)?

James Fulbright war ein amerikanischer Politiker der Demokratischen Partei, von 1945 bis 1974 Mitglied des US-Senats und einer der führenden amerikanischen Politiker. Er wurde 1993 von Präsident Clinton mit der Presidential Medal of Freedom geehrt. Außerdem war er seit 1966 fast sein restliches Leben lang der Mentor der Clintons. Wenn diejenigen, die noch nie von Fulbright gehört haben, die amerikanische Demokratische Partei und insbesondere die Familie Clinton gut kennen, werden sich ihre Gesichtsausdrücke sofort ändern. Denn, es gibt ein Sprichwort: **„Zeig mir deine Freunde und ich sag dir, wer du bist"**, das passt genau hier zur Definition dieser Persönlichkeit. Er war nicht nur ein Mentor, sondern auch ein leidenschaftlicher Rassist und Separatist. In der Einleitung des Fulbright-Programms wird das Gegenteil betont und lautet wie folgt: Jeder kann sich bewerben, unabhängig von Sprache, Religion, Rasse oder Geschlecht.

Nun, die **Frankfurter Allgemeine Zeitung** vom 12. Mai 2022 schreibt: „J. W. Fulbright wird als Wegbereiter des internationalen Wissenschaftsaustausches bislang respektiert. In Arkansas ist ihm sogar eine Statue gewidmet. Doch der verstorbene Senator war auch ein bekennender Rassist."

Wie können also Rassismus und Ehrenhaftigkeit miteinander verknüpft werden? Obwohl Fulbright ein talentierter und einflussreicher Politiker war, war sein Rassismus offensichtlich. Er befürwortete das **Southern Manifesto**[14], lehnte das **Browns Board of Education** ab[15], verstieß gegen das Bürger-

---

14 Das Southern Manifesto wurde im Februar und März 1956 von Mitgliedern des US-Kongresses (Abgeordnete und Senatoren) verfasst, um ihren öffentlichen Widerstand gegen die Rassenintegration zum Ausdruck zu bringen und sich damit gegen Diskriminierung einzusetzen. Es wurde geschrieben, um die Entscheidung des Bildungsausschusses über die Integration von Schwarzen in öffentliche Schulen zu unterstützen.

15 Das Browns Board of Education ist die Sammelbezeichnung für fünf Fälle von Rassendiskriminierung an öffentlichen Schulen vor dem Obersten Gerichtshof der Vereinigten Staaten von 1952 bis 1954. In Sammelklagen der betroffenen Eltern gegen die vier Bundesstaaten und das Bundesterritorium wurde der Standpunkt vertreten, dass einzelne Studenteneinrichtungen aufgrund ihrer Hautfarbe gegen den Gleichheitsgrundsatz der Verfassung der Vereinigten Staaten verstoßen.

rechtsgesetz von 1964 und stimmte gegen das Wahlrechtsgesetz von 1965. Er stimmte sogar für die Eigenstaatlichkeit Hawaiis, dessen Bevölkerung größtenteils nicht weiß war, um es aus der Union herauszuhalten. Das Außenministerium hat Hillary Clintons Namen 2013 in sein Stipendienprogramm aufgenommen. Es war bereits bekannt, dass Fulbright Bill Clintons Karriere und damit auch Hillarys Karriere vorantrieb.[16]

Warum hielten die Clintons an ihrer Beziehung zu ihm fest?

Bei den Gerüchten über die Clintons geht es nicht nur um unschuldige, gewinnorientierte Bestechungsgelder, und Korruption, die Bandbreite ihrer Anschuldigungen ist ziemlich lang und reicht bis hin zu Blutdurst (Ganz zu schweigen davon, welche Art von Blutdurst sie haben.).

---

16 https://thefederalist.com/2016/09/19/why-is-hillary-clinton-still-honoring-a-segregationist-and-anti-semite/

ETHIK IN DER WISSENSCHAFT

Wenn wir Wissenschaft definieren, stoßen wir auf eine Reihe positiver Beschreibungen, die in der menschlichen Zivilisation eine wichtige Rolle spielen werden. Wissenschaft muss zunächst auf soliden Grundlagen, Wissensproduktion und Forschungsaktivitäten basieren, die darüber hinaus durch organisierte, kategorisierte Experimente und Beobachtungen untersucht werden. Es ist die Integration des Wissens und der Erfahrungen der Zeit, die in verschiedenen Disziplinen systematisch gesammelt, erweitert, gelehrt und übertragen werden. Wissenschaft ist auch die Entdeckung von Verbindungen. Dies muss nicht immer zwischen denselben Wissenschaftsdisziplinen der Fall sein, manchmal kann es Verbindungen zwischen verschiedenen Zweigen geben. Wir können die Mikrobiologie nicht von der medizinischen Wissenschaft trennen, andere Anwendungsbereiche, in denen die Mikrobiologie aktiv genutzt wird, sind beispielsweise die Landwirtschaft und die Industrie. Ebenso ist das Spektrum der Einsatzgebiete der Chemie recht breit gefächert und reicht von der Pharmaindustrie über Kosmetik und Lebensmittel bis hin zur Industrie. Vielleicht reicht der Erfolg eines Wissenschaftlers aus dem Grund nicht aus, nur ein Experte auf seinem Gebiet zu sein, sondern erfordert auch, dass er ein vielseitiger Denker ist und im Mittelpunkt der Forschungstätigkeit Kreativität, Sensibilität, Akribie und Ausdauer, Stressbelastbarkeit und andere Fähigkeiten stehen. Daher ist es nicht ungewöhnlich, dass viele Wissenschaftler gute Musiker oder Maler sind. Doch egal wie talentiert und einfallsreich diese Person auch sein mag, wenn sie sich nicht hartnäckig auf ihr Ziel konzentriert, hat sie möglicherweise keine Chance auf einen revolutionären Durchbruch. In der Tat haben die Wissenschaftler ein heiliges Ziel: Sie müssen neue Anwendungsbereiche für die Akkumulation von Wissen schaffen, die dem modernen Fortschritt der gesellschaftlichen Struktur und der kollektiven Integrität dienen, das Leben des Menschen erleichtern und ihm zugutekommen. Wissenschaft sollte nicht politisch-ideologischen Zwecken dienen. Denn der Standpunkt der Wissenschaft erfordert eine besondere Perspektive, der Standpunkt des Wissenschaftlers die Strenge eines Künstlers. Er kann die ethischen Phänomene, die in der ganzen Gedankengeschichte verankert sind, nicht ignorieren. Die Verbindungen eines Wissenschaftlers zu seiner sozialen Struktur erfordern also, dass er diese Verantwortung trägt. Jeder Wissenschaftler sollte sich darüber im Klaren sein, dass seine Entdeckungen/Entwicklungen guten oder schlechten Nutzen haben können. Hier muss nicht betont werden, wie wichtig es ist, dass die Wissenschaft sich an menschliche Werte und soziale Ethik hält, und natürlich braucht der junge Wissenschaftler ein angemessenes Maß an moralischer Ausrüstung. Aber im Allgemeinen basiert diese Art des Denkens und Erwartens fast auf Optimismus und ist wahrscheinlich unrealistisch. Im besten Fall bleibt es ein gut gemeintes Wunschdenken.

Natürlich können wir nicht alle Wissenschaftler in einen Topf werfen und ihr moralisches Urteil in Frage stellen.

Einige Wissenschaftler sind aufgrund ihrer naiven und idealistischen Einstellung an das System gebunden (da sie nicht sehen können, was für ein System es ist), während andere ihre Karriere- und Verdienstinteressen bevorzugen, selbst wenn sie es für falsch halten, ignorieren sie es lieber und sie werden zu einem irreversiblen Teil davon. Und andere gehen freiwillig Vereinbarungen mit vollem Wissen, Verständnis und sogar Freude ein. Wir können es Korruption selbst nennen, und wenn wir einige aktuelle Ereignisse betrachten, können wir sagen, dass wir es mit einem tiefgreifenderen und weitreichenderen Phänomen zu tun haben, als wir denken. Darüber hinaus wäre es, wie wir von Zeit zu Zeit an vielen Beispielen sehen können, in manchen Fällen angemessener, es als Psychopathie und nicht als gewöhnliche Korruption zu bezeichnen. Ist es etwas, was niemand weiß, dass es unter Wissenschaftlern, wie in anderen Berufsgruppen, gierige, unehrliche, nullethische Raubtiere gibt?

Leider hat uns der Versuch, zu überleben und den Freuden des Lebens nachzugehen, daran gewöhnt, nicht nachzudenken. Die Intensität solcher Gewohnheiten führt uns zur Korruption, und so ist die Gesellschaft bereit, in den Abgrund getrieben zu werden, während sich die korrupten Politiker und Wissenschaftler einer korrupten Gesellschaft vermehren!

Die **Süddeutsche Zeitung** schreibt am 24. Februar 2018[17] einen unerwarteten Artikel: „**Die gekaufte Wissenschaft!**" Im Artikel: „Unternehmen bestellen Studien, engagieren Professoren und finanzieren ganze Institute, die in ihrem Sinne forschen. Das muss sich ändern. (...) Die Lobbyisten gehen dabei folgendermaßen vor: Zunächst suchen sie geeignete industrienahe Wissenschaftler, die bereit sind, die Meinungen der Unternehmen zu vertreten. (...) Man verspricht ihnen etwa, Publikationen in renommierten Journalen zu unterstützen und so die Wissenschaftskarrieren zu fördern. (...) Am stärksten ist die Wirkung in der Öffentlichkeit, wenn nicht oder kaum bekannt ist, dass die Wissenschaftler von der Industrie bezahlt werden; wenn der Eindruck entsteht, dass sie unabhängig sind."

Können wissenschaftliche Ergebnisse irgendwie verfälscht und zur Gewinnoptimierung genutzt werden, damit Lobbyisten die öffentliche und die politische Meinung dominieren können?

Thomas Kliche sagt in seinem Buch „**Korruption**": „Missbrauch ist oft eine erfolgreiche Strategie, weil die entsprechenden Texte oft nicht entdeckt und korrigiert werden." Selbst international preisgekrönte und kritische Intellektuelle können über Jahre hinweg eindeutig falsche Daten veröffentlichen und vielleicht trotzdem dafür gefeiert werden. Es gibt viele Fälle, wie anonymes Kopieren der Originalidee, geistigen Diebstahl, geringfügige Fälschung von Biografien und Daten, selektive Veröffentlichung von Ergebnissen, Vertuschung wichtiger grundlegender

---

17 https://www.sueddeutsche.de/wissen/forschungspolitik-die-gekaufte-wissenschaft-1.3875533

Verfehlungen durch Fachgesellschaften, Universitätsleitungen und Kollegen."

Thomas Kliche und sein Korruptionskollege liefern lediglich fundierte Hintergrundinformationen. Diese Informationen erreichen die Öffentlichkeit oft in Form von fehlenden oder verzerrten Sensationsgeschichten. Jetzt wissen wir, dass es überhaupt nicht falsch ist, Menschen können mit dem Versprechen von Geld, Karriere und Ruhm gekauft werden. Dazu gehören natürlich sowohl Wissenschaftler als auch Politiker. Während einige Wissenschaftler mutig ethische Grenzen überschreiten, sind andere noch dreister, haben keine Hemmung, Menschen zu schaden. Viele Industriezweige, insbesondere die pharmazeutische und chemische Industrie, nutzen seit jeher die Wissenschaft und korrumpieren Wissenschaftler unterschiedlicher Disziplinen für ihre Zwecke. Sie sind die Hauptfinanziers der heutigen wissenschaftlichen Forschung, einschließlich der großen Unternehmen und sogar des Militärs auf der ganzen Welt. Mit der Unterstützung dieser wissenschaftlichen Forschungen, Experimente, der Einrichtung von Labors, verkauften Wissenschaftsmedien und Tausenden von Gefolgsleuten, die ihnen dienten, wurde ein nahezu Weltklasse-Imperium aufgebaut. Der Schaden, den es verursachen wird, ist ungewiss, es ist klar, dass es definitiv nicht zum Nutzen der Menschheit ist. (sieh

Vergewaltigung der Menschheit im Namen der Wissenschaft!

Wir betrachten nur einige Fallstudien äußerst gefährlicher, korrupter Wissenschaftler, die Massenmord verursacht haben oder das Potenzial dazu haben. Einige Fälle davon können wir als vorsätzliche Vergewaltigung der Menschheit bezeichnen.

Fritz Haber[18]

Der deutsche Chemiker Fritz Haber behauptete, Gas sei eine humane Waffe und dass er Methoden entwickelt habe, um es an der Kriegsfront einzusetzen. Er war nicht der Erfinder von Biowaffen, aber dank ihm wurde der Zweite Weltkrieg zu einer chemischen Kriegsführung auf industrieller Basis. Sein Name wird im belgischen **Ypern** durch den massiven Einsatz von Giftgas im Jahr 1915 für immer in Erinnerung bleiben.

Unterdessen lebte sein schärfster Kritiker mit ihm unter einem Dach: Seine Frau Clara (Selbstmord? 1915) protestierte vehement gegen chemische Massenvernichtungswaffen. Im Sommer 1914 stand für Haber fest, dass seine Forschungen der militärischen Macht Deutschlands dienen sollten. Er bewarb sich sofort als Kriegsfreiwilliger. Am 4. Oktober 1914 veröffentlichten viele Zeitungen des Reiches einen Aufruf an die Welt der Kultur! Es war Gegenstand einer Studie, in der Wissenschaftler die Gräueltaten deutscher Truppen in Belgien diskutierten. Als Reaktion auf diese alliierten Vorwürfe beschlossen führende deutsche Journalisten und Intellektuelle, ein Manifest zu verfassen, in dem die Vorwürfe als unbegründet und das deutsche Vorgehen als reine Selbstverteidigung dargestellt wurde. Auch F. Haber unterzeichnete die Propaganda voller unbegründeter Anschuldigungen in den Nachrichten. Er widmete sich mit großer Energie dem Aufbau der Ammoniakproduktion bei der BASF, wo Deutschland große Mengen an Sprengstoffen und Düngemitteln herstellen konnte und jahrelange Kriege überstand. Er hat während dieses Prozesses hart gearbeitet. 1918 wurde Haber für seine Bewerbung mit dem Nobelpreis für Chemie ausgezeichnet, und es ist bis heute umstritten, warum Haber diese Auszeichnung verdient hat. Abgesehen davon war Fritz Haber ein stolzer Nationalist,

---

18 https://www.zeit.de/2014/08/erster-weltkrieg-chemiwaffen-giftgas-haber

doch verband ihn auch eine sehr enge Freundschaft mit Einstein, der seine jüdischen Wurzeln nie verleugnete.

Albert Einstein – Projekt Manhattan

Das Manhattan Engineer District (MED), später abgekürzt als **Manhattan-Projekt**, war der Codename für das Projekt, unter dem General Leslie R. Groves während des Zweiten Weltkrieges zur Entwicklung und zum Bau einer Atombombe ausgeführt wurde. Groves war der oberste militärische Entscheidungsträger, der das Manhattan-Projekt mit mehreren führenden Wissenschaftlern, Chemikern und Ingenieuren unter Leitung des Physikers Oppenheimers betreute.

Einstein war eher ein Theoretiker als ein Praktiker. Obwohl Einstein den Bau der ersten Atombombe unterstützte, war er nie direkt am Manhattan-Projekt beteiligt. 1932 verließ Einstein Deutschland, um an der Princeton University in den USA zu studieren. Im Jahr 1939 warnte Albert Einstein US-Präsident F. D. Roosevelt, dass die Atombombe möglich sei und dass die Deutschen kurz davorstehen könnten, sie zu haben. Gemeinsam mit anderen Wissenschaftlern forschte er zur Kernenergie. Als ihm die schrecklichen Auswirkungen der Atombombe bewusstwurden, schrieb er einen Brief an den damaligen amerikanischen Präsidenten Roosevelt. Er beschrieb die Wirkung der Bombe und lehnte ihren Einsatz als Kriegswaffe ab. Doch das Manhattan-Projekt ging weiter und führte zur Entwicklung von zwei Atombomben. Beide Bomben wurden auf Hiroshima und Nagasaki in Japan geworfen, die sich schließlich zur Kapitulation bereit erklärten und den Zweiten Weltkrieg beendeten. Die Folgen waren so schlimm wie nur möglich, Tausende unschuldiger Menschen wurden getötet. **Dieses Ereignis hat deutlich gezeigt, wie gefährlich unkontrollierte wissenschaftliche Experimente sein können.**

Auch heute, 75 Jahre später, erkranken Atombombenopfer immer noch. Die langfristigen Folgen radioaktiver Strahlung verursachen immer noch Krebs, selbst nach all den Jahren seit den Atombombenexplosionen in Hiroshima und Nagasaki. Die durch eine Atombombe verursachte Explosion tötet akut viele Menschen auf einmal, führt aber auf lange Sicht zu einer massiven radioaktiven Verseuchung der Region und damit noch von mehr der Menschen. Das Manhattan-Projekt wurde als Ergebnis von Albert Einsteins Wissen über in Deutschland hergestellte Atomwaffen konzipiert. Im Dezember 1941 wurde eine geheime Firma zur Entwicklung von Atomwaffen gegründet. Der Erzählung zufolge: Albert Einstein drückte sein tiefes Bedauern aus, dieses Projekt initiiert zu haben und Hiroshima und Nagasaki zerstört zu haben. In einem Interview sagte er gegenüber Newsweek: „Wenn ich gewusst hätte, dass die Deutschen keine Atombombe bauen könnten, hätte ich nie einen Finger gerührt."

Seitdem begann er, für den Frieden zu kämpfen. Er forderte wiederholt die Bildung einer Weltregierung, die in der Lage ist, den Frieden zu sichern und alle politischen Streitigkeiten beizulegen. Schließlich muss die Tatsache, dass er in dieses Geschäft verwickelt war, sein Gewissen verletzt haben. Also können selbst die größten Genies im Namen der Menschheit schreckliche Fehler machen, oder?

Dr. Fauci[19]

US-Gesundheitsexperte Anthony Fauci – seit Beginn der Corona-Pandemie sind in Amerika und auf der ganzen Welt alle Augen auf ihn gerichtet. **Anthony Stephen Fauci** ist ein amerikanischer Immunologe, seit 1984 ist er Direktor des Forschungsinstituts der US-amerikanischen Agentur „NIAID"[20]. Fauci stand

---

19 https://thefederalist.com/2022/01/11/fauci-is-an-unhinged-un-elected-bureaucrat-who-deserves-to-be-fired/
https://www.henrymakow.com/2020/04/Fauci-Criminal-History-of-Medical-Conspiracy.html
https://report24.news/fauci-im-nov-2019-buerger-haben-zu-wenig-angst-um-impfung-fuer-alle-durchzusetzen/
20 Das National Institute of Allergy and Infectious Diseases ist ein US-amerikanisches Forschungszentrum. Als eines von 27 Instituten ist es Teil der National Institutes of Health, die wiederum eine Behörde des US-Gesundheitsministeriums sind.

an vorderster Front bei den Bemühungen, die sogenannte Corona-Krise unter Kontrolle zu bringen. Gerüchten zufolge war er ein korrupter Tyrann, der Menschenrechte missachtet und illegale Experimente durchführt. Heute hat er das Rentenalter überschritten und verfügt über die Mittel, um zu bestimmen, welche Pharmaunternehmen oder Universitätsforscher wertvolle staatliche Mittel aus dem 5-Milliarden-Dollar-Jahresbudget des NIAID erhalten. Im Jahr 2012 wurde Fauci zu einem der fünf Führungsräte des von der Gates Foundation geschaffenen Global Vaccine Action Plan ernannt.

Im Oktober 2019 erhielten Fauci und sein NIAID 100 Millionen US-Dollar von der Gates Foundation, um „genbasierte" Behandlungen für HIV und Sichelzellenanämie[21] zu entwickeln. Das bedeutet, dass Fauci während der ersten Behauptungen über das neuartige Coronavirus in Wuhan, China, immer noch einen 35 Jahre alten Schwindel über HIV verbreitete.

AIDS-Betrug

In den 1990er-Jahren führte Dr. Fauci groteske AIDS-Impfstoff-experimente an Kindern von Minderheiten durch, die zu Organversagen, Missbildungen und Hirnschäden führten. Seit Jahren ist seine Haltung gegenüber falscher und schädlicher HIV-/AIDS-Forschung und der Verbreitung unbegründeter Theorien unbestreitbar. Robert Gallo, ein AIDS-Forscher, der unter Fauci arbeitete, hielt eine Pressekonferenz ab, um bekannt zu geben, dass er das AIDS-Virus „entdeckt" habe und sagte, es handele sich um HIV-humanes Immundefizienzvirus. In den Medien wurde AIDS als „Bedrohung für die öffentliche Gesundheit des Jahrhunderts" bezeichnet. Er ignorierte jedoch völlig alle wissenschaftlichen Verfahren veröffentlichter wissenschaftlicher Beweise, die zuvor von den Behörden überprüft wurden, ein-

---

21 Es handelt sich um eine genetische Erkrankung, die mit einer Verschlechterung der Struktur des Hämoglobins, das für den Sauerstofftransport im Blut verantwortlich ist, zusammenhängt.

schließlich der notwendigen elektronenmikroskopischen Analyse. Unterdessen flossen Millionengelder in das NIAID, um das neue Virus HIV zu erforschen. Fauci und Gallo argumentierten, dass AIDS auch sexuell übertragen werden könne, insbesondere bei schwulen Männern.

Obwohl der Test häufig falsch positive Ergebnisse lieferte (genau wie die heutigen Corona-Tests) und nicht direkt auf das angebliche Virus, sondern auf aktive Antikörper testete, brachten patentierte HIV-Tests weiterhin Millionen durch Bluttests ein, was laut der Immunologiepraxis nicht nur für Antikörper galt. Es deutet auf eine frühere Infektionsreaktion hin und nicht unbedingt auf das Vorhandensein von HIV. Dennoch erhielt dieser Betrug, obwohl Faucis Karriere noch heute als Präsident des NIAID andauert, Millionen von Dollar von der Bill & Melinda Gates Foundation und der Clinton Foundation sowie Dutzende Milliarden von US-Steuerzahlern für diese betrügerische Forschung. Trotz mehr als drei Jahrzehnten finanzierter Forschung und Milliarden von Dollar gibt es heute keinen wirksamen Impfstoff gegen HIV/AIDS.

COVID-19

Fauci hat dem amerikanischen Volk in den letzten zwei Jahren viele Lügen darüber erzählt, woher das Virus kommt, wen es am meisten betrifft und wie es gemildert werden kann. Aber je mehr Fragen nach seiner Kompetenz gestellt wurden, desto aggressiver wurde Fauci. Seine Abneigung gegen Transparenz war für viele besorgniserregend, aber das hinderte ihn nicht daran, seine Vorträge im Fernsehen und bei Kongresssitzungen fortzusetzen. Seltsamerweise gab es eine Videoaufzeichnung eines Expertengremiums um Fauci, in dem darüber diskutiert wurde, wie die dringend notwendige Impfstoffentwicklung eingeleitet werden könnte. Das Komische dran war, dass die Aufnahme auf November 2019 datiert wurde – sie wurden also kurz vor Ausbruch von Corona aufgenommen. Wie konnte das bitte sein, wenn die Pandemie einen natürlichen Ursprung hatte? Oder war es doch eine Plandemie?

Dieses rätselhafte Video wurde am 23. November 2019 vom Milken Institute unter dem Titel „Making Influenza History: The Quest for a Universal Vaccine" auf YouTube hochgeladen. Videoinhalte: „Es gibt derzeit keine größere Bedrohung für die globale Gesundheit, Sicherheit und Wirtschaft als das Auftreten eines hochansteckenden Grippevirus, das die nächste globale Pandemie auslösen könnte. Das jährliche Ereignis, das von den Medien als „Erkältungs- und Grippesaison" bezeichnet wird, hat den Eindruck erweckt, dass die Grippe unvermeidlich sei. Zunächst brauchen wir einen besseren Impfstoff, um jährliche Verluste zu verhindern – und einen Impfstoff, der vor der nächsten Pandemie verfügbar sein wird."

Aber sind wir so organisiert, dass wir die heutige Wissenschaft und Technologie voll ausschöpfen können, um einen wirksamen universellen Grippeimpfstoff zu finden?

Anthony Fauci wirbt nicht nur für den Nazi-Arzt Mengele mit seinen abscheulichen Experimenten, die ihn wie einen Philanthropen aussehen lassen, er hat auch nie verheimlicht, dass er die gefährliche Manipulation von Viren im Labor für „pandemiewürdig" hält. „Forschung" war ihm schon immer wichtiger als die Erhaltung der Gesundheit. Dass Fauci und seine Agentur die Corona-Experimente im Wuhan-Labor unterstützten und vorantrieben, ist längst erwiesen. Wenn darüber diskutiert werden muss, ob es sich bei dieser Corona-Pandemie tatsächlich um eine „Plandemie" und nicht um eine Pandemie handelt, müssen wir folgende Informationen hinzufügen:

Das im Jahr 2019 vor der Pandemie inszenierte Coronavirus-Szenario:
Was wir in den letzten Jahren erlebt haben, umfasst Ereignisse, die fast Gegenstand einer Science-Fiction-Serie sein könnten. Wer hätte gedacht, dass die gesamte Menschheit auf der ganzen Welt in solche Angst und Furcht verfallen würde und dass sie trotz kollektiver Hysterie fasziniert Hilfe bei Impfstoffen suchen würde. Niemand hätte in diesen Dimensionen daran denken können. **Wirklich, niemand?**

Das ist nicht wahr, es gibt einige (waren sie zu vorausschauend?), die denken konnten oder vielmehr dachten, dass es eine Epidemie geben würde. Sie haben dieses Szenario mindestens zweimal geprobt und die Testversion mit dem Ziel umgesetzt, ihre Auswirkungen zu untersuchen. Das erste Mal fand nach bisherigen Erkenntnissen am 19. und 20. Mai 2017 in Berlin im Rahmen der „G20-Krisensimulationsübung" statt. Schließlich kamen einige Institutionen und Persönlichkeiten zusammen, um dieses Szenario beim „Event 201" im Oktober 2019 in New York zu spielen. Hochrangige Teilnehmer, die sich einen Tag lang versammelt hatten, wurden vom Johns Hopkins Center for Health Security, dem Weltwirtschaftsforum und der Bill Gates Foundation zur Probe zur Vorbereitung auf die Pandemie eingeladen. Fast ein Dutzend Wissenschaftler, Wirtschaftsvertreter, Mitarbeiter des US-Gesundheitsministeriums, Vertreter der Vereinten Nationen – auch aus China – und sogar ein deutscher Lufthansa-Vertreter waren anwesend. Ziel des Spiels war es, ein Pandemie-Szenario möglichst realistisch zu simulieren. In der Simulation konnten trotz aller Bemühungen nach der Virusausbreitung Millionen von Menschen das sich schnell ausbreitende Virus nicht loswerden und es löste eine globale Finanzkrise aus. Unter anderem wurde erklärt, dass ein Virus von einem Tier auf einen Menschen übertragen werden kann – ein Phänomen, das leichte Grippesymptome verursacht, dann aber zu einem gefährlichen Phänomen wird. Später wurde untersucht, wie sich das Virus verbreiten würde, da es weder Impfstoffe noch wirksame Medikamente gab. Die Experten simulierten den ein- bis zweiwöchigen Prozess und diskutierten, welche Maßnahmen in welchen Bereichen notwendig und möglich sind.

„Ein Virus wurde von Mensch zu Mensch übertragen, verbreitete sich innerhalb weniger Wochen, Monate über die ganze Welt und stellte eine tödliche Bedrohung dar. Darüber hinaus gab es weder einen Impfstoff noch ein Medikament dagegen."

Rückblickend dürfte uns dieses Szenario heute sehr bekannt vorkommen, aber heute brauchen wir keine Angst mehr zu haben, denn es gibt Impfstoffe und wir vertrauen ihnen. Stimmt es? (Außer diesen vielen Toten und Erkrankten nach der Impfung.)

Und mit dieser Zusicherung wurden einige von uns dazu gebracht, dies zu glauben. Diejenigen, die sich weigerten, sich impfen zu lassen, wurden nach Ansicht dieser korrupten Politiker und Ärzte in eine asoziale Verkleidung gesteckt. Es hieß, die Impfung sei nicht nur eine Pflicht für sich selbst, sondern auch für andere Menschen, so wie das Tragen einer Maske angeblich andere Menschen schützen soll. Sie tun es also für die gesamte Gemeinschaft, wir haben dem so vertraut, und selbst im Familien- und Freundeskreis, unter Kollegen begannen wir, uns gegenseitig unter Druck zu setzen, als ob wir zu viel wüssten. Was wir bei diesen Dingen wussten, sagen wir gleich: NICHTS! Nur das, was uns die Mainstream-Medien sagen, nämlich Politiker, das Gesundheitsministerium und ihre Unterstützer, die sogenannten Ärzte. Selbst die Ärzte wussten nicht, was in diesen Flüssigkeiten enthalten war, und sie wissen es immer noch nicht. Wenn wir weiterhin impfen, auch wenn uns bewusst ist, dass die Entwicklung eines Impfstoffs ein Prozess ist, der Jahre und nicht nur ein paar Monate dauert, dann müssen wir denen, die ihn uns empfehlen, und denen, die ihn anwenden, blind vertrauen. Jeder macht es, es wird so im Fernsehen und in den Medien erklärt, und sogar Ärzte sagen, man solle es machen, ohne zu wissen, was es ist.

Mit einem Wort: Ansteckend ist nicht das Virus selbst, sondern der **„HERDENTRIEB"** selbst. Und diese Hysterie ist weit fortgeschritten und viel gefährlicher als eine mögliche Epidemie. Es ist unbestreitbar, dass fast alle Geimpften, obwohl sie geimpft sind, mehrmals infiziert wurden.

Nun ja, wird es eine Antwort auf diese Fragen geben?

„Hatten die Geimpften überhaupt einen Schutz gegen das Virus, und wurde dieser Impfstoff getestet, um die Ausbreitung des Virus zu verhindern?"

Die Antwort auf diese Fragen kommt (ausgerechnet) von der Pharmaindustrie selbst, wobei der Chef von Pfizer lächelnd sagt (10. November 2022):[22]

„Dieser Impfstoff wurde nie darauf getestet, ob er die Ausbreitung der Epidemie verhindern kann!"

Der Europaabgeordnete **Rob Roos** (Partei JA21, Niederlande) argumentiert, dass dies völliger Unsinn sei. Während einer COVID-Sitzung lachte der Direktor des Pharmaunternehmens Pfizer zum Zeitpunkt der Impfung sarkastisch über Roos, gab jedoch zu, dass dieser Impfstoff noch nicht getestet worden sei, um die Ausbreitung des Virus zu verhindern. „Du tust das für jemand anderen" war also schon immer eine Lüge. Der einzige Zweck des COVID-Passes war die obligatorische Impfbehandlung.

Roos betont. „Der COVID-Pass hat zu massenhafter Impfunterdrückung und institutioneller Diskriminierung geführt. Dadurch wurden Millionen Menschen aus der Gesellschaft ausgeschlossen. Ich finde das schockierend, ich halte es sogar für ein Verbrechen des Mordes.", sagte er.

Pfizer-Präsident Albert Bourla wollte vor dem Corona-Ausschuss nicht weiter aussagen und schwieg.

Mal nachdenken, was sonst noch alles vor uns verborgen ist?

Gentechnik

Gentechnik ist die Wissenschaft der Isolierung und gezielten Veränderung des Genoms[23] eines Organismus. Der Mensch züchtet Pflanzen und Tiere immer zur Stärkung oder Abschwächung ihrer Eigenschaften, um den größtmöglichen Nutzen aus einem Organismus zu ziehen.

---

22 https://uncutnews.ch/pfizer-fuehrungskraft-gibt-lachend-zu-impfstoff-wurde-nie-zur-verhinderung-der-ausbreitung-getestet/

23 Das Genom ist eine Vererbungseinheit. Es stellt alle genetischen Codes dar, die im Erbgut eines Organismus vorkommen.

Im Allgemeinen wird zwischen roter, weißer und grüner Gentechnik sowie grauer und blauer Gentechnik unterschieden: Rote Gentechnik beschreibt den Einsatz genetischer Techniken in der Medizin und Pharmazie, der Einsatz gentechnisch veränderter Organismen in der Industrie wird weiße Gentechnik genannt, grüne Gentechnik ist die Anwendung genetischer Manipulationen in der Pflanzenzüchtung. Das neueste Gebiet der Gentechnik ist die blaue Gentechnik, die sich mit der Manipulation von Wasserorganismen beschäftigt.

Gängige gentechnische Methoden sind das Einfügen und Klonen von DNA-Fragmenten in Plasmidschleifen. Die Veränderung des Genoms eines Menschen, so dass diese Veränderung vererbt wird, nennt man Forschung an der menschlichen Keimbahn[24]. Das heißt: Gene werden in Keimzellen oder Fortpflanzungszellen – Ei- oder Samenzellen – verändert. Aber warum verspüren Wissenschaftler gerade das Bedürfnis, unsere Ernährung zu verändern, ist das nicht eine riskante Manipulation der Natur? **Neue gentechnische Methoden in der Pflanzenzüchtung versprechen lukrative Geschäfte für die Gentechnikbranche. Doch der Einsatz der Agrar-Gentechnik birgt unkalkulierbare Risiken:**[25]

Kartoffel, die nicht verfaulen, Tomaten, die nicht schrumpfen, Soja und Zuckerrüben, die Unkraut vernichten, Mais, der Schädlinge tötet – all das muss durch genetische Techniken möglich werden. Agrarkonzerne versprechen seit langem: Der Einsatz gentechnisch veränderter Pflanzen soll die Erträge steigern, den Hunger bekämpfen und Pestizide nahezu überflüssig machen. Es klingt verlockend, aber es ist nur ein Märchen.

---

24 Die Übertragung von genetischem Material von einer Generation zur nächsten mittels Gameten (männliche oder weibliche Fortpflanzungszellen).

25 https://www.greenpeace.de/biodiversitaet/landwirtschaft/anbau/gentechnik?BannerID=0322000015001483&gclid=Cj0KCQjwy-5maBhDdARIsAMxrkw39Iy_oav1s4atjvgXtu251DfptG7

Argumente gegen Agrar-Gentechnik

- Es hilft nicht bei Hunger und Unterernährung.
- Verteilt mehr Gift auf dem Feld.
- Es schränkt die Rechte von Landwirten und Produzenten ein.
- Es verringert die Artenvielfalt.
- Es führt zu hohen Kosten für die Gesellschaft.
- Die Auswirkungen auf die Umwelt und den Menschen sind unbekannt. Die Risiken der Gentechnik sind nicht ausreichend untersucht.
- In der Medizin stecken Gentherapien noch in den Kinderschuhen und haben bereits zu vielen Opfern beim Menschen geführt. Es ist auch vorstellbar, dass solche Therapieansätze aufgrund der komplexen Verfahren in Zukunft zu einer Art Zwei-Klassen-Medizin führen könnten. Reiche Menschen werden von einer individuellen Behandlung profitieren, während dem ärmeren Teil der Bevölkerung diese Behandlungsformen wahrscheinlich verwehrt bleiben werden.
- Die Tatsache, dass gentechnisch veränderte Produkte überhaupt nicht oder sehr schlecht gekennzeichnet sind, weckt bei den Verbrauchern Misstrauen. Bedenken werden nicht ernst genommen und das Recht der Verbraucher auf Einwilligung und Wahl wird zerstört. Wie man sieht, kann dieses letzte Argument allein den Akzeptanzansatz dieser Produkte nicht fördern. Dieses wichtige Forschungsgebiet darf nicht ausschließlich den Interessen großer Konzerne überlassen werden.

Ein weiteres Argument gegen Gentechnik: Es werden weltweit Lizenzen für manipulierte Gene vergeben. Es besteht die Gefahr, dass die Samen dieser Welt irgendwann in den Besitz einiger Megakonzerne gelangen (wenn nicht jetzt schon). Der etablierte Zweck der UPOV geht in diese Richtung. Dadurch werden die Bauern in Abhängigkeit gebracht und müssen den Anweisungen dieser Unternehmen Folge leisten. **Ist das ein nachhaltiges Zukunftsmodell oder könnte es eine große Gefahr für die Menschheit darstellen?**

Warnung an Lebensmittelwissenschaftler und Lebensmittelindustrie!: Hochverarbeitete Lebensmittel – mit Zusatzstoffen – sind das heimtückischste Übel, das der Menschheit angetan wurde:[26]

Die Ultra-Lebensmittelverarbeitung ist eine schädliche industrielle Praxis zur Herstellung schlechter Rohstoffe und Lebensmittel, die übermäßig viel Öl, Industriezucker und/oder Salz und außerdem große Mengen schädlicher Zusatzstoffe enthalten. Kinder und Jugendliche sind die am stärksten betroffene und anfälligste Bevölkerungsgruppe für die Werbeflut. Die beiden Seiten unzureichender und ungesunder Ernährung werden als Überschuss (Fett, Zucker und Salz) und Mangel (essenzielle Nährstoffe und Mikronährstoffe) genannt. Die sozial-ökologische Nichtnachhaltigkeit dieser Produktionen ist ein weiteres Problem, das nicht ignoriert werden sollte. Es ist kein Zufall, dass die ersten Käufer von Palmöl Symbole für Landraub und Abholzung in den Tropen sind – wie sich herausstellte, werden nur die Gewinne des Unternehmens in Junk-Food umgewandelt. Biodiversität und grundlegende Menschenrechte führen zu Öko-Kills und beuten deshalb sogar Kinder aus, um Palmen statt Kakao und Haselnüsse zu sammeln. Hoch verarbeitete Lebensmittel markieren die Krise in den heutigen Lebensmittelsystemen, und eine Gruppe von Ernährungswissenschaftlern wendet sich an die Vereinten Nationen, um die Annahme internationaler Richtlinien zu fordern, die darauf abzielen, sowohl die Produktion als auch den Konsum zu stoppen. Die im British Medical Journal (BMJ) veröffentlichte Beschwerde wird von ihrem Urheber, Professor Carlos Augusto Monteiro, geleitet.

---

26 https://www.greatitalianfoodtrade.it/de/progresso/alimenti-ultra-processati-il-peggior-male-appello-degli-scienziati-sul-british-medical-journal/

In Masken und Corona-Teststäbchen wurden fadenförmige Parasiten namens Morgellon gefunden:[27]

Im Internet kursieren alarmierende Berichte über kontaminierte Masken und Teststreifen. Man spricht von mikroskopisch kleinen Fadenwürmern, die erst bei 1.000-facher Vergrößerung deutlich vor der Stabspitze sichtbar sind. Selbst in der versiegelten Verpackung sind die Fäden unter dem Mikroskop durch den durchsichtigen Kunststoff zu erkennen. Bei Berührung oder Erwärmung beginnen sie sich plötzlich zu bewegen. Auch bei einem Antigentest des chinesischen Unternehmens Gica wurde ein lebender Parasit gefunden. Immer mehr Leser kostenloser Medien möchten ein Foto von sich machen, ein Testkit kaufen und die Spitze des Stäbchens unter das Mikroskop halten – überall das gleiche Bild –, ein oder mehrere fadenförmige Gebilde, die sich aus eigener Kraft drehen. Leider steht in den Videos meist nicht, von welchem Unternehmen der Test stammt, aber bisher sind sie alle „Made in China".

Klonen

Als **Dolly,** das Schaf (1996–2003), geklont wurde, sahen wir, was mit Gentechnik alles möglich war. Ohne biologische Befruchtung im Labor entstand ein Embryo mit dem Erbgut eines Schlachttieres. Man betrachtete den Embryologen Bill Richie vom Roslin Institute als seinen Vater. Dolly starb 2003 im Alter von sechs Jahren an einer schweren Lungenerkrankung. Dolly, das Klonschaf, ihre Frist für Säugetierkopien muss abgelaufen sein, also

---

27 https://www.pravda-tv.com/2021/03/in-masken-und-teststaebchen-wurden-fadenartige-zappelnde-parasiten-namens-morgellons-gefunden-videos/
Morgellon: Es handelt sich um eine seltsame Hauterkrankung, die sich mit einer Reihe von Symptomen äußert, die bisher nicht genau definiert wurden und von denen die meisten mit der Haut zusammenhängen. In der Haut einer Person mit Morgellon-Krankheit bilden sich schwarze, blaue oder rote Fasern, die an die Oberfläche ragen können.

musste sie eingeschläfert werden, da sie in diesem Zeitraum Alterserscheinungen wie Arthritis zeigte. Normalerweise können Schafe bis zu 20 Jahre alt werden, bei Kopien dürfte dies jedoch nicht möglich sein.

Die Erfolgsquote beim Klonen von Säugetieren liegt bei nicht mehr als 3 %. Dies liegt wahrscheinlich daran, dass die notwendige Umprogrammierung des genetischen Materials oft nicht ganz gelingt. Diese Annahme wurde von Wissenschaftlern der University of Pennsylvania in Klonversuchen mit Mäusen bestätigt. Mithilfe der Aktivierung eines einzelnen Gens konnten sie vorhersagen, ob sich ein geklonter Embryo über das Anfangsstadium hinaus entwickeln oder sterben würde. Nur ein Bruchteil der frühen Embryonen zeigte eine normale Aktivität des untersuchten Gens. Angesichts dieser Erkenntnisse seien die Erfolgsaussichten beim Klonen von Menschen äußerst gering, schreiben die Forscher in der Fachzeitschrift „Genes & Development".

(https://www.wissenschaft.de/erde-umwelt/warum-sich-saeugetiere-so-schlecht-klonen-lassen/).

Hybrid
Hybridtiere sind Kreuzungen biologisch unterschiedlicher Gattungen, Arten oder Unterarten. Lange Zeit gingen Zoologen davon aus, dass Kreuzungen der beiden Arten, sogenannte Hybride, entweder unfruchtbar (steril) oder reduziert fruchtbar (fertile) seien. Allerdings führt die Verschmelzung der beiden Arten nicht immer zu einer genetischen Sackgasse. Forscher haben nun zahlreiche reproduktionshemmende Proben vorgelegt. Beim Klonen wird der Kern einer Körperzelle in eine kernlose Eizelle übertragen. Damit daraus ein lebender Embryo entstehen kann, muss das genetische Material komplett umprogrammiert werden. „Der Zellkern muss sein bisheriges genetisches Programm verlieren und das genetische Profil eines embryonalen Zellkerns annehmen", heißt es.

Als ob einige Wissenschaftler mit Freunden am Tisch sitzen und Karten spielen, tun sie dies weiterhin mit der gleichen

Freude, so sehr, dass sie daraus eine Leidenschaft machen und **sich als Schöpfer – Götter – sehen** müssen. Das Endergebnis mögen niedliche Kreaturen sein, aber es herrscht immer noch Uneinigkeit darüber, ob es gut oder schlecht, ethisch korrekt und perfekt ist. Experimente dieser Art mit vielen Tieren sind im Gange. Bei der Benennung von Hybridtieren steht der Name des männlichen Tieres an erster Stelle: männlicher Löwe + weiblicher Tiger = Liger (Löwe, Tiger); Liger werden größer als jede andere Großkatze. Männliche Liger sind unfruchtbar, Weibchen können sich jedoch fortpflanzen. Normalerweise sind Hybridtiere von Eltern verschiedener Arten nicht zur Fortpflanzung fähig, wie etwa Maultiere (Esel und Pferde).

Ein Grund mehr, sich Innovationen und Verbesserungen genauer anzusehen, denn Kreuzungen verringern ihre Fruchtbarkeit. Oftmals scheitert die Paarung selbst an den unterschiedlichen Größen. Sie können niemals eine naturgemäße Perfektion erlangen. Viele Kreuzungen werden mit stark beeinträchtigter Gesundheit geboren und sterben oft, bevor sie die Geschlechtsreife erreichen. Überlebende Nachkommen können an neurologischen Störungen, Fettleibigkeit, genetischen Defekten und einer verkürzten Lebenserwartung leiden, aber die meisten überleben nicht einmal das siebte Lebensjahr. Diese Tiere scheinen gezüchtet worden zu sein, um in der Unterhaltungsindustrie für Aufsehen zu sorgen und das Ego von Wissenschaftlern zu befriedigen, und nicht für den wissenschaftlichen Fortschritt, und tatsächlich gibt es, wenn wir sie in Frage stellen, keinen dauerhaften Grund, sie zu erschaffen. Die Futterkosten sind viel höher als die normalen Kosten in Zoos. Kein Wunder, dass Tierschützer sich aus diesem Grund dagegen aussprechen. Es gibt genügend Tierpopulationen auf unserem Planeten, die Hilfe benötigen, warum verwenden wir diese Ausgaben nicht in erster Linie für den Schutz ihrer natürlichen Lebensräume?

Darüber hinaus kämpfen immer noch menschliche Gemeinschaften mit Hunger, Durst und um Bedingungen zum Überleben. Warum konzentrieren wir uns auf unnötige Dinge, statt auf diese Menschen, die dringend unsere Hilfe benötigen?

Mensch-Tier-Mutanten[28]

Abgesehen von den ethischen Argumenten für eine solche künstliche Kreuzung zweier Tiere wird die Tier-Mensch-Kreuzung weitaus umstrittener sein. **Mensch-Tier-Mutanten mögen für Drehbuchautoren ein interessantes Thema sein, doch sollten wir sie in der realen Welt erschaffen?**

Die technologischen Fortschritte, die wir als Gesellschaft gemacht haben, übersteigen in vielerlei Hinsicht unsere Fähigkeit, diese Entwicklungen angemessen zu bewältigen, und dieser Forschungsbereich ist sicherlich ein klares Beispiel für diese Realität. Nur weil wir Mensch-Tier-Hybriden schaffen können, heißt das nicht, dass wir es auch tun sollten. Genetische Veränderung ist eine besonders gefährliche Wissenschaft, weil wir buchstäblich mit der Zukunft unseres Planeten und der Menschheit spielen. Und wenn es um Mensch und Tier geht, sind es zwei Arten, die man auf keinen Fall verwechseln sollte. Leider geraten diese durcheinander und das kann enorme Auswirkungen auf die Zukunft haben, da unsere Gesellschaft in eine sehr ungewisse Zukunft hineingezogen wird.

Im August 2016 gaben die National Institutes of Health bekannt, dass sie ihr Forschungsverbot für die Transplantation menschlicher Stammzellen in tierische Embryonen aufheben würden. Stammzellen haben die Fähigkeit, sich in jede menschliche Zelle umzuwandeln und in jedem menschlichen Gewebe zu wachsen. Der Zweck dieser Art von Forschung besteht darin, menschliches Gewebe aus Tieren zu erzeugen und letztendlich mit dieser Veränderung menschliche Organe zu züchten. Was für eine innovative Art, die Transplantationsmedizin voranzutreiben!

---

28 https://www.pravda-tv.com/2017/02/das-zeitalter-der-mensch-tier-hybrid-chimaeren-hat-begonnen/
https://de.sott.net/article/28294-Das-Zeitalter-der-Mensch-Tier-Hybrid-Chimaren-hat-begonnen?ysclid=l971dvje9z47798561

Wenn menschliche Stammzellen in einen tierischen Embryo implantiert werden, wird das Lebewesen teilweise menschlich. Hat dieses teilweise menschliche Wesen also auch Menschenrechte?

Diese ethische Frage ergibt für das Vereinigte Königreich offenbar keinen großen Sinn. Das Vereinigte Königreich ist einer der Pioniere in der Forschung an menschlichen Embryonen und hält diese Forschung für „zuverlässig und angemessen". Es wird gesagt, dass es keine ethischen Bedenken gegen die Anwendung der Genomforschung gebe. In britischen Labors sollen Kinder aus dem genetischen Material zweier Mütter und eines Vaters gezeugt werden. Kritikern zufolge führt diese Entscheidung zu gentechnisch veränderten, maßgeschneiderten Babys. Schwein-Mensch oder Schaf-Mensch! Forschung kennt in Großbritannien keine Grenzen!

Mensch-Tier-Hybride zur Organtransplantation, was auch in Großbritannien möglich ist. Die Produktion von Kindern sollte ohne Paarung und ohne ihre Eltern erfolgen, vorzugsweise in Fabriken. Diese Aufgabe werden künftig Unternehmen übernehmen. Das wollte die bekannte britische Bioethikerin **Anna Smajdor** von der University of East Anglia. Sie behauptet, dass Schwangerschaft und Kinderkriegen für Frauen sehr schmerzhaft, riskant und sozial einschränkend seien. Es muss in der Tat fraglich sein: Wie gebären Frauen seit Jahrtausenden und was könnte jetzt anders sein?

Tatsächlich kann ein vorausschauendes Bewusstsein sehr schnell erfassen, wo der gewünschte Punkt liegt. Na, wie denn?

Die kleinste Einheit der sozialen Struktur ist die Familie. Heute ist das Familiengefüge bereits geschrumpft, seine Grundlagen sind fast schwach – es scheint in einer kleinen Krise auseinanderzubrechen. Für uns erscheinen getrennte Familien normal, daran sind wir ausnahmslos gewöhnt.

Wenn wir nun auch die Bindung zwischen Mutter und Kind durchtrennen würden, wie würde die topografische Karte der Emotionen zukünftiger Menschen aussehen?

Im April 2008 schufen Wissenschaftler am Institut für Humangenetik die ersten Hybridembryonen, die teils menschlich und teils tierisch sind. Chinesische Wissenschaftler veröffentlichten 2001 in der Zeitschrift „Nature", dass in China „hybride" embryonale Stammzellen geplant seien. Dies geschah im Jahr 2003. Chinesische Wissenschaftler der Shanghai Second Medical University berichteten, dass es ihnen gelungen sei, menschliche Stammzellen aus Hybridembryonen zu gewinnen. Der Gedanke, Mensch-Tier-Hybriden ausschließlich zum Zweck der Herstellung von Organen für medizinische Transplantationen zu erschaffen, ist mehr als beunruhigend. Genau das planen unsere Wissenschaftler.

Die National Academies of Sciences[29] haben einen brandneuen Bericht veröffentlicht, der die genetische Veränderung des Menschen befürwortet und um sicherzustellen, dass solche Forschungen in Zukunft in Staaten verantwortungsvoll und ethisch durchgeführt werden. Die implizierte Botschaft ist, dass der Weg in die Zukunft des gentechnisch veränderten Menschen bereit ist, ob es uns gefällt oder nicht. Der Umgang mit dem genetischen Material des Menschen bedeutet im wahrsten Sinne des Wortes, sich mit der Zukunft der Menschheit zu befassen.

Glücklicherweise gibt es einige Experten, die über diesen neuen Bericht äußerst besorgt sind. Professor **Dr. Marcy Darnovsky**, Geschäftsführerin des Zentrums für Genetik und Gesellschaft, ist eine von ihnen. „Die Empfehlungen und Schlussfolgerungen dieses Berichts sind besorgniserregend und enttäuschend. Obwohl sie eindeutig in vorsichtigen Formulierungen verankert sind, geben sie tatsächlich grünes Licht für weitere Bemühungen zur Schaffung der menschlichen Keimbahn – also von Genen und Merkmalen, die an zukünftige Kinder und Generationen weitergegeben werden."

---

29 Die **National Academies of Sciences**, Engineering, and Medicine ist die Dachorganisation für drei fortbestehende US-amerikanische Wissenschaftsakademien.

Wir hoffen, dass Wissenschaftler, Politiker und Gesellschaften, bevor die Dinge völlig außer Kontrolle geraten, auf Leute wie Dr. Darnovsky hören.

Japan erlaubt die Geburt von Mensch-Tier-Hybriden[30] (2019)
Forscher wollen Ersatzorgane für Menschen in Tieren herstellen. Japan erlaubt das erste Experiment, bei dem Chimären bis zur Geburt wachsen können. Der Japaner ist der erste Forscher der Welt, der Mensch-Tier-Chimären züchtet, bis sie geboren sind. Tokio erlaubt und unterstützt ein entsprechendes Projekt, berichtet unter anderem die Nachrichtenseite des Magazins „Nature". Tierembryonen werden mit menschlichen Zellen ausgestattet und einer Mutter transplantiert, die sie zur Welt bringt. Zunächst plant die Forschungsgruppe um Hiromitsu Nakauchi von der Universität Tokio und der Stanford University in Kalifornien, diese Methode an Mäusen und Ratten zu testen. Das langfristige Ziel ist es, gemischte Wesen aus Mensch und Tier zu schaffen, denen menschliche Organe wachsen, welche dann transplantiert werden können. Es wird erwartet, dass diese Technik eines Tages Patienten helfen wird, die auf ein Spenderorgan warten. Kritiker bezweifeln jedoch, dass dieser Prozess möglich sein wird.

Menschliche Gehirnzellen, die Ratten implantiert werden, verursachen Aufregung und Angst![31]
Rattenhirne bieten neue Möglichkeiten, menschliche neurologische Störungen zu untersuchen, werfen aber auch ethische Fragen auf. Laut einer Studie können miniaturisierte menschliche gehirnähnliche Strukturen, die in Ratten transplantiert werden, Signale senden und auf Umweltzeichen reagieren, die von den Schnurrbärten der Ratten empfangen werden. Diese Demonstration, dass Neuronen, die aus menschlichen Stammzel-

30 https://www.spiegel.de/wissenschaft/medizin/japan-erlaubt-geburt-von-mischwesen-aus-mensch-und-tier-a-1279687.html
31 https://www.nature.com/articles/d41586-022-03238-x

len gezüchtet werden, mit Nervenzellen in lebenden Nagetieren interagieren können, könnte zu einer Möglichkeit führen, Behandlungen für Störungen des menschlichen Gehirns zu testen.

Ist das nicht ein Tabu, eine Verletzung der Unantastbarkeit des Menschen?[32]

Andererseits: Wie ethisch vertretbar ist es, ein Lebewesen als Ersatzteillager zu produzieren und es dann wieder zu töten? Diese neue Rolle ist aus Sicht des Tieres sicherlich eine unangenehme Prognose. Während einige Forscher menschliche Gewebekonstrukte im Labor züchten, verfolgen andere eine alternative Idee: Beispielsweise die Verwendung eines Schweineherzens als Ersatzteil.

Wie wir wissen, sind Primaten unsere nächsten Verwandten. Trotzdem gelten Schweine heute aus irgendeinem Grund als der vielversprechendste Spender. Es besteht kein Zweifel, dass Zweifel und ethische Fragen zu diesem Thema leicht aufkommen, es sei denn, wir sind eine Person, deren Leben durch Organversagen gefährdet ist, oder eine Person, die diesem Patienten nahesteht. Aber wir können dies nicht nur auf eine ethische Frage beschränken, denn es gibt auch viele andere gesundheitliche Bedenken. Viele Kritiker sind sich einig, dass es unvorhersehbare Auswirkungen haben kann, die das Gehirn und sogar die Keimbahn des tierischen Embryos erreichen. Generell ist jedoch noch unklar, ob Schweineorgane oder andere tierische Transplantate langfristig zuverlässig und sicher im menschlichen Körper funktionieren. Unter anderem kann unsere aufrechte Haltung und Bewegung unvorhersehbare Auswirkungen auf Organe haben. Es gibt auch Bedenken hinsichtlich möglicher Infektionen: Retroviren, die in tierischen Zellen schlummern, könnten durch Transplantation auf den Menschen überspringen und die Ausbreitung neuer Krankheiten verursachen. Daher können wir solche Experimente keinesfalls als unangemessene Besorgnis abtun.

---

32 https://www.scinexx.de/dossierartikel/tiere-als-organspender/

Babys auf Bestellung – Babyindustrie

Es ist ein zentraler Punkt für alle, die ein Kind haben wollen, es aber nicht auf natürliche Weise erreichen können. In Kalifornien vermitteln Unternehmen Leihmütter, Ei- und Samenspenden. Das Geschäft geht über das hinaus, was erwartet wird, einschließlich der ausländischen Kunden.

Wenn es um Babys geht, ist Amerika mehr denn je das Land mit unbegrenzten Möglichkeiten. Es gibt viele Unternehmen, die Leihmütter vermitteln. Es gibt auch diejenigen, die Eizellenspender mit unfruchtbaren Frauen oder homosexuellen Möchtegern-Vätern verbinden. Samenbanken bieten einen serviceorientierten, bunten Spenderkatalog basierend auf Hautfarbe, Aussehen, Ausbildung und emotionalem Profil an. Fruchtbarkeitskliniken können bei der Geschlechtswahl helfen und Embryonen ohne schwere Erbkrankheiten produzieren. Für ein Baby werden zwischen 120.000 und 200.000 US-Dollar, zusätzlich Eizellspende, künstliche Befruchtung und Leihmutter berechnet. **Cappy Rothman** ist vielleicht der wichtigste Pionier der amerikanischen fetalen Besamungsindustrie, seine Samenbank ist zur größten Bank Amerikas geworden.

Im Jahr 1977, als sie gegründet wurde, begann sie, als Spermienlager in der Größe eines Vorratsraums zu dienen. Derzeit gibt es 30.000 Spermienampullen pro Jahr von California Cryobank, Inc. Seine Firma ist auf dem Weg von der Farm zur Aussaat. „Der Preis für Spendersperma hängt von verschiedenen Faktoren ab. Um genau zu bestimmen, was der Endpreis sein wird, müssen Sie am Ende der Suche den gewünschten Spender in Ihren Warenkorb legen. Damit Sie sich jedoch bereits eine ungefähre Vorstellung davon machen können, listen wir hier einige Punkte auf, die den Preis beeinflussen. Die Liste enthält auch feste Preise für andere zusätzliche Dienstleistungen wie Fotos von Erwachsenen oder private, hochkarätige Samenspender. Bitte beachten Sie, dass für einige Produkte und Dienstleistungen MEHRWERTSTEUER erhoben wird."

Es ist klar, dass diese Arbeit keinen festen Preis hat, wir können das gewünschte Produkt basierend auf ausgewählten Eigenschaften und unserem Budget erhalten. Wenn wir bestimmte Eigenschaften auswählen, steigen die Preise. Es ist fast so, als ob wir zwischen konventionellem und biologischem Produkt entscheiden können.

Um neue Menschen zu erschaffen, braucht man eigentlich keine Menschen. Wenn Wissenschaftler sagen, dass es an der Zeit ist, die Öffentlichkeit in diese Debatte einzubeziehen, bedeutet das, dass sie viel weiter gegangen sind, als wir dachten.

Transhumanismus[33] – Verschmelzung von Maschine und Mensch

Die Verschmelzung von Mensch und Maschine wird sich wahrscheinlich schneller entwickeln, als die meisten von uns denken. Es scheint, dass Menschen und Maschinen mit der Weiterentwicklung der Hochtechnologie von Tag zu Tag mehr und mehr verschmelzen. Zunächst einmal müssen wir hier nichts Schlimmes erwarten, aber eine schnelle und ungeplante Entwicklung kann außer Kontrolle geraten. Überall auf der Welt wird weiterhin ehrgeizig an transhumanistischen Projekten gearbeitet. Während die Bemühungen begeisterter und enthusiastischer Wissenschaftler weitergehen, wird der Transhumanismus nach Ansicht einiger im Handumdrehen eintreten, unabhängig davon, ob die Menschheit dazu bereit ist oder nicht. Hunderte Universitäten, Labore und Unternehmen auf der ganzen Welt arbeiten ununterbrochen an transhumanistischen Projekten. Eine der aufregendsten und umstrittensten Ideen des Transhumanismus, die vollständige Verschmelzung des menschlichen Geistes mit einer Maschine, ist keineswegs eine neue Idee. Das transhumanistische Spektrum reicht von intel-

---

33 **Transhumanismus** ist der Einsatz von Technologie und Wissenschaft (synthetische Biologie und Computertechnologien, Anwendungen der künstlichen Intelligenz) mit dem Ziel, die körperlichen und kognitiven Fähigkeiten des Menschen zu steigern, sie auf einem höheren Niveau zu perfektionieren und Probleme wie Alterung und Krankheit zu beseitigen.

ligenten Körperhilfen über technische Denkhilfen bis hin zur selbstbewussten AI[34] (künstliche Intelligenz). Das Gleiche gilt für den ganzen Körper. Für Soldaten wurden Roboteranzüge, sogenannte **Exoskelette**, entwickelt. Wer es trägt, kann eine Last heben, wie es kein anderer kann.

Die Vorstellung, dass man den menschlichen Körper oder das Gehirn wissenschaftlich manipulieren kann, klingt erschreckend und vor allem widerlich. Wenn wir vorausschauend darüber nachdenken, bedeutet dies, dass der Mensch eintönig geschaffen wird, dass fast jeder die Fähigkeit besitzt, alles mit dem gleichen Grad an Perfektion zu tun. Bedeutet das nicht den Verlust der einzigartigen, individuellen Existenz?

Wenn die Talentunterschiede zwischen Menschen verschwinden, besteht kein Bedarf an Künstlern, Designern, Kunsthandwerkern oder technischer und wissenschaftlicher Kreativität. Ebenso muss die Weltbevölkerung von 8 Milliarden Menschen nicht am Leben gehalten werden. Und Genies, es gibt keinen Bedarf für diejenigen, die den Transhumanismus mit abenteuerlichem Geist verteidigen, oder diejenigen, die sich ihm widersetzen und ihm widerstehen. Es würde also völlig ausreichen, die menschliche Bevölkerung unter 500 Millionen zu halten, wie es auf dem Georgia Guidestones-Denkmal steht, das wir im Vorwort erwähnt haben. Wäre es nicht naiv, bestimmte Ereignisse sofort zu akzeptieren, deren Konsequenzen wir nicht kennen, und würde das nicht den Interessen verrückter Menschen dienen, die von diskriminierenden Ideologien besessen sind?

„Mit neuen Technologien den Menschen optimieren und so vollkommene Perfektion erreichen" ist das erklärte Ziel transhumanistischer Denker wie Stefan **Lorenz Sorgner**. Somit wird sich der Mensch besser und schneller an die Welt anpassen als durch die natürliche Evolution. Dafür sind natürlich implantierte Chips und neue gentechnische Methoden notwendig. Ein

---

34 AI ist die Abkürzung des englischen Ausdrucks „Artificial Intelligence", was künstliche Intelligenz bedeutet, oder KI.

weiterer Befürworter ist **Ray Kurzweil**, Director of Engineering bei Google. Er ist ein Verfechter der optischen Texterkennung (OCR), der Sprachsynthese (computerlesbarer Text), der Spracherkennung und des Transhumanismus. Ihm zufolge werden wir in naher Zukunft den Moment der Singularität (Mensch-Maschine-Fusion) erleben – den Moment, in dem künstliche Intelligenz soweit fortgeschritten sein wird, dass sie vollständig mit der menschlichen Intelligenz verschmelzen kann. Ray schätzt, dass das menschliche Gehirn innerhalb von 20 bis 30 Jahren gescannt, auf einen Computer hochgeladen und simuliert werden könnte. Der Geist wird weiterhin als Software leben, die vom biologischen Abbau befreit ist.

Manchmal wird es für uns zu einer Qual, im Bett zu liegen, und nicht schlafen zu können. Wie können wir also davon ausgehen, dass unser körperloser, in einer Scheibe gefangener Geist gleichbedeutend mit Vollkommenheit oder Unsterblichkeit ist?

Was wir hier natürlich genau definieren müssen, ist Folgendes: Wird der Geist, auf den Bezug genommen wird, unser eigener Geist sein oder eine einfache Kopie unserer Erinnerungen, Gedanken und unserer Wissensfähigkeiten?

Zu den Schwerpunkten der transhumanistischen Bewegung als Anwendung neuer und zukünftiger Technologien gehören unter anderem:

- Biotechnologie mit Schwerpunkt Nanotechnologie, Gentechnik und regenerative Medizin,
- Gehirn-Computer-Schnittstellen, Hochladen des menschlichen Bewusstseins in digitale Speicher,
- Prothetik: Verbesserung des Menschen durch Prothetik,
- Die Entwicklung der Superintelligenz, der Fortschritt der Kryonik[35].

---

35 **Kryonik** ist die Kryokonservierung von Organismen oder bestimmten Organen (z. B. Kopf, Gehirn), um diese – wenn möglich – in der Zukunft „wiederzubeleben".

Inwieweit transhumanistische Vorhersagen über die Zukunft der technologischen Entwicklung realistisch sind und welche ethischen und anthropologischen Konsequenzen sich daraus ergeben können, ist zweifellos Gegenstand mehrdimensionaler Debatten.

Neuralink

Neuralink ist ein amerikanisches Neurotechnologieunternehmen, das im Juli 2016 von **Elon Musk** und acht weiteren Investoren gegründet wurde. Das Ziel von Neuralink besteht darin, ein Gerät zur Kommunikation zwischen dem menschlichen Gehirn und Computern zu entwickeln, das sogenannte Brain-Computer-Interface (BCI)[36].

Die Idee von Neuralink verwischt die Grenzen zwischen Mensch und Maschine. Das amerikanische Unternehmen geht in diese Richtung. Mit Tesla-CEO und Silicon-Valley-Ikone Elon Musk will das Unternehmen menschliche Intelligenz mit künstlicher Intelligenz verbinden. Neuralink entwickelt BCIs, bei denen bestimmte Transaktionen nicht mehr ausgeführt, sondern nur noch berücksichtigt werden müssen. Dazu sollen die Aktivitäten von Neuronen in bestimmten Regionen gemessen werden, die aktiv sind, wenn sich bestimmte Körperteile bewegen. Diese Informationen werden dann ausgewertet und zur Steuerung von Computern verwendet. In einem besonders berühmten Beispiel implantierte Neuralink einen Gehirnchip,

---

36 Gehirn-Computer-Schnittstellen (Synonym: Gehirn-Maschine-Schnittstellen) ermöglichen die direkte Informationsübertragung zwischen einem organischen Gehirn und einem technischen Schaltkreis. Durch das Lesen von Gedanken oder mentalen Befehlen können sie maschinelle Steuerung unabhängig von Sprache und Bewegung als neurotechnologische Eingabesysteme übertragen. Da sie dies völlig ohne Muskelbeanspruchung tun, bietet BCI im Grunde revolutionäre Trainingsmöglichkeiten. Ihre Umsetzung ist jedoch komplex und mit erheblichen technologischen Herausforderungen verbunden, was den hohen Entwicklungsaufwand in diesem Bereich erklärt.

der es ermöglichte, mit seinem Verstand ein Pong-Spiel zu steuern, hier MindPong genannt. In Zukunft sollen gelähmte Menschen Computer mit Technik nutzen und sich wieder bewegen können. Auch dies wie eine sehr hilfreiche Initiative für die Menschheit erscheint, handelt es sich dabei nur um eine verschleierte offizielle Erklärung?

Offizielle Ermittlungen gegen das Unternehmen Neuralink, weil für die Entwicklung der Gehirn-Computer-Schnittstelle (BCI) bisher zu viele Tiere getötet wurden, dauern an. Dies berichtete die **Nachrichtenagentur Reuters** unter Berufung auf entsprechende Dokumente. Seit Beginn der Experimente hat Neuralink mehr als 1.500 Versuchstiere getötet – die bekannte Zahl –, darunter Schafe, Schweine und Affen. Diese Zahl weise nicht nur auf einen Verstoß gegen das Tierschutzgebot hin, sondern auch auf eine Reihe widersprüchlicher, rücksichtsloser und vorsätzlicher Handlungen, hieß es von der Nachrichtenagentur. Zum Beispiel: Es werden einige Fälle aufgeführt, in denen unter Zeitdruck sehr große Chips verwendet wurden, wobei Dutzende Tiere getötet wurden, nachdem diese falsch oder an einer falschen Position im Körper platziert worden waren, und manchmal mit Unterbrechung oder ohne Tests nach dem Einsetzen des Chips. Abgesehen davon ist zu beachten, dass der Erfolg von Tierversuchen bei der Anwendung am Menschen nie zu 100 % garantiert ist, sodass der nächste Schritt Menschenversuche sein werden.

Wir können diese Experimente einfach als tödlich bezeichnen, oder?

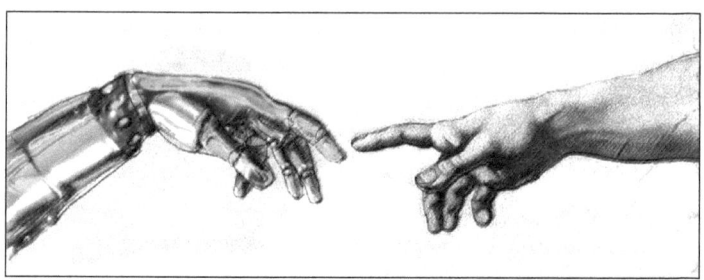

Kann die Mischung aus Mensch und Maschine eine Bedrohung für menschliche Werte sein?

Blackrock Neurotech

Es soll in der Forschung in einem fortgeschritteneren Stadium als Neuralink sein. Positiv ist, dass Elon Musk mit Neuralink an einer ähnlichen Technologie arbeitet. Neuralink sagt, es trage dazu bei, das BCI-Thema für die breite Öffentlichkeit zugänglicher zu machen. „Wir sind vor Musk", sagt **Solzbacher** selbstbewusst, der keine Angst vor Konkurrenz hat. Tatsächlich wird der Blackrock-Chip derzeit bei 28 Personen eingesetzt. Neuralink hingegen forscht immer noch an Tieren wie Schweinen. Er sagt, Blackrock Neurotech wolle seine Produktion steigern und seine Implantate Patienten weltweit zugänglich machen.

Investor Christian Angermayer glaubt: „In Zukunft könnten BCIs so verbreitet sein wie heute Herzschrittmacher." Für Angermayer ist der medizinische Einsatz erst der Anfang. Er hofft, dass die Technologie eine viel breitere Anwendung finden wird: „Die Menschen werden in der Lage sein, miteinander zu kommunizieren, zu arbeiten und sogar Kunst zu schaffen, direkt gesteuert durch ihren Verstand."

Bei der Implantation „verbinden" die Messelektroden des BCI die Neuronen des Nervensystems. Nervenzellen senden bei einem querschnittsgelähmten Patienten eine Warnung, die „nirgendwo hinführt". BCI empfängt, stärkt und überträgt diesen Reiz. Das Signal wird dekodiert und die Muster werden gelesen. Diese Muster können eine Aktion am Computer auslösen, die Absicht zum Handeln ableiten und sogar in Sprache übersetzt werden. Umgekehrt erkennt BCI nicht nur elektrische Impulse, sondern stimuliert sie auch und löst so eine Reaktion im Körper aus. Trotz der großen Auswahl an Optionen ist die BCI-Implantation ein invasives chirurgisches Verfahren. Dazu muss ein etwa 2 cm großes Loch in die Kopfbedeckung gebohrt werden. Solzbacher selbst räumt ein, dass „jede Operation Risiken birgt". Daher sollte immer eine Risikobewertung durchgeführt werden: Wie stark verbessert sich die Lebensqualität des Patienten durch eine Operation?

Mikrochips im Gehirn; können sie alles?

Was kann dieser Gehirnchip tun? Derzeit liegt der Fokus auf der Kontrolle von Software durch Denken und der Anwendung im Bereich der Medizin. In Zukunft müssen Erinnerungen aufgezeichnet und auf Wunsch wiedergegeben werden. Gedankenaustausch zwischen Menschen und größeren Gruppen sollte auch auf Cloud-ähnliche Weise möglich gemacht werden.

Gehirnchips sind KI-Implantate, also kleine Chips mit integrierter Technologie, die im Gehirn platziert werden. Klingt gruselig? Die Symbiose zwischen dem Menschen und der Technik ist gar nicht so neu. Vor allem in der Medizin ermöglichen Implantate Menschen, wieder zu hören, ihren Herzschlag wieder in Gang zu bringen und fehlende Körperteile durch Prothesen zu ersetzen. Ein berühmtes Beispiel ist der Physiker **Stephen Hawking**, dessen Gesichtsbewegungen an einen Computer übertragen und in Sprache übersetzt wurden. Neuralink ist eine Erweiterung dieser Ideen. Menschen sollen heute Dinge tun können, die noch in der Zukunft liegen, aber einen echten Mehrwert bieten. Wird eine Menschheit, die ihre eigene Evolution aktiv in die eigenen Hände nimmt und das Individuum sowohl biologisch als auch technisch weiter „entwickelt", eines Tages in die nächste Evolutionsphase übergehen müssen, in der sie im gegenwärtigen biologischen Sinne nicht mehr „Mensch" sein wird?

Die Vision einer schnellen, intuitiven und präzisen Gedankenkontrolle von Computern und Maschinen bleibt der Traum der Zukunft vor großen technologischen Herausforderungen. Angesichts der aktuellen Fördermaßnahmen für die neurowissenschaftliche Grundlagenforschung in Europa (Human Brain Project) und den USA (BRAIN Initiative) sind auch im Bereich der BCI-Technologien in den nächsten Jahren deutliche Fortschritte zu erwarten. Ein besseres Verständnis darüber, wie neuronale Signale erfasst, interpretiert und sogar beeinflusst werden können, kann auf lange Sicht den Weg für verheerende Entwicklungen ebnen. In ferner Zukunft könnten bidirektionale BCI-Systeme, die sowohl Informationen lesen als auch Signale an das Gehirn weiterleiten können, eine maschinenvermittelte Gehirn-zu-Gehirn-Kommunikation ermöglichen und ein Maß an organisch-technischer Interaktion eröffnen, dass die Grenzen zwischen Mensch und Maschine verwischt. Ob es jedoch so weit kommt, hängt letztlich nicht nur vom technologischen Fortschritt ab, sondern auch davon, inwieweit BCI gesellschaftlich akzeptiert werden wird[37].

Die Wege von Uğur Şahin und dem Chiphersteller kreuzen sich.[38]
Firmen, die Gehirnchips entwickeln, behaupten, dass die Chip-Technologie bei der Diagnose und Behandlung neurologischer Erkrankungen eingesetzt werden soll. Andererseits wird behauptet, dass es sich um eine sehr wichtige Technologie zur Verhinderung „unerwünschter Ereignisse" und zur Gewährleistung der sozialen Ordnung handele. Die interessanten Zusammenhänge zwischen den Studien zum „Gehirnchip" und den Menschen, die diese Studien durchführen, zeigen aber auch, dass der Mensch in großer Gefahr ist. Zum Beispiel die Beziehung zwischen dem deutschen Wissenschaftler und Geschäftsmann Florian Solzbacher, dem Gründer des Unternehmens Blackrock Neurotech, das 28 Menschen Gehirnchips implantierte, und Uğur Şahin. Die

---

37 https://www.int.fraunhofer.de/de/geschaeftsfelder/corporate-technology-foresight/Brain-Computer-Interfaces.html
38 https://www.gzt.com/gercek-hayat/zombiler-gercek-oldu-30u-aramizda-geziyor-3594904

Wege von Şahin, der den mRNA-Impfstoff gegen Corona entwickelte, und Solzbacher, dem Chiphersteller, kreuzten sich in den 1990er Jahren an der Universität des Saarlandes in Deutschland. Im gleichen Zeitraum wandten sich Geschäftsleute, die an dieser Universität studierten und eine Ausbildung absolvierten, heute seltsamerweise „ähnlichen Technologien" zu. Vergessen wir nicht, dass die meisten Wissenschaftler produktiver sind, wenn sie zu Beginn ihrer Karriere, im Allgemeinen während ihrer Studienzeit, in einen bestimmten Kreis aufgenommen und in die gewünschte Richtung ausgebildet werden. Ich bin mir sicher, dass das Justizsystem eines Tages seine erwartete Pflicht erfüllen wird und einige korrupte Wissenschaftler Rechenschaft darüber ablegen werden, was sie bisher getan haben.

In der Zwischenzeit: BioNTech war das erste Unternehmen, das die Führung übernahm, als diejenigen, die nach der Impfung gesundheitliche Schäden erlitten hatten, begannen, zu klagen und Schadensersatz zu fordern. Das Ehepaar Uğur Şahin und Özlem Türeci gründete **BioNTech**, ein Unternehmen, das in kurzer Zeit zum milliardenschweren Pharmariesen aufstieg, und weltweit den ersten zugelassenen mRNA-Impfstoff, den Corona-Impfstoff entwickelte. Zuvor stand die Tatsache, dass sie und ihre Mitarbeiter in ihren Unternehmen lange Zeit nicht geimpft waren, auf der Tagesordnung. Heute ist nicht bekannt, ob sie sich geimpft haben oder nicht, aber es ist bekannt: Im vergangenen Jahr belief sich ihr Vermögen auf 2,4 Milliarden Euro. Mittlerweile sind es rund 14 Milliarden Euro. Damit gehören sie zu den 10 reichsten Familien Deutschlands.

Gefährliche Stoffe im Impfstoff[39]

Nach einem Rechtsgutachten der Rechtsanwältin **Beate Bahner** aus Heidelberg. Sie wirft Şahin eine „Gefährdung menschlichen Lebens" durch die Verwendung der Substanzen **ACL-0315** und

---

39 https://ansage.org/wie-ueberraschend-kein-strafverfahren-gegen-biontech-chef-ugur-sahin/

ACL-0159 vor, die im BioNTech-Impfstoff Comirnaty für den menschlichen Gebrauch nicht zugelassen sind. Was die Artikel ACL-0315 und ACL-0159 angeht, begnügt sich die Anklage mit den Angaben des Herstellers Echelon Biosciences und einer Sicherheitserklärung auf der Website des Paul-Ehrlich-Instituts (PEI) vom 23. Dezember 2021 (das, was der Verschwörungstheoritiker stets vermutet, „etwas stimmt hier nicht!") Kurz gesagt: „Trotz der Tatsache, dass bestimmte Dokumente von BioNTech zum Inhalt des Impfstoffs bisher nicht vorgelegt wurden. (…) Dieser Sachverhalt ist immer noch umstritten, obwohl die Anwendung des Impfstoffs bis heute milliardenfach fortgesetzt wurde, wurden die betreffenden Unterlagen immer noch nicht eingereicht. Kürzlich wandten sich mehrere bekannte Physik- und Chemieprofessoren mit einer Liste von Fragen an Şahin, in denen es auch um die unbefugte Verwendung von ACL-0315 und ACL-0159 ging. Doch Herr Şahin hat sich bisher nicht bemüht, viele unbeantwortete Fragen zu Inhalt und Nebenwirkungen des Impfstoffs, den sein Unternehmen produziert und vertreibt, umfassend zu beantworten."

Wird eine weitere Verschwörungstheorie bestätigt?

Laut einer aktuellen Meldung (10. Januar 2023), die in den Leitartikeln erschien: **„BioNTech übernimmt das britische KI-Unternehmen InstaDeep."**[40]

Das Pharmaunternehmen BioNTech Deutschland-Mainz möchte für 410 Millionen Euro ein britisches Start-up mit Schwerpunkt auf künstlicher Intelligenz (gegründet mit einer Geschäftsidee und hohem Wachstumspotenzial) kaufen. Zusammen mit den BioNTech-Aktien soll die Übernahme von **InstaDeep** das bisher größte Unternehmen der Mainzer BioNTech-Firma und die

---

40 https://www.n-tv.de/wirtschaft/Biontech-kauft-britisches-KI-Startup-article23834607.html
https://www.handelsblatt.com/unternehmen/industrie/pharmabranche-groesster-zukauf-in-der-geschichte-von-biontech-mainzer-uebernehmen-britisches-start-up-instadeep-/28914502.html

teuerste Übernahme in der Geschichte sein. Die Vereinbarung ermöglicht es, „in diesem Bereich Kapazitäten aufzubauen, um die nächste Generation von Immuntherapien im großen Maßstab zu entwickeln, also die führende Rolle in der auf künstlicher Intelligenz basierenden Arzneimittelforschung, -gestaltung und -entwicklung zu stärken".

Darüber hinaus plant BioNTech, auf allen Therapieplattformen und Geschäftsbereichen auf KI (künstliche Intelligenz) und ML (maschinelles Lernen) basierende Technologien einzusetzen. InstaDeep wurde 2014 gegründet und verfügt über Niederlassungen in Paris, Tunis, Lagos, Dubai und Kapstadt. BioNTech und InstaDeep arbeiten seit etwa drei Jahren zusammen. Unter anderem hat das deutsche Unternehmen zusammen mit dem britischen Start-up ein Früherkennungssystem entwickelt, um gefährliche Varianten von Sars-CoV-2 zu identifizieren. Zur Übernahme sagte BioNTech-Chef und Gründer Uğur Şahin: „Die Übernahme von InstaDeep ermöglicht es uns, schnell wachsende Talente im Bereich der künstlichen Intelligenz in unsere Technologien sowie Forschungs- und Entwicklungsprojekte zu integrieren. Ziel ist es, BioNTech zu einem Technologieunternehmen zu machen, bei dem künstliche Intelligenz nahtlos in alle Aspekte des Geschäfts integriert ist."

InstaDeeps Mitteilung auf Twitter, 10. Januar 2023 (aus dem Englischen):

> *Unsere Mission, KI zu schaffen, von der alle profitieren, hat einen großen Schritt nach vorne gemacht!*
> *@BioNTech_Group*
> *die Übernahme von InstaDeep mit einem Vertrag von 362 Millionen Pfund, um die künstliche Intelligenzfokussierte Entdeckung, das Design und die Entwicklung einer neuen Generation von Immuntherapien und Impfstoffen weltweit zu beschleunigen!*
> *1/N http://bit.ly/3VW5GLn*

Wenn ein Impfstoffunternehmen mit einem KI-Unternehmen fusioniert, könnte es zeigen, wie recht die Verschwörungstheoretiker in ihrem Verdacht haben – zum Beispiel die Chips, die in Impfstoffen enthalten sind?

Idealerweise ist unser Wunsch, dass Wissenschaft und Wissenschaftler mehr Transparenz in ihre Dienste für die Menschheit bringen. Stattdessen ist klar, dass die Industrielobby weiterhin die Behörden stark mit gekauften Berichten beeinflusst und viele Dinge verschleiert werden.

Die mächtigen vernetzten Netzwerke des Lobbyismus reichen von Politikern bis zu Wissenschaftlern, während Bildungs- und Forschungsinstitute, aber auch einige Wissenschaftler, unbewusst oder unfreiwillig in der Schlange stehen, um ihre Pflicht als Teil dieses Systems zu erfüllen. Natürlich ist es nicht gerade eine angenehme Zukunft für uns, die ständig im Dunkeln gehalten wird.

Aristoteles sagte: „**Wer recht erkennen will, muss zuvor in richtiger Weise gezweifelt haben.**" Mit anderen Worten: Wenn du das Richtige tun willst, musst du über dich und deine Handlungen nachdenken. Eine moralisch korrekte Handlung besteht darin, sich ernsthaft mit den Folgen dieser Handlung auseinanderzusetzen, die für andere negativ sein können. Abschließend: Wie kann man sich sowohl auf seine eigenen Interessen und Wünsche konzentrieren als auch ethisch korrekt handeln, besonders wenn man Arzt und Wissenschaftler ist, die im Namen der Menschheit Verantwortung tragen müssen?

Was passiert also mit Wissenschaftlern, die sich nicht an das System halten wollen und dagegen sind?

Manchmal werden tugendhafte Wissenschaftler zum Schweigen gebracht oder stillschweigend eliminiert, und andere werden gezwungen, ihre Karriere aufzugeben. Manche verlieren wohl auch noch den Kopf, ein Beispiel dafür ist der Chemiker **Antoine Laurent de Lavoisier**.

Antoine Laurent de Lavoisier, geboren 1743 in Paris, ist das Genie der Chemie. Seine Hauptausbildung war Jura. Weltweit bekannt wurde er durch seine Vorträge über wissenschaftliche Beobachtung und Interpretation. De Lavoisiers Massenerhaltungssatz: „Die Masse bleibt konstant, egal welche Prozesse in einem geschlossenen System stattfinden." Mit anderen Worten; „Der Zustand der Masse kann neu geordnet werden, aber Masse kann nicht erzeugt oder zerstört werden."

Also, de Lavoisier legte den Grundstein für die moderne Chemie, indem er bewies, dass nichts „aus dem Nichts erschaffen" werden kann.

Als er erst 22 Jahre alt war, war er der Gewinner des Projektwettbewerbs zur Beleuchtung der Straßen von Paris und wurde von der Französischen Akademie der Wissenschaften mit einer Goldmedaille ausgezeichnet.

Als er 1794 seine Experimente zur „Atmung" durchführte, wurde er zum Ziel zweier Anschuldigungen des Revolutionsgerichts:

1. Seine Beziehung zu den Gegnern der Revolution.
2. Einen kleinen Teil der eingenommenen Steuern für Laborexperimente ausgeben.

Vielleicht liegt der wahre Grund für seine Verhaftung bei den Konservativen, die die Wissenschaft der Chemie ablehnen: Es war sein Ausspruch: **„Diese Köpfe nützen nichts!"**

Um Lavoisier zu retten, wenden sich seine Freunde mit einer Petition an das Gericht. „Wenn Bürger de Lavoisier ein großer Gelehrter wird, dessen Arbeit Frankreich Ehre bringt, vereinen wir uns alle und bitten ihn um Vergebung."

Aber die Antwort des Richters ist eindeutig:

„Die Französische Republik braucht keine Gelehrten!"

Im Alter von 51 Jahren wird de Lavoisier vom Gericht durch die Guillotine zum Tode verurteilt. Er liest vor der Hinrichtung ein Buch. Als sein Henker eintrifft, um ihn zur Guillotine zu bringen, legt de Lavoisier ein „Lesezeichen" in das Buch, um daran zu erinnern, wo er zurückgelassen wurde, und klappt es zu. Später, bevor er zur Guillotine ging, rief er seinen Freund **Langrange** an und sagte:

„Schau mir in die Augen, wenn mein Kopf auf den Korb fällt. Wenn ich zweimal blinzele, denkt das Gehirn noch eine Weile weiter, nachdem dem Menschen der Kopf abgeschnitten wurde."

De Lavoisiers Kopf wird guillotiniert, fällt in den Korb und er zwinkert zweimal lächelnd! (Manche sagen, er solle elf Mal geblinzelt haben.)

Sein Freund, der Mathematiker Langrange:
„De Lavoisiers Suche nach wissenschaftlichen Beweisen, selbst in letzter Sekunde, ist die Fackel der Wissenschaft, die Jahrhunderte überdauern wird. (…) Aber diese bigotten Geister werden jahrhundertelang im Dunkeln lauern und die Menschheit in Bedrängnis bringen."

Na schön, sind wir mit dieser Geschichte zu weit zurück gegangen? Fällt es uns schwer, das menschliche Verhalten von vor 200 Jahren mit dem der Menschen von heute zu vergleichen?

Gewiss nicht!

Heute werden Methoden des Schweigens auf eine andere zeitgenössische Weise durchgeführt. Unliebsame Wissenschaftler werden nicht in Eile zur Guillotine geschickt und enthauptet, aber die Beseitigung von Menschen wird systematisch auf andere Weise fortgesetzt. Diese Menschen durch Drohungen und Einschüchterungen zum Schweigen zu bringen, sie zu täuschen, sie zu verspotten, sie zu entlassen, sie mit rechtlichen Mitteln und mit Geldbußen zu unterdrücken, sind einige Beispiele dafür. In extremen Fällen werden sie an Herzversagen leiden oder plötzlich und unerwartet Selbstmord begehen oder einen tödlichen Unfall haben. Die Methoden, diese Menschen zu opfern, werden weitgehend kontrolliert, um sie auszurotten.

Ein markantes Beispiel hierfür ist die Türkei. Im Jahr 2007 kamen sechs wertvolle Wissenschaftler der Türkei, darunter Prof. Engin Arık, bei einem Flugzeugabsturz ums Leben. Diese Wissenschaftler arbeiteten an einem wichtigen Projekt, das einigen Eliten nicht gefallen hätte, aber für die Menschheit von großem Nutzen sein würde.

Prof. **Arık**s letzte Aussage beinhaltete Folgendes: „Die Thoriummine in der Türkei deckt die reichsten Vorkommen der Welt ab. Die Türkei kann ihren gesamten Energiebedarf mit 50 Tonnen **Thorium**[41] pro Jahr decken. **Die Energie von 1 Tonne Thorium entspricht der Energie von 1 Million Tonnen Öl.** Ein Protonenbeschleuniger für das Zentrum, das wir errichten werden, wird in Betracht gezogen. Dies wird in Zukunft ein Thorium-Kernkraftwerk sein." Doch leider konnten sie ihr Projekt nicht verwirklichen, sie wurden blockiert, ihr Flugzeug stürzte auf dem Weg zu einem Treffen ab und keiner von ihnen überlebte.

Passt nun noch ein Puzzleteil besser dazu, wie wir im Netz eines korrupten Systems gefangen sind und einige Wissenschaftler deswegen sterben müssen? (siehe Wissenschaftler, Ärzte – Warum mussten sie sterben?)

Der Tagesspiegel[42] veröffentlichte einen Artikel mit dem Titel (19. November 2019): **„Verfolgte Wissenschaftler – Wo kritische Stimmen zum Schweigen gebracht werden".**

In vielen Staaten werden kritische Wissenschaftler entlassen, verhaftet und ermordet. Die Organisation **Scholars at Risk** archiviert und berichtet über solche Fälle, die aktuelle Bedrohung für Menschen aus der globalen Wissenschaftsgemeinschaft. Das internationale Netzwerk von mehr als 400 Universitäten weltweit setzt sich für wissenschaftliche Rechte und Freiheiten ein.

---

41 Sein Symbol ist Th, ein sehr hartes, nicht korrosives, bleifarbenes, radioaktives Element, das durch glühende Funken oxidiert und als Quelle atomarer Energie verwendet wird. Aufgrund seiner radioaktiven Eigenschaft ist es eine wichtige Energiequelle. Es ist ein Brennstoff mit einer umweltfreundlicheren Identität unter Kernreaktoren. Im Vergleich zu Uran ist es weniger schädlich für die Natur.

42 https://www.tagesspiegel.de/wissen/wo-kritische-stimmen-zum-schweigen-gebracht-werden-4120042.html

Der Bericht „**Free to Think 2019**" untersucht insgesamt 324 Angriffe auf wissenschaftliche Akteure in 56 Ländern. Für einige Länder lassen sich jedoch klare Trends erkennen. In Indien, der Türkei, dem Sudan, China und Brasilien kam es zuletzt zu einem deutlichen Anstieg der Gewalt.

Wenn sogar eine einzige unterschriebene Friedenserklärung gegen die Staatsgewalt als Verbrechen angesehen wird, reichen beschämende Worte sicherlich nicht aus, um dies zu beschreiben (in einem Fall in der Türkei).

Dies ist ein Fall, der mit der Missachtung von Menschenrechten, Demokratie und Gerechtigkeit verglichen werden kann, und wer außer denen, die Diener des Systems sind, kann das Gegenteil behaupten?

Betrug und Fälschung in der Wissenschaft

Die Wissenschaft untersucht die grundlegenden Eigenschaften von Natur, Mensch, Technik und Wirkungszusammenhängen und ist ein Informationssystem, das zusammen mit Konzepten, Kategorien, Maßen, Gesetzen, Theorien und Hypothesen betrachtet wird. Ob es wirklich wissenschaftlich ist oder nicht, hängt vom Grundsatz der absoluten Wiederholbarkeit und Überprüfbarkeit ab. Dann können wir sagen, dass diese bestätigten wissenschaftlichen Informationen auch bewiesene Theorien sind. Und von da an ist es keine Theorie mehr, sondern wird zu faktischem Rechtswissen. Deshalb ist es glaubwürdig, zumindest sollte es so sein. Aber trifft diese Aussage immer zu?

Die Wissenschaft hat sich in den letzten 100 Jahren stark verändert. Theorien sind gekommen und gegangen, und einige wissenschaftliche Fakten wirken heute geradezu seltsam.

In gewissem Sinne fällt dies in den Bereich der Pseudowissenschaft[43].

Um Pseudowissenschaft von echter Wissenschaft zu unterscheiden, ist es möglicherweise am besten, die Wissenschaftler voneinander zu trennen, anstatt sich also mit Theorien zu beschäftigen und Zeit zu verschwenden. Wir müssen ein paar Fragen dazu stellen, wie z. B. was sie bisher getan haben, in welchen Kreisen sie sich bewegen, ihre Verbindungen, wer unterstützt sie, von wem erhalten sie Gelder?

Wenn wir diese Antworten haben, wissen wir allmählich, wie wir sie kategorisieren können. Laut dem britischen Philosophen **Philip Kitcher** bedarf es einiger Kriterien, um diese Unterschiede zwischen Wissenschaftlern zu finden. Erstens bauen echte Wissenschaftler auf erfolgreichen Praktiken der Vergangenheit auf: Sie wollten alte Theorien mit neuen Ideen in Einklang bringen. So wie die Gravitationstheorie von Newton nicht von Einstein zerstört wurde, sondern in der Relativitätstheorie unter besonderen Umständen enthalten ist. Zweitens konzentrierten sich echte Wissenschaftler darauf, ihre Ideen ständig zu verbessern: „Ihre Kritik an bestimmten Ideen ist immer nur das Vorspiel zu neuen und besseren Antworten", sagt er. Die Pseudowissenschaftler wollen die Erklärungsversuche ihrer Gegner zerstören. Sie tun nur so, als würden sie die Wissenschaft voranbringen, in Wirklichkeit wollen sie mit mehr Betrug vorankommen.

Kontroversen über einige Theorien werden relativ schnell beigelegt, während andere noch jahrelang hartnäckig bestehen bleiben. Obwohl in ihnen ein Körnchen Wahrheit steckt, fällt es immer noch schwer, ihnen Vernunft und Logik entgegenzu-

---

43 Unter Pseudowissenschaft versteht man das Wissen und die Praktiken, die uns unter dem Deckmantel der Wissenschaft präsentiert werden, auch wenn sie nicht durch wissenschaftliche Forschung gestützt werden. Solche, die wie Wissenschaft aussehen, aber eigentlich keine Wissenschaft sind.

setzen, oder vielmehr geraten sie in einen Widerspruch. Dies hat oft zu dem Versuch geführt, die Wissenschaft ganz konkret zu charakterisieren und sie so von anderen Wissensformen abzugrenzen. Nach **Karl Poppers**[44] Untersuchungslogik, einem Klassiker der Wissenschaftstheorie, führte beispielsweise seine berühmte Fälschungsmethode ein neues Kriterium dafür ein, was Wissenschaft ausmacht: **Falsifizierbarkeit**. Eine Theorie hat nur dann wissenschaftlichen Wert, wenn sie nicht prinzipiell widerlegt werden kann. Demnach: „Millionen erfolgreicher Experimente können nicht die Wahrheit einer Theorie beweisen. Aber ein einziges fehlgeschlagenes Experiment kann die Theorie absolut widerlegen."

Paul Feyerabend[45] wurde für seinen wissenschaftstheoretischen Anarchismus bekannt. Laut Feyerabend kann keine universelle und ahistorische wissenschaftliche Methode formuliert werden. Stattdessen sollte es der generativen Wissenschaft gestattet sein, Methoden nach Belieben zu ändern, einzuführen und aufzugeben. Außerdem folgt er dem Prinzip „anything goes" (alles ist möglich) und stellt fest, dass es so etwas wie eine wissenschaftliche Methode nicht gibt, anhand derer unterschiedliche wissenschaftliche Methoden oder Traditionen bewertet werden können. Feyerabend kritisiert Poppers Verständnis von Wissenschaft, indem er argumentiert, dass Experimente keine sichere Grundlage bieten, um Theorien zu fälschen, und dass

---

44 Sir **Karl Raimund Popper** (1902–1904) war ein österreichisch-britischer Philosoph, der durch seine Arbeiten zu Wissen und Wissenschaftstheorie, Sozial- und Geschichtsphilosophie sowie politischer Philosophie den Kritischen Rationalismus begründete.

45 **Paul Karl Feyerabend** (1924–1994) war österreichischer Philosoph und Wissenschaftstheoretiker. Von 1958 bis 1989 war er Professor für Philosophie an der University of California in Berkeley und lebte zeitweise in England, Deutschland, Neuseeland, Italien und zuletzt in der Schweiz, wo er als Lehrer an der Universität Zürich arbeitete. Er war Schüler von Karl Popper.

falsche Theorien in der Geschichte der Wissenschaft selten vollständig aufgegeben werden.

Dies ist ein Beispiel dafür, wie schnell man in Verwirrung geraten kann.

Folglich können richtig und falsch teilweise in jede Theorie einbezogen werden. Informationen aus verschiedenen Quellen, wissenschaftliche Theorien, die verbreitet werden, sind nicht mehr als vorsätzliche oder unbeabsichtigte Verwirrung. Vielleicht besteht für eine wissbegierige Seele eher die Gefahr, ins Informationschaos zu geraten, als für diejenigen, die sich überhaupt nicht dafür interessieren oder recherchieren. Vor allem in letzter Zeit haben sich unzählige wissenschaftliche Theorien verbreitet, von Physik, Chemie, Astronomie, Mathematik, Geografie bis hin zu Soziologie, Anthropologie und Wirtschaft. Darüber hinaus gibt es viele Beispiele, darunter Bücher, Zeitungen, Zeitschriften und sogar das, was wir in der Schule lernen. Die ganze Menge nützlicher oder nutzloser Informationen, die von uns gesammelt werden, ist dazu verrucht, sie später wieder zu vergessen.

Was ist in diesem ganzen Informationschaos nützlich, was ist gut, was ist wahr und sogar „was ist absolute Realität?"

Es ist immer schwierig, die Frage einfach zu beantworten, noch schwieriger ist es, die Grenzen unserer Komfortzone zu überschreiten, die uns als soziales Wesen zugeschrieben werden. Doch zunächst gilt es, die große Frage, die in fast allen Lehren aufkommt, neu zu definieren: **Kausalität des Seins**, und diese Frage beschäftigt sicherlich nicht nur einen esoterischen Philosophenkreis.

Zitate zum Nachdenken:

„Es kann niemand ethisch verantwortungsvoll leben, der nur an sich denkt und alles seinem persönlichen Vorteil unterstellt. Du musst für den anderen leben, wenn du für dich selbst leben willst!"
Seneca

„Die Wurzeln allen menschlichen Übels liegen in der unersättlichen, menschenverachtenden Profit-, Hab- und Machtgier des Kapitalismus, seiner Förderer, Profiteure und Nutznießer!"
Horst Bulla

„Eine neue wissenschaftliche Wahrheit pflegt sich nicht in der Weise durchzusetzen, dass ihre Gegner überzeugt werden und sich als belehrt erklären, sondern vielmehr dadurch, dass ihre Gegner allmählich aussterben und dass die heranwachsende Generation von vornherein mit der Wahrheit vertraut gemacht ist!"
Max Planck

„Die Naivität des Menschen aufgrund seiner Unwissenheit kann vergeben werden, aber die Sturheit, nicht wissen zu wollen, ist Ignoranz und ein Verbrechen der Menschheit jenseits der Vergebung!"
Nurcan Gross

Agnotologie[46]

Der Philosoph Martin Carrier gibt einen Einblick in die Tricks der Pseudowissenschaft. In der Agnotologie geht es um die gezielte Verbreitung von Ignoranz. Sogenannte Studien und absichtlich falsch konstruierte Experimente zielen darauf ab, Zweifel am wissenschaftlichen Konsens auszuräumen. Experten nennen die bewusste Verbreitung von Unwissenheit die Agnotologie.

---

46 Die Lehre vom Nichtwissen, eine Forschungsrichtung, welche die kulturelle Erschaffung und Aufrechterhaltung von Unwissen untersucht. Sie ist eine Disziplin an den Grenzen der Philosophie, Soziologie und Wissenschaftsgeschichte, deren Ziel es ist, die Werkzeuge zu untersuchen, die zur Produktion, Erhaltung und Verbreitung von Ignoranz verwendet werden, aber auch die Ignoranz selbst zu studieren.

Der Begriff wurde 1992 von **Robert Proctor**, Wissenschaftshistoriker an der Stanford University in Kalifornien, USA, erfunden. Wie er in seinem Buch „**Agnotology – The Making and Unmaking of Ignorance**" (Agnotologie – die Entstehung und Aufhebung von Unwissenheit) schreibt, kann Ignoranz viele Ursachen haben. Diese sind im Grunde Dummheit, Gleichgültigkeit, Zensur, Glaube, Desinformation oder Vergesslichkeit sowie der Wunsch nach Selbstverteidigung. Laut Proctor: „Die Leute denken, dass sie viel wissen, aber über alles, was man wissen kann, weiß die Wissenschaft fast nichts. Was vor dem Urknall passiert ist, haben wir fast keine Ahnung von den unzähligen Planeten und Himmelskörpern im Weltraum. Was unsere Welt betrifft, kennen wir nur ihre Oberfläche."

Die Person verbringt viel Zeit und Mühe damit, ihre eigene Unwissenheit und die allgemeine Unwissenheit zu minimieren. Tatsache ist, dass jeder viele verschiedene Dinge weiß, von denen er nicht möchte, dass andere sie wissen. Sie wissen sogar Dinge, die sie selbst lieber nicht wissen würden. Aber das meiste davon geht sie nichts an, da es wahrscheinlich privat ist. Unser Verständnis von Privatsphäre ist nichts anderes als Unwissenheit, die jeder respektiert. Die Existenz von Unwissenheit steht jedoch völlig im Widerspruch zum Interesse der Menschen an der Wissenschaft. So wie jede Krise oft als Chance verkauft wird, ist man davon überzeugt, dass Wissenslücken durchaus produktiv sein können – denn dann besteht die Chance, sie zu beseitigen. Der Autor sieht Unwissenheit als Rohstoff und seiner Meinung nach als Ressource. Aber manchmal ist der kluge Mensch derjenige, der sich gut fühlt, weil er nicht alles weiß.

Alibiforschung

In den USA herrschte Mitte der 1950er Jahre ein wissenschaftlicher Konsens darüber, dass Rauchen für Lungenkrebs verantwortlich sei. Die Tabakindustrie war alarmiert. Sodass Philip Morris und Co. in offiziellen Erklärungen immer wieder betont haben, dass sie „niemals ein Produkt herstellen oder vertreiben werden, das zeigt, dass es die Ursache einer Krankheit ist".

Laut Proctor starteten sie auch „eine der ehrgeizigsten und erfolgreichsten Betrugskampagnen der Neuzeit. Anstatt die Branche zu schließen, gründeten Unternehmen den Tobacco Research Council und investierten Hunderte Millionen Dollar in die Erforschung der Gefahren des Rauchens.

Beispielsweise erasste das Journal of Tobacco and Health Reports in den Jahren 1963–64 alle Ursachen von Lungenkrebs mit Ausnahme von Tabak. Sie zählten alle möglichen Gefahren bei Geflügel (Zecken auf Federn), Erbkrankheiten, Viren, Luftverschmutzung und mehr auf.

Hier zitiert Proctor zahlreiche interne proprietäre Dokumente, die eine komplexe Strategie klar aufzeigen. „Zweifel ist unser Produkt", heißt es in einer Notiz der Brown & Williamson Tobacco Company aus dem Jahr 1969. Für Proctor ein Zustand der „Agnogenese", der absichtlichen Erzeugung von Zweifeln oder Unwissenheit. Und natürlich können wir es als Manipulation oder, wenn wir weiter gehen, als absichtlichen Angriff auf die Menschheit bezeichnen.

Wissenschaftsdisziplinen und Missbrauchspotenzial[47]

Naturwissenschaften haben große Vorteile für Mensch und Umwelt. Allerdings können manche Entdeckungen aus der biologischen und chemischen Forschung gefährlich werden, wenn sie mit der Absicht missbraucht werden, Schaden anzurichten. Das Potenzial für Missbrauch, insbesondere in der biologischen Forschung, kann Anlass zur Sorge geben. Die Naturwissenschaften befassen sich mit ausgewählten Teilen der Natur, sowohl belebt als auch unbelebt. Ziel jeder Naturwissenschaft ist es, die Zusammenhänge und Gesetze in der Natur zu erkennen, mit Hilfe der gewonnenen Informationen Ereignisse zu erklären und vorherzusagen und die gewonnenen Informationen dazu zu nutzen, das Leben der Menschen sicherer und angenehmer zu machen. Allerdings können Erkenntnisse der Naturwissen-

---

47 https://www.ugb.de/vollwert-ernaehrung/gekaufte-forschung/

schaften beispielsweise auch für die Entwicklung von Massen-vernichtungswaffen missbraucht werden.

Fast alle Test-/Forschungsarbeiten werden zunehmend von der Industrie (Pharma, Lebensmittel usw.) finanziert. Nach An-gaben der Wissenschaftler ist bewiesen, dass die Forschung im Bereich der Gentechnik zu 95 % von der Industrie finanziert wird. Nur 5 % der Forschung sind unabhängig. Die große Gefahr für die Wissenschaftsfreiheit und unsere Demokratie ist klar.

Die unabhängige Forschung wird auf diese Weise fortge-setzt. Durch manipulierende rechtliche Maßnahmen werden unerwünschte wissenschaftliche Erkenntnisse erfolgreich ver-hindert – dieses Prinzip wird heute in vielen Branchen prakti-ziert. Ein Effekt dieser Forschungen zeigt sich auch mit großem Erfolg in der Lebensmittelindustrie. Beispielsweise hat die Zu-ckerindustrie eine Reihe wissenschaftlicher Studien unterstützt, die fast alle zu dem Schluss kamen, dass kein direkter Zusam-menhang zwischen Zuckerkonsum und Übergewicht besteht.

Alle diese Artikel wurden in wissenschaftlichen Fachzeitschrif-ten veröffentlicht und drangen so in das allgemeine wissenschaft-liche Bewusstsein ein. Wie Journalisten in der Wochenzeitung „Die ZEIT" berichteten, wurde 2006 ein Zusammenschluss von Wissenschaftlern aus vier Universitäten, dem Bundesforschungs-ministerium und dem Deutschen Forschungsinstitut für Lebens-mittelchemie gegründet, dessen Forschung jahrelang vom Kaf-feeproduzenten Tchibo finanziert wurde. Im April 2011 wurde eine Studie veröffentlicht, die zeigt, dass Kaffee bei Schäden am menschlichen Genom helfen kann. Darüber hinaus: Was macht Tchibo? Man zeigt es stolz in seinem Blog: **„Untersuchungen haben bewiesen, dass Kaffee gesund ist"**, schreibt er.

Versehentliche Fehler oder vorsätzliche Manipulationen?

In der Wissenschaft ist Betrug ein weites Feld, sowohl die Verschlei-erung, die Verfälschung als auch die illegale Nutzung von Informa-tionen. Es ist schwierig, zwischen absichtlichen Manipulationen und unabsichtlichen Fehlern zu unterscheiden. Auch in der Wissen-schaft spielen die Erfindung oder Verfälschung von Daten, Manipulation von Bildern, Plagiate oder Verschleierung unangenehmer Daten eine Rolle: Die Liste wissenschaftlicher Missbräuche ist lang. Der griechische Naturforscher Ptolemaios soll die im 2. Jahrhundert beobachteten Erkenntnisse anderer Wissenschaftler gefälscht und als von seinen eigenen abweichend veröffentlicht haben. In den 1920er Jahren half der österreichische Biologe Paul Kammerer der Natur mit Farbe, als die von ihm gezüchteten Frösche nicht die erwarteten Eigenschaften zeigten. Als der Vorfall ans Licht kam, beendete er sein Leben mit einer Kugel.

Summerlin, ein weiterer Wissenschaftler, der der Natur mit Farben half, berichtete 1973 in zwei medizinischen Fachzeitschriften, dass er erfolgreich die Haut einer schwarzen Maus in eine weiße Maus transplantiert hatte. Es stellte sich jedoch heraus, dass die schwarzen Federn nach dem Waschen mit Alkohol wieder weiß wurden – Summerlin hatte zuvor Federn mit einem Filzstift gefärbt. Beispiele wie diese gibt es zahlreiche, und es gibt ebenso viele Wissenschaftler, die unter Drohungen gezwungen wurden, ihre Forschung zurückzuziehen und sogar öffentlich zuzugeben, dass sie falsch lagen.

Betrügereien einiger Wissenschaftler

Das bemerkenswerteste Beispiel stammt von **Louis Pasteur**[48]: Zwischen Pasteurs Notizen in seinen privaten Notizbüchern und

---

48 Louis **Pasteur** (1822–1895), französischer Mikrobiologe und Chemiker, der den Tollwutimpfstoff entdeckte. Während seiner Tätigkeit als Bakteriologe leistete er wichtige Beiträge zur Weiterentwicklung der Medizin. Pasteur, der von Ärzten **eine** (KEINE???) Reaktion erhielt, weil er kein Arzt war, setzte seine Studien fort und vermutete, dass Bakterien existieren und Krankheiten verursachen könnten. Er bewies, dass Mikroorganismen für Gärung und Infektionskrankheiten verantwortlich sind und dies führte zur Entwicklung der nach ihm benannten Konservierungsmethode namens „Pasteurisierung".

seinen veröffentlichten Werken gibt es große Unterschiede. Ob Pasteur es mit Absicht getan hat oder ob er dazu gezwungen wurde? Heute ist es schwer, dies genau zu sagen, aber was wir kennen, ist das Geständnis von Pastor vor seinem Tod. Laut Pastor war pathogene Formationen (Bakterien, Viren) ein Feind, der um jeden Preis bekämpft werden musste. Einer der Wissenschaftler, die sich Pastors Theorie widersetzten, war Claude Bernard. Auf seinem Sterbebett sagte Pasteur in seinem letzten Atemzug: **„Bernard hat recht; Mikroben sind nichts, das Milieu ist alles."**

Pasteur hatte im letzten Moment seine Lebensansicht geändert, wusste er etwas, hatte er bis jetzt gelogen? Wusste er, dass seine Erkenntnisse im Notizbuch anders veröffentlicht werden würden. Als Gerald L. Geison vom History Institute der Princeton University in New Jersey dies enthüllte, entdeckte er unter anderem etwas in den privaten Einträgen von Louis Pasteur: In den ursprünglichen Labortagebüchern eines von Pasteurs Ururenkeln gab es tatsächlich eine Reihe schwerwiegender Abweichungen von seinem veröffentlichten Werk. Prof. **Gerald L. Geison** forschte seit 20 Jahren in Fachzeitschriften. So berichtete die Süddeutsche Zeitung am 18. Februar 1993: „Pasteur gab nur konkret negative Testergebnisse an, beschönigte aber veröffentlichte Daten und log manchmal – bei besonders spektakulären Impfversuchen – bewusst." Geison veröffentlichte seine zuvor geheimen Labortagebücher mit Beweisen. Ironischerweise ließ Geison im Jahr 1995 anlässlich Pasteurs 100 Todestag die Fälschungen in Buchform aufdecken. Beispielsweise hatte er einen anderen Impfstoff gegen Anthrax verabreicht, als er in seinen Veröffentlichungen angegeben hatte (The Private Science of Louis Pasteur, Princeton 1995, http://press.princeton.edu/titles/5670.html).

Angeblich Tollwut: Um zu beweisen, dass der Erreger ansteckend war, entnahm Pasteur tollwütigen Hunden Gehirnmaterial und injizierte es in die Gehirne gesunder Hunde. Alle diese Hunde litten unter neurologischen Störungen, die sich in Krämpfen, Aggressionen und Unruhe äußerten. Pasteur stellte unweigerlich fest, dass diese Hunde auch an Tollwut erkrankten. Wenn man jedoch Hirnmasse von einem Lebewesen nimmt und sie in das

Gehirn eines anderen Lebewesens einfügt, treten grundsätzlich immer solche Symptome auf. Das hatte nichts mit Tollwut zu tun.

Cyril Burt war bis zu seinem Tod im Jahr 1971 ein hoch angesehener Zwillingsforscher. Allerdings wurden bei einer Schätzung seines Vermögens nach seinem Tod fehlende Daten entdeckt, was Zweifel an der Ernsthaftigkeit seiner Arbeit aufkommen ließ. In seiner Zeitschrift (British Journal of Statistical Psychology) veröffentlichte er eine Reihe von Studien zur Intelligenz, die wichtige Unterschiede zwischen eineiigen und zweieiigen Zwillingen ans Licht brachten: Während Burt seine Erkenntnisse veröffentlichte, dass Intelligenz vererbbar sei, wurden eine Reihe fiktiver Co-Autoren und Rezensenten, darunter „Er hat es selbst erfunden". Später belegte er, dass die Einkommensverteilung in Großbritannien der Verteilung der Intelligenzgene entsprach. Eine kompensatorische Erziehung oder jegliche Unterstützungsmaßnahmen zugunsten von Schülern mit Lernschwierigkeiten sind daher völlig bedeutungslos; sinnvoll ist nur die Förderung bereits leistungsfähiger. Anschließend lieferte er den Nachweis, dass die Einkommensverteilung in Großbritannien der Verteilung der Intelligenzgene entsprach. Jegliche Fördermaßnahmen zugunsten einer kompensatorischen Erziehung oder von Schülern mit Lernschwierigkeiten sind daher völlig sinnlos; sinnvoll ist nur die Förderung bereits sehr Begabter. „Burts Hauptarbeit erwies sich nicht nur als falsch, sondern verwies größtenteils auch auf Betrug. Umfangreiche Untersuchungen dieser Art und die von ihm (für sich selbst) behaupteten Erkenntnisse ergaben, dass er es tatsächlich erfunden hatte, um Thesen zur **Eugenik**[49] zu untermauern.[50]"

Friedhelm Herrmann und **Marion Brach** waren für den bislang größten Betrug der deutschen Krebsforschung verantwort-

---

49 Unter Eugenik versteht man die Züchtung einer menschlichen Rasse durch genetische Kontrolle und Selektion von Menschen.
50 https://core.ac.uk/download/pdf/144215042.pdf

lich. In 94 von Herrmanns 347 Studien wurden Manipulationen festgestellt; 121 blieben verdächtig. Die Betrugsfälle reichten von Plagiaten über Bildfälschungen, geschönte Daten bis hin zu erfundenen Tabellen und Zitaten aus nicht existierenden Werken. Krebsforschern wird vorgeworfen, zwischen 1994 und 1996 systematisch Labordaten gefälscht und mindestens vier manipulierte Studien veröffentlicht zu haben. Herrmann und Brach erhielten für ihre Experimente zur Regulierung des Zellwachstums mehrere Hunderttausend Mark Forschungsgelder der Deutschen Krebshilfe und der Deutschen Forschungsgemeinschaft und verfälschten nicht nur die Ergebnisse ihrer eigenen Experimente, sondern stahlen auch die Ideen anderer Forscher und die Ergebnisse ihrer Experimente im großen Maßstab.

Alzheimer: Studien beziehen sich auch auf das umstrittene Medikament **Aducanumab**. Das Science Magazine erhebt schwere Vorwürfe gegen den Neurowissenschaftler **Sylvain Lesné**. Diese könnten seiner Karriere das Ende bereiten: Laut der Zeitschrift Science hat der französische Wissenschaftler Grafiken und Bilder in seinen Arbeiten gefälscht, unter anderem in einer bahnbrechenden Studie zur Alzheimer-Forschung im Jahr 2006. Lesné, Hauptautor der Studie, hat ein Molekül identifiziert, das eine der „Hauptursachen" für Alzheimer ist. Er sagt, dass es mit einer gefährlichen Kettenreaktion im Gehirn zusammenhängt. Lesnés Entdeckung vor 16 Jahren war die Hypothese, dass bestimmte Proteinfragmente Auslöser für Alzheimer sind. Die Studie galt in der wissenschaftlichen Gemeinschaft als Durchbruch und wurde jahrelang als Beweis für die These angeführt, dass Proteinablagerungen weltweit für die tödliche Krankheit verantwortlich seien. Nun verdichten sich die Hinweise darauf, dass der französische Neurowissenschaftler seine Veröffentlichung manipuliert hat.

Alzheimer-Medikamentenskandal: Das Science Magazine rekrutierte daraufhin mehrere Alzheimer-Forscher, um Lesnés Arbeit zu begutachten. Sie kamen zu einem schockierenden Ergebnis: In mehr als 70 Publikationen seien Hunderte Bilder manipuliert worden. Falsche Befunde könnten auch

zu unwirksamen Medikamenten und unerwünschten Nebenwirkungen dieser Medikamente bei Patienten geführt haben.
Zu den unwirksamen Medikamenten gehört Aducanumab. Die
FDA hat das Medikament mit dem Wirkstoff Aducanumab im
Juni letzten Jahres zugelassen. Allerdings war die Wirkung
des Medikaments bereits damals umstritten. Beispielsweise
hat die Europäische Arzneimittelagentur EMA Aducanumab
nicht zugelassen. Eine Umfrage unter Tausenden amerikanischen Wissenschaftlern aus dem Jahr 2005 ergab, dass jeder
Dritte Missbrauch begangen oder diesen erkannt hatte: Beispielsweise änderten Kollegen Methoden oder Ergebnisse, um
Forschungsgelder zu erhalten, ignorierten die Fehler anderer
Wissenschaftler oder verwendeten dieselben Daten. Wissenschaftler sind ständig dafür verantwortlich, neues Wissen
zu produzieren. Doch auch jahrelange Forschung führt nicht
immer zum Erfolg. Dies kann dazu führen, dass Daten manipuliert oder von Kollegen kopiert werden. Eine weitere Maßnahme wäre die wiederholte Überprüfung wissenschaftlicher
Studien. Bei Tierversuchen weiß niemand, ob zu Beginn des
Experiments 25 Ratten verwendet wurden und was mit den
anderen sechs Ratten geschah, nachdem 19 Ratten in einem
Versuchsbericht auftauchten.[51]

Gefälschte Beweise, falsche Ergebnisse[52]
Klinische Studien zu Arzneimitteln und anderen medizinischen
Behandlungen werden sorgfältig durchgeführt und bilden die
Grundlage für wissenschaftliche Erkenntnisse, ist das richtig?
   Aber nach einer eingehenden Untersuchung dieser Frage,
die im **British Medical Journal** (BMJ) veröffentlicht wurde,
lautet die Antwort tatsächlich: Nein!

---

51 https://www.welt.de/wissenschaft/article134669083/So-dreist-
   wird-in-der-Wissenschaft-betrogen.html
52 https://www.zentrum-der-gesundheit.de/bibliothek/sonstige-infor-
   mationen/medizin-und-forschung/gefaelschte-studien

Beweise, die nicht zur gewünschten Schlussfolgerung passen, können leicht aus den Ergebnissen entfernt werden. Dies kann dazu führen, dass Ärzte bei der Auswahl von Arzneimitteln oder Behandlungen für Patienten aufgrund voreingenommener oder sogar verfälschter Forschungsergebnisse falsche Entscheidungen treffen. Daher werden Medikamente großer Pharmaunternehmen häufig auf den Markt gebracht, obwohl sie nur auf Studien basieren, die wichtige Daten wie potenzielle Risiken oder geringe Vorteile extrahieren.

Was geschieht, wenn ethisch korrekte und ehrliche Wissenschaftler auf reale Gefahren bei Medikamenten und anderen Erfindungen der Pharmaindustrie hinweisen?

Natürlich kann man nicht sagen, dass es für ihre Karriere sehr angenehm sein wird. Aus diesem Grund müssen sie lieber schweigen. Weitere in der Sonderausgabe des BMJ veröffentlichte Forschungsergebnisse verdeutlichen auch die vielen Herausforderungen, denen sich diese Forscher gegenübersehen, wenn sie versuchen, dieses heimtückische System in Frage zu stellen. **Immerhin verzeihe man menschengemachte Fehler bis zu einem gewissen Grad, bewusstes Handeln jedoch nie.**

Insbesondere, wenn es um die physischen und biologischen Schäden geht, die Wissenschaftler den Lebewesen auf unserem Planeten zufügen werden.

Warnung! – Politischer Missbrauch der Wissenschaft

„Die große Tragödie der Wissenschaft – die Erledigung einer wunderschönen Hypothese durch eine hässliche Tatsache."

Thomas Henry Huxley

Manipulieren, Verheimlichen oder Beschönigen, Übertreiben, Täuschen hat in der Wissenschaft eine lange Tradition. Qualitätssicherung ist auch in der Forschung ein großes Thema. Ob das Erfinden oder Verfälschen von Daten, das Manipulieren von

Bildern, das Plagiieren oder das Verbergen unerwünschter Daten: Die Liste wissenschaftlicher Missbräuche ist lang. Ebenso werden alle Formationen im Rahmen wissenschaftlicher Theorien und Wissenschaftlichkeit, die wir für nahezu selbstverständlich halten, in der Politik ständig für bestimmte Zwecke genutzt. Und im Namen der Menschlichkeit kann man nicht sagen, dass er diesen Zielen so freundlich gesinnt ist. In der modernen Welt ist das Militär zu einem unverzichtbaren Bestandteil verschiedener politischer Instrumente zur Bewältigung der Globalisierung und neuer Sicherheitsherausforderungen geworden. Es entstanden neue Strukturen, gesellschaftliche Organisationen und wissenschaftliche Einrichtungen, die mit dieser Entwicklung einhergingen. Da das reibungslose Funktionieren der Politik von der absoluten Kontrolle der Völker abhängt, nahmen zu diesem Zeitpunkt das Interesse und die Konzentration auf wissenschaftliche Bereiche zu und insbesondere wissenschaftliche Forschungen wurden stark unterstützt. Natürlich müsste sich diese Unterstützung auf Biomedizin, Verhaltenspsychologie, Sozialwissenschaften und Technologie konzentrieren. Dadurch verliert die Wissenschaft immer mehr an Unabhängigkeit. Das jüngste Beispiel hierfür wurde während der jüngsten Pandemie aktualisiert. Über welche Freiheit, Gerechtigkeit, Demokratie und Menschenrechte kann man sprechen, wenn die mögliche Zusammenarbeit von Wissenschaft und Politik die Menschheit in die Sackgasse treibt?

Korruption und Missbrauch sind fast überall, wo wir hinschauen, und die anvertraute Macht wird zum privaten Vorteil oder Gewinn missbraucht. Allgemein betrachtet dient die Wissenschaft dazu, die Wahrheit zu finden und aufzudecken und gleichzeitig den gesellschaftlichen Fortschritt sicherzustellen, während die Politik dem Wohlergehen der Gesellschaft und der Ordnung ihrer gesellschaftlichen Aktivitäten dient. Zumindest sind wir geneigt, dies optimistisch so zu betrachten.

Bitte trennen Sie Wissenschaft und Politik strikt![53]

Der Philosoph **Philip Kovce**, der eine klare Trennung von Wissenschaft und Politik befürwortet, hält dies für verständlich. Wenn heutzutage über Impfstoffe oder Klimawandel, Homöopathie oder Glyphosat diskutiert wird, dann wird immer wieder unangenehm verwechselt, was aus guten Gründen sauber getrennt werden sollte: nämlich Wissenschaft und Politik. Wer auf der Grundlage wissenschaftlicher Erkenntnisse die Impfungen beziehungsweise Klimaschutzmaßnahmen ablehnt, sich für eine Rückkehr zur Homöopathie einsetzt oder den Einsatz von Glyphosat verbieten will, wird durch einen politischen Taschenspielertrick gestoppt. Die Öffentlichkeit vertraut der Pseudowissenschaft, die eindeutige Erkenntnisse als Synonym für politische Forderungen sieht und deshalb nichts anwenden will. Wenn Wissenschaft und Politik ein Durcheinander werden, brechen sowohl Wissenschaft als auch Politik zusammen.

Der Missbrauch der Pandemie

Professor **Michael Esfeld**, Wissenschaftsphilosoph an der Universität Lausanne und selbst Leopoldina-Mitglied, kritisierte Anfang Dezember 2021 in einer Protestnote scharf den Lockdown der **Leopoldina**[54], der als wissenschaftliche Grundlage für die Einschränkung herangezogen wurde.

---

53 https://www.deutschlandfunkkultur.de/wahrheitsfindung-vs-willensbildung-wissenschaft-und-politik-100.html

54 Die älteste existierende wissenschaftliche und medizinische Wissenschaftsgesellschaft der Welt, die Naturwissenschaftliche Forschungsakademie. Die Gesellschaft „Leopoldina" wurde 1652 gegründet. Dabei handelt es sich nicht um eine Universität, sondern um eine intellektuelle Denkfabrik, die Politik und Öffentlichkeit unabhängig beraten und die deutsche Wissenschaft im Ausland vertreten soll. Diese Akademie besteht aus mehr als 1.600 Mitgliedern in etwa 30 Ländern. Obwohl sie als unabhängig gilt, ist ihre politische Neigung nicht zu übersehen. Der Hauptsitz der Organisation befindet sich heute in einer historischen Freimaurerloge in Halle.

Im **Corona-Untersuchungsausschuss**[55] spricht Esfeld darüber, wie die Wissenschaft die Religion ersetzt hat, um diktatorische Politik zu legitimieren, und warum wir derzeit ein großes **Milgram-Experiment**[56] erleben.

Prof. Dr. Esfeld und **Prof. Dr. Christoph Lütge** schreiben gemeinsam in ihrem Buch „**Und die Freiheit? – Wie Corona-Politik und der Missbrauch der Wissenschaft unsere Gesellschaft bedrohen? Gegen Staatsversagen und die Rhetorik der Angst**" darüber: Lässt die aktuelle Pandemie zu, dass unsere Freiheit stark eingeschränkt wird? Experten sind sich uneinig, welche Strategie sie gegen das Coronavirus anwenden sollen. Doch unsere Herrscher setzen auf drastische Maßnahmen und bilden ein starkes Bündnis mit ihren Verteidigern. Ja, sie scheinen sogar abweichende Stimmen systematisch zu ignorieren. Der Wissenschaftsphilosoph Michael Esfeld und der Ethiker Christoph Lütge wenden sich in diesem Zusammenhang gegen die höchst umstrittene Einseitigkeit der Politikberatung. Sie machen deutlich, dass es keine verlässlichen Informationen gibt, um die harten Corona-Maßnahmen

---

55 Dieser Ausschuss wurde als außerparlamentarischer Corona-Untersuchungsausschuss in Deutschland eingerichtet und arbeitet seit Mitte Juli 2020 mit Teilnehmern aus Ärzten, Rechtsanwälten und anderen Berufsgruppen. Die Sitzungen werden von erfahrenen Anwälten geleitet. In regelmäßigen, mehrstündigen Live-Sessions geht er der Frage nach, warum Bund und Länder im Zusammenhang mit dem Coronavirus beispiellose Einschränkungen verhängt haben und welche Folgen diese für die Menschen haben. Außerdem deckt er allerlei Ungereimtheiten, auch seitens der Regierung bezüglich Corona, mit vielen Belegen, Fakten und Dokumenten auf.

56 https://podcasts.nu/avsnitt/grosse-freiheit-tv/das-ist-politischer-missbrauch-von-wissenschaft-leopoldina-mitglied-prof-dr-esfeld-KlEhZzOyZw
Das Milgram-Experiment. Der amerikanische Psychologe Stanley Milgram bewies in seinem berühmten Experiment von 1962, dass drei Viertel der Durchschnittsbevölkerung von einer sogenannten wissenschaftlichen Autorität dazu überredet werden können, jemanden, den sie nicht kennen, schlecht zu behandeln.

zu rechtfertigen, und es besteht kein Zweifel daran, dass das schwere Krisenmanagement der Regierung ein großer Misserfolg war und die Quarantäne mehr schaden als nützen wird. Gleichzeitig zeigen sie Wege auf, wie diese und künftige Krisen besser bewältigt werden können.

Unser freier Lebensstil ist eines unserer wertvollsten Güter – es ist Zeit, ihn noch einmal zu überdenken!

Darüber hinaus betont Dr. Esfeld bei der Beschreibung der Corona-Krise, dass die Politik die Wissenschaft ausbeute: „Fakten sind grundsätzlich falsch, weil der Unterschied zwischen Fakten und Normen nicht respektiert wird, und sachlich falsch, weil reale Situationen nicht fair sind. Das hat nichts mit Wissenschaft zu tun!"

Erinnern Sie sich, wer genau dasselbe gesagt hat?

Auf die Frage: „Warum sucht die Regierung nicht den Rat anderer Wissenschaftsexperten?"

Was hat Frau Merkel darauf gesagt?

Ganz genau das: **„Es gibt allgemeine politische Entscheidungen, das hat nichts mit Wissenschaft zu tun!"**

Ist das nicht eine klare und prägnante Beschreibung, die alles sagt?

Auch wenn es uns erschreckend erscheint, ist die Wahrheit, der wir uns stellen müssen, folgende: Die bewusste Strukturierung dieser Pandemie ist ein Versuch, die NWO (Neue Weltordnung) zu etablieren. Es gibt zahlreiche Beweise dafür, dass die Coronavirus-Pandemie nichts weiter als ein globales Social-Engineering Projekt ist, das darauf abzielt, Menschen darin zu schulen, Befehlen lokaler Regierungen und internationaler Streitkräfte Folge zu leisten.

Welche Fakten haben wir?

* Detailliert durchgeführte internationale Pandemiesimulationen (Testversuche) in den Jahren 2017 und 2019

- Geld, das an Regierungen gezahlt wird (sog. Hilfe), um die Epidemieregeln (Pläne) einzuhalten, plötzlicher Tod einiger Staatsmänner, die sich nicht an die Regeln halten
- Unter Missachtung der wissenschaftlichen Studien und Bemühungen systematisch zum Schweigen gebrachte, nichtstaatliche unabhängige Experten und Wissenschaftler und ihre wissenschaftlichen Studien zu diesem Thema (dem Ansteckungs- und Letalitätspotenzial des Virus)
- Systematische Löschung und Zensur sowohl von Informationen hinter den Kulissen als auch von Impfgegnern im Internet (Google, Facebook, YouTube usw.)
- Patente; USA, Coronaviren, PCR-Tests, GVO etc. haben alle Patente angemeldet mit der Behauptung, dass durch mRNA-Impfstoffe veränderte menschliche Genome patentiert werden könnten, heißt es in der Entscheidung des Obersten Gerichtshofs aus dem Jahr 2013
- Die Ungereimtheiten der WHO (Weltgesundheitsorganisation), die Sucht von Präsident Tedros Adhanom Ghebreyesus und seine Beziehungen zu Bill Gates, der von Impfungen besessen ist und dies selbst oft erklärt hat.
- Mainstream-Medien: Die Epidemie, die durch die übertriebene Medienshow auf allen Kanälen verursacht wird, die die Angst steigert und sogar manipulative Bilder verwendet, um die Situation weiter zu dramatisieren.
- Influenzaviren, die fast jeden Winter eine Erkältung auslösen, sind während der Corona-Pandemie plötzlich verschwunden. Dies geschah jedoch nicht aufgrund von „Corona-Maßnahmen", sondern weil selbst in Ländern, die keine Maßnahmen ergriffen, diese Viren als Coronavirus benannt wurden.
- Der bewusste Einsatz falsch positiver Tests zur Erhöhung der Fallzahlen; Testkits können nicht zwischen Coronavirus und Wasser unterscheiden, selbst der Test eines Abgeordneten mit Cola im Parlament ist positiv, und auch nichtmenschliche andere Proben sowie aus Papaya, Ziegen in den Tests zeigten falsch positive Ergebnisse.

- **Kary Mullis**, Erfinder des PCR-Tests: Kary Mullis erhielt den Nobelpreis für Chemie für seine PCR-Duplikation/Amplifikation. Kurioserweise starb er im Jahr 2019 kurz vor dem Ausbruch von Covid-19 an einer Lungenentzündung. Er erhob oft die Gegenstimme zu Dr. Fauci und kritisierte ihn. Fauci war derjenige, der Regierungsberater in Amerika während der Coronazeiten war und derjenige, der bereits vor der Pandemie obsessive Vereinbarungen mit dem besessenen Impfverfechter Bill Gates getroffen hatte. PCR wurde bewusst verwendet, um Covid falsch zu diagnostizieren und noch weiter die Panik zu schüren. Laut Mullis; „Der Test sagt nicht aus, ob man krank ist, oder ob das, was „gefunden" wurde, dir wirklich schaden würde." Es sollte niemals für medizinische Diagnosen verwendet werden, jedoch wurden die Ergebnisse der weitverbreiteten PCR-Tests absichtlich dazu genutzt, die Zahl falsch positiver „Fälle" zu erhöhen.
- Die Menschen, bei denen COVID-19 diagnostiziert wurde und die an ein Beatmungsgerät angeschlossen waren, starben. Daten aus China und New York zeigten, dass mehr als 80 % der Menschen an Beatmungsgeräten starben. USA Today veröffentlichte einen Artikel, in dem es heißt, dass die meisten COVID-19-Patienten an Beatmungsgeräten gestorben seien. Eine Studie des Journal of the American Medical Association vom April 2020 ergab, dass 88 % der Einwohner von New York an Beatmungsgeräten nicht überlebten. Mit anderen Worten: Es ist nicht COVID-19, das Tausende von Menschen getötet hat, sondern die falsche medizinische Behandlung.
- Die vom CDC (Center for Disease Control and Prevention) im Mai 2020 veröffentlichte tatsächliche Sterblichkeitsrate beträgt 0,04 % für alle Altersgruppen. Dies bedeutet, dass die Überlebensrate derzeit nach bester Schätzung 99,96 % beträgt. Die Verteilung des Sterberisikos nach Altersgruppen ist wie folgt: 0–49: 0,0005, 50–64: 0,002, 65+: 0,013 also insgesamt: 0,04.

- Impfschutz: Der COVID-Impfstoff bietet zunächst einen hohen, aber allmählich abnehmenden Schutz vor einer schweren COVID-Erkrankung. Der Impfstoff kann die Übertragung durch Dritte nicht verhindern. Jemand, der die Krankheit durchgemacht hat, ist in der Regel besser vor einer erneuten Infektion geschützt als durch den Impfstoff (unter anderem aufgrund der Schleimhautimmunität).
- Informationen auf der Website des Weltwirtschaftsforums, eine Beschreibung des Plans für eine Weltregierung (Beherrschung der Menschheit und freier Wille)
- Dass die Krise eigentlich einen anderen Zweck hat, zeigt die folgende Aussage des Präsidenten des Weltwirtschaftsforums, **Klaus Schwab:** „Die Pandemie ist ein seltenes, aber schmales Zeitfenster, um über unsere Welt nachzudenken, sie neu zu überdenken und neu zu gestalten." „The Great Reset" – ausführliche Beschreibungen einer neuen Weltordnung.
- Schließlich enthüllte ein im Johns Hopkins Newsletter veröffentlichter Artikel (der jedoch einige Tage später hastig gelöscht wurde) einige überraschende Informationen über die Sterblichkeitsraten von COVID-19: Es gibt keine Beweise dafür, dass COVID-19 zu vielen Todesfällen führt. Die Gesamtzahl der Todesfälle liegt nicht über der normalen Zahl der Todesopfer. Der Gesamtrückgang der Todesfälle aus anderen Ursachen entspricht fast genau dem Anstieg der Todesfälle durch COVID-19. Todesfälle aufgrund von Herzerkrankungen, Atemwegserkrankungen, Grippe und Lungenentzündung konnten stattdessen als Todesfälle aufgrund von COVID-19 eingestuft werden. Patienten, die an anderen Krankheiten starben, aber mit COVID-19 infiziert waren, wurden vom CDC ebenfalls als COVID-19-Todesfälle anerkannt und eingestuft.

GREENPEACE: „Der Klimawandel ist weder gefährlich noch menschengemacht!"[57]

19. März 2019, auch vorgestellt in Kla.tv. In seinem Video wies der kanadische Ökologe Patrick Moore darauf hin, dass der Klimawandel seit Anbeginn der Zeit kontinuierlich sei und machte deutlich, dass dieser „weder gefährlich noch vom Menschen gemacht" sei. „Die gesamte Klimakrise ist nicht nur eine falsche Nachricht, sondern auch eine falsche Wissenschaft", sagte Moore.

Wie hat sich die Nachricht vom Klimawandel verbreitet?

„Fridays for Future", das als Schülerbewegung begann, startete am Freitag, dem 15. März 2019, die ersten Proteste vor Ort mit dem Namen „Fridays for Future" und argumentierte, dass der Klimawandel vom Menschen verursacht sei und dringend gestoppt werden müsse, sonst könnte er schlimme Folgen für unseren Planeten haben. Gründerin der Bewegung war die schwedische Schülerin Greta Thunberg. Später gingen andere dazu, die sich ein Beispiel an ihr nahmen und sich an dieser Aktion beteiligten, freitags während der Unterrichtszeit auf die Straße zu gehen, um zu protestieren. Die Schülerinnen, überwiegend Mädchen, machen die Politik darauf aufmerksam, den Klimawandel zu stoppen. Sie argumentieren beispielsweise damit, dass wir bewusst konsumieren, uns richtig ernähren, unseren Müll so weit wie möglich vermeiden und Energie sparen müssen. Dies ist zweifellos ein positiver, respektvoller Start für kommende Generationen, oder zumindest sieht es so aus. Die erfolgreichsten Manipulationen haben die edelste Fassade und basieren stets auf Wahrheiten. Sie bleiben dabei hinterhältig und können ihrer eigenen Agenda unproblematisch folgen. Deshalb werden diejenigen, die manipuliert werden, es nicht einmal bemerken.

Einer internationalen Liste zufolge, demonstrierten Schüler und teilweise auch Erwachsene in 128 Ländern für den

---

57 https://www.bitchute.com/video/JRzGlnk4oNka/

Klimaschutz. Allein in Deutschland fanden Aufführungen in mehr als 220 Orten statt. Etwa 300.000 Menschen nahmen daran teil. Nach Angaben der Organisatoren forderten mehr als 65.000 Menschen in der Schweiz die Umsetzung des Pariser Klimaabkommens und die Ausrufung des internationalen Notstands. Es wurde festgehalten, dass die Schweiz ihre Treibhausgasemissionen bis 2030 auf null reduzieren wird. Insbesondere das durch menschliche Aktivitäten verursachte Kohlendioxid (CO_2) soll auf null reduziert werden. Viele führende Wissenschaftler halten es jedoch für bewiesen, dass der Klimawandel weder vom Menschen verursacht noch eine Krise ist. Einer von ihnen, der kanadische Ökologe Patrick Moore, war Gründungsmitglied von Greenpeace. Laut Moore schnitt Greenpeace zunächst gut ab, doch später übernahmen die extremen Linken das Ruder. Sie hatten die ursprünglich wissenschaftsbasierte Organisation infiltriert und sie in eine aufsehenerregende Geheimorganisation verwandelt, die auf Desinformation und Angst basierte. Der Klimawandel ist ein völlig natürliches Phänomen. „Es gibt keinen Grund zur Sorge", sagt Moore. Aber Klimaalarmisten wollen in Panik leben. Nicht zu vergessen: Die meisten Wissenschaftler, die über eine Krise sprechen, verdienen ihren Lebensunterhalt mit Regierungsaufträgen, die zu ihnen passen.[58]

CO_2 ist ein lebenswichtiger Nährstoff für Pflanzen:

Bodenpflanzen benötigen CO_2, um zu wachsen und zu gedeihen. Eigentlich ist das einfaches Grundschulwissen: Pflanzen absorbieren Kohlendioxid und produzieren Sauerstoff. Sogar Gewächshausgärtner injizieren Kohlendioxid in ihre Gewächshäuser, um ein optimales Pflanzenwachstum zu erzielen. Die wissenschaftliche Begründung dafür ist unbestreitbar. Im Juni 1992 fand in Rio de Janeiro eine UN-Klimakonferenz statt, bei der man sich darauf einigte, dass „der weltweite Kampf gegen das Umweltgift (?) CO_2 bis zur nächsten Weltklimakonferenz

---

58 https://www.kla.tv

sehr kohärent geführt werden muss". Mit Hilfe der akribischen Berichterstattung einiger Wissenschaftler ist es den Medien gelungen, CO_2 in ein Umweltgift zu verwandeln. Derzeit gibt es in Deutschland nur ein kleines staatlich geduldetes Institut auf privater Ebene, das nachweisen und dokumentieren möchte, dass CO_2 kein Gift sein kann und kein Zusammenhang zwischen CO_2 und dem Temperaturanstieg auf der Erde besteht.

AUSEINANDERSETZUNG MIT BEKANNTEN WISSENSCHAFTLICHEN THEORIEN

„**Ich weiß, dass ich nichts weiß**", **Sokrates** (469–399 v. Chr.). Sokrates war ein griechischer Philosoph, der im 5. Jahrhundert v. Chr. lebte.

Behauptet Sokrates mit dieser Aussage, nichts zu wissen?

Ich glaube nicht, vielleicht möchte er, dass wir das, was wir zu wissen glauben, in Frage stellen. Alles, was wir zu wissen glauben, ist nur die Wahrheit?

Wissen und verstehen:

Um etwas zu wissen, geht es zunächst einmal darum, es zu verstehen. Der nächste Schritt besteht darin, es zu erfassen, indem man es detailliert beschreibt. Dies bedeutet jedoch nicht zwingend die Richtigkeit der Angaben, sondern lediglich deren Annahme. Der Unterschied zwischen ihnen ist, dass die Argumentation zum Verstehen nicht von der Logik und subjektiven Beweisen abhängt, wie es beim Wissen der Fall ist. Das heißt, es geht nur darum, zu verstehen, zu begreifen und zu akzeptieren, dass die Informationen den Stand des Wissens darstellen, aber es kann niemals darum gehen, die Wahrheit zu erfahren.

Wir können Informationen auf unterschiedliche Weise erhalten. Wir können es mit dem, was wir lesen, was wir lernen, oder mit unseren eigenen Erfahrungen, Forschungen, Induktion, Deduktion und anderen Methoden bestimmen. Auf diese Weise können wir unser tägliches Wissen selbst überprüfen, aber letztendlich müssen wir das denjenigen, die innerhalb der Grenzen wissenschaftlicher Erkenntnisse liegen, kompetenten Experten, überlassen. Selbstverständlich vertrauen wir ihnen und nehmen sie in unserem Wissen auf, solange sie keine Korruption oder Betrug begehen und die erforderliche Verantwortung übernehmen. Und es ist sicher, dass solch erworbenes Wissen nicht von uns selbst getestet werden kann, also können wir nur dies tun (bisher war es so). Unser Vertrauen wird uns dazu bringen, dass wir offizielle Informationen akzeptieren. Sind offizielle Informationen, zumindest wenn sie in den Medien beworben werden, ein ausreichender Beweis für ihre Authentizität, so wie alle gängigen wissenschaftlichen Theorien absolute Wahrheiten sein müssen? Ist es wirklich so?

Abgesehen von der Skepsis und dem kritischen Hinterfragen ist eines sicher: Es gibt einige Inkonsistenzen in einigen wissenschaftlichen Erkenntnissen. Was in Schulen und Universitäten gelehrt wird und was in heutigen Enzyklopädien und Zeitschriften geschrieben steht, ist möglicherweise nicht immer wahr. Aus irgendeinem Grund steht es uns nicht zu, als jemand, der der Gesellschaft erst später beigetreten (geboren) ist, die wirkliche Realität in Frage zu stellen. Denn der Mensch kann es nicht leicht ertragen, sich aus der Position zurückzuziehen, in der er aus freiem Willen getäuscht und gefangen gehalten wurde. Es erfordert viel Mut und Kraft, das umzusetzen. Deshalb ist es viel einfacher, kritische Ansätze zu ignorieren. Darüber hinaus wäre die Ablehnung dessen, was die Mehrheit akzeptiert, zweifellos ein Ausschluss aus der Gesellschaft. Dann sollte weiterhin der Weg beschritten werden, den jeder einschlägt, ohne allzu viel Aufmerksamkeit zu erregen.

Der Herdeneffekt (der Bandwagon-Effekt[59]): Eine neue Forschungsstudie wirft Licht auf ein Verhalten, das bei vielen Arten auftritt: Entscheidungen auf der Grundlage des Verhaltens anderer zu treffen und ihnen Folge zu leisten. Wissenschaftler der Universität Leeds haben untersucht, warum Menschen bei gleicher Mentalität ähnliche Verhaltensweisen wie in Schaf-

---

59 Der Mitläufereffekt, auch Bandwagon-Effekt genannt, bezeichnet in der Handlungstheorie die Wirkung, die ein wahrgenommener Erfolg auf die Bereitschaft ausübt, sich den voraussichtlich erfolgreichen Handlungsweisen anzuschließen.

und Vogelherden an den Tag legen und warum sie unbewusst einer Minderheit folgen.

Die Forscher fanden heraus, dass nur eine Minderheit, die die Herde anführte, höchstens 5 %, die Richtung einer Gruppe von Menschenmengen beeinflussen musste, und die anderen 95 % folgten, ohne es zu merken. Die Wissenschaftler führten diese Experimente mit unterschiedlich großen Gruppen und unterschiedlichen Anteilen informierter Personen durch. Tatsächlich stellte sich heraus, dass der Anteil der Mentoren in größeren Gruppen möglicherweise deutlich geringer ist als in kleinen Gruppen. In großen Menschenmengen von 200 oder mehr Personen gaben bereits 5 % der Gruppe die Richtung vor. Kritisches Denken und die Auseinandersetzung mit Problemen wären ein wichtiger Schritt, um diesen (Herden-) Effekt zu neutralisieren.

Wie der Name schon sagt, ist es nur eine Theorie!

Wir befinden uns mitten in einem weltweiten, vielschichtigen Wandel, und es ist nur eine Frage der Zeit, bis er einige Realitäten durchdringt. Der Vertrauensverlust in die Politik ist zu groß geworden, um behoben zu werden, und alle unsere Überzeugungen müssen eine nach der anderen auf die Probe gestellt werden. Dies trägt zwangsläufig seinen Teil zur Wissenschaft bei. Angesichts dessen scheint es einigen wissenschaftlichen Theorien schwer zu fallen, ihre Grenzen zu überschreiten, egal, wie sehr sie es versuchen. Im Laufe der Geschichte wurden viele wissenschaftliche Theorien aufgestellt und viele Debatten darüber geführt, aber inwieweit haben sich einige davon als wahr erwiesen?

Heute sollten die auftretenden Widersprüche und Ungereimtheiten (es gab sie schon immer) neu überdacht werden. Es gibt Modelle, die eine Erklärung der wissenschaftlichen Realität darstellen, es wäre ein fortschrittlicher Ansatz, sie mit neuen Erkenntnissen verändern und anpassen zu können. Tatsächlich sollte eine eindeutige und unwiderlegbare Argumentationskette verständlich sein, wenn man eine wissenschaftliche Theorie für vollständig und bewiesen erklärt. Dies wäre also eine Theorie, die keine offenen Fragen zulässt, sondern alle experimentell möglichen Vorhersagen mit beliebiger Präzision treffen kann, und gleichzeitig muss ihre Experimentalität von fast jedem mit den gleichen Ergebnissen reproduzierbar sein (als wäre es ein Kochrezept).

Aber in einigen Theorien zeigen die relevanten Beweise nicht genau das: Außerhalb der Theorie gibt es keine experimentellen Informationen, keine Daten. Selbst dieser Ansatz reicht aus, um den Widerspruch des Beweises zu zeigen. In der Zwischenzeit werden wir die weitverbreiteten Fälschungen, Beweise und Datenfälschungen nicht vergessen, uns damit eine Weile beschäftigen. Darüber hinaus gehen experimentelle Ergebnisse durch Informationen, die durch Experimente bestätigt werden können, anstatt sich mit Vorhersagen zufriedenzugeben, um ein solideres Wissen als die Theorie zu haben, die bewiesen werden muss. Die Theorie kann vorübergehend als eine gute Arbeitsgrundlage für weitere Forschung und Experimente angenommen werden, bis jemand experimentelle Ergebnisse findet, die nicht mit den Vorhersagen der Theorie übereinstimmen. Als Nächstes ist es notwendig zu sehen, ob das Modell in Teilen fortgesetzt werden kann und nur im Detail entwickelt wird oder ob das Modell vollständig aufgegeben wird.

Wissenschaftliche Theorien sind keine Glaubensfrage: Nicht jede Theorie ist völlig falsch, einige von ihnen haben einen gewissen Anteil an der Realität. Aber trotzdem werden sie als „absolute Wahrheit" angepriesen, als wären sie eine grundlegende Wahrheit, was nicht der Fall ist!

Die Medien waren schon immer leidenschaftlich daran interessiert, Theorien zu fördern und zu verbreiten, die zum System der Elite passten. In der Wissenschaft sind die Möglichkeiten subjektiv. Diese basieren zum Teil auf individuellen, willkürlichen Modellen. Eines Tages schätzen wir eine Wahrscheinlichkeit nahe null, und am nächsten Tag erfahren wir, dass diese Wahrscheinlichkeit unter bestimmten Umständen nahe bei eins liegt oder steigt, oder umgekehrt. Eine Wissenschaftstheorie funktioniert, solange sie nützlich ist und eine Funktion hat. Nehmen wir zum Beispiel die Evolutionstheorie, und selbst wenn wir sie auf den Bereich anwenden, in dem sie anwendbar erscheint, fallen Unstimmigkeiten auf, und wir haben heute noch einige Probleme und Fragen. Es handelt sich lediglich um ein Werkzeug, das auf eine bestimmte Art und Weise unter sehr engen Bedingungen verwendet werden kann, und es handelt sich noch nicht einmal um eine sehr fortgeschrittene Theorie. Daher überlassen wir es den Wissenschaftlern, herauszufinden, ob sie fehlerhaft ist und wo der Fehler liegt.

Kurz gesagt, die Evolutionstheorie oder die Urknalltheorie erfordern einen Glauben und entsprechen daher mehr als alles andere einem religiösen Glauben im oberflächlichen Sinne. Diskussionen über Wissenschaft und/oder Religionen finden oft im Rahmen von Argumenten statt, die die Glaubwürdigkeit – oder „Realität" – des einen oder anderen verteidigen. Aber es gibt immer Unterschiede zwischen theoretischer Vorhersage und konkreter Beobachtung.

Um ein Beispiel zu geben: Aus Schulbüchern und allen Bildern wissen wir, dass die Form der Erde eine glatte Kugel ist, die leicht nach dem Äquator abgeflacht ist.

Aber ist die Erde wirklich eine Kugel?
Ist sie nicht!

In Wirklichkeit ist unser Planet eine unregelmäßig geformte, krumme Masse mit vielen Vertiefungen und Vorsprüngen, die wir umso deutlicher sehen können, wenn wir das Wasser, das Gruben gefüllt ist, ablassen.

Im Jahr 2009 hat der Satellit „Goce" das Gravitationsfeld der Erde mit beispielloser Genauigkeit gemessen. Fazit: Die Erde hat eine Form, die nur einer Kugel ähnelt. Wenn wir also annehmen, dass die Erde kugelförmig ist, können wir große Fehler machen, die zu Diskrepanzen zwischen Theorie und Beobachtung führen können.

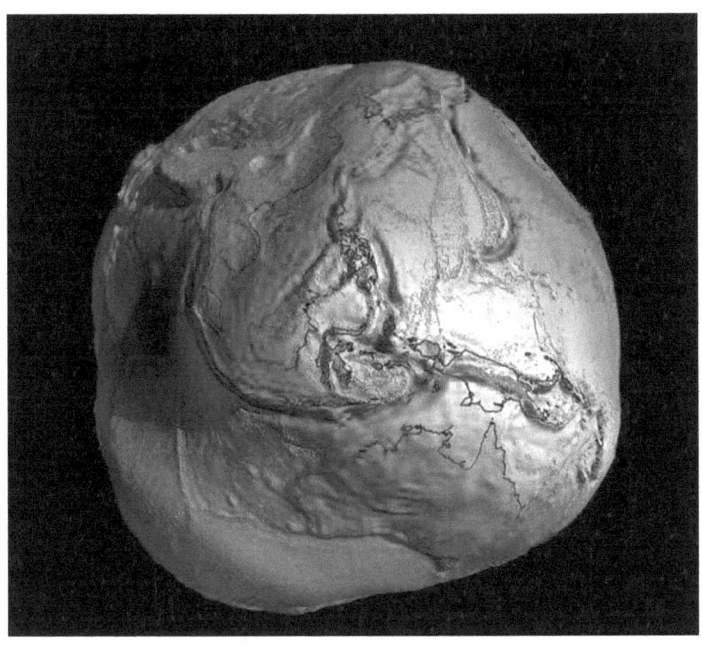

So wie die Erde keine vollständige Kugel ist, können Informationen,
die in unseren Köpfen verankert sind, nicht immer wahr sein!

Ein paar wissenschaftliche Theorien, die besonders unter die Lupe genommen werden müssen

Bevor wir wissenschaftliche Theorien kritisch betrachten, wäre der vernünftige Ansatz, dass jede Theorie – insbesondere Physik und Astrophysik – einen Unterschied in ihrer Genauigkeit aufweist. Natürlich werden Theorien zuerst durch die Annahmen eines Gedankens gebildet, aber die Beweise, die im experimentellen Umfeld gebracht werden können, werden sie zur Perfektion und damit zur wissenschaftlichen Realität führen. In der Physik können wir das so anwenden, denn in Wissenschaftsfeldern wie Physik und Chemie ist es möglich, Fehler zu finden und zu korrigieren und diese Theorie von Anfang an zu perfektionieren, basierend auf früheren Forschungen, Experimenten, Irrtümern und Theorien.

Auf der Erde und überall im Sonnensystem lässt sich das Gravitationsfeld mit Hilfe der Newtonschen Theorie sehr gut beschreiben. Lediglich die über lange Zeiträume beobachteten Bewegungen von Himmelskörpern weichen geringfügig von den Vorhersagen der Newtonschen Gravitationstheorie ab. Es ist beispielsweise bekannt, dass die Umlaufbahn des sonnennächsten Merkur eine geringfügige Verschiebung aufweist, was mit Newtons Gravitationstheorie nicht zu erklären ist. Diese Rotation umfasst nur 43 Bogensekunden pro Jahrhundert. Allerdings konnte Einstein diesen Effekt mit seiner Allgemeinen Relativitätstheorie überzeugend erklären.

Eines Tages werden andere, ausgereiftere und konsistentere Theorien auf Einsteins Theorie stoßen. So sagte beispielsweise der Physiker **Erik Verlinde** von der Universität Amsterdam (Niederlande): „Wir wissen seit langem, dass Einsteins Gravitationstheorie nicht mit der Quantenmechanik übereinstimmt. Diese Entdeckung verändert alles, und ich bin fest davon überzeugt, dass wir auf dem richtigen Weg sind." Aus diesen Gründen wäre es nicht fair zu behaupten, dass die wissenschaftlichen Theorien, die wir hier diskutieren werden, falsch oder sogar betrügerisch seien, bei strenger Kritik könnte dies eine dogmatische Leugnung sein. Aber weil einige wissenschaftliche Theorien, abgesehen von ihren möglichen Inkonsistenzen, noch unausgereift sind, scheinen sie mit dem offensichtlichen Ziel geschaffen worden zu sein, die Menschheitsgeschichte absichtlich zu manipulieren. Das größte Beispiel dafür: **Darwins Evolutionstheorie**. Richtig, es gibt eine Reihe von Ungereimtheiten und unbeantworteten Fragen (Details im nächsten Abschnitt). Ohne ihren Hintergrund zu kennen, reagierten einige fanatische religiöse Ansichten darauf, nur weil es mit der Theorie der „göttlichen Schöpfung" unvereinbar war, während einige atheistische Ansichten sie aus den gleichen Gründen leidenschaftlich begrüßten. Wir müssen uns jedoch nie zwischen den beiden uns angebotenen Alternativen entscheiden. Wir können selbst eine andere mögliche Alternative in Frage stellen. Wenn in einigen Theorien die Annahmen nicht mit den Tatsachen übereinstimmen, sollte möglicherweise nach einer neuen Option gesucht werden, die allen Überzeugungen und gegensätzlichen Ansichten Rechnung trägt. Vielleicht gibt es eine Realität, die noch jenseits der Grenzen des Denkens liegt.

Urknall – „Big Bang"-Theorie[60]

Aus unseren Lehrbüchern haben wir gelernt, dass unser Universum vor 13,8 Milliarden (13,5 bis 14 Milliarden Jahren) durch einen Urknall entstand. Kurzer Inhalt der Theorie: Das Universum war unendlich klein und unendlich heiß. Dann explodierte die komprimierte Energie in weniger als einer Sekunde und dehnte sich mit unendlicher Geschwindigkeit aus, wodurch unser heutiges Universum entstand. Das heißt: plötzliche und drastische Veränderung.

Hat es wirklich einen Urknall gegeben? Eine neue experimentelle Studie lässt Zweifel an der Theorie aufkommen:[61]

Sunny Vagnozzi (Universitäten Trient und Cambridge) und **Abraham Loeb**, zwei Experten der Harvard University, stellten eine gemeinsame Studie vor. Zu einem „**Urknall**" sei es ihnen zufolge nie gekommen. Stattdessen sagen sie, das Universum sei durch einen „**Sprung**" entstanden. Vor diesem großen Nichts existierte es also nicht. Stattdessen soll das heutige Universum das Ergebnis eines früheren kosmischen Universums sein, das endete und dann in eine neue Phase überging.

---

60 https://winfuture.de/news,131426.html
https://www.derstandard.de/story/2000113288681/gab-es-ein-universum-vor-dem-urknall
61 Quelle: The Challenge of Ruling Out Inflation via the Primordial Graviton Background (The Astrophysical Journal Letters, 2022)

Deshalb machte das Duo in seiner Arbeit detailliertere experimentelle Untersuchungen als je zuvor zur Hintergrundstrahlung (der Strahlung, die durch die Explosion hätte entstehen sollen). Sollten sich die Ideen als richtig erweisen, könnten sie der Schlüssel zur Erklärung bisher mysteriöser Phänomene wie der Dunklen Energie oder der Raumkrümmung sein. Alle Gedanken darüber, was genau unser Universum ist, können so auf den Kopf gestellt werden.

Eine andere Kosmologin, **Anna Ijjas** vom Max-Planck-Institut für Gravitationsphysik in Hannover, glaubt, dass unser Universum nicht durch eine große Explosion entstanden ist. Stattdessen geht sie davon aus, dass es einen Kosmos gibt, der sich ständig erneuert und transformiert. Selbst führende Astronomen finden diese Theorie viel plausibler.

Gab es vor dem Urknall ein Universum?

Die Kosmologin Anna Ijjas sagt, die Geschichte des Universums müsse neu geschrieben werden. „Unser Universum begann nicht mit dem Urknall, es ist nur ein zweiter Aufguss eines älteren Kosmos. Oder ein dritter, vierter oder zehnter. Man kann nichts mit Sicherheit sagen, aber die Geschichte begann nicht vor 13,5 Milliarden Jahren." Weiter: „Das Modell, bei dem der Knall der Anfang von allem ist, bringt einige Probleme mit sich, ich arbeite an einer realistischeren Erklärung." Erst expandieren, schließlich schrumpfen, dann wieder expandieren usw. – ein kreisförmiges Universum. „Es ist eher eine Zerrung (Schwellung) als ein Urknall."

Die Idee des Urknalls wurde in den 1980er Jahren entwickelt, um zu erklären, warum das Universum als Ganzes so eintönig und einfach, geradezu langweilig war", meint sie.

„Wenn sich das Universum nur langsam ausdehnen würde, müssten die zufälligen Quantenschwankungen des Urknalls Felder unterschiedlicher Energiedichten erzeugen, die heute noch in der Verteilung der Materie erkennbar sind. Aber Astrophysiker können nichts darüber finden."

Ijjas: „Die Inflationstheorie[62] wurde in Betracht gezogen, um die Defizite dieser Situation zu beheben", sagt sie.

„Sie zielte auf die schnelle Expansion in den frühen Stadien ab, um die groben Teile des Urknalls zu beseitigen, damit das Universum die einfache Form annimmt, die wir kennen."

Im Frühjahr 2013 waren die vom Planck-Satelliten veröffentlichten Daten der Europäischen Weltraumorganisation (ESA) nicht mehr akzeptabel, und zunächst sprang Ijjas ein, um Inkonsistenzen in der Inflationstheorie zu korrigieren. Das Experiment maß die kosmische Hintergrundstrahlung mit beispielloser Genauigkeit und lieferte ein Bild des jungen Universums, das für viele Varianten der Inflationstheorie zu einfach war. Das heißt, es wurden keine Spuren primitiver Gravitationsellen gefunden. Diese kleinen und gleichmäßigen Schwankungen in der Raumzeit sind ein klarer Hinweis auf eine inflationäre Expansion. „Die einfachsten Modelle, die man in Lehrbüchern findet, wurden auf einen Schlag abgeschafft", erinnert sich die Forscherin. Ihre Forschung befasst sich mit den grundlegendsten Fragen des Universums: „Welcher Mechanismus bestimmt die Anfangsbedingungen für den Urknall? Woraus besteht das Universum und wie wird es sich in Zukunft verändern?"

Die Reaktionen auf die Arbeit von Ijjas in der Fachwelt sind vorhersehbar. Viele Kritikpunkte haben sich bereits verschärft, darunter auch gesellschaftsschädliche persönliche Angriffe. Am Ende erfordern die Thesen, die den Boden bewegen werden, starke wissenschaftliche Beweise, dafür darf Ijjas nicht unterbrochen werden und sie muss Glück haben. Da es sich hierbei um eine seit Jahrhunderten bekannte Praxismethode handelt, werden Beweise, Dokumente und Erklärungen, die für einige

---

62 Die kosmische Inflationstheorie (oder die Theorie der Schwellungen) ist eine kosmologische Theorie, die die Mängel der Urknalltheorie beheben soll, die voraussagt, dass der Urknall eine Zeit ist, in der sich die Raumzeit enorm ausdehnt, aber betont, dass das Universum möglicherweise nicht zum Zeitpunkt des Urknalls begonnen hat.

Elitekreise einen Nachteil darstellen würden, schnell beseitigt, damit sie nicht ans Licht kommen. Ijjas macht bereits seit einiger Zeit Fortschritte bei der mathematischen Beschreibung des Primäreffekts und bereitet sich auf eine Computersimulation in ein bis zwei Jahren vor. In einem zyklischen Universum kann durch den anfänglichen Aufprall, bei dem sich der Kosmos selbst recycelt, immer etwas passieren. Im Urknallmodell würden die Dinge nur ein paar Milliarden Jahre lang passieren, und dann würde alles auseinanderfallen und aufhören.

Neue Beweise vom Superteleskop:

Nach 40 Jahren sorgfältiger Ingenieursarbeit wurde kürzlich das mit rund 10 Milliarden US-Dollar ausgestattete Weltraumteleskop **James Webb** in Betrieb genommen. Das neue James-Weltraumteleskop liefert in unglaublicher Geschwindigkeit neue Informationen über das Universum. Darunter befinden sich bekannte diskreditierende Daten, weshalb sich einige fragen, ob die Urknalltheorie möglich ist. Derzeit laufen verschiedene Vorstudien, wissenschaftliche Studien, in denen bereits bestehende kosmologische Modelle in Frage gestellt werden. Es wird erwartet, dass die Bilder dieses neu in Betrieb genommenen Teleskops die großen Galaxien in einer Entfernung von 13,5 Milliarden Lichtjahren detaillierter enthüllen (ein Lichtjahr ist etwa 9 Billionen Kilometer lang).

Der Kosmologe Richard Ellis sagt: „Ich war besorgt, als wir diese Bilder gefunden haben. Wenn das Alter des Universums korrekt wäre, wäre eine solche Galaxie vor 13,5 Milliarden Jahren nicht möglich gewesen. Andernfalls wären es die Prozesse in der frühen Zeit nach dem Urknall gewesen." Denn Galaxien, die nur für eine so kurze Zeit – also einige hundert Millionen Jahre nach dem Urknall – existierten, sollten fragmentierter erscheinen als in früheren Modellen – denn die ersten derartigen Objekte waren heute mehr oder weniger gut platzierte Galaxien. Sie müssen häufiger eingedrungen sein und viel mehr miteinander interagiert haben. Allerdings zeigen die Bilder das Gegenteil, sehr deutlich ausgereifte Spiralgalaxien. Doch zunächst sollte geklärt werden, wie alt diese Objekte tatsächlich sind. Obwohl die ersten Daten auf ein hohes Alter hinweisen, steht eine endgültige und überprüfbare Analyse noch aus. Ellis sagte: „Ein Papierdokument in arcsiv[63] zu speichern, ist eine Sache, es aber in einen zusammenhängenden Artikel in einer von Experten begutachteten Veröffentlichung umzuwandeln, eine völlig andere."

Man hätte nie erwartet, dass dieses fortschrittlichste Teleskop einen großen Beitrag zu unserem Verständnis des Universums leisten wird. Nicht nur Wissenschaftler, sondern auch normale Menschen hätten nie erwartet, dass dieses fortschrittlichste Teleskop solch schockierende Bilder liefern würde. Nach diesen überraschenden Ergebnissen: Wenn die BIG BANG-Theorie nicht wahr ist, was ist dann die Wahrheit?

Dunkle Materie[64]

Das Konzept der Dunklen Materie wurde erstmals 1932 von Jan Hendrik Oort und 1933 vom Schweizer Astrophysiker Fritz Zwicky vom California Institute of Technology vorgeschlagen. Der Theorie zufolge: Ungefähr 80 % des Universums bestehen aus Materie[65], die Wissenschaftler nicht direkt beobachten/erkennen können. Diese Materie sendet weder Energie noch Licht aus, interagiert nicht mit elektromagnetischen Wellen, ist für

---

63 arXiv.org ist ein Dokumentenserver für Preprints in Physik, Mathematik, Informatik, Statistik, Finanzmathematik und Biologie.

64 Wikipedia: Dunkle Materie ist in der Astrophysik eine Substanz, die nicht mit elektromagnetischen Wellen interagiert und deren Existenz nur durch ihre Gravitationswirkung auf andere Materie bestimmt werden kann.

65 Geschätzte Verteilung im Universum: 74 % Dunkle Energie, 22 % Dunkle Materie, 3,6 % Gas zwischen Galaxien und Atomen, wie wir sie kennen, Sternen, Planeten usw.

das Auge unsichtbar und ihre Bestandteile sind unbekannt. Dunkle Materie hält die Sterne in der Galaxie zusammen und verhindert, dass sie weggeschleudert werden, zumindest wird uns das so erzählt. Dies führt immer wieder dazu, dass Wissenschaftler darüber diskutieren, was die Bestandteile der Dunklen Materie sind. Bisher gelang kein direkter Beweis im Labor, daher ist die Zusammensetzung der Dunklen Materie unbekannt und gilt als unerkannt.

Es ist nicht nur für uns ein Rätsel, sondern auch für Astronomen: Sie wurde nie direkt entdeckt, aber das Universum kann ohne sie nicht funktionieren. Wäre beispielsweise Dunkle Materie keine Voraussetzung, müssten die Spins von Galaxien durch die Zentrifugalkraft auseinandergerissen werden. Knapp 23 % (nach neuen Erkenntnissen) der Gesamtmasse des Universums sollen aus dieser Dunklen Materie bestehen. Im Februar 2008 meldeten Wissenschaftler sogar indirekte Hinweise auf diese mysteriöse Substanz.

Aber ist es möglich, dass sie nie existiert hat?

Die Kollision zweier Galaxienhaufen gilt als einer der besten Beweise für die Existenz Dunkler Materie. Nun, wo ist diese Materie? Deshalb streiten sich Physiker immer wieder untereinander und geraten in eine Pattsituation. Einerseits benötigen sie Dunkle Materie, um zu erklären, wie das Universum und die Galaxien entstanden sind, andererseits sind ihre Bemühungen, Dunkle Materie zu suchen und zu finden, vergeblich. So steigt seit einiger Zeit die Zahl der Physiker, die die Existenz der Dunklen Materie anzweifeln. Einige Physiker sagen auch, dass es keine Dunkle Materie gibt. Weil: „Die Funktion der **Gravitationskraft** funktioniert in der Laborumgebung anders und auf der Ebene des Universums anders." Das bringt eine Illusion mit sich. Abgesehen davon haben Physiker unterschiedliche Vorstellungen darüber, was hinter dieser mysteriösen Form der Materie stecken könnte. Vielversprechende Kandidaten sind hypothetische Elementarteilchen namens WIMPs (weakly interacting massive particles: schwach wechselwirkende massive Teilchen), nach denen Wissenschaftler bisher mit den **CRESST**- und **XE-**

NON[66]-Experimenten gesucht haben. Es wird versucht, Dunkle Materie in großen Beschleunigeranlagen künstlich herzustellen, doch man kennt noch nicht einmal deren Inhalt. Eine solche Forschung erfordert sehr hohe Energien und Investitionen. Wir hoffen, dass sich das alles lohnt.

Die Arbeit eines der Astronomen, **Benoit Famaey**[67] von der Universität Bonn, und Kollegen zeigt eine starke Korrelation zwischen diesen Verteilungen für eine Vielzahl von Galaxien, von kleinen Zwergsystemen bis hin zu großen Spiralgalaxien. „Da passiert etwas, das nicht zum bisherigen Paradigma passt", sagt Famaey. Die Wechselwirkungen zwischen sichtbarer und Dunkler Materie sind komplexer als bisher angenommen. Oder es gibt überhaupt keine Dunkle Materie, einige neuere Beobachtungen stimmen einfach nicht damit überein. Diese Theorie der Dunklen Materie ist also immer noch etwas im Dunkeln, oder?

---

66 Mit dem **CRESST**-Experiment suchen Physiker aus ganz Europa nach einer neuen Form von Materie, der Dunklen Materie. Es wird angenommen, dass dies die fehlende Materie des Universums ist. Im Experiment im Untergrundlabor Gran Sasso in Italien wurden in CRESST-III Phase 1 (2016–2018) 13 Detektormodule betrieben. Durch den Einsatz neuer Detektortechnologien und -konzepte konnte die Empfindlichkeit des Experiments insbesondere für helle Dunkle-Materie-Teilchen deutlich gesteigert werden. Das **XENON** Dark Matter Project ist ein Experiment zur Suche nach WIMPs, einer Variante der Dunklen Materie. Das Experiment wurde im unterirdischen Labor Gran Sasso aufgebaut.

67 https://www.weltderphysik.de/gebiet/universum/nachrichten/2009/neue-zweifel-an-dunkler-materie/

Schwerkrafttheorie – Gravitationstheorie

Isaac Newton[68] schrieb diese berühmten Zeilen 1676 in einem Brief an Robert Hooke: „**Wenn ich weiter sehen konnte, so deshalb, weil ich auf den Schultern von Riesen stand.**"

Laut **Newton** wird jedes massive Objekt durch eine Kraft namens Schwerkraft von einem anderen massiven Objekt angezogen. Zum Beispiel: Zwischen der Erde und jedem von uns besteht eine Anziehungskraft, die dafür sorgt, dass wir auf dem Boden bleiben. Es gibt auch Schwerkraft zwischen Sonne und Erde. Es ist diese Gravitationskraft, die die Erde auf ihrer Umlaufbahn um die Sonne hält. Dies waren nicht die Punkte, gegen die Einstein Einwände hatte. Die eigentliche Herausforderung war jedoch die Geschwindigkeit der Schwerkraft. Newton glaubte, dass die Schwerkraft eine unmittelbare Wirkung habe. Dies bedeutete, dass die Erde die Schwerkraft der Sonne ohne Verzögerung spürte. Wenn die Sonne in diesem Zusammenhang verschwinden würde, müsste die Erde gleichzeitig die fehlende Schwerkraft der Sonne spüren und in die Tiefen des Weltraums abrutschen, indem sie ihre Umlaufbahn verliert.

Bei der Beobachtung von Galaxien entdeckten Astronomen einen Widerspruch zu Newtons Gravitationstheorie. In Artikeln, die im Astrophysical Journal und in den Monthly Notices der britischen Royal Astronomical Society veröffentlicht wurden, stellen Forscher die Frage, ob eine Verallgemeinerung der Newtonschen Gesetze möglich ist. „Unsere statistischen Studien zeigen, dass die Verteilung von Satellitengalaxien völlig im Widerspruch zur Vorhersage der Standardkosmologie steht", sagt **Helmut Jerjen** von der Australian National University.

---

68 Das Werk von **Isaac Newton** (1643–1727) bildet heute die wichtigsten Grundlagen der klassischen Physik. Seine Theorien zu Schwerkraft, Licht und Feldberechnungen sind bis heute gültig und legten den Grundstein für die klassische Mechanik.

Satellitengalaxienforscher: „Wahrscheinlich hat Newton sich geirrt!"[69]

Vom Argelander Institut für Astronomie der Universität Bonn, Deutschland, Dr. Pavel Kroupa: „Seine Theorie erklärt die alltäglichen Auswirkungen des vom Baum fallenden Apfels sowie die alltäglichen Auswirkungen der Schwerkraft auf der Erde, die wir sehen und messen können. Allerdings kennen wir möglicherweise noch nicht die wahre Physik hinter der Schwerkraft."

„Newtons Koffer"

Der Autor **Federico Di Trocchio** fasst in seinem Buch (2001) zusammen, was wir über Newton nicht wissen. Als Newton starb, war die meisten seiner Unterlagen mit Notizen über Theologie und Alchemie gefüllt. Dieser berühmte Physiker, Magier und Esoteriker, der sein Wissen über die Himmelsmechanik auf einer korrekten Interpretation der Heiligen Schrift gründete, war in gewisser Weise eine seltsame Persönlichkeit. Viele Notizen befassten sich erwartungsgemäß mit Mathematik und Physik, die meisten betrafen jedoch Alchemie und Theologie: Dies reicht von der Ablehnung des Dogmas der Dreifaltigkeit bis zur Identifizierung der katholischen Kirche mit dem Drachen der Apokalypse und dem Papst bis zum Antichrist.

Die Manuskripte und Notizen aus diesem Koffer wurden separat verkauft und sind heute als Eigentum verschiedener Institutionen in Amerika und England verstreut. Die Aufzeichnungen werfen nicht nur ein neues Licht auf die seltsame und komplexe Persönlichkeit eines der größten Genies der Menschheit, sondern zeigen auch, dass das Übernatürliche und Esoterische weiterhin im Mittelpunkt wissenschaftlicher Unternehmungen stand. Seine Methode der **„regulae philosophandi"** (philosophische Regeln), der logische Kern seiner wissenschaftlichen Methode, war ursprünglich dazu gedacht, die Erzählungen der

---

69 https://cordis.europa.eu/article/id/30763-dwarf-satellite-galaxy-researchers-say-maybe-newton-was-wrong/de

Heiligen Schrift und insbesondere der Apokalypse zu interpretieren. Später wandte er es jedoch auf die Physik an.

Wer war Newton?

- Er trat 1669 als Mitglied der **Royal Society**[70] bei.
- 1696 wurde Newton zum Ritter geschlagen – vermutlich aufgrund seiner guten Beziehungen zum englischen Königshaus. und begann eine neue Karriere: Er wurde zum Leiter der Münzstätte ernannt. Anstatt sich auf diesem lukrativen Posten einen angenehmen Lebensunterhalt zu verdienen, arbeitete er weiterhin leidenschaftlich an seinem neuen Job, den er bis zu seinem Tod im Jahr 1727 innehatte.
- Aus einigen Briefen geht hervor, dass Newton für keinerlei Leidenschaft empfänglich war und keinen Umgang mit Frauen hatte.
- Newton sagte, er habe die Schwerkraft nicht entdeckt, als ein Apfel von einem Baum fiel, er habe sie nur beobachtet. Seine Idee war, dass der Apfel ohne Ablenkung direkt in die Erdmitte fällt und dass die Anziehungskraft der Erde über die obere Atmosphäre hinausreicht. Dies reichte überhaupt nicht aus, um Newton zur universellen Schwerkraft zu bringen. Der endgültige, überraschende Ansatz erfolgte 20 Jahre später, im Jahr 1685, nachdem Edmund Halley Newton fragte, ob er die Kräfte berechnen könne, die für eine elliptische Planetenbahn verantwortlich seien.

---

70 Die Royal Society ist eine wissenschaftliche britische Gesellschaft. Sie dient als Nationale Akademie der Wissenschaften des Vereinigten Königreichs. Als die Macht der Religion allmählich schwand, wurde 1660 in London die Royal Society gegründet, um wissenschaftliche Experimente zu fördern. Die Gesellschaft soll eine Mischung aus Freimaurerei und Rosenkreuzertum sein, die damals in England sehr stark aufkamen. Sir Robert Moray, Präsident der Royal Society, ist ein schottischer Wissenschaftler und Freimaurer. (Obwohl die erste große Freimaurerloge bereits 1717 gegründet wurde, reichen ihre Wurzeln viel weiter zurück.)

- Newton fand versteckte numerologische Codes in der Bibel. Wie andere Bibelanalytiker glaubte Newton, dass den dort gefundenen Zahlen eine wichtige Bedeutung zukommt. In einer theologischen Abhandlung argumentiert Newton, dass der Papst ein Antichrist war, was teilweise auf das Erscheinen des Namens 666 des Tieres in der Heiligen Schrift zurückzuführen ist. In einem anderen erklärt er die Bedeutung der Zahl 7, die in den Posaunen-, Flaschen- und Donnerzahlen der Offenbarung eine herausragende Rolle spielt.

- Newton glaubte, dass das Leben auf der Erde (und höchstwahrscheinlich auch auf anderen Planeten im Universum) durch Staub und andere lebenswichtige Partikel aus den Schweifen von Kometen aufrechterhalten wird. In Buch 3 der **Principia** schrieb Newton ausführlich darüber, wie der kondensierte Dampf aus den Schweifen des Kometen schließlich durch die Schwerkraft zur Erde gezogen wurde, wo er „für die Aufrechterhaltung der Flüssigkeiten im Meer und auf den Planeten notwendig und wahrscheinlich von dem Geist herrührt, aus dem es besteht."

- Newton war ein Alchemist. Alchemistische Schriften machen etwa ein Zehntel der privaten Schriften aus, die Newton nach seinem Tod hinterlassen hat. Dieses Archiv enthält nur sehr wenige Originalabhandlungen, die von Newton selbst verfasst wurden, aber was übrigbleibt, erzählt uns im Detail, wie er die Zuverlässigkeit mysteriöser Autoren und ihrer Werke einschätzte. Bei den meisten handelt es sich um Kopien der Schriften anderer Leute, bei einigen handelt es sich um Mixrezepte, einen langen alchemistischen Index und Labornotizbücher. Diese Funde überraschten und enttäuschten viele darüber, dass ein Geist, der sich so edel mit dem Studium der materiellen Welt beschäftigte, selbst die verabscheuungswürdigste Arbeit der Alchemie nachahmte.

Die Erforschung von Wissenschaftlern statt von Wissenschaftstheorien liefert uns im Allgemeinen mehr Informationen. Hier scheint es ziemlich schwierig zu sein, zu verstehen, was für ein

Mensch Newton war und welcher Seite er diente. Seine Verbindungen zur Königsfamilie und zu den Freimaurern einerseits und die Tatsache, dass er die Katholische Kirche und den Papst in eine teuflische Handlung verwickelt hat, die die gleichen Eigenschaften wie die anderen haben sollte, scheinen nicht miteinander zu stimmen.

Eine weitere Frage ist: Warum begann Newton im Alter von nur 53 Jahren bei der British Mint zu arbeiten und legte einige Jahre später seine Professur an der Universität Cambridge nieder?

Abgesehen davon macht sich Newton zwei wichtige, dauerhafte Feinde[71].

Einer von ihnen, nach den Informationen, die uns heute vorliegen: **Das Gesetz der Schwerkraft** wurde ursprünglich von **Robert Hooke**[72] entdeckt. Er teilte diese Entdeckung jedoch gedankenlos mit Newton, und Newton handelte vor ihm, arbeitete daran und machte sie sich später zu eigen. Dennoch war es Newton, der das Gesetz klar und verständlich formulierte und veröffentlichte. Dies hatte die beiden großen Wissenschaftler in Konflikt um die Urheberschaft des Gesetzes der Schwerkraft gebracht.

Ein weiterer Zeitgenosse Newtons war **Gottfried Wilhelm Leibniz**[73].

Was die berühmte große Kontroverse zwischen Leibniz und Newton auslöste, war die Entdeckung einer Rechenmethode (seltsamerweise auch das noch ...?) in der Mathematik, und beide versuchten, sich diese anzueignen und behaupteten ge-

---

71 https://application.wiley-vch.de/books/sample/3527328653_c01.pdf

72 **Robert Hooke** (1635–1703), englischer Naturphilosoph, Architekt und Wissenschaftler, der sich auf mehr als einen Zweig wie Biologie und Physik spezialisiert hat.

73 **Gottfried Wilhelm Leibniz** (1646–1716) ist ein deutscher Mathematiker, Philosoph, Anwalt und ein Genie, das die damaligen Administratoren beriet. Er nimmt einen wichtigen Platz in der Geschichte der Mathematik und Philosophie ein. Sein erstes Buch veröffentlichte er im Alter von 19 Jahren.

genseitig, dass einer vom anderen gestohlen habe. Nach dem, was gesagt wird: Beide entwickelten unabhängig voneinander die Berechnung der Unendlichkeit. Aber Newtons Variante war komplex und langwierig. Die Übertragung von Leibniz hingegen war elegant und einfach. Aufgrund ihrer Arroganz bevorzugten die Briten Newtons komplexe Methode gegenüber der einfachen Leibniz-Version. Am Ende wird diese Diskussion Leibniz' Schaden. Denn obwohl beide Mitglieder der **Royal Society** waren, einer freimaurerischen Körperschaft, war Newtons Einfluss groß und er wurde sogar später zu deren Präsidenten ernannt. Auf dem Höhepunkt der Diskussionen wurde beschlossen, dass eine unabhängige Kommission die Arbeit prüfen sollte. Doch die Kommissare waren Unterstützer Newtons. Infolgedessen musste sich das große Genie **Leibniz**[74] zurückziehen. Als er allein und verlassen starb, kam niemand zu seiner Beerdigung und selbst der Ort seines Grabes war unbekannt.

Die Relativitätstheorie[75]

Es braucht Zeit, eine neue Theorie mit all ihren Implikationen zu verstehen, zu analysieren und richtig zu interpretieren. Deshalb ist eine Theorie nicht mit sich selbst erledigt, sobald sie erklärt ist. Jahre, sogar Jahrzehnte später müssen andere Ergeb-

---

74 Mit 12 Jahren war er Spezialist für Latein, mit 15 schrieb er sich an der Universität ein, mit 19 schrieb er sein erstes Buch.

75 Die Relativitätstheorie beschäftigt sich mit der Struktur von Raum und Zeit und der Natur der Schwerkraft. Sie besteht aus zwei physikalischen Theorien, die größtenteils von Albert Einstein entwickelt wurden: der speziellen Relativitätstheorie, die 1905 veröffentlicht wurde, und der allgemeinen Relativitätstheorie, die 1916 fertiggestellt wurde. Im Bereich der höchsten Geschwindigkeiten (Lichtgeschwindigkeit) sind Raum, Zeit und Masse relativ, d. h. sie hängen vom jeweiligen Beobachter ab.

nisse offen sein. Supergenies wie Einstein können manchmal falsch liegen. **Albert Einstein** entwickelte mit seiner Relativitätstheorie eine allgemeinere Gravitationstheorie, mit der sich auch die Entwicklung des Universums und der Schwarzen Löcher berechnen ließ. Als er auf die Idee kam, dass die Schwerkraft auch Raum und Zeit verändern könnte, sagte er: „Ich habe die Gravitationstheorie wieder vermasselt, das birgt für mich das Risiko, in einer Irrenanstalt eingesperrt zu werden!" Er scherzte. Nach Einsteins Theorie ist die Lichtgeschwindigkeit eine Art Höchstgeschwindigkeit für alles im Universum, und bisher konnte niemand die Gültigkeit dieser Theorie widerlegen. Je näher Sie der Lichtgeschwindigkeit kommen, desto mehr Energie müssen Sie aufwenden, um schneller zu werden. Egal, wo das Licht ist, ob aus dem Weltraum oder von der Erde, es bleibt immer bei einer Geschwindigkeit von 300.000 Kilometern pro Sekunde. Die Tatsache, dass Licht immer eine konstante Geschwindigkeit hat, machte Einstein zur Grundlage seiner berühmten „Relativitätstheorie". Dennoch versuchen Wissenschaftler, dies zu widerlegen; die wissenschaftliche Welt ist erschüttert über die Nachricht aus dem Labor des Europäischen Zentrums für Kernforschung (CERN) in der Schweiz: Nach Albert Einsteins Relativitätstheorie war die **Lichtgeschwindigkeit** die Geschwindigkeitsbegrenzung des Universums. Aber die Lichtgeschwindigkeit wurde von Teilchen mit sehr kleiner Masse, den **Neutrinos**[76], übertroffen. Laut den Nachrichten der Zeitung „Taraf": Die Neutrinos legten die Distanz von 730 Kilometern zwischen dem **CERN**-Hauptsitz in der Nähe von Genf und dem Gran Sasso Labor östlich der italienischen Hauptstadt Rom etwa 6 Kilometer pro Sekunde schneller als das Licht (Lichtgeschwindigkeit beträgt 299.792.458 Meter in der Sekun-

---

76 Das Neutrino gehört zu den Elementarteilchen, die eine Geschwindigkeit nahe der Lichtgeschwindigkeit haben, keine elektrische Ladung haben und Materie nahezu ohne Wechselwirkung passieren können.

de) zurück. Während die Lichtgeschwindigkeit 299.792 Kilometern und 458 Metern pro Sekunde entspricht, haben Physiker, die die Geschwindigkeit von Neutrinos mit 299.798 Kilometern und 454 Metern pro Sekunde bestimmen, immer noch Schwierigkeiten, an Messgeräte zu glauben. CERN-Forscher verwendeten Sätze wie „Wir haben es nicht erwartet, es ist erstaunlich".

Antonio Ereditato, Koordinator des Experiments namens **OPERA**, sagte: „Wir waren von dem Ergebnis verblüfft. Dieses Ergebnis wird jedoch erst dann als Entdeckung betrachtet, wenn es bestätigt ist. Sie möchten keinen Fehler machen, wenn Sie ein solches Ergebnis erhalten. Wir testen seit Monaten ohne Probleme und haben bisher keine Fehler gefunden."

Dario Autiero, Forscher am Institut für Kernphysik in Lyon, der für die Messungen des Experiments verantwortlich war, erklärte den Sprung der Neutrinos auf Lichtgeschwindigkeit wie folgt: „Mit anderen Worten: Wenn Neutrinos auf der Erde in einem 730 Kilometer langen Sprint gegen einen Lichtstrahl antreten würden, würden sie die Ziellinie mit einem Vorsprung von 20 Metern vor dem Licht überqueren."

Bedeutet die Widerlegung von Einsteins Relativitätstheorie, dass es „unmöglich ist, die Lichtgeschwindigkeit zu überschreiten", dass der berühmte Physiker falsch liegt?

Nicht genau. Etwa ein Jahr später gaben sie bekannt, dass sie bei der Messung einen Fehler gemacht hatten und zu einer falschen Schlussfolgerung gekommen waren, setzten ihre Forschungen jedoch fort. Stavros Katsanavas, stellvertretender Direktor des Instituts für Kernphysik in Lyon, erklärte, dass Einsteins Theorie in vielen Bereichen weiterhin gültig sein werde, genau wie Newtons Theorie, aber dieses Ergebnis sei auch allgemeiner als Einsteins Theorie, die eine allgemeinere Theorie sei als Newtons, genau wie die Matroschka-Puppen. Er sagt, es könnte bedeuten: „Es ist eine allgemeine Theorie." Laut Katsanavas muss Einsteins einziger Fehler die Geschwindigkeitsbegrenzung gewesen sein, die er auf den Wegen des Universums eingeführt hat.

Der Nobelpreis für Physik 2022 wurde an **Alain Aspect**, **John F. Clauser** und **Anton Zeilinger** für ihre Forschungen verliehen, die den Grundstein für eine neue Ära der Quantentechnologie legten. In einem verschachtelten System bestimmt ein Teilchen den Zustand des anderen, unabhängig davon, wie weit die Teilchen voneinander entfernt sind. Dieses Phänomen wird auch als Fernzaubereffekt bezeichnet. Albert Einstein nannte diese von der damals neuen Theorie vorhergesagte Eigenschaft des Quantums „spukhafte Fernwirkung". Und er wollte das Ergebnis nicht akzeptieren. Er war überzeugt, dass die Physiker etwas übersehen hatten. Unter der Realität, die wir wahrnehmen, muss es noch etwas anderes geben, das der Untersuchung verborgen bleibt. Etwas, das das Unbekannte erklären kann. Die Belohnungsexperimente machten diese Zustände messbar und manipulierbar. Damit ebneten drei Physiker den Weg für die technische Anwendung der Quantentheorie. Hierzu zählen beispielsweise Quantencomputer und Quantenkommunikation.

Was genau haben Alain Aspect, John F. Clauser und Anton Zeilinger erforscht?

Absolute Wechselwirkung ist vielleicht das seltsamste Phänomen der Quantenphysik. Zwei identische Teilchen bleiben verbunden, auch wenn sie kilometerweit voneinander entfernt sind. Wenn eines seine Situation ändert, verändert sich das andere auf die gleiche Weise, als wäre es eine telepathische Gedankenübertragung. Einstein dachte, dass dieses Phänomen nicht möglich sein könnte, wie verrückt die Quantentheorie war. Er glaubte, dass es versteckte Variablen geben muss, die den Zusammenhang zwischen Teilchen erklären könnten. In den 1960er Jahren formulierte der irische Physiker John Bell eine mathematische Ungleichung, die als Kriterium für die Entscheidung darüber dienen sollte, wer recht hatte, sodass Einsteins bzw. seine Quantentheorie genauer war. Wie Sie sehen, gibt es die Quantenphysik schon seit vielen Jahren, im Jahr 1900 war Max Planck der Begründer der Quantentheorie. Aber seltsamerweise wird es gerade erst in unserer Alltagssprache verwendet. Seit es Beschreibungen von Quantenphysik, Quantenmechanik, Quantenfeld, Quantendenken, Heilung und dergleichen gibt, die fast magisch klingen, haben wir begonnen, sie in unserer

Alltagssprache zu verwenden. Wahrscheinlich wird die Quantenphysik in Zukunft die klassische Physik ersetzen und nicht nur in den Bereichen der Wissenschaft, sondern in unserem gesamten Leben eine sinnvolle Einheit schaffen.

Unterschiede zwischen Quantenphysik und klassischer Physik[77]

Nach der klassischen Physik ist Zufall ein rein subjektives Phänomen, das auftritt, wenn ein Ereignis nicht vorhergesagt oder berechnet werden kann. Es gilt immer noch als perfekt bestimmt. In der Quantentheorie werden dort die Wahrscheinlichkeiten eines Systems vollständig bestimmt, nicht jedoch, welche davon Realität werden. Die Wahrscheinlichkeiten, mit denen Wahrscheinlichkeiten realisiert werden können, können genau bestimmt und berechnet werden. Allerdings sind die im Einzelfall auftretenden Sachverhalte objektiv zufällig. Objekte bilden ein dynamisches Netzwerk, das durch Interaktion ständig neu entsteht, aber auch immer wieder neue Trennungen und Differenzierungen bildet. Eine Besonderheit der Quantenphysik besteht darin, dass solche Trennungen nicht lokal sein müssen: Teilchen können sich räumlich durchdringen und dennoch als Objekte klar voneinander getrennt sein (wie elektromagnetische Wellen). Aus Sicht der Quantenphysik ist der gesamte Inhalt des Universums ein einziges Ganzes und also nicht aus Sicht der klassischen Physik um eine Reihe winzige, strukturloser Teile, in die das Ganze so zerlegt werden kann, dass jeder dieser kleinsten Teile unverändert bleibt. Die klassische Physik erzählt von konkreten Fakten, die Quantenphysik zeigt auch alle Möglichkeiten, die sich mit der Entstehung solcher Fakten ergeben. Das Ergebnis dieses Unterschieds ist, dass sie ein Objekt als aus Teilen zusammengesetzt betrachten.

---

77 http://greiterweb.de/welt-verstehen/0-218-Objekt-vs-Modell--in-der-Physik.htm

Einstein mag ein Genie gewesen sein, aber ein Genie zu sein bedeutet nicht unbedingt, dass er ein vorbildlicher Wissenschaftler ist. Wie wir bereits erwähnt haben, scheint Einsteins direkte oder indirekte Beteiligung am **Manhattan-Projekt**, dem Bau der Atombombe, die zum Massenmord führte, in der Tat kein stolzer Akt zu sein. In seinen Worten: „**Der Sinn des Lebens besteht nicht darin, ein erfolgreicher Mensch zu sein, sondern ein wertvoller!**", wenn Einstein diese Aussage wirklich aus dem Herzen gesagt und in eine Lebensphilosophie verwandelt hat, bedeutet das, dass er kein schlecht denkender Wissenschaftler ist. Die Wahrheit ist jedoch wie immer irgendwo verborgen, in geheimen Archiven.

Wer war Einstein?[78]

- Einstein wurde für neun Jahre von seiner akademischen Laufbahn ausgeschlossen. Obwohl er während seiner Zeit an der Eidgenössischen Technischen Hochschule Zürich ein brillanter Student war, schätzten die Professoren seine Arbeit nicht besonders und gaben ihm keine guten Ratschläge. Um seinen Lebensunterhalt zu verdienen, entschloss er sich daher, beim Schweizer Patentamt in Bern zu arbeiten und sein Studium fortzusetzen.
- 1905 war sein Durchbruch, als er vier revolutionäre Arbeiten zur **Relativitätstheorie** veröffentlichte und der Welt seine berühmte Gleichung $E = mc^2$ [79] vorstellte.
- Als Einstein erfuhr, dass deutsche Wissenschaftler dabei waren, die erste Atombombe zu bauen, war es während des Zweiten Weltkriegs. Er erkannte schnell, wie gefährlich dies für den Ausgang des Zweiten Weltkriegs sein würde. Deshalb legte er seine pazifistischen Prinzipien beiseite und begann

---

78 https://theculturetrip.com/europe/russia/articles/margarita-konenkova-stalins-spy-stole-einsteins-heart/
79 Es ist die Grundformel der Masse-Energie-Äquivalenz in der Physik. $E = mc^2$ bedeutet: E = Energie, m = Masse, c2 = Lichtgeschwindigkeit.

mit dem ungarischen Physiker Leo Szilard zusammenzuarbeiten. Gemeinsam schrieben sie einen Brief an Präsident Roosevelt, in dem sie ihn davon überzeugten, die Kernforschung zu intensivieren.

- Einstein unterstützte den Bau der Atombombe, wurde aber später ein glühender Befürworter der nuklearen Abrüstung. Obwohl Einstein den Bau der ersten Atombombe unterstützte, beteiligte er sich nicht direkt am Manhattan-Projekt, da er aufgrund seiner Affinität zu linken Politikern die Sicherheitskontrolle durch das US-Militär ablehnte. Trotzdem drückte er später sein tiefes Bedauern darüber aus, dass er zu diesem Projekt und damit zur Zerstörung von Hiroshima und Nagasaki beigetragen hatte. „Hätte ich gewusst, dass die Deutschen keine Atombombe bauen können, hätte ich keinen Finger gerührt." Inzwischen war er davon überzeugt, dass die Macht einer Atombombe die größte Bedrohung für den Frieden darstellte, und wurde deshalb ein Verfechter der nuklearen Abrüstung, der Kontrolle von Waffentests und einer supranationalen Regierung wie den Vereinten Nationen.

- Einstein war ein enger Freund von Fritz Haber, dem Vater der chemischen Kriegsführung. Fritz Haber war ein deutscher Chemiker. Im Ersten Weltkrieg entwickelte Haber ein tödliches Chlorgas, das schwerer als Luft war und daher in Schützengräben landen konnte. Soldaten, die mit ihm in Kontakt kamen, spürten, dass ihre Kehlen und Lungen brannten, und sie erlitten einen qualvollen Tod. Aus diesem Grund wird Fritz Haber manchmal als „Vater der chemischen Kriegsführung" bezeichnet.

- Da Einstein jüdischer Abstammung war, fühlte er sich seinem jüdischen Erbe stets zutiefst verbunden, auch wenn er sein ganzes Leben lang nie einen festen Glauben daran hatte. Eine der interessantesten Tatsachen über Einstein ist, dass er nicht ein einziges Mal gebeten wurde, Präsident Israels zu werden. Einstein, 73: „Ich habe mich mein ganzes Leben lang mit objektiven Angelegenheiten beschäftigt, daher fehlt mir sowohl das natürliche Talent als auch die Erfahrung, richtig mit Menschen umzugehen und offizielle Aufgaben zu erfüllen." Er bestritt es.

- Das FBI lauerte schon seit Jahren hinter Einstein und wurde verdächtigt, ihn auszuspionieren. Im Laufe der Zeit erstellten sie sogar ein 1.427-seitiges Dossier darüber.
- Eine Sonnenfinsternis bewies Einsteins Theorie und machte ihn über Nacht berühmt. Zwischen 1907 und 1915 arbeitete Einstein an der Allgemeinen Relativitätstheorie. Sie besagt, dass die zwischen zwei Massen beobachtete Gravitationskraft auf die Verzerrung von Raum und Zeit durch diese Massen zurückzuführen ist. Obwohl seine Theorie heute ein grundlegender Bestandteil der modernen Astrophysik ist, blieb sie bis Mai 1919 äußerst umstritten. Für diesen Monat wurde eine totale Sonnenfinsternis erwartet, was die richtigen Bedingungen bot, um Einsteins Behauptungen zu beweisen. Es sollte zeigen, dass ein supermassereiches Objekt – in diesem Fall die Sonne – eine messbare Kurve im durchgelassenen Licht verursachen kann.

Darwinismus – Die Evolutionstheorie

Charles Darwin prägte die Wissenschaft der Biologie, indem er die Entwicklung, Veränderung, Existenz und das Aussterben aller lebenden Arten, einschließlich des Menschen, mit der Theorie der natürlichen Selektion und Evolution erklärte, und diese Theorien sind auch heute noch gültig. Ihre Echtheit ist ein unbestrittener wissenschaftlicher Beweis und wurde als Lehrmaterial in Schulbücher aufgenommen. Bereits 1838 erläuterte Darwin seine Theorie der Anpassung an den Lebensraum durch Diversität und natürliche Selektion und damit die phylogenetische Entwicklung aller Organismen und ihre Aufteilung in verschiedene Arten. Darwins Theorie bringt uns letztendlich zu derselben Abstammung wie Primaten, d. h. dass der Mensch vom Affen abstammt. Aber spiegelt diese Theorie wirklich greifbare, sichtbare Wahrheiten wider oder ist sie nur eine Fiktion, die noch nicht bewiesen wurde?

Wer war Darwin? (1809–1882)[80]
Er war englischer Biologe und Naturhistoriker. Aber noch interessanter ist zu wissen, wer Charles Darwins Großvater war. Es war **Erasmus Darwin**, ein Philosoph, Dichter und Physiker sowie ein bekannter Freimaurer. Auf der Website der Großloge von British Columbia heißt es: „Dr. Erasmus Darwin wurde Freimaurer, bevor er 1788 in Derby in Schottlands berühmter **Immemorial Lodge von Canongate Kilwinning**, Nr. 2, ankam." Er hatte auch enge Verbindungen zu den jakobinischen Freimaurern in Frankreich und den Illuminaten von Adam Weishaupt. Mit seinem Buch „Zoonomia" legte Erasmus den Grundstein für die Arbeit von **Lamarck** und seinem Enkel Charles und unterstützte sie finanziell. Seine beiden Söhne, Sir Francis Darwin und Reginald Darwin, waren ebenfalls prominente Freimaurer der **Tyrian Lodge** 253 in Derby. Charles Darwin erscheint nicht auf der Liste der Loge, wurde aber möglicherweise absichtlich von der Liste gestrichen, nachdem seine Theorie bekannt gegeben wurde. Es ist jedoch möglich, dass sein Großvater, seine Söhne und er Freimaurer wie **T. H. Huxley** waren, bekannt als „Bulldog", der nie von seiner Seite wich.

Charles schrieb einmal, dass er die Evolutionsideen seines Großvaters gehört hatte und davon sehr beeindruckt war. Erasmus war tatsächlich der erste Mensch in England, der auf die Idee der Evolution kam. Er war als hoch angesehener Mensch bekannt, hatte aber eine dunkle Seite und mindestens zwei uneheliche Kinder. Darwin litt an zahlreichen Krankheiten und war das Produkt einer Generationenverwandtschaft, was ihn jedoch nicht daran hinderte seine Cousine zu heiraten, und seine drei Kinder starben an den Folgen dieser Verwandtschaft.

---

80 https://science-of-involution.org/de/Kritik_am_Darwinismus.html
https://hannelorevonier.com/darwins-evolutionstheorie/

Darüber hinaus war Charles Darwin selbst ein Rassist, der in seinem Buch „**The Descent of Man**" unverblümt erklärte, dass „die zivilisierten Rassen sie mit der Zeit vernichten werden", weil Schwarze und Aborigines (indigene Stämme, insbesondere australische Ureinwohner) den Weißen unterlegen sind.

Der Darwinismus ist eine kühne Annahme!

Die Gesetze der mathematischen Wahrscheinlichkeit, die belegen, dass die Wahrscheinlichkeit, dass Lebewesen durch Zufall entstehen, tatsächlich null ist, hatte er in seiner Theorie noch nicht angewendet. Menschen, deren Vorfahren Affen waren, bleibt nur eine menschliche Theorie, die mit präzisen Daten rekonstruiert werden muss, da viele biologische Phänomene noch ungeklärt sind. Und warum reden wir nicht stattdessen über Evolutionsbiologie, anstatt sie immer noch als Evolutionstheorie zu bezeichnen? Denken Sie bitte mal nach!

Gibt es heute nicht einen einzigen Wissenschaftler, der mehr zu diesem Thema forschen würde?

Einige Wissenschaftler beschäftigen sich jedoch mit Fragen wie „**Was passiert im Gehirn von Mäusen, deren Schnurrbärte sich gleichzeitig bewegen?**" als Forschungsthema und dafür kassieren sie Gelder. Warum also nicht ein so wichtiges Thema in der Geschichte der Menschheit ansprechen und neue Beweise für die Evolutionstheorie liefern? Fehlt den Wissenschaftlern Selbstvertrauen oder der Mut? Vielleicht ist die Evolutionstheorie nur ein TABU-Thema!

Diese Ansicht ist heute so weitverbreitet, dass kaum jemand fragt, inwieweit diese Interpretation oder Hypothese eine logische Theorie ist. Die Theorie besagt, dass ein fortgeschritteneres Lebewesen immer ein evolutionäres Ergebnis eines direkten Vorgängers ist. Bisher gibt es keine schlüssigen Beweise für Zwischenbeispiele, die die Übergangsentwicklung vom Affen zum Menschen belegen. Es wurde vermutet, dass sich alle lebenden Arten, einschließlich des Menschen, durch natürliche Selektion aus einem oder mehreren gemeinsamen Vorfahren entwickelt haben, und je nach den damaligen Bedingungen wurden viele (falsche) Beweise vorgelegt, um diese Theorie zu stützen. Die moderne Evolutionstheorie, die auf Darwins Ideen aufbaute, wurde in den 1930er Jahren von der wissenschaftlichen Welt als Grundlage und verbindendes Element der heutigen Biologie akzeptiert. In seinem 1859 erschienenen Buch „**The Origin of Species**" geht es nicht darum, wie neue Arten entstehen, sondern um einen Mechanismus der natürlichen Selektion, der die Geschichte der Wissenschaft und Kultur verändert habe. Gleichzeitig präsentiert er Darwins Evolutionstheorie als die einzige logische Erklärung für die Entstehung der Vielfalt des Lebens von der Vergangenheit bis zur Gegenwart. Der deutsche Schriftsteller **Heribert Illig** hat jedoch eine andere Sicht auf dieses Thema.

„**Darwins dunkle Seite**" [81]

Heribert Illig in seinem Buch: Es zeigt, was für ein Mensch Darwin war, welchen Charakter er hatte, wie er mit seinen Rivalen zurechtkam und welchen Herausforderungen er als Evolutionstheoretiker gegenüberstand. Es ist sicher, dass Darwin kein einsames Genie war, wie bisher angenommen wurde. Er hat seine Prioritäten und Forderungen immer auf unfaire und manchmal falsche Weise durchgesetzt. In dem Buch scheint zum Beispiel gewissermaßen die ganze schmutzige Wäsche herauszukommen. Wie groß oder klein Darwins eigene Rolle in der Evolutionstheorie ist, wie er seinen überlegenen Rivalen **Wallace** besiegte, zeigt zunächst ein Blick auf die Theorien seiner eigenen Vorgänger, darunter seines Großvaters Erasmus (1731–1802). In Darwins Büchern findet sich immer wieder die Idee einer zielgerichteten Entwicklung – doch wer hat ihm das Ziel gesetzt?

Darwins Vorgänger **Alfred Russel Wallace** (1823–1913) steht im Mittelpunkt des Buches, und Autor Illig versucht ihm sogar gerecht zu werden, indem er sie als „Wallace-Darwin-Theorie" bezeichnet, wenn er über die Theorie spricht.

---

81 https://www.kultur-port.de/kolumne/buch/18243-heribert-illig-darwins-dunkle-seite.html

Illig streng: Er sieht Darwin als „überforderten Wissenschaftler" und gibt zu, dass „Die Entstehung der Arten" (eines der angeblich wichtigsten wissenschaftlichen Werke aller Zeiten) Schwächen aufweist, die zu offensichtlich sind, um sie zu erkennen. Es gibt keine greifbare, sichtbare Sicherheit noch vorbildlich mögliche Datenintegrität. llig nennt Darwins Ausführungen „falsches, falsches Pseudoargument" und wirft ihm vor, „möglichst vage und von ihm nicht klar definierte Begriffe zu wählen". Darüber hinaus erwähnt Darwin oft die überraschend große Zahl von Gesetzen und Prinzipien, auf die er sich bezieht, und beschreibt sie, ohne sie tatsächlich zu formulieren oder überhaupt zu rechtfertigen.

Laut **Illig** spricht Darwin so viel über Prinzipien und Gesetze, weil er die Vorstellung nicht ertragen kann, dass das Universum vom Zufall regiert werden kann. Dies könnte ein Ablenkungsmechanismus sein.

Dieses Buch soll uns zum Nachdenken anregen und dazu, einen kritischen Blick darauf zu werfen, wer Darwin wirklich war und dass die Evolutionstheorie schließlich nicht ganz so rosig ist, wie uns gesagt wurde.

Die Evolutionstheorie und Höhlenmalereien:

Wir fragen uns vielleicht, was der Zusammenhang zwischen der Evolutionstheorie und Höhlenmalereien ist, aber das Interessante ist, dass Höhlenmalereien unmittelbar nach der Evolutionstheorie entdeckt wurden.

Denn die Evolutionstheorie sorgte damals sowohl in der wissenschaftlichen Gemeinschaft als auch in der Öffentlichkeit für große Kontroversen und die Theorie musste wissenschaftlich bewiesen werden. Somit wurden mit der Entdeckung der Höhlenmalereien die notwendigen – zumindest einige – Beweise für diejenigen geliefert, die dieser Theorie skeptisch gegenüberstanden. Was wir daraus verstehen können, ist, dass aufgrund der Beweise für den Übergang vom Affen zum Menschen, Jäger und Sammler, bekannt sein hätte müssen, dass primitive Höhlenmenschen existierten.

Nachdem Höhlenmalereien als Originalprodukte des Eiszeitmenschen erkannt wurden, hatten prähistorische Wissenschaftler bald Schwierigkeiten, das Ganze zu verstehen. Die Kunst der Eiszeit wurde als Jagdzauberwerkzeug interpretiert, als übernatürliches Mittel, um sicherzustellen, dass „Beute ausreichend und reichlich vorhanden ist". Diese Ansicht hält sich fast immer noch.

Die ersten Höhlenmalereien wurden 1868 entdeckt. Eine interessante Geschichte erzählt von der Entdeckung der Altamira-Höhle. Die Höhle wurde dank eines entkommenen Hundes entdeckt. Auf der Suche nach seinem Tier fand der Jäger die Bilder und meldete sie dem Vermieter.

Aus irgendeinem Grund wurden die meisten Malereien Europas in Frankreich gefunden.

Es wird gesagt, dass die Gemälde hier vor etwa 15.000 Jahren entstanden sind, in der letzten Periode des Paläolithikums. (Die Proportionen und die Anatomie sind ziemlich genau, fast Picasso!)

In der Evolutionstheorie zu berücksichtigenden Fragen:

- Die größte Lücke in der Evolutionstheorie ist der Ursprung des Lebens. Wie entstand eigentlich die erste Wohneinheit in der Zelle?
- Wie funktioniert die genetische Vererbung, wie wird sie erworben, wie werden die Informationen an die nächste Generation weitergegeben?
- Stammten die Menschen laut Darwins Behauptung ausschließlich von Primaten ab?
- Warum gibt es so wenige Fossilien und keine Zwischenformen?
- Wenn sich vor 6 Millionen Jahren die Wege von Affen und Menschen trennten, ist der Mensch dann die Krone der Evolution, also das vollkommenste Geschöpf? Evolutionsbiologen der University of Michigan verglichen insgesamt 14.000 Gene, die sowohl bei Menschen als auch bei Schimpansen gefunden wurden. Forscher entdeckten, dass 233 Gene bei Affen perfektioniert wurden. Beim Menschen beträgt diese Zahl nur 154. Die Tatsache, dass Schimpansen weniger genetischen Müll in sich tragen als wir, könnte erklären, warum Affen bestimmte Krankheiten überleben. Eine sehr kleine Anzahl von Affen entwickelt ebenfalls Tumore, aber fast keiner stirbt an Krebs – während beim Menschen ein Fünftel vom Aussterben bedroht ist. Ist das Perfektion?
- Stammten Reptilien von Amphibien[82] ab? Und Vögel und Säugetiere von Reptilien? Wo sind diese Zwischentypen?
- Wenn wir den Unterschied zwischen Makroevolution und Mikroevolution unterdrücken, geschah die Makroevolution durch zufällige Genmutation?

---

82 Bezeichnet Tiere, die sowohl für das Leben im Wasser als auch an Land geeignet sind. Im Lateinischen bedeutet das Wort „Amphibia" „Amphibien" oder „zwei Leben". Zu den Amphibien zählen im Allgemeinen kaltblütige Nicht-Säugetiere wie Frösche oder einige Salamander.

- Woher kommen Blumen? Die größte aller Pflanzengruppen erscheint plötzlich zu Beginn des Kreidezeitalters und sprießt von Anfang an in farbenfrohen Formen ohne nennenswerte Übergangsmuster zu einer denkbaren Ausgangsgruppe.
- Was ist der Unterschied zwischen Art und Sorte? Wie sind neue Arten entstanden?

Bei einigen Reptilien kam es zu „kleinen Genveränderungen", die nach und nach zur Entwicklung der ersten Vögel und der ersten Säugetiere führten. Doch die Körper von Reptilien und Säugetieren unterscheiden sich grundlegend: Manche legen Eier, manche nicht. Wie geschah das „langsam" und „Schritt für Schritt"? Es ist entweder ein „lebendes" Reptil oder ein Säugetier. Nach der Evolutionstheorie muss es jedoch in allen Variationen Zwischenstadien geben: 95 % Reptilien und 5 % Säugetiere, 90 % Reptilien und 10 % Säugetiere usw. Oder ist plötzlich und ohne Probleme ein Säugetier aus einem Reptilienei hervorgegangen? Wenn auch nur ein einziges Mal aufgetreten sein sollte, wäre es unmöglich, das zweite Mal zu wiederholen. Da Darwin gesundheitlich angegriffen und zu einem zurückgezogenen Leben gezwungen war, war er nicht geneigt, gegen die zahlreichen Gegner seiner Theorie anzukämpfen. Er war ein Naturforscher, kein destruktiver Propagandist. Für ihn übernahmen zwei Zoologen diese Rolle: **Thomas Henry Huxley** (1825–1895) in England und **Ernst Haeckel** (1834–1919) in Deutschland. Unterstützt von vielen anderen späteren Wissenschaftlern wurde Darwins Theorie in Zeitschriften, Bücher und Schulunterricht übertragen, einige von ihnen wurden mit gefälschten Zeichnungen erwischt, verhört und einige von ihnen zeigten Imitationen/Tierknochenreste als menschliche Vorfahren, um diese Theorie zu stützen. Während einige Betrügereien offenbar aufgedeckt wurden, blieben andere bis heute verborgen. Einige der postdarwinistischen Akteure zum Beispiel. Inwieweit kann der deutsche Biologe Häckel recht haben?

Was Darwin nicht wusste[83]:

Er konnte zukünftige wissenschaftliche Entwicklungen nicht vorhersehen. Beispielsweise hatte Gregor Mendel das Erbrecht noch nicht ausgearbeitet und veröffentlicht. Diese Gesetze argumentierten, dass die Merkmale der Nachkommen von den Eltern in Übereinstimmung mit mathematischen Gesetzen weitergegeben würden, und nicht durch zufällige Prozesse, die Darwin „Mischung der Vererbung" nannte. James Joule, R. J. E. Clausius und Lord Kelvin machten ihre Entdeckungen in der Thermodynamik. Der erste Hauptsatz der Thermodynamik besagt, dass Energie weder erzeugt noch zerstört werden kann (das gegenwärtige Universum kann sich also nicht selbst erschaffen haben). Der zweite Hauptsatz der Thermodynamik besagt, dass sich das Universum in einem fortschreitenden Abwärtsprozess zunehmender Unordnung befindet. Daher kann nicht alles von alleine in einen höheren komplexen Zustand übergehen, auch nicht über längere Zeiträume. Damals hatte Louis Pasteur gerade mit seinen berühmten Experimenten begonnen, die zeigten, dass Leben, sogar mikrobielles Leben, allein aus Leben entstehen kann. Die mathematischen Wahrscheinlichkeitsgesetze, die zeigen, dass die Wahrscheinlichkeit, dass Leben durch Zufall entsteht, tatsächlich null ist, wurden noch nicht auf die Evolutionstheorie angewendet. Die Molekularbiologie hatte noch nicht herausgefunden, dass die Zelle so komplex ist, dass es unmöglich ist, dass sie zufällig entstanden ist. Die Fossilien waren noch nicht ausreichend untersucht, sodass Paläontologen (wie sie es heute tun) nicht sagen konnten, dass die Zwischenformen (fehlende Verbindungen) nicht existierten. Wenn Charles Darwin zum Zeitpunkt des Schreibens seines Buches (1856–1859) eines davon gekannt hätte, hätte das vielleicht ausgereicht, um seine Ideen zu untergraben. Die heutigen Studien zu diesen Phänomenen können der Evolutionstheorie einen schweren Schlag versetzen. Genetische Gemeinsamkeiten und Ähnlichkeiten be-

---

[83] https://creation.com/darwins-mystery-illness-german

weisen keine evolutionäre Verwandtschaft, sie zeigen lediglich, dass die Körper verschiedener Lebewesen aus derselben organischen Substanz bestehen.

Evolutionslüge – oder Evolutionsverschwörung?

Fox Nation-Moderatorin **Lara Logan** fragte[84]: „Weiß jemand, wer Darwin angestellt hat, woher der Darwinismus kommt?" Und die Antwort kam sofort: „Schaut nach: Die **Rothschilds**."

Logan behauptet, dass die Person, die Darwin beauftragt hatte, die Evolutionstheorie zu verkünden, an der Spitze der britischen Regierung stand, und dass die Evolutionstheorie eine „Rothschilds"-Verschwörung sei. Sie sagt, dass Charles Darwin von der Familie Rothschild überredet wurde, die Evolutionstheorie als antisemitische Verschwörungstheorie zu erfinden, und dass ihm diese Arbeit bezahlt wurde.

Logan sagte, dass die Evolution eine Henne-Ei-Debatte ist und man sie nicht wissenschaftlich beantworten kann. „Ich sage nur, dass Darwin von jemandem angeheuert wurde, um eine evidenzbasierte Theorie zu entwickeln." Sie fügte hinzu:

Die Rothschilds waren eine prominente wohlhabende jüdische Familie, die ihren Reichtum im späten 18. Jahrhundert erwarb. Aufgrund ihres großen Reichtums soll die Familie stark in antisemitischen Verschwörungstheorien über die jüdische Weltherrschaft vertreten sein, die teilweise auf Stereotypen über das Verhältnis der Juden zum Geld basieren.

---

84 https://www.newsweek.com/lara-logan-rothschild-charles-darwin-evolution-theory-1692813, Mart 2022
    https://www.pravda-tv.com/2022/04/tv-moderatorin-die-rothschilds-haben-darwin-bezahlt-um-die-evolutionstheorie-zu-erfinden-videos/

Auszug aus **Hans-Joachim Zillmers** Buch „**Die Evolutionslüge**": Die Untersuchung menschlicher Herkunft erweist sich als krimineller Mechanismus mit geschickt gearbeitetem Hintergrund. So sehr, dass die Evolutionstheorie im Laufe der Jahre mit der Etablierung wissenschaftlicher Fälschungen, die sich aus Museen in Lehrbücher schlichen, aufblühen konnte, mehrere Generationen haben diese Fälschung fast als sogenannte Wahrheit übernommen und nicht mehr in Frage gestellt.

Basierend auf neuesten Forschungsergebnissen erschüttert dieses Buch eine Reihe von Dogmen. Die als Pseudowissenschaft entstandene Evolutionstheorie hat sich als alternative Ersatzreligion positioniert. Dieses Buch dokumentiert zahlreiche aufsehenerregende Erkenntnisse, die belegen, dass die vom wissenschaftlichen Establishment systematisch verfälschte Geschichte der menschlichen Entwicklung neu geschrieben werden muss. Aber gleichzeitig wird Darwins wettbewerbsintensiver und rücksichtsloser Kampf um die Verbreitung seiner Prinzipien deutlich, wenn es sich dabei nicht um sehr erfolgreiche Strategien handelt. Der vom Darwinismus begründete Rassismus wurde im 20. Jahrhundert zur Grundlage der Ideologien, die die Welt in ihre bisher blutigsten Konflikte stürzen sollten: Nationalsozialismus und Kommunismus. Könnte der Darwinismus heute indirekt eine Ursache für den Terrorismus sein?

Laut Zillmer sind die Prinzipien der Evolutionstheorie falsch, denn sie führen nicht zu Entwicklung, nicht zu notwendiger Zusammenarbeit, sondern zu Konflikten und Krieg – sie gelten auch heute noch wie in der Antike unserer Vorfahren. Charles Darwin bereiste die Welt mit dem Schiff „Beagle" und besuchte die Anden in Südamerika. In seinem Reisetagebuch schrieb er: „Viele, wenn nicht alle, dieser ausgestorbenen vierbeinigen Tiere lebten in einer Spätzeit und waren Zeitgenossen vieler noch lebender Muscheln."

Wenn **natürliche Selektion**, von Einfachsten bis zu Komplexesten und vom Niedrigsten zum Höchsten, die Entwicklung aller Arten erklären will: Wie kann man dann die Existenz einfacher und minderwertiger Arten erklären? Warum überwältigten und ersetzten die höheren Formen nicht die niedrigeren Formen?

Da Evolutionisten jedoch nicht zwischen echter wissenschaftlicher Analyse und Interpretation unterscheiden – immer abhängig von ihrer Weltanschauung –, müssen sie alle Erkenntnisse der Paläontologie und Genetik sowie alle anderen lebenden Phänomene durch die Linse ihrer Theorie betrachten und daher „sehen". Überall gibt es Spuren der sogenannten Evolution, aber diese Spuren deuten nicht auf Evolution hin.

Schockierend! – Humanoide unterschiedlicher Genetik, die sich der Evolutionstheorie widersetzen:
Überall auf der Welt gibt es Berichte über humanoide Funde mit verschiedenen genetischen Merkmalen, die der Evolutionstheorie widersprechen. Zum Beispiel[85]: Am 7. Oktober 1895 berichtete die Zeitung „The World", dass „der größte bekannte Riese" in der Nähe von San Diego ausgegraben worden sei. Der Artikel beschrieb die Entdeckung eines 274 cm großen mumifizierten amerikanischen Ureinwohners. Oder: Eine Ausgabe der Oil City Times aus dem Jahr 1870 berichtete über die Entdeckung in West Hickory, Pennsylvania, nicht nur des größten menschlichen Skeletts, das jemals entdeckt wurde, sondern auch des seltsamsten. Die Kreatur, die sie ausgegraben hatten, wurde auf eine unglaubliche Höhe von 549 cm geschätzt, und daneben wurden ein großer rostiger eiserner Helm und ein großes 2,8 m langes Schwert gefunden.

Eine weitere bemerkenswerte Neuigkeit, die sich der Evolutionstheorie widersetzt. Die Zerstörung der Dokumente und Relikte des Riesen durch die amerikanische **Smithsonian Institution** muss etwas bedeutet haben. Das Aeronautics and Space Institute (AIAA) behauptete einmal, dass die Smithsonian Institution in einen wichtigen historischen Fall verwickelt

---

85 https://goaravetisyan.ru/de/skelety-lyudei-velikanov-lyudi-giganty-mify-i-realnost-velikany-v-legendah-i/

sei, um Darwins sogenannte Theorie der menschlichen Evolution zu schützen. Die Geschichte einer vom Smithsonian veröffentlichten Geheimakte lässt sich bis in die frühen 1900er Jahre zurückverfolgen. Diese geheimen Akten beweisen, dass sie Spitzenmanagern befohlen haben, Beweise dafür zu vernichten, dass in den Vereinigten Staaten Zehntausende riesiger Überreste entdeckt wurden. AIAA-Direktor **Hans Gattenberg** sagte: „Die Veröffentlichung dieser Dokumente wird Archäologen und Historikern helfen, aktuelle Theorien der menschlichen Evolution neu zu bewerten." „Nach einem Jahrhundert der Lügen auf der Erde wird irgendwann die wahre Identität der Riesen ans Licht kommen."

Eine weitere Neuigkeit zu diesem Thema: Am 5. Mai 1912 veröffentlichte die Times überraschenden Inhalt: „Bei einer archäologischen Ausgrabung in der Nähe des Lake Delavan wurden Knochen von außergewöhnlicher Größe gefunden." Ihre Schädel sind länger als bei gewöhnlichen Menschen. Den damaligen Berichten zufolge wurden diese Knochen von einer Gruppe Archäologen am Beloit College entdeckt und waren etwa 2,3 bis 3 Meter hoch. Diese Funde sollen nur die Spitze des Eisbergs unter den weltweit gefundenen Knochen sein. Es ist offensichtlich, dass man ihre Existenz aufgrund der Zerstörung der Evolutionstheorie nicht anerkennen will.

Falsche Beweise der Evolutionstheorie: Es gibt kein „fehlendes Glied", die ganze Kette fehlt!

Darwin hat seine Aufgabe erfüllt, aber die Evolutionstheorie musste irgendwie mit konkreten Daten bewiesen werden, und die nächsten fleißigen Evolutionisten setzten ihre Arbeit in dieser Richtung ohne Unterbrechung fort. Die Überreste eines Piltdown-Mannes (nach ihm benannter menschlicher Vorfahre) wurden 1912 vom Anthropologen Charles Dawson (1864–1916) in einer englischen Kiesgrube gefunden. Später, mit den durchgeführten Analysen, wurde nachgewiesen, dass diese künstlich aus einer Kombination aus einem mittelalterlichen menschlichen Schädel, dem Unterkiefer eines Orang-Utans und den versteinerten Zähnen eines Schimpansen geschaffen wurden. Ein anderes Beispiel: So hat der ehemalige Frankfurter Anthropologe Reiner Protsch nach Angaben einer Forschungskommission gezielt und systematisch Schädelfunde aus der menschlichen Vergangenheit, darunter beispielsweise den Hahnöfersand-Schädel, teilweise Zehntausende Jahre zurückdatiert.

Ein weiteres Betrügergenie, **Ernst Haeckel,** veröffentliche erstmals 1868 in seinem Buch „Naturgeschichte der Schöpfung" und später 1874 in seinem Buch „Anthropogenie und Geschichte des Menschen" illustrierte Tafeln. In den Abbildungen waren Embryonen verschiedener Tier- und Menschenarten dargestellt und wurden miteinander verglichen. Alle Embryonen waren gleich groß und stark stilisiert und mussten Haeckels Grundgesetz der Biogenetik beweisen, dass eine verkürzte Wiederholung der Grundgeschichte der Embryonalentwicklung darstellt. Laut Wikipedia Eintrag: Der Anatomieprofessor Carl Semper bezeichnete diese Bilder in einer 1875 erschienenen Publikation als „Fälschung". Ähnlich äußerte sich zur gleichen Zeit der Embryonenforscher Wilhelm His, später der Autor Arnold Braß. Zuletzt wies der Entwicklungsbiologe Michael Richardson anhand von Vergleichsfotos der von Haeckel ausgewählten Arten in der Fachzeitschrift Science auf erhebliche Unterschiede zwischen Haeckel Zeichnungen und den tatsächlichen anatomischen Gegebenheiten der Embryonen hin und veröffentlichte eine Vergleichsstudie.

Die Embryologin und Nobelpreisträgerin Christiane Nusslein-Volhard sagte 2003 in einer Rede im Zeit-Magazin: „Ernst Haeckel hat Betrug begangen. Viele seiner Bilder von Organismen sind erfunden, um seine Theorie zu bestätigen."

Haeckels Vergleiche bestehen jedoch bis heute und werden in Fachbüchern immer wieder abgedruckt, darunter auch in Ernst Mayrs Buch „Das ist Evolution" aus dem Jahr 2003. **Eine** bessere, vor allem wahre Weltanschauung anzunehmen, anstatt sich in einer angenehmen Welt der Lügen zu verstecken, muss keine Frage des Stolzes sein, auch wenn es schmerzhaft und unangenehm ist. Schließlich sind wir nicht diejenigen, die sich selbst bändigen?

VERÄNDERTE WELTGESCHICHTE

„Man muß das Wahre immer wiederholen, weil auch der Irrtum um uns her immer wieder gepredigt wird, und zwar nicht von einzelnen, sondern von der Masse. In Zeitungen und Enzyklopädien, auf Schulen und Universitäten, überall ist der Irrtum oben auf, und es ist ihm wohl und behaglich, im Gefühl der Majorität, die auf seiner Seite ist."
J. W. von Goethe

Eine ganze Weltgeschichte entstand vor uns, wir haben unmittelbar nach unseren Eltern, die unsere ersten Lehrer waren, auf vorgefertigte Informationen zugegriffen und diese übernommen. Im Schulalter haben wir das mit Schulwissen weiter vertieft und gestärkt. Und so wurde die Richtigkeit dieses Wissens für uns unbestreitbar. Aber was wäre, wenn unsere Eltern, und sogar Großeltern bereits manipuliert wurden? Dann haben sie uns auch das falsche Wissen weitergegeben. Natürlich ist die Annahme der Vertrauenswürdigkeit unserer Vorfahren zweifellos, doch die Frage nach der Loyalität der Fremden wäre sicherlich noch zu klären. Tatsächlich kennen wir nur die Informationen, die wir für wahr halten, sonst nichts. Es ist möglich, dass die Richtigkeit dieser Informationen nicht genau bekannt ist oder es sich um eine übertriebene Verallgemeinerung bezüglich ihrer Genauigkeit handelt. Sollte uns also nahezu alles als wahr erscheinen, handelt es sich um tatsächliche Fakten oder nur um bloße Vermutungen?

Weil einige der Funde und Ereignisse hinten und vorne nicht mit unserer Geschichtsschreibung übereinstimmen, wie offiziell angenommen, könnte es sein, dass unser gesamtes Bildungssystem im Laufe der Jahrhunderte (absichtlich?) verzerrt und Geschichtsschreibung und Chronologie manipuliert wurden?

Manche Forscher und Historiker präsentieren ganz bemerkenswerte, absolut logische Theorien, und es wäre falsch, sie auch nur als einfache Theorie zu bezeichnen. Wann hört eine Theorie auf, eine Theorie zu sein?

Natürlich, wenn die verfügbaren Daten eine gewisse Dichte erreichen und bewiesen werden können. Leider bedeutet die Tatsache, dass wir heute über ausreichende Daten verfügen, nicht, dass wir diese beweisen können, vielmehr bedarf die Gültigkeit der nachgewiesenen Daten vor der Öffentlichkeit auch der Zustimmung im offiziellen Gefüge. Solange diese Bestätigung nicht zustande kommt, haben auch Fachexperten keinen Anspruch auf Ansprüche (Gegenthesen) und werden daher grundsätzlich unter den Tisch gedrängt. Deshalb ist der Glaube, dass die Geschichtsschreibung immer reale Ereignisse aufzeichnet und aufzeichnen wird, im Allgemeinen ein optimistischer Wunsch und wird auch so bleiben. Manche Lügen werden schnell aufgedeckt und verbreitet, während manche Wahrheiten lange Zeit verborgen bleiben. Einige dieser Lügen nehmen wie ein Lawinenball mit der Zeit immer mehr zu und etablieren sich in offiziellen Quellen. So überlebten sie viele Fehler, gelangten als sogenannte historische Tatsachen in das Allgemeinwissen und bis in die Schulbücher. Es kann zu Fehlern und unbeabsichtigten Fehlinterpretationen aus Quellen kommen, deren Ursprung und Bedeutung kaum bekannt sind, wodurch viele historische Fakten entfremdet werden.

Aber ist es auch möglich, dass es so viele imaginäre, geplante Täuschungen gibt?

Es ist zweifelhaft, dass die historische Wirklichkeit aus wissenschaftlich gesicherten Wahrheitsaussagen über die Vergangenheit entstehen kann, weil sie Aussagen über die Vergangenheit sind: Sie ist uns niemals direkt zugänglich, sondern nur indirekt möglich. Entweder machen Historiker Fehler oder wiederholen Historiker, die Fehler gemacht haben. Oder es geht um die Verwendung von Dokumenten, die die Vergangenheit absichtlich verzerren.

Nur wenn wir die bisherigen politischen Entwicklungen unserer eigenen Zeitzone ein wenig untersuchen und die richtigen

Antworten auf die notwendigen Fragen finden, wird weltweit eine Reihe von Lügen sichtbar, die mit harter Brutalität und Kaltblütigkeit berechnet werden. Fast immer wurden Versuche, vorsätzliche Täuschungshandlungen aufzudecken, fälschlicherweise als „**Verschwörungstheorien**" bezeichnet.[86] Dieser Diskurs wurde immer benutzt, um Macht zu ergreifen, zu schützen, Ideen zu verbreiten oder neue Gesetze und Vorschriften einzuführen. Der Wunsch, die Geschichte neu zu schreiben, wurde von einer Reihe von Staaten genutzt, um das Hauptziel zu erreichen und die Bedingungen für „neue aggressive Aktionen" zu schaffen. So wie es viele Beweise dafür gibt, dass die unzähligen sozial-politischen Ereignisse, die wir in unserem Jahrhundert erlebt haben, tatsächlich eine heimtückische Zusammenstellung sind – wenn auch noch nicht offiziell anerkannt –, ist es in unserer Vergangenheit absolut möglich. Es besteht also die Möglichkeit, dass die „**historischen Fakten**" ebenso durch die komplizierten Methoden einiger „**Weltmächte**" getarnt wurden oder von ihrer Richtung abgewichen sind. Infolgedessen sehen wir, dass die historischen Daten, die fast allen böswilligen geopolitischen Entwicklungen zugrunde liegen, verzerrt und als eine völlig neue historische Tatsache aufgedeckt wurden. Dies wird im Laufe der Zeit als tieferer Glaube angenommen, denn gleichzeitig bildet das Phänomen der vorherigen (falschen) Geschichte die Grundlage für die nächste. So wirken die neuen Manipulationsmethoden schneller und heterogener auf der Ebene der Bevölkerung als absolute Realität. In letzter Zeit gibt es immer mehr Menschen auf der Welt, die die Weltgeschichte in Frage stellen, und viele Forscher haben neue Beweise gefunden, um zu zeigen, dass die formalisierte Weltgeschichte eine

---

86 Nach dem tödlichen Attentat auf Präsident Kennedy im Jahr 1963 wurde die Verwendung des Begriffs „Verschwörungstheorie" eingeführt und verbreitete sich gegen Ende des Jahrhunderts auch in Massenmedien. Vor allem auf der sozialpolitischen Plattform ist es zu einem Phänomen geworden.

Lügenfiktion ist. Ein wissenschaftlich vorgestelltes historisches Bild wird so angepasst, dass die öffentliche Wahrnehmung teilweise oder vollständig wissenschaftlich nachgewiesenen oder überprüfbaren Fakten nicht mehr entgegenwirken kann. Alle Daten, Fakten oder Zusammenhänge und Hintergründe müssen akribisch verschwiegen werden, gegensätzliche Meinungen müssen so schnell wie möglich beseitigt werden. Wenn es um wichtige historische Fakten geht, blockiert eine so professionelle Präsentation fast den Zugang zu historischen Hintergründen und ihre Informationen können leicht verunstaltet werden. Seit dem Ende des 16. Jahrhunderts, insbesondere 17. bis 19. Jahrhundert, ist die im Laufe des Jahrhunderts festgelegte Chronologie der Antike und des Mittelalters nicht nur unvollständig und fehlerhaft, sondern auch völlig falsch. Und wenn die Chronologie der Geschichte nicht mehr stimmt, dann wird auch die darauf basierende Geschichtsschreibung vollständig aus einem Märchen bestehen. Nicht nur die Geschichtsschreibung wurde erfunden oder verändert, sondern die Autoren, die sie angeblich geschrieben haben, sind selbst Fiktion. Als Beispiele können wir diese Namen nennen[87]:

HIGUERA (Hieronymus Romanus de la Higuera), ein spanischer Jesuit, der 1538 in Toledo geboren wurde, nahm dort nach Abschluss seines theologischen Studiums den Lehrstuhl für Philosophie an und prahlte so sehr, dass die Jesuiten ihn in ihre Gesellschaft aufnehmen wollten und er schließlich 1590 zu ihnen kamen. Er wurde durch seine Schriften als Linguist und Historiker der Antike bekannt. Aber aus irgendeinem Grund missbrauchte er seine eigenen Fähigkeiten und wurde in der Literatur als **Falsarius** bekannt. So veröffentlichte er unter Flavius, Lucilius, Dexter und anderen Namen Chroniken, die meist, wenn nicht vollständig, sein eigenes Werk waren.

---

87 https://de.geschichte-chronologie.de/index.php/zeitperioden/antike/71-erfundene-antike-teil-1

Dexter – in einer Chronik von Higuera – ist der prägende Name eines fiktiven „römischen" Autors, der die Zeit der Anfänge des Christentums in Spanien erzählt. Higuera war nicht der Einzige, der dies tat: Vorher und nachher wurden antike Schriftsteller von anderen unter Pseudonymen fiktionalisiert. Tatsächlich begann die Veröffentlichung fiktionaler Werke griechischer und römischer Autoren schon bald nach der Erfindung des Buchdrucks. Bereits 1498 veröffentlichte Annius de Viterbo in Rom eine umfangreiche Sammlung antiker und „viel älterer" Schriftsteller wie Bérose, Manéthon, Mégasthène, Archiloque, Myrsile, Fabius Pictor, Sempronius, Caton. Er behauptete, die Manuskripte in Mantua gefunden zu haben. Tatsächlich handelte es sich hierbei um Erfindungen des Dominikanermönchs Jean Nanni (angeblich 1432–1502).

Der berühmte Humanist **Carolus Sigonius** (1523–1584), in Wirklichkeit Carlo Sigonio, wurde in Modena geboren. Er war als Professor in Venedig, Padua und Bologna tätig. In seinem umfangreichen Werk beschäftigt sich Sigonio hauptsächlich mit der Geschichte des antiken Rom und des mittelalterlichen Italiens. Gleichzeitig veröffentlichte er die Werke antiker römischer und griechischer Autoren: 1555 veröffentlichte er eine Ausgabe von Livius und Fasti Consulares, die „eine endgültige Kritik der Chronologie der römischen Geschichte darlegte". 1557 übersetzte er Aristoteles' „Rhetorik" und Teile von Cicero. 1583 veröffentlichte er Ciceros „Consolatio". Zwei Jahrhunderte später wurde ein Brief von Sigonius gefunden, in dem beschrieben wurde, wie er Cicero erfand. Es wurde nie in Frage gestellt, ob er selbst Livius und die anderen von ihm veröffentlichten antiken Werke geschrieben hatte. Der Jurist, Historiker und Bibliothekar **Paulus Merula** (1558–1607) schrieb eine Weltgeschichte, in der er ausführlich römische Schriftsteller zitierte, die es nie gab.

Der Historiker und Schriftsteller **M. M. Postnikov** nennt weitere Beispiele dieser Art aus dem 20. Jahrhundert. Insgesamt kommt er nach einer umfassenden Analyse des Zustands der antiken Literatur auf etwa 80 Seiten zu dem Schluss, dass es keine „antiken" Werke gab, deren lange Geschichte bis zur Erfindung des Buchdrucks zurückreicht. Es ist auch bekannt, dass die Werke vieler berühmter „antiker" Schriftsteller gefälscht sind (z. B. Vetruv) oder einen sehr zweifelhaften Ursprung haben (wie bei Platon). Nach 65 Seiten, in denen die gesamte „antike" Literatur aus verschiedenen Blickwinkeln untersucht wird, kommt Postnikov zu dem Schluss, dass alle während der Renaissance entstanden sind.

Dr. Roman Landau (Hamburg) hat sich zusammen mit Historikern, Journalisten, Fotografen und Kritikern auf dieses Thema spezialisiert und etwa 10 Bücher veröffentlicht. Eines heißt „**Großer Betrug oder erfundene Antike**".

Ihnen zufolge – der Gruppe Hamburger Historiker: „Es ist erstaunlich, dass die griechisch-römische Antike auch heute noch als Realität anerkannt wird. Und so viele intelligente Menschen beteiligen sich an der Ausschmückung dieser Fiktion. Wie ist das möglich? Das liegt wahrscheinlich daran, dass jeder Gelehrte nur einen kleinen Teil der Fiktion sieht." Und: „Die Geschichtswissenschaften sind so gespalten, dass der Einzelne nicht allein das Gesamtbild kritisch hinterfragen kann."

Sie dachten wahrscheinlich, dass dies eine Gruppenarbeit sein sollte und dass eine Person nicht genug Lebenszeit hat, um dies zu tun.

Was richtig und was falsch ist, ist fast wie die Suche nach der Nadel im Heuhaufen?

Vielleicht ist es gar nicht nötig, so sehr zu übertreiben, vielleicht liegen viele Hinweise vor unseren Augen, sodass wir sie suchen und finden können. Wenn wir ein Beispiel aus der jüngeren Geschichte nennen, ohne zu weit zu gehen, was glauben Sie, worauf wir stoßen werden?

Die Zerstörung der Twin Towers: Denken Sie an die Terroranschläge auf die Twin Towers, das World Trade Center in Manhattan, New York City, USA, am 11. September 2001. Was uns laut offiziellen Quellen erzählt wird: Bei den Terroranschlägen vom 11. September 2001 (kurz: 9/11.) handelte es sich um vier koordinierte Flugzeugentführungen mit Selbstmordanschlägen auf zivile und militärische Gebäude in den Vereinigten Staaten.

Diese wurden vom islamistischen Terrornetzwerk **Al-Qaida** unter der Führung von **Osama bin Laden** geplant. Die Anschläge töteten mindestens 3.000 Menschen und werden von manchen als Wendepunkt in der Geschichte des Konflikts zwischen der westlichen und der arabischen Welt interpretiert. Diese Angriffe erschütterten die Supermacht USA zutiefst und dieser Schlag gegen die freie westliche Welt schuf das Bild des perfekten Feindes. Wenn wir uns jedoch die Rückseite des Falles ansehen, können wir erkennen, dass es sich bei diesen Erklärungen um ein Dutzend inkonsistenter, widersprüchlicher Konstruktionen handelt, die selbst ein kleines Kind verstehen kann. „So?"

Offizielle Aussagen kollidieren mit tatsächlichen Erkenntnissen!

Wenn unsere Zweifel zu weit gehen, können wir fragen: „Amerika hat das also selbst getan?

Warum sollte dies gemacht werden, welcher Staat würde auf die Idee kommen, seinen eigenen Bürgern so etwas anzutun?"

Fanden die US-Invasionen in Afghanistan und im Irak unter dem Vorwand der Terrorismusbekämpfung statt, sodass ein Vorspiel (Anschlag vom 11. September) notwendig war?

Oder ist es, weil das Hauptziel darin bestand, die Ölreserven im Nahen Osten zu kontrollieren und die hegemoniale Macht auszubauen?

Vieles wissen wir nicht, vielleicht noch wichtiger als die Ölreserven sind die archäologischen Überreste in beiden Ländern, denn als die amerikanische Armee einmarschierte, ergriff sie als erste strenge Sicherheitsmaßnahme in diesen Gebieten Bibliotheken und Museen.

Wenn dieser Angriff völlig fiktiv ist – was den Daten zufolge sicherlich der Fall ist – und nie offiziell bestätigt und bewiesen wird, werden die Fakten nicht ans Licht kommen und dieses Ereignis wird wie folgt seinen Platz in den Geschichtsbüchern einnehmen: „**9/11 war ein historischer Wendepunkt im Kampf gegen den islamischen Terrorismus.**"

Die offizielle Version der Menschheitsgeschichte ist eine Lüge: Wir befinden uns in einer kollektiven Amnesie![88]

Der US-Historiker **Pr. Howard Zinn** sagt: „Wenn du nichts über Geschichte weißt, ist es, als wärst du gestern geboren. Und wenn du gestern geboren wurdest, kann dir jede höhere Macht sagen, was sie will. Und du bist nicht in der Lage, es zu bestätigen."
Vergessen wir diese Erzählung nicht und erinnern wir uns immer daran, denn alle Generationen, die jetzt auf der Erde leben, von sieben bis 70, wurden erst gestern geboren.
Nach Ansicht vieler Schriftsteller, Historiker und Forscher hat sich die Menschheitsgeschichte ganz anders entwickelt, als wir bisher wussten. Wenn diese wahr wäre und keinen Einfluss auf die Veränderung unserer Erdgeschichte hätte, würde sich auch unser gesamtes Weltbild in atemberaubendem Tempo verändern. Während es möglich ist, dass fast alle von ihnen einen Funken Wahrheit enthalten, bergen einige von ihnen zweifellos ein Fälschungspotenzial. Obwohl viele Bücher zu diesem Thema geschrieben und viele Theorien aufgestellt wurden, hat keines davon die nötige Aufmerksamkeit erhalten, sie wurden nicht ernst genommen. Darüber hinaus wurde es nicht formalisiert, vor der Presse verborgen und somit wie immer in den Rahmen von „Verschwörungstheorien" gedrängt und aus dem öffentlichen Gedächtnis gelöscht. Kluge Köpfchen und mutige Herzen, die forschen, nachdenken und Fragen stellen, haben als Beispiele die folgenden Behauptungen aufgestellt:

---

88 **Amnesie** ist eine Form des Gedächtnisverlusts. Menschen mit Amnesie haben Schwierigkeiten, neue Informationen zu lernen und Erinnerungen zu bilden. Im Gegensatz zu dem, was angenommen wird, sind sich diese Menschen jedoch ihrer Identität bewusst und haben keine Identitätsprobleme.

1. Unsere Datumschronologie ist völlig falsch! Zeitweise gab es Kritiker der Chronologie, die zahlreiche Beweise dafür lieferten, dass die aktuelle Version der Geschichte von inhaltlichen Ungenauigkeiten durchzogen sei. Ihrer Meinung nach handelt es sich bei dem offiziellen Geschichtsbuch der Schule eher um ein Märchen als um tatsächliche Ereignisse.
2. Die Geschichte beginnt im Mittelalter. Das dunkle Mittelalter erstreckte sich über einen Zeitraum von etwa 1.000 Jahren. Man nennt die Zeit zwischen 500 und 1.500 Jahren, weil sie zwischen „alter" und „neuer" Zeit liegt. Das sagen zumindest Historiker. Der Theorie zufolge erlebte das dunkle Mittelalter, als nach dem Untergang des Weströmischen Reiches die Barbarei herrschte, um 1300 einen kulturellen Niedergang. Dieser Niedergang wurde dann durch ein neues einfaches Schema definiert, das zur Weiterentwicklung von Malerei, Bildhauerei und Architektur geführt haben soll, als ihre höheren, raffinierteren Bedeutungen wieder auflebten.
3. Die Antike wurde in der Renaissance erfunden.
4. Wir befinden uns im 1. Jahrtausend nach Jesus.
5. Ist die Erfindung des Kaisers Augustus und der Aufbau der Julius-Claudian-Dynastie eine Fiktion? Was ist mit dem Mythos von „Kaiser Augustus"? In der Geschichte Roms hat der Senat zweimal die Ermordung eines Herrschers namens Gaius Julius Caesar angeordnet. Der eine ist der Diktator (100–44 v. Chr.), bekannt als „Cäsar", und der andere ist der Kaiser, der heute „**Caligula**" (37–41) genannt wird. Es wirkt einfach wie eine Wiederholung ein und desselben Ereignisses. Die Anomalien in den Lebensdaten der Herrscher dieser Zeit sind zu groß, um zufällig zu sein. Diese wichtigen Daten scheinen ziemlich fiktiv zu sein. (…) In Zahlenfolgen (Daten), die „natürlich" entstehen, kann es bei der Untersuchung der Julius-Claudian-Dynastie nicht zu so auffälligen Wiederholungen historischer Zusammenhänge kommen. Auch die Porträts dieser Kaiser und die Abbildungen der gefundenen Münzen weisen einige Un-

stimmigkeiten auf, die überhaupt nicht zu diesem Teil der klassischen Geschichte passen.

6. Die alten chinesischen Kaiser lebten in Deutschland. Die alten russischen Fürsten waren Dschingis Khan und Batu Khan.

7. Im Mittelalter gab es keine Mongolen.

8. Die ägyptischen Pyramiden wurden von den tatarisch-russischen Eroberern erbaut.

9. Viele Berühmtheiten, von denen man sagt, dass sie in der Geschichte existiert haben, haben in Wirklichkeit nie existiert. Wie Iwan der Große, Karl der Große, Cäsar, Hannibal und Alexander, und selbst ob ein Napoleon wirklich gelebt hat, wissen wir nicht einmal.

10. Große tatarische Zivilisation. Es war ein High-Tech-Weltimperium mit einem großen Gebiet auf der Weltkarte, aber dann wurde es stillschweigend zwischen Russland und anderen Ländern aufgeteilt und verschwand immer mehr von den Karten und aus unseren Gedanken.

11. In der Geschichte gab es mehrere Resets, der letzte Reset fand mit dem Zusammenbruch der großen Tataren statt.

12. Warum hat der Baustil vor dem 20. Jahrhundert überall auf der Welt die gleichen Prinzipien? Die Bauten der Antike basieren auf den Prinzipien, die wir heute als römisch-griechische Architektur bezeichnen, und diese verbreiteten sich über alle Kontinente und spiegelten immer die gleichen Merkmale wider. Daher kann es auf der ganzen Welt eine einheitliche Kultur geben.

13. Gibt es die Pyramiden nur in Ägypten? Pyramiden gibt es auf der ganzen Welt, von Nordamerika bis China. Der altgriechische Name „Pyramide" bedeutet häufiger Feuerhügel oder Blitzhügel oder Blitzzentrum. Eines ist sicher: Diese gigantischen Bauwerke sind keine bloßen Denkmäler, keine Friedhöfe, sie waren technische Einrichtungen.

14. Historische Aufzeichnungen zeigen, dass fast die gesamte Renaissance-Gesellschaft aus jungen Menschen bestand. „Die Städte der Renaissance waren voller Kinder. Die Hälf-

te derjenigen, die auf der Straße herumliefen oder in überfüllten Häusern lebten, waren unter 15 Jahre alt, und vielleicht ein Drittel von ihnen war unter 8 Jahre alt." (Aus den verlassenen Kindern der italienischen Renaissance.) Was ist damals mit den Erwachsenen passiert? Die meisten Waisenhäuser in Europa wurden ab etwa 1600 gegründet, und ab etwa 1800 verschärfte sich das Problem und die Einrichtungen wurden professioneller. Die ersten Waisenhäuser wurden in Italien gebaut. Vermutlich gibt uns ihre Entstehungsgeschichte einen Hinweis darauf, wann sich die letzte Katastrophe ereignete, beispielsweise in Florenz, bei der 40 % aller Neugeborenen ausgesetzt wurden.

15. Ganz zu schweigen von der Entwicklung des Menschen zu dem, was er heute ist, ist es unmöglich, dass er jemals vom Affen abstammte. Die Theorie des Darwinismus ist nichts anderes als eine Täuschung.

16. Dinosaurier lebten zusammen mit Menschen, es gibt viele Bilder, die dies belegen – sie sind auf einigen Gegenständen wie Wandgemälden, Vasen und Krügen abgebildet.

17. Andere menschenähnliche Arten lebten viel früher auf der Erde als wir, etwa Riesen mit einer Höhe von 3 bis 11 Metern oder Langschädel.

18. Die Welt hat viele Katastrophen erlebt, nicht nur Virusepidemien und Krankheiten, sondern auch viele weitere Naturkatastrophen. Es ist sicher, dass die in religiösen Büchern erwähnte Sintflut eine Tatsache ist. Aber nicht eine einzige Sintflut, sondern viele Überschwemmungen ereigneten sich im letzten Jahrhundert v. Chr. auf der Welt. Die Schlammflut, die sich um 1800 ereignete, das Leben lahmlegte und viele Todesopfer forderte, in keinem Geschichtsbuch thematisiert. Insbesondere in den Abschnitten von Europa bis Russland, aber auch in England gibt es sehr starke Spuren davon, die nicht ignoriert werden sollen.

19. Die griechische Periodisierung ist nicht korrekt.

20. Die Mondlandung war ein Schwindel!

21. Wenn wir uns die heutigen geografischen Karten ansehen und die Wüstenregionen, die wir sehen, mit den alten Karten vergleichen, werden wir überrascht sein, dass diese Regionen einst mit Vegetation und sogar Städten bedeckt waren, was uns die Existenz von Siedlungen und nicht von Wüsten zeigt. Paläoanthropologische und paläontologische Funde und Fossilien – Wasserlebewesen, Reptilien – lassen darauf schließen, dass dieser Ort einst eine reiche Artenvielfalt besaß. War die Entstehung dieser Wüsten das Ergebnis einiger Naturkatastrophen oder des Klimawandels, oder gibt es noch etwas, das wir nicht wissen?

Nach Ansicht einiger Forscher wird behauptet, dass in diesen Gebieten hochtechnologische Massenvernichtungswaffen eingesetzt wurden, was möglicherweise zur Wüstenbildung geführt habe. Zum Beispiel: Die Richat-Struktur, auch Guelb er Richât, das Auge Afrikas oder das Auge der Sahara genannt, befindet sich in Mauretanien in Afrika und besteht aus ineinandergreifenden Ringen. Es ist vom Weltraum aus deutlich zu sehen und wird von der NASA auch Astronautenleuchtfeuer genannt. Der Durchmesser dieser sehr mysteriösen Formation beträgt etwa 50 km. Einigen zufolge handelt es sich hierbei um eine geologische Formation, ein Naturwunder. Einigen anderen zufolge könnte der Meteoritenkrater durch einen Aufprall auf die Oberfläche oder durch Erosion entstanden sein. Die kreisförmigen Strukturen in der Mitte bestehen aus Basalt und Vulkansteinen.

Die meisten historischen Ereignisse ereignen sich nicht zum Zeitpunkt ihres Auftretens, sondern viel später, im Prozess der Konsolidierung historischer Dogmen. Die Tatsache, dass die meisten Historiker nicht einmal genau wissen, wann und von wem diese Ereignisse vorgebracht wurden, führt dazu, dass die historische Realität ein breites Publikum in eine fast völlige Dunkelheit bringt. Gehen wir nicht davon aus, dass die neue Generation von Historikern ihre eigenen Studien noch einmal durchführen wird. Die Wahrheit ist, dass sie notwendigerweise von den Werken der Historiker der vorherigen Generation ausgehen werden. Dies allein macht das gesamte konventionelle Bild der Vergangenheit in seiner Genauigkeit sehr fraglich. Seit 1845 ist im Englischen nur das Wort „Renaissance" bekannt. Und es hat sicherlich nicht im Handumdrehen, einmal stattgefunden, die gesamte Geschichtsschreibung auf der ganzen Welt erobert!

Zitate zum Nachdenken:

„Die Geschichte lehrt die Menschen, dass die Geschichte die Menschen nichts lehrt!"
Mahatma Gandhi

„Jede Aufzeichnung wurde zerstört oder gefälscht, jedes Buch neu geschrieben, jedes Bild neu gemalt, jede Statue und jedes Straßengebäude wurde umbenannt, jedes Datum wurde geändert. Und der Prozess geht Tag für Tag und Minute für Minute weiter!"
George Orwell

„Der erste Schritt zur Eliminierung von Menschen besteht darin, ihr Gedächtnis zu löschen. Zerstören Sie ihre Bücher, ihre Kultur, ihre Geschichte. Dann bitten Sie jemanden, neue Bücher zu schreiben, eine neue Kultur zu schaffen, eine neue Geschichte zu erfinden. Bald werden die Menschen vergessen, was sie sind und was sie waren!"
Milan Kundera

„Wenn das Gesicht der Menschheitsgeschichte nicht so beängstigend wäre, wäre es nicht streng verborgen. Derjenige, der diesen Schleier öffnen kann, ist ziemlich mutig, aber noch mutiger als er ist derjenige, der seinen eigenen Schleier öffnen kann!"
Nurcan Gross

Fakten … Fakten … und noch mehr FAKTEN

Wenn wir einige der seriösesten oben genannten Behauptungen im Detail betrachten, kommen wir zu überraschenden Schlussfolgerungen. Denn es gibt genügend Beweise dafür, dass die Geschichte nicht so stattfinden konnte, wie es in den offiziellen Aufzeichnungen bisher beschrieben wurde. Im Grunde entstehen von selbst jede Menge Fragen, die noch beantwortet werden müssen. Also, je größer die Wissensgier nach der Wahrheit ist, desto tiefer sollten wir weiter graben und nicht aufhören, bis wir eine gewisse Informationsdichte erreicht haben. Und mit Sicherheit, vieles scheint nicht leicht verdaulich zu sein. Denn entweder wir akzeptieren es als Wahrheit oder wir akzeptieren es nicht, es gibt nie eine Mitte zwischen den beiden. Wenn wir es als Realität akzeptieren, wird es einerseits ziemlich alarmierend und sogar beängstigend sein und andererseits werden wir in einen Wutanfall geraten.

Aus den oben aufgeführten Behauptungen beziehen wir uns nur auf einen Teil der Fakten die wichtig und nachweisbar sind.

Nr. 1: Unsere Geschichtschronologie ist völlig falsch! Jesuitenpater Jean Hardouin (1646–1729)[89]**:**
Hardouin ist ein alter Philologe. Ihm zufolge gab es vor dem 13. Jahrhundert nur sehr wenige wahre Schreibweisen. Die Schriften der alten Kirchenväter stammen aus späteren Jahrhunderten und sind falsch. Er behauptete, dass die meisten Antiquitäten, darunter die Schriften vieler griechischer und römischer Autoren und die Schriften von Kirchenpäpsten, zwischen dem 13. und 15. Jahrhundert von Klosterinschriften bis hin zu griechischen und hebräischen Bibeltexten gefälscht worden seien. Er wurde überdurchschnittlich stark in die wissenschaftlichen

---

89 https://daserwachendervalkyrjar.wordpress.com/tag/jean-hardouin/

und religiösen Konflikte seiner Zeit verwickelt und polarisierte dabei stark. Seine zahlreichen Hinweise auf die Fälschung wichtiger Quellen der Kirchengeschichte führten dazu, dass er 1691 seine Professur verlor und sich mächtige Feinde machte. Anschließend musste er 1709 seine Ansichten öffentlich widerrufen. Hardouin wollte beweisen, dass nicht nur die griechische Übersetzung des Alten Testaments (der Bibel), sondern auch der griechische Originaltext des Neuen Testaments das Werk späterer Autoren war.

Laut Heribert Illig befinden wir uns nicht im Jahr 2024, sondern ca. im Jahr 1721 n. Chr.: Der Chronologiekritiker Heribert Illig stellte 1994 die These auf, dass nach der Theorie von Kammeier (1889–1959) etwa 300 Jahre aus der mittelalterlichen Chronologie entfernt werden mussten, sodass unser Kalender im Jahr 1719 n. Chr. stehen müsste, Anfang des 18. Jahrhunderts n. Chr.

Hans-Ulrich Niemitz, der dieser Idee zustimmte, nannte diese Zeit die Phantomzeit. Laut Illig entstand diese Fälschung zwischen 990 und 1009. Basierend auf soliden Ergebnissen können wir sagen: Annähernd 297 Jahre sind unserem Kalender hinzugefügt worden. So viele Jahre sind seit dem Mittelalter verloren, gab es dnoch nie? Diese spannende Frage stammt von Heribert Illig. Forscher, Schriftsteller und Journalist Dr. Heribert Illig beschäftigt sich seit 40 Jahren mit Chronologiekritik. So wie er viele Bücher zu diesem Thema veröffentlicht hat, wurde er auch heftig kritisiert. In seinem neuen Buch untersucht der Autor erneut das fiktive Phänomen der Zeit. Die Geschichtsschreibung weist unzählige Widersprüche und Verzerrungen auf. Er vergleicht die schriftlichen Zeugnisse kritisch und ausführlich mit den architektonischen Erkenntnissen der Zeit. Die Schlussfolgerung lautet: „Viele der Biografien von Kaisern und Päpsten wurden später geschrieben – gefälscht." Sowohl die architektonischen als auch die archäologischen Beweise scheinen gegen die Historiker zu sprechen.

In diesem Punkt ist **Heribert Illig** nicht allein, auch der Autor **Uwe Topper** stimmt ihm zu. Sein Buch „**Erfundene**

Geschichte: Unsere Zeitrechnung ist gefälscht!" wird wie folgt beschrieben: Dieses Buch war für viele Menschen ein großer Schock. Topper führt uns deutlich vor Augen, dass in unserer gesamten Geschichtsschreibung, in unseren Vorstellungen von früheren Zeiten, in unserem Bewusstsein von unserer Vergangenheit ganz fantastische Dinge manipuliert wurden, deren Auswirkungen wir mit Kriegen und Neurosen auszubaden haben. Darin werden die wichtigsten Zeitrekonstrukteure mit ihren Ideen vorgestellt und in einen Zusammenhang gebracht. Grundlage für den Zusammenhalt war der von ihm mitbegründete Berliner Geschichtssalon, der seit 1994 schon 19. Mal getagt hat und verschiedenartige neue Denkanstöße verbreitet. Es werden dort auch Themen wie „Eiszeit – eine Illusion" oder „Das elektromagnetische Universum" vorgestellt, ebenso wie die „Entstehung des Islam" oder die „Slawengenese" – alle Vierteljahre wieder eine Überraschung.

Nr. 10: Große tatarische Zivilisation

Die tatarische Zivilisation verschwand vor etwa 200 Jahren aus Büchern und Karten. Es gibt zahlreiche Beweise dafür, dass die offizielle Geschichtsschreibung eine große Weltmacht, die im frühen 19. Jahrhundert existierte, vor den Augen der Menschen verschwieg. Bereits im 18. Jahrhundert war Tartaria mit 3.050.000 Quadratmeilen das größte Land der Welt, doch im 19. Jahrhundert wurde es plötzlich nicht mehr erwähnt Wohin sind dieser riesige Staat und seine Menschen verschwunden, und was noch wichtiger ist: Warum war eine solche Geheimhaltung über dieses Land notwendig?

Wenn das Tatarenreich einst ein Land mit großem, globalem Einfluss war, warum zögerten Historiker im 19. Jahrhundert, darüber zu sprechen? Der nächsten Generation von Historikern wurde wahrscheinlich nichts beigebracht und der tatarische Staat wurde aus offiziellen Büchern, Karten und unseren Erinnerungen gelöscht?

Wir alle kennen das Wort Tataren, aber wir betrachten es als eine kleine, nomadische und primitive ethnische Gruppe.

Aber niemals als eine fortgeschrittene Zivilisation und eine ganze staatliche Einheit. Heute finden wir auf Wikipedia nur den folgenden Eintrag: Ethnische Gruppe: Tataren sind in alttürkischen Quellen seit der Spätantike und seit dem Mittelalter eine gebräuchliche Bezeichnung verschiedener, überwiegend islamischer, türkischer Völker und Bevölkerungsgruppen.

Den Erkenntnissen zufolge finden sich die folgenden Zeilen auf Seite 887 des dritten Bandes der Encyclopedia Britannica, veröffentlicht im Jahr 1771: „Tatarien ist ein riesiges Land im Norden Asiens, das im Norden und Westen an Sibirien grenzt. Man nennt es die große Tartarien, Dagestan, Sibirien und das Kaspische Meer. Dies sind die Calmuc-Tataren zwischen Persien und Nordindien, die Usbek-Tataren und Mongolen und schließlich Tibet im Nordwesten Chinas." [90] Interessanterweise wird in der ersten Ausgabe der Enzyklopädie das Russische Reich noch nicht erwähnt, aber Tartaria gilt als das größte Land der Welt, das damals fast ganz Eurasien besetzte. Das von den Romanows regierte Fürstentum Moskau wird als kleine Provinz dieses Reiches nur mit dem Namen „Moskauer Tataren" bezeichnet – diese Angabe fehlt jedoch in der nächsten Ausgabe der Enzyklopädie völlig.

Bis heute wurde die Existenz eines so großen Reiches weder in Schulen noch an Universitäten mit einem Wort erwähnt, obwohl mehr als 300 historische Karten die Existenz dieses Staates bestätigen. Wie verwunderlich, warum ist es zu „verbotenem Wissen" geworden, das nicht erlernt werden sollte?

Ein wichtiger Beweis dafür ist, dass es in der offiziellen Geschichte eine lange Tradition der Errichtung von Befestigungen, Mauern und Grenzsicherungen in China gibt. Die Chinesische

---

90 https://www.pravda-tv.com/2021/10/verbotenes-wissen-warum-verschwand-vor-rund-200-jahren-das-grossreich-tartaria-aus-buechern-und-landkarten/
https://historyofyesterday.com/tartary-tartaria-the-mystery-of-an-empire-lost-in-history-a99abb5cc9b6

Mauer soll zwischen 1386 und 1644 während der Ming-Dynastie erbaut worden sein. Historische Aufzeichnungen zeigen, dass die Tataren mit großen Armeen gegen China kämpften. Es wird von mehreren Hunderttausend Reitern und etwa einer Million Fußsoldaten gesprochen. Noch vor 400 Jahren, also vor nicht allzu langer Zeit, war die Wüste dort, wo sie heute ist, voller Leben!

Tartaria

Es scheint, dass viele Städte und Lebensräume nicht mehr existieren. Es gibt noch etwas anderes, das zu verschwinden scheint: die tatarische Zivilisation. Obwohl ein großes Puzzleteil der Menschheitsgeschichte zu fehlen scheint, hindert das wahrscheinlich nicht daran, dass dieses fehlende Teil seinen Platz als Puzzleteil in diesem Buch einnimmt, da zumindest bekannt ist, um welches Teil es sich handelt. Ein Land namens Großes Tartaria (Grande Tartarie) östlich der Wolga existierte auf den geografischen Karten des 17. und 18. Jahrhunderts, verschwand jedoch später für lange Zeit und wurde von Historikern aus dem Gedächtnis gelöscht. Eine der plausibelsten Erklärungen ist, dass ganz Nordsibirien wiederholt von großen Überschwemmungen betroffen war, zuletzt vor 200 Jahren, die fast die gesamte nördliche Hemisphäre erfassten und weite Teile Europas und Asiens meterhoch überschwemmten. War dies das Schicksal der Tataren?

Oder es muss eine ganz andere Erklärung geben, denn bis heute gibt es keine einzige Erklärung für das Schicksal von Tartaria. Wenn Sie sich die Sammlung der Marineflaggen der Welt ansehen, die zu Beginn des 18. Jahrhunderts in Frankreich zusammengestellt wurde, dann sehen Sie nicht eine Flagge von Tartaria, sondern zwei. Es verschwand wahrscheinlich im Jahr 1865. Akademische Wissenschaftler versuchen, sich zu diesem Thema nicht zu äußern. Der berühmte alternative Historiker Anatoli Fomenko kommt in der neuen Chronologie zu einem anderen Schluss. Er schreibt, dass es umgekehrt ist, dass es Moskau ist, das Tartaria zerstört hat. Natürlich wird Fomenkos Theorie immer noch von der orthodoxen Wissenschaft grundsätzlich abgelehnt. Fomenko weist jedoch darauf hin, dass fast die gesamte historische Chronologie falsch ist. Dies ist, wie jeder weiß, die Geschichte der Manager, die in Schulen und Universitäten unterrichtet wird – und niemand sollte dagegen etwas einwenden.

```
      Or let us take the matter of history, which, along with
religion, language and literature, constitute the core of a
people's cultural heritage.  Here again the Communists have
interfered in a shameless manner.  For example, on 9 August
1944, the Central Committee of the Communist Party, sitting
in Moscow, issued a directive ordering the party's Tartar
Provincial Committee "to proceed to a scientific revision
of the history of Tartaria, to liquidate serious shortcomings
and mistakes of a nationalistic character committed by indi-
vidual writers and historians in dealing with Tartar history." 12/
In other words, Tartar history was to be rewritten--let us be
frank, was to be falsified--in order to eliminate references to
Great Russian aggressions and to hide the facts of the real
course of Tartar-Russian relations.  And this was no isolated
case.  In every Muslim area within the USSR, historians, on
orders of the Communist Party, have rewritten history to distort
the facts so that the Russians appear always in a good light.
Needless to say, histories which present the facts truthfully
have been withdrawn and destroyed, so that the present and future
generations of Muslims are forever denied the chance of learning
the true facts of their nations' past.
```

Es ist ein Auszug aus einem Dokument, das 1957 von der CIA veröffentlicht wurde. Das Dokument erwähnt die Löschung der Geschichte dieses Landes, das sich im modernen Russland/Sibirien und im asiatischen Raum befindet.

Laut mutigen Historikern scheint es in der Antike zu einem großen Konflikt zwischen dem Heiligen Römischen Reich und den Tataren gekommen zu sein, was dazu führen konnte, dass die Römer tatsächlich fortschrittliche Technologien und Gebäude als eine Art Beute betrachteten. Bis heute ist unklar, welche Umstände genau für den Zusammenbruch des tatarischen Reiches verantwortlich waren. Es gibt sogar Historiker, die behaupten, dass eine Explosion, die der Gewalt einer Atombombe ähnelte, für den Zusammenbruch der Tataren verantwortlich ist.

TARTARIA-TAFELN[91] 5500 v. Ch. – Neolitische Zeit, Rumänien

Die Tartaria-Tafeln, die angeblich 5.500 bzw. 7.500 Jahre alt sind, bestehen aus drei Artefakten, die 1961 in einer neolithischen Siedlung in der rumänischen Stadt Tartaria ausgegraben wurden. Seit ihrer Entdeckung werden die drei mysteriösen Tontafeln unter Archäologen und Historikern diskutiert. Laut vielen Autoren und Wissenschaftlern sind diese rätselhaften Tafeln der Beweis für die älteste Schrift auf dem Planeten. Für einige sind es nicht die Erzählungen der Mainstream-Wissenschaftler, die Sumerer. Die Sumerer waren also nicht die ersten Menschen, die nach diesen gefundenen Tafeln die älteste Schreibweise erfanden. Die Tafeln wurden 1961 von **Nicolae Vlassa**, einem Archäologen am Nationalmuseum für Geschichte Siebenbürgens in Rumänien, entdeckt. Der Inhalt soll höchst kontrovers, aber ebenso bedeutungsvoll sein. Vlassa gibt an, dass es sich bei den Inschriften auf den Tafeln um Piktogramme[92] handelt, und es gibt auch Gerüchte, dass Datierungsmethoden wie Kohlenstofftests aufgrund von Erosion nicht eindeutig bestimmen können, woher die Tafeln stammen. Spätere Radio-

---

91 https://www.facebook.com/485089841677227/posts/1242113 289308208/

92 Es handelt sich um ein erzählerisches Schreibformat, das in Form von gegenständlichen und grafischen Zeichnungen verwendet wird.

karbondatierungen der Tartaria-Funde deuten jedoch darauf hin, dass die Zeit der Tafeln (und damit der gesamten Vinça-Kultur) sogar noch weiter in die Zeit der frühen sumerischen Zivilisation in Mesopotamien, 5500 v. Chr., zurückreicht. Inschriften mit Symbolen der neolithischen **Vinca-Kultur**[93] gehören zu den Vincas, die eine Region Südosteuropas beherrschten. Diese gesamte Region umfasst mittlerweile Teile Serbiens, Rumäniens, Bulgariens, Bosniens, Montenegros, Mazedoniens und Griechenlands. Gleichzeitig argumentieren viele Gelehrte, dass die tatarischen Tafeln ein Produkt der Donauzivilisation seien. Einige Sumerer sagen, es sei dasselbe wie die sumerischen Piktogramme. Kurz gesagt, es gibt viele Behauptungen über die Tataren-Tafeln, die Bedeutung der darauf befindlichen Symbole wurde jedoch noch nicht bestätigt.

Wir wissen nur, dass es irgendwo im 18. Jahrhundert etwas gab, worüber Mainstream-Historiker heute nicht sprechen wollen und das vertuscht werden sollte. Obwohl dies heute noch nicht formalisiert ist, deuten die vielen Inkonsistenzen, die historische Daten belegen können, darauf hin, dass die Geschichtsschreibung absichtlich gefälscht wurde.

Nr. 13: Pyramiden[94]

Wenn wir Pyramiden sagen, denken wir zuerst an die ägyptischen Pyramiden, aber wir denken auch an die Azteken oder die Mayas. Tatsächlich sind die Pyramiden über alle Kontinente verteilt, sie

---

93 Die Vinca-Kultur ist eine archäologische Kultur aus der Jungsteinzeit in Südosteuropa. Zwischen 5400 und 4600/4550 v. Chr. war sie vor allem auf dem Gebiet des heutigen Serbien verbreitet, aber auch in Westrumänien, Südungarn, Ostbosnien und dem heutigen Kosovo.

94 https://wissenschaft3000.wordpress.com/2012/09/16/wieder-neue-pyramiden-gefunden/
https://www.openpr.de/news/161732/Cheops-Pyramide-war-offenbar-eine-technische-Anlage.html
https://daserwachendervalkyrjar.wordpress.com/tag/pyramiden/

sind überall. Viele davon liegen im Laufe der Jahrhunderte unter dicken Vegetationsschichten, wie zum Beispiel die bosnischen Pyramiden oder die Pyramiden in China. Im Jahr 2005 verkündete Semir Osmanagic der ganzen Welt die Existenz zahlreicher Pyramiden im Visoko-Tal, im Herzen Bosniens. Zahlreiche Tests zeigen, dass sie von einer hochentwickelten Zivilisation mit hohem astronomischem Wissen hergestellt wurden. Tatsächlich sind all diese Dinge zu offensichtlich, um sie zu ignorieren. Allerdings passen die Pyramiden und andere Megastrukturen nicht in unsere Geschichtsschreibung und werden daher oft übersehen. Insbesondere überlappende Pyramidenentdeckungen in den letzten Jahren – beispielsweise in Bosnien, unter dem Meer und in der Antarktis – sind nicht so sehr erwünscht. Vieles spricht dafür, dass die Pyramiden in Ägypten nicht, wie bisher behauptet, aus Natursteinblöcken bestanden, sondern in Formen gegossen wurden. Das Material ist eine gelbe Kalk-Sandstein-Mischung. Dies diente höchstwahrscheinlich dazu, die Blöcke zu betonieren, die Schritt für Schritt nach oben schrumpften. So musste nichts angehoben werden, selbst wenn die unteren Blöcke eine Tonne wogen. Materialien für Pyramidenbeton: Soda (wird auch zum Einbalsamieren verwendet), Kalziumoxid, Kaolin und Kalkstein. Auch die bosnischen Pyramiden bestehen aus altem Beton und nicht aus Naturstein.

Wenn wir von logischen Konzepten ausgehen, stimmt mit fast allem, was uns über die antike Geschichte erzählt wird, etwas nicht: Der Ursprung der Menschheitsgeschichte, der Zivilisationen und die megamonumentalen Strukturen, die sie hinterlassen haben, sind voller Geheimnisse. Es fällt uns sehr schwer zu akzeptieren, dass diese alten Zivilisationen sowohl in der Energieerzeugung als auch in der Physik, Astronomie, Geometrie und Bautechnik weiter fortgeschritten waren als wir, weil dies im Widerspruch zu dem steht, was uns heute beigebracht wird. Mainstream-Wissenschaftler, Archäologen, Historiker, Anthropologen und sogar Medien sind mit ihrer Zielstrebigkeit und starren Methodik oft das größte Hindernis für den wissenschaftlichen Fortschritt oder müssen die ihnen übertragenen Aufgaben erfüllen. Es scheint, dass die heutigen wissenschaftlichen Instrumente nicht ausreichen, um diese Strukturen zu erklären, noch sind die heutigen technischen Möglichkeiten nicht in der Lage, solche gigantischen Strukturen zu schaffen, und es wird auch diskutiert, welchen Zweck sie erfüllen können. Zum Beispiel: Nehmen wir die bosnischen Pyramiden. Sie wurden von alten Baumeistern geschaffen. Die größten und ältesten Pyramiden der Welt in Bosnien sind immer noch ein Rätsel. Ihr Alter wird auf 34.000 Jahre geschätzt.

Im alten Ägypten war drahtloser Strom möglich. Viele Details zeigen den Einsatz von Elektrogeräten. Zum Beispiel Bagdad-Batterien und kabellose Bogenlampen. Von außen sahen die Batterien aus wie große Tonvasen. Sie enthielten einen Kupferzylinder mit einem Eisenkern, der oben mit einer Kappe und unten mit einem Bitumenstopfen verschlossen war. Zwischen dem Kupferrohr und dem Eisenstift wurde vermutlich ein Elektrolyt eingefügt. Vielleicht hatten die Pyramiden mehr als eine Funktion. Sie mussten auch Teil eines globalen Netzwerks sein. Weltweit gibt es zahlreiche Belege dafür, dass es höhere Kulturen gibt, die uns in Bau und Energie überlegen sind. In Ägypten gibt es nicht nur die berühmten Pyramiden von Gizeh, sondern Hunderte weitere entlang des Nils. Die Cheopspyramide war lange Zeit mit Wasser gefüllt, wie eindeutige Analyseergebnisse des SGS Institut Fresenius in Dresden belegen. Damit gewinnt die 30 Jahre alte Theorie des österreichischen Elektroingenieurs Hermann Foresthauser, dass die große Pyramide ein riesiger Wasseraufzug sein könnte, wieder an Bedeutung. Trotz der Annahme, dass die Pharaonen die Pyramide als Verdunstungsanlage zur Regenerzeugung nutzten.

Ein weiteres interessantes Thema zeigt uns, dass diese Pyramiden auf den **Ley-Linien**[95] gebaut wurden, die als eine Art

---

95 Energielinien der Erde. So wie die Akupunkturpunkte im menschlichen Körper ein Energienetzwerk bilden, das alles miteinander verbindet, gelten die über die gesamte Oberfläche verlaufenden Ley-Linien als unsichtbare Energienetzwerke.

Energienetz der Erde gelten. Obwohl in der Wissenschaft die Existenz dieser Ley-Linien diskutiert wird, ist es bemerkenswert, dass die Positionen von Megalithen, prähistorischen Kultstätten, Pyramiden und wichtigen Strukturen auf diesen mathematisch berechenbaren Wahrheiten auf dem ganzen Planeten angeordnet sind. Der Archäologe **Alfred Watkins** untersuchte antike römische Straßen, die eigentlich die Grundlage für britische Straßen bildeten. Als er diese untersuchte, stellte er fest, dass diese Straßen auch auf den Straßen älterer Zivilisationen gebaut wurden. Watkins bestimmte diese Ley-Linien anhand der von ihm verwendeten alten Karten, der Ähnlichkeit von Ortsnamen mit Namen in alten Sprachen und der Gabelstabmethode. Er gelangte zu den alten Bauwerken, die längst verloren gegangen und unter der Erde vergraben waren und auf modernen Karten nicht sichtbar sind. Als man sich dann eingehend mit dem Thema befasste, wurde klar, dass diese antiken Bauwerke in Ketten auf der ganzen Erde verteilt waren. Während sich Zivilisationen etablierten, legten sie die Positionen ihrer Hauptwerke irgendwie fest, indem sie sich an die Ley-Linien hielten. Sie bauten ihre Kirchen, Tempel, Hippodrome und Stadien dort, wo die Ley-Flüsse das Zentrum bildeten.

Nr. 15: Darwinismus – Die Evolutionstheorie ist eine Lüge
Sie drückt die allmähliche Veränderung erblicher Merkmale der Lebewesen (Mensch, Tier und Vegetation) und anderer organischer Strukturen (Mikroben, Viren) von Generation zu Generation aus. Dieser Theorie zufolge basiert der Ursprung aller Lebewesen auf der Erde auf Arten, die vor ihnen lebten, und unterscheidbare Unterschiede sind das Ergebnis genetischer Veränderungen, die in erfolgreichen Generationen stattgefunden haben. Die Theorie ist zu einem der am meisten diskutierten Themen in der Geschichte der Wissenschaft geworden. Der wichtigste Anlass der Debatte ist das Bestreben, **die Schöpfungstheorie** zu verwissenschaftlichen. Laut Atheisten stellt die Evolutionstheorie die einzige greifbare wissenschaftliche Erklärung dar, während Theisten an der „**Schöpfung**" festhal-

ten, die in den Heiligen Büchern erklärt wird, und das Gegenteil
argumentieren. Der vorherrschende wissenschaftliche Glaube
ist offiziell geschützt, aber das jüngste Aufkommen äußerst kritischer Ansichten hat die international anerkannte Evolutionstheorie mehr in Frage gestellt als je zuvor.

Nr. 17: Riesen[96]

Es gibt unzählige Geschichten über unglaubliche Entdeckungen
auf der ganzen Welt. Vor allem Ende des 19. und Anfang des 20.
Jahrhunderts wurden solche Funde ausnahmslos aus aller Welt
gemeldet und sorgten vielfach für Schlagzeilen in den damaligen Zeitungen. Es wurden nicht nur Skelette, sondern auch
Werkzeuge und Waffen gefunden, die zu groß sind, als dass die
Menschen von heute sie benutzen könnten, aber die meisten
von ihnen wurden der Öffentlichkeit verborgen, zerstört und
aus der offiziellen Geschichte des heutigen Menschen verbannt.
Nehmen wir die steinernen Treppenstufen, die in einigen antiken Werken zu sehen sind. Ihre Höhe beträgt zwischen 0,60
und 1 m und sogar mehr. Welcher normalgroße Mensch kann
diese Stufen problemlos hinauf- und hinuntersteigen? Und einige Ruinen haben riesige Tore, Eingänge oder massive Stein-
throne, die nie dafür gedacht waren, dass ein normaler Mensch

---

96 https://de.sott.net/article/16677-Riesenskelett-in-Bulgarien-ent-
    deckt-Mindestens-7-5-Meter-groe-Menschen-haben-wahrschein-
    lich-existiert?ysclid=l7od3bux88323292722
    https://daserwachendervalkyrjar.wordpress.com/tag/riesenmen-
    schen/
    https://de.sott.net/article/30065-China-Uber-5000-Jahre-alte-
    Riesen-Menschen-am-Gelben-Fluss-entdeckt?ysclid=l7ol5gdc18
    637385773
    https://mysteriesrunsolved.com/de/2020/09/7-meter-tall-giant-
    skeleton-ecuador.html
    https://www.history.de/news/detail/dokumente-ueber-skelette-
    von-uebergrossen-menschen-veroeffentlicht.html
    https://goaravetisyan.ru/de/zhili-li-na-zemle-velikany-lyudi-velika-
    ny-zhili-na-zemle-otkuda-vzyalis/

darauf sitzen konnte. Die in diesen Bauwerken verwendeten Steine erscheinen unserer menschlichen Spezies äußerst kolossal, und das sind sie auch. Überall auf der Erde sind Megalithen im Durchschnitt etwa gleich groß. Die Kreaturen, denen es gelang, diese Steine aus dem Steinbruch zu entfernen, weite Strecken zurückzulegen, sie zu verarbeiten und übereinander zu legen, könnten keine geringeren als eine Rasse der Riesen gewesen sein. Interessanterweise ist **Ecuador** die Heimat vieler seltsamer Entdeckungen. Einer der beliebtesten Neufunde ist das von einer Forschergruppe im Dschungel Ecuadors gefundene Gebiet, das als „verlorene Stadt der Riesen" bezeichnet wird. Zusätzlich zu der geheimnisvollen Stadt wurden in der Vergangenheit in verschiedenen Teilen Ecuadors riesige Skelette gefunden. Im Süden Ecuadors, nahe der peruanischen Grenze, sind Menschen auf allerlei Merkwürdiges gestoßen. Berichten zufolge haben Experten menschliche Knochen und Skelette ausgegraben, die jedoch viel größer sind. Beispielsweise hatte ein einzelner gefundener Oberschenkelknochen fast die Größe eines erwachsenen Menschen.

Einige Fundorte von Riesenskeletten

Kanada: 200 alte „Riesenskelette" in **Cayuga, Kanada**, gefunden.

200 Riesenskelette wurden 5 bis 6 m unter der Erde ausgegraben, fast alle in gutem Zustand. Viele dieser Skelette und ihre Knochen wurden in Privatsammlungen auf der ganzen Welt vor der Öffentlichkeit verborgen. Entdeckungen von Skeletten einer gigantischen Rasse tauchen oft in verschiedenen Nachrichtenartikeln und in den Medien auf, umso überraschender ist es, zu erfahren, zu welcher Rasse die alten „Hügelbauern" gehörten. Vor etwa einem Jahrhundert erschien ein Artikel im Toronto Daily Telegraph in der Stadt Cayuga.

China: Laut dem lokalen Nachrichtenportal haben **chinesische Archäologen** in ihrer Heimat Knochen primitiver Überriesen entdeckt. „ecns.cn"-Bericht. Seit 2006 graben der Wissenschaftler und seine Kollegen in der Nähe der Stadt Jiaojia in der **ostchinesischen Provinz Shandong**. Dort wurden auch Knochen von Riesen entdeckt. Bei diesen Naturvölkern handelt es sich um Angehörige der Longshan-Kultur, wie Forscher vermuten. Diese neolithische Zivilisation lebte vor 5.000 Jahren im Einzugsgebiet des Gelben Flusses. Archäologen fanden außerdem mehr als 100 Überreste, mehr als 200 Gräber und etwa 20 Opfergruben. Diesen Entdeckungen zufolge lebte das Volk der Longshan recht komfortabel. Daher sind ihre Häuser bereits nach Räumen und Zonen unterteilt.

Gegenstände: In der Nähe der **nordwalisischen Küstenstadt Llandudno**, in einem Gebiet 220 m über der Irischen See, befindet sich eine alte Kupfermine. Sie gehört in die Bronzezeit und ist etwa 3.500 Jahre alt. Für Menschen in einer Zeit, in der es keine Elektrowerkzeuge gibt, ist das eine ziemliche Errungenschaft. In der Mine wurden mehr als 2.500 Vorschlaghämmer gefunden. Der größte von ihnen wiegt etwa 29 kg. Das hintere Ende seines 2,74 m langen Griffs in die Luft zu heben, würde die Kraft eines modernen Menschen übersteigen. Wer kann einen 30-Kilo-Hammer schwingen?

Der größte heute verwendete Vorschlaghammer wiegt etwa 9 kg. Wenn wir uns die Megalithdenkmäler ansehen, stehen wir vor den gleichen Fragen: Wer hat sie hergestellt und wie? Könnten Denkmäler in England (Stonehenge), Frankreich, Ägypten, auf den Oster- und Orkneyinseln und anderswo von einer alten riesigen Menschenrasse errichtet worden sein?

Entdeckung in Bulgarien: Es gab vermutlich Menschen mit einer Körpergröße von mindestens 7,5 m. Fotos von übermenschlich großen humanoiden Skeletten werden als Beweis für eine alte Rasse wahrer Riesen präsentiert. Dennoch bezeichnen bulgarische Archäologen ihre vorhandenen Funde in der Nähe von Varna im Schwarzen Meer als „Riesenskelett". Forscher datieren die Knochen auf das 4. und 5. Jahrhundert. Varna (Bulgarien) – Laut der bulgarischen Nachrichtenagentur „**Novonite**" und lokalen Medien wurden die Knochen von einem Archäologenteam unter der Leitung von D. R. **Valeri Yotov** vom Geschichtsmuseum Varna entdeckt. Dies gibt die Gewissheit, dass die Knochen tatsächlich eine „beeindruckende" Größe haben und „einst einem wirklich großen Mann gehörten". Demnach wurde das „Riesenskelett" bei Ausgrabungen im antiken Teil der griechischen Stadt Odesos, der heute Varna heißt, gefunden. Aus der Art und Weise, wie der Mann begraben wurde, schlossen die Wissenschaftler, dass der Mann absichtlich in der Mauer begraben wurde. Die Hände in die Hüften gestemmt und Körper und Kopf nach Osten gerichtet, ist ein klares Zeichen dafür.

Ein weiterer bemerkenswerter Fund, der zu dieser Theorie passen könnte, stammt aus **Istanbul**, dem Stadtbezirk Beykoz, dem Ort, an dem sich das Mausoleum und die Moschee von Yuscha auf dem Hügel von Yusha befinden. Während der osmanischen Zeit wurde das Mausoleum vom Großwesir Celebizade Mehmet Sait Pascha im Jahr 1755 erbaut. Das Interessante an dem Schrein ist, dass das Grab, das Josua gewidmet ist, 17 m lang ist. Der Grund dafür, der heute erklärt wird, ist, dass man nicht genau wusste, wo er liegen würde, sodass insgesamt 17 m berücksichtigt wurden. Die Breite des Grabes schien fast normal zu sein, aber war es nur in Bezug auf die Länge unbekannt? Abgesehen von all diesen Funden kommt ein interessantes Ereignis vom Smithsonian Institute in den USA. Nach der Entscheidung des Obersten Gerichtshofs der USA war das **amerikanische Forschungs- und Bildungsinstitut Smithsonian** gezwungen, Dokumente über riesige menschliche Skelette zu veröffentlichen. Dem Institut wird vorgeworfen, die Entdeckung riesiger menschlicher Skelette im späten 19. und frühen 20. Jahrhundert nicht nur verschwiegen, sondern schließlich zerstört zu haben. Daher war es notwendig, die weit verbreitete Ansicht über die menschliche Evolution, die durch den Beweis dieser riesigen Skelette entstehen und in Frage gestellt werden würde, zu bewahren und nicht zu beschädigen.

Über die Existenz von Menschen, die angeblich mehr als 2,50 m groß sind, heißt es in den veröffentlichten Dokumenten in einem Text, der 1894 von Forschern der ethnologischen Abteilung des Smithsonian Institute geschrieben wurde: „Es wurde ein großes Skelett in horizontaler Lage gefunden, das seine volle Größe zeigte, bedeckt mit einer Krustenschicht (...) Es war vom Schädel bis zu den Füßen zweieinhalb Meter lang. Daher muss davon ausgegangen werden, dass dieses Individuum zu Lebzeiten etwa 2,70 Meter groß war."

Das **Smithsonian** bestreitet jegliche Beteiligung an den Riesenskeletten. Dies hat zu vielen Verschwörungstheorien geführt, von denen viele die Existenz riesiger Menschen und deren Einfluss auf die menschliche Evolution verschleiern.[97]

Langschädel[98]

Paracas ist eine Wüstenhalbinsel in der Provinz Pisco der ICA-Region an der Südküste Perus. Der peruanische Archäologe **Julio Tello** machte diese erstaunliche Entdeckung 1928 an einer sehr großen und komplexen Grabstätte, deren Schädel die größten Schädeldeformationen der Welt aufweisen. Insgesamt fand Tello mehr als 3.000 Schädel, deren Alter auf bis zu 300 Jahre geschätzt wird. Diese Schädel wurden als Paracas-Schädel bezeichnet. Haarproben (einschließlich Wurzeln), Hautreste, Zähne und Schädelknochen wurden von 5 der 40 Schädel, die sich jetzt im Paracas History Museum befinden, entnommen und von hochqualifizierten Genetikern in Texas einer DNA-Analyse unterzogen. Es zeigte sich, dass einige Abschnitte der untersuchten DNA nicht mit bekannten Abschnitten der DNA des Homo Sapiens oder anderer menschlicher Formen wie Neandertaler oder Denisova-Menschen übereinstimmten. Daher repräsentierte Paracas vollständig seine eigene (menschliche) Spezies.

Es sind jedoch weitere Tests erforderlich. Die Auswirkungen könnten enorm sein und den bekannten Evolutionsbaum des

97 https://www.huaglad.com/de/aunews/20200513/387702.html
98 https://www.dravenstales.ch/dna-analyse-der-peruanischen-langschaedel-belegen-dass-waren-keine-menschen

Menschen völlig auf den Kopf stellen. Weitere Analysen werden von zwei bis drei unabhängigen Laboren in den USA durchgeführt. Die Paracas waren eine mysteriöse Volksgemeinschaft, sie erschienen um 1000 v. Chr. und ihre Herkunft ist völlig unbekannt. Sie hatten rötlich-braunen Haare (einige Schädel haben Haar- und Hautgewebe.).

Es wird auch angenommen, dass zumindest einige ihrer Vorfahren mit Segelschiffen aus anderen Teilen der Welt nach Paracas kamen. Dann, um 100 n. Chr., verschwanden sie auf mysteriöse Weise wieder. Sie wurden wahrscheinlich durch die Nazca-Kultur zerstört, die sie in ihr Territorium einbrachten. Es ist sicher, dass diese Schädel nicht durch Manipulation künstlich deformiert wurden, daher beherbergen sie laut Experten ein großes Rätsel. Einige der langen Schädel von Paracas sind anders: Die Schädel haben ein um bis zu 25 % größeres Volumen und die Schädel selbst fallen im Vergleich zu normalen menschlichen Schädeln um 60 % schwerer aus. Daher können sie niemals das Ergebnis einer absichtlich herbeigeführten Verformung durch Verklebung oder Abflachung sein. Die betreffenden Schädel haben nur einen Scheitelbeinknochen, während gewöhnliche Schädel zwei haben.

Langschädel

Nr. 18: Sintflut und Schlamm: Die in den heiligen Büchern beschriebene Sintflut ist ein Mythos oder Realität?

Die Geschichte von der Sintflut und Noah ist Teil der Schöpfungsgeschichte des Menschen und gehört zu den ältesten Legenden
der Welt. Ist trotz aller fantastischen Details etwas Wahres an
der biblischen Geschichte? Dies ist nicht nur eine alte Fabel, es
gibt zahlreiche nicht-biblische Beweise, die auf eine weltweite Katastrophe wie eine globale Flut hinweisen. Auf allen Kontinenten
wurden riesige Fossiliengräber gefunden. Ebenso wurden große
Kohlevorkommen gefunden, die einst eine sehr schnelle Abde-
ckung großer Vegetationsflächen erforderten. Auf Berggipfeln auf
der ganzen Welt wurden Fossilien von Tieren aus den Ozeanen,
genauer gesagt von lebenden Tieren, gefunden. In jeder Kultur
der Welt gibt es eine Art „Flutlegende". All diese Fakten und viele
andere Beweise sprechen für eine Sintflut, die global gewesen sein
könnte. Die Sintflut wird in den mythologischen und religiösen
Erzählungen verschiedener alter Kulturen als eine von Gott ge-
sandte Flut beschrieben, die darauf abzielt, alle Menschen und
Tiere zu vernichten. Basierend auf alttestamentlichen Aufzeichnungen haben christliche Historiker die Flut unterschiedlich datiert. Meist ist sie zwischen 2578 und 2282 v. Chr. Gelegen. Die
Quellen der bekanntesten Dokumente, die wir haben, stammen
auf den Sumerern, Babyloniern, antiken griechischen Schriften,
Tafeln und Buch 1 der antiken Bibel. Ein sehr alter Bericht über
die Sintflut findet sich in der sumerischen Königsliste und zählt
die sumerischen Königsdynastien vor und nach der Sintflut auf.
Als älteste zusammenhängende schriftliche Überlieferung des
Sintflutepos gilt das **Atraḫasis-Epos**[99] aus dem 19. Jahrhundert
v. Chr., das teilweise auch im **Gilgamesch-Epos** zu finden ist.

---

99 Atra-Hasis ist ein episches Gedicht in akkadischer Sprache aus dem
18. Jahrhundert v. Chr., das in verschiedenen Versionen auf Tontafeln aufgezeichnet ist. Der Name des Gedichts stammt von Atrahasis, dem Protagonisten des Gedichts, und Atrahasis bedeutet „hoher
Weiser". Die Atrahasis-Tafeln handeln sowohl von einem Schöp-
fungsmythos als auch von der Sintflut, einer von drei erhaltenen
babylonischen Sintflutgeschichten.
https://tr.wikipedia.org/wiki/

Sedimentschichten rund um die Erde

Tsunamis und Flussüberschwemmungen hinterlassen in solchen Sedimenten ihre typischen Merkmale, wenn die Überschwemmungen längst abgeklungen sind und sich die Situation wieder normalisiert hat. Es besteht kein Zweifel, dass unser Planet buchstäblich mit Sedimentgesteinen bedeckt ist. Wenn also ein Tsunami Sedimente zurücklässt, die mehrere Zentimeter dick sind und sich mehrere Kilometer landeinwärts erstrecken, muss die Frage sein: Welcher mächtige Mechanismus könnte hinter diesen massiven und kontinentalen Sedimentformationen stecken?

Es kommt fast überall auf der Welt vor (einschließlich des Meeresbodens), hat aber auch eine vertikale Dicke von mehreren hundert Metern und erstreckt sich über Tausende von Kilometern. Könnte diese Ansammlung von Sedimentgesteinen die Realität eines einzelnen Ereignisses (z. B. der Noah-Flut) sein? Oder haben viele kleinere Naturkatastrophen (wie der japanische Tsunami 2011) diese großen Gesteine über lange Zeiträume hinweg ohne Unterbrechung strukturiert?

„The Rocks Don't Lie" – „Felsen lügen nicht"[100]

In seinem Buch „**Rocks Don't Lie**" widerspricht **David R. Montgomery**, Pädagoge und Geowissenschaftler an der University of Washington, den meisten seiner Kollegen: „Heutzutage belächeln Geologen die Sintflut oft und tun sie als Relikt aus einer anderen Zeit ab."

Doch die Ansicht, die seit Jahrhunderten sowohl unter Theologen als auch unter Naturphilosophen herrscht, ist, dass die Sintflut Noahs die Welt geformt hat. Das Buch präsentiert mehrere interessante Positionen im Feld zwischen Theologie und Wissenschaft, die weiter erforscht und berücksichtigt werden sollten. Er betrachtet die Blei-Uran-Verwitterung und das Fehlen moderner Tiere in den unteren Gesteinsschichten als klars-

---

100 https://www.bibelabenteurer.de/html/121128_rocks_dont_lie_
de.html

ten Beweis für eine antike Erde und zitiert die Überzeugung der Geologen, dass es vor Darwins Evolutionstheorie eine Erde gab. So bringt Montgomery Argumente gegen den Glauben an die Bibel mit „Steinen, die nicht lügen" vor. Dennoch vereint dieses Buch ein etwas anderes Verständnis der Unfehlbarkeit von Fundamentalisten, die behaupten, den wahren Glauben zu verteidigen.

Das Verständnis des Inhalts der Geschichte der Geologie ist zweifellos von Vorteil und kann Forschern, die sich auf einem sicheren Weg befinden, dabei helfen, festzustellen, dass Glaube und Vernunft nebeneinander existieren können. Selbst uninformierte Leser können seine anschaulichen Erklärungen durchaus verstehen und die Gegensätze anhand wissenschaftlicher Daten und der kurzen, in der biblischen Chronologie dargestellten Weltgeschichte plausibel erfassen. Heutzutage sind Keilschriftdekodierung und Lesbarkeit möglich, und Montgomery fragt: „Wie kann die biblische Geschichte der Sintflut auf einer zerbrochenen Tontafel geschrieben werden, die in einer sumerischen Bibliothek gefunden wurde und älter als die Bibel selbst ist?" Demnach: Die Bibel ist fast eine außerirdische „Black Box", die von Menschen geschrieben wurde. Behauptungen, dass Gott existiert und dass die Bibel Gottes offenbartes Wort ist, werden ignoriert. Als Geowissenschaftler kann man ihm jedoch nicht vorwerfen, dass er den heutigen Theologen eine manchmal erschreckend vereinfachende Bibelkritik und die Verteidigung einer atheistischen Sichtweise vorwirft. Viele Kirchenvertreter glauben nicht mehr an die Verlässlichkeit der Bibel. Montgomery hat hier sicherlich Besseres zu bieten: Weil Steine nicht lügen!

Schlammflut

Nachrichten aus aller Welt zeigen, dass einige der alten Gebäude und Denkmäler unter der Erde begraben sind. Insbesondere die bisherigen Erdgeschosse der Gebäude liegen auf den unteren Ebenen der heutigen Eingangsgeschosse, mit Fenstern und Türen und sogar Säulen – einige verzierte Säulen sind noch unter der Erde – macht eine solche Gestaltung keinen Sinn. Forscher sammelten viele Beweise und begannen, sie zu dokumentieren. Diese deuten darauf hin, dass sie das Ergebnis einer Katastrophe wie einer Schlammflut oder eines Erdrutschs in der Vergangenheit sind und nicht die bekannten unterirdischen Städte, die es überall auf der Welt gibt. Heute hat sich also entweder das Bodenniveau verändert, der Boden ist gestiegen, oder das Gebäude ist eingestürzt und im Boden vergraben. Einige Gebäude reichen sogar einige Stockwerke unter das heutige Erdgeschoss. Das auffälligste Merkmal der Gebäude ist, dass das Gebäude scheinbar einige Meter unter der Erde vergraben ist und die alte ursprüngliche Eingangstür unter der Erde liegt. Auffällig ist, dass die Hälfte der normalgroßen Fenster Überproportional in den Boden versenkt sind und es wäre undenkbar, dass ein Architekt eine solche Gestaltung weder funktional noch künstlerisch realisieren würde. Viele Beispiele für solche Strukturen gibt es bis nach Europa, Amerika, Asien und Australien. Die Gründe sind unklar, ihr Zweck unbekannt. Wie konnten Historiker und insbesondere Kunsthistoriker ein so wichtiges Phänomen ignorieren?

Es gibt viele Fragen, die wir stellen müssen, aber wir können sie mit dem heutigen Wissensstand nicht beantworten. Dafür gibt es sicherlich einen Grund, es ist jedoch noch nicht bekannt, was und wann. Während einige darauf hinweisen, dass es vor etwa 200 Jahren zu einer Katastrophe kam, glauben andere, dass es vor 500 Jahren zu einer Art Schlammlawine gekommen sein könnte. Es spielt vielleicht keine Rolle, wenn wir nur über eine Region sprechen würden, eine Situation, die nur in einigen Ländern vorkommt, aber das stimmt nicht. Wann und was auch immer erwähnt wird, beinhaltet die Wiederholung des gleichen handwerklichen Musters einer Situation, die sich auf der ganzen Welt ereignet hat. **Wieso ist es uns bis heute verwehrt geblieben, das in unseren Geschichtsbüchern zu erwähnen?**

***Sibirien, Omsker Museum**, der Boden, in dem sich die Menschen befanden, war vollständig unter der Erde.*

Nr. 19: Griechisches Periodisierungssystem

Eine beispiellose Datierungspräzision mit den neuen **C14-Daten**[101] stellte das bisherige **griechische Periodisierungssystem**[102] in Frage: Einer neuen Studie zufolge könnten historische Ereignisse im antiken Griechenland, wie die Entstehung der griechischen Stadtstaaten, die Erfindung des griechischen Alphabets, die griechische Kolonisierung und die Zeit Homers, tatsächlich vor 50 bis 150 Jahren stattgefunden haben. Die neuen Daten sind angeblich auf neue, wesentlich genauere Datierungsergebnisse zurückzuführen, die die Wissenschaftler mit der C14-Methode gewonnen haben. Zu diesem überraschenden Ergebnis ist ein internationales Forschungsprojekt unter der Leitung von Stefanos Gimatzidis vom Österreichischen Archäologischen Institut gekommen. „Die Ergebnisse erfordern eine

---

101 Die Radiokarbonmethode, auch bekannt als C14-Methode: Nicht nur Archäologen nutzen diese Methode, auch Radiokarbondatierung genannt, um das Alter von Funden zu bestimmen. Forscher nutzen diese Methode auch, um den globalen Kohlenstoffkreislauf zu untersuchen.

102 https://www.ncbi.nlm.nih.gov/pmc/articles/PMC7252618/

radikale Revision der griechischen Zeitlinie: Die Entstehung bedeutender historischer Ereignisse sowie zahlreicher Innovationen in Philosophie, Literatur und politischer Organisation müssen auf die Zeit vor 50 bis 150 Jahren datiert werden" (die Ergebnisse wurden in der Zeitschrift „Plos ONE" veröffentlicht).

Nr. 20: Die Beweise sind eindeutig – die Mondlandung war eine Fälschung! (1969)[103]

Für Aufsehen sorgt der vor einigen Jahren veröffentlichte Bericht des Historikers und Verlegers **Juri Muchin „The USA's lunar deception"** (2006). Hier beweist er anhand einer sorgfältigen Analyse von Fotos und Videoaufzeichnungen angeblicher Mondflüge der Amerikaner, dass diese Handvoll Unwahrheiten am Set eines Films auf der Erde gefilmt wurden. Insbesondere verweisen **Muchin** und seine Gesinnungsgenossen auf fragwürdige Erkenntnisse über die Länge der Schatten von „Astronauten" und „Mondfahrzeugen", über Lichtquellen, die aus verschiedenen Richtungen kommen, über grundlos wehende Flaggen auf der Mondoberfläche ohne Atmosphäre und Schwerkraft, und zahlreiche andere Ungereimtheiten.

Übrigens behauptet Juri Muchin, dass die damalige sowjetische Führung den amerikanischen Mondlandungstrick wissentlich verschwiegen habe, weil amerikanische Geheimdienste das Zentralkomitee der SBKP mit dem Beweis erpresst hätten, dass Nikita Chruschtschow am 5. März 1953 an der Ermordung Stalins beteiligt gewesen sei. In den Jahren, in denen sich die sowjetisch-chinesischen Beziehungen bis zum Äußersten zuspitzten und Mao Zedong mit Stalins Verleumdung in der UdSSR nicht einverstanden war, hätte diese Aussage unvorhergesehene Folgen haben können. Die Beweise führen uns zu dem damals

---

103 https://www.spektrum.de/news/die-gefaelschte-faelschung/1658940
https://www.ingenieur.de/technik/fachbereiche/raumfahrt/mondlandung-alles-fake/

beliebten Regisseur **Kubrick**, der heute fast vergessen ist. Kubrick war ein orthodoxer Jude. Kann man von ihm erwarten, dass er mit gutem Gewissen an einer so großen Täuschung teilnimmt? Eines Tages konnte er es nicht mehr ertragen. Würde er die Wahrheit darüber sagen?

Das tat er, in einem Interview hat er alles zugegeben (siehe mysteriöse Todesfälle, Kubrick).

Juri Muchin schreibt in seinem Erfolgsbuch, das in den westlichen Medien Aufsehen erregte und Verkaufsrekorde brach, dass „die Abenteuer" der amerikanischen Astronauten auf dem Mond, welche zuerst in den Fernsehnachrichten und später in vielen „Dokumentarfilmen" erschienen, in der Stadt Tarsana in der Nähe von **Los Angeles** spielen und von Stanley Kubrick inszeniert wurden. Er erklärt, dass in einem geheimen Filmstudio gedreht wurde. Warum wurde Kubrick zu dieser Verschwörung überredet? Der Grund, warum er für diesen Job als geeignet galt, ist sein Meisterwerk „**2001: Odyssee im Weltraum**". Der Film des genialen Meisters Kubrick hat eine solche visuelle Perfektion erreicht, dass der Zuschauer die Illusion hat, es handele sich um dokumentarische Verfilmungen kosmischer Abenteuer und nicht um Kino. Der Film wurde 1968 zu einer weltweiten Sensation, da der vielseitig talentierte Kubrick sogar die futuristischen visuellen Illustrationen des Films mit seiner eigenen Fantasie entwarf. Dann könnte niemand besser für den Job geeignet sein als er. Der Glaube an die Mondlandung ist der Vater aller Verschwörungstheorien (oder Verschwörungspraktiken …). Er ist seit den 1970er Jahren auf der ganzen Welt verbreitet und löste große Kontroversen aus.

Unbestreitbare Beweise:

- **Die Sterne sind nicht zu sehen.** Auf den Bildern, die die Astronauten von der Mondoberfläche aufgenommen haben, ist der Himmel stockfinster. Warum sehen wir die Sterne nicht? Ist das ein Hinweis darauf, dass die Aufnahmen in einem abgedunkelten Saal gedreht wurden?
  Duplizieren sie „separate Hintergründe"? Viele Fotos zeigen im Hintergrund die gleichen Mondlandschaften. Für einige

Verschwörungstheoretiker beweisen solche wiederkehrenden Hintergründe, dass es sich tatsächlich um Requisiten handelt und die Aufnahmen deshalb gemacht wurden. Eine Mondoberfläche, die wie die Wüste von Nevada aussieht, seltsame Reflexionen aus der Sicht eines Astronauten,

- **Stichflamme beim Start.** Der Abflug des Shuttles von der Mondoberfläche sah nicht sehr beeindruckend aus – die Kapsel mit den Astronauten wurde einfach nach oben geschossen. Die Anhänger der Mondverschwörung sagen: „Hier fehlt eindeutig eine Stichflamme, die beim Start erkennbar sein sollte" Die Kapsel wurde im Staging der NASA von außen manipuliert.

- **Fahne weht im Wind.** Die amerikanische Flagge, die von den Astronauten auf dem Mondboden gepflanzt wurde, scheint zu wehen, und der Stoff bewegt sich in den Videos – man muss den Deckel verlassen haben. Kann das Foto auf dem Mond aufgenommen worden sein, wenn es auf dem Mond keine Luft gibt? Mond und daher kein Wind, der die Flagge zum Flattern bringen könnte?

- **Messmarkierungen auf Fotos.** Auf vielen Fotos der NASA ist das Fadenkreuz der Kameras zu sehen. Die Kreuze sind für geodätische Verfahren konzipiert und wurden speziell für die Apollo-Missionen in die Kamera integriert. Einige Fadenkreuze werden jedoch von Objekten auf dem Mond verdeckt. Kritiker bezeichnen diese Aufnahmen als „Beweis für eine manipulierte Fotomontage".

- **Warum gibt es keinen Landungskrater?** Die Fotos zeigen, dass das Triebwerk der Raumsonde keinen Landekrater auf dem Mondboden erzeugt hat. Warum nicht, fragen sich Verschwörungstheoretiker. Denn auf der staubigen Oberfläche war das zu erwarten. Anstelle der Landekrater sieht man auf den Fotos die Fußspuren im Staub direkt neben dem Hauptfahrwerk. Hat die NASA diese Details auch vergessen?

- **Verwirrende Schattenreflexionen.** Viele der auf dem Mond aufgenommenen Fotos zeigen Schattenaufnahmen verschiedener Objekte, bei denen nach Ansicht von Kritikern Unstimmigkeiten festgestellt wurden. Schatten sind nicht parallel und ungleich lang. Die Schatten auf den Bildern weisen aufgrund der unterschiedlichen Lichtquellen unterschiedliche Richtungen auf oder sind gestaucht. Bei echtem Sonnenlicht sollten alle Schatten-Höhe-Verhältnisse gleich sein. Wie ist das möglich, wenn die Sonne die einzige Lichtquelle ist?

- **Große Hitze auf der Mondoberfläche.** Auf der Mondoberfläche sind die Temperaturunterschiede zwischen Tag- und Nachtseite enorm: 130 Grad plus in der Sonne, minus 160 Grad im Schatten. Können Landungsboote, empfindliche Ausrüstung, Kameras und Menschen dortbleiben? Ungekühlte Filme mussten schmelzen, damit keine Bilder gemacht werden konnten, sagen Moonland-Skeptiker.

- **Strahlungsbelastung in Van-Allen-Gürtel.** 1961 entdeckte der amerikanische Physiker James Van Allen den Strahlungsgürtel zwischen Erde und Mond. Auf der Erde schützen uns die Atmosphäre und das Magnetfeld, aber lebende Organismen, die über längere Zeiträume in Strahlungsgürteln bleiben, können nicht unbeschadet überleben. Befürworter des Mondschwindels schlagen vor, dass Astronauten entweder verbrennungsähnliche Strahlenschäden aufweisen oder bei ihrer Rückkehr sofort sterben hätten müssen.

- **Echter Mondstein?** Von Besuchen auf dem Mond wurden insgesamt 382 kg Mondsteine mitgebracht. Doch für Anhänger der Verschwörungstheorie ist dies kein Beweis für eine Mondlandung. Obwohl es sich um echtes Mondgestein handelt, stammen sie ihrer Ansicht nach von Mondmeteoriten auf der Erde. Die überwiegende Mehrheit der als Mondgestein veröffentlichten und in verschiedenen Museen ausgestellten Exemplare sind Fälschungen.

- **Computertechnologie der 1960er Jahre.** Die Computertechnologie war Ende der 1960er Jahre nicht in der Lage, komplexe Berechnungen für das Mondlandungsprogramm durchzuführen, wie Verschwörungstheoretiker behaupteten. Eine Landungsunterstützung oder Berechnung des Rücklaufkurses auf Apollo-Schiffen in Echtzeit war nicht möglich.

Am 15. Februar 2001 forderte ein amerikanischer Fernsehsender in „Verschwörungstheorie: Sind wir auf dem Mond gelandet?" die Zuschauer auf, selbst zu entscheiden, ob sie an eine Mondlandung glauben. Aber die Stärke des Berichts ließ nur eine Antwort zu: **Nein**!

Während sich die Redaktion darauf konzentrierte, alle Argumente der Verschwörungstheoretiker in ein ernstes Licht zu rücken, ergriffen Experten wie **Bill Kaysing** das Wort. Der wachsende Anteil der Skepsis in der amerikanischen Öffentlichkeit, dass es keine Mondlandung gegeben habe, stieg nach Ausstrahlung der Sendung auf 20 %. Die NASA gab am Vortag eine Erklärung ab und wehrte sich erneut gegen diese Betrugsvorwürfe. Die Sendung wurde in Deutschland als synchronisierte und unkommentierte **Spiegel-TV**-Dokumentation ausgestrahlt. Auch heute noch, 14 Jahre nach Bill Kaysings Tod, nutzen die Verschwörer gerne Dokumentarfilme als Beweismittel. Erfahren Sie mehr über eine Region, die aus Mondlandung und Weltraumflügen besteht, nachdem ein anderer Amerikaner, John Glenn, vom Russen Juri Gagarin und den amerikanischen Soldaten getötet wurde. Im Jahr 1976 – Apollo 17, Mondlandung – veröffentlicht er im Eigenverlag sein Buch „**We Never Went to the Moon. America's Thirty Billion Dollar Swindle**". Sieben Jahre lang arbeitete Kaysing als technischer Redakteur für die Forschungsabteilung von Rocketdyne, dem Lieferanten der Haupttriebwerke für die Saturn-Raketen, was ihm die Gelegenheit gab, ein Insider der Raumfahrt zu werden. Allerdings hängt es eng mit einer TV-Dokumentation zusammen, dass die aufwändige Idee der inszenierten Mondlandung heute nicht nur als Gag existiert, sondern von vielen immer noch als historisches Ereignis gilt. Wenn man sich fragen darf: Können diejenigen, die solch lächerliche Szenarien schreiben und umsetzen, so naiv sein, oder sind wir diejenigen, deren Intelligenz ständig auf die Probe gestellt wird?

Die bahnbrechende „Neue Geschichtschronologie"[104]

Die Grundfesten des klassischen Geschichtsglaubens geraten immer mehr ins Wanken und sind jeden Moment bereit zu bröckeln. Denn es scheint, dass gewaltige Ungereimtheiten in die Chronologie und Geschichte der antiken und mittelalterlichen Welt eingedrungen sind. Seit 1975 versucht eine Gruppe von Mathematikern, insbesondere an der Moskauer Staatsuniversität, dieses Problem zu lösen. Es wurden interessante Ergebnisse erzielt, die in wissenschaftlichen Zeitschriften und in separaten Monografien veröffentlicht wurden. Das neue chronologische Konzept basiert auf der Analyse historischer Quellen mit Hilfe moderner mathematisch-statistischer Methoden und umfangreicher Computerberechnungen.

Die Analyse von Chronologie und Geschichte hat die bemerkenswerte Situation offenbart, die beweist, dass die Scaliger-Chronologie[105] nicht korrekt ist. Daher sind auch die „alten" und mittelalterlichen Chronologien nicht korrekt, und es zeigte sich auch, dass unsere Geschichte im 18. und 19. Jahrhundert absichtlich gefälscht wurde. Der Fomenkismus (Anatoli Fomenkes neue historische Chronologie) basiert auf den bemerkenswerten Vorgängern der Historiographie und weist keine schriftlichen Originaldokumente auf, die älter als 400 Jahre sind. In der Regel handelt es sich bei allen historischen, philosophischen, literarischen Texten aus der Antike oder frühchristlichen Zeit,

---

104 https://de.geschichte-chronologie.de/index.php
https://ezoteriker.ru/tr/podtverzhdenie-hronologii-fomenkonosovskogo-novaya-hronologiya-rusi/, https://chronologia.org/de/index.html, https://www.merkur-zeitschrift.de/2017/07/28/das-geschichtsbild-der-neuen-chronologie, https://ia801300.us.archive.org/1/items/AnatolyFomenkoBooks/History-FictionOrScience-ByAnatolyFomenkoVol.1.pdf
https://bigthink.com/the-past/anatoly-fomenko-history/

105 **Joseph Scaliger** (1540–1609), der Vater der modernen historischen Chronologie, der Chronologie der Geschichte, wie wir sie kennen, wurde von seiner Zeit erstellt und basierte auf ihr.

insbesondere aus der Frühen Neuzeit, um Falschschriften, entsprechende architektonische und bildhauerische Werke, Kultgegenstände, Sarkophage, Herrscherporträts usw. Es wurde absichtlich ungenau nach alten oder überholten Zeitberechnungen des Vatikans und weltlicher Herrscher datiert. Als folglich sind wir in Umgebung von unterschiedlichen Ansichten und Meinungen zur Chronologie, was zu ständigen, heftigen Debatten führt.

Demnach bezieht sich das Alte Testament hauptsächlich auf eurobyzantinische historische Ereignisse des 14. und 16. Jahrhunderts, ist daher eine „humanistische" Fiktion und übrigens jünger als das Neue Testament (dem 12. und 13. Jahrhundert zugeschrieben). Laut Behauptungen sollte die Gotik aufgrund ihrer architektonischen und materialtechnischen Merkmale in die Barockzeit überführt oder als solche identifiziert werden. Chinas astronomisch unhaltbare Geschichtsschreibung und chinesische Technologiegeschichte sind eine moderne Fälschung. Schießpulver und verwandte Waffen, Papierherstellung und mechanische Druckverfahren wurden in Europa zwischen dem 10. und 16. Jahrhundert erfunden und entwickelt.

Schließlich definieren Anhänger Fomenkos die Persönlichkeit und Lebensspanne Jesu völlig neu – mit wahrhaft „revolutionären" Konsequenzen für die biblische Tradition und die Kirchengeschichte. Denn Jesus Christus und das gesamte christliche Heilsgeschehen bewegen sich mit der neuen Chronologie von ihrem üblichen Wendepunkt ins 12. Jahrhundert und von Palästina zum Bosporus. Aufgrund seiner mathematischen und astronomischen Berechnungen glaubt Fomenko, dass das Lebensjahr des Erlösers genaue zwischen 1053 und 1086 angegeben werden könnten. Dies bestätigt zumindest, dass Jesus zum Zeitpunkt seines Todes 33 Jahre alt war. Der wahre Jesus Christus wurde jedoch im dritten Regierungsjahr nach dem Scheitern von Reformvorhaben des angeblich auf der Halbinsel Krim geborenen byzantinischen Kaisers Andronikos I. Komnenos gekreuzigt oder gesteinigt. Als wahres Jerusalem sollte Konstantinopel (mit dem Garten Getsemane und dem Hügel von Golgatha, von dem es in Palästina keine Spur gibt) als Hinrichtungsort anerkannt werden. Dies stellt somit eine Zeitverschiebung von etwa einem Jahrtausend gegenüber der traditionellen Zeitrechnung dar.

Anatoli Timofejewitsch Fomenko (*1945) ist ein berühmter russischer Mathematiker und Wissenschaftler, Professor an der **Lomonossow-Universität** in Moskau, bekannt für sein neues Chronologieprojekt, dass die Chronologie der klassischen Geschichte kritisiert. Fomenko ist ein bekannter Experte für Geometrie und Mathematik, Autor zahlreicher Artikel, Monografien und Lehrbücher sowie Träger des Staatspreises. In der Öffentlichkeit wird er jedoch nicht als Experte auf dem Gebiet der unverständlichen Mathematik, sondern als Schöpfer einer „neuen Chronologie" anerkannt. Er analysierte die Menschheitsgeschichte statistisch, kam zu dem Schluss, dass das meiste davon betrügerisch war, und stellte fest, was er für die wahre Geschichte hielt. Seine Version der Geschichte wird sich deutlich von der der meisten Historiker unterscheiden und unsere Weltanschauung ziemlich schockieren. Nach seiner Theorie ist die formalisierte Chronologie der Geschichte, in der mehr oder weniger 1.000 Jahre fiktiv sind, tatsächlich anders dargestellt.

Anatoli Timofejewitsch Fomenko stellte beispielsweise die folgenden Behauptungen auf:

1. Trojanische Eroberung
Traditionellen Historikern zufolge stimmt er mit Homer überein, dass die Griechen im 13. Jahrhundert v. Chr. gegen die Trojaner kämpften.

Die Fomenko-Gruppe glaubt, dass das von Westeuropäern bewohnte Troja im 13. Jahrhundert n. Chr. von den Russen im Bündnis mit den Tataren belagert wurde.

2. Schlacht von Kulikovo
Traditionellen Historikern zufolge soll die Schlacht im Jahr 1380 auf dem Kulikovo-Feld in der heutigen Region Tula stattgefunden haben.

Nach Angaben der Fomenko-Gruppe platziert er das Schlacht-feld auf dem Taganskaja-Platz in Moskau (in Kulishki), stimmt aber der Datierung des Ereignisses zu.

3. Hagia Sophia in Konstantinopel (Istanbul)
Traditionellen Historikern zufolge handelt es sich um einen christlichen Tempel, der im frühen 6. Jahrhundert n. Chr. er-baut wurde.

Laut Fomenkos Gruppe identifiziert er die Hagia Sophia mit der Grabeskirche und Konstantinopel (Istanbul) mit dem biblischen Jerusalem. Nach Angaben der Fomenko-Gruppe wurde der Tem-pel selbst 1.000 Jahre später, im 18. Jahrhundert n. Chr., erbaut.

Fomenko durchsucht historische Aufzeichnungen vergangener Jahrtausende und sucht nach statistischen Korrelationen in den Mustern und relativen Zeitabläufen von Ereignissen. Die Kennt-nis der richtigen Reihenfolge der Ereignisse und ihrer relativen Aufteilung im Laufe der Jahre hilft einem Historiker, das abso-lute Datum ihres Auftretens einzugrenzen. Das ist Chronolo-gie. Fomenko glaubt nicht, dass sich statistisch ähnliche Chro-nologien zufällig wiederholen. Wenn zwei Zeitlinien zu genau übereinstimmen, muss eine davon gefälscht sein. Dies führt zu überraschenden Ergebnissen.

Fomenko- und Nosovsky-Hypothese

Das Duo Fomenko und Nosovsky schrieb ein siebenbändiges Buch, das in 14 separate Bücher unterteilt ist. Sie übersetzten auch Dokumentarfilme aus vielen Fernsehserien. Die Filme er-zählen, welche Fehler Historiker auf der ganzen Welt gemacht haben, wie die Geschichte verfälscht wurde, und sie präsentie-ren jeweils ihre eigenen alternativen Theorien mit Beweisen. Kurz gesagt, die Titel und Inhalte dieser Dokumentarfilme lau-ten wie folgt:

„Neue Chronologie – Geschichte: Wissenschaft oder Fiktion?" (Dokumentarfilme, 2008–2011)

Film 01: Kennen wir unsere Geschichte wirklich?

Wissenschaftliche Bücher und Museumsausstellungen, historische Romane und Filme überzeugen uns davon, dass fast alles über die Geschichte der Menschheit bekannt ist und Historiker auf fast jede Frage des neugierigen Geistes eine passende Antwort finden werden. Doch wenn wir einen genaueren Blick auf unsere Vergangenheit werfen, finden wir dort viele Kuriositäten und Ungereimtheiten.

Film 02: Worauf basiert die Geschichte?

Die gesamte Menschheitsgeschichte von der Antike bis zur Gegenwart ist eindeutig datiert. In zahlreichen historischen und archäologischen Nachschlagewerken finden Sie Antworten auf fast jede Frage. Aber warum kamen Wissenschaftler beispielsweise zu dem Schluss, dass dieser Krug aus dem 5. Jahrhundert v. Chr. und dieser aus dem 8. Jahrhundert n. Chr. stammt? Es ist allgemein anerkannt, dass Methoden zur Bestimmung des Alters von Objekten gut erprobt und vor allem sehr zuverlässig sind. Aber ist es wirklich so?

Film 03: Wahrheit kann berechnet werden.

Leider sind die aktuellen wissenschaftlichen Methoden zur Datierung von Objekten aus der Vergangenheit alles andere als perfekt. Daher kann es äußerst schwierig und oft schlicht unmöglich sein, eine Chronologie historischer Ereignisse zu erstellen. Aber wir haben immer noch eine Chance, die Wahrheit zurückzubringen. Und es sind Mathematiker, nicht Historiker, die uns eine solche Chance geben.

Film 04: Die Alchemie der Pyramiden.

Es wird angenommen, dass seit langem bekannt ist, wer sie wann und warum gebaut hat. Aber auf die Frage „Wie wurden sie gebaut?" gibt es noch keine Antwort. Doch in der zweiten

Hälfte des 20. Jahrhunderts begannen Chemieingenieure, den altägyptischen Baustein zu untersuchen. Das Geheimnis der antiken Pyramiden ist gelöst! Doch diese Entdeckung erregte keine Aufregung. Die wissenschaftliche Welt reagierte mit völligem Schweigen. Ägyptologen bemerkten die Entdeckung nicht. Und sie wollen es immer noch nicht wahrhaben.

Film 05: Das Geheimnis der ägyptischen Tierkreiszeichen.
Die Welt der Pyramiden, Pharaonen und Sphinxen. Eine geheimnisvolle Welt, die uns in eine noch nie dagewesene Zeitreise entführt. Man geht davon aus, dass die bis heute erhaltenen prächtigen Zeichnungen und Reliefs noch nicht entziffert sind. Russischen Mathematikern gelang es jedoch, sie zu entschlüsseln. Es stellte sich heraus, dass mit diesen Zeichen wichtige Daten der ägyptischen Geschichte verschlüsselt waren. Doch die offizielle Ägyptologie will dies nicht bemerken und schweigt hartnäckig.

Film 06: Lord Weliki Nowgorod: Wer bist du?
Weliki Nowgorod nahm unter den alten russischen Städten einen besonderen Platz ein. Aber archäologische Ausgrabungen und die Analyse antiker Chroniken liefern die Grundlage für die Behauptung, dass das moderne Nowgorod am Wolchow nie ein bedeutendes Staats- und Handelszentrum war. Und einige Fragmente antiker Texte widersprechen der russischen Geschichte im Allgemeinen und der Geschichte von Weliki Nowgorod im Besonderen.

Film 07: Kulikovo-Feld – Schlacht um Moskau.
Die Schlacht von Kulikovo ist eines der größten Ereignisse in der russischen Geschichte. Es wird angenommen, dass die Schlacht auf dem Kulikovo-Feld im Jahr 1380 der erste Schritt zur Befreiung der russischen Länder vom mongolisch-tatarischen Joch war. Aber war es wirklich so? Die Ergebnisse langjähriger Forschung russischer Wissenschaftler erzählen eine ganz andere Geschichte.

Film 08: Russische Horde.

Heute kennt fast jeder das mongolisch-tatarische Joch in Russland. Auf Schulbänken erfahren wir, dass das russische Volk von Steppennomaden versklavt wurde, die weder über Kultur noch Schrift verfügten. Es wird angenommen, dass diese Besetzung zu großen menschlichen Verlusten, Zerstörung und Plünderung der materiellen und moralischen Werte beim russischen Volk führte. Schon in früher Kindheit wurde gelehrt, dass die wirtschaftliche und kulturelle Entwicklung Russlands durch die Fremdherrschaft angeblich um drei Jahrhunderte im Vergleich zu Europa zurückgeworfen wurde. Aber das war nicht so, die historischen Fakten und Zeugnisse erzählen uns eine ganz andere Geschichte.

Film 09: In welchem Jahrhundert lebte Jesus?

Fast jeder, unabhängig von der Religion, kennt die Evangeliumsgeschichte von Jesus Christus. Die Zeit seines irdischen Lebens ist nicht nur die Zeit, in der eine neue Religion geboren wird. Dies ist ein neuer Ausgangspunkt für die Chronologie der Menschheit. In den meisten Ländern der Welt ist es üblich, die Chronologie der Geburt Christi zu verbergen. Niemand sollte daran zweifeln, dass seit diesem für die Menschheit wichtigsten Ereignis 2.000 Jahre vergangen sind. Es ist durchaus möglich, dass das allgemein akzeptierte Geburtsdatum falsch ist und der heutige Kalender auf ein völlig anderes Datum geschrieben ist, nicht auf das heutige Jahr.

Film 10: Das vergessene Jerusalem.

Es war einmal ein Königreich namens Judaa. Die Hauptstadt dieses Königreichs war die Stadt Jerusalem. Moderne Historiker und Archäologen behaupten, dass dieses Königreich im Südwesten Asiens lag, wo sich heute der Staat Israel befindet. Die Hauptstadt Israels wird auch Jerusalem genannt. Wissenschaftler, die sich mit biblischer Geschichte befassen, argumentieren, dass das alte jüdische Jerusalem und das moderne Jerusalem ein und dieselbe Stadt waren. Die Stadt, die wir heute Jerusalem nennen, muss eine andere sein.

Film 11: Moskauer Kreml.

Moskau steht seit Jahrhunderten auf russischem Boden. Es wurde so viel darüber geschrieben und gesagt, dass alles über diese antike Stadt bekannt zu sein scheint. Aber das ist überhaupt nicht der Fall. Leider ist unser Geschichtswissen oft oberflächlich. Viele Forscher haben Jahre ihres Lebens damit verbracht, die Geheimnisse dieser alten Burg zu lüften. Aber es stellte sich jedoch heraus, dass die Antwort immer zur Hand war. Man musste sich einfach nur die Bibel ansehen.

Film 12: Die Geschichte rekonstruieren.

Wissenschaftler, Mathematiker, die neue mathematische Methoden zur Untersuchung historischer Dokumente entwickelten, ließen in der allgemein anerkannten Chronologie der Geschichte nichts unberührt. Doch die Chronologie stellt das „Rückgrat" der Geschichte dar. Durch die Änderung der Chronologie entsteht die Notwendigkeit, alle Ereignisse der Weltgeschichte Revue passieren zu lassen.

Film 13: Fälschung der geschriebenen Geschichte.

Es stellt sich heraus, dass viele Herrscher und sogar Ereignisse der antiken Welt, die wir aus Büchern und Filmen kennen, nie existierten, dass sie Geister waren, ein Spiegelbild späterer mittelalterlicher Herrscher und Ereignisse. Es stellte sich auch heraus, dass die Geschichte der europäischen Staaten künstlich in die Vergangenheit verlängert und die Geschichte Russlands bewusst verkürzt wurde. Darüber hinaus wird nach der Begegnung mit der wahren Rekonstruktion der Geschichte vieles von dem, was heute geschah, klar.

Film 14: Kunsthandwerk und gefälschte Produkte.

Ein Film über gefälschte Kunst und materielle Kulturgüter, die so großartig sind, dass sich niemand über die Echtheit derer sicher sein kann: weder ein Tourist, der einen vermeintlich „alten" ägyptischen Papyrus kauft, noch ein Sammler, der ihn findet. Weder eine Rarität in einem Antiquitätengeschäft noch ein Kunstkritiker, der es für eine Museumsausstellung kaufte, die vielen Untersuchungen standgehalten hatte. Leider gibt es heutzutage auf der Welt viele gefälschte Antiquitäten, Kunst, und materielle Kultur.

Film 15: Die drei großen Betrügereien.
Legendäre archäologische Stätten oder große Fälschungen? Der Film spricht sowohl begeisterte Touristen als auch diejenigen an, die eine Reise in ferne Länder planen. Egal in welches Land wir reisen, überall sind wir von Geschichte umgeben. Jedes Gebäude und jeder Gegenstand, der bis heute erhalten geblieben ist, hat seinen eigenen historischen Wert. Und je älter diese Objekte sind, desto mehr ziehen sie die Aufmerksamkeit der Menschen auf sich. Daher ist die Bekanntschaft mit der Geschichte ein sehr spannender Prozess. Doch heute ist bekannt, dass es unter den sogenannten Antiquitäten viele Fälschungen gibt. Viele Menschen denken, dass Münzen, Statuen und Dokumente Fälschungen sein können.

Film 16: Iwan der Schreckliche.
Die Ära Iwans des Schrecklichen ist die Blütezeit des russischen Reiches, der Triumph der russischen Waffen und des orthodoxen Glaubens. In diesem Zeitalter erreichte Russland seine höchste Entwicklung und der große russische Zar Iwan der Schreckliche wurde für die Menschen zum Symbol des Kampfes gegen äußere und innere Feinde. Aber seit mehr als 200 Jahren wird uns ein völlig anderes Bild präsentiert. In Büchern, Bildern und Filmen erscheint er als grausamer und psychisch kranker Tyrann.

Film 17: Probleme.
Was sind die wahren Ursachen und Folgen der Zeit der Unruhen in Russland? Aus der allgemein anerkannten Version der russischen Geschichte ist bekannt, dass die Zeit der Unruhen

in Russland im Jahr 1598 begann, nach dem Tod des Zaren Fjodor Iwanowitsch, der, wie allgemein angenommen wird, keine Kinder hatte. Das Fehlen eines direkten Erben war die Ursache jahrelanger Unruhen in Russland. Es gibt jedoch eine andere Version dieser fernen Ereignisse, die von den Autoren der „Neuen Chronologie" Anatoli Fomenko und Gleb Nosovsky stammen. Sie glauben, dass die Zeit der Unruhen während der Herrschaft von Iwan dem Schrecklichen begann, als die Macht im Land vorübergehend in den Händen des Zakharin-Romanov-Clans lag.

Film 18: Die ersten Romanovs.
Der Film zeichnet den Wechsel der herrschenden Dynastien und ihre schädlichen Auswirkungen auf das architektonische Erbe des Landes auf. Wie Sie wissen, enthalten Baudenkmäler viele Informationen über die Epoche, zu der sie gehören. Manchmal können die Dekorationen von Palästen und Tempeln mehr über die Zeit ihrer Entstehung erzählen als Chroniken und Regierungsdokumente. Neben dem offiziell anerkannten Ansatz gibt es noch andere Sichtweisen auf die Geschichte des Staates. „Die neue Chronologie Russlands" wurde von G. V. Nosovsky und A. T. Fomenko geschrieben, die eine radikale Überarbeitung der wichtigsten historischen Ereignisse vornahmen. Ihr Ansatz basiert auf dem Studium der Geschichte mit mathematischen Methoden.

Bei der Konferenz mit Fomenko wurden ihm folgende Fragen gestellt:
Frage: Sie haben wiederholt gesagt, dass „traditionelle" Historiker Ihren Standpunkt nicht akzeptieren, weil sie Sklaven der Tradition sind. Und wer stand im Mittelpunkt dieser Fehleinschätzung historischer Ereignisse in so vielen Ländern und Staaten?
    Antwort: Unseren Hypothesen zufolge gab es vor dem 18. Jahrhundert nur ein großes Reich, das geteilt war und in diesen Ländern entstanden unabhängige Staaten, und neue Herrscher brauchten eine neue Geschichte. Sie haben sie geschrieben. Eine Möglichkeit, ihr Recht auf den Thron zu legitimieren, dass sie

schon immer auf dieser Welt geherrscht haben. Es war notwendig, eine Vergangenheit zu erstellen, sie „veralteten" die Daten, und es entstand eine scheinbar künstlich gestreckte Geschichte.

Frage: Auf welchen mathematischen, historischen und astronomischen Daten basiert Ihre Theorie?

Antwort: Ein wichtiger Aspekt der letzten Jahre unserer Studie ist die Datierung antiker Finsternisse (Mond, Sonne) und Tierkreisbeschreibungen, die Positionen von Sternbildern und Planeten sind bekannt. Ich liste die Daten auf, damit Sie sehen können, wie sehr sich unsere Vorstellungen von der Antike ändern müssen. Wir kennen den Tierkreis von Pharao Set, dem alten Ägypten. Dies soll mit statistischen, astronomischen, physikalischen und chemischen Methoden geklärt werden. (...) Die klassische Methode der Radiokohlenstoffanalyse ist bekannt. Ich weiß, dass Sie sie kritisieren, aber diese Methode wurde von Chemikern und Physikern sehr gut entwickelt. Sie sind keine Historiker, sie halten die Datierung nach dieser Methode grundsätzlich für richtig.

Mit all diesen verfügbaren Beweisen wird es wieder einmal bestätigt: Die traditionelle Version der Geschichte MUSS in vielerlei Hinsicht WIRKLICH FALSCH sein!

Glauben Sie hartnäckig an das, was Sie schon immer geglaubt haben, oder haben Sie die Flexibilität, Ihre Überzeugungen mit soliden Daten an neue Erkenntnisse anzupassen?

WAS SAGEN UNS ARCHÄOLOGISCHE ÜBERRESTE?

Archäologische Überreste und Funde erscheinen uns ziemlich geheimnisvoll und darüber hinaus magisch. Einige von ihnen sind sogar noch mysteriöser, weil sie viele offene Fragen enthalten oder die Antworten unbefriedigend sind. Weltweit stoßen wir auf viele mysteriöse Funde, für die es zum Teil keine eindeutige Erklärung gibt, der Verwendungszweck oder die Art und Weise ihrer Entstehung ist noch unbekannt. Diese Unklarheit wird besonders deutlich, wenn wir uns die alten historischen Gebäude ansehen. Schon die Bautechnik einiger dieser Bauwerke ist ein Rätsel für sich, und selbst mit der heutigen technischen Entwicklung scheint dies nahezu unmöglich zu sein. Nehmen Sie zum Beispiel die **Cheopspyramide**, für die bekanntermaßen eine enorme Menge an Steinblöcken erforderlich war, insgesamt über 2,3 Millionen Steinblöcke mit einem Gewicht von jeweils mindestens 2,5 Tonnen. Schätzungen zufolge hätten heute alle Steinbrüche in Europa an einem so großen Projekt arbeiten müssen. Darüber hinaus verfügt das weltweit größte und schwerste Supercarrier-Fahrzeug[106] heute über eine maximale Tragfähigkeit von 450 Tonnen. Das heißt: Selbst heute, wenn wir diesen Superträger hätten, könnte er höchstens 180 der fraglichen 2,5-Tonnen-Steine auf einmal transportieren (selbst diese Menge wäre Fantasie). Es ist zu einer mathematischen Frage geworden, aber ich kann nicht anders, als sie zu stellen: Nun, wie oft müsste ein Fahrzeug, das 180 Steine gleichzeitig trans-

---

106 Solche Megatransporter sind in der Minderheit, sie sind nicht einmal in jedem Land zu finden und werden häufig im Bergbau und im Minenbau eingesetzt. Der mit der größten Kapazität ist eine russische Konstruktion, 20 m lang, 9,75 m. in der Breite 8 m. ist in der Höhe. Ein einzelnes Rad (4 m hoch) würde 160.000 Euro kosten.

portieren könnte, hin und her fahren, um 2,3 Millionen Steine zu transportieren?

Außerdem gehen wir davon aus, dass die Menschen dieser Zeit nicht über solche mechanischen Techniken verfügten. Wie wurden diese Steine bewegt, wie wurden sie geschnitten, wie wurden sie angehoben und wie wurden sie nur mit menschlicher oder tierischer Kraft übereinandergelegt?

Annahmen besagen, dass Millionen von Sklaven arbeiteten. Lassen wir die Fragen darüber, wo und wie sie lebten und was sie aßen und wie sie organisiert werden konnten, außer Acht und konzentrieren wir uns nur auf die Bautechnik. Selbst wenn man davon ausgeht, dass diese Millionen Sklaven die Steine zogen und ununterbrochen Tonnen von Gewichten zogen, indem sie sie mit Seilen auf organischer Basis festbanden, klingt das ein wenig märchenhaft. Für diesen Prozess müssten Stahlseile verwendet werden, aber wie wir wissen, gab es eine solche Technik noch nicht.

Nach der neuesten Behauptung; In der Theorie von **Pr. J. Davidovits** wurden die Pyramiden nicht wie angenommen mit aus Felsstücken geschnittenen Blöcken gebaut, sondern durch Gießen in Formen mit einer betonähnlichen Mischung. Wie auch immer, wir haben die Probleme des Transports aus der Ferne gelöst und damit auch die Fragen dazu, wir haben es gelöst, aber die heutigen Kräne, Stahlseile usw.: Wie könnten sie die Steine so perfekt anheben und platzieren?

Wie Sie sehen, kommen Fragen über Fragen auf und jede einzelne bleibt entweder unbeantwortet oder unbefriedigt. Dies ist nur die Spitze des Eisbergs. Wenn wir uns einen anderen Fundort, **Göbekli Tepe**, ansehen, kommen wir zu folgendem überraschendem Schluss: Die antike Anlage in **Şanlıurfa**, **Türkei**, wurde vor 12.000 Jahren erbaut und diese Bauwerke sollen zu religiösen Zwecken und nicht zu Wohnzwecken errichtet worden sein, sozusagen die ersten Tempel der Welt. Nun, wird uns nicht beigebracht, dass die Menschen dieser Zeit noch in der Steinzeit und wahrscheinlich in Höhlen lebten?

Das bedeutet also, dass diese Naturvölker eine Kultstätte bauen können, aber nicht daran denken können, eine geschützte Wohnumgebung, ein Haus für sich selbst zu bauen? **Sind wir nicht diejenigen, die hier die Zusammenhänge nicht erkennen können?**

Wenn wir es aus religiöser Sicht betrachten, gibt es noch eine weitere Merkwürdigkeit, die nicht gut passt. Bedeutet das, dass die Weltreligionen die Menschheitsgeschichte auf 7.000 Jahre beschränken? Ist Göbekli Tepe älter als die Menschheit?

Deshalb wendet der Göbekli Tepe sich auch gegen die „**Schöpfungsgeschichte**" der Religionen bzw. leugnet sie geradezu. Aber gerade deshalb ist es nicht notwendig, Atheist zu sein, man muss in der Mitte stehen und nachdenken. Diese Funde kollidieren einerseits mit der Wissenschaft, also mit der offiziellen Geschichte der Menschheit, und andererseits mit der Schöpfung in der Religionslehre. Es besteht also kein Zweifel daran, dass hier etwas nicht stimmt, und das deutet darauf hin, dass es an der Zeit ist, dringend eine Nebelwand zu öffnen. Göbekli Tepe wurde bei Ausgrabungen entdeckt, die 1995 unter der Leitung des deutschen Archäologen **Klaus Schmidt** begannen. Es erfreute sich in kurzer Zeit großer Beliebtheit und seine Besucherzahlen brachen weltweit Rekorde. Es wurde von der UNESCO in die Liste des Weltkulturerbes aufgenommen. Pr. Schmidt (unerwartet gestorben, ertrank? 2014) sagte Folgendes über Göbekli Tepe: „Hier ist der Anfang der Wege des Menschen, der seine eigene Macht entdeckt und beginnt, die Natur zu beherrschen, anstatt ein Teil der Natur zu sein."

Die Ruinen von **Karahantepe** (Şanlıurfa), die später als **Göbekli Tepe** gefunden wurden, lassen darauf schließen, dass sie älter sind.

Es wurde ein anderes Bauwerk gefunden, das viel älter war als beides, nämlich eine Pyramide. Diese Pyramide, die seit Tausenden von Jahren unter einem Berg in West-Java, **Indonesien**, versteckt ist, trägt den Namen **Gunung Padang**, was „Berg des Lichts" bedeutet, und einige Gelehrte haben Grund zu der Annahme, dass es sich um die älteste Pyramide handelt, die jemals auf der Erde gefunden wurde. Der britische Genetiker **Stephen Oppenheimer** und andere Experten haben argumentiert, dass Gunung Padang die präglaziale Besiedlung Indonesiens vor 20.000 Jahren beweist. Sie behaupteten, Beweise für eine präglaziale Besiedlung Indonesiens vor 20.000 Jahren seien vorhanden. Die Situation zeigt, dass die gesamte Geschichte der Menschheit, an die wir glauben und die wir glauben zu kennen, auseinanderfällt. Und so müssen wir unsere Geschichte neu schreiben, ob wir wollen oder nicht.

Unheimliche und unglaubliche Erkenntnisse – was könnte dahinterstecken?

Wir können heute stolz auf unseren medizinischen Fortschritt sein. Aber es gibt unzählige Beweise für die Kunst der Medizin, die weit früher existierte, und wir brauchen uns davor nicht zu fürchten. Betrachten wir dies als eine Lehre, die uns zum Nachdenken anregt. Im alten Ägypten gab es „Rituale", bei denen die Praxis der modernen Notfallmedizin nachgewiesen wurde. Ähnliches hatten die Ureinwohner der Kanarischen Inseln. Die gefundenen Schädel wiesen Spuren von Löchern auf und bei einigen Exemplaren wurden perfekt verheilte Transplantatnarben gefunden. Wenn das wahr ist, gibt es immer mehr Gründe, die uns in Erstaunen versetzen, inwiefern wir das verkraften können, hängt mit unserer Selbsttranszendenz zusammen. Den verfügbaren Informationen zufolge weist das früheste Beispiel[107] dieser chirurgischen Eingriffe alle Merkmale einer vollkommen erfolgreichen Operation an einem lebenden Menschen auf. Die Knochenränder zeigen keine sichtbaren Anzeichen von Komplikationen und es kann eine Umgestaltung des

---

107 https://anti-matrix.com/2022/05/06/verborgene-archaeologie-meisterstuecke-altsteinzeitlicher-gehirnchirurgie/

Knochengewebes in diesem Bereich beobachtet werden. Dieser antike Chirurg muss wirklich ein Meister seines Fachs gewesen sein, denn der Patient scheint diesen Eingriff auf lange Sicht überlebt zu haben. In der Jungsteinzeit, vermutlich zwischen dem 7. und dem 2. Jahrtausend, kam es bei dieser Art der Schädelchirurgie zu einer enormen Entwicklung, abhängig von der geografischen Region und dem dort vorherrschenden Entwicklungsstand. Die Anzahl der Funde beweist, dass Schädeltrepanationen vor etwa 5.000 Jahren völlig normal, fast medizinisch relevant, waren. **Aber woher kam dieses revolutionäre Wissen, das von Kulturen angewendet wurde, die wir in der Antike für primitiver hielten als unsere?** ... Hmm, klar; da gibt es KEINE ANTWORT!

Darüber hinaus müssen wir uns nicht nur mit diesen revolutionären Informationen und Geheimnissen auseinandersetzen, sondern auch mit einer Reihe beeindruckender und darüber hinaus überraschender Werkzeuge und Artefakte vergangener Zivilisationen. Diese antiken Objekte, für die selbst Wissenschaftler keine Erklärung finden können, müssen von Kulturen geschaffen worden sein, die über enormes Wissen verfügten und sich vor uns entwickelten. Wenn man bedenkt, dass es in einer Zeit, in der es noch keine Elektrizität, keine Elektrogeräte und noch keine Mechanisierung gab (zumindest nach dem, was uns erzählt wird), wie konnten diese Kulturen solche Objekte hervorbringen, die damals nicht existieren dürften?

Forscher liefern immer wieder spannende Informationen über vergangene Zeiten unserer Geschichte. Manchmal stößt die Wissenschaft an ihre Grenzen und es kommen ungeklärte Dinge ans Licht. Zum Beispiel: Ein Zahnrad aus einer Zeit, bevor das Rad auf der Erde erfunden wurde. Oder ein Eisenhammer mit einem Holzstiel, der in den Fels eingebettet ist. Abgesehen davon, wie ein modernes Werkzeug in eine prähistorische Gesteinsmasse gelangen kann, sind Wissenschaftler erstaunt über die Tatsache, dass das Eisen, das in diesem Hammer verwendet wurde, noch reine ist als das heutige Eisen. Aus einigen Ruinen und Objekten lassen sich überraschende Schlussfolgerungen über die verlorenen und verborgenen Zusammenhänge der Menschheitsgeschichte, Zeitalter und Kulturen ziehen, die selbst mit der aktuellen Technologie und dem aktuellen Wissensstand nicht erklärt werden können. Es ist, als kämen diese Dinge von außerhalb dieser Erde und widersetzen sich der heutigen Wissenschaft.

Die Autoren **Klaus Dona** und **Reinhard Habeck** schreiben: **„Im Labyrinth des Unerklärlichen: Rätselhafte Funde der Menschheitsgeschichte**" und stellen in dem Buch folgende Fragen: Woher kommen wir? Wo ist die Wiege unserer Zivilisation? Waren unsere Vorfahren viel weiter fortgeschritten, als wir bisher dachten? Ist die Menschheit älter als es scheint? Gibt es Spuren versunkener Imperien, die übersehen werden, weil sie nicht in die vorherrschende wissenschaftliche Weltanschauung passen? Wurden beunruhigende Wahrheiten verborgen, Lehren verfälscht? In einer beispiellosen archäologischen Schatzsuche haben **Klaus Dona** und **Reinhard Habeck** unglaubliche Kunstschätze und verlorene Artefakte ausgegraben. Unbezahlbare archäologische Funde, die teilweise in Geheimarchiven und Privatsammlungen aufbewahrt werden, werden in diesem wunderschön illustrierten Band erstmals gezeigt und sorgen für Aufsehen.

Einige der Themen sind zum Beispiel:
Mysteriöse Fossilien: Ein 140 Millionen Jahre alter Hammer, ein 400 Millionen Jahre alter Schuhabdruck verwirren Experten ebenso wie eine zerdrückte primitive Schnecke. Das Gleiche gilt für menschliche Fußabdrücke aus der Dinosaurierzeit.

Kristallschädel: Wo haben unsere Vorfahren die wunderbare Produktionstechnik gefunden, die selbst in unserer Zeit nicht besser sein könnte?

Verlorene Funde: Es gibt unerklärliche Sammlungen mit seltsamen Charakteren und Symbolen, darunter **Pater Crespis** **„Metal Library**" in Ecuador. Die **„Michigan-Tafeln**" aus den Kellerarchiven der Mormonen oder die Steinplatten, die der Amerikaner Russell Burro in einem Tunnelsystem entdeckt hat. Was bedeuten die Zeichen und Symbole?

Ungewöhnliche leuchtende Objekte: Seltsame Überreste einer unbekannten Kultur wurden in den Wäldern Ecuadors gefunden. Inklusive einer „Weltkarte" mit Umrissen fremder Kontinente. Einige Stücke, die Sternkonstellationen darstellen, zeigen erschreckend helle Effekte. Wer, wann, wie und zu welchem Zweck hat diese Stücke gemacht?

Legendäre Unterwasserfunde: In verschiedenen Teilen der Welt – von der Meeresregion der Bahamas im Atlantik bis zur Küstenregion Taiwans und den japanischen Inseln rund um Llogara – wurden in den letzten Jahren Überreste aussterbender Kulturen entdeckt. Wer hat die riesigen Denkmäler auf dem Meeresgrund geschaffen?

Alte High-Tech: Kunstvoll hergestellte Miniatur-Instrumente; eine prähistorische Steinscheibe mit „genetischer Information"; eine Lichtquelle im alten Ägypten; Antike optische Vergrößerungslinsen; erstaunliches astronomisches Wissen in Stein verewigt. All diese Funde beweisen, dass unsere Vorfahren viel fortgeschrittener waren, als wir glaubten. **Woher hatten sie dieses Wissen und warum verschwand es im Laufe der Geschichte wieder?**

Vielleicht sind es nur Puzzleteile, bei denen von einigen nicht gewollt wird, dass wir etwas davon erfahren.

Forscher und Archäologen auf der ganzen Welt sind ständig auf der Suche nach neuen Antworten auf alte, ungelöste Fragen historischer Erkenntnisse, können jedoch trotz aller Bemühungen keine große Masse der Öffentlichkeit erreichen und haben aus irgendeinem Grund Schwierigkeiten, die nötige Glaubwürdigkeit beim Mainstream zu erlangen. Wenn bestimmte Dinge auf der Homepage der Medien Schlagzeilen machen, dann werden sie offiziell. Sollen wir bis dahin nur so viel in unser Repertoire aufnehmen, wie wir wollen oder können? Was wäre, wenn das, was wir zu wissen glauben, nur eine kunstvoll gewobene Illusion oder eine vorsätzliche Täuschung wäre, wie würden wir das dann wissen? Was wäre, wenn der Glaube an die Unparteilichkeit und Unabhängigkeit der Medien nur ein optimistischer Wunsch wäre?

Wo Fragen sind, beginnt die Reise der Suche nach Antworten. Nach unerklärlichen Fragen: Wer, wann, wie und weshalb haben sie diese gebaut? (einige ausgewählte Funde)

Nazca-Linien

Die Nazca-Linien sind eines der Geheimnisse, die heute noch ungelöst sind. Von der Erde aus sieht man nicht viel, aber vom Himmel aus sieht man, dass dort viele Tiere und Pflanzenzeichnungen stehen, wie Kolibri, Affe, Eidechse und Spinne. Diese Geoglyphen, die sich in einem einzeiligen Zustand bewegen, einige von ihnen sind bis zu 300 m lang, warten immer noch geduldig darauf, dass wir ihre Botschaft verstehen. Es wird angenommen, dass sie vor etwa 2.000 Jahren entstanden sind. Aber selbst 2.000 Jahre nach ihrer Entstehung haben die heutigen Menschen nicht die geringste Ahnung, wie und warum sie gemacht wurden. Archäologen fragen sich seit Jahren, warum Menschen in der Nazca-Kultur einst riesige Darstellungen von Tieren und Pflanzen in den Felsen geschnitzt haben. Ein deutsch-peruanisches Forscherteam näherte sich der Lösung. Aus der Luft sehen die in den Boden geschnitzten Linien von Nazca aus wie verblasste Zeichnungen. Ebenso haben zahlreiche Wissenschaftler und Forscher wiederholt neue Interpretationen der Linien ausprobiert. Früher galten Inkastraßen als Bewässerungssysteme. Wenn wir Bilder von primitiven Heißluftballons sehen wollten, oder etwas fantasievoller, könnte man sagen, dass sie als Landebahnen für Aliens konzipiert wurden. Trockene Wüsten und Berghänge dienten Nazca als eine Art Leinwandgesicht. Sie mussten nur eine Vorderschicht aus dunkleren Steinen von der Oberfläche entfernen und den darunter liegenden helleren Sand freilegen, um jahrhundertealte Zeichen in trockenem Klima zu erzeugen. Diese neuen Funde führen zu einer wichtigen Information über die Nazca-Abstammung: Sie sind nicht an einem Ort und für einen einzigen Zweck entstanden. Viele überlagern frühere Bodenbilder, die teilweise verschwommen oder überschrieben sind. Interessant ist, wie die Motive dieser Größenordnung in Proportionen dargestellt werden können, ohne vom Himmel aus gesehen zu werden.

Terrakotta-Soldaten

Die Terrakotta-Armee wurde 1974 von einem Bauern entdeckt. Diese Armee, die mit ihren Pferden, Kutschen, Pfeilen und Bronzeschwertern seit 2.000 Jahren unter der Erde ist, hat die archäologische Welt ziemlich erschüttert. Tonkrieger, die in mehreren Kammern eines Grabes in Zentralchina stehen, gelten als Meisterwerke des Handwerks. Genau wie eine echte Armee besteht sie aus einer Vielzahl von Soldaten, darunter Bogenschützen, Infanterie, Autofahrer, Offiziere und Generäle. Handwerker gaben den bunt bemalten Figuren einst verschiedene Rüstungen und Uniformen, sogar ihre Gesichtszüge wurden individualisiert. Die Terrakotta-Armee besteht aus mehr als 7.000 Soldaten in der Größe echter Menschen, und interessanterweise hat jeder ein anderes Gesicht. Der stolze Blick der Terrakotta-Armee zeigt den Wunsch der Krieger, den Kaiser auch heute noch im Reich der Toten zu beschützen. Diese Kämpfer sind in vier parallelen Gräben aufgereiht und stehen auf einer Fläche von etwa 400 Quadratmetern. Aber nur drei der Gruben waren mit Kämpfern ausgestattet. Da die vierte Grube leer ist, wird davon ausgegangen, dass die Arbeiten am Schrein gestoppt wurden, bevor alle Pläne realisiert wurden. Wie wurden keramische Figuren in dieser Menge und dieser Größe hergestellt? Noch wichtiger ist, in welcher Größe und in wie vielen Öfen wurden sie gebacken?

Moai-Köpfe

Riesige Statuen aus massivem Stein auf der **Osterinsel**, 3.703 km vor Chiles Küste im Großen Ozean, können das Geheimnis der Moai nicht entschlüsseln. Es wird geschätzt, dass die Moai-Steine zwischen 1250 und 1500 von den Menschen von Rapa Nui geschnitzt wurden, die größte ihrer Statuen ist 10 m lang und wiegt 82 Tonnen. Historiker und Forscher haben bisher keinen Konsens über die Codes erzielt, die hinter 887 Statuen gefunden wurden und noch nicht entschlüsselt wurden. Es wird angenommen, dass, wenn diese Codes entschlüsselt werden, vielleicht herausgefunden wird, was zum Aussterben der Bevölkerung auf der Insel geführt hat. Die Entdecker der

Osterinsel fragten sich, wie die Steinstatuen über 15 km ohne Nutztiere an die Küste transportiert werden konnten. Mehrere Moai-Statuen, die wahrscheinlich während des Transports aufgegeben wurden mit dem Gesicht zum Himmel oder mit dem Gesicht zum Boden bergauf gefunden. Der norwegische Forscher Thor Heyerdahl versuchte1955 zu beweisen, dass Moai-Statuen mit genügend Menschen und angemessener Muskelkraft gezogen wurden, aber eine neuere Theorie geht davon aus, dass die Figuren durch Ziehen mit Seilen bewegt wurden.

Karte des türkischen Seefahrers Piri Reis

Die Karte von Afrika, Amerika und dem Südpol, die Piri Reis 1513 zeichnete, befindet sich noch im Topkapi-Palast. Im Jahr 1929, als sie entdeckt wurde, sorgte sie für Aufsehen, denn die Entdeckung des Südpols fand lange nach der Zeichnung der Karte statt, nämlich 1818. Außerdem zeigte die Karte von Piri Reis die eisigen Küsten des Kontinents. Aber das Eis auf dem Kontinent schmolz genau 6.000 Jahre bevor die Karte gezeichnet wurde. Sie wurde 1952 vom amerikanischen Kartenexperten Mallery untersucht. Mallery kam zu überraschenden Ergebnissen. Die Details auf der Karte waren korrekt, und der Zeichner schien zu wissen, dass die Erde rund war. Eine weitere unerklärliche Frage war, wie solch perfekte Details auf dieser Karte dargestellt werden können, d. h. gezeichnet werden können, nur indem man vom Himmel herabblickt und Fotos macht.

Antikythera

Es wurde aus den Überresten eines versunkenen griechischen Frachtschiffs geborgen und soll für astronomische Zwecke verwendet worden sein. Der Antikythera-Mechanismus ist das intelligenteste Gerät, das seit der Antike bekannt ist. Obwohl Archäologen immer noch daran arbeiten, wie dieses Gerät verwendet wird, behaupten sie, dass es ein ziemlich komplexer astronomischer Kalender sein könnte. Das heißt, es wird verwendet, um die Zeit zu berechnen oder als Navigationshilfe für Seeleute. Die Ergebnisse der letzten Untersuchungen aus dem

Jahr 2006: Der Antikythera-Mechanismus soll ein antikes Gerät sein, das astronomischen Uhren ähnelt und astronomische Kalender-Beziehungen mit Hilfe von Zahnrädern und Zifferblättern anzeigt. Es ist bekannt, dass es mindestens 2.000 Jahre alt ist und im Nationalmuseum in Athen als das interessanteste antike Relikt dieser Zeit ausgestellt ist. Nur ein Drittel des Gerätes konnte gerettet werden, ein vergleichbares Gegenstück wurde noch nicht gefunden. Es gilt als der erste mechanische Computer der Welt.

2.000 Jahre alte Batterie

Sie wurde 1938 in der Nähe der irakischen Hauptstadt Bagdad gefunden. Sie wurde beschrieben als „älteste Batterie der Welt", bestehend aus einem Kupferzylinder, der in einem 13 cm großen Erdbehälter, einer Eisenstange um ihn herum und Asphalt, der die Mündung seines Tests bedeckte. Man sagt, die Batterie kann etwa 2 Volt Energie erzeugen.

Die Forscher haben auch einige Annahmen dazu, welche Art von Funktion diese Batterie hat:[108]

- Sie wird als Spannungsquelle für die Vergoldung verwendet: Zu diesem Zweck verwendeten die Goldschmiede von Bagdad ein einfaches Gerät ohne externe Spannungsquelle; der Strom, der für die galvanische Beschichtung benötigt wird, wird durch Oxidation des Zinkteils erzeugt. Die freigesetzten Elektronen strömen durch den Kupferdraht zum vergoldeten Objekt.

- Sie wird als Spannungsquelle verwendet, um Wasser zu sterilisieren; die Batterie wird für medizinische Zwecke wie Elektrotherapie und Wasserreinigung verwendet, da einige Bakterien auf Strom reagieren (Elektrotropismus). Darüber

108 https://www.uniulm.de/fileadmin/website_uni_ulm-/nawi. inst.251/Didactics/Geschichte_der_Elektrochemie/frueh/parther3.html

hinaus erwähnen verschiedene alte Autoren die Verwendung von „elektrischem Fisch", zum Beispiel bei Rheuma.

- Sie wird als Spannungsquelle für Leuchtkörper verwendet; mit dem Strom der Batterie wird eine Taschenlampe oder Glühbirne betrieben. Bisher konnte jedoch noch kein Forscher nachweisen, dass die alten Ägypter, Sumerer und Assyrer Glühbirnen verwendeten. Trotzdem sind Autoren wie **Erich von Däniken** (Buch: „Die Augen der Sphinx") oder Krassa und Habeck (Buch: „Das Licht der Pharaonen", 1994) der Meinung, dass die Ägypter bereits von elektrischem Licht wussten. Es gibt viele Hinweise darauf, dass die Ägypter Elektrizität kannten und nutzten (z. B. auch in Reliefs abgebildet.)

„Las bolas" – Steinkugeln von Costa Rica

Mehr als 300 Steinkugeln – einige von ihnen bis zu 15 Tonnen – markieren die Landschaft im Süden Costa Ricas, insbesondere in der Region des Deltas Diquis. Ihr Zweck ist unbekannt, und es ist auch schwierig, ihr Alter zu bestimmen, da die meisten von ihnen von ihren ursprünglichen Orten entfernt wurden. Nach Ansicht der meisten Experten schuf sie jedoch die präkolumbianische Boruca-Kultur in der Zeit von 600–1200. UFO-Gläubigen zufolge wurden sie von Außerirdischen hingestellt, die die Erde besuchten. Andere sehen Verbindungen zu Statuen in Stonehenge oder auf der Osterinsel. Hunderte dieser Kanonen mit einem Durchmesser von wenigen Zentimetern bis 2,13 m, die schwersten 16 Tonnen, liegen verstreut in der Natur. Die meisten von ihnen bestehen aus Granodiorit, einem harten, vulkanischen Gestein, das Granit ähnelt.

Wie sie entstanden sind, bleibt ein Rätsel, denn wie konnte eine Kultur, die noch keine mechanischen Werkzeuge hatte, solche glatten Kugeln erschaffen? Noch wichtiger ist, was sind ihre Funktionen und zu welchem Zweck wurden sie geschaffen?

Saksaywaman – Die zyklopischen Mauern der Inkas

Hoch über der alten Inka-Hauptstadt Cuzco liegen die imposanten Ruinen von Saksaywaman. Es ist das größte von den Inkas erbaute Gebäude. Vermutlich diente Saksaywaman als Festung. Es könnte aber auch sein, dass die Anlage eher sakralen Zwecken diente. Der Hauptteil des Gebäudes besteht aus drei 600 m langen, im Zickzack verlaufenden Mauern, die übereinander angeordnet sind. Auffallend ist die Technik, mit der die Mauern errichtet wurden: Beim sogenannten Zyklopenmauerwerk schichten Arbeiter teilweise unregelmäßig geformte Steine auf, sie sind riesig, ohne Mörtel oder sorgfältiges Verkitten untereinander. Die Steine sind so empfindlich, dass nicht einmal ein Rasiermesser dazwischengeschoben werden kann. Die Inkas formten die Steine im Steinbruch grob in die gewünschte Form und transportierten sie dann mit Seilen zur Baustelle, wo die Feinbearbeitung erfolgte. Wie genau sie das machten – sie kannten weder das Rad noch die Eisenwerkzeuge –, blieb letztlich unklar. Wahrscheinlich bauten sie Rampen, um die schweren Steine an ihren Platz zu befördern. Wahrscheinlich haben sie eine Schablone verwendet, um die Steine genau einzupassen. Oder vielleicht ist die heutige Informationskapazität zu schwach, um eine angemessene logische Erklärung zu liefern.

Bosnische Pyramiden

Visoko liegt in Bosnien und Herzegowina und ist seit 2005 als Standort der „Bosnischen Pyramiden" bekannt. Laut **Dr. Semir Osmanagić** sind die bosnischen Pyramiden die ältesten der Welt. Diese sollen über 30.000 Jahre alt sein und zeugen von der damaligen Hochkultur in diesem Teil der Welt. Im April 2005 stellte Osmanagić die Hypothese auf, dass es in Visoko fünf Pyramiden und unterirdische Tunnel gab. Ihm zufolge wurde der Bau der Pyramide vor dem Ende der letzten Eiszeit abgeschlossen. Osmanagić gab später bekannt, dass er an der Spitze der Sonnenpyramide, der größten dieser fünf Pyramiden (die auch größer als die Pyramide von Gizeh ist), stehende Wellen entdeckt hatte, die sich schneller als die Lichtgeschwindigkeit ausbreiteten und sogar intergalaktische Kommunikation ermöglichten. Den Messungen des Forschers zufolge soll ein 28.000 Hertz starker Strahl elektromagnetischer Energie, die von der Spitze der Sonnenpyramide mit einer Breite von über 4,5 m ausgeht, eine harmonische und stark transformierende Wirkung auf menschliche Zellen haben.

Laut Semir Osmanagić haben Physiker und Elektroingenieure aus verschiedenen Ländern, darunter Deutschland und Finnland, anhand einer Reihe von Messungen bestätigt, dass bestimmte Energiefelder und Strahlung von den fünf Pyramiden ausgehen. Es ist mittlerweile eine wissenschaftlich bekannte Tatsache, dass die Pyramiden die Eigenschaft haben, Licht und Photonenenergie von der Erde zu absorbieren und spiralförmig in den Weltraum aufsteigen. Die Pyramiden sind also durchaus in der Lage, photonische Energie zu konzentrieren und zu zerstreuen. Photonen können gesammelt und in DNA-Molekülen gespeichert werden, was sich positiv auf die Gesundheit auswirkt.

Darüber hinaus wurden zahlreiche Tunnelbauwerke und künstliche Betonblöcke gefunden. Nach der Analyse von sieben Materialforschungsinstituten in Frankreich, Italien, der Tschechischen Republik und der Slowakei weisen sie eine bessere Zusammensetzung und Haltbarkeit auf als Industriebeton.

Antike „Goldene Flugzeuge"

Das berühmte Goldmuseum in Bogotá (Kolumbien) ist ein wahrer Schatz: Besucher können in Glasvitrinen rund 33.000 unschätzbare Schätze indianischer Ureinwohner bewundern. Darunter sind Objekte, die Forscher auch heute noch verwirren! Sie sehen aus wie Miniflugzeuge oder Raketenmodelle – diese Technologien wurden erst Jahrhunderte später erfunden! Luftfahrtingenieure untersuchten neugierig die Objekte und waren verblüfft: Sie bemerkten hochmoderne aerodynamische Elemente, die in der Natur nicht zu finden waren. Viele Objekte verfügen über ein rechtwinkliges Ruderblatt und entsprechenden horizontal angeordneten Auftrieb – und widersprechen damit eindeutig jeder Darstellung eines Vogels. Andere Bauformen sind so neu, dass sie in modifizierter Form in modernen Transportflugzeugen und Raumfähren eingesetzt werden.

Kristallschädel

Dieser 1.000 Jahre alte Maya-Kristallschädel wurde in einen einzigen Kristallblock geschnitzt. Das unter dem Schädel eingefangene Licht, dessen Entstehung noch unklar ist, wird direkt von der Augenhöhle reflektiert. Diese Technologie soll auch heute noch möglich sein. Der berühmteste lebensgroße Kristallschädel mit einem Gewicht von 5,3 kg wurde angeblich 1924 in Lubaantun, Britisch-Honduras (heute Belize) entdeckt. Abgesehen davon gibt es noch andere Beispiele. Kristallschädel sind Nachbildungen menschlicher Schädel aus Bergkristall oder anderen Edelsteinen, von denen behauptet wird, sie seien Produkte der Hochmittel-, Mittel- oder Südamerikakulturen (Inka, Maya oder Azteken). Hinweise auf Hochkulturen der amerikanischen Ureinwohner basieren lediglich auf Behauptungen und werden nicht durch überprüfbare archäologische Funde oder unabhängige historische Dokumente gestützt. Daher sind das Alter und die genaue Herkunft dieser Kristallschädel bis heute umstritten und früher in Museen ausgestellte Kristallschädel wurden wiederholt als Fälschungen identifiziert.

Göbekli Tepe[109]

Natürlich war bekannt, dass die Region eines der ältesten Zentren der Menschheit war. Allerdings haben die Ergebnisse von Schmidt und seinem Team über die Jahre alles noch viel weiter zurückreichen lassen. Die Region sei viel älter als bekannt. Die 1994 im entdeckten Göbekli Tepe durchgeführten Untersuchungen ergaben, dass wir alles, was wir über die Entwicklung der Menschheitsgeschichte bis zu diesem Zeitpunkt wussten, unterstreichen und diese Informationen erneut prüfen mussten. Man erkennt, dass die auf etwa 200 geschätzten T- und L-förmigen Obelisken, die mit Relief-Tierdarstellungen verziert sind, kreisförmig angeordnet sind. In der Mitte der

---

109 https://www.gazeteduvar.com.tr/kitap/2020/01/16/kasifi-gobe-kli-tepede-ne-buldu

Säulen sind zwei höhere T-förmige Säulen platziert, die menschenähnlich und gesichtslos sind und deren Hände auf ihren Nabeln verbunden sind. Dies ist keine Siedlung, sondern ein Tempel, 5 km von der nächsten Wasserquelle entfernt. Es ist interessant, wie eine Reihe von „Bauwerken" so weit entfernt und vor 12.000 Jahren errichtet werden konnte, als die Landwirtschaft noch nicht begonnen hatte. Einige der Steine, die in den Steinbrüchen in der Nähe von Göbekli Tepe abgebaut, verarbeitet und daraus abtransportiert wurden, erreichen eine Länge von 7 m und wiegen bis zu 50 Tonnen. Und es wurden einige Skulpturen gefunden.

Wie wurden diese Steine getragen?

Natürlich wirft dieses Ergebnis neue Fragen auf. Mit welcher Motivation konnten Jäger und Sammler menschlicher Gesellschaften Göbekli Tepe in einer Zeit aufbauen, in der die Landwirtschaft noch nicht begonnen hatte und Tiere noch nicht domestiziert waren?

Am Göbekli Tepe wurden viele Tierskelette gefunden, aber seltsamerweise hatte keines von ihnen Schädelknochen. Andererseits waren menschliche Knochen über das Land verstreut und nur in geringer Zahl vorhanden. Es wird angenommen, dass Göbekli Tepe etwa tausend Jahre lang genutzt wurde, aber aus irgendeinem Grund wurde er später mit Steinen und Erde bedeckt. All dies ist sehr schwer logisch zu interpretieren, aber es ist offensichtlich, da eine Zivilisation stattgefunden hat. Ansonsten wären alte Schriften, Tafeln und altes Wissen, die von zyklischen Entwicklungen und Zivilisationen sprechen, nur ein Mythos. Wenn man alles zusammenfasst, was derzeit nicht in die Mainstream-Geschichte passt, kommt man logischerweise nicht umhin, diese Möglichkeit in Betracht zu ziehen. Dies könnte die folgende Behauptung sein: Es gab viele Zivilisationen mit ähnlicher und/oder fortschrittlicherer Technologie (wahrscheinlich) als die, die zuvor auf der Erde verfügbar war. Denken Sie nicht, dass es für uns an der Zeit ist, aus unserem jahrhundertelange „**Dornröschenschlaf**" aufzuwachen?

TECHNISCHE ENTWICKLUNGEN

Veränderungen und Innovationen in der Technologie spiegeln sich in der Anwendung neuen Know-hows, verbesserter oder neuer Methoden, Arbeitsabläufen, Produktionsprozessen und Produkten wider. Es ist fraglich, ob die Innovation der Technologie immer einen Fortschritt im Sinne einer allgemeinen Verbesserung für den Menschen darstellt, auch aufgrund der negativen Auswirkungen auf Mensch, Natur und Gesellschaft. Darüber hinaus hat die Entwicklung moderner Technologie auch Nachteile, wie etwa die Schaffung einer Abhängigkeit von neuen Technologien. Auch wenn der Taschenrechner eine gute Erfindung ist, kann es sein, dass Menschen keine mentalen Berechnungen mehr durchführen und dadurch ihr Gedächtnis getrübt wird. Der Ersatz menschlicher Arbeitskraft durch Maschinen führt zu einem Anstieg der Arbeitslosigkeit. Diese Technologien haben nach und nach einen erheblichen Teil des täglichen Lebens der Menschen übernommen und es wäre für einige von uns undenkbar, ohne sie auszukommen. Ebenso bedeutet der Einsatz neuer Technologien eine deutliche Steigerung der Effizienz und Produktivität. Dies geschieht in fast allen Fällen durch verstärkte Automatisierung auf Kosten der Arbeitnehmer.

Um die Technologie zu verstehen, ist es notwendig zu wissen, welche Vor- und Nachteile sie bietet. Die Erfindung des Computers war zweifellos ein sehr wichtiger Punkt. Dies wird die Kommunikation verbessern und es den Unternehmen erleichtern, im Ausland zu kommunizieren und sehr schnell auf Informationen, Neuigkeiten und Innovationen zuzugreifen. Der Einsatz von Technologie erfordert auf jeden Fall Regeln und neue Gesetze. Beispielsweise ist die Nutzung des Internets eine individuelle Freiheit. Allerdings kann man bei der Erfindung von Waffentechniken eher von einem Fluch als von einer Freiheit sprechen. Tatsächlich ist es schwierig zu bestimmen, welche Vorschriften erlassen werden sollten, sobald diese Technologien eingeführt und implementiert sind, oder vielmehr ist es eine Frage des Vertrauens. Die Frage des Vertrauens ist hier nicht das Vertrauen in diese sich entwickelnde Technik oder in die künstliche Intelligenz selbst, der wir jeden Tag einen Schritt näherkommen, sondern vielmehr die Tatsache, dass sie unter der Herrschaft derer stattfindet, die uns regieren, und daher unter ihrer Kontrolle. Zum Beispiel die Sicherheit von Anwendungen für die bevorstehende Einführung autonomer Fahrzeuge, die mit künstlicher Intelligenz ausgestattet sind. Der schillernde Zauber der Technologie erzeugt nicht nur die eine oder andere einfache, übersehene Täuschung, sondern verändert auch unser tägliches Leben, unsere Weltanschauung und sogar unsere Gefühle.

Die technologischen Entwicklungen müssen unter Kontrolle gebracht werden!

Heutzutage gibt es viele Geräte und Instrumente, mit denen Wissenschaftler Dunkle Materie, Schwarze Löcher und andere bisher ungeklärte Geheimnisse des Universums untersuchen. Die Wissenschaft entwickelt sich von Jahr zu Jahr weiter und Forscher gewinnen neue Erkenntnisse, die sie sich in vergangenen Jahrhunderten nicht hätten vorstellen können. Und wenn all diese erstaunlichen Entdeckungen auf alle Erfindungen der Wissenschaftler der vergangenen Jahrhunderte angewendet worden wären, hätte dies viel früher geschehen können. Viele von ihnen wurden jedoch von einigen Sektionen zu Unrecht vergessen oder lange Zeit vor der Öffentlichkeit verborgen. Einige werden nicht einmal in den Geschichtsbüchern erwähnt. Kurz gesagt: Wenn man Sie fragt, was das Thema Vertrauen ist, dann ist das genau das Problem!

In den letzten 500 Jahren hat man enorme Fortschritte gemacht und das tägliche Leben vieler Menschen verbessert. Nicht alle Erfindungen können einem einzigen Erfinder zugeschrieben werden, und bei einigen gehört der Ruhm tatsächlich einem anderen Erfinder. Aus den meisten Erfindungen gingen sehr erfolgreiche Geschäftsideen hervor, aus denen zu Recht sehr profitable Unternehmen entstanden. Obwohl dies offizielle Daten sind, geht die Erfindung der meisten von ihnen, wie man vermuten kann, auf die Vergangenheit zurück, aber ihre Präsentation vor uns verbreitete sich erst später. Genau wie bei E-Autos. Vor 110 Jahren fuhr der deutsche Kaiser Wilhelm ein Elektroauto. Wenn wir es so ausdrücken: Etwas, das bereits existiert, wird heute neu erfunden. Das ist der neueste Stand des modernen Menschen!

Die wichtigsten Vor- und Nachteile der Technologie

Vorteile

Informationen stehen jedem zur Verfügung. Die Informationstechnologie hat sich dank des Internets, das eine nahezu weltweite Verbindung und einen schnellen Zugriff ermöglicht, um sich über alles, was überall auf der Welt geschieht, auf dem Laufenden zu halten, drastisch weiterentwickelt. Menschen können Nachrichten erfahren und Entscheidungen darüber treffen. Zugang zu öffentlichen Ressourcen. Eines der am weitesten verbreiteten Dinge ist Unternehmertum und es hat alles damit zu tun, dass es in vielen Fällen ohne große Ressourcen erreicht werden kann und durch globale und technische Konnektivität erleichtert wird. Dank des technologischen Fortschritts in dieser Branche können Sie unter anderem Online-Shops erstellen, auf kostenlose Ressourcen zugreifen und für ein Unternehmen arbeiten, das sich an einem anderen Ort, also irgendwo auf der Welt befindet. Technologische Fortschritte erleichtern die Kommunikation. Vor Jahren war die Kommunikation nicht so fließend, wie sie sich nach der Explosion neuer Technologien entwickelte. Es war undenkbar, sofort mit jemandem kommunizieren zu können, der in einem anderen Teil der Welt lebt. Videos, Videoanrufe, E-Mails und soziale Netzwerke machen es einfach, überall in Verbindung zu bleiben. Ebenso hat von der Technologie das Transportwesen profitiert. Sie können schneller und längere Strecken zurücklegen. Neben Innovationen, die alle Fahrten deutlich sicherer machen, entstehen auch bei Transportfahrzeugen neue Alternativen. Technologische Geräte erleichtern die Hausarbeit.

Dank der Fortschritte in der Technologie und der Internetverbindung und damit der Elektrizität ist es möglich, verschiedene Geräte zu betreiben, um automatische Aufgaben auszuführen, die zuvor manuell ausgeführt wurden (Geschirrspüler, Reinigungsroboter, Beleuchtungssystem, Sicherheitssystem, automatische Türen usw.), und das Leben der Benutzer einfacher machen.

In der Industrie hat die Einführung von Maschinen und Zubehör zu einer höheren Produktivität und damit zu Fortschritten geführt. Um diese Ergebnisse zu erzielen, wurden manuelle Arbeitsmaschinen durch automatische Maschinen ersetzt. Unter Mechanisierung versteht man auch den schnellen Transport von Produkten zum Verbraucher in der Industrie, beispielsweise in der Lebensmittelindustrie. Es hat auch vielen Unternehmen, die ein großes Produktvolumen benötigen, ermöglicht, Geschäftsprozesse früher abzuschließen und eine höhere Produktivität zu erzielen. Neue Geschäftsoptionen. Telearbeit erfreut sich immer größerer Beliebtheit, da dank der Internetverbindung und der dafür bereitgestellten Tools (Computer, mobile Geräte) neue Arbeitsplätze entstanden sind und vieles davon von zu Hause aus erledigt werden kann, zum Beispiel: Community Manager, virtueller Assistent, Grafikdesigner, Schriftsteller, Illustratoren, Journalisten und andere.

Außerdem: Die Unterhaltungsindustrie ist ein weiterer Aspekt, der von der Technologie beeinflusst wird. Beispiele hierfür sind Videospiele, der Vertrieb zahlreicher Spielfilme, TV-Serien und Dokumentationen, die einfache Teilnahme an Seminaren sowie digitale Streaming-Plattformen mit Unterhaltung.

Nachteile[110]

Am Ende könnte es zu Arbeitslosigkeit kommen. Dies gilt bei Maschinen in Branchen, in denen bisher Aufgaben manuell verwaltet wurden. Wenn dies so weitergeht, können viele Arbeits-

---

110 https://de.economy-pedia.com/11035317-advantages-and-disad-
vantages-of-technology

plätze durch den Einfluss technologischer Geräte verändert werden. Isolation kann entstehen, wenn nur die digitale Welt zur Erledigung aller möglichen Aufgaben genutzt wird und es kaum reale soziale Kontakte gibt. Die ständige Nutzung sozialer Netzwerke kann zu Einsamkeit und Isolation führen, da Menschen, die nie das Haus verlassen, über das Internet, mobile Geräte und Videospiele auf alles zugreifen können, was sie brauchen.

Es bestehen übermäßiges Wissen über ein bestimmtes Fachgebiet oder Thema, wenige Kommunikationskanäle, alle paar Sekunden eine Nachricht und viele Informationen. Manchmal ist es schwierig zu wissen, ob es sich um die richtigen Informationen handelt. Es erfordert einen kritischen Geist und Recherche, um mit Sicherheit zu wissen, wer konsistente Informationen liefert und welche Experten an bestimmte Themen glauben.

Aufgrund des Einsatzes von Technologie bleiben Datenschutz- und Sicherheitsprobleme in der Gesellschaft verborgen. Die Einbeziehung persönlicher Daten und Bankkarten beim Online-Kauf von Produkten sowie der Diebstahl von Passwörtern aus Konten oder sozialen Netzwerken einer anderen Person sind ein ständiges Problem. Da die meisten technologischen Entdeckungen darauf abzielen, den menschlichen Aufwand zu reduzieren, bedeutet dies mehr Arbeit für Maschinen und weniger Arbeit für den Menschen, weil Prozesse automatisiert sind. Im Vergleich zur künstlichen Intelligenz ist die Arbeitseffektivität beim Menschen geringer, dies bei Maschinen nicht der Fall. Sie müssen nicht einmal Toiletten oder Essenspausen einlegen, außerdem werden Sie nie krank, verfehlen oder verspäten sich nicht und können 24 Stunden am Tag, sieben Tage die Woche ohne Bezahlung arbeiten. In diesem Fall wird menschliche Arbeit unnötig. Genauer gesagt ist der Mensch selbst nicht mehr notwendig, so dass eine menschliche Bevölkerung von 8 Milliarden Menschen auf dem Planeten leicht auf weniger als eine Milliarde reduziert werden kann. Bevor wir künstliche Intelligenz mit Freude annehmen, müssen wir daher vorausschauend sein und vor allem diejenigen hinterfragen, die uns regieren.

Es ist sicher, dass Industrie und Wissenschaft immer Hand in Hand gehen, und es sollte jetzt bekannt sein, dass die Politik in dieser Richtung als Instrument eingesetzt wird. Mit anderen Worten: Dinge, die die betroffene Politik beschließt oder bewusst vermeidet und die der Allgemeinheit und der Natur mehr nützen, werden entweder eingeleitet oder blockiert. Man sollte sich also darüber im Klaren sein, dass diejenigen, die sich selbst als unsere Meister betrachten, nur so lange von der Technologie profitieren können, wie sie es uns ermöglicht, sie zu nutzen, ansonsten müssen wir uns weiterhin mit einigen Unterhaltungen des Lebens zufriedengeben. Vielleicht ist dies eine sehr scharfe Definition, aber der Zeitraum, in dem wir uns befinden, sagt Veränderungen voraus, die mindestens so einschneidend sind.

„Freie Energie ist für alle kostenlos" – Nikola Tesla[111]

Kürzlich gab die Springer-Presse öffentlich bekannt, dass das deutsche **FBI** alle technischen Unterlagen einer herausragenden Persönlichkeit beschlagnahmt habe. Jetzt ist es an der Zeit, dem Erfinder **Nikola Tesla** den gebührenden Respekt zu erweisen, der möglicherweise die freie Energie entdeckt hat. Nikola Tesla wurde 1856 in Kroatien geboren. Obwohl seine Erfindungen lange Zeit geheim gehalten wurden und nur wenige Menschen davon wissen, kann man mit Sicherheit sagen, dass er einer der brillantesten Erfinder aller Zeiten ist. Denn machte er bahnbrechende Erfindungen, die bis heute darauf warten, die Welt zu revolutionieren. Er starb 1943 und arbeitete zuletzt an einer

---

111 https://www.pravda-tv.com/2017/07/freie-energie-kostenfrei-fu-er-alle-jetzt-bestaetigt-fbi-beschlagnahmte-akten-des-genialen-erfinders-nikola-tesla/
https://www.nationalgeographic.de/wissenschaft/2019/11/5-fak-ten-ueber-nikola-tesla-das-verkannte-genie

„Strahlenkanone". Spekulationen darüber, dass das FBI zusammen mit seinen Erfindungen auch Dokumente gestohlen hat, halten sich seit Teslas Tod hartnäckig.

Warum werden Teslas Erfindungen unterdrückt?

Was hat Tesla erfunden, was die Welt nicht wissen sollte? Er war ein Wissenschaftler mit über 700 Patenten. Seine Arbeit führte ihn zu Innovationen in den Bereichen Zweiphasen-Wechselstromsystem, drahtlose Kommunikation, Laser, Röntgen, Radar, Beleuchtung, Robotik und mehr. Er erfand Geräte, die dieser Idee entsprachen und die Menschen auf dem gesamten Planeten mit unbegrenzten Mengen kostenloser Energie versorgen würden. Tesla hatte eine Vision: Er wollte Strom und Energie frei erzeugen, sie allen zur Verfügung stellen und ohne Einschränkungen in der Welt verbreiten. Erde und Atmosphäre sollten seiner Vision zufolge als kostenlose, jederzeit verfügbare Energietransporte dienen. Eine unterbrechungsfreie Energiequelle, kostenlose Energie unabhängig von anderen Energien, Sonne, Wind und Wasser!

Gegner der Atomindustrie:

Er sei ein Feind der Kernenergie, sagte er: „Die Energie, die durch die Zerstörung natürlicher Elemente entsteht, ist ein Verbrechen gegen die Natur und wird eines Tages zur Katastrophe führen. Meine Energie ist sauber und wenn wir uns entscheiden, sie nicht zu nutzen, wird uns die Zukunft schuldig sprechen."

Tesla hatte mehrere Erfindungen, sowie den Wechselstrom-Induktionsmotor, drahtlose Kommunikationstechnologien, und trug zur Elektrotechnik und Physik bei.so genannte **Tesla Spule**, die starke elektrische Funken erzeugt.

Möglicherweise hat er noch viele weitere bis dahin unbekannte Erfindungen gemacht. Seine berühmtesten Erfindungen waren wahrscheinlich der **Tower of Gardiyan Clyffe** und der Weltraum-Energiekonverter. Der Clyffe Tower muss die erdumspannende und freie Energie mit einer Antenne einfangen, umwandeln und als Strom nur durch die Atmosphäre und ohne

Kabel verteilen und übertragen. Die Entwicklung seines Turms wurde von J. P. Morgan finanziert. Morgan dachte, Tesla arbeite an einem Funksender. Morgan stellte die Finanzierung ein, als er erfuhr, woran Tesla tatsächlich arbeitete.

Dieser Wandler lieferte Energie aus dem Weltraum. Es ist auch von Nullpunktenergie die Rede – einer Energie, die mit dem Staubsaugen einhergeht. Tesla entdeckte, dass schwankende Energie selbst im Vakuum unbegrenzt ist. In seinem Auto nutzte er diese Energie als Antriebskraft. 1930 baute er den Motor um und nutzte seine Erfindung des Vakuum-Energiewandlers als Antriebsenergie. 1931 schrieb er: „**Es gelang mir, die Energie der kosmischen Strahlung einzufangen und sie zum Fahren eines Autos zu nutzen.**"

Diese neue Energie, die alle Maschinen der Welt antreiben könnte, entsprang einer universellen Arbeitsenergie. Es ist kosmische Energie, die in unendlichen Mengen allgegenwärtig ist. (Picatriks: Aus einem alten Manuskript, das lehrt, wie man Energie aus dem Kosmos gewinnt)

Teslas revolutionäre Erfindungen sind die kostenlose Energie „aus dem Nichts" sowie die deutlich effizientere Energieerzeugung. Erneuerbare Energiequellen sind nicht mehr notwendig. Weil sie auch nicht optimal sind. Denken Sie an die riesigen Windkraftanlagen, die unsere Umwelt verschmutzen und Menschen und Tieren schaden. Oder es wären keine Wasserkraftwerke nötig, die den natürlichen Wasserfluss und das Leben darin erheblich stören. Mit dieser Energie, die kostenlos und unbegrenzt verfügbar wäre, würden Lärm, Abgase oder Umweltschäden ein Ende haben. Weiterhin könnten Atom- und Kohlekraftwerke und hässliche Stromleitungen abgeschafft werden. Es wäre möglich gewesen, dass die Menschen ein sauberes Land, Wasser, Luft und eine gesunde Lebenserwartung haben könnten. Aber leider blieb dies nur ein Wunschtraum am Rande der utopischen Fantasie, da der Tesla vorsätzlich blockiert wurde.

Zunächst einmal: Wohin würde eine kostenlose, saubere und unbegrenzte Energie führen?

Bedeutete Teslas ehrenvolle Vision ein Ende der menschlichen Ausbeutung durch Weltmächte?

Dies wäre das Ende aller Energiekonzerne. Niemand müsste mehr für Strom und Energie bezahlen. Es gäbe keine Abhängigkeit mehr von großen Energiekonzernen, die uns ausbeuten und die Umwelt vergiften. Autos, Schiffe und Flugzeuge müssten nicht mehr mit Öl angetrieben werden. Können Sie sich vorstellen, dass dies das Ende der Ausbeuter aus Profitinteresse bedeuten könnte? Sie können sich also vorstellen, wie viel Aufmerksamkeit von Unternehmen darauf verwendet werden sollte, die Verbreitung kostenloser Energie zu verhindern und das Energiemonopol und die endlosen Einnahmequellen zu schützen, um eine Situation zum Nachteil großer Unternehmen zu retten.

Immer mehr Menschen riskieren ihr Leben für die Verbreitung und Anwendung freier Energie, sagt Physikprofessor **Dr. Claus Turtur**, er ist einer von ihnen. Er studierte Physik, Mathematik, Chemie und Informatik an der Universität Bonn. Heute ist er Professor für Physik an der Fachhochschule Ostfalia und bekannt für seine eigenen Forschungen zur freien Energie, insbesondere zur Nullpunktenergie des Quantenvakuums, Teslas Entdeckung der „Weltraumenergie".

Turtur bemüht sich zunehmend, seine Erkenntnisse zur freien Energie zu veröffentlichen. Energie, die alle Menschen kostenlos nutzen können und für die Umwelt unbedenklich ist. Er erklärt, wie freie Energie nicht nur die Energie- und Umweltprobleme unserer Welt, sondern auch soziale und wirtschaftliche Probleme lösen kann: **„Strom, der nichts kostet, in unbegrenzter Menge vorhanden ist, überall auf der Welt immer verfügbar ist und natürlich absolut umweltfreundlich und gesundheitlich unbedenklich."**

Trotz seiner engagierten Veröffentlichungen zum Wohle der Menschheit hat Prof. Turtur nicht viele neue Freunde gefunden. Unterdessen wurde Prof. Turtur **von allen Seiten offen angefeindet und bedroht**. Turtur lebt in den Schweizer Alpen auf einem kleinen Grundstück mit einem Stahlbetonbunker 47 m unter der Oberfläche, der im Generatorraum eine unabhängige Energiequelle für die eigene Produktion darstellt.

Teslas Herausforderungen:
Der markanteste Teil des Labors war der Wardenclyffe Tower, auch bekannt als Tesla Tower. An der Spitze des 57 m hohen Holzgitterturms befand sich eine große Antenne, die nicht nur die drahtlose Funkkommunikation bis zum Atlantik ermöglichte, sondern auch die Energie drahtlos in die Umgebung verteilte. Während des Baus ging Tesla das Geld aus und sein Labor wurde zweimal zwangsversteigert. Wie bei seinem vorherigen Labor in Colorado Springs wurden seine Vermögenswerte liquidiert, um seine Schulden zu begleichen. 1917 wurde der Turm gesprengt, um das Metall zu verkaufen. Es hieß, die Zerstörung sei von der US-Regierung vorgenommen worden, die befürchtete, dass deutsche Spione den Funkturm zu Kampfzwecken nutzen würden.

Nikola Tesla wurde oft getäuscht und verleugnet, unter anderem vom berühmten **Edison**. Die erste Begegnung mit Edison ist ernüchternd: Als Tesla die Vorteile des elektrischen Systems verrät, fordert ihn der Amerikaner wütend auf, mit dem Bullshit aufzuhören; „Die Leute lieben Gleichstrom und das ist alles, womit ich mich herumschlagen muss." Edison bemerkt jedoch das technische Talent des jungen Serben (Tesla wurde im heutigen Kroatien geboren, damals Teil des Österreichisch-Ungarischen Reiches. Seine Eltern stammen aus Serbien. 1856 – 1943) stellt ihn ein und verspricht Tesla sogar eine Belohnung von 50.000 US-Dollar, wenn es ihm gelingt, die Leistung seiner DC-Dynamos zu verbessern. Obwohl Tesla tut alles, was von ihm verlangt wird, doch Edison lacht ihn trotzdem zynisch aus und gibt ihm das Geld nicht. Wenn wir das nächste Mal eine Glühbirne in die Hand nehmen, sollten wir wissen, dass Edison ein heuchlerischer Scharlatan ist, anstatt uns an den angesehenen Wissenschaftler Edison zu erinnern.

Wenn jeder auf der Welt unkontrolliert Zugang zu freier Energie hätte, wie könnten die Menschen weiterhin von einigen Habgierigen ausgebeutet werden?

WAS VERBIRGT SICH VOR UNS, WAS WURDE UNS WEGGENOMMEN?

Nikola Tesla hat uns vor vielen Jahren gezeigt, wie kostenlose Energie mit drahtloser Übertragung funktioniert. Lange Zeit wurde uns die kostenlose Energie vorenthalten. Tatsächlich würden wir nie benzinbetriebene Autos brauchen. Doch das hat sich geändert, insbesondere durch Rockefeller und sein milliardenschweres Imperium. Weil Rockefeller stark in Eisenbahnen und Öl investiert hatte. Daher war freie Energie ebenso wenig erlaubt wie Naturheilkunde. Und vielleicht haben wir all diese überraschend nützlichen Entdeckungen bereits in unser Leben gebracht. Natürlich, wenn alle Erfindungen dieser genialen Wissenschaftler in den vergangenen Jahrhunderten in die Praxis umgesetzt werden hätten dürfen. Doch viele gerieten zu Unrecht in Vergessenheit oder wurden lange Zeit akribisch vor der Öffentlichkeit verborgen. Einige werden selbst in den Geschichtsbüchern nicht mehr erwähnt. Nachrichten und Informationen außerhalb der Mainstream-Medien gelten als inkonsistente oder lächerliche Annahmen. Die Wahrheit ist, dass wir irgendwo einen Fehler gemacht und vergessen haben, Fragen zu stellen. Ich denke, es ist an der Zeit, nach Antworten zu suchen, oder?

Der Autor **Federico Campagna**[112] erwähnt in seinem Buch „**Technic and Magic: The Reconstruction of Reality**" Folgendes: Wir akzeptieren, dass nur bestimmte Arten von Dingen existieren –, Elektronen, aber keine Engel. Das ist es, was wir als „Realität" ver-

---

112 **Federico Campagna** ist ein italienischer Philosoph mit Sitz in London. Seine jüngsten Arbeiten drehen sich um die metaphysischen und ethischen Herausforderungen des zeitgenössischen Nihilismus und die Möglichkeit einer grundlegenden philosophischen Architektur der Befreiung.

stehen. Tatsächlich ändert sich die „Realität" jedoch mit dem Zeitalter der Welt und prägt wiederum den Bereich dessen, was getan, gedacht und vorgestellt werden kann. Unsere Zeit hat eine schwierige und schmerzhafte Form der Realität angenommen: die Technik.

Durch die Technik beginnen die Grundlagen der Realität zu bröckeln, das Feld des Möglichen wird enger und unser Leben erstarrt in einem besorgniserregenden Zustand der Lähmung. Beschrieben wird in dem Buch auch, dass der Ausweg aus der aktuellen Sackgasse viel tiefer geht als Diskussionen über Politik oder Wirtschaft. Basierend auf einer Reihe nördlicher und südlicher Quellen, die von den Philosophien von Heideggers, Junger und Stirners Philosophien über Pessoas Poesie bis hin zu Advaita Vedanta, Bhartrhari, Ibn Arabi, Suhrawardi und Mulla Sadras Theosophien – wird Magie als alternatives Realitätssystem zur Technik dargestellt. Während Technic versucht, die Welt durch eine „absolute Sprache" einzufangen, konzentriert sich Magic bei der Rekonstruktion der Welt auf die Vorstellung des „Unaussprechlichen", das im Herzen der Existenz liegt. „Technic und Magic" ist ein originelles philosophisches Werk. Es verzerrt unser Verständnis der Struktur der Realität und stellt es gleichzeitig auf neue Weise wieder her. Dies ist wahrscheinlich die radikalste Maßnahme: **Wenn wir unsere Welt verändern wollen, müssen wir zunächst die Vorstellung von der „Realität" ändern, die sie definiert!**

Verbotene Erfindungen, die nicht entdeckt werden dürfen[113]

Magnetmotor
Troy Reed. Der Magnetmotor 1989 benötigt keinen Treibstoff. Die meisten Geräte, die den Menschen das Leben erleichtern,

---

113 https://www.pravda-tv.com/2019/08/unterdrueckte-erfindungen-die-die-welt-verbessert-haetten-video/

wurden von Erfindern entwickelt, die davon überzeugt waren, etwas Nützliches zu tun. Troy Reed war einer von ihnen. 1989 erfand und patentierte er einen völlig kraftstofflosen Magnetmotor. Der Motor war stark genug, um das Auto ohne Aufladen zu starten, da der Ladevorgang automatisch während der Fahrt erfolgte. Klingt großartig, oder?

Dieser Motor wurde jedoch leider nie in Massenproduktion hergestellt.

Rife-Methode

Im Jahr 1934 entwarf ein Wissenschaftler namens **Royal Rife** ein Gerät zur Krebsbehandlung. Es muss gesagt werden, dass er ein Befürworter der Theorie war, dass Krebs ein Virus ist, also erfand er einen speziellen Generator, der infizierte Zellen durch die von ihm erzeugten Vibrationen zerstören konnte.

Es gab 14 dokumentarisch bestätigte Fälle, in denen Patienten mit Krebs im Endstadium behandelt wurden. Das ist selbst für die moderne Medizin unerreichbar – und wir reden hier von den 1930er Jahren. Aber Rife weigerte sich, mit der Verwaltung der American Medical Association (AMA) zusammenzuarbeiten, und die Organisation tat alles, um seine Forschung zu stoppen, und beschuldigte den Wissenschaftler des Betrugs. Dies sind natürlich nur Gerüchte, da es keine Dokumente gibt, die bestätigen, dass die AMA tatsächlich einen Krieg gegen die Rife-Methode führte. Es gab mehrere Bestechungsversuche gegen den Forscher und es wurden Geräte aus seinem Labor gestohlen. Es gab sogar ein Feuer, und schließlich gab er den Rife War auf und zog sich zurück.

Regenmacher

Wilhelm Reich baute eine Maschine, die Regen erzeugt. Die Menschen haben schon immer davon geträumt, das Wetter zu überprüfen. Der Erfinder und Psychologe Reich baute während einer Dürre, die eine Blaubeerernte im US-Bundesstaat Maine vernichtete, eine Maschine, die er „Cloudbuster" nannte. Großartig zumindest, wenn man in einer Stadt lebt, in der es an Wasser mangelt und es jederzeit zu vielen Bränden kommen kann. Laut einem Bericht der Zeitung „Bangor", in dem erstmals das Funktionsprinzip dieser Maschine beschrieben wurde, lagen mögliche Niederschlagsvorhersagen bei der Inbetriebnahme der Anlage nicht vor. Doch wenige Stunden später, als Reich die Maschine aufstellte und startete, war der Himmel mit dunklen Wolken bedeckt, gefolgt von 0,46 cm Regen. Vielleicht wurde diese Technologie von Reich von einigen Regierungsbehörden als Bedrohung angesehen, weil ihre Forschung eingestellt und die gewonnenen Ergebnisse zusammen mit dem Prototyp beschlagnahmt wurden. Ein zweiter Test der Maschine fand nie statt. Mit der Zeit geriet sie in Vergessenheit und wurde als moderner Mythos abgetan, aber stellen Sie sich vor, wie nützlich diese Erfindung wäre. Am 3. November 1957 stirbt Wilhelm Reich in einem US-Gefängnis. Die offizielle Todesursache lautet auf „Herzversagen". Die Tatsache, dass Reichs Tod ausgerechnet zwei Wochen vor seiner ersten Anhörung zu einer möglichen vorzeitigen Entlassung stattfand, gibt jedoch Anlass zu Spekulationen zu den wahren Todesumständen, denn der österreichische Wissenschaftler war den US-Behörden schon lange ein Dorn im Auge.[114]

Wassermotor
Wasser als Treibstoff ist ein moderner Traum. Einige Quellen behaupten, dass der amerikanische Erfinder **Stan Meyer** Ende des letzten Jahrhunderts einen Wassermotor entwickelt habe. Der wichtigste Teil dieser Maschine war eine Wasser-Brennstoffzelle. Darin wurde Wasser durch Elektrolyse in Wasserstoff und Sauerstoff zerlegt, woraufhin Wasserstoffhydroxid entstand, das der Forscher Explosionsgas nannte. Dies hat er in einen Buggy-Motor eingebaut, indem er die Zündkerzen durch spezielle

---

114 https://www.oz-orgonite.de/infos-mehr/blog/die-myterioesen-umstaende-von-wilhelm-reichs-tod

Einspritzpumpen ersetzt hat, die explosives Gas in die Zylinder des Verbrennungsmotors einspritzen. Der Erfinder stellte diese Maschine 1990 her und zeigte sie einem Reporter eines amerikanischen Fernsehsenders in Ohio, USA. Ihm zufolge brauchte er nur 83 Liter Wasser, um die Strecke zwischen New York und Los Angeles zurückzulegen, übrigens 4.500 Kilometer! Leider endete die Geschichte von Stan Meyer unter ungeklärten Umständen tragisch. Der Erfinder starb aus unerklärlichen Gründen und der Motor wurde als Fälschung deklariert.

Material „Starlite"

Dieses Material mit einzigartigen Eigenschaften wurde 1983 erfunden. Starlite ist ein hitzebeständiger und isolierender Kunststoff, der vom britischen Amateurchemiker und Friseur Maurice Ward entwickelt wurde, dessen Zusammensetzung jedoch bisher unbekannt ist. Trotz der mangelnden technischen Ausbildung des Mannes gelang es ihm, Starlite herzustellen, eine Substanz, die Temperaturen standhält, die hoch genug sind, um einen Diamanten zu schmelzen. In einem Labortest überlebte das Material die durch eine nukleare Explosion erzeugte Hitze. Starlite erregte die Aufmerksamkeit aller, nachdem ein Bericht der BBC über einen Test veröffentlicht wurde. Leider wagte er es nicht, das Material patentieren zu lassen, aus Angst, Starlite könnte in die Hände von Kriminellen geraten. Infolgedessen hat Starlite keine einzige Person außerhalb des Labors gesehen. Der Erfinder starb 2011 und nahm die Formel mit ins Grab.

Hendershot-Generator

Am 28. Februar 1928 wurde ein Mann namens **Hendershot** berühmt für sein brennstofffreies Gerät, über das alle Zeitungen berichteten, ein Fermenter, der kostenlose Energie oder Elektrizität erzeugt. Irgendwie gelang es ihm, mithilfe des Erdmagnetfelds Energie zu erzeugen. Man kann sagen, dass das Gerät optisch an einen kleinen Kompass erinnert. Das Gerät erzeugte Strom, um einen Motor anzutreiben, konnte aber selbst nicht als Stromquelle dienen. Die Idee kam ihm zum ersten Mal im Schlaf, als er 20 Jahre alt war. Hendershot hatte sie mehrere Jahre lang vergessen und begann sich daran zu erinnern, als er den kaputten Motor des Spielzeugflugzeugs seines Sohnes reparieren musste. Den Angaben zufolge handelte es sich um ein brauchbares Gerät mit 200–300 Watt Leistung. Eine Zeit lang erregte der Wissenschaftler große Aufmerksamkeit wie ein Star, doch dann brach plötzlich das Lob ab, man beschuldigte ihn der Scharlatanerie und des Betrugs. Kurz darauf erlitt Hendershot einen schweren Stromschlag und präsentierte seine Entwicklungen nie wieder öffentlich.

Codierungssystem „Sloot"

Die erste 20-Zentimeter-Scheibe erschien 1971. Der Speicherinhalt betrug nur 18 Kilobyte. Heutzutage, wo der Speicher jedes Smartphones im Gigabyte-Bereich liegt, erscheint dieser Wert einfach lächerlich. Aber die Wissenschaft hätte viel früher bessere Ergebnisse erzielen können. 1995 entwickelte der niederländische Erfinder **Jan Bernhard Sloot** einen Algorithmus, der Gigabytes an Daten hundertfach komprimiert. Das Schlüsselwort hier ist „Komprimierung", da es sich nicht um herkömmliche Komprimierung handelt. Der Algorithmus selbst benötigte 370 MB. Sloot demonstrierte seine Erfindung, indem er gleichzeitig 64 Spielfilme zeigte, die auf einem 16-Kilobyte-Chip gespeichert waren. Doch 1999 starb der Erfinder unter ungewissen Umständen, wenige Tage bevor er den Quellschlüssel seines Algorithmus übergab, und alle Daten gingen verloren.

Searle Flugscheibe

Sein ganzes Leben lang hat **John Searle** davon geträumt, die Ideen und Visionen, die er als Kind hatte, in die Realität umzusetzen. Nach einer Reihe von Experimenten mit Flachmagneten stellte er einen Ring und mehrere zylindrische Magnete her. Er magnetisierte sie offensichtlich und platzierte sie außerhalb eines ringförmigen Magneten. Dadurch reichte bereits ein leichter Druck auf einen der Zylinder aus, um alle Zylinder im Kreis laufen zu lassen. Sie waren ständig in Bewegung. Basierend auf diesem Effekt baute Searle einen Generator. Jetzt bewegen sich seine lebenden Magnete und erzeugen Strom. Das allein war überraschend genug, aber der Wissenschaftler stellte fest, dass der Generator an Gewicht verliert, wenn man die Drehzahl der Zylinder erhöht. Um diesen Effekt zu stabilisieren, baute er einen separaten scheibenförmigen Generator und drehte ihn mit hoher Geschwindigkeit. Plötzlich stieg die rotierende Scheibe auf eine Höhe von etwa 15 m. Es dauerte eine Weile, bis Searle lernte, die Flugscheibe zu kontrollieren, aber am Ende besiegte er die Gravity buchstäblich. Searle setzte seine Experimente mit der Flugscheibe von 1963 bis 1978 fort, bis die Finanzierung seines Programms eingestellt wurde. Der Wissenschaftler ließ seine Erfindung nicht patentieren und zerstörte bald alle Arbeitsmuster. Mittlerweile reist er um die ganze Welt und hält Vorträge. Er meint, er habe Angst, seine Erfindung der Öffentlichkeit zu zeigen, weil er so viele Feinde hat.

Ogle-Vergaser

In den 1970er Jahren entwickelte ein kreativer Mechaniker namens Tom Ogle einen völlig neuen Vergasertyp. Sein Funktionsprinzip bestand darin, dass es durch Erhitzen Benzindämpfe erzeugte, die dann in die Kraftstofftanks gelangen konnten. Ogles Erfindung führte nicht nur zu einem wesentlich effizienteren Kraftstoffverbrauch, sondern auch zu Kosteneinsparungen und schadete der Umwelt nahezu nicht. Der Erfinder behauptete, er könne sogar Haare mit dem Auspuff eines mit seinem Vergaser ausgestatteten Autos trocknen. Obwohl die Anlage sorgfältig geprüft und sogar erfolgreich getestet wurde, ging sie nie in Serie, und das lag auch nicht an Sicherheitsvorschriften. Vertreter von Gas- und Ölunternehmen kontaktierten Ogle mehrmals und boten ihm viel Geld an, wenn er seine Forschungen einstellen würde. Er lehnte ein solches Angebot wiederholt ab, bis sein Leben am 19. August 1981 ein jähes Ende fand. Den Ärzten zufolge war sein Tod auf zu viel Drogen und Alkohol zurückzuführen. Allerdings glaubten seine Angehörigen der offiziellen Sterbeurkunde nicht. Mit dem Tod des Erfinders eines kostensparenden Vergasers haben die Menschen ein einzigartiges Gerät verloren, das bis heute von niemandem nachgebaut wurde.

Das Buch des Autors **György Egely „Verbotene Erfindungen. Energie aus dem »Nichts« – Geniale Erfinder – verspottet, behindert und ermordet".** Unglaubliche Chroniken verbotener Erfindungen: Erfindungen, die von Wissenschaft und Industrie unterdrückt wurden. Das Schicksal von Erfindern, die blockiert wurden, auf mysteriöse Weise verschwunden oder gestorben sind.

Dieses Buch erzählt die spannende Geschichte einiger verbotener und vergessener Erfindungen und erklärt ihre Funktionsweise anhand schwer zugänglicher, teilweise vertraulicher Dokumente. Diese und ähnliche Fälle sind in den letzten Jahren aufgetreten und dauern bis heute an. Jedes Mal werden die Genies und/oder ihre Erfindungen, die eine Bedrohung für die Machtbarone des Systems darstellen, lautlos und auf mysteriöse Weise verschwinden.

Orte auf der Welt, die niemand besuchen darf[115]

Es gibt Orte auf der Welt, die niemand jemals sehen wird. Sie sind so versteckt, dass die meisten Menschen nicht einmal wissen, dass sie existieren. Da diese Orte selbst einige Geheimnisse bergen, müssen sie geheim und außer Sichtweite gehalten werden. Diese Orte, deren Betreten strengstens

---

115 https://www.travelbook.de/orte/geheime-orte/top-secret-orte-die-sie-nie-sehen-werden
https://www.diepresse.com/5351884/betreten-verboten-die-geheimsten-orte-der-welt#slide-7

verboten ist, sind Tabubereiche und können sogar äußerst gefährlich sein. Da fallen uns zunächst einmal erstens alle Militärstützpunkte ein, und denken wir an ihre Lagerfläche. Aber das reicht nicht aus, es gibt noch viel mehr. Viele atemberaubende Orte auf unserem Planeten bleiben uns verborgen, wie unterirdische und oberirdische Anlagen, einsame Inseln mitten im Meer, mysteriöse Bauwerke, geheime Höhlen und von allen Seiten verschlossene Gebiete. Was steckt also dahinter, was könnte sich dort verbergen? Vielleicht sind das tödliche Krankheiten, giftige Substanzen, gefährlicher Müll und mysteriöse Vernichtungswaffen oder Technologien, die verborgen bleiben sollten?

Es klingt sehr faszinierend zu wissen, was sich hinter Stacheldrahtzäunen, hohen Mauern und verschlossenen Türen abspielt. **Es muss einen wirklich wichtigen Grund geben, warum der Zutritt dort absolut untersagt ist.**

Einige dieser verborgenen Orte auf unserem Planeten sind:

Royal Air Force Menwith Hill, North Yorkshire, England

Ist dies das Zentrum der Spionage der Welt? Über diesen geheimen Ort ist natürlich nichts Näheres bekannt. Aber die Militärbasis Echelon soll das Hauptquartier des Spionagenetzwerks aus den USA, Großbritannien, Kanada, Australien und Neuseeland sein. Der Stützpunkt wurde bereits 1954 gegründet, um während des Kalten Krieges über die sowjetische Kommunikation auf dem Laufenden zu bleiben. Es wird angenommen, dass die gesamte Welt permanent von diesem Ort abgehört wird. Zugriff haben nur Echelon-Mitarbeiter und die US-Behörde NSA. Der Standort fungiert als Bodenstation für eine Reihe von Satelliten, die vom US National Reconnaissance Office im Auftrag der NSA betrieben werden. Die Antennen befinden sich in zahlreichen markanten weißen Radomen, die lokal als „Golfbälle" bezeichnet werden, und sollen ein Element des **Echelon-Systems**[116] sein. Wegen ihres großen, weißen, runden Aussehens werden sie oft „Golfbälle" genannt. Verschwörungstheoretiker fragen sich seit langem, ob sich die ganze Welt vom Stützpunkt der Royal Air Force in Menwith Hill im Norden der englischen Grafschaft Yorkshire aus abgehört wird. Denn hierbei handelt es sich möglicherweise um das Spionagenetzwerk USA, Großbritannien, Kanada, Australien und Neuseeland. Obwohl bestritten wird, dass dieses System existiert, bestätigen sowohl die Erklärung Australiens als auch die heute aufgetauchten Skandale dieses System. Im Zentrum des weltweit größten Überwachungssystems Echelon steht die Organisation NSA.

Vatikanische Bibliothek, Rom, Italien

Die Vatikanische Geheimbibliothek birgt unvorstellbare Schätze aus den Anfängen des Christentums, mehr als zwei Millionen Bücher und Manuskripte, darunter Briefe von Kaiserin Sissi und Abraham Lincoln sowie Dokumente über die Verbrechen der katholischen Kirche. Sie wurde 1612 von Papst Paul V. gegründet und die Regale haben eine Gesamtlänge von etwa 85 Kilometern, die ältesten davon stammen aus dem 8. Jahrhundert. In diesem Archiv befinden sich ausschließlich Dokumente, die nicht nur die Herzen von Historikern höher schlagen lassen. Zu den Schätzen gehören auch der Briefwechsel des Künstlers Michelangelo mit den damaligen Päpsten, der päpstliche Auf-

---

116 Echelon-System; Riesiges Intelligenzohr! Ein System, das alle Kommunikationsmittel der Welt (Telefon, Fax, E-Mail, Telex, Funkwellen) steuern und abhören kann. Ein System bestehend aus Geräten in Form von Ballons, die angeblich zum Abhören verschiedener Kommunikationskanäle dienen und sich auf amerikanischen Gipfeln in Ländern wie Amerika, England, Neuseeland und Australien befinden.
https://www.turkishnews.com/tr/content/2017/03/31/teknik-takip-dosyasi-dev-istihbarat-kulagi-gizli-echelon-projesi-echelon-usleri-ve-yeni-d-unya-duzeni/

ruf zum vierten Kreuzzug oder das Dekret zur Anordnung der Exkommunikation des Reformators Martin Luther, Akten aus den Prozessen gegen Marie Antoinette oder Maria Stuart oder Giordano Bruno, Galileo Galilei und die Templer. Dies liegt daran, dass die Kirche der Öffentlichkeit jahrhundertelang kaum Informationen zur Verfügung gestellt hat. Das Herzstück des Archivs ist eine zweistöckige unterirdische Kammer namens „Bunker". Angeblich lagern hier die sensibelsten Dokumente, geschützt vor der Atombombe. Im Vatikan gibt es 600 separate Archive. Archivare sagen, einige Dokumente seien am falschen Ort. Kritiker meinen, das sei kein Zufall, sondern Absicht, damit bestimmte Dinge nicht ans Licht kommen. Nur wer eine schriftliche Anfrage mit persönlichen Angaben stellt und ein Empfehlungsschreiben einer historischen Autorität vorlegt, hat möglicherweise die Chance, diesen geheimen Ort zu betreten. Angemessene Kleidung und Handyverbot sind selbstverständlich. Alle Dokumente bis 1939 sind derzeit einsehbar (siehe auch Weltmacht Vatikan).

Area 51, Nevada, USA

Wenn es um UFOs und außerirdisches Leben geht, sind nur wenige Orte auf der Erde so mysteriös wie Area 51, eine abgelegene Anlage in der Wüste von Nevada. Damit steht sie an der Spitze aller geheimen Orte auf der Erde und seit Jahren im Mittelpunkt der Aufmerksamkeit der ganzen Welt. Das liegt vor allem daran, dass niemand wirklich genau weiß, was in dieser militärischen Sperrzone vor sich geht. Gerüchten zufolge wird hier ein angeblich im Jahr 1947 abgestürztes UFO festgehalten und Außerirdische untersucht. Es wurde angegeben, dass die Existenz der verbotenen Zone erst 2013 offiziell bestätigt wurde und die CIA behauptete, dass sie zum Testen neuer Flugzeuge genutzt wurde. Selbstverständlich ist der Zutritt für Normalbürger bis heute strengstens untersagt und auch viele Fragen bleiben ungeklärt, wie zum Beispiel die seltsamen Lichtphänomene in der Gegend. Area 51 ist bekannt für Gerüchte über UFO-Abstürze und Autopsien von Außerirdischen. Es erstreckt sich über ein unzugängliches Gebiet von etwa 65.000 Quadratkilometern zwischen den US-Bundesstaaten Kalifornien und Nevada. In den letzten 60 Jahren sind mehr als 2.000 Flugzeuge auf mysteriöse Weise verschwunden, als sie in der Nähe dieser Gegend flogen. Diese Ereignisse gaben der Region den Namen „Nevada-Dreieck", genau wie das „Bermuda-Dreieck". Viele spekulieren, dass dies möglicherweise mit der Nähe zu einem legendären Militärverbotsgebiet zusammenhängt.

Viele UFO-Sichtungen in den letzten Jahrzehnten sind wahrscheinlich auch auf verdeckte Militärprojekte zurückzuführen, die auf der Militärbasis Area 51 entwickelt und getestet wurden. Satellitenbilder der Area 51 haben mehrere sogenannte Tunneleingänge in den Untergrund der streng geheimen Area 51 gezeigt. Und was sich darin befindet, ist so geheim, dass seine Existenz bis 2013 umstritten war. Was wir über Area 51 wissen, gehört es heute der US-Luftwaffe und wird nur als Übungsgelände genutzt. Niemand darf jemals in die Nähe kommen, aber auch Flugverkehr über diese Basis ist strengstens verboten.

Global Seed Vault, Spitzbergen, Norwegen

Etwa 1.000 Kilometer vom Nordpol entfernt handelt es sich um eine 120 Meter tiefe Schutzhütte auf dem Berg, der früher ein Kohlebergwerk war. An diesem geheimen Ort wird die Zukunft der Menschheit in Form von Millionen Pflanzensamen für immer oder zumindest für mehrere Jahrhunderte bewahrt. Hier werden tiefgekühlte und wasserdicht verschweißte Nutzpflanzensamen gelagert. Insgesamt gibt es unglaubliche 250 Millionen 850.000 Samensorten aus aller Welt. Sollten Katastrophen eintreten, die natürliche Ressourcen und Pflanzenarten zerstören, stehen im Svalbard Global Seed Vault Sicherungskopien zur Verfügung. Die Tore sind gepanzert, sodass der Schatz bei Bedarf sogar einen Atomkrieg überstehen kann. Der Zutritt ist nur Forschern und Projektmitarbeitern der Anlage gestattet. Bis zu 4,5 Millionen Exemplare können im Svalbard Global Seed Tresor aufbewahrt werden. Ein digitales Überwachungssystem kontrolliert die Temperatur und Luftfeuchtigkeit im Inneren der Mine, es gibt keine einzelne Person, die alle Codes eingeben muss. Es wurde unter Berücksichtigung von Katastrophen wie Erdbeben oder Überflutungen gebaut und das Pflanzenlager liegt 130 Meter über dem aktuellen Meeresspiegel.

Iron Mountain, Pennsylvania, USA

Dieser geheime Ort ist auch ein Hochsicherheitszufluchtsort. Allerdings werden hier weltweite Daten gespeichert, keine Samen. Bei diesen Daten handelt es sich nicht um irgendwelche Daten, es handelt sich um die wichtigsten Daten einiger der größten und reichsten Persönlichkeiten und Unternehmen der Welt. Die Tresore in den Lagerhallen in den Tiefen einer alten Mine, die aus unzähligen Etagen gebaut wurde, beinhalten Tonbänder von staatlichen Institutionen, Politikern, berühmten Künstlern, Fotografien, Dokumente sowie digitale Daten. Von den Datenschätzen von Bill Gates bis hin zu Dokumenten jeder erdenklichen Definition ist alles zu finden. Obwohl es der größte in den Vereinigten Staaten ist, gibt es überall auf der Welt solche sicheren Häfen. **Iron Mountain** ist nach dem gleichnamigen Unternehmen benannt, das es betreibt. All diese Daten sind hinter Kilo schweren Stahltüren verborgen, selbst ein Angriff mit einer Panzerfaust kann sie nicht zerstören. Iron Mountain liegt versteckt in den Hügeln des ländlichen Pennsylvanias, nur wenige Kilometer von Pittsburgh entfernt. In den frühen 1950er Jahren wurde mit Bergbau begonnen, dann wurde das Land aufgegeben und hinterließ große Höhlen aus Kalkstein, die dick genug waren, dass Traktoranhänger problemlos durch die Korridore fahren konnten. Ein Thermostat sorgt für konstante Temperaturen, zum Beispiel für Feilen exakt 18 Grad Celsius. Im Brandfall wird mit Argongas gelöscht, da Wasser Bänder und Akten zerstören kann. Hinter den nebeneinander liegenden, gut verschlossenen Türen befinden sich die Kuppelkammern, bestehend aus 125 großen Kuppelkammern und kleineren Einheiten mit einer Größe von bis zu 220.000 Quadratmetern. Es gibt immer noch Hunderte Hektar freie Flächen, die erschlossen werden müssen. Darüber hinaus beherbergen das Marriott Hotel und vier Bundesinstitutionen Rechenzentren in Iron Mountain.

Club 33, Disneyland, Anaheim, USA

Alkohol ist im Disneyland grundsätzlich verboten. Wir können uns sofort denken: Nun ja, schließlich ist dies ein riesiges Disneyland und eine Veranstaltung für Kinder. Deshalb, Alkohol hat dort nichts zu suchen. Falsch!

Es gibt da draußen einen privaten Club, der gegen diese Regel verstößt, und es ist der einzige Ort in Disneyland, der Alkohol ausschenkt; **Club 33.** Disneyland liegt mitten in Anaheim. Allerdings ist es für die normale Öffentlichkeit verboten und nur für seine Mitglieder zugänglich. Es ist fast unmöglich hineinzukommen und sehr teuer. Wer hier hineinkommen will, braucht Geld und Geduld. Wenn Sie versuchen, sich um eine Mitgliedschaft zu bewerben, kann die Wartezeit bis zu 14 Jahre betragen. Erstens gibt es die Registrierungsgebühr, die zwischen 20.000 und 90.000 US-Dollar liegen soll, und die Beiträge liegen Berichten zufolge zwischen 11.000 und 27.000 US-Dollar pro Jahr. Allerdings ist Geld allein keine Garantie für eine Mitgliedschaft, und die lange Wartezeit bei der Anmeldung dürfte abschreckend wirken. Stars wie Elton John, Tom Hanks und Christina Aguilera sollen Mitglieder des Clubs 33 sein, aber auch Spitzenpolitiker und Geschäftsleute sind dabei. Disney selbst gibt auf seiner Website Informationen über den Club 33 nur in einfacher Sprache weiter: Er wird als „ein ganz besonderer Club, der seinen Mitgliedern ein sehr persönliches Erlebnis bietet", bezeichnet. Was genau das bedeutet, was für ein besonderes Erlebnis es ist, ist unbekannt. Es gibt auch einen geheimen Eingang zum Disneyland in Anaheim, von wo aus Sie als Mitglied des Club 33 Disneyland betreten können, ohne lange warten zu müssen. Hier gibt es nicht nur eine Bar, sondern auch ein erstklassiges Restaurant. Wer dort einen Tisch reservieren möchte, muss eine Wartezeit von bis zu einem Jahr in Kauf nehmen.

Ein weiterer Club 33 befindet sich übrigens in Tokio und im Disneyland Shanghai, ebenso wie in Disneyworld in Orlando,

Florida. Dennoch bleibt alles privat, da nicht jeder, der Mitglied im Club 33 ist, auch Zugang zu den anderen drei Einrichtungen hat. Schließlich stehen diese Clubs nur echten Fans der Cartoon-Kunst offen, die über die nötigen Mittel verfügen, um beizutreten. Niemand weiß, was sich hinter verschlossenen Türen abspielt und was sie ihren Mitgliedern für den astronomischen Betrag bieten, den sie zahlen. Aber eines ist sicher: Etwas ganz Außergewöhnliches wird es nicht sein. Es ist bekannt, dass es unter Disneyland unterirdische Tunnel gibt, und es gibt Gerüchte, dass Kinder manchmal in diesen unterirdischen Anlagen verschwinden. Wir werden vielleicht nie erfahren, ob dieses Gerücht wahr ist und was wirklich mit diesen Kindern passiert ist. Allerdings, was bisher über den Gründervater **Walt Disney** bekannt wurde, hört sich auch nicht gut an. Wie viele Generationen sind bisher mit den Zeichentrickfilmen von Walt Disney aufgewachsen, und wir kennen ihn als einen väterlichen Künstler, der Kinder liebt. Es ist jedoch nicht bekannt, was Walt Disney sich dabei gedacht hat, als er 1967 den legendären Club 33 gründete, denn man kann nicht sagen, dass Kinder gut in diese Märchenwelt passen. (Details siehe: Unterhaltungsindustrie, wer war Walt Disney?)

Mount Weather, Virginia, USA (FEMA)

Die Federal Emergency Management Agency, eine Art Katastrophenschutzbehörde, betreibt diese geheime Einrichtung. Medien wie NBC berichten seit Jahren, dass im Falle eines Atomkrieges die „wichtigsten" Menschen evakuiert und damit gerettet werden könnten. Bis 1974 wusste niemand von ihrer Existenz. Erst ein tragischer Flugzeugabsturz enthüllte diesen mysteriösen Ort. Nach einem Flugzeugabsturz in unmittelbarer Nähe wollte man sich damals nicht bekannt machen. Selbst in der nahegelegenen Stadt Berryville wissen die meisten Menschen dem Beitrag zufolge immer noch nicht, was am Mount Weather vor sich geht. Sollte es jedoch zu einer größeren Naturkatastrophe kommen, kann Mount Weather eine wichtige Rolle bei der Rettung der beteiligten US-amerikanischen Persönlichkeiten spielen. Jetzt wissen wir, wo sich die Elite verstecken könnte, wenn die Welt unter geht. Während die Pessimisten vom Ende der Welt sprechen, nehmen die Eliten diese Worte wohl ernst. Die Fläche beträgt 175 Hektar und ist von einem hohen Maschendrahtzaun und Stacheldraht umgeben. Ständig patrouillieren muskulöse Sicherheitskräfte mit schwarzen Sonnenbrillen und schweren Geländewagen. Jeder Fremde stellt ihrer Meinung nach, eine Bedrohung für die nationale Sicherheit der Vereinigten Staaten dar und kann sofort ohne Vorwarnung erschossen werden. Aber was eigentlich hinter dieser Anlage steckt, verrät uns niemand. Noch interessanter ist, dass das eigentliche geschützte Gebiet neunzig Meter unter der Erde liegt. Hier befindet sich auf einer Fläche von 56.000 Quadratmetern eine kleine Stadt mit einem großen Atombunker, der im Krisenfall als Kommandozentrale der US-amerikanischen Federal Emergency Management Agency (FEMA) dient. Hier ist alles unter einem sicheren Dach und der Einschlag einer Atombombe ist nicht zu spüren. Mit zahlreichen Zufahrtsstraßen, mehr als 20 Hochhäusern, einem Krankenhaus, zahlreichen Kantinen, großen Wassertanks, einem kleinen Rundfunksender und einem Krematorium fehlt es in dieser Kleinstadt eigentlich an nichts.

Einige Leute erzählten streng geheime Dinge über diesen Ort, die niemand wissen sollte. Ihnen war bewusst, dass sie ihr Leben aufs Spiel setzten. Und einige von ihnen verschwanden auf mysteriöse Weise. Denn wenn man zu viel plappert, kann man sich oft selbst in Gefahr bringen.

FEMA-Lager[117]

Abgesehen von **Mount Weather, Virginia**, gibt es noch andere Lager wie dieses, von denen niemand weiß, was sie sind. Obwohl sie immer noch leer sind, erregen diese Lager Aufmerksamkeit, weil sie überbewacht sind, mit bewaffneten Wachen, hohen Mauern, Dornenzäunen aus Stahl, Wachtürmen und al-

---

117 https://www.youtube.com/watch?v=R9pPsfIZefA

len Sicherheitssystemen ausgestattet und der Zutritt strengstens verboten ist. Ein weiteres bemerkenswertes Merkmal von Verstärkern ist: Es sind die Truhen, die aus einem speziellen Kunststoff bestehen und so groß sind, dass auch ein paar Leute hineinpassen. Wenn all diesen Dingen kein Sinn gegeben werden kann, öffnet sich die Tür zu vielen Fragen. Laut Wikipedia steht **FEMA** für Federal Emergency Management Agency, die nationale Koordinierungsstelle für Katastrophenhilfe der Vereinigten Staaten, die dem Heimatschutzministerium der Vereinigten Staaten untersteht. Die FEMA wurde 1979 von Präsident Jimmy Carter gegründet und 2003 von George Bush in das neu gegründete Department of Homeland Security eingegliedert. Seit den 1990er Jahren wird die FEMA von verschiedenen Verschwörungstheoretikern beschuldigt, Teil einer Verschwörung zu sein, die auf die Errichtung einer totalitären „**Neuen Weltordnung**" abzielt. Insbesondere wird ihr vorgeworfen, in verschiedenen Teilen der USA Konzentrationslager eingerichtet zu haben, in die Bürger deportiert werden, die sich dem neuen Regime widersetzen und es möglicherweise ablehnen. Diese Lager haben eine Kapazität für durchschnittlich 20.000 Menschen. In einigen Lagern sollen 400.000 oder sogar zwei Millionen Menschen untergebracht sein. Zu den Behauptungen gehört, dass sich das riesige und geheime Lager mit zwei Millionen Menschen in Alaska befindet. Während es sich zunächst um eine einfache Regierungsinstitution handelte, entwickelte sie sich später zu einer komplexen Struktur und verbreitete sich auf der ganzen Welt, insbesondere in Amerika.

Die Kosten für jedes Camp betragen ca. 100 Millionen Dollar. Der Auftrag der FEMA sollte darin bestehen, finanzielle Unterstützung für den Wiederaufbau von bei Katastrophen zerstörten Gebäuden bereitzustellen. Nach dem 11. September wurde eine neue Organisation namens „US Department of Homeland Security" gegründet. Diese Organisation vertritt den Schutz der Öffentlichkeit vor terroristischen und anderen Bedrohungen. Die Zahl dieser Lager wird auf über 800 geschätzt. Lange Zeit glaubte diese Organisation, dass sie dazu da sei, die Menschen zu schützen und ihnen zu helfen, doch dann begann sich langsam mit dieser bemerkenswerten Ausrüstung die Meinung zu ändern. Es heißt beispielsweise, dass folgende Ausrüstung bestellt wurde:

- FEMA hat 1,6 Milliarden Hohlspitzgeschosse[118] bei einem Rüstungskonzern namens **AKG** bestellt.
- Millionen großer, maßgefertigter Plastikkisten (Sarge?) wurden von FEMA bestellt. Diese Sargabdeckungen werden dadurch gerechtfertigt, dass Särge an schlammigen Stellen einsinken und daher diese Sargabdeckungen aus Kunststoff verwendet würden. Sie können auch zur Aufbewahrung von Haushaltsgegenständen verwendet werden, wenn Hurrikans ein Gebiet verwüsten. Es wurden auch andere vorbereitete, leere „Massengräber" entdeckt, die angeblich anderen Zwecken gedient haben. Krankheitsausbrüche und andere werden erwähnt.
- Sie bestellten etwa 10 Millionen Liter Blausäure bei einem brasilianischen Chemiehersteller. Wofür könnte FEMA Blausäure benötigen?
- Die FEMA hat außerdem mehr als 100.000 Güterwagen mit Schäkel-/Kettenkonstruktion im Inneren bestellt.
- Und das Schockierendste ist, dass 16.000 Guillotine-Messer aus Mexiko bestellt wurden.

Zu Recht kommen einem viele Fragen in den Sinn. Warum brauchen diese Lager solche Bewaffnung und Marine, und warum brauchen sie Stacheldraht, hohe Mauern und diese Wachtürme?

---

118 Geschosskern mit maximaler Ausdehnung ohne Zerfall beim Aufprall durch den nach innen geformte Hohlraum an der Spitze. Entwickelt, um das Ziel zu töten, anstatt es zu stoppen, zu verlangsamen oder außer Gefecht zu setzen. Es ist sowohl der innere Schaden, den es beim Durchqueren des Ziels verursacht, als auch der Schaden, den es am Austrittspunkt verursacht, größer als bei einer normalen Kugel.

Diese Lager erinnern uns eher an Gefängnisse als an einen Ort, an dem wir in Katastrophenzeiten Zuflucht suchen und helfen können. Überraschenderweise sind diese Lager mit der entsprechenden Ausrüstung ausgestattet und verfügen über Lizenzen zur Rekrutierung und Ausbildung bewaffneten Personals. Auch der Filmregisseur und Produzent **David Crowley** interessierte sich für genau diese Fragen. Als die Zustimmung der Regierung eintraf und diese Lager ins Spiel kamen, begann Crowley, sie zu untersuchen. Unmittelbar nach seinen Recherchen schreibt er ein Drehbuch für einen abendfüllenden Dokumentarfilm über diese FEMA-Lager, der den Titel „**A Grey State**" tragen wird. Allerdings wollte niemand dieses Szenario filmen, weil sich niemand traute, ein so heikles Thema öffentlich anzusprechen. Aus diesem Grund startete **Crowley** eine Crowdfunding-Kampagne und durch das Sammeln von Spenden begann er schließlich mit der Produktion dieses Films. Im Film zeigt er, worum es bei seiner Forschung geht und was passieren wird, wenn es in den USA zu Massenaufständen der Bevölkerung kommt und diese nicht mehr kontrolliert werden können. Er zeigt, was Homeland mit 1,6 Milliarden Tiefpunktgeschossen machen wird, wozu die Särge dienen und warum es so viele Lager gibt. Es wird berichtet, wie stark die Regierung ist und was sie tun kann, wenn es zu extremen Volksaufständen kommt, die nicht mehr kontrolliert werden können. Leider konnte er den Film nicht komplett fertigstellen, nur der Vorabspann ist zu sehen. Crowley starb im Januar 2014 zusammen mit seiner Frau und seiner fünfjährigen Tochter. (Details siehe: Warum sind sie gestorben, David Crowley)

Können Sie sich vorstellen, dass einige unterirdische Bunker zum Schutz errichtet wurden, während andere als Gefangenenlager dienen?

Für „uns Spätgeborenen" gibt es sachliche Erklärungen, die frühere Generationen zum Teil bereits kannten. Solche schockierenden Lager, die es in Deutschland unter Hitler nur „einige Jahre" gab, soll es in Russland seit den Jahren nach dem Ersten Weltkrieg gegeben haben. Dieses Muster ist also schon lange bekannt.

Mezhgorye, Russland

Die Natur rund um die Stadt Mezhgorye sieht atemberaubend aus. Aber diese Ansicht kann täuschen. Denn diese russische Stadt bzw. die Berge in der Nähe der Stadt bergen viele Geheimnisse. Es heißt, die russische Regierung habe während des Kalten Krieges den Bau einer riesigen unterirdischen Anlage in Angriff genommen. Die tatsächliche Größe der Anlage ist unbekannt, wird aber auf 650 Quadratkilometer geschätzt. Die Anlage wird im Notfall als Endlager für wichtige Vermögenswerte dienen und ist möglicherweise in der Entwicklung eines Nuklearprojekts.

Mezhgorye liegt im südlichen Teil des Uralgebirges, in der Nähe des Berges Yamantau. Gerüchten zufolge handelt es sich um eine kleine und geschlossene Stadt, die für ihre Atombasis berühmt ist, aber nach Angaben Russlands gilt diese Stadt als Bergbaustandort. Es wird gesagt, dass es in dieser Stadt unter dem Berg Yamantau viel gibt, sie ist voller Geheimnisse. Welche Informationen auch immer hier aufbewahrt werden oder an welchen Projekten gearbeitet wird, ist selbst für die dort arbeitenden Menschen streng geheim und daher für Besucher völlig geschlossen. Dieses aktuelle Geheimprojekt erlaubt also niemandem, es zu besuchen. In der Stadt Mezhgorye gibt es viele Einrichtungen. Sie wurde 1979 unter dem Namen UFA 105 gegründet und kann auch Belorezk 16 heißen. Im Jahr 1995 wurde beschlossen, eine voll ausgestattete Stadt zu gründen, und ihr Name wurde als privat bekannt gegeben. Es wird angenommen, dass die in der Stadt lebenden Menschen einige Geheimnisse in sich tragen. Der Berg Yamantau gilt als der höchste Berg des Urals. Hier geht es um Kernenergie. Es verfügt über eine geheime Atomanlage, wie seit langem bekannt ist. Während der Regierung von Boris Jelzin wurden im Werk zwei Garnisonen, Belorezk-15 und Belorezk-16, errichtet. Es gibt immer noch viele Fragen aus Russland zum Berg Yamantau, aber niemand hat bisher bestätigt, um was es sich handelt, eine Bestätigung wird noch erwartet. Sie behaupten sogar, dass der Boden nur von Anführern zur Lagerung von Schätzen oder Nahrungsmitteln oder als Unterschlupf im Falle eines Atomkrieges genutzt wird, er über ausreichend Kapazität und angeblich über unterirdische Einrichtungen verfügt. Die Höhe ist jedoch unbekannt.

Fort Knox, Kentucky, USA

Fort Knox ist ein US-Stützpunkt. Die Armee ist in Kentucky, USA. Er ist vor allem für die Lagerung der Goldreserven des US-Finanzministeriums bekannt, das sogenannte United States Bullion Depository. Eines der größten Goldvorkommen der Welt befindet sich in Fort Knox. Außerdem durften bisher nur sehr wenige Menschen das Gebäude betreten. Im Jahr 1974 wurde nur einer kleinen Gruppe von Politikern, Journalisten und Fotografen diese einzigartige Ehre zuteil: Sie durften in die sakramentale Welt des amerikanischen Finanzsystems eintreten. Der Safe wurde seitdem nicht geöffnet. Das Ziel ist die US-Goldreserveverwahrung in Fort Knox, die angeblich „Gold im Wert von 15 Milliarden US-Dollar" birgt und von 41.000 Soldaten bewacht wird. An diesem geheimen Ort werden nicht nur die US-Goldreserven aufbewahrt, sondern auch wichtige Dokumente wie die Original-Unabhängigkeitserklärung oder die Magna Carta. Legendär wurde der Bunker durch den James-Bond-Film „Goldfinger", in dem ein gleichnamiger Bösewicht plant, Gold zu stehlen.

Hier sollen mehr als 200.000 Goldbarren hinter einer 22 Tonnen schweren Stahltür jeder Explosion standhalten. Das Land ist außerdem mit Stacheldraht und Minenfeldern gesichert – sodass wirklich niemand (ohne Erlaubnis) es betreten kann.

Pine Gap, Alice Springs, Australien

Pine Gap ist eine US-australische Abhörstation, die etwa 20 Meilen südwestlich der australischen Outback-Stadt Alice Springs liegt. Sie besteht aus mehreren Antennensystemen, z.B. darunter acht große Radome und ein Standort- und Bewertungszentrum. Diese Kommunikations- und Abhöreinrichtung ist auch Teil des Echelon-Spionagenetzwerks bzw. operiert im Rahmen dieses Netzwerks. Die während des Kalten Krieges im Jahr 1967 erbaute Militärbasis wird vollständig von den USA finanziert und ist heute als Joint Defense Space Research Facility bekannt, wie unter anderem die australische Nachrichtenseite news.com.au berichtet. Täglich gehen Tausende Daten aus E-Mails, Telefongesprächen und Funkgesprächen ein, hauptsächlich aus Nordkorea, Pakistan, Afghanistan und dem Irak. Auch der Luftraum von Pine Gap ist unpassierbar, Flugzeuge dürfen nur in einer Höhe von 5.500 m passieren.

Lascaux-Höhle, Frankreich

Diese Schatzkammer der Menschheitsgeschichte wurde 1940 entdeckt und enthält einige der ältesten Höhlenmalereien aller Zeiten. Die Höhle ist seit 1949 für die Öffentlichkeit zugänglich und sollte 1963 für Besucher geschlossen werden. Denn das CO_2, das täglich von mehr als tausend Besuchern eingeatmet wird, hat durch künstliche Beleuchtung und veränderte Luftzirkulation viele Probleme mit sich gebracht. Das eigentliche Problem bestand darin, dass all dies begann, die Pigmente der prähistorischen Zeichnungen zu beschädigen und die Gemälde zu schimmeln und zu zerfallen begannen, wodurch sie der Gefahr von Beschädigung und Zerstörung ausgesetzt waren. So wurde die Höhle zu einem Ort, den niemand mehr betreten konnte. Deshalb beginnen diese Gemälde, nachdem sie vor Tausenden, Zehntausenden von Jahren entdeckt wurden, plötzlich zu verfallen. Wir mögen das glauben oder auch nicht, aber zumindest ist das die offizielle Erklärung, die uns gesagt wurde. Leider haben wir keine Chance mehr, die Originalbilder zu sehen. Besucher müssen sich jedoch keine Sorgen machen, denn seit 1983 ist in der Höhle Lascaux II eine detaillierte Nachbildung der tatsächlichen Höhle, nur 200 m vom Haupthöhleneingang entfernt, für Besucher zugänglich. Hier werden alle Wandgemälde dargestellt und auch mit interaktiven Elementen erklärt. Natürlich handelt es sich nach Ansicht einiger um eine Verschwörungstheorie, also um künstlich geschaffene Höhlenmalereien zur Unterstützung der Evolutionstheorie.

Insel Riems, Deutschland

Friedrich Loeffler, ein Schüler Robert Kochs, gründete 1910 das weltweit erste Virusforschungsinstitut. Später, nachdem die Nazis die Insel vorübergehend nach biologischen Waffen abgesucht hatten, untersuchten Wissenschaftler des Friedrich-Löffler-Instituts immer noch Riems gefährliche Krankheiten. Daher ist die Insel streng von der Öffentlichkeit isoliert.

Abgesehen von diesen Orten, stellen wir beim Betrachten von Google Maps im Internet fest, dass in vielen Teilen der Welt bestimmte Punkte geschwärzt oder getrübt sind oder durch die Unterscheidung ihrer Pixel unsichtbar gemacht werden. Wir können die Verformung des Erscheinungsbildes von Militärgebieten, Stützpunkten, aber auch anderen Bereichen verstehen, aber es sieht äußerst verdächtig aus, wenn man keine Ahnung hat, was es sein soll. Zum Beispiel: Die Insel Jeanette im Ostsibirischen Meer, ein blinder Fleck mitten in der sibirischen Tundra, der Baker Lake – schwarze Balken in Kanada, El Ejido in Spanien – dargestellt als geheimnisvolles Quadrat –, was bedeutet das, ist das nicht ziemlich seltsam?

Zitate zum Nachdenken:

„Die Beschreibung ist nicht die beschriebene. Ich kann den Berg beschreiben, aber die Beschreibung ist nicht der Berg, und wenn du in der Beschreibung gefangen bist, wie es die meisten Menschen sind, dann wirst du den Berg nie sehen!"
Krishnamurti

„Der Mensch kann nicht leben ohne ein dauerndes Vertrauen zu etwas Unzerstörbarem in sich, wobei sowohl das Unzerstörbare als auch das Vertrauen ihm dauernd verborgen bleiben können!"
Franz Kafka

„Die Dogmen wechseln, und unser Wissen ist trüglich; aber die Natur irrt nicht: Ihr Gang ist sicher, und sie verbirgt ihn nicht. Jedes ist ganz in ihr, und sie ist ganz in jedem!"
Arthur Schopenhauer

„Der beste Weg für die Geheimhaltung ist, die unerwünschten Dinge nicht so sehr zu verbergen, damit sie nicht mal bemerkt werden. Ebenso wie zu viel Licht die Augen blendet, dass man nicht sehen kann!"
Nurcan Gross

TEIL 2

MANIPULATIONEN, MEDIEN UND UNTERHALTUNGSINDUSTRIE

MANIPULATIONEN

Was ist die Definition von Manipulation, was genau bedeutet sie? Andere zum eigenen Nutzen und zu eigenen Wünschen zu beeinflussen, oder zumindest zu einem Zweck zu beeinflussen, eine Situation und ein Denken zu lenken, aber auch eine bedrückende, provokative und kontrollierende Wirkungsreaktion. Sie bleibt immer außerhalb der Sozialethik und trägt immer dominierende Elemente in sich. Es handelt sich um eine Konfiguration, der wir häufig in unseren Beziehungen zu Menschen, bei Angebot und Nachfrage eines Produkts (Werbung) und in der Politik (wahrscheinlich die schädlichste für uns) oft begegnen werden. Es gibt noch weitere (relative harmlose) Anwendungsgebiete, nicht nur in der Psychologie, beispielsweise ist auch die Änderung der Biografie des Bewerbers, der sich um eine Stelle bewirbt, oder die Darstellung eines Experiments durch Änderung der Daten des Projekts eine Form der Manipulation. Dabei handelt es sich jedoch nicht um direkte Eingriffe, sondern um indirekte Eingriffe. Im harmlosesten Fall hat dies eine neutrale Wirkung. Umgangssprachlich hat der Begriff „Manipulation" jedoch keine Neutralität, Gedanken und Verhaltensweisen haben oft eine negative, verborgene Bedeutung. Die Abgrenzung zu anderen Formen der Einflussnahme, beispielsweise durch Informationen und Argumente, ist der gezielte Einsatz unauffälliger Techniken. Manipulation ist also ein Instrument zur Verhaltens- und Gedankenveränderung von Menschen und kann im Extremfall jederzeit zur Waffe werden. Natürlich ist Manipulation nicht immer leicht zu verstehen, es gibt solche, die schädliche Faktoren haben, aber auch solche, die harmlos und sogar erfreulich sind. Wer könnte zum Beispiel negativ empfinden, mit gezielter Manipulation an einer Überraschungs-Geburtstagsfeier teilzunehmen?

Dabei muss gut unterschieden werden, wo die Manipulation beginnt und wohin sie geht und welche Einflüsse zu welchen Ergebnissen führen können. Handelt es sich um Manipulation, wenn eine Frau sich schminkt, um für das andere Geschlecht attraktiver zu wirken, oder handelt es sich bei der Bewerbung um eine Manipulation, bei der auf die Kleidung geachtet wird, weil man davon ausgeht, dass sich das erste Erscheinen positiv auf die Bewertung auswirkt?

Grundsätzlich können wir kleinste Manipulationen im Alltagsgeschehen nicht leugnen. So wie wir als Pädagogen und Ausbilder unseren Zuhörern Informationen vermitteln wollen, müssen wir versuchen, die nötige Aufmerksamkeit zu erregen und den Zuhörer zielgerichtet und angemessen zu positionieren. Wenn wir also in jeder Situation alles als Manipulation akzeptieren, sollten wir zumindest zwischen positiven und negativen unterscheiden.

Manipulationstechniken haben unterschiedliche Formen und Stärken.

Der Effekt besteht zumindest darin, den Gesprächspartner zum Zuhören zu bewegen. Kenntnisse über Manipulationstechniken sind unerlässlich, um im Gespräch eine Richtung festzulegen. Sie helfen Ihnen aber auch dabei, sich nicht zu etwas drängen zu lassen, dass Sie eigentlich nicht tun möchten. In der Rhetorik bezieht sich Manipulation auf eine verdeckte Einflussnahme, und es gibt verschiedene Manipulationstechniken, um die andere Person dadurch zu beeinflussen. Der Erfolgszustand des Redners überzeugt einerseits die andere Person vom Ziel und beeinflusst andererseits, indem er dies gekonnt vermittelt, die Idee, aus dieser Person selbst hervorzugehen. Eine solche Manipulation wird als indirektes, vermittelndes Element verstanden. Unter Manipulation hingegen versteht man die gezielte Einwirkung auf Menschen ohne deren Wissen. Dieser Effekt kann auch durch vorsätzliche Informationsverfälschung auftreten.

Das Schlimmste ist Informationsmanipulation, vor allem durch Angst.

Manipulation im Privatleben:

Wenn man genau hinschaut, gibt es Beeinflussungsstrategien, die in allen menschlichen Beziehungen existieren und praktiziert werden, sei es in Freundschaften, in der Familie oder in Beziehungen.

Manipulation dient nicht nur dazu, andere zu überzeugen, sondern auch, um sie an das Thema zu gewöhnen, von dem es zu überzeugen gilt. Allerdings ist die Angewohnheit vorübergehender Natur und darf nicht mit dem Schlafmodus verwechselt werden. Im ersten Fall liegt eine überzeugende und/oder bedingte Akzeptanz aufgrund mangelnder Interpretation und mangelndem Interesse vor. Im zweiten Fall wurde die Meinung, dass Ihr Vorschlag gut und logisch ist, vorbehaltlos akzeptiert. Während Sie in diesem Fall die Idee stabil halten müssen, indem Sie der ersten Gruppe aktuelle Beweise vorlegen, verschwindet diese Anforderung in der zweiten Gruppe, die inaktiv ist. Es macht auch einen Unterschied, ob der Betroffene sich der Wahrheit bewusst ist oder nicht. Wenn Sie es wissen, können Sie sich schützen und die Informationsquelle in Frage stellen. Sie können besser verstehen, warum Sie so denken. Aber wenn Sie nicht wissen, dass Sie betroffen sind, beginnen Sie zu denken, dass die Idee von Ihnen stammt. Und Sie verschließen sich allen möglichen Gegenargumenten, egal wie rational sie auch sein mögen.

Manipulation am Arbeitsplatz:

Bei Verkaufsgesprächen oder Werbeanzeigen kommen viele Manipulationstechniken zum Einsatz. Menschen müssen überzeugt werden, etwas zu kaufen oder beispielsweise einen Vertrag oder eine Mitgliedschaft abzuschließen. Beispielsweise erfolgt der Verkauf von Produkten mit Zusatzgeschenken schneller als bei anderen Produkten. In Situationen, in denen mehrere Personen an einem Ort zusammenarbeiten, gibt es immer unterschiedliche Ansichten darüber, wie ein Ziel am besten erreicht werden kann. Wenn Entscheidungen nicht demokratisch getroffen werden, kommt es darauf an, wer die besseren Argumente und/oder die besten rhetorischen Fähigkeiten hat. Im Vorstellungsgespräch kann man den Nutzen von belastenden Fragen aus dieser Perspektive sehen – und man kann souveräner damit umgehen, wenn man weiß, worauf die Fragen eigentlich abzielen.

Die Manipulierbarkeit von Menschen hängt übrigens maßgeblich von der Situation ab. In einer schwierigen Situation, zum Beispiel bei einem Streit, einem Assessment Center oder einer Gehaltsverhandlung, ist es einfacher, Menschen zu manipulieren. Wenn Sie sehr nervös sind, kann Ihre Körpersprache (z. B. verschwitzte Hände, gerötete Wangen usw.) dazu führen, dass Sie wie ein „offenes Buch" aussehen. Unter Stress ist die Fähigkeit, Einflussversuche zu unterdrücken, deutlich eingeschränkter.

Verschiedene Manipulationstechniken:[119]

- Das Entweder-Oder-Argument. Z. B.: „Wir gehen entweder ins Kino oder ins Theater." Diese Argumentation geht davon aus, dass es nur zwei Optionen gibt. Dem Zuhörer wird empfohlen, die zuvor vereinbarte Entscheidung selbst zu treffen.
- Manipulation durch Wiederholung. Besonders häufig machen sich Fernsehen und Radio diese Manipulationstechnik zunutze. Wiederholungen machen Aussagen einprägsamer und neigen dazu, in Zukunft übernommen zu werden.
- Den Trugschluss einer falschen Alternative nutzen. Z. B.: „Da der Vorschlag von Herrn … nicht funktioniert hat, müssen wir jetzt über meinen Vorschlag nachdenken."
- Diese Technik beinhaltet nur eine Möglichkeit. Eine Alternative wird als einzig akzeptable Option angezeigt, da alle anderen Optionen entweder schlecht oder ungültig sind. Es kann mit dem obigen Argument verknüpft werden.

---

119 https://www.audimax.de/arbeitsleben/gleichberechtigung-im-job/manipulationstechniken-wie-du-sie-richtig-einsetzt/

- Manipulation durch Statistiken und Zahlen. Z. B.: „90 % der Menschen denken so." Bei dieser Manipulationstechnik verwendet der Sprecher Zahlen, um seine Aussage präziser und zuverlässiger zu machen.
- Manipulation durch Benennung. Z. B.: „Ich bin nicht der Einzige, der so denkt. Die Nachbarn von nebenan bestätigen es auch."
- Zur Untermauerung der Erklärung werden Experten, Behörden und namhafte Wissenschaftler zitiert. Es kann mit dem obigen Argument verknüpft werden.
- Anzahl der Follower, andere. Z. B.: „Ich verstehe nicht, warum Sie auf dieser Meinung bestehen. Alle anderen waren mit der bisherigen Vorgehensweise einverstanden."
- Diese Technik ist die beliebteste, „So wie jeder"-Argument, weil niemand gegen die Mehrheit vorgehen möchte. Z. B.: „Das kann jeder ..." Andere Formulierungen, z. B.: „Jeder weiß das ...", „Niemand zweifelt daran ...", „Jeder gibt zu, dass ..." usw.
- Eine weitere beliebte Technik ist die Vereinfachungstechnik. Wie „Das ist ein Kinderspiel ..." oder „Ich schaffe es mit geschlossenen Augen".
- Durch emotionale Ausbeutung oder ethische Infragestellung. Z. B.: „Jeder mit gesundem Menschenverstand wird ...", oder „Moralisch gesehen ...". Bei dieser Manipulationstechnik wird der Gegner zum Schweigen gebracht, bevor er die Möglichkeit hat, sich zu äußern.
- Persönliche Garantie, dass dies wahr ist. Z. B.: „Sie können sicher sein, dass Ihre Kunden das Produkt sehr gut finden werden." Mit dieser Manipulationstechnik verbürgt sich der Sprecher für die Richtigkeit der Aussage.
- Das wird schon lange so praktiziert, also muss es stimmen. Tatsachen werden dadurch bestätigt, dass sie alt und bewiesen sind. Diese Methode verhindert Innovationen und Veränderungen. Besonders beliebt ist der Begriff „Vertrautheit".

Subliminale Botschaften – unterschwellige Manipulation[120]

Eine unterschwellige Botschaft ist ein Zeichen oder eine Botschaft, die in ein anderes Objekt eingebettet ist und so gestaltet ist, dass sie unterhalb der Grenzen der normalen menschlichen Wahrnehmung bleibt und nicht auf den ersten Blick wahrgenommen wird. Unterschwellige Botschaften können von der bewussten Aufmerksamkeit des Menschen nicht wahrgenommen werden, es wird jedoch behauptet, dass diese Botschaften das Unterbewusstsein des Menschen beeinflussen. Unterschwellige Techniken werden häufig im Werbe- und Propagandabereich eingesetzt. Getränkemarken, die die Charaktere in Fernsehserien oder Filmen trinken, und Kleidung sind Beispiele für unterschwellige Botschaften. Die Moral dieser Techniken, wie z. B. ihr Zweck, ihre Wirkung, ihre Häufigkeit und ihr Wettbewerb, bleibt umstritten. Es wird in vielen Bereichen eingesetzt, von der Vermarktung von Marken und Produkten bis hin zur Veränderung der Interessen, Bedürfnissen und Wahrnehmungen der Gesellschaft. Die gebräuchlichste Art, eine unterschwellige Botschaft zu verwenden, besteht darin, das Ding und einen Gegenstand, der schlecht ist, im selben Thema zu verwenden, um eine Person, eine Institution oder ein Produkt schlecht aussehen zu lassen. Aufgrund der bisherigen Studien können selbst die bewusstesten Menschen diese Botschaften auf den ersten Blick nicht zu 100 % entschlüsseln. Dies macht Gesellschaften anfällig für gezielte Werbung.

---

120 Subliminale Botschaften, die oft auch Gegenstand von Kontroversen sind, werden eingesetzt, um das Unterbewusstsein zu beeinflussen. Resultat dessen können spätere Auswirkungen auf Gedanken, Verhaltensweisen oder Aktionen sein.

Nach der in Filmen verwendeten **25. Frame-Technik**[121] wurde die unterschwellige Technologie im akustischen Bereich erweitert. Gesprochene Texte werden unter einem Musiksignal versteckt, das zu leise ist, um gehört zu werden. Bewusst hört der Konsument nur die Musik, unbewusst sind diese Informationen jedoch gespeichert. Auf diese Weise werden zum Nachdenken anregende Texte im Hochfrequenzbereich übertragen, die bewusst nicht gehört werden können, der Mensch jedoch durch diese Anwendung beeinflusst wird. So soll die US-Armee beispielsweise im ersten Irak-Krieg auf einem irakischen Radiosender angstauslösende Texte ausgestrahlt haben, die nicht bewusst gehört wurden.

Die Methode „Silent Subliminal Technology"[122] arbeitet im 15-kHz-Bereich, also an der Hörgrenze. Bei allen Menschen, deren Hörsinn dort endet, funktioniert diese Manipulation. Wer nur höhere Frequenzen hören kann, vernimmt ähnliche Kratz- und Pfeifgeräusche wie bei Hörgeschädigten. In den Bereichen unbewusstes Lernen oder Selbsthypnose (mit dem Rauchen aufhören, glücklicher sein, Gewicht verlieren, Flugangst überwinden) werden diese und andere Techniken erfolgreich eingesetzt. Wichtig ist, dass dem Ausdruck eine positive Einstellung zugrunde liegt, denn er lässt sich leichter in die eigenen Grundeinstel-

---

121 Der Film besteht aus 24 Bildern. Unsere Augen können 24 Bilder pro Sekunde erfassen, während es 25 sind. Man kann das Bild, das im Rahmen platziert wird, nicht erkennen. Aber das Unterbewusstsein speichert dieses Bild. So wird die gewünschte Nachricht an die Zielperson oder das Publikum weitergeleitet.

122 Silent Subliminal Technology wurde von O. M. Bud Lowery, einem Luftfahrtingenieur, erfunden. Bud ist ein Experte auf vielen Gebieten (er hat vor vielen Jahren ein Schlaflernprogramm für die Marine entwickelt, und dieses Programm wird immer noch verwendet) und hat unter anderem eine Technik entwickelt, die für das menschliche Ohr völlig unhörbar ist, aber viel lauter ist als alles auf dem Band, aber außergewöhnlich stark vom Unterbewusstsein absorbiert wird.

lungen integrieren. Ein Einkaufszentrum sorgte sechs Monate lang für eine Hintergrundmusik mit unhörbaren Texten, die moralisch mit Inhalten sowohl von potenziellen Dieben („Ich stehle nicht.") als auch von Kassierern („Ich bin ehrlich") abgestimmt waren. Das Ergebnis soll 75 % weniger Diebstähle sein.

Werbung für subliminale Botschaften:

Wie sehr kann subliminale Werbung unsere Psychologie beeinflussen, kann die Industrie uns wie Roboter manipulieren?

Es mag für ein Märchen gehalten werden, aber die Forschung zeigt, dass es tatsächlich funktionieren kann. Die Entstehung der unterbewussten Werbung, wie wir sie kennen, geht zurück auf das Jahr 1957, als ein Vermarkter namens James Vicary einem Film namens „Picnic" die Worte „Popcorn essen" und „Coca-Cola trinken" hinzufügte. Die Worte erschienen in einem einzigen Rahmen, der lang genug für das sogenannte Unterbewusstsein war, um es zu verstehen, aber zu kurz für den Betrachter, um es zu erkennen. Subliminal-Werbung soll den Verkauf von Cola um 18,1 % und den Verkauf von Popcorn um 57,8 % gesteigert haben. Vicarys Ergebnisse sind vielleicht ein wenig knifflig. Denn neuere Experimente haben gezeigt, dass unterschwellige Botschaften das Verhalten auf kleine Weise beeinflussen können. Versteckte Anzeigen funktionieren aber nur in engen Grenzen. Während die meisten Menschen unbewusste Werbebotschaften ablehnen, sind Zielpersonen viel leichter betroffen. Das heißt, wenn der Empfänger der Nachricht eine entsprechende Anforderung an das beworbene Produkt hat, kann dies sicherlich effektiv sein. Wenn wir mit den gleichen Anzeigen konfrontiert sind, die sich ständig wiederholen, wird ein bestimmtes Gefühl in uns konditioniert. Wenn wir dann in einem anderen Kontext mit dem Produkt in Kontakt kommen, wird das konditionierte Gefühl automatisch in uns ausgelöst. Emotionen beeinflussen Kaufentscheidungen im Allgemeinen.

Der niederländische Psychologe **Johan Karremans** von der Universität Nijavien hat in einem Experiment gezeigt, wie effektiv unterschwellige Botschaften sein können. Er teilte seine Probanden in zwei Gruppen ein, wobei eine Gruppe vor der

Aufgabe Brezeln bekam und die andere nicht. Dann wurden ihnen alle kurzen Werbespots gezeigt, in die in der Hälfte unterschwellige Botschaften eingebettet waren: Darin war der Name eines Eisteeproduktes zu sehen. Nach der Show erhielten alle Probanden Getränke, sodass sie zwischen der gezeigten Eistee-Marke und reinem Mineralwasser wählen konnten. Der überraschende Effekt zeigte sich: Wer zuvor salzige Snacks gegessen hatte und durstig war, griff zu 80 % zu Eistee statt Wasser. Diejenigen, die keinen Durst hatten, wählten gleichermaßen zwischen Eistee und Mineralwasser.

Karremans Experiment zeigt, dass unterschwellige Botschaften Wirkung zeigen, wenn das Thema früher zur Kenntnis genommen wird. Bisher durstige Probanden achteten offenbar stärker auf die Getränke, sodass die Eistee-Werbung – auch wenn sie nicht bewusst wahrgenommen wurde – tatsächlich funktionieren konnte. Einen solchen Effekt nennt man in der Kommunikationswissenschaft „Priming". Wenn sich unser Gehirn an eine bestimmte Situation anpasst, nehmen wir mehr von allem wahr. Auf diese Weise können selbst diese unterschwelligen Botschaften von Millisekunden Länge Spuren in unserem Gedächtnis hinterlassen.

Gedankenkontrolle – Mind Control

Der Bereich der Gedankenkontrolle wurde von Social Engineers effektiv gekapert, um ihn wie ein Stück Fantasie erscheinen zu lassen. Es macht kaum einen Unterschied, ob diese Fantasie die Form einer lustigen, albernen Science-Fiction-Geschichte annimmt oder ob eine marginalisierte Verschwörungsserie ungleichmäßig erzählt wird; solange die allgemeine Bevölkerung versteht, dass dies ein „seltsames" Problem ist, werden die meisten Menschen instinktiv wissen, dass sie es vermeiden sollten. Aber raten Sie mal, was? Gedankenkontrolle ist kein Gegenstand der Fantasie. Es ist eine alltägliche Tatsache, die immer häufiger

Eingang in wissenschaftliche Zeitschriften, freigegebene Dokumente und sogar in die Tageszeitungen findet.

CIA und MK ULTRA[123]

Die geheimen und weitgehend illegalen Experimente der CIA im Rahmen des Projekts MK ULTRA und seiner Vorläufer sind zweifellos eines der dunkelsten Kapitel der jüngeren amerikanischen Geschichte. Ziel des Projekts war die Entwicklung eines Wahrheitsserums[124] zur Befragung von Kriegsgefangenen und Spionen. Es handelt sich um eine Art Betäubungsmittel (Thiopental wird als Schlafmittel eingesetzt), vor allem steigert es den Redefluss enorm. Das Problem besteht jedoch darin, dass die befragte Person auch leicht einschlafen kann. Um die Dosis zu erhöhen, sollte sie daher zusammen mit dem Stimulans verabreicht werden. Scopolamin (erzeugt Halluzinationen) wurde in der Vergangenheit ebenfalls verwendet.

Das Programm umfasste auch Tausende von Versuchen am Menschen, bei denen unschuldige Probanden, oft willkürlich aus Krankenhauswaisen und Gefängnisinsassen ausgewählt, halluzinogenen Drogen wie LSD oder Meskalin ausgesetzt wurden. Eine Vielzahl der Probanden erlitt bei den Experimenten schwerste körperliche und psychische Verletzungen bis hin zum teilweisen Tod. Obwohl die meisten MK ULTRA-Akten auf Befehl des ehemaligen CIA-Direktors Richard Helms systematisch vernichtet wurden, was die Aufklärung der Aktivitäten der Untersuchungskommissionen des US-Kongresses erheblich erschwerte, ergibt sich aus den verbleibenden Dossiers und Untersuchungsberichten ein klares Bild: Von den 1940er Jahren bis

---

123 https://verschwoerungstheorien.fandom.com/de/wiki/Mind_Control

124 Wahrheitsserum ist ein Medikament, mit dem versucht wird, von einer befragten Person korrekte Antworten zu erhalten. Eine Reihe von Beruhigungsmitteln wurden als Wahrheitsseren verwendet, am häufigsten ist jedoch Natriumthiopental, bekannt als Natriumpentothal.

in die 1970er Jahre erforschten die CIA und Militärbehörden in den USA im Rahmen umfangreicher verdeckter Forschungsprojekte zahlreiche verschiedene Methoden zur Sensibilisierung durch Menschenversuche. Wie erfolgreich waren sie? Zum Beispiel: Könnten diese Selbstmordattentäter nicht Absolventen solcher Programme sein?

MEDIEN

Auszug aus den Protokollen der Weisen von Zion (Nr. 12):
„Welche Rolle spielt die Presse heutzutage? Sie dient zur Auf-
reizung und Entflammung der Volksleidenschaften, die wir für
unsere Zwecke brauchen. Sie ist oft schal, ungerecht, verlogen,
und der größte Teil der Öffentlichkeit hat nicht die geringste
Ahnung, wem die Presse in Wirklichkeit dient. Wir werden sie
satteln und mit straffem Zaume zügeln; wir werden dasselbe
auch mit allen anderen Erzeugnissen der Druckpresse tun. (...)
Unsere Zeitungen werden von allen Schattierungen sein – aris-
tokratisch, republikanisch, revolutionär, sogar anarchistisch –,
natürlich nur so lange, als die Verfassung besteht ... Gleich dem
indischen Gotte **Wischnu**[125] werden sie hundert Hände haben,
und jede davon wird eine gewünschte öffentliche Meinung am
Finger haben."

Die Veröffentlichung dieser Protokolle reicht – soweit bekannt –
mehr als 100 Jahre zurück, aber wenn wir uns den aktuellen
Stand der Medien ansehen und die obige Erzählung sorgfältig
prüfen, können wir leicht erkennen, dass sie heute nahezu gleich
angewendet werden. Die Aufgabe der Medien besteht darin, uns
akustische, schriftliche und visuelle Nachrichten zu bringen,
die Fakten genau wiederzugeben, anzukündigen und darüber
zu informieren, was wir nicht wissen. Und gleichzeitig sollten
sie in der Lage sein, der Stimme des Volkes fair Gehör zu ver-
schaffen und bei Bedarf alle Arten von Negativität zu kritisieren, also absolut unparteiisch zu sein. Zumindest denken und
glauben wir, dass dies so ist. Je sicherer und überzeugter wir

---

125 Im Hinduismus wird eine Form Gottes mit vielen Armen dargestellt.

sind, desto mehr beeinflussen sie unsere Weltanschauung, ob wir es wissen oder nicht.

Doch wer beeinflusst das Weltbild der Medien und wer bestimmt, welche Nachrichten in welcher Form verbreitet werden sollen?

Jeden Tag gibt es viele Ereignisse auf der Welt, im In- und Ausland. Wie viel Prozent einer aufrichtigen Nachricht sind in den Medien möglich? Woher kommen die Nachrichten und woher wissen wir, was uns gezeigt wird und ob wir informiert sind?

Wenn wir uns die Schlagzeilen vieler Zeitungen ansehen, scheint es, als kämen die Nachrichten aus einer einzigen Quelle, alle tragen die gleichen Schlagzeilen. Es scheint, dass sich die uns täglich gezeigten Nachrichten nicht sehr voneinander unterscheiden, sie tragen die gleiche Signatur, egal welchen Fernsehsender oder welche Zeitung man anschaut. Kann man angesichts der Tatsache, dass die Berichterstattung sowohl thematisch als auch inhaltlich immer gleich ist, d. h. die Meinungen zu bestimmten Ereignissen immer gleich sind, überhaupt noch von freiem Journalismus sprechen?

Sogar einige Fernsehsender, von denen wir glauben, dass sie aufrichtig sind und von denen wir denken, dass sie im Konsens sind. Sender oder Zeitungen können uns irreführen, auch wenn sie es nicht freiwillig tun. Sobald ein junger und idealistischer Journalist die Bühne betritt, wird er sicherlich seinen eigenen Schock erleben, wenn er das wahre Gesicht des Systems sieht und versteht, wie die Sache eigentlich ausgehen soll. Ein wertvoller Journalist, der dies am besten zum Ausdruck brachte, war **Udo Ulfkotte**. Leider ist er nicht mehr unter uns, genau wie der geschätzte türkische Journalist **Uğur Mumcu**, sie wurden für immer zum Schweigen gebracht (siehe: Mysteriöse Todesfälle von Journalisten). Der Grund, warum sie getötet wurden, war wahrscheinlich, dass sie einige Enthüllungen über die Ziele des **Tiefen Staates** aufdecken wollten.

Udo Ulfkotte beschreibt seine Erinnerungen an den Beginn seiner Karriere wie folgt: Seine ersten Erfahrungen als Kriegskorrespondent sammelte er im Irak, als er bei der FAZ (Frankfurter Allgemeinen Zeitung) zu arbeiten begann. Er und einige internationale Reporter wurden in einem Luxushotel untergebracht. Am folgenden Tag verließen sie das Hotel und machten sich auf den Weg zu einem Interview in das Kriegsgebiet. Er bemerkte, dass jeder einen Benzinkanister in der Hand hatte, aber er verstand nicht ganz, wozu sie da waren. Er stieg mit allen ins Auto und nahm an dieser Fahrt teil. Sie machten sich auf den Weg, fuhren weiter, bis sie an einen abgelegenen, einsamen Ort in der irakischen Wüste kamen, und als sie ihr Ziel erreichten, stiegen sie mit den Benzinkanistern aus den Autos. Im Hintergrund waren eine zerstörte Landschaft mit Trümmern und ein paar zerbrochene alte Panzer und kaputte Autos zu sehen. Die Journalisten vergossen Benzin und zündeten es an, und dann begannen sie dramatisch, ihre Nachrichten vor der Kamera zu präsentieren, als ob sie authentische Bilder einer Kriegsszene mit einer Reihe von Effekten verzierten. Es war mehr als dreist, solche Aufnahmen eines Kriegseinsatzes zu inszenieren. Ulfkotte musste in dieser Szene voller Erstaunen seine Neuigkeiten in seiner eigenen Sprache vortragen. In einem späteren Telefonat mit seiner Mutter wird diese sagen: „Sohn! Gott sei Dank, dass du noch lebst. Wir haben uns die Aufnahmen im Fernsehen angesehen, es war so schrecklich."

Das Einzige, was hier wirklich schrecklich ist, ist, dass das Publikum durch diese Art der Inszenierung unter dem Deckmantel der Realität getäuscht wird. Wer von uns weiß, was sich hinter den Kulissen der Mainstream-Medien abspielt, welche tief verwurzelte Lobbyarbeit herrscht, welche Berichterstattungspolitik an den Interessen der Eliten ausgerichtet ist und wie tief die starken Verbindungen zwischen Politik und Medien sind?

Erfolgt die Umsetzung dieses Mechanismus, der von manchen als Verschwörung interpretiert wird und häufig auf Bestechung und Korruption setzt, ohne Weisungen und ohne absolute Kontrolle der Strippenzieher an der Spitze?

Manipulieren Journalisten uns im Interesse der Regierungen?

All diese Fragen beschäftigten auch Udo Ulfkotte. Obwohl er lange Zeit dem System gedient hat, hat er es schließlich vorgezogen, sich selbst im Spiegel ansehen zu können, und schrieb ein kritisches Buch nach dem anderen zu diesem Thema. In einem Interview wurde ihm die Frage gestellt: Wie kam es zu dieser kritischen Sicht auf seinen Beruf?

Ulfkotte: „Es begann im Jahr 1988, als ich Zeuge des Gasangriffs auf iranische Soldaten an der iranisch-irakischen Grenze wurde. Unter deutschem Giftgas und amerikanischer Beobachtung besprühten die Iraker die Iraner, was sie später in Bagdad feierten. In der Schule wurde mir eingeimpft, dass die Deutschen nie wieder Gas verwenden sollten. Und ich stand einfach da und musste voller Wut zuschauen, und am Ende war ich ein Teil davon.

Mein Artikel, den ich bei der FAZ eingereicht habe, und das gedruckte Ding zeigten zwei verschiedene Welten. Da habe ich gelernt, dass dieses Vorgehen in den Medien „normal" ist. Ich machte weiter, bis ich nicht mehr in den Spiegel schauen konnte."

Eines von Ulfkottes Büchern heißt „**Gekaufte Journalisten: Wie Politiker, Geheimdienste und Hochfinanz Deutschlands Massenmedien lenken**".

Fühlen Sie sich oft von den Medien manipuliert und belogen? Genau wie die meisten Deutschen. Bisher galt es als „Verschwörungstheorie", bei der die Leitmedien uns Bürger gezielt mit Propagandatechniken manipulierten. Jetzt verrät ein Insider, was wirklich hinter den Kulissen passiert ist.

Der Journalist Udo Ulfkotte schämt sich dafür, 17 Jahre bei der **Frankfurter Allgemeinen Zeitung** gearbeitet zu haben. Der Autor übt stets Selbstkritik, bevor er verborgene Machtnetzwerke aufdeckt. Hier dokumentiert er erstmals, wie er für seine Berichterstattung bezahlt wurde und wie Korruption gefördert wurde. Es zeigt, warum Meinungsführer dazu neigen, zu berichten, und warum sich der erweiterte Arm des NATO-Pressebüros auf einen Krieg gegen die Medien vorbereitet. Der Autor wurde natürlich in die Netzwerke amerikanischer Eliteorganisationen aufgenommen und erhielt im Austausch für positive Nachrichten in den USA sogar eine Ehrenurkunde der Staatsbürgerschaft. In diesem Buch erfahren Sie, welche Journalisten vertreten sind. Der Autor nennt Hunderte und blickt hinter die Kulissen der Organisationen, die unsere Medien einseitig propagieren: Atlantic Bridge, die Trilaterale Kommission, der German Marshall Fund, der American Council Germany, die American Academy, das Aspen Institute und das European Policy Institute. Dazu gehören auch Hintergründe zu Geheimdiensten von Lobbygruppen, Propagandatechniken und beispielsweise die Beschaffung der Fördergelder bei der US-Botschaft für Projekte, die darauf abzielen, die öffentliche Meinung in Deutschland gezielt zu beeinflussen.

Sagt die CIA, was geschrieben werden soll?

Können Sie sich vorstellen, dass Geheimdienstoffiziere Artikel in der Redaktion schreiben und diese dann unter den Namen bekannter Journalisten im Redaktionsbereich veröffentlichen? Wissen Sie, welche Journalisten dafür bezahlt werden, für welche Medien zu berichten? Und wissen Sie, wie die renommierten „Journalistenpreise" vergeben werden? Der Weg vom Journalisten zum Propagandisten ist nicht weit. Nach der Lektüre dieses Buches werden Sie unsere Zeitungen mit ganz anderen Augen sehen, den Fernseher häufiger ausschalten und wissen, was Sie sonst noch im Radio glauben können: fast nichts. Ulfkotte schreibt außerdem akribisch auf, welcher Sender welcher Partei angehört und welche Journalisten wie betroffen sind. Sie verstehen, wie sie manipuliert wurden – und Sie wissen, von wem und warum. Endlich wird klar: Ideenvielfalt wird nur noch nachgeahmt. Denn: **„Unsere Nachrichten sind oft nur Gehirnwäsche!"**

Politik und Medien

Über die enge Beziehung zwischen Politik und Journalismus und damit die Unabhängigkeit der Medien muss heute kaum noch diskutiert werden, denn das ist ein bekanntes Phänomen. Die Bedürfnisse und Abhängigkeiten auf beiden Seiten haben im Laufe der Geschichte eine große Rolle gespielt. Die Tatsache, dass die meisten Informationen aus der Politik über die Medien an die Öffentlichkeit übermittelt werden, hat sie zwangsläufig zu einer Brücke zwischen Politik und Öffentlichkeit gemacht. Die Notwendigkeit politischer Ziele, nur über diese Brücke zu gehen, wird den Journalismus in eine unausweichliche Abhängigkeit treiben. Natürlich kann diese Abhängigkeit nicht einseitig sein, denn Journalisten müssen für Politiker publizieren und so eine gewisse öffentliche Meinung schaffen. Denn wer wünscht sich nicht, dass die mitreißende Wirkung von Laudatio-Zeilen oder die breite Unterstützung einer Veranstaltung reibungslos verläuft?

So lebt der heutige Journalismus weitgehend von Input aus der Politik. Und es bedarf keiner Erklärung, welches Potenzial das im Laufe der Zeit immer homogenere gewordene Duo aus Politik und Medien für einen guten gegenseitigen Austausch bietet. Können wir die Medien mit einer neuen Definition als **autorisierte Vertreter** der Politik bezeichnen?

Wenn das so wäre, wäre die Annahme, dass jeder, der täglich Nachrichten liest oder sieht, am besten informiert ist, eine bloße trockene Annahme. Denn Betrug kann den Realitätsbegriff systematisch untergraben und Desinformationsproduktion kann zur gezielten Manipulation der öffentlichen Meinung genutzt werden. Folglich kann das Verständnis dessen, was real ist, nicht weiter gehen als die Annahme objektiver Beweise, mit denen Informationen zweifelsfrei identifiziert und verifiziert werden können. Dennoch bestehen einige mit besessener Entschlossenheit weiterhin darauf, dass alles normal und in Ordnung wäre. Machen Alkoholiker nicht genau das Gleiche durch?

Das heißt, sie sind sich der Gefahr nicht bewusst und behaupten möglicherweise immer noch, sie seien keine Alkoholiker, bis sie einen schweren, verheerenden Sturz erleben. Deshalb müssen wir uns selbst hinterfragen: **Haben wir uns eine eigene Meinung gebildet oder bilden die Medien sie für uns?**

Im Wesentlichen hat der Journalismus in den letzten 50 bis 60 Jahren große Veränderungen erfahren, und heute hat er sich im Allgemeinen auf die digitale Ebene verlagert. Der Hauptgrund für diesen Wandel ist zum einen der Vertrauensverlust in die klassischen Nachrichtenmedien, also Presse und öffentlich-rechtlichen Rundfunk, und zum anderen die Verbreitung des Internets inklusive Smartphone, das fast jeder besitzt. Daher schafft die Möglichkeit der direkten und schnellen Kommunikation mit Nachrichten aus verschiedenen Quellen und anderen unabhängigen Medien, wie z. B. Bloggern, ein attraktives Umfeld für ihre Nutzer. Dadurch entstand eine qualifiziertere, direktere Konkurrenz zur klassischen Presse, die vor dem Internet vorherrschte. Insbesondere in der Papierpresse können wir den starken Rückgang des Zeitungskonsums, die finanziellen Schwierigkeiten, den politischen Druck und die Beschränkungen verstehen, aber das werden wir nie verstehen: Verzerrung von Fakten aufgrund einer politischen Ideologie, und darüber hinaus gefälschte Berichterstattung. Wenn es also einen Journalismus gäbe, der von Politik und Parteien für ihre eigenen Zwecke instrumentalisiert würde, wäre das das Letzte, was wir akzeptieren könnten.

Wie der Journalist Ulfkotte sagte: Ein Journalist sollte in der Lage sein, sich selbst im Spiegel zu anschauen, und das Gleiche gilt natürlich auch für Politiker!

Die Medaille hat noch eine andere Seite:

Wir leben in einer sehr komplexen, vielschichtigen Zeit, nicht nur in der Politik, nicht nur im Journalismus, sondern in allen Bereichen ist unser Lebensfaden voller Knoten, die gelöst werden müssen. Nach Ansicht dieser Knoten kommt es nicht nur darauf an, dass Korruption, Betrug und Lügen endlich aufgedeckt werden, sondern auch darauf, dass Gerechtigkeit, Recht und Demokratie tatsächlich umgesetzt werden. Man kann jedoch sagen, dass der Journalismus unter dem Dach einer Demokratie eine Funktion haben sollte, die weit über die Verbreitung von Informationen hinausgeht, Meinungsbildung ermöglicht und darauf abzielt, durch Recherche und Untersuchung Fehlentwicklungen und Fehlbildungen aufzudecken. Zumindest erwarten wir das. Deshalb müssen Medien und Journalisten aufgrund ihrer Kontroll- und Kritikfunktionen manchmal als wichtige vierte Kraft in einer Demokratie neben ihren drei tragenden Säulen, nämlich der Exekutive, der Legislative und der Judikative, auftauchen. Die Meinungsfreiheit muss jedoch gewährleistet und reibungslos umgesetzt werden. Die Pressefreiheit ist die Grundlage einer demokratischen Gesellschaft. Nun, ist es stets realisierbar, dass die Meinungsfreiheit einwandfrei funktioniert?

Leider ist es nicht so, wie es sein sollte. Wo die Medien nicht über Ungerechtigkeit, Machtmissbrauch oder Korruption berichten können, gibt es keine öffentliche Kontrolle, kein freies Denken und keinen friedlichen Interessenausgleich. Die Haltung tugendhafter Journalisten gegenüber den korrupten Strukturen des Systems und ihre Bemühungen, diese zu entlarven, werden immer durch unfaire Mittel behindert, wenn auch notfalls auf Kosten des Lebens. Hunderte Beispiele hierfür sehen wir nicht nur in unserer unmittelbaren Umgebung, sondern auch in vielen Teilen der Welt. Und viele dieser Journalisten sind wahrscheinlich zu Unrecht inhaftiert.

Reporter ohne Grenzen berichteten[126], dass so viele Journalisten wie nie zuvor inhaftiert wurden. Laut der „Jahresbilanz der Pressefreiheit", die sie weltweit im Jahr 2022 erstellt haben: 49 Menschen wurden vermisst, 65 Menschen wurden entführt, 57 Menschen wurden getötet und 533 Menschen wurden inhaftiert. Offenbar gibt es nicht nur Journalisten und Politiker, die nicht in den Spiegel schauen können, sondern auch solche aus der Legislative und der Justiz, die diese Regelung befürworten.

---

126 Reporter ohne Grenzen ist eine international tätige Nichtregierungsorganisation, die sich weltweit für Pressefreiheit und gegen Zensur einsetzt.

Nachrichtenagenturen: Wie zuverlässig sind Nachrichtenquellen?

Es wäre nützlich zu wissen, dass die Hauptnachrichten normalerweise von einem einzigen Zentrum stammen und sich lokal und/oder weltweit verbreiten. Und haben Sie schon mal gehört, was Nachrichten- und Presseagenturen sind?

Eine Nachrichtenagentur ist eine Art Organisation, die aktuelle Medien-, Unternehmens- und Organisationsnachrichten zum Weltgeschehen als redaktionelle und multimediale Nachrichtenbulletins anbietet. Sie sammelt Nachrichten und Berichte und verkauft sie an Abonnenten wie Zeitungen, Zeitschriften, Radio- und Fernsehsender. Eine Nachrichtenagentur kann auch als Nachrichtendienst bezeichnet werden. Eine Nachrichtenagentur sollte nicht mit einem Medienunternehmen oder einer Zeitung verwechselt werden. Ihre Hauptaufgabe besteht darin, weltweit an unterschiedlichen Themen zu arbeiten – z. B. Nachrichten aus Politik, Wirtschaft, Wissenschaft und Kunstwelt etc. –, um aktuelle Ereignisse zu verfolgen und daraus Nachrichten zu erstellen. Es sieht also gewissermaßen so aus, als wäre sie ein Nachrichten-Großhändler, oder?

Das ist der Grund, warum bei einem aktuellen Ereignis in allen Zeitungsschlagzeilen fast genau das Gleiche steht. Die weltweit größte Nachrichtenagentur **Associated Press** (AP) ist eine im Mai 1848 gegründete Nachrichten- und Presseagentur („Harbour News Association") mit Hauptsitz in New York City. Im Jahr 2016 hatte das Unternehmen in 106 Ländern 263 verschiedene Niederlassungen. Wer entscheidet also, welche Inhalte präsentiert werden und wie diese interpretiert werden?

Tagesspiegel online (25. Juli 2013)[127] veröffentlichte den Artikel mit dem Titel: „**Korrupte Journalisten? Warum die Glaubwürdigkeit der Medien international leidet?**"

---

127 https://www.tagesspiegel.de/gesellschaft/medien/warum-die-glaubwurdigkeit-der-medien-international-leidet-6649753.html

Der Inhalt des Artikels befasst sich mit den Schwierigkeiten und dem Vertrauensverlust in die klassische Presse. Es ist für einen Rezensenten der neuesten Umfrageergebnisse unmöglich, nicht zu erkennen, dass das Vertrauen der Nutzer in die Massenmedien einen Tiefpunkt erreicht hat. Zum Beispiel: Eine jährliche Umfrage von **Transparency International**[128] ergab, dass 54 % der Deutschen die Medien als „extrem korrupt" ansehen. Erstmals schneiden die Medien schlechter ab als die öffentliche Verwaltung und das Parlament, heißt es in der Umfrage. Gemessen an ihrem beruflichen Ruf sind Journalisten seit Jahren Politikern und Bankern voraus und haben sogar die Spitzenärzte, Krankenschwestern, Lehrer und Industriellen überholt.

Woher kommt das?

Natürlich von den Turbulenzen, die das Internet mit sich bringt. Denn Nutzer erwarten „alles umsonst" und Werbetreibende schalten ihre Anzeigen auf Google, Facebook und deren Unterstützern. Sie erreichen ihre Zielgruppen direkter als traditionelle Massenmedien und benötigen zusätzliche Einnahmequellen, um zu überleben. Außerdem verfügt die Redaktion über viel weniger Forschungskapazität als früher. Die an die Medien übermittelten Presse- und PR-Botschaften nahmen dramatisch zu. Zudem ist Journalismus in vielen Fällen nicht mehr klar von der Öffentlichkeitsarbeit zu unterscheiden, da Freiberufler in beiden Bereichen tätig sind. Intelligente PR-Strategen zwingen auch alte Massenmedien, zu ihren Gunsten zu berichten – etwa, indem sie Blogger und soziale Netzwerke im Cyberspace nutzen, um die notwendigen Themen zu identifizieren. Der Glaubwürdigkeitsverlust im Journalismus liegt wohl auch daran, dass sich Journalisten gern eines Maßstabs

---

128 Transparency International e. V. ist eine 1993 gegründete internationale Nichtregierungsorganisation mit Sitz in Berlin. Das Ziel des idealgemeinnützigen Vereins ist die weltweite Bekämpfung von Korruption und die Verhinderung korruptionsbedingter Straftaten.

bedienen: Sie fordern stets Transparenz und Ehrlichkeit von anderen. Doch wenn es um das eigene Geschäftsgebaren geht, fehlen genau diese Tugenden.

Bestechung[129]

Nützliche Belohnungen – wie kann man Journalisten erobern?

Luxuriöse Pressereisen, Testwagen oder Kooperationen mit Verlagen – eine neue Studie des Forschungsnetzwerks **Transparency** beleuchtet die Interaktion zwischen Journalismus und Unternehmen. Die Liste der Dienste, die diese Unternehmen und Kooperationen für Journalisten attraktiv gemacht haben, ist lang. Dies führt zu einer einseitigen Berichterstattung und schafft Interessenkonflikte. Zum Beispiel: Ehemaliger Mazda-Anwalt: „Ein Journalist muss ein Narr sein, um ein Auto zu kaufen." Wie man sehen kann, gibt uns dieser Diskurs eine Vorstellung von der Lobbyarbeit eines Automobilkonzerns, die sich an Journalisten richtet. Im Autojournalismus ist es immer üblich, neue Testwagen zu bestellen, bis zum nächsten Modellwechsel werden einige der Fahrzeuge den Journalisten als Testfahrzeuge übergeben. Beispiele hierfür gibt es zuhauf. Es ist absolut notwendig, dass mehr Transparenz herrscht, um wirtschaftliche Abhängigkeiten und Interessenkonflikte aufzudecken. Und solange das nicht passiert, wird es nichts als Korruption ohne Ende geben.

Infolgedessen filtern die Medien bei der Veröffentlichung der offiziellen Version so viele unangenehme Fakten wie möglich heraus. Auf diese Weise wird vermieden, hinter die Kulissen einiger auffälliger Personen und Ereignisse zu schauen. Als Beispiel ist der Vorwurf der Medienkorruption zu verstehen: Nehmen Sie den Fall von **Kurz**[130], dem ehemaligen österreichischen

---

129 https://www.lobbycontrol.de/kurzmeldung/gefallen-an-gefalligkeiten-wie-journalisten-umgarnt-werden-16142/.

130 https://www.lto.de/recht/hintergruende/h/medien-korruptionstrafbarkeit-causa-kurz-presse-freiheit/

Bundeskanzler. Es war verwirrend zu lesen, dass der österreichische Generalstaatsanwalt für Wirtschaftskriminalität und Korruption nach einem Vorgehen gegen das Kanzleramt gegen den ehemaligen Präsidenten **Sebastian Kurz** wegen Medienbestechung ermittelt. Was war da passiert?

Kurz und sein Team hatten mit den Fellner-Brüdern, Eigentümern verschiedener Boulevardmedien, einen Deal abgeschlossen: Sie erhielten – heimlich – Millionenbeträge vom Finanzministerium (BMF) als Gegenleistung für die Veröffentlichung verstärkter Umfragen und Kurz-freundlicher Kommentare in den Fellner-Medien. Wird als Nebengeschäft zu normalen Werbeaufträgen und mit gefälschten Rechnungen ausgestellt.

In der überregionalen Berichterstattung dominiert folgende Aussage: Kurz wird vorgeworfen, dafür verantwortlich zu sein und Journalisten zu bestechen, sodass die Entscheidungen der Journalisten Auswirkungen auf die Öffentlichkeit hatten und so seinen politischen Aufstieg überhaupt erst ermöglichten. Stichwort: „**Werbekorruption**".

Medienkorruption galt als Strafverbrechen. Aber ist es so?

Tatsächlich geht es nicht nur um Bestechungsgelder und viel Geld aus der Staatskasse, sondern auch um Manipulationen der öffentlichen Meinung.

Wahr ist auch, dass Falschmeldungen eine nicht zu unterschätzende Bedrohung für die Freiheit des Denkens in einer demokratischen Gesellschaft darstellen. Wenn wir die Verbreitung von Fake News in den Medien nicht kriminalisieren wollen, sollte zumindest der Kauf der Veröffentlichung unwahrer Tatsachen als Pressebestechung geahndet werden. Bei Meinungsartikeln, die von Vorteilen betroffen sind, ist die Situation natürlich anders: Es gibt keine gefälschten Meinungen. Allerdings nennen sie ihre PR-Abteilungen „Vergnügen, die funktionieren". Beeinflussung (der Titel einer kurzen Arbeit über Medienkorruption) ist eine gefährliche tägliche Praxis. Ein generelles Vorteilsverbot für Medienschaffende würde jedoch eine unzumutbare wirtschaftliche Einschränkung der privaten Medienlandschaft bedeuten.

„Lückenpresse: Das Ende des Journalismus, wie wir ihn kannten", Ulrich Teusch, freier Journalist, in seinem Buch: „Etablierte Medien stecken in einer großen Glaubwürdigkeitskrise." Ein Teil der Öffentlichkeit ist immer noch dabei, einen Aufstand zu proben, wobei die öffentliche Meinung und die veröffentlichte Meinung auseinanderdriften. Nicht nur hierzulande, sondern auch in vielen anderen Ländern wird auf die sogenannten Leitmedien geschossen. Der Stolperstein ist der Inhalt – Stichwort „Lügenpresse". Aber sind die Lügen wirklich das Problem? Ulrich Teusch stellt zwei weitere gravierende Faktoren in den Mittelpunkt seiner Analyse: das Verschweigen grundlegender Informationen und das Messen mit zweierlei Maß. Beide Schwachstellen sind strukturell mit unserem Mediensystem verknüpft. Wenn sich nichts ändert, wird die Faulheit der Mainstream-Medien weitergehen. Und der Journalismus, wie wir ihn kennen, wird bald der Vergangenheit angehören. Teusch sagt: „Seit zwei, drei Jahren führen wir in diesem und anderen Ländern eine beispiellos intensive Mediendebatte. Abschließend möchte ich sagen, dass es in einer mediengetriebenen Welt nie genug Medienkritik geben kann." Bald wird die ganze Aufregung nachlassen, der Sturm wird vorübergehen, alles wird vorübergehen. Wer glaubt, dass es wieder aufwärts geht, sollte überrascht sein, denn die Mediendebatte ist letztlich eine Debatte über den gegenwärtigen Zustand und die Zukunft der Demokratie. Sie bringt es auf den Punkt die Sache. Man sollte fragen, warum sie nicht öfter aneinandergeraten.

Was ist die Atlantic-Bridge Association und welches Gewicht hat sie?

Ziel der 1952 gegründeten Atlantikbrücke ist es, die Zusammenarbeit zwischen Europa und Amerika auf allen Ebenen zu vertiefen. Gerade in schwierigen Zeiten ist und bleibt die transatlantische Zusammenarbeit ein entscheidender Faktor für globale Ordnung und Stabilität. Jetzt, da nationalistische Strömungen weltweit an Popularität gewinnen, kommt der Atlantikbrücke eine noch größere Rolle zu. Sie tritt für Multilateralismus, offene Gesellschaften und Freihandel ein. Atlantikbrücke, ein gemeinnütziger und überparteilicher Verein, fördert den Austausch nicht nur zwischen Politik und Unternehmen, sondern auch zwischen jungen Führungskräften und Vertretern der Zivilgesellschaft (so definiert sie sich zumindest) über Parteigrenzen hinweg. Atlantic Bridge bietet unterschiedliche Perspektiven und eine Plattform für lebhafte Diskussionen. Seine Mitglieder treffen sich regelmäßig in Clubs wie Atlantic Bridge. Bei den Treffen kommen Politiker und Wirtschaftsführer sowie führende Journalisten mit Meinungsmacht zusammen. Wissenschaftler, die transatlantische Netzwerke untersuchen, kritisieren deren sogenannte Extremeffekte. Wenn wir das genau untersuchen: Wir sehen, dass es ein elitäres Netzwerk aus Vertretern von Politik, Wirtschaft und Medien gibt.

Anne Zetsche, Historikerin und Gastwissenschaftlerin am **John-F.-Kennedy-Institut** in Berlin, verfasste ihre Doktorarbeit über die Gesellschaft der Eliten. In einem Interview sagte sie: „Über diese Gemeinschaft haben Privatpersonen, die seit den 1950er Jahren nicht demokratisch legitimiert wurden, Einfluss auf die europäische und US-amerikanische Politik genommen." „Aufgrund der besonderen Mitgliedermischung dienten die beiden Organisationen auch der transatlantischen Partnerschaft/ Gefolgschaft und intensiver Lobbyarbeit für die NATO."[131]

Letztlich gibt es keine unparteiischen Medien, sie sind überhaupt nicht frei und unabhängig. Nachrichten sind „unmittelbar, immer interessen- und zielgerichtet". Solange Menschen für andere schreiben, werden sie ihre Interessen in das, was sie schreiben, einbeziehen. Auch wenn der Einfluss der klassischen Printmedien nicht mehr so stark ist, ist das Fernsehen heute der unverzichtbare und mächtigste Medienzweig, der auf eine lange Tradition zurückblickt. Das Fernsehen übernimmt mit seiner zunehmenden Programmvielfalt nicht nur die Berichterstattungsfunktion der Presse, sondern fasziniert seine Zu-

---

131 https://www.nachdenkseiten.de/?p=43539

schauer auch weiterhin als gesellschaftliche Unterhaltung. Tatsächlich sind alle Fernsehsender und -programme Produkte, die sich selbst verkaufen, und wir sind ihre Verbraucher. Deshalb sollten wir genau wissen, was wir konsumieren. 90 % von dem, was wir lesen, sehen und hören, sind kontrollierte Sendungen.

UNSERE TÄGLICHE ZUFLUCHTDROGE TV –
Verdummungsapparat

Das Fernsehen, das Teil unseres täglichen Lebens ist, war ursprünglich nur ein Unterhaltungs- und Live-Nachrichten-Gegenstand der Menschen, ist heute aber zu einer weit verbreiteten Leidenschaft geworden oder hat Menschen dazu erzogen. Wir lesen nicht mehr viele Bücher, und wir denken nicht einmal daran, ins Kino oder ins Theater zu gehen – angesichts der finanziellen Belastung. Den Spaß und den spannenden Gedankenaustausch haben wir vergessen; selbst Brettspiele sind nicht mehr so verbreitet wie früher. Mit der Zeit wurde es fast zur Gewohnheit, zu Hause still und passiv vor dem Fernseher zu sitzen und die Lautstärke raufzudrehen, auch wenn man nicht hinschaute. Wie sehr sind wir uns dessen bewusst, welchen Platz das in unserem Leben einnimmt und inwieweit es sich negativ auf uns auswirkt?

Darüber hinaus hinterfragt diese Frage nicht einmal die aktuelle Situation der Mainstream-Medien und ob sie manipulative Auswirkungen hat. Bei genauerem Hinsehen erkennt derjenige, der immun gegen Manipulationen ist, die Desinformationen in den Mainstream-Medien, die audiovisuelle Propaganda, die Fakenews und eine Reihe von Archivbildern. Aber wenn der Zuschauer, der im Informationschaos festsitzt, passiv dasitzt und seinen Fernseher anschaut, würde er dann nicht diese Falschmeldungen glauben?

Laut einer Studie von Forschern des University College London kommt es umso stärker zum geistigen Verfall, je mehr Sie fernsehen, insbesondere bei über 50-Jährigen, die gefährdet sind, wenn sie mehr als 3,5 Stunden pro Tag fernsehen. Hierbei handelt es sich um eine sechsjährige britische experimentelle Studie mit 3.590 älteren Menschen, die den Zusammenhang zwischen kognitiver Leistung und Fernsehnutzung untersucht. 6 Jahre später zeigen die Ergebnisse, dass die schädliche Wirkung dosisabhängig ist, d. h. je mehr Fernsehkonsum, desto stärker der verbale Gedächtnisverlust. Untersuchungen zufolge liegt es nicht nur daran, dass man vor dem Fernseher herumsitzt und sich nicht ausreichend bewegt. Allerdings ist das verbale Gedächtnis für die Navigation im heutigen Informationsverkehr äußerst wichtig, Menschen mit Problemen haben einen stärker eingeschränkten Zugang zu Nachrichten, die über die Sprache übermittelt werden.

Gesundheitliche Probleme durch Fernsehen

Augenerkrankungen

Wer lange auf den Bildschirm schaut, blinzelt automatisch weniger. Dies führt zu trockenen und gereizten Augen. Die Person, die ständig zu nah an der Vorderseite eines großen Geräts sitzt, kann sogar mit einer Kurzsichtigkeit konfrontiert werden. Die Augen sind ständig auf die kurze Distanz fokussiert, wodurch die Augenmuskulatur in dieser besonderen Position trainiert wird. Deshalb kann es mit der Zeit dazu kommen, dass wir entfernte Objekte nicht mehr so scharf sehen können – weil die entsprechende Muskulatur möglicherweise nicht ausreichend trainiert ist. Abgesehen davon schwingt künstliches **blaues Licht** im Bildschirmlicht im Bereich von 380 bis 500 Nanometern, hat eine kurze Wellenlänge, aber eine hohe Energie. Es kann nicht nur unsere Augen, sondern auch das gesamte biologische Gleichgewicht des Körpers angreifen. Wenn wir dieser relativ hohen Menge an blauem Licht über einen längeren Zeitraum ausgesetzt sind, kann es tatsächlich zu Sehproblemen kommen. Auch das Essverhalten beim Fernsehen stellt ein gesundheitliches Problem dar, dabei handelt es sich um den Wunsch, unabhängig von Hunger und Sättigung zu essen. Man isst aus Langeweile statt aus Hunger.

Wir können unseren sozialen Beziehungen schaden

Während Fernsehen an sich ein sehr passiver Akt ist, stellt es auch eine passive Form der Kommunikation dar, wenn wir es mit anderen gemeinsam tun. Gespräche und Mitteilungen zwischen Menschen werden reduziert, sogar eingehende Anrufe werden blockiert. Darüber hinaus kann das Vergnügen des ununterbrochenen Fernsehens sogar zu Aggression führen.

Fernsehen kann uns in die Passivität treiben
Beim Zuschauen entspannt sich der Körper im Sitzen und Liegen, die Atmung verlangsamt sich, nach einer Weile schaltet sich unser analytisches Denksystem ab. Wir treiben mit einer vollständigen Lieferung an Bilder, Töne und alle eingehenden Informationen heran. Tatsächlich deutet dies darauf hin, dass wir in nur etwa 30 Sekunden in eine hypnotisch-ähnliche Phase eingetreten sind. Wir schalten unser eigenes Denken aus und nehmen eingehende Informationen auf, ohne zu wissen, wie wir sie beeinflussen können. Zumindest **Professor Herbert Krugmann** hat dies 1971 in einer Studie nachgewiesen. Das Ergebnis seiner Arbeit war, dass wir nicht über die Informationen nachdachten, die uns das Fernsehen übermittelte. Mit anderen Worten: Fernsehen fungiert als eine Art Gehirnwäsche.

Studien haben ergeben, dass Fernsehen Alphawellen im menschlichen Gehirn verursacht und oft mit entspannten, meditativen Zuständen des Gehirns verbunden ist. Während Alphawellen durch Meditation von Vorteil sind (sie fördern Entspannung und Verständnis), kann ein zu langes Verweilen im Alphawellen-Zustand beim Fernsehen zu unkoordinierten Fantasien führen. Forscher sagen, dass Fernsehen so ist, als würde man mehrere Stunden lang auf eine weiße Wand starren. Wenn wir längere Zeit in diesem Zustand bleiben, kann es immer schwieriger werden, uns zu konzentrieren oder alltägliche Probleme zu lösen. Dies wird von einigen Institutionen bewusst praktiziert und missbraucht. In Großbritannien beispielsweise ist das Fernsehen die effektivste und kostengünstigste Möglichkeit, Gefangene zum Schweigen zu bringen. Dadurch erhalten wir alle Informationen, die uns das Fernsehen präsentiert, völlig unkritisch und es wird immer schwieriger, die aufgezeichneten Informationen unvoreingenommen zu beurteilen. In diesem Zustand bildet uns womöglich das Fernsehen sehr leicht die Ideen, die wir übernehmen. Gerade wenn wir eine Meinung inbrünstig diskutieren, müssen wir uns fragen, warum wir dieser Meinung sind.

Konditionierung durch den Fluss negativer Informationen hemmt die eigene Meinungsbildung

Ein weiteres wichtiges Thema ist die Flut negativer Informationen, die uns in Form von Nachrichten über das Fernsehen übermittelt wird. Nachrichten werden ständig wiederholt und auf allen Kanälen ausgestrahlt. Dies wirkt sich zweifellos negativ auf unser psychisches Gleichgewicht aus und bedeutet daher, dass unser Leben ernsthaft beeinträchtigt wird.

Man merkt es nicht, die meiste Zeit herrschen Druck und Schuldgefühle, man versucht immer, einem etwas zu verkaufen und etwas zu vermitteln, sei es ein Produkt oder eine Idee. Im Allgemeinen hat der Nachrichteninhalt, an den Sie denken, die folgende gefilterte Bedeutung, auch wenn er nicht dieselben Wörter enthält: „Kauf es und jeder wird dich attraktiv finden!" oder „Wenn du dieses oder jenes nicht hast, ist dein Leben wertlos!". Das bedeutet, dass wir, indem wir bestimmte Produkte und Ideen besitzen und letztendlich unsere Mängel oder Unzulänglichkeiten betonen, fehlerlos, vollständig und von allen anerkannt werden können. Exzellenz ist ein Marketinginhalt, manchmal als Voraussetzung (für den Konsum), manchmal als Bedrohung (für das soziale Verhalten), es ist der Höhepunkt, den wir erreichen müssen. Die im Fernsehen verbreiteten Werte, Botschaften und Überzeugungen haben erheblichen Einfluss darauf, was die überwiegende Mehrheit der Verbraucher kauft, denkt und tut. Zum Beispiel: Warum wird in Sendungen, Filmen oder Internetspielen für Kinder immer wieder Werbung gezeigt, obwohl die Kinder nicht über die Kaufkraft verfügen?

Denn es gilt, Psychoterror zu erzeugen, Eltern Schuldgefühle zu vermitteln und Konsumgewohnheiten möglichst frühzeitig zu koordinieren und deren Zukunftsfähigkeit zu sichern. Die Anforderung solcher Massenmedien, in denen Manipulation reichlich vorhanden ist, besteht darin, uns das Bild eines gehorsamen Individuums und nicht eines Kunden einzuprägen.

Fernsehen schädigt bestimmte Bereiche des Gehirns

Fernsehen verändert den Frontallappen des Gehirns. Der Frontallappen ermöglicht unter anderem, situationsgerechte Maßnahmen zu ergreifen. Es besteht die berechtigte Sorge, dass es durch Fernsehen zu dauerhaften Schäden am Frontallappen kommen kann, die bereits im Kindesalter beginnen können, da sich der Frontallappen in dieser Zeit entwickelt und in der Regel bis zum 20. Lebensjahr weiter wächst. Für die Entwicklung der Nervenfasern im Frontallappen ist es wichtig, dass Kinder ihrem Alter entsprechend gefördert werden, gemeinsam spielen und sich austauschen. Nur so können stabile Verbindungen mit Neuronen entstehen. Wenn Kinder fernsehen, stoppt die Entwicklung des Frontallappens. Die Hemmung dieser Frontallappenentwicklung bei Kindern kann ihre Fähigkeit beeinträchtigen, asoziales Verhalten zu kontrollieren.

Graue Substanz[132]: Gehirnregionen, die Entscheidungen treffen

Eine genauere Untersuchung der Gehirne der Probanden ergab, dass diejenigen, die viel fernsehen, mit zunehmendem Alter weniger graue Substanz im Gehirn haben. Vereinfacht ausgedrückt stellt die graue Substanz im Gehirn Bereiche dar, in denen höhere Funktionen ausgeführt werden. Zum Beispiel Entscheidungen treffen. Hier befinden sich wichtige Teile der Nervenzellen, in denen diese Prozesse ablaufen. Die graue Substanz wird oft als Maß dafür genommen, wie gut die kognitiven Fähigkeiten

---

132 Das Gehirn besteht aus zwei Teilen: graue Substanz und weiße Substanz. Der Kortex besteht aus grauer Substanz: Dies ist der Bereich, in dem sich Neuronenzellen ansiedeln und sich alle geistigen Aktivitäten entwickeln. Mit anderen Worten, es ist tatsächlich der wichtigste Teil des Gehirns. In der weißen Substanz befinden sich die Fasern, die für die Kommunikation zwischen Neuronen sorgen.

einer Person sind. Vereinfacht gesagt: Umso früher und desto besser können die Aufgaben gelöst werden.

Andere Studien kommen zu dem Schluss, dass bestimmte Aufgaben umso besser gelöst werden können, je mehr graue Substanz im Gehirn vorhanden ist. Die Autoren der Studie schließen aus ihren Beobachtungen, dass insbesondere eine übermäßige Überwachung negative Auswirkungen auf unsere Gehirnfunktionen haben kann. Doch bislang haben Forscher keinen Hinweis darauf gefunden, dass ein erhöhter Fernsehkonsum zu einer absoluten Demenz im Alter führen könnte.[133]

Wissenschaftliche Studie: Fernsehen lässt das Gehirn schneller schrumpfen![134]

20 Jahre lang vier Stunden am Tag fernzusehen ist nicht gut für das Gehirn. In jedem Fall werden übermäßig viele graue Zellen zerstört, und zu viel Fernsehen kann das Demenzrisiko erhöhen, heißt es in einer Studienübersicht. Eine aktuelle, noch unveröffentlichte Analyse der CARDIA*-Studie (Coronary Artery Risk Evolution in Young Adults) kann dies ebenfalls nicht völlig ausschließen, legt jedoch nahe, dass übermäßiger Fernsehkonsum mit einem geistigen und hirnorganischen Verfall einhergeht: Junge Erwachsene zeigen, wer wer ist. Wer mehr als 20 Jahre lang jeden Tag vier oder mehr Stunden vor dem Fernseher verbringt, weist im mittleren Alter ein deutlich geringeres Volumen an grauer Substanz auf als Menschen mit geringem oder niedrigem Fernsehkonsum. Dr. Tina Hoang hat vom Northern California Institute for Research and Education auf der International Alzheimer's Convention in Chicago, hingewiesen: Unter der Annahme eines kausalen Zusammenhangs kann übermäßiger Fernsehkonsum daher das Demenzrisiko erhöhen. In der Studie wurden die Teilnehmer alle fünf Jah-

---

133 https://www.deutschlandfunknova.de/beitrag/tv-konsum-viel-fernsehen-wirkt-sich-negativ-auf-das-hirn-aus

134 https://www.aerztezeitung.de/Medizin/Fernsehen-laesst-das-Hirn-schneller-schrumpfen-228586.html

re gefragt, wie viele Stunden sie im vergangenen Jahr durchschnittlich vor dem Fernseher verbracht haben. Zu den Fragen gehörte auch, wie viel Bewegung sie zu Beginn der Studie und in beiden Jahren und fünf Jahren machten. Nach 25 Jahren wurden die geistigen Funktionen der Menschen mit drei separaten Tests gemessen. Dies alles wurde entwickelt, um die Informationsverarbeitung, das verbale Gedächtnis und die kognitiven Fähigkeiten (Merkmale, die für Planung, Organisation und Aufmerksamkeit erforderlich sind) zu messen. Aktiv zu sein ist sehr vorteilhaft für Ihre geistige Gesundheit. Laut Statista.com: Die Fernsehdauer in Deutschland hängt stark vom Alter ab: Während im Jahr 2022 die Altersgruppe von 14 bis 19 Jahren durchschnittlich 30 Minuten am Tag Fernsehen schaute, lag die Sehdauer der Gruppe von über 65 Jahren bei mehr als 350 Minuten.

Verzaubernde, gehirnwäscherische und zunehmend dämlichere Programme

Gibt es keine guten und lehrreichen Programme, informative Dokumentationen und wertvolle Filme zum Ansehen?

Natürlich gibt es das, aber die Liste der sich ständig erneuernden, dummen Programme lässt sich beliebig fortsetzen. Ist es einfach eine Frage von Angebot und Nachfrage? Bestimmt nicht, das wird uns bewusst, sobald wir die Zusammenhänge herstellen. Solche Programme werden nicht nach den Anforderungen der Gesellschaft gestaltet, sondern im Gegenteil als Wunsch der Gesellschaft dargestellt. Vielleicht liegt hier eine zielgerichtete imperialistische Praxis vor, und das Ziel ist bereits klar, den Bewusstseinsstand der Gesellschaft so niedrig wie möglich zu halten und zu vorgegebener Gestaltung zu tendieren. In gewissem Sinne sind wir es gewohnt, unter (als ob) Drogeneinfluss das zu konsumieren, was uns angeboten wird, und sei es noch so banal. Es ist ein Kulturmord, wenn man ihn richtig definieren kann.

Der Schaden durch längeres Fernsehen bei Kindern[135]
Wahrnehmungsart, Geschwindigkeit der Übernahme des Wahrgenommenen, Umsetzungsbereitschaft, Kreativität und große Vorstellungskraft. Darüber hinaus sind die Auswirkungen des Fernsehens auf Kinder von großer Bedeutung, wenn es darum geht, die Erwachsenen der Zukunft zu sein. Es kann sie überfordern, erschrecken oder verärgern oder ihnen eine vermeintlich reale Welt „vorspielen". Und es kann so viel Zeit in Anspruch nehmen, dass keine Zeit für andere wichtige und gute Dinge wie Spielen, Lesen und ausreichend Bewegung bleibt.

Eltern, die ihren Kindern gestatten, längere Zeit vor dem Fernseher zu verbringen, weil sie denken, dass ihnen dies Spaß und Freude bereitet, sollten wissen, dass sie den Kindern dadurch überhaupt keinen Gefallen tun. Weil: Es ist klar, dass stundenlanges, teilweise ununterbrochenes Fernsehen für Kinder auf Dauer nicht gesund sein kann.

Wir können die Schäden wie folgt auflisten:
- Soziale Isolation innerhalb der Familie und Verschlechterung der Beziehungen zu den Eltern
- Versäumnisse bei der Erfüllung von Pflichten, die zu einer Verringerung der schulischen Leistungen führen
- Konzentrationsabfall
- Probleme in der Sprachentwicklung und im Sprachgebrauch
- Nachlassen der Denkfähigkeit
- Gewalttätige Tendenzen
- Verstärkung von Ängsten
- Zunahme zu vieler Kalorien
- **Behinderung der Sozialisierung**

Robert Hancock von der University of Otago in Neuseeland beobachtete in den Jahren 1972 und 1973 über ein Jahrzehnt

---

135 https://www.ekipnormarazon.com/makalelerimiz/t-v-ve-cocuk/
cocuklar-televizyonu-cok-seviyor-ama/

hinweg etwa 1.000 Probanden. Der tägliche Fernsehkonsum wurde im Alter von 5, 7, 9, 11, 13 und 15 Jahren dokumentiert. Am Ende des Zeitraums stellte sich heraus, dass diejenigen, die als Kinder am meisten vor dem Fernseher saßen (mehr als drei Stunden am Tag), fast keinen Abschluss machten, während diejenigen, die in ihrer Kindheit am wenigsten fernsahen, die höchsten Universitätsabschlüsse hatten, unabhängig von Intelligenz und sozioökonomischen Bedingungen.

Eine weitere Forschung: Dina Borzekovsky von der Johns Hopkins Bloomberg School of Public Health in Baltimore fand heraus, dass Kinder mit eigenem Fernseher nicht nur häufiger auf den Bildschirm schauen, sondern auch bei Mathematik-, Lese- und Verständnistests viel schlechter abschneiden als ihre Altersgenossen ohne Fernseher.

Eine andere Studie mit Kindern, in einer direkten Vergleichsstudie zwischen Fernsehen und Lesen, ergab: Das Lesen von Büchern und das Hören von Hörbüchern regt uns zum Nachdenken an, entwickelt unsere Fantasie und das Fernsehen zerstört sie.

- Die Frage in der Umfrage, die nach der Lektüre des Buches gestellt wurde: Was haben Sie sich beim Lesen vorgestellt? Jeder hatte andere Bilder vor Augen und einige vervollständigten sogar Details, die nicht im Buch selbst standen.
- Nachdem sie ferngesehen hatten, wurden sie erneut gefragt: Was hast du im Film gesehen? Alle sahen und beschrieben das Gleiche, völlig unreflektiert.

Der psychologische Terror des Fernsehens

Wenn wir vor dem Fernseher sitzen, denken wir, wir entspannen uns, wir ruhen uns aus, aber das ist nur ein vorübergehender Irrtum. Laut Forschung sind technische Geräte nicht geeignet, um entspannende Empfindungen zu erzeugen. Insbesondere Aktivitäten wie Fernsehen oder Computerspielen reduzieren Stress und Spannung nicht, sondern verstärken die negativen Auswirkungen dieser Emotionen. Das Betreiben von technischen Geräten unter Stress, um zu versuchen, sich zu entspannen, führt zu neuem Stress. Bei den untersuchten Probanden war die durch Unzufriedenheit verursachte Not und auch das Schuldgefühl ausgeprägter, anstatt sich zu erholen, und obwohl die Notwendigkeit, andere Aktivitäten durchzuführen, geistig vorhanden war, näherte sich der Grad der körperlichen Energie des betreffenden Subjekts dem Stadium der Erschöpfung. Dies bedeutet, dass je müder eine Person ist, desto weniger kann sie sich mit einem Fernseher, einem Computer oder einem Mobiltelefon ausruhen. Das Ende ist sicher: Das Betrachten von schnell wechselnden Bildern versetzt den Betrachter nach einiger Zeit in eine Art Trance, aber anstatt dem Körper friedlich zu beruhigen, sorgt die Bildmobilität einseitig für Spannung im Gehirn, und nur bestimmte Gehirnzellen werden aktiviert, andere Zellen (z. B. aktives, kreatives Denken) werden passiv. Dieser unnatürliche Eindruck lässt das Fernsehen vor allem eines auslösen: Stress. Ganz und gar!

Offensichtlich ist das eine wünschenswerte Situation, nämlich bewusst Menschen zu befriedigen und Abhängigkeiten zu schaffen. Das Ziel ist, dass einer der verschiedenen Tricks, die von der Unterhaltungsindustrie verwendet werden, den Zuschauer im Fernsehstuhl fixiert, ihn inaktiv macht. Schauen Sie sich die Motivation an, Serien anzusehen, jeder Sender möchte seine Kunden „on the go", am Haken halten. Dies beginnt bei der Gestaltung von Übergängen von einer Sendung zur anderen, was schon eine ziemlich alte Taktik ist, wir können nie verstehen, wie sehr es in uns eindringt und uns in gewissem Sinne in die Abhängigkeit treibt. Es ist eine natürliche Folge davon, dass wir in dem Moment, in dem wir blockiert sind, gestresst sind und sogar unseren Mitmenschen gegenüber Aggressivität zeigen. In Serienformaten nutzen selbst kluge Drehbuchautoren psychologische Auslöser, die uns dazu anregen, die nächste und die nächste Folge anzusehen. Tag für Tag leben wir weiterhin mit unserer Abhängigkeit von TV, Handy, Internet, haben wir alles so unter Kontrolle, wie wir denken?

Deshalb sollten wir nie etwas übertreiben und vor allem sollten wir uns dessen immer bewusst sein, was wir tun und womit wir unsere Zeit vertreiben. Stimmt?

UNTERHALTUNGSINDUSTRIE –
Betäubung der Gesellschaft

Diejenigen, die nicht genug davon bekommen können, ständig Spaß mit anderen zu haben, sind diejenigen, die keine Zeit finden, ein sinnvolles Gespräch mit sich selbst zu führen!

Wir haben eine sehr leidenschaftliche (oder desillusionierte) Konsumgesellschaft geschaffen. Dies ist das letzte Bild, das wir sehen werden, insbesondere in westlichen Ländern. Wir sind so sehr der Versuchung erlegen, Gegenstände zu kaufen, zu besitzen (sofern es unser Budget zulässt) und zu ersetzen, obwohl sie noch verwendbar sind. Wir wurden konditioniert, ermutigt, und wir wurden in Versuchung geführt. Das Prinzip „Essen, Schlafen, Spaß haben" ist verlockend genug. Also, die unwiderstehliche Magie des Materialismus muss sich tief in unsere Knochen eingenistet haben, deshalb können wir der Jagd nach Besitz schwer widerstehen.

Die Bedeutung der Anpassung an den innovativen Fortschritt verstehen wir heute als „zeitgenössisch". Allerdings im schwarzen Wörterbuch (in der Sprache dieses Systems) heißt es: **Schweigen, nicht hinterfragen, nicht nachdenken, gehorchen und verweilen.** Um all das zu erreichen, kommt hier die Unterhaltungsindustrie ins Spiel. Dafür ist sie da, um uns an diesen Punkt zu bringen, auf einem bestimmten Niveau zu halten. **Der Name „Unterhaltung" spricht schon für sich selbst, nämlich er will nichts anderes als die Menschen unten halten. Wir wissen nicht, wie weit sie gegangen sind und wie weit sie gehen werden.**

Denn während sich das kreative Potenzial der Unterhaltungsindustrie von Tag zu Tag weiterentwickelt, scheint unsere Kreativität genauso schnell abzunehmen. Es wäre unfair zu sagen, dass vor allem die jungen Leute stärker davon betroffen sind, jetzt haben wir alle unsere Unterhaltungsfachkräfte in Qualität und Menge, die für alle Altersgruppen geeignet sind. Jeder von uns, ob jung oder alt, ist voller Enthusiasmus, verfolgt ein Vergnügen und sieht darin eine geeignete Aktivität, um den Alltagsstress abzubauen. Aber wir haben keine Ahnung, welche Auswirkungen es auf unser Leben haben wird, wenn wir unsere Grenzen überschreiten. Glauben wir wirklich, dass unser Dasein sinnlos ist, indem wir uns übermäßig der Unterhaltung widmen, und dadurch einen Wert erzeugen?

Ist das nun eine zu negative Aussage? Nein, ist es nicht!

Solche Gefahren stellte die Unterhaltung sicherlich nicht dar, bevor sie zur Unterhaltungsindustrie wurde. Vor allem: Bevor ihr enormes zerstörerisches Potenzial erkannt wurde, war es einfach eine positive, bedeutungsvolle menschliche Verbindung, eine Disziplin vielfältiger Freizeitaktivitäten, die auf freudige und unterhaltsame Weise verbracht wurden. In welcher Branche auch immer, ob Öl-, Pharma- oder Unterhaltungsindustrie, es gibt überall starke Unternehmen, und vor allem haben sie ein Ziel; den größtmöglichen Gewinn zu erzielen, auch wenn sie sich dafür die Hände schmutzig machen müssen. Es ist so klar und offensichtlich.

Neil Postmans Klassiker „Wir amüsieren uns zu Tode: Urteilsbildung im Zeitalter der Unterhaltungsindustrie"

Die Fernsehaktivität in Amerika erreichte 1985 ihren Höhepunkt, als der Medienwissenschaftler Neil Postman seine Kritik an der Unterhaltungsindustrie schrieb: „Amusing us to Death!" In diesem Rahmen unternahm Postman den Versuch, die weitreichenden und tiefgreifenden Veränderungen unserer Eindrücke von unserer Weltanschauung und Kommunikation genauer zu untersuchen. Er betonte insbesondere die Gegensätze zwischen einer vom Buchdruck geprägten Gesellschaft und einer vom Fernsehen geprägten Gesellschaft. Grob gesagt kommt er zu dem Schluss, dass das Fernsehen uns zu Konsumenten gemacht hat, die ungebildet und schlecht informiert sind und keinen ernsthaften öffentlichen Diskurs mehr führen.

In seinem Buch „Postman" diagnostiziert er die enorme Entwertung, die mit der wachsenden Vergnügungssucht der Menschheit einhergeht. Postman unterstützt Huxley Vorhersage in seinem Buch „The new beautiful world": Die Demokratie wird nicht zusammenbrechen, im Gegenteil, die Menschheit wird mit der Allgegenwärtigkeit des Vergnügens an allem zugrunde gehen, das heißt, ihre eigene Leidenschaft für das Vergnügen wird sie in einen unentwirrbaren Strudel ziehen. Insbesondere das Fernsehen verändert die Sicht der Menschen auf die Welt. Mit der Zeit verliert jedes Thema wie Religion, Bildung und sogar Politik an Wert und wird zur Unterhaltung. Dies führt auch zu einem Rückgang des intellektuellen Ausdrucks. Um den Auswirkungen des blinden Verfolgens dieser Innovation entgegenzuwirken, empfiehlt er die Entwicklung eines kritischen Medienbewusstseins: „Der Leser sollte sich mit intellektueller Wachsamkeit wappnen."

Das Ziel ist nicht, Menschen zu unterhalten oder ihnen Spaß zu gönnen, sondern sie so niedrig wie möglich zu halten!

Besteht der Zweck der Unterhaltungsindustrie darin, uns eine angenehme Zeit zu ermöglichen? Obwohl dies eine sehr gut klingende Beschreibung ist, ist sie falsch!

Eine Diskussion darüber, wie weit die Unterhaltungskultur im Allgemeinen gehen wird und wie sie Menschen einbezieht, wird nicht viel bringen, da das Spektrum dieser Branche ziemlich breit und sehr verführerisch ist. Die fiktive Medientendenz und die manipulative politische Perspektive trüben diese Situation immer ein wenig. Sie sind alle in einem einzigen Argument vereint: „Aber die Leute lieben es, sie konsumieren es aus freien Stücken." Das Problem liegt natürlich nicht in der Unterhaltung selbst, sondern in der Fähigkeit der Menschen, einen Goldenen Schnitt[136] anzuwenden, der ihnen geistiges Wachstum ermög-

---

136 Der Goldene Schnitt, gelegentlich auch stetige Teilung einer Strecke, bezeichnet ihre Zerlegung in zwei Teilstrecken in der Weise, dass sich die längere Teilstrecke zur kürzeren Teilstrecke verhält wie die Gesamtstrecke zur längeren Teilstrecke. Der Goldene Schnitt wird seit der Antike auch als das Ordnungsverhältnis angesehen und verwendet, das in Kunst und Architektur beste Harmonie und Proportionen verleiht.

licht. Mit anderen Worten, es ist die Kunst, ein gewisses Gleichgewicht mit unseren geistigen und körperlichen Bedürfnissen herzustellen, ohne unsere lebenswichtigen Werte und Verantwortlichkeiten zu beeinträchtigen. Gleichzeitig ist Unterhaltung die Kunst, Gleichberechtigung zwischen dem, was wir ihr geben, und dem, was sie uns gibt, zu erreichen. Darüber hinaus wird Unterhaltung als soziale Interaktion betrachtet, die einerseits die Sozialisation beeinflusst, indem sie gemeinsame Interessen vermittelt, Werte interpretiert, Rollenverteilungen organisiert und unterschiedliche Verhaltensmuster in verschiedenen Situationen darstellt. Zunächst einmal gehen wir bewusst damit um und sind geschützt, solange wir es nicht übertreiben, aber das Bewusstsein durchläuft verschiedene Kriterien der Unterhaltung und selbst die positivsten Formen der Unterhaltung – gemeinsames Teilen und insbesondere geistige Aktivität – sollten nicht überbewertet werden. Natürlich ist Unterhaltung relativ, unterschiedliche Menschen genießen unterschiedliche Arten der Aktivierung und sind mit unterschiedlichen Fähigkeiten ausgestattet. Die in Frage kommenden Kriterien sind:

- Unterhaltung zum Beispiel zur Entspannung und Ablenkung als Auszeit vom Alltagsstress. Nach einem anstrengenden Arbeitstag einen Film ansehen.
- Unterhaltung zur Information und Bildung, z. B. ein Rätsel lösen.
- Unterhaltung als soziale Funktion und Interaktion zum Beispiel. Machen Sie eine Feier mit der unmittelbaren Umgebung.
- Körperliche Entspannung, Zusammensein, um zum Beispiel bestimmte Ziele zu erreichen; wie Sport treiben oder tanzen.
- Unterhaltung mit kreativen Fähigkeiten zum Beispiel, wie Musik machen oder Hobbys.
- Gemeinsame Tischaktivitäten (Mentaltrainer) zum Beispiel, wie Brettspiele, Backgammon, Schach.

Es besteht kein Zweifel, dass die Unterhaltungsindustrie virtuelle Realität nutzt, um Menschen anzulocken. So bewusst wir uns dessen auch sein mögen, wir werden es vielleicht trotzdem nicht verhindern können, in den „**Krieg der Massenkulturen**" zu geraten, was bedeutet, dass uns moralische und ästhetische Kritik weitgehend verwehrt bleibt. Dem Versuch des Einzelnen nachzugeben, der Monotonie und dem Druck des täglichen Lebens zu entfliehen, hat ziemlich negative Auswirkungen auf die Person und kann ebenso zur Sucht führen wie zum Alkoholismus. Und das Bedürfnis, immer wieder zu verweilen, unersättliche und hemmungslose Selbstgefälligkeit, Desorganisation und Disharmonie mit dem normalen Leben, der Realität und sogar Gereiztheit sind allesamt negative Widerspiegelungen dieses Ereignisses.

Wenn wir die Unterhaltungsindustrie als Industrie betrachten, müssen wir unweigerlich in den Rahmen des Kapitalismus fallen, und es ist notwendig zu bedenken, wie der Kapitalismus in seiner Geschichte die Menschen erfolgreich verändert hat, indem er die Menschen gelenkt hat. Solange die Gesellschaft ihre Unterhaltungsmöglichkeiten und Programme ohne Einschränkungen fortsetzen kann, wird es komfortabel, friedlich und ruhig sein. Auf diese Weise kann die Herde unter Kontrolle gehalten werden, ohne dass es zu Stress kommt, und gleichzeitig können durch die Aktivitäten der Herde in dieser Richtung Gewinne erzielt werden. Die umfassende Kraft, einen innovativen, gut funktionierenden und sicheren Markt zu eröffnen, führt dazu, dass die Herde ohne den geringsten Widerstand erobert wird. Im schlimmsten Fall kann Unterhaltung nicht nur zu einer harmlosen Form der Kommunikation, sondern zu einem korrupten **sozialen Syndrom** werden. Wenn ja, würden diese bösartigen, leidenschaftlichen und böswilligen Aktivitäten verbraucherfreundlicher Riesenindustrien die Öffnung für eine neue Welt bedeuten, die von den Menschen selbst legitimiert wird.

Die aktivsten Bereiche der Unterhaltungsindustrie

Musik/Digitale Musikindustrie (Pop, Techno usw.)
Eine groß angelegte Vernetzung von Musikmonarchen prägt weiterhin einen bedeutenden Teil der Gesellschaft. Grundsätzlich basiert der Einsatz von Musik darauf, dass sie Stimmungen und Emotionen hervorrufen soll. In manchen Fällen haben wir vielleicht das Gefühl, dass etwas in uns an die Oberfläche dringt, etwa wenn eine Erinnerung, ein unerfüllter Wunsch oder eine Sehnsucht uns traurig oder aufgeregt macht. Und dabei muss unser Bewusstsein nicht dazu beitragen, auch der Rhythmus und die Melodie eines Liedes, dessen Text wir nicht verstehen, können unbemerkt eine solche Beeinflussung auslösen. Wenn dies spontan und unfreiwillig geschieht, bedeutet dies, dass die Ausgangsumgebung manipuliert werden kann. Gehirnwäsche-Taktiken, die von der Musikindustrie seit langem bei großen Labels angewendet werden, werden durch neue Techniken und Methoden genutzt, die sich mit der Zeit und der Digitalisierung immer weiter entwickeln. Sie können sogar dazu führen, dass Sie Lieder mögen, die Sie nicht mögen. Denn beim ersten Hören spielt es keine Rolle, ob es einem gefällt oder nicht, nach der siebten, achten Wiederholung gewöhnt man sich daran, und man wird das Lied wahrscheinlich zumindest nicht schlecht finden, weil es sich mittlerweile bewährt hat. Auch wenn es also schlecht ist, wird es dennoch weiterhin an den Verbraucher verkauft, und zwar in den meisten Dingen und wie immer gewinnt hier der Starke.

Eliot Spitzer[137] ist Generalstaatsanwalt des Staates New York. Seit Jahren engagiert er sich leidenschaftlich für den Kampf gegen mächtige Konzerne und Kartelle. Kartelljäger sind dabei, die Musikkonzerne **BMG (Bertelsmann)** und **Warner** zu Fall zu bringen. Frustrierte Mitarbeiter der beiden Musikgiganten gaben interne E-Mails und Faxe an Spitzers Beamte weiter. Da-

---

137 https://www.jungewelt.de/artikel/59443.mal-wieder-amtlich.html

raus geht hervor, dass BMG und Warner systematisch US-Radiosender bestochen haben, um ihre Aufnahmen äußerst häufig und mit großem Aufwand über den Sender zu senden. Und das bestätigt alles, was seit Jahren vermutet wird. Die fast legalisierte Bestechung, die weltweit zur Norm geworden ist, kennt auch hier keine Grenzen. Die Plattenindustrie hat es sogar auf die Discjockeys der kleinsten Radiosender abgesehen, indem sie sie großzügig behandelt, ihnen aber auch droht, wenn die Anzahl von Ausstrahlungen eines bestimmten Musikstücks, das nicht ihnen gehört, überschritten wird. DJs müssen bestimmte BMG- oder Warner-Songs anfordern, außerdem sind fiktive Hörerbewertungen erforderlich.

Wie Sie sehen, klammert sich derzeit jede Branche an das, was sie hat, und ihr oberstes Ziel ist es, es nicht zu verlieren, koste es, was es wolle. Bestechung, Täuschung und Machtkontrolle: Sie sind Teil der korrupten Mechanismen hinter den Kulissen der Popmusik. Ihr bleibender Einfluss auf die Gesellschaft von Medienfreunden und von der Vergangenheit bis zur Gegenwart setzt sich fort – im Radio wie im Fernsehen. Daher können die Medien die Gesellschaft und ihren Musikgeschmack ebenso prägen wie die vermittelten Inhalte und sind daher nicht neutral. Im Kopf des Verbrauchers bleiben am Ende seine wahren Vorlieben, oder handelt es sich um konditionierte Vorlieben, die ihm immer wieder in den Sinn kommen? (Diese Feststellung gilt nicht nur für Musikhörer, sondern auch für Fernsehzuschauer.)

Auch wenn das Publikum/die Zuhörer dies noch nicht vollständig erkennen können, spüren sie durchaus, dass hier ein riesiger Kommerz im Spiel ist, sind aber offenbar noch nicht in der Lage, sich mit diesem Thema auseinanderzusetzen und Stellung zu nehmen (oder?).

„**Song Machine**“, **Hit Factory**: (Song Machine: Inside the Hit Factory)
Der Autor **John Seabrook** veröffentlichte Mitte 2015 sein Buch „The Song Machine“ und begab sich damit auf eine Pop-Reise von New York nach Los Angeles und dann nach Stockholm und

Korea. Vom Beginn der Musikgeschichte, von ihren Anfängen bis zur Moderne Tag für Tag sammelte er viele Daten von Auftritt zu Auftritt, erlebte seine eigenen Erfahrungen und verbrachte Stunden im Musikstudio. So schuf er in seinem Buch mit all seinen Beobachtungen und seinem Wissen ein erschreckendes Spiegelbild einer verborgenen Welt. Es gibt einen Grund, warum es so schwer ist, die allgegenwärtigen Pop Hits von heute zu ignorieren. Sie wurden so entworfen. Der Song Maker blickt hinter die Kulissen und gewährt Ihnen einen Einblick in die globalen Hitfabriken, die die Songs produzieren, nach denen jeder süchtig ist. Diese faszinierende Reise in die seltsame Welt der Popmusik an der Seite einiger der angesagtesten Namen der Live-Branche zeigt, wie ein neuer Ansatz zur Erstellung von Hits Marketing und Technologie verändert. Und auch das Gehirn des Publikums. Es ist sicher, dass Sie nach der Lektüre dieses Buches nie wieder die gleichen unschuldigen Dinge über Musik denken werden.

Körperliche Schäden durch Discomusik:

In die Disco gehen, laute Musik hören und bis spät in die Nacht tanzen – gehört für viele Teenager zum festen Wochenendplan. Allerdings ist die Musik dort oft so laut, dass der Lärm mit der Zeit schädlich werden kann. Universitätsklinikum Eppendorf Poliklinik für Hör-, Stimm- und Sprachmedizin, Leiter **Prof. Markus Hess** sagt: „Schallpegel über 85 Dezibel sind schädlich für das Gehör." Der Klang von Musik in Diskotheken beginnt meist erst bei 90 Dezibel, mit der Zeit gewöhnt man sich an die Lautstärke und um den gleichen Effekt zu erzielen, wird die Lautstärke immer lauter, bis sie in den späten Stunden 110 Dezibel erreicht. Bei einer Erhöhung um drei Dezibel verdoppelt sich der Gehörschaden. Das bedeutet, dass 90 Dezibel für acht Stunden genauso schädlich sind wie 93 Dezibel für vier Stunden, 96 Dezibel für zwei Stunden oder 99 Dezibel für eine Stunde. Besonders bei Techno- oder Heavy-Metal-Musik verändern Vibrationen Herzfrequenz, Blutdruck, Atemfrequenz und Muskelspannung. Und es beeinflusst den Hormonhaushalt.

Geräusche wirken hauptsächlich auf die Nebennieren und die Hypophyse. Vier Minuten lang in einer Disco bei 104 Dezibel zu sein ist genauso gefährlich wie acht Stunden lang bei 85 Dezibel. Auf die gleiche Weise: Laute Musik über Kopfhörer kann zu Hörverlust führen. Untersuchungen zufolge tritt bei Multipler Sklerose ein ähnlicher Effekt auf die Nerven des Gehirns auf. Die Forscher fanden heraus, dass Lärmpegel über 110 Dezibel die Schutzschicht der Nervenfasern zerstören, die Signale vom Ohr zum Gehirn übertragen. Der Verlust dieser Schutzschicht, Myelin genannt, stört die elektrischen Nervensignale.

Okkultismus in der Musik[138]

Der Okkultismus fand seinen optimalen Ausdruck in der Populärkultur, insbesondere in der Musik und dem Film. Blutrituale, Pentagramme oder Teufelsanbetung, die mit passender Verkleidung, Make-up und Spezialeffekten verziert sind, sind nur ein unschuldiger, künstlerischer und avantgardistischer Ansatz?

Heutzutage wird es immer mehr normalisiert, insbesondere durch Hollywood. Beispielsweise ist die „Queen of Pop" Madonna eine bereitwillige Teilnehmerin dieses zunehmend sichtbaren dunklen Okkultismus. Es ist bekannt, dass sie von Anfang an mit dem christlichen Symbolismus spielte und ihn provozierte. Die damals sexistische und grotesk wirkende, für uns aber dennoch interessante Darstellung wird mittlerweile fast auf die Spitze getrieben. Es ist interessant zu erfahren, was Sängerin Katy Perry in einem Interview gesagt hat: Sie fasst ihre Geschichte zu diesem Thema sehr kurz und prägnant zusammen. Ihre Eltern waren beide christliche Geistliche und deshalb sang sie

---

138 https://jungefreiheit.de/debatte/kommentar/2023/madonna-und-hollywood/
https://sieleben.wordpress.com/tag/okkulte-musikindustrie/

im Kirchenchor. Dadurch stieg sie in die Musikindustrie ein. Sie sagt jedoch, dass sie zunächst keinen Erfolg hatte, bis sie „ihre Seele an den Teufel verkaufte". Was will Katy uns damit sagen? Ist es ein Bekenntnis, gibt es die böswilligen Hintermänner der Musikindustrie? Wir wissen es nicht wirklich.

Auf dem Markt erhältliche Musikvideos können oft mehr als eine Botschaftsebene haben. Hinter den sichtbaren Emoticons können sich weitere Ebenen verbergen, die dem Betrachter oft verborgen bleiben. Wir, die Verbraucher, sind nur eine Masse von Menschen, die von den Medien und ihren Unterstützern geistig gezähmt und halb betäubt wurde. Unsere Sinne sind wahrscheinlich zu abgestumpft, um zu erfassen, was weitgehend sichtbar ist, so deutlich es auch sein mag. Ihr Motto ist: Wenn es so beschrieben wird, dass „nichts mit irgendetwas verbunden ist" und dass es **„nur eine Kunst"** ist, sollten wir es als solche akzeptieren. Schließlich handelt es sich hierbei um eine surrealistische Kunstform, was könnte es sonst sein?

Filmindustrie – Die dunkle Seite Hollywoods

Auf dem deutschen Fernsehsender „ZDF History"[139] gab es eine interessante Dokumentation der Filmemacherinnen **Natascha Walter** und **Annette Baumeister** um Hollywood. Inhalt der Dokumentation **„Geheimes Hollywood – Die dunkle Seite der Traumfabrik"**: Gescheiterte Stars, engagierte Regisseure und mysteriöse Todesfälle sowie der schwierige Kampf der Reichen, Schönen und Talentierten hinter den Kulissen Hollywoods. In der Traumfabrik gelten strenge Regeln. Wenn Sie bei ihr bleiben, können Sie an die Spitze gelangen. Andernfalls werden Sie aus diesem Paradies verbannt. Seit 100 Jahren beschäftigt

---

139 https://www.fernsehserien.de/zdf-history/folgen/geheimes-hollywood-die-dunkle-seite-der-traumfabrik-92382

sich Hollywood mit menschlichen Schicksalen und Tragödien. In einem undurchsichtigen Geflecht wirtschaftlicher und politischer Interessen entscheiden Studiobosse und Anwälte über Aufstieg und Fall der Menschen. Aber dieser Dokumentarfilm zeigt nur eine Seite der Medaille, denn dort sollen noch viel düsterere Dinge vor sich gehen, Dinge, die zu einer wirklichen Gänsehaut bereiten. Die Worte, die **Marilyn Monroe** kurz vor ihrem Tod sagte, passen perfekt: „**Hollywood ist ein Ort, an dem sie 50.000 Dollar für einen Kuss und 50 Cent für deine Seele zahlen**.“

Ein riesiges, magisches Reich, in das alle angehenden Schauspieler unbedingt eintreten möchten. Wir kennen seine sexistische, pädophile Natur, aber gibt es Gerüchte, dass es einen ähnlichen, vergleichbaren Hintergrund hat wie seine eigenen Horrorfilme, die es mit so großartigen Techniken produziert hat?

Einige argumentieren, dass sich die meisten Menschen in Hollywood satanischen Mächten ergeben, um an die Spitze zu gelangen. Wir sehen immer wieder, dass viele Prominente die gleichen okkulten Geschichten haben. Es gibt eine ganze Reihe mysteriöser Fakten über diejenigen, die an solchen Skandalen, Geständnissen, plötzlichen Todesfällen und einfachem Verschwinden beteiligt sind. Wir sehen es in der Rockmusik, wir sehen es in der Kunst- und Unterhaltungsszene und wir sehen es bei berühmten Schauspielern, Regisseuren und Produzenten. Auch wenn wir ihnen nicht glauben, auch wenn es lächerlich klingt und wir sagen, dass es eine Verschwörungstheorie ist, gibt es Menschen, die an diese Geschichten glauben. Und vielleicht wurden sie selbst aus Geld- und Ruhmgründen dazu überredet.

Die Identifikationsfotos von Prominenten müssen unbedingt mit einäugigen Aufnahmen gemacht werden. Uns mag das absurd erscheinen, aber nicht für sie, alle an der Spitze müssen früher oder später –bereitwillig oder nicht – die Pose dieses Systems geben.

Der Schauspieler **Isaac Kappy**[140] (1977–2019) drehte kurz vor seinem Tod ein Video über Pädophile, Kinderhandel und andere dunkle Persönlichkeiten Hollywoods, weshalb ihm der Name des Verschwörungstheoretikers zufiel. Gerüchten zufolge wurde Kappy getötet, weil er bestimmte Dinge preisgab.

Er ist nicht der Einzige, der auf die dunklen Geheimnisse hinter der Traumwelt aufmerksam macht. Ein anderer: Berühmt wurde **Macaulay Culkin** in den 1990er Jahren vor allem durch seine Rolle als „**Kevin – allein zu Hause**". Culkin zündete die Bombe in einem Radiointerview in Paris, Frankreich. Die französischen Mainstream-Medien waren gespannt darauf und berichteten über das brisante Interview.

Culkin beschuldigte die Elite der Unterhaltungsindustrie, „**blutrünstige Satanisten zu sein, die rituell Kinder ermordeten**", und nannte einige Details. Eine Stunde nach ihrer Veröffentlichung wurden die Beiträge jedoch entfernt. Die französische Zeitung „**Les Echos**" löschte ihren Artikel, kurz nachdem er „viral" geworden war. Auf die Frage, warum Les Echos den Artikel gelöscht habe, gab es keine Antwort oder irgendeine Reaktion. Zu Culkins Aussagen gehört der Mord an **Heather Michele O'Rourke**, der Kinderschauspielerin, die wir aus dem Film „**Poltergeist**" kennen.

Auch der Schwergewichtsboxer **David Rodriguez** hat ein Video über das Thema veröffentlicht, in dem er diese seltsamen Dinge erklärt. Das Video wurde kurz darauf einfach so von YouTube gelöscht.

Der Schauspieler **Mel Gibson**[141] sagte dazu: „In Hollywood gibt es ein Geheimnis, das offensichtlich ist. Diese Menschen haben ihre eigenen religiösen und spirituellen Lehren und ihre eigenen sozialen und moralischen Rahmenbedingungen. Sie ha-

---

140 https://kopfgemuese.de/hollwood-die-dunkle-seite-der-macht/
141 https://dieunbestechlichen.com/2020/05/hollywood-star-macht-schockierende-enthuellung/

ben ihre eigenen heiligen Schriften – sie sind krank und stehen allem gegenüber, wofür Amerika steht."

Und der Musiker **Lionel Richie** sagte einmal: „Niemand kommt hier lebend raus." Was meint er wohl damit?

Internet und Darknet

Insbesondere soziale Netzwerke bergen ein großes Veränderungspotenzial in der Praxis des wissenschaftlichen Diskurses und der politischen Kommunikation. Betroffen sind nicht nur die Hauptakteure des politischen Systems wie Parteien, Parlamente und Regierungen, sondern auch Unternehmen, Verbände und Nichtregierungsorganisationen, die ihre Interessen im politischen Raum zum Ausdruck bringen und ausüben wollen. Jeder nutzt Google, YouTube und viele andere Dienste. Innerhalb weniger Minuten können Menschen zusammenkommen und sich für eine Sache vereinen. Richtig oder falsch, erfolgreich oder nicht, Plattformen wie Facebook, Twitter und YouTube verleihen jedem eine Meinungsmacht, die selbst Politiker nicht ignorieren können. Einige kontrollieren unsere Daten, andere kontrollieren, was wir sehen und lesen, andere versuchen, die Weltfinanzen und den Welthandel zu kontrollieren. Wir investieren Zeit und Geld in diese Unternehmen. Es sollte so bequem wie möglich sein. Um uns glücklich und unabhängig zu machen. Aber um welchen Preis sind wir unabhängig genug?

Gerade weil es so einfach ist, bilden sich immer schneller Interessengruppen. Eine Technologie, die die Kontrolle stärkt, wächst von Tag zu Tag, indem sie von uns gespeist wird. Sind wir uns dessen bewusst?

Die dunkle Seite des Internets: Darknet

Was ist das? Das Internet unterscheidet drei Oberflächen: Das sichtbare Internet, auch Oberflächennetzwerk genannt, zu dem alle Seiten gehören, die über Suchmaschinen wie Google, Yahoo, Bing usw. gefunden werden können. Und das andere ist das unsichtbare Internet, auch Deep Internet genannt. Dazu gehören

Datenbanken und passwortgeschützte Websites, wie etwa der Kundenbereich von Ebay und Amazon. Die dritte und wichtigste Schnittstelle für diese Konfiguration ist das Darknet, für das eine spezielle Zugriffssoftware wie Tor erforderlich ist. Hier bewegen Sie sich im Gegensatz zu anderen Oberflächen anonym und hinterlassen keine unerwünschten Daten oder Spuren. Sie müssen weder Name, Geschlecht, Wohnort noch Telefonnummer angeben, weil es nicht erforderlich ist. Hier werden echte, wohl kriminelle Dinge ermöglicht. Der Handel mit Drogen, der Verkauf von Waffen oder freiwilliger Sexhandel wirken im Vergleich zu anderen recht harmlos.

Die Tatsache, dass auf dieser Plattform allerlei perverse, mörderische und sadistische Strukturen grassieren, ist mehr als traurig, es macht wütend.

Warum wird also nicht eingegriffen und das verhindert? Hätte man das nicht verhindern können, wenn man gewollt hätte?

Eigentlich ist die Antwort darauf ganz einfach: Wenn man wollte, JA!

So sieht unsere Welt aus, willkommen im 21. Jahrhundert. Es ist eine menschliche Realität, die wir nicht kennen, die wir nicht kennen wollen, und die wir auf die eine oder andere Weise im Endstadium des Countdowns erreicht haben. Das Problem ist folgendes: „Das Dark Web erleichtert es Menschen mit abnormalen Neigungen. Es ist wie eine Art Tarnung, in der sie unentdeckt und geschützt Fantasien entwickeln und ihre Wünsche unauffällig ausleben können."

Diese Untergrundwelt des Internets war eigentlich vorsätzlich motiviert, da nach einer sicheren und anonymen Form der Online-Kommunikation gesucht wurde. Die US-Armee stieß auf das Tor-Projekt, das 2001 von Studenten gegründet wurde. Bis heute unterstützt die US-Regierung Darknet und Tor weiterhin mit rund 1,8 Millionen US-Dollar pro Jahr. Es handelt sich um einen gemeinnützigen Verein, der seit 2006 von Aktivisten des Tor-Netzwerks geführt wird. Wenn wir es so glauben wollen, bleibt es natürlich auch so.

Gaming-Industrie

Die Spielewelt hat sich im Laufe der Jahre drastisch verändert, aber die technologischen Fortschritte der Spieleindustrie haben auch die Welt verändert. Sie ist von riesigen Maschinen in riesigen Spielhallen auf unsere Smartphones geschrumpft. Heutzutage sind Spiele technologisch fortgeschritten, können mit hoher Auflösung und hoher Bildrate gespielt werden. Es klingt ziemlich verlockend mit realistischen Bildern und tollen Effekten, aber es scheint, dass es eine Herausforderung sein kann. Weil: Sobald man sich darauf einlässt, kann es eine Qual sein, damit aufzuhören. Je jünger und unerfahrener wir sind, desto weniger sind wir uns der Gefahr bewusst.

Welche negativen Folgen hat das Spielen am Computer?[142]

Wenn das Spiel zu einem Streben, einer Leidenschaft wird, gerät das Leben des Spielers natürlich durcheinander und er vernachlässigt sich selbst und die Menschen um ihn herum. Beispiele für pathologische Verhaltensweisen, die dies definieren, sind:

- Entwicklung von Tagesabläufen, die sich ganz auf das Spiel konzentrieren
- Vernachlässigung von Schule, Studium oder Arbeit
- Negative Auswirkungen auf das soziale Leben
- Schlafmangel
- Nicht ausgewogene oder Unterernährung
- Riesige Ausgaben für computerspielbasierte Anwendungen

Wenn Spieler aggressives Verhalten zeigen, wenn sie nicht spielen können oder blockiert werden, dann handelt es sich um eine Sucht. Relativ junge Studien zeigen, dass sich bei Spielern die graue Substanz im orbitofrontalen Kortex reduziert. Wie sich dies auf die Menschen auswirken wird, ist noch um-

---

142 https://manonamission.de/spass-unterhaltung/machen-computerspiele-uns-klueger-oder-duemmer

stritten. Diese graue Substanz hilft jedoch dabei, Emotionen zu kontrollieren und unsere Moral und Empathie zu regulieren. Deshalb vermuten einige Wissenschaftler, dass Computerspiele stumpf machen.

DAK Computerspielsuchtstudie:
Laut einer aktuellen Studie der DAK-Gesundheit und des Deutschen Zentrums für Suchtfragen ist in Deutschland jeder zwölfte junge Mann oder jeder Junge im Alter zwischen zwölf und 25 Jahren von Computerspielen abhängig (8,4 %), der Anteil der betroffenen Mädchen und jungen Frauen ist mit 2,9 % deutlich geringer. Laut der Umfrage werden männliche Teilnehmer durchschnittlich drei Stunden am Tag spielen, während sie an Wochenenden bis zu 226 Minuten erreichen, was fast vier Stunden bedeutet. Der Studie zufolge haben Computerspiele häufig negative soziale Auswirkungen auf die Spieler: So vernachlässigen 46 % den sozialen Kontakt mit Freunden oder Familienmitgliedern, 40 % streiten sich mit ihren Eltern um die Nutzung von Videospielen und 6 % essen aufgrund von Computerspielen nicht gemeinsam. Keine Unterhaltungsbranche konnte mit der Spielebranche mithalten. Die Spielebranche wächst weiter, um die unstillbare Gier der Fans mit neuen und besseren Inhalten zu befriedigen. Im Jahr 2018 ist die Gaming-Branche über die Film- und Musikindustrie und die großen amerikanischen Sportligen hinausgewachsen. Mehr als 2,6 Milliarden Menschen weltweit spielen Videospiele. Wenn man also bedenkt, dass es etwa 8 Milliarden Menschen gibt, muss das doch absolut verrückt sein, oder?

Zeichentrick-Cartoons
Wer kennt nicht Donald Duck, Daisy, Onkel Dagobert, Mickey Mouse und Goofy?

Walt-Disney-Filme bringen nicht nur Kinderherzen in Wallung, auch viele Erwachsene schauen sie sich immer noch gerne an. Allerdings klingt das, was wir heute sehen, anders, so dass beispielsweise die Inhalte, Symbole und versteckten Botschaften viel konzentrierter sind. Zum Beispiel sexistische, gewalttätige Inhalte, und wenn wir sie kritisch betrachten, ist es fast unmöglich, sich dessen nicht bewusst zu sein. In diesem Fall bleiben die alten lustigen Erinnerungen und positiven Gedanken in unserem Kopf definitiv zurück, und wenn wir hinter die Kulissen blicken und uns ansehen, wer ihr kreativer Vater ist, werden wir mit Sicherheit eine völlig andere Meinung bekommen. Wer ist dieser **Walt Disney**, ein süßer, sympathischer, väterlicher Mann wie die Figuren, die er geschaffen hat?

Ich denke, die Antwort darauf wird alle ziemlich enttäuschen. Denn es gibt eine Reihe verschiedener Vorwürfe gegen ihn persönlich. Erstens war er das Gegenteil eines sympathischen Menschen, er war selbstgefällig, ein Rassist und auch ein Freimaurer. Disney hat sich sein ganzes Leben lang als sauberer Mann dargestellt, doch der Künstler soll schon immer eine verborgene und dunkle Seite gehabt haben. Der Disney-Konzern schweigt zu diesen Schattenseiten. Laut **Joseph Bullman**s Dokumentarfilm „**Secret Lives**" aus dem Jahr 1995 ist er auch deshalb ein Sexist, weil er die monotonen und albernen Arbeitsabläufe nur den Frauen überließ, während er bei der Erstellung von Cartoons nur Männern erlaubte, kreativ zu arbeiten.

Auch politisch engagierte sich Disney als FBI-Informant, indem er eine 26-jährige Partnerschaft mit FBI-Direktor J. Edgar Hoover einging, und als Mitglied der „Cinema Alliance for the Preservation of American Ideals". In der Praxis bedeutete dies, dass er dem FBI jeden in der Filmindustrie meldete, den er für einen Kommunisten hielt, und im Gegenzug die Erlaubnis erhielt, im FBI-Hauptquartier zu drehen.

Er sagte auch als Hauptzeuge im „Komitee für antiamerikanische Aktionen" im Jahr 1947, während der McCarthy-Ära, aus, das „Schwarze Listen" linker und kommunistischer Filmemacher führte. Es wird auch gemunkelt, dass er ein geiziger Arbeitgeber und Dieb, ein überzeugter Antikommunist und ein glühender Befürworter des Vietnamkrieges sei.

Kulturimperialistische Mickey Mouse[143]

Aber Disney konnte nicht verhindern, dass das Bild des Märchenonkels gezeichnet wurde. In den USA beispielsweise hatten ehemalige Mitarbeiter Schwierigkeiten im Umgang mit Disney, das zeitweise als grausam und geizig galt. Auf der anderen Seite waren es Kritiker der Massenkultur und Vorreiter der antikolonialen Befreiungsbewegung, die versuchten, Disney zu verzaubern und in Konsumzombies zu verwandeln, indem sie ein Imperium aus süßen Zeichentrickfiguren, Fernsehsendungen, Vergnügungsparks und Comics bauten. Und noch mehr die USA, die sie ebenfalls als Agenten der imperialistischen Kulturindustrie betrachteten. Gerüchte über Sympathie für die Nazis passen zu Disneys angeblich totalitärem Charakter. Disney nahm in den 1930er Jahren an Nazi-Treffen in den USA teil. Das Treffen mit Leni Riefenstahl, Hitlers Lieblingsfilmemacherin, fand nach 1938 statt. Seine Gründung der MPAPAI im Jahr 1944, der antijüdischen Industrievereinigung, die in den 1950er Jahren Senator McCarthy in seiner kommunistischen Hetze aktiv unterstützte, war nicht nur ein Ausdruck von Disneys Hass auf Linke, sondern ein weiterer Beweis für seinen Hass auf Juden. Disney war ein heuchlerischer Größenwahnsinniger, dem es an tieferen menschlichen Beziehungen mangelte, der Frauen gerne unterdrückte und als billige Butler behandelte und der mit dem Gedanken, mit seinen Produktionen in die Köpfe aller möglichen Menschen einzudringen, endlos zu beeindrucken versuchte.

---

143 https://www.srf.ch/kultur/film-serien/die-dunkle-seite-von-mr-mickey-mouse

TEIL 3

FINANZEN, GELD
UND BANKWESEN,
WELTHERRSCHAFTEN,
POLITIK

Finanzen, Geld und Bankwesen

„**Geld ist ein mentales Hilfsmittel für den Energieaustausch. Es kann entweder verwendet werden, um zu versklaven und Abhängigkeit zu schaffen, oder um Freiheit und Wohlstand zu erzeugen. Es stellt nur eine Möglichkeit dar, die für jeden anders ist!**"

Wir leben in einer sehr aktiven Zeit, wahrscheinlich hat Geld unser Wirtschaftsleben noch nie so dominiert wie heute. Und noch nie war so viel Geld im Umlauf. Dennoch pumpen die Banken weiterhin jedes Jahr große Mengen neuen Geldes in den Weltmarkt. Die Kontrolle der Menschheit durch eine bestimmte Machtinstitution besteht schon seit sehr langer Zeit, während das alte, aber ungerechte **Finanzsystem** auch heute noch dominiert. Und tatsächlich wurde für uns das, was normalerweise nicht in diesem System sein sollte, normalisiert und in den Mittelpunkt unserer allgemeinen Weltanschauung gestellt.

Shadow Financial Index: Dunkle Wege des Geldes[144]

Intransparente Finanzsysteme fördern weltweit Steuerhinterziehung, Geldwäsche und Korruption. Das Internationale Netzwerk für Steuergerechtigkeit hat gemeinsam mit dem globalisierungskritischen Gremium Attac und dem Wiener Institut für Internationalen Dialog und Zusammenarbeit (VIDC) den neuen Schattenfinanzindex bzw. den Financial Secrecy Index (FSI), vorgestellt.

---

144 https://www.trend.at/wirtschaft/schattenfinanzindex-dunkle-wege-geld-11349741

Korrupte Eliten, Steuerbetrüger, Steuerhinterziehungsunternehmen – die sechste Ausgabe des Index zeigt, welche Länder durch Geheimhaltung besonders attraktiv für illegale und illegitime Finanzströme sind. Das Problem liegt auf der Hand, denn Staaten und damit die Allgemeinheit verlieren durch Steuerhinterziehung und Steuervermeidung jedes Jahr mehrere hundert Milliarden Euro. Es macht wenig Sinn, schwarze Listen zu erstellen, die nur politisch und wirtschaftlich schwache Staaten umfassen. Wer keine Steuern zahlen will, soll gezielt angesprochen werden. Im Kampf gegen Steuerhinterziehung, Geldwäsche und Korruption sind insbesondere folgende drei Maßnahmen erforderlich:

1. Kein anonymes Eigentum: Das rechtliche und Nießbrauchseigentum an Unternehmen, Immobilien, Stiftungen oder Trusts muss in allen Ländern registriert und öffentlich zugänglich sein.
2. Mehr Steuertransparenz für Unternehmen erforderlich: Staaten sollten multinationale Unternehmen dazu verpflichten, länderspezifische Finanzberichte über ihre weltweiten Aktivitäten vorzulegen und Steuerabkommen zwischen Unternehmen und Regierungen zu veröffentlichen.
3. Effektivere internationale Zusammenarbeit: Der automatische, grenzüberschreitende Informationsaustausch über Steuerdaten ist immer noch fehlerhaft und muss reguliert werden.

Befinden wir uns in einer wirtschaftlichen Sackgasse?

Ist es möglich, dass wir die letzte Stufe einer längst kollabierten Weltökonomie erreicht haben, bevor sie vielleicht zusammenbricht?

Am stärksten betroffen sind diejenigen, die sich auf der unteren Ebene der Wirtschaftspyramide befinden und besser verstehen können, was damit gemeint ist. Die übergeordneten, die noch nicht so offen in die Ecke gedrängt sind, werden wahrscheinlich nicht verstehen, was passiert ist, oder vielmehr ignorieren sie es immer noch. Es ist nicht bekannt, wann und wie die Unterwerfung der Wirtschaftsbeziehungen, die auf der Ausbeutung von Menschen basieren, unter die Ziele der politischen Macht enden wird, aber wir wissen, dass dies nicht gerecht und tugendhaft ist. Denn es ist sicher, dass die Weltmächte die Wirtschaft für ihre eigenen Interessen instrumentalisieren, was ein Verbrechen gegen die Menschlichkeit ist. Obwohl der wirtschaftliche Austausch der Menschen von Natur aus friedlich verläuft, wagen es die Machthaber, in diesen friedlichen Prozess einzugreifen, indem sie Wirtschaftssanktionen verhängen und ihn so in ein Kriegsinstrument verwandeln.

Eine sich entwickelnde, wertschöpfende Weltwirtschaft ist die lebenswichtige und kulturelle Grundlage von Gesellschaften, und im Interesse der gesamten Weltmenschheit müssen die zerstörerischen Eingriffe politisch-wirtschaftlicher Kräfte gestoppt werden. Das zeitgenössische Bewusstsein der Gesellschaft kann mit dem Wahrheitsbegriff wachsen. Gegenseitiges Vertrauen, Respekt und das Teilen von Liebe müssen die wichtigsten strukturellen Grundlagen moderner Menschen sein, und dies kann nur mit einer unabhängigen Wirtschaftspolitik der Staaten geschehen. Natürlich: „Inwieweit kann eine unabhängige Wirtschaft verwirklicht werden?" Die Frage wäre relevant, da was aus einer unabhängigen Richtlinie heraus noch gültig sein kann. Es lässt sich kaum leugnen, dass wir uns in einem Teufelskreis befinden. Nur die Völker selbst können dies lösen, zunächst einmal müssen die einzelnen Menschen selbst zu einem bestimmten Bewusstsein gelangen. Dies entsteht, wenn menschlicher Altruismus bewusst auf einer Plattform der gerechten Arbeitsteilung aufrechterhalten wird. Vielleicht sind die meisten Menschen noch nicht weit genug fortgeschritten, um dies zu verstehen. Um es einfach auszudrücken: Wir leben in einer Welt, in der es immer noch Rivalitäten zwischen Geschwistern gibt, selbst in einem Erbschaftsfall. Allerdings sollten wir die Hoffnung nicht verlieren, zunächst einmal sollte die nötige Immunität gegen den Geldgötzen geschaffen werden, der unser Weltbild bestimmt.

Funktion des Geldes

Geld hat unterschiedliche Funktionen. Es ist ein Tauschmittel, es ist ein Wertmaß, es ist ein Investitions- und Sparinstrument, es ist ein Instrument der Wirtschaftspolitik, vor allem ein in jeder Hinsicht dominierendes Machtinstrument. Das heutige Geldsystem ermöglicht es, Geld in großem Maßstab als Macht- und Ausbeutungsmittel zu missbrauchen. Während einige nur darum kämpfen, ihre lebenswichtigen Bedürfnisse zu erfüllen und zu überleben, können andere auf wundersame Weise das Geld ohne Anstrengung auf eigene Faust erhöhen. Wenn sie genug Geld haben, können sie ihre Lebenshaltungskosten de-cken, ohne ihre Vorräte zu reduzieren, sie können eine große wirtschaftliche Macht und damit eine enorme politische Macht aufbauen. Und während sie das alles tun, müssen sie nicht ein-mal einen Tag zur Arbeit gehen. Wie ist das möglich?

Indem man Geld für mehr verkauft oder vermietet, als es wert ist. Genau das tun große Finanzinstitute und Banken. Sie verkaufen also Kredite (ihrer Aussage nach) und zwingt Sie, diese mit zahlen es Ihnen mit Zinsen zurückzuzahlen.

Die wichtigsten Einnahmequellen

1. **Zinssatz:** Die Bank kann Spareinlagen, Festgelder usw. ver-walten, leiht sie vom Kunden und vergibt sie in Form von Krediten weiter. Denn die Bank zahlt den investierenden Kunden weniger Geld als sie von den Kreditgebern erhält. Darüber hinaus regelt das Gesetz, wie viel vom geliehenen Geld der Kunden wieder gutgeschrieben werden kann.

2. **Gebühren:** z. B. Kontoführungsgebühren, Zahlungsabwick-lung wie Geldtransfer, Gebühren für Abhebungen am Geld-automaten.

3. **Provisionen:** z. B. Verkauf von Produkten Dritter (Bau-sparverträge, Versicherungen etc.), Immobilienvermittlung. (1 bis 3 sind typische Geschäftsfelder von Sparkassen, Volks- und Raiffeisenbanken.)

4. **Handel mit Wertpapieren:** also Spekulieren an der Börse. Allerdings kann die Bank dies nicht mit dem Geld von Oma Trudes Sparbuch tun, sondern entweder mit Eigenkapital oder mit Kapital, das die Bank durch den Verkauf eigener Wertpapiere erwirtschaftet.

5. **Verkauf eigener Wertpapiere**

Banken und Kreditinstitute verdienen auf diese Weise Geld. Wenn wir sie aus einer etwas anderen Perspektive betrachten, sehen wir, dass sie auch Händler sind. Das Produkt, das sie produzieren, ist Geld, das Produkt, das sie verkaufen, ist Geld und das, was sie verdienen, ist Geld. Völlig legal. So wurden wir unterrichtet und akzeptieren das. Können wir es weiße (statt schwarz) Geldwäsche nennen, weil es legal ist?

Es gibt auch Geldwäsche, also die Darstellung der illegalen Geldquelle, als ob sie auf legalem Weg oder als Ergebnis einer Aktivität erlangt worden wäre, um die Geldquelle zu verschleiern. Es besteht kein Grund, darüber zu streiten, wie fair sie sind und ob wir moderne Sklaven dieses Systems sind.

Wer das Geschäft kennt, ist auch derjenige, der das Geschäft leitet![145]

Es gibt sachkundige psychologische Meister (Elite, früher Priester), die wissen, wie man dieses System und diesen Glauben in den Köpfen der Massen verankert, wie man es organisiert, aufrechterhält und wie man es genau in die Köpfe der Menschen bringt. Die heutigen Zentralbanker verfügen seit der Antike über das „geheime psychologische Wissen der menschlichen Herrschaft" (begründet durch die frühesten bekannten Bankpriester und reisenden Kaufleute, denen Menschen ihr Geld zur sicheren Aufbewahrung übergaben, da es sich um den sichersten Ort zum Verstecken handelte).

Könige der Banker sind immer Banker der Könige!

Heute treten sie als demokratisch gewählte Volksvertreter, Präsidenten und Stellvertreter auf. Der Status der Religionszugehörigkeit sollte jedoch nicht außer Acht gelassen werden. Die religiöse Zugehörigkeit zum Elitepriestertum gewährleistet weitgehend die vorübergehende und globale Stabilität des Systems. Heute hat das moderne Währungssystem seit Jahren große Veränderungen erfahren, aber die Krisen haben nie ein Ende gefunden. Wir befinden uns seit langem im Krisenmodus dieser an-

---

145 https://www.metropolnews.info/mp541304/das-sterben-des-modernen-geldes-das-ende-des-weges-ist-fast-erreicht

deren Dimension, und auch in der Politik geht eine Krise in die nächste über, ohne gelöst zu werden. Parallel dazu drucken die Zentralbanken auf der ganzen Welt ununterbrochen Geld. Dies verursacht noch mehr Probleme. Wir stecken in diesem System fest, als ob wir die Versuchskaninchen eines Experiments wären, von dem wir nichts wissen. Diese grundlegenden Fragen müssen mit allen Details des heutigen Systems beantwortet werden.

Letztendlich: Dieses System schafft nur Elend, sonst nichts.

Der Autor **Ulrich Wickert** geht in seinem Buch mit dem Titel **„Redet Geld, schweigt die Welt: Was uns Werte wert sein müssen"** auf die Ursachen der Finanzkrise, die in der aktuellen Finanz- und Wirtschaftswelt zunehmend vorherrschende Gier und den daraus resultierenden Verlust ethischer Grundwerte ein. Seine Kernthese ist, dass Wirtschaft und Ethik sich keineswegs ausschließen, sondern untrennbar miteinander verbunden sind. Laut Wickert: Gerade heute befürworten viele Menschen den Freihandelsmarkt und glauben, dass „wirtschaftliche Freiheit mit unabhängiger Ethik aufrechterhalten werden kann".

Freiheit ist niemals absolut und wird durch Verantwortlichkeiten begrenzt. In einer Gesellschaft gibt es keine rechtsfreien Bereiche, und Ethik ist nichts anderes als der allgemeine Konstrukteur gesellschaftlicher Regeln. Die Ökonomie kann sich nicht von ethischen Regeln trennen. Sie trägt – wie auch andere gesellschaftliche Teilbereiche – gesamtgesellschaftliche Verantwortung. Daher sollten soziale Regeln als Ganzes festgelegt werden und nicht allein von der Wirtschaft bestimmt werden. Die Menschen sind nicht gieriger als vor 100 Jahren, aber heute wurden viele Barrieren beseitigt, die die Gier auf ein erträgliches Maß reduzieren sollten. Die Geschäftswelt kann sich ethischen Regeln nicht entziehen. Wie jeder Teil der Gesellschaft trägt sie auch Verantwortung für die gesamte Gesellschaft. Wie bei allem, egal mit welchem Thema wir uns befassen, bleiben wir bei Ethik und Moral hängen. Das heutige Geldsystem ermöglicht es, Geld im großen Stil als Macht- und Ausbeutungsinstrument zu missbrauchen. So regiert Geld die Welt.

Einkommens-/Vermögensverteilung:

Die Statistik zeigt die Vermögensverteilung weltweit Ende 2020. Es ist nur die Spitze des Eisbergs, denn die Situation ist viel schlimmer als diese offiziellen Zahlen. Demnach besitzen nur 1,2 % der Weltbevölkerung etwa 47,8 % des Weltvermögens. Etwa 53 % der Weltbevölkerung besitzen nur 1,1 % des Weltvermögens. Mit anderen Worten: 97,8 % der Weltbevölkerung (einschließlich des mittleren Teils) verfügen über ein Weltvermögen von weniger als 0 bis 1 Million.

Reichtum in US-Dollar	Anteil der Weltbevölkerung	Anteil am weltweiten Vermögen
über 1 Million	**1,2 %**	**47,8 %**
100.000–1 Million	11,8 %	38,1 %
10.000–100.000	33,8 %	13 %
0–10.000	**53,2 %**	**1,1 %**

Quelle: Statista 2021*

Laut einer Studie der internationalen Wohltätigkeitsorganisation **Oxfam**[146] besitzen die 62 reichsten Menschen der Welt mittlerweile „so viel Vermögen wie die gesamte ärmere Hälfte der

---

146 **Oxfam** ist ein internationaler Zusammenschluss verschiedener Hilfs- und Entwicklungsorganisationen. Nach eigenen Angaben setzt sich Oxfam weltweit dafür ein, dass sich Menschen in armen Ländern nachhaltige und sichere Lebensgrundlagen schaffen können, Zugang zu Bildung, Gesundheit, Trinkwasser und sanitären Einrichtungen haben sowie bei Krisen und Katastrophen Unterstützung erhalten. Ein weiteres wichtiges Ziel ist die Gleichstellung der Geschlechter.

Weltbevölkerung". Das Vermögen der 62 reichsten Menschen ist allein in den letzten fünf Jahren um 44 % auf 1,76 Billionen US-Dollar gestiegen. Gleichzeitig ist das Gesamtvermögen der ärmeren Hälfte der Weltbevölkerung um fast eine Billion US-Dollar gesunken. In ihrem sozialen Fortschrittsbericht, den sie stets zu Beginn der Jahreskonferenz des Weltwirtschaftsforums vorlegt, erklärt die Organisation den Rückgang um 41 %, obwohl die Weltbevölkerung im gleichen Zeitraum um 400 Millionen gestiegen ist. Dazu gehöre, dass „Unternehmen sich ihrer Verantwortung nicht länger entziehen können", heißt es in einer Oxfam-Recherche. Neun von zehn Großunternehmen haben Niederlassungen in mindestens einer Steueroase (Ausland, Niedrigsteuerstandorte). Oxfam fordert, dass Unternehmen nur in dem Land besteuert werden sollen, in dem sie Einkünfte erwirtschaften. Die Politik muss dafür sorgen, dass Steueroasen ausgelöscht werden, die sie es den Superreichen ermöglichen, ihre riesigen Besitztümer zu behalten und zu vermehren. Um ein faires internationales Steuersystem zu schaffen, müssen Unternehmen eine bundesweite öffentliche Berichterstattung über ihre Gewinne und deren Besteuerung veröffentlichen und diese transparent machen. Oxfam fordert die Entwicklungsländer außerdem auf, der Verwendung dieser Steuereinnahmen durch „eine länderübergreifende zwischenstaatliche Steuerbehörde auf UN-Ebene" mehr Aufmerksamkeit zu schenken.[147]

Es ist sicher, dass dieses System nicht von Anfang an fair funktioniert hat.

Bevor darüber gesprochen wird, was gerecht ist und warum, muss man natürlich wissen, was menschliche Bedürfnisse sind und wie sie angemessen befriedigt werden können. Nicht Jeder muss sich einen Ferrari leisten können, oder ein Haus mit mindestens 100 Quadratmetern pro Person besitzen, aber die Befriedigung der Grundbedürfnisse jedes Menschen auf der

---

147 https://www.derstandard.at/story/2000029222947/reichen-gehoert-die-halbe-welt

Erde muss gewährleistet sein. Niemand darf ungeschützt bleiben. Ein Dach über dem Kopf, genug zu essen, zu trinken und Zugang zu hygienischen Anforderungen an seine körperliche Gesundheit, medizinische Hilfe sind die Prioritäten, die zuerst erfüllt werden müssen. Die sekundären Prioritäten, die später kommen werden, sind in allen Bereichen der Bildung und Ausbildung und sogar in der entsprechenden Ausrüstung zu erfüllen. Gleichzeitig sollten die Verbraucher anstelle einer hohen Steuerlast auf den Konsum zumindest auf Güter des täglichen Bedarfs mit einer Nullbesteuerung besteuert werden, und bei Bedarf sollte diese Steuerlücke bei großen Vermögens- und Kapitalgewinnen vervielfacht werden, um Gleichheit zu gewährleisten. Vielleicht kann in diesem Fall ein wenig finanzielle Machtungleichheit ausgeglichen werden. Natürlich bleibt dies vorerst ein gut gemeinter Wunsch und kann nicht über einen utopischen Ansatz hinausgehen. Weil wir sagen können, dass es sich um eine Abstraktion handelt, die von einigen Kräften niemals akzeptiert werden kann. Das beste Beispiel hierfür war Libyen zur Zeit **Gaddafis**. Fast alle sind sich einig, dass Libyen ein viel besseres Land war, bevor Gaddafi gestürzt und getötet wurde. Bildung, Gesundheit und Strom waren in Libyen kostenlos. Jeder Einzelne und jede Familie hatte das Recht auf ein Zuhause mit seinen Grundbedürfnissen, und diejenigen, die Landwirtschaft betreiben wollten, wurden von der Regierung finanziert. Gleichzeitig sollte das Bankwesen nicht privatisiert werden, sondern dem Staat gehören, sodass den Bürgern Kredite zu 0 % Zinsen gewährt werden können. **Wie man sieht, ist alles, was wir für utopisch halten, keineswegs utopisch, sondern nur das, was von den parasitären Kräften um den Preis des Lebens verhindert werden soll.**

Die politisch-rechtliche Sphäre des Staates kann niemals allein über einen Krieg oder militärische Maßnahmen gegen einen anderen Staat entscheiden, insbesondere nicht über die Mittel wirtschaftlicher Sanktionen. Solch wichtige Entscheidungen, die das Leben eines jeden Menschen grundsätzlich betreffen, bedürfen selbstverständlich der vorherigen Zustimmung der Vertreter des unabhängigen Wirtschaftsorganismus und des unabhängigen Seelenlebens. Somit könnten alle Machtpsychopathen, die heute in den ehemaligen Autoritätsstaaten auf entmenschlichende Weise agieren, völlig ihrer Effizienz beraubt werden.

Weltwährungsmaß – Die Macht des Dollars

Die Stärke des Dollars ergibt sich aus der Tatsache, dass die US-Notenbank den Leitzins mehrfach erhöht hat. Die Europäische Zentralbank hat dies bisher nicht getan. Wenn die Zinsen in den USA höher sind, investieren Anleger ihr Geld lieber dort. Kurz nach dem Zweiten Weltkrieg erreichte der Dollar seine heutige Stärke. Auf der Bretton-Woods-Konferenz 1944 wurde der Dollar zur Hauptwährung gewählt, um ein möglichst stabiles Währungssystem zu schaffen. Warum die Wahl genau auf den Dollar fiel und nicht auf die damals ziemlich soliden Währungen Franc oder Pfund Sterling, lässt sich leicht erklären: Der Dollar war das Äquivalent zu US-Goldaktien – die USA hatten außerdem garantiert, dass sie 35 Dollar dafür eintauschen würden, eine Unze Feingold. Doch dieses hehre Versprechen gilt nicht mehr, es wurde in den 1970er Jahren von Präsident Richard Nixon aufgelöst und wird seitdem von vielen Finanzexperten als Beginn der Weltwirtschaftskrise angesehen.

Anfang der 1970er Jahre äußerte US-Finanzminister **John Connally** den berühmtesten Satz der Geldgeschichte: „**Der Dollar ist unsere Währung, aber er ist Ihr Problem.**"

Die in dieser Rede vor ausländischen Journalisten zum Ausdruck gebrachte Selbstgefälligkeit und die Tatsache, dass die Leitwährung der Dollar ist, sagen eigentlich alles.

Aufgrund der günstigen Refinanzierungsbedingungen an den US-Anleihemärkten lief er als Leitwährung und stoppte. Heute weist der US-Dollar in den letzten Jahren niedrige Inflationsraten und eine relativ hohe Außenwertstabilität auf. Die Vereinigten Staaten haben mit einer schwachen Wirtschaft und einer hohen Verschuldung zu kämpfen. An der Hegemonie in der Geldwelt ändert das (noch) nichts, zumindest weil es uns im Gedächtnis geblieben ist.

Die FED und der amerikanische Imperialismus

Die Morgans gingen oft in den **Jekyll Island Club**[148], J. P. Morgan junior war der Präsident des Clubs. Der aufgelöste Club hatte Millionäre als Mitglieder wie Rockefeller, Vanderbilt und Gould. Die anschließende Gründung der FED klingt eher verschwörerisch: Sieben Banker und Politiker, deren Privatvermögen damals 25 % des Weltvermögens ausmachte, trafen sich 1910 im Club zu einem geheimen Treffen, bei dem die Gründung des US-Notenbankrats stattfand. J. P. Morgan junior war von 1914 bis 1919 Mitglied des Beirats der New Yorker Zweigstelle der FED. Die Gründung der FED begann mit der Verabschiedung des Federal Reserve Act. Dies wurde 1913 von Präsident Woodrow Wilson angenommen. Dadurch fiel die Macht über den US-Dollar in die Hände der mächtigsten Privatbankiers. Zu dieser Zeit waren dies **Rothschild, Rockefeller, Morgan** und **Warburg**. Sie hatten kürzlich ein Kartell gebildet und so rund ein Viertel des damals weltweit verfügbaren Reichtums angehäuft. Infolgedessen nahm die amerikanische Zentralbank, Federal Reserve Bank, kurz FED, Anfang 1914 ihre volle Arbeit auf. Ihre Existenz wurde vorerst geheim gehalten. Tatsächlich begann alles mit einem heimtückischen Plan. **Die Titanic**, die als größte Seekatastrophe ihre Spuren in der Geschichte hinterließ, war ein Transatlantik-Kreuzfahrtschiff. Auf ihrer ersten Reise im Jahr 1912 soll sie auf einen Eisberg gestoßen und im eisigen Wasser des Nordatlantiks gesunken sein. Wie viel Wahrheit steckt darin und in der Beziehung zwischen Titanic und der FED?

---

148 Der Jekyll Island Club war ein privater Club auf Jekyll Island an der Atlantikküste Georgias. Er wurde 1886 gegründet, als Mitglieder eines anonymen Jagd- und Freizeitvereins die Insel kauften. Die Clubmitglieder stammten aus vielen der reichsten Familien der Welt, insbesondere den Morgans, Rockefellers und Vanderbilts. Der Club wurde aufgrund von Komplikationen im Zweiten Weltkrieg geschlossen.

Der Untergang der Titanic und die Gründung der Federal Reserve Bank – FED[149]

In der Nacht zum 15. April 1912 kamen 1.514 Menschen ums Leben. Unter diesen Toten waren einige wichtige Persönlichkeiten, die die Geschichte der Menschheit in verschiedene Richtungen ziehen hätten können. Die wichtigsten Namen Waren **Benjamin Guggenheim**, **John Jacob Astor** und **Isidor Straus**. Wer war diese Herren?

Sie waren die einflussreichsten und wohlhabendsten Geschäftsleute ihrer Zeit.

Wem gehörte die **Titanic**?

Der Eigentümer der **White Star Line** war Herr **J. P. Morgan**. Er gehörte zu einer Gruppe von Bankern in den USA, die um jeden Preis die FED gründen wollten (übrigens ist die FED eine US-Zentralbank, aber sie ist nicht in Staatsbesitz, sie ist keine Nationalbank.). Seit ihrer Gründung im Jahr 1913 verfügt sie über ein Privatbankenkonsortium[150]. Diese Institutionen haben über die FED Billionen Dollar eingesammelt. So läuft doch alles wie geschmiert. Später wollte Präsident **J. F. Kennedy** die FED verstaatlichen (wir wissen genau, was mit ihm passiert ist.), aber das gelang ihm leider nicht.

Der Plan von Morgan und seinen Anhängern bestand darin, die FED zu gründen, aber einige waren dagegen. Genau die Namen, nämlich:

Guggenheim, **Astor** und **Straus**, die bei dem Unfall ihr Leben verloren haben. Sie waren damals die reichsten Menschen

---

149 Die FED wurde durch den Federal Reserve Act von 1913 als Federal Reserve Bank der Vereinigten Staaten gegründet. Der Vorstand befindet sich in Washington. Die Geldpolitik der FED wird vom Federal Open Market Committee (FOMC) festgelegt, das aus dem Vorstand und fünf regionalen FED-Präsidenten besteht.

150 Gemeinsames Gremium einiger internationaler Organisationen oder einiger Staaten zur Durchführung wirtschaftlicher und finanzieller Hilfe.

der Welt und lehnten sowohl die Gründung der FED als auch einen Weltkrieg ab.

Die Titanic hatte sich mit großen Werbespots auf die Reise vorbereitet, es wurde als das größte, bestausgerüstete und zuverlässigste Schiff seiner Zeit angepriesen, das niemals sinken wird. Besonders auffällig bei diesem Unfall ist, dass J. P. Morgan und seine Anhänger nicht an Bord der tragischen ersten Reise waren, obwohl tatsächlich die Eignersuite reserviert war. So blieben ihre Kabinen am Tag der Reise leer.

Morgan sagte, er sei krank, ein anderer kam rein, machte ein paar Fotos und ging wieder raus. Es gab noch etwas Seltsames: Morgan hatte fünf Tage zuvor die Versicherung des Schiffes erhöht.

Larry Silverstein kam Jahre später, im Juli 2001, auf die gleiche clevere Idee. Genau wie Morgan bestand Silverstein darauf, die Versicherung für den **Twin Towers-Komplex** (das World Trade Center, das bei einem Flugzeugterroranschlag gestürzt wurde) von 1,5 Milliarden Dollar auf 3,55 Milliarden Dollar zu erhöhen. Am Ende erzielte er damit einen Gewinn bei den 9/11-Angriffen in Höhe von 4,55 Milliarden US-Dollar.

War das alles ein Zufall?

Natürlich nicht, denn seit Jahren werden immer dieselben Pläne wie Strickmuster vor unseren Augen vollbracht, und diejenigen, die darauf aufmerksam machen wollen, werden schlicht Verschwörungstheoretiker genannt.

Die FED wurde unweigerlich 1913 errichtet[151]

So geht die Geschichte weiter. Der Erste Weltkrieg begann aus äußerst unhaltbaren Gründen, die aus heutiger Sicht nicht rational nachvollzogen werden können. Die Kolonialmächte, insbesondere England, verloren ihre Vormachtstellung. Dies ebnete den Weg für die Entwicklung der USA zu einer Weltmacht. Morgan,

---

151 https://bumibahagia.com/2017/10/25/der-untergang-der-titanic-attentat-federal-reserve-fed/

Rothschild und Rockefeller gründeten 1913 das Federal Reserve System (FED), das den Dollar und damit die Welthandelswährung (einschließlich der Öl-/Gas-Handelswährung) herausgab. Da der Dollar an Wert verliert, kaufen Amerikaner überall auf der Welt Rohstoffe für Papier, wie es praktisch ist. Die Amerikaner begannen auf der ganzen Welt Kriege, um ihre Vormachtstellung zu behaupten. Auch die heutigen Kriege sollten aus dieser Perspektive betrachtet werden. Wenn der Dollar seine Bedeutung als Welthandelswährung verliert, wird sein Wert plötzlich von 80 Cent auf 30 Cent sinken, und das wird Auswirkungen haben. Das Schicksal der Titanic (Gerüchten nach „Olympic") war entscheidend für das Schicksal der Menschheit, oder?

Die FED ist mit ihrer Macht in mehr als eine kleine Anzahl krimineller Aktivitäten verwickelt. Am bemerkenswertesten war die „Akquisition" des größten Versicherers der Welt, der American International Group (AIG). In 130 Ländern liegt die Gesundheit von 74 Millionen Kunden in den Händen von Entscheidern, die nur zwei Optionen kennen: Gewinn oder Verlust.

Die Bank J. P. Morgan hatte bis zum Ersten Weltkrieg einen unbestrittenen Platz unter den Großbanken, während anglo-amerikanische Finanzinstitute und Unternehmen schon bald (1919) auf den nächsten Krieg hinarbeiteten. Der reichste Bankier der Welt, J. P. Morgan, starb 1913 in Italien (etwa ein Jahr nach dem Sinken der Titanic, Ursache ist unbekannt). Er hinterließ ein lausiges Vermögen von nur 12 Millionen Dollar, die 50 Millionen Dollar, der größte Anteile an der Bank, befanden sich im Besitz eines Rothschilds.

Finanzpyramidensystem: BlackRock[152]

Unternehmen **BlackRock** Inc., es ist der weltweit größte Vermögensverwalter. Dieses Unternehmen steht an der Spitze der ultrastarken, globalen Unternehmensimmobilienpyramide. Seit 1988 kontrolliert das Unternehmen weithin effektiv die US-Notenbank, die meisten Megabanken, darunter Goldman Sachs, das Weltwirtschaftsforum in Davos, den Great Reset, die Biden-Administration und die wirtschaftliche Zukunft unserer Welt. Wohin fließt das meiste Geld der Welt?

Auf Nachfrage könnte die Antwort lauten: „BlackRock ist in New York." Wie diese große „Schattenbank" diese enorme Macht über die Welt ausübt, sollte uns zum Nachdenken anregen. Seit **Larry Fink** BlackRock im Jahr 1988 gründete, ist es dem Unternehmen gelungen, eine einzigartige Finanzsoftware und einen Vermögenswert zu entwickeln, über den kein anderes Unternehmen verfügt. Das **Risikomanagementsystem Aladdin**[153] von BlackRock, ein Softwaretool zur Überwachung und Analyse des Handels, verfolgt Vermögenswerte von mehr als 200 Billionen US-Dollar für 18 Finanzunternehmen, darunter die Federal Reserve und die Europäische Zentralbank. Allerdings wird das Unternehmen in den Mainstream-Medien wie jedes andere Finanzunternehmen dargestellt. Es wird gemunkelt, dass die Investmentfirma BlackRock das Great Reset-

---

152 **BlackRock** ist eine internationale Investmentfirma mit Sitz in den USA. Mit einem verwalteten Vermögen von über 10 Billionen US-Dollar (Januar 2022) ist BlackRock der weltweit größte Vermögensverwalter und verfügt über fast die Hälfte aller Vermögenswerte aller Finanzunternehmen in Deutschland. Gründer Laurence Douglas Fink (1988).

153 Es bringt unabhängige Risikomanagement-, Anlage-, Abwicklungs- und Technologieexperten zusammen, um ihre Einschätzungen und ihr Wissen über Portfolio- und Unternehmensrisiken auszutauschen.

Programm plant und durchführt. Was genau verbirgt sich hinter diesem Begriff, warum klingt er so verdächtig?

Der „Great Reset" war schon lange ein heißes Thema, selbst ein Buch wurde von Schwab geschrieben, erinnern wir uns (siehe Vorwort). Möglicherweise wird dies umgedeutet und als Argument für eine große Wirtschaftsverschwörung genutzt. Ende 2017 hatte BlackRock mehr als 6 Billionen Dollar – umgerechnet rund 5,5 Billionen Euro bzw. 5.500 Milliarden Euro – für seine Kunden investiert. Zu diesen Kunden zählen Superreiche, Versicherungsgesellschaften, Stiftungen, Finanzabteilungen von Unternehmen, staatliche Vermögensfonds und Pensionsfonds. Weitere 14 Billionen US-Dollar fließen über die Analyse- und Handelsplattform „Aladdin", einen Supercomputer, der in Millisekunden die wirtschaftlichen Folgen eines Ereignisses berechnet und dessen Dienste vielen großen Finanzdienstleistern vorbehalten sind. Ich weiß, wir reden so langweilig über Geld, Zahlen und Millionen, Milliarden, geraten fast in Verwirrung, aber wir haben eine Realität, von der sich unsere Welt einfach nicht lösen kann. Darüber hinaus ist dies die einzige Beschäftigung der Magnaten der Finanzwelt. George Bernard Shaw (irischer Dramatiker) hat ein Sprichwort: „Es ist nicht schwer, Menschen zu finden, die mit 60 zehnmal reicher sind als mit 20. Aber keiner von ihnen behauptet, zehnmal glücklicher zu sein."

Suchen Politik und Wirtschaft nach BlackRocks Affinität?

Da diese Investoren ihre Daten ständig an Aladdin übertragen, kontrolliert BlackRock nicht nur mehr Kapital als jeder andere auf der Welt, sondern das Unternehmen weiß auch, wohin es fließt und woher es kommt. Entsprechend groß ist der Einfluss von BlackRock auf Wirtschaft und Politik. Für viele Globalisierungskritiker ist BlackRock daher die Verkörperung des unersättlichen Finanzkapitalismus. Zu den Fakten des Unternehmens gehört jedoch, dass es einen Großteil der Gelder aus Pensions- und Staatsfonds sowie Versicherungsgesellschaften investiert. Ein Teil des Drucks, den BlackRock auf die Rendite ausübt, geht indirekt von den Versicherten aus, also von einfachen Bürgern, die an Renten- und Lebensversicherungen und hohen Gewinnen im BlackRock-Stil interessiert sind.

Werfen wir einen Blick auf die **Vanguard Corporation** neben BlackRock, die uns wie eine Nummer größer vorkommt; Vanguard Group: 2.080 Billionen US-Dollar (Rothschild-Großaktionär). Vanguard Corporation kontrolliert globale Megabanken, die weltweit größten Massenmedien und Megaunternehmen sowie deren Eigentümer. „Laut Recherchen zur Vanguard Corporation werden alle großen globalen Konzerne letztlich von der Corporation Vanguard kontrolliert, und das Unternehmen gehört **Dick Cheney**, **Rothschilds**, **Bushs**, **Rockefellers**, **Clinton**, **Donald Rumsfeld** und vielen anderen einflussreichen Personen und Inhabern der Federal Reserve." Kurz gesagt, diese Leute sind die wahren Herrscher der Welt, die über die Vanguard Corporation alle Megaunternehmen wie Monsanto, Google und Microsoft kontrollieren.

Wem gehört also die Welt, BlackRock oder Vanguard?[154]
Bis vor Kurzem schien der wirtschaftliche Wettbewerb den Aufstieg und Fall kleiner und großer Unternehmen in den Vereinigten Staaten voranzutreiben. Angeblich ist Pepsi Co. der Konkurrent von Coca-Cola, Apple und Android wetteifern um deren Loyalität und Pharmakonzerne kämpfen um Gesundheitsgelder. Das alles erweist sich als Illusion. Seit Mitte der 1970er Jahre haben zwei Unternehmen – Vanguard und BlackRock – die meisten Unternehmen der Welt geschluckt und damit den wettbewerbsintensiven Markt, auf dem Amerikas Macht beruht, effektiv zerstört und nur den falschen Eindruck hinterlassen. Während es scheinbar Hunderte konkurrierender Marken auf dem Markt gibt, wie zum Beispiel russische Matroschka-Puppen, haben die größeren Mutterunternehmen einige kleinere Marken. In Wirklichkeit gehören beispielsweise alle verpack-

---

154 https://greenmedinfo.com/blog/who-owns-world-blackrock-and-vanguard

ten Lebensmittelmarken etwa einem Dutzend großer Mutterunternehmen. Pepsi Co. verfügt über eine lange Liste von Lebensmittel-, Getränke- und Snackmarken, weiters Coca-Cola, Nestlé, General Mills, Kellogg's, Unilever, Mars, Kraft Heinz, Mondelez, Danone und Associated British Foods. Zusammen monopolisieren diese Mutterunternehmen die Industrie für verpackte Lebensmittel, da fast jede Lebensmittelmarke einem von ihnen gehört. Denn egal, welche Branche Sie betrachten, die besten Aktionäre und damit Entscheidungsträger sind dieselben: Vanguard, BlackRock, State Street und/oder Berkshire Hathaway. Sie finden diese Namen in den Top 10 der institutionellen Anleger fast aller großen Unternehmen.

Tatsächlich könnte die Weltwirtschaft der größte Trick sein, der den Menschen auf der ganzen Welt jemals entgangen ist. Um zu verstehen, was wirklich vor sich geht, empfiehlt sich **Tim Gielens** einstündige Dokumentation „**MONOPOLY: Wem gehört die Welt?**" (https://greenmedinfo.com/blog/who-owns-world-blackrock-and-vanguard). Wie Gielen den Film beschreibt, dominieren eine Handvoll Megaunternehmen – private Investmentfirmen – jeden Aspekt unseres Lebens. Alles, was wir essen, trinken, tragen, verwenden, können Sie sich vorstellen. Sie müssen uns wahrscheinlich als ihr Eigentum betrachten. Das ist die Spitze der Pyramide, schauen wir uns ihre untere Stufe an. Diejenigen, die uns beherrschen ...

WER REGIERT DIE WELT?

Internationale Organisationen wie die NATO, die USA, die Weltbank, der Internationale Währungsfonds, die Weltgesundheitsorganisation oder die Welthandelsorganisation, oder regiert „Geld" einfach die Welt, wie wir alle denken?

Das Buch des Journalisten und Schriftstellers **Paul Schreyer** trägt den Titel „**Wer kontrolliert das Geld?**" und stellt die Fragen: Wird hinter der vermeintlichen Demokratie ein Betrug der Schattenregierung gesucht?

Geld regiert die Welt, aber wer regiert Geld und was verleiht ihm einen solchen Wert? Warum wurden Banken so mächtig, wie entstanden sie und wie wurde die Demokratie, die der Menschheit, wie wir sie verstehen, dienen sollte, zu einem für dieses Umfeld geeigneten System?

Denn wenn die Geldbesitzer das letzte Wort haben, spielt es keine Rolle mehr, welche Regierung und wen das Volk wählt. Seit jeher hat derjenige die Macht im Staat, der Geld schafft und in Umlauf bringt. Was früher nur großen Monarchen und Königen gestattet war, steht heute weitgehend unter der Kontrolle großer Privatbanken, die eng mit den Zentralbanken verbunden sind. Heute erschaffen Banken nicht nur Geld aus dem Nichts, sondern richten ihre Finanzströme auch nach ihren Bedürfnissen aus.

Könnte es so einfach und üblich sein, eine Weltanschauung anzunehmen, in der die einzige Macht, die die Welt regiert, Geld ist? Genauer gesagt: Ist das Wissen, dass Geld eine sehr wichtige Macht darstellt und uns irgendwie übertrifft, überzeugend genug? Dabei geht es nicht darum, das Thema abzuschließen, sondern es noch ein wenig zu vertiefen, zumindest um ein Bewusstsein dafür zu schaffen. Die Kontrolle und Strukturierung in der Welt, in der wir leben, erscheint nicht heute, nicht gestern, sondern als Fortsetzung seit Jahrhunderten, und es ist unmöglich, die unterdrückende Wechselwirkung jeder politischen, sozioökonomischen Entwicklung oder geplanten Kriege und Terroranschläge zu ignorieren. Und das funktioniert nicht mehr im Rahmen einer gewissen Geheimhaltung, es ist so offensichtlich und selbstverständlich, dass wir uns nichts vormachen können.

Der amerikanische Wissenschaftler und Autor **Ian Morris** stellt in seinem Buch die gleiche Frage: „**Wer regiert die Welt? Warum Zivilisationen herrschen oder beherrscht werden?**" Gibt es im Rückblick eine Strukturierung, die durch die Geschichte geht und uns zeigt, wohin uns die Zukunft führt?

Ian Morris sagt dazu Ja: „Aber wir können es in der Geschichte der letzten 500 Jahre nicht finden, wir müssen noch weiter zurückgehen. Diese Konfiguration, die seit Tausenden von Jahren kontinuierlich auf das Kraftzentrum ausgerichtet ist", taucht immer wieder auf und leitet sich aus einer Vielzahl historischer Fakten, archäologischer Funde und historischer Relikte ab. Aus wissenschaftlichen Erkenntnissen und empirischen Methoden entsteht ein überwältigendes Bild der Menschheitsgeschichte, und von der Vergangenheit bis zur Gegenwart taucht immer wieder das gleiche Bild auf.

Nach Ansicht, die der französische Ökonom und Soziologe **Pierre Joseph Proudhon** (1809–1865) damals aufstellte: „Regiert zu werden bedeutet, beobachtet, untersucht, ausgeforscht, beauftragt, untergeordnet, befohlen, benannt, unterwiesen, beschwatzt, überwacht, besteuert, geprüft, beschränkt und herumgeschickt zu werden von Männern, die dazu weder das Recht und das Wissen noch die Tugend haben. Das ist Herrschaft, das ist ihr Recht und ihre Moral."

Und seitdem sind 150 Jahre vergangen, aber einerseits wird dieselbe unterwürfige Schicht von Menschen durch dieselbe Art von Manipulationen geblendet, während sie dieselben Herrschaftsfunktionen aufrechterhält. Gleichzeitig sehen wir, dass die Menschen in vielen Gesellschaften fragmentiert und in gegensätzlichen Ideen gespalten sind. Es sollte hinzugefügt werden, dass diese Situation absichtlich strukturiert ist. Besonders in dem, was wir den Mainstream nennen, wo sich die meisten Journalisten, Politiker und Wissenschaftler unter einem Dach versammeln und sorglos toben. Wer auf diese Manipulationen nicht hereinfällt und Gegenstimmen erhebt, wird ambitioniert als Verschwörungstheoretiker abgestempelt. Den Menschen stehen beispiellose Forschungsmöglichkeiten zur Verfügung, um die Wahrheit herauszufinden. Dennoch ist es für sie unentschuldbar, ihre Weltanschauungen nicht in Frage zu stellen und falsche Vorstellungen verfallen. Insbesondere, wenn wir annehmen, dass Geld absolute Souveränität besitzt, ist eine bedingungslose Unterwerfung vorbestimmt. Man muss auch wissen, dass es im Hintergrund einige Kräfte gibt, die nichts Gutes zum Wohle der Menschheit denken.

Bilderberg

Wenn politisch-ökonomische Verschwörungstheorien mit vollkommener Regelmäßigkeit erwähnt werden, fällt immer ein prominenter Name: **Bilderberg**. Was ist das?

Bilderberg-Konferenzen sind informelle Treffen einer im Geheimen tätigen Kommission, bei denen angeblich Ideen zu aktuellen politischen, wirtschaftlichen und sozialen Themen ausgetauscht werden. Dies geschieht völlig unter Ausschluss der Presse und im Geheimen. Die Mächte, die Bilderberg finanzieren, sind die **Rockefeller-Stiftung** in den USA und die Bankiersfamilie **Rothschild**. Ist es nicht verdächtig, dass sich Banker, Militär, Universität, Medien, Wissenschaftler, Adlige und Geheimdienst-Influencer, prominente Geschäftsleute und hochrangige Politiker, die an diesen Konferenzen teilnehmen, heimlich treffen? Sie treffen sich einmal im Jahr, jedes Mal an einem anderen und abgeschiedenen Ort. Meist nehmen die gleichen Leute teil, während andere jedes Mal speziell eingeladene Eliten aus verschiedenen Ländern sind. Sie lassen nie durchsickern, was besprochen wird. Ich wundere mich, warum?

Könnten die Bedrohungen für die Demokratie (falls vorhanden) in der sozialpolitischen Lage auf der ganzen Welt auf Machtelitismus zurückzuführen sein?

Denken wir darüber nach, was Herr **Rockefeller** gesagt hat. **„Manche (...) denken, wir seien Teil einer Geheimorganisation, (...) wenn das der Vorwurf ist, dann bin ich schuldig und bin stolz darauf."**

Wenn diese Eliten eine geheime politische Struktur bilden und Gäste zu ihren regelmäßigen Treffen einladen, wenn eine dieser Personen bald in eine wirtschaftliche oder politische Stellung tritt, wäre es nicht verdächtig?

So erhielten einige der ausgewählten Amtsträger nach ihrem Besuch dort einige Stimmen: Zum Beispiel wurde in Deutschland Frau **Merkel** im Mai 2005 eingeladen und trat im November 2005 ihr Amt an. Wenn das der Fall wäre, wäre die Wahrscheinlichkeit einer korrupten Politik, die nur ihre eigenen Interessen verfolgt, sicherlich hoch!

Der angesehene italienische Richter **Ferdinando Imposimato** warnte wortwörtlich in einem Interview zu den Bilderberg-Konferenzen: **„Die Bilderberg-Gruppe (...) regiert unsichtbar die Welt und manipuliert die demokratische Entwicklung der Demokratien."**

Tatsächlich ist Bilderberg nicht einmal die Spitze der Pyramide, es gibt Strukturen darüber. Vielleicht handelt es sich nur um eine Exekutive oder gewissermaßen um eine **PR-Kampagne**.[155]

Es gibt auch viele ähnliche Organisationen wie **CFR – Council of foreign relations**, **Trilaterale** (italienisch), **Bohemian Club**, **Round Table**, **Skull & Bones** (Schädel und Knochen), **Think-Tanks** (Ideenfabriken).

Vielleicht wäre es falsch, sie alle in einen Topf zu werfen, denn es scheint uns unmöglich zu sein, genau zu wissen, was

---

155 PR, „Public Relations". Es steht für Öffentlichkeitsarbeit und regelt durch strategische Kommunikation die Beziehungen zwischen einer Organisation und ihrer Zielgruppe.

vor sich geht. Es ist so verwirrend, dass man fast jahrelang trainieren muss, um herauszufinden, was, wie und wer wo ist, und es stellt für jemanden, der nicht beteiligt ist, immer noch ein ziemlich schwieriges Rätsel dar. Obwohl sie vor der Öffentlichkeit verborgen und außer Sichtweite sind, werden sie für einige auf dem Radar bleiben, während sie für andere nichts anderes als bedeutungslose Namen sind. Die Wahrheit ist, dass die Welt immer mehr in einem Strudel des Chaos versinkt, während sie in verschiedene Richtungen und zu unterschiedlichen Zielen gezogen wird. Die Welt steuert auf eine Sackgasse zu, die sie sich nicht einmal vorstellen können, mit Intrigen der Strippenzieher und ihrer Marionetten und Marionettenmarionetten. Es scheint, dass gleichzeitig auch die Machtkämpfe unter den Machthabern durch sie selbst behindert werden. Sie wollten die Welt um jeden Preis verändern, jeder für seine eigenen Zwecke, und sie wollen es immer noch, und einige müssen jetzt verstehen, dass die Kosten dafür unbezahlbar sein können und dass es alles auf der Erde in den Abgrund reißen kann.

Das Buch „Massoni"

Wer sind heute die wahren Herrscher auf der Erde? Wer entscheidet eigentlich über die politischen Leitlinien? Auf diese Fragen antwortet **Gioele Magaldi**, ein hochgradiger Freimaurer: Für ihn sind dies Ur-Logen.

In seinem Buch „**Massoni**" (2014) erzählt er all dies, es wurde mit Hilfe von drei Freunden geschrieben, die wie er Mitglieder dieser Logen waren. Andere blieben anonym unter falschen Namen im Buch, während Magaldi die Verantwortung als Hauptautor übernahm. Er und seine Freunde haben mit echten Dokumenten gearbeitet und Jahre damit verbracht, Freimaurerarchive auf der ganzen Welt zu durchsuchen, zum Beispiel: Sie hatten sogar Zugang zu den **Vatikanischen Archiven**.

Die wahre Macht, so Magaldi, liegt in den alten Logen, den großen dieser Superlogen, die Politik und Gesellschaft in eine oligarchisch-reaktionäre Richtung lenken wollen. Was wir jeden Tag in den Nachrichten sehen, sind Krisen, Rohstoffe, Zinssätze, Kriege, Aufstände, Politik usw., als ob sie politisch und gleichzeitig blutig gegeneinander kämpfen. Sie betrachten die Alchemie des Geldes als die höchste Kunst. Mario Draghi, einer der Hauptmagier, produziert jeden Tag Geld und es gibt keine Notwendigkeit, von den Armen zu stehlen. Es zerstört das soziale System in Europa. Weltweit gibt es 36 Logen, von denen alle politischen und wirtschaftlichen Akteure der internationalen Bühne mindestens einer oder mehreren gleichzeitig angehören.

Laut dem Buch ist die Loge, die als extremste, blutrünstigste und gefährlichste angesehen wird, die **„Hathor Pentalpha"** (nach dem ägyptischen Gott Hathor), die von Bush und anderen gegründet wurde. Einige bekannte Mitglieder[156]: der Amerikaner **George W. Bush,** der deutsche **Gerhard Schröder**, der Brite **Tony Blair**, der türkische **Recep Tayyip Erdogan**, der Franzose **Nicolas Sarkozy** und am erstaunlichsten der **IS-Führer** **Abu Bakr al-Baghdadi**, der seit 2009 ebenfalls als Terrorist der Welt angepriesen wurde (2019 soll er gestorben sein, außerdem war davor Osama bin Laden auch hier).

Also, wenn wir darüber nachdenken, sitzen in der Öffentlichkeit vermeintliche Feinde nebeneinander am selben Tisch und schmieden gemeinsam Pläne für die ganze Welt?

Osama bin Laden war ursprünglich der Bruder „THREE EYES"-Loge und dass Al-Qaida von Mitgliedern der, „Edmund Burke", „Three Eyes" und „White Eagle" infiltriert und gelenkt wurde. Im Jahr 2000, bei der Präsidentschaftswahl in den Vereinigten Staaten, war es etwas deftiger als sonst. Als Kandidat trat George W. Bush gegen Al Gore (Albert Arnold „Al" Gore

---

156 https://unser-mitteleuropa.com/lenkung-von-politik-und-hoch-gradfreimaurerei-durch-superlogen/

Jr.) an. In diesen Logen herrschte große Sorge über das, was „Hathor Pentalpha" tun könnte, wenn George W. Bushs zum Präsidenten gewählt wird. Obwohl Bush ein mittelmäßiger Mann war, war er am besten dazu geeignet, sich als Präsident zu verkleiden und die Ziele der Hathor Pentalpha zu vorantreiben. Durch die Unterstützung von Jeb Bush als Gouverneur von Florida könnte die Auszählung der Stimmen beeinflusst werden, sodass sein Bruder George W. die Wahl gewonnen hat. Und wir wissen, was ein Jahr später geschah: Der Vorfall von 9.11. (zwillingstürme), der in der Welt mehrere Jahre von Aggression und Brutale Kriege auslöste. Sechs saudische Prinzen, der Sultan von Oman, der Emir von Bahrain, der Emir von Katar, sechs führende Iraner, vier führende Israelis, sie sind alle im Jahr 2000 der Hathor Pentalpha beigetreten. Dies war eine Zeit, in der große Gewinne erzielt wurden. Zum Beispiel durch den Ölhandel in Afghanistan, den Drogenhandel und insbesondere den Wiederaufbau der Infrastruktur im Irak. Der US-Patriot Act, der im Oktober 2001 verkündet wurde und noch in Kraft ist, fördert dies und schränkt die bürgerlichen Freiheiten für alle ein. Der IS ist die Fortsetzung von Al-Qaida und Al-Baghdadi ersetzt Bin Laden.

Alle politischen und wirtschaftlichen Ereignisse werden in diesen Kreisen vollständig geplant, initiiert und durchgeführt. Der **Vatikan**, die Stadt **London** und der **District of Columbia (Washington**[157]**)** sind die drei Zentren, die die Welt regieren. Sind in diesem Zusammenhang nationale Auf-

---

157 Washington, D.C., **offiziell District of Columbia**, auch bekannt als Washington oder einfach D.C., ist die Hauptstadt und der einzige Bundesdistrikt der Vereinigten Staaten. Kongressbibliothek, Washington, D.C. Das neue Bundesterritorium wurde **zu Ehren des Entdeckers Christoph Kolumbus** District of Columbia genannt, und die neue Bundesstadt wurde nach George Washington benannt.
https://openthestates.com/washington/who-owns-washington-d-c-called-district-of-columbia/?ysclid=ll2pbf4k3n40990076

stände, Revolutionen und Staatsstreiche nicht vielleicht die Arbeit dieser Logen, um einige globale Entwicklungen voranzutreiben?

Schließlich verfolgen alle dieser Logen das gleiche umfassende Ziel und konzentrieren sich auch auf die Ideale der Verkommenheit der menschlichen Gemeinschaft in ihren Glaubensdimensionen. Wahrscheinlich tun sie dies gerne, weil es ihrem Geschmack und Glauben entspricht, aber es ist sicherlich nicht zu unserem besten Wohl. Vielleicht sehen sie uns als eine zwecklose, amorphe Masse von Wesen und denken, dass wir nur geformt von einer Gruppe aufgeklärter Meistereliten perfekt beherrschbar sind. Ihrer Meinung nach leben die meisten der Millionen Menschen auf der Welt möglicherweise in einer bedeutungs- und wertlosen Existenz als Tierwesen. Vielleicht ist es deshalb notwendig, dass diese Wesen von mächtigen Geistern regiert werden. All dies muss strikt nach vielen Regeln erfolgen und ausnahmslos aktiv umgesetzt werden. Dennoch ist das Zeit- und Energiepotenzial für mögliche Störungen des Kontrollsystems der Weltbevölkerung von 8 Milliarden Menschen ziemlich hoch und in seiner Kontinuität nicht sehr effizient, so dass das Bevölkerungswachstum unter Kontrolle gehalten werden muss. So führte diese Feststellung zu vielen Theorien und daher zu Organisationen.

Weltmacht Vatikan[158]

Wer immer noch nicht glauben will, dass das Schicksal unseres Planeten von irgendwelchen Kräften bestimmt wird, dass es eine Verschwörung gegen die Menschheit gibt, wird nach all dem zumindest noch einmal darüber nachdenken, was eine Verschwörungstheorie ist und was nicht. Der Vatikan liegt mitten in Rom, der Hauptstadt Italiens, als Zentrum der größten Religion der Welt und gleichzeitig als kleinster Staat der Welt. Es gibt viele Legenden und Verschwörungstheorien, die das Zentrum der katholischen Kirche in Frage stellen. Um die Jahrhundertwende begann man, die Kirchengesetze neu zu formulieren, um die Macht im Vatikan zu zentralisieren. Diese Gesetze wurden 1917 veröffentlicht und traten in Kraft. Zu Beginn des Jahres 1922 befand sich die Kirche finanziell in keiner guten Verfassung. Um die Kosten zu decken, musste der Vatikan Kredite aufnehmen, meist bei deutschen Banken. Dies könnte der erste Schritt des späteren NS-Regimes gewesen sein.

Anfang 1929 nahm der Vatikan eine neue, erhabene Stellung als Weltmacht ein. In diesem Jahr wurde durch den Lateranvertrag zwischen Italien und der Kirche die Macht im Vatikan weiter zentralisiert. Darüber hinaus etablierte der Lateranvertrag die Vatikanstadt als souveräne Nation, da er Rom große Landstriche und andere „exterritoriale Besitztümer" in Italien überließ. Als Ergebnis dieses Vertrags wurde der Katholizismus zur offiziellen

---

158 https://www.konjunktion.info/2020/06/geoengineering-der-vatikan-und-das-neue-manhattan-projekt/
https://michael-mannheimer.net/2018/12/05/vatikan-sprecher-entfernen-sie-6-milliarden-menschen-fuehren-sie-eine-neue-weltordnung-ein/
https://ddbnews.wordpress.com/2018/10/11/vatikan-sprecher-entfernen-sie-6-milliarden-menschen-und-fuehren-sie-eine-neue-weltordnung-ein
https://derwaechter.net/die-fuenf-schmutzigsten-und-dunkelsten-geheimnisse-des-vatikans

Religion Italiens erklärt und in allen öffentlichen und privaten Schulen unterrichtet. Der Vertrag ermöglichte es Italien außerdem, dem Vatikan und dem Papst 90 Millionen Dollar in bar und Anleihen sowie einen nicht genannten Betrag zur Verfügung zu stellen. Die italienische Regierung erklärte sich außerdem bereit, die Gehälter aller Priester im Land zu zahlen. Als Reaktion darauf verzichtete die Kirche auf ihre Ansprüche auf die zuvor von der italienischen Regierung beschlagnahmten Ländereien und erklärte sich bereit, diplomatische Beziehungen mit ihnen aufzunehmen. Der Lateranvertrag kodifizierte die Macht des Vatikans und belebte die römisch-katholische Kirche neu. Er verwandelte ihn in das breite zentralisierte Machtorgan, das er heute ist.

Das vorrangige Ziel der Globalisten und Befürworter der **NWO** (Neue Weltordnung) ist, dass nur diejenigen das Recht auf Leben haben, die sich für wirtschaftliches Wachstum einsetzen. Papst Franziskus, ein Jesuit und lateinamerikanischer Sozialist, gilt als inoffizielles Oberhaupt der NWO. Spitzenvertreter der NWO wie Rockefeller, Rothschild und Kissinger betreten und verlassen den Vatikan und werden von ihrem Logenbruder Francis umarmt und geküsst. Wie die gerade erwähnten NWO-Vertreter setzt sich Franziskus für Massenmigration und die Islamisierung der westlichen Zivilisation ein, und, wie sie, so will auch Franziskus eine Weltregierung. Vatikansprecher **Pr. John Schellnhubers** Worte verblüfften die Öffentlichkeit. Der Professor sagte im Juni 2018, die Weltbevölkerung sei zu groß und er befürworte die Einführung einer Neuen Weltordnung. Schellnhuber wurde zum Sprecher des Vatikans gewählt und veröffentlichte ein Dokument zum Klimawandel. In der Vergangenheit wurde er dafür kritisiert, radikale Ansichten zur Zentralisierung des Klimawandels zu vertreten. Schellnhuber glaubt, dass ein neues Planetentribunal nötig sei, um Macht über alle Nationen auszuüben, und er scheint davon ziemlich besessen zu sein. In gewisser Weise scheint der Sprecher des Vatikans zu glauben, dass der Planet nur 1 Milliarde Menschen ernähren kann. Abgesehen davon gibt es im Vatikan eine Reihe von Geheimnissen, die niemand kennen sollte.

Gerüchten zufolge hat der Vatikan die folgenden dunklen Geheimnisse:

- **Der Vatikan half Nazi-Kriegsverbrechern bei der Flucht vor den Alliierten.** Nach dem Sieg der Alliierten in Deutschland am Ende des Zweiten Weltkriegs waren die Nazis gezwungen, außerhalb Europas Zuflucht zu suchen. Tausenden Nazis gelang die Flucht in südamerikanische Länder. Der Harvard-Forscher Gerald Steinacher hat ein Buch geschrieben, das Reisedokumente illustriert, aus denen hervorgeht, dass der Vatikan den Nazis bei Reisen in diese Länder half. Steinacher argumentiert, dass dies in der Hoffnung geschah, das europäische Christentum wiederzubeleben, und aus Angst vor dem wachsenden Einfluss der Sowjetunion. Der Vatikan lehnte es jedoch ab, sich zu diesen Vorwürfen zu äußern.

- **Der Vatikan hat mit dem Holocaust Geld verdient.** Der Vatikan half nicht nur Tausenden Nazis bei der Flucht aus Europa, sondern war auch am Schmuggel von Nazi-Kunst und Eigentum jüdischer Familien beteiligt. Laut dem amerikanischen Journalisten Gerald Posner war Bernardino Nogara, der Finanzberater des Vatikans, einer der Nazi-Spione. Es wird behauptet, dass der Vatikan einen bösen Plan entwickelt hat, der es ihm ermöglicht, Geld bei italienischen Versicherungsgesellschaften einzuzahlen. Sie behielten das Vermögen aus den Lebensversicherungen ermordeter jüdischer Familien. Da der Vatikan als Investor und nicht direkt als Versicherer fungierte, musste er die mit diesem System verdienten Gelder nicht zurückgeben.

- **Skandale der Vatikanbank.** Die Vatikanbank, auch Institut für religiöse Werke (IOR genannt, hat sich mit zahlreichen Skandalen befasst. Die 1942 gegründete Vatikanbank verlangte Zinsen für Kredite, verstieß gegen christliche Werte, ignorierte weltliche Gesetze und verriet die Bibel. Es ist die Schuld der Vatikanbank, viele Menschen haben darunter gelitten. Es begann, als die Vatikanbank eine Partnerschaft mit dem faschistischen italienischen Diktator Mussolini einging. Durch die Akzeptanz des Regimes folgten die Menschen blind den Verbindungen des Vatikans und Mussolinis zu Hitler während des Zweiten Weltkriegs. Im IOR befanden sich Milliarden von Euro, Einzelheiten wurden nie veröffentlicht.

- Der Vatikan verfügt über das größte Teleskop der Welt, größer und besser als alles in Chile, das der NASA oder der ESA gehört, und **Luzifer** heißt.
- **Vatikanisches Archiv.** Viele Legenden ranken sich um die Geheimarchive des Vatikans, deren richtiger Name Archivum Secretum Apostolicum Vaticanum ist. In diesen Archiven wurden jahrhundertelang historische Aufzeichnungen und Briefe des Heiligen Throns aufbewahrt. Alle Schriften befinden sich im persönlichen Eigentum des Papstes und es gibt weitere Geheimnisse über Dokumente, die sich auf bisher unbekannte menschliche Zivilisationen beziehen. Hauptsächlich befanden sich diese in antiken Bibliotheken wie der berühmten Bibliothek von Alexandria der Alten Welt. Die meisten der betreffenden Dokumente wurden nach Rom gebracht. Es gibt zahlreiche Berichte darüber, dass kirchliche Missionare in die ganze Welt geschickt wurden, um alle Zeugnisse dieser Zivilisationen zu sammeln oder notfalls zu vernichten. Es wird behauptet, dass sich die meisten der auf diese Weise gewonnenen Materialien heute in Geheimarchiven befinden. Hier finden sich nicht nur Bücher, Dokumente, sondern auch Objekte, Kunstwerke etc. versteckt.
- **Die Verbindung zwischen dem Vatikan und der Mafia** und der Korruption endete nicht mit dem Ende des Zweiten Weltkriegs, sondern setzte sich fort. 1957 wurde ein Plan zur Geldwäsche für die amerikanische und italienische Mafia ausgearbeitet. Auch hier nahm die Vatikanbank eine Schlüsselposition ein und erhielt für ihre Bemühungen 15 % Provision. Der italienische Anwalt Michele Sindona, der sein Blutgeld an die Vatikanbank überwies, wurde später von Papst Paul VI. persönlich zum Finanzberater ernannt. Bald wurden beide sehr reich.
- **Zwischen den Freimaurern und dem Vatikan** bestand stets ein enger Kontakt. Zu den damals von der italienischen

Presse veröffentlichten Nachrichten gehörten auch die geheimen Rituale, die in der P2-Freimaurerloge abgehalten wurden. Obwohl die Mitgliedschaft in einer Freimaurerloge eine Exkommunikation bedeutete, hinderte dies 121 Kirchenvertreter nicht daran, ihr beizutreten. Überraschenderweise waren alle Mitglieder Beamte der Vatikanischen Bank und eng mit der Propaganda Due (P2) verbunden.[159] Mit einem großen Skandal wurde die P2 geschlossen. Während der Ermittlungen und einer Durchsuchung des Hauses von Präsident Licio Gelli tauchte eine Liste mit 962 Mitgliedern auf. Hierauf standen die Namen vieler hochrangiger Mitglieder, nicht nur die von Beamten des Vatikans, sondern auch der CIA, der Mafia und des künftigen italienischen Präsidenten Silvio Berlusconi. Ihr Ziel war klar: insgeheim die Errichtung eines autoritären Staates zu planen. Registrierung 1978 von Silvio Berlusconi mit der Mitgliedsnummer 1816.

Interessant ist, dass der umstrittene Politiker Silvio Berlusconi in solche Pläne gegen die Menschlichkeit einbezo-

---

159 https://freimaurer-wiki.de/index.php/P2
P2. Nach dem Ende des Faschismus wurde die Freimaurerei in Italien wiederhergestellt, ebenso wie die alte Loge „Propaganda Due", P2. Spätestens ab 1970 distanzierte man sich jedoch zunehmend von der freimaurerischen Moral und verwandelte sich in ein freimaurerisch getarntes Halbkriminalitätsnetzwerk, in dem sich interessierte Anführer von Politik, Militär, Wirtschaft und Geheimdiensten bis hin zur Mafia versammelten. Das Ausmaß der Verbrechen reichte von zahlreichen Korruptionsdelikten bis hin zu Mordanschlägen und Putschplänen zum Sturz der Demokratie. Glücklicherweise funktionierte das Justizsystem und die Politik entwickelte Verteidigungssysteme, sodass P2 nach vielen Kämpfen 1982 verboten wurde. Natürlich hatte auch die Großloge Grande Oriente D'Italia diese Bewegungen bemerkt. An einem großen Hallentag im Jahr 1974 wurde P2 fast einstimmig ausgeschlossen. Im Gegensatz zu diesem Votum ging die Führung der Großloge jedoch Kompromisse („ruhend, aber nicht gelöst") ein, die es P2 ermöglichten, im Untergrund weiterzumachen, bis schließlich das staatliche Verbot kam.

gen wird, dann führt er die Politik fort und wird offenbar mehrmals Ministerpräsident Italiens – das letzte Mal bis November 2011.

Ein seltsames Auditorium im Vatikan sieht aus einer bestimmten Perspektive wie ein Schlangenkopf aus. Gleichzeitig ähnelt die moderne, kunstvolle, die auf der Bühne gebaute Jesus-Figur auch einer Schlange, die in einem bestimmten Winkel angreifend erscheint. Das muss ein unglaublicher Zufall sein. (https://www.youtube.com/watch?v=cS9egf37tll)

Der Kopf der Schlange

Familien, die die Welt regieren

Es gibt einflussreichere und mächtigere Familien auf der Welt als die des US-Präsidenten und anderer politischer Führer. Im Laufe der Jahrhunderte haben sie Imperien aufgebaut und so das Schicksal der Welt im Hintergrund beeinflusst, in gewissem Sinne regiert. Das sind nicht nur die reichsten Familien der Welt, sondern auch die mächtigsten, und sie werden ihre

Namen nicht in Suchmaschinen finden, auch nicht unter den reichsten Familien der Welt. Einige dieser Familien sind stärker als andere, wie die Familie Rothschild, Rockefeller, Morgan, du Pont und andere. Alles, was wir über sie wissen, abgesehen von ihren eigenen Aussagen, sind Krümel, die an die Presse durchgesickert sind. Obwohl wir viel über ihre Vergangenheit wissen, wissen wir nicht viel über die Gegenwart. Weil sich die Mainstream-Medien darüber ausschweigen.

Familie Rothschild (Imperium)

Sie besitzen Banken, Herrenhäuser, Krankenhäuser, Universitäten, Ländereien, Weinberge und vieles mehr, und wahrscheinlich ist keine andere Familie der Welt von so vielen Legenden umgeben wie die Rothschilds. Aber wie mächtig ist die Familie wirklich? Laut Wikipedia ist Rothschild der Name einer jüdischen Familie, deren Abstammung in Deutschland ab dem Jahr 1500 nachweisbar ist. Seit dem 18. Jahrhundert sind ihre Mitglieder vor allem als Bankiers bekannt, im 19. Jahrhundert gehörten sie zu den einflussreichsten und bedeutendsten Finanziers europäischer Länder. Die Muttergesellschaft des Bankgeschäfts ist die M.A. in Frankfurt. Rothschild & Söhne. Die Familie ist über verschiedene Nachfolgeinstitute weiterhin im Bankgeschäft tätig, vor allem im Investmentbanking und in der Vermögensverwaltung. Der Begriff „Rothschild-Haus", der im 19. Jahrhundert sowohl von Familienmitgliedern als auch von ihren Zeitgenossen verwendet wurde, weist auf die enge Verbindung der Unternehmensvergangenheit mit der Familiengeschichte hin. Im 19. Jahrhundert lag der Schwerpunkt der Aktivitäten des Familienbankhauses auf dem internationalen Anleihekonsortium. Hinzu kamen der Edelmetallhandel, die Annahme und Diskontierung von Handelsanleihen, Devisengeschäfte und die Vermögensverwaltung für vermögende Privatkunden. Die Rothschilds gehörten auch zu den Hauptfinanziers aufstrebender Eisenbahnunternehmen. Dem in der Frankfurter Judengasse geborenen Mayer Amschel Rothschild, der als Begründer der Rothschild-Dynastie gilt, war es weiterhin verboten,

Immobilien außerhalb des Frankfurter Ghettos zu erwerben. Seine Söhne gehörten zu den reichsten Menschen Europas und wurden in Österreich und England in den Adelsstand erhoben. Der bekannte Vorfahre dieser Bankiersfamilie, Mayer Amschel Bauer, war Geldverleiher in Frankfurt am Main. Er verwaltete unter anderem die Güter des Kurfürsten von Hessen. Während der Französischen Revolution machte er ein großes Vermögen, indem er sich um die Geldtransfers des Prinzen kümmerte. Die Familie Bauer änderte ihren Nachnamen in „Rothschild (rotes Schild)", da Mayer Amschel Bauer zum Gedenken an die Ostjuden am Eingang seines Büros ein rotes Schild mit dem Siegel Salomos angebracht hatte. Der deutschstämmige Rothschild gilt laut Forbes-Magazin als Gründervater der internationalen Bankenbranche. Seitdem ist dieser Clan weltweit geschäftlich tätig und hat weiterhin entscheidenden Einfluss auf das US-Notenbanksystem.

Tilman Nechtels Buch „Die Rothschilds: Eine Familie beherrscht die Welt!"

Es gibt eine unsichtbare Macht auf diesem Planeten, die seit mehr als zwei Jahrhunderten in der Geschichte existiert. Die Familie Rothschild kontrolliert im Hintergrund die Politik, die Wirtschaft und die Hochfinanz. In dem Buch werden die Kontrollnetzwerke der Familie Rothschild als Kern einer globalen Hochfinanzverschwörung beschrieben. Sie erzeugen systematisch Krisen, in denen sie ihre Macht weiter ausbauen. Bei allen großen Kriegen klebte seit Beginn der Französischen Revolution Blut an ihren Händen. Doch ihr Blutdurst ist noch lange nicht gestillt: Ihr Ziel ist ein alles vernichtender Dritter Weltkrieg und eine aus Jerusalem heraus regierte Welt. Hier können Sie die direkte Einflussnahme der Rothschilds auf politische Schwergewichte von der englischen Königsfamilie bis zu amerikanischen Staatspräsidenten erkennen. Es wird Ihnen zeigen, wie es möglich ist, dass die Geschicke der Welt zentral von einer einzigen Familie regiert werden. Dieses Werk wird Ihnen nicht nur die Augen öffnen, sondern auch Hunderte von Zusammenhängen offenlegen, die die Mainstream-Medien mit aller Macht vor Ihnen zu verbergen versuchen. Das Hauptziel des Buches besteht darin, die wahren Feinde der Menschheit zu identifizieren, die Kriege, Versklavung, Unterdrückung und Verarmung ermöglichen. Hinter den Kulissen der Rothschild-Dynastie verbirgt sich zweifellos die mächtigste Familie der Welt mit einem geschätzten Vermögen von 500 Billionen US-Dollar (laut einer unbestätigten, inoffiziellen Quelle wahrscheinlich viel mehr).

Vollständige Liste der Banken, die den Rothschilds gehören und/oder von ihnen kontrolliert werden[160]

Ägypten: Central Bank of Egypt	Bahrain: Central Bank of Bahrain
Albanien: Bank of Albania	Bangladesch: Bangladesh Bank
Algerien: Bank of Algeria	Barbados: Central Bank of Barbados
Äquatorialguinea: Bank of Central African States	Belgien: National Bank of Belgium
Argentinien: Central Bank of Argentina	Belize: Central Bank of Belize
Armenien: Central Bank of Armenia	Benin: Central Bank of West African States (BCEAO)
Aruba: Central Bank of Aruba	Bermuda: Bermuda Monetary Authority
Aserbaidschan: Central Bank of Azerbaijan Republic	Bhutan: Royal Monetary Authority of Bhutan
Äthiopien: National Bank of Ethiopia	Bolivien: Central Bank of Bolivia
Australien: Reserve Bank of Australia	Bosnien: Central Bank of Bosnia and Herzegovina
Bahamas: Central Bank of The Bahamas	Botswana: Bank of Botswana

---

160 https://derwaechter.net/komplette-liste-von-banken-im-besitz-und-unter-kontrolle-der-rothschilds

Brasilien: Central Bank of Brazil
Bulgarien: Bulgarian National Bank
Burkina Faso: Central Bank of West African States (BCEAO)
Burundi: Bank of the Republic of Burundi
Caymaninseln: Cayman Islands Monetary Authority
Chile: Central Bank of Chile
China: The People's Bank of China
Costa Rica: Central Bank of Costa Rica
Dänemark: National Bank of Denmark
Deutschland: Deutsche Bundesbank
Dominikanische Republik: Central Bank of the Dominican Republic
Ecuador: Central Bank of Ecuador
El Salvador: Central Reserve Bank of El Salvador
Elfenbeinküste: Central Bank of West African States (BCEAO)
Estland: Bank of Estonia
Europäische Union: European Central Bank
Fidschi: Reserve Bank of Fiji
Finnland: Bank of Finland
Frankreich: Bank of France
Gabun: Bank of Central African States
Gambia: Central Bank of The Gambia
Georgien: National Bank of Georgia
Ghana: Bank of Ghana
Griechenland: Bank of Greece
Guatemala: Bank of Guatemala

Guinea-Bissau: Central Bank of West African States (BCEAO)
Guyana: Bank of Guyana
Haiti: Central Bank of Haiti
Honduras: Central Bank of Honduras
Hongkong: Hong Kong Monetary Authority
Indien: Reserve Bank of India
Indonesien: Bank Indonesia
Irak: Central Bank of Iraq
Iran: The Central Bank of the Islamic Republic of Iran
Irland: Central Bank and Financial Services Authority of Ireland
Island: Central Bank of Iceland
Israel: Bank of Israel
Italien: Bank of Italy
Jamaika: Bank of Jamaica
Japan: Bank of Japan
Jemen: Central Bank of Yemen
Jordanien: Central Bank of Jordan
Kambodscha: National Bank of Cambodia
Kamerun: Bank of Central African States
Kanada: Bank of Canada – Banque du Canada
Kasachstan: National Bank of Kazakhstan
Katar: Qatar Central Bank
Kenia: Central Bank of Kenya
Kirgistan: National Bank of the Kyrgyz Republic
Kolumbien: Bank of the Republic
Komoren: Central Bank of Comoros
Kongo: Bank of Central African States
Korea: Bank of Korea

Kroatien: Croatian National Bank

Kuba: Central Bank of Cuba

Kuwait: Central Bank of Kuwait

Lesotho: Central Bank of Lesotho

Lettland: Bank of Latvia

Libanon: Central Bank of Lebanon

Libyen: Central Bank of Libya

Litauen: Bank of Lithuania

Luxemburg: Central Bank of Luxembourg

Macao: Monetary Authority of Macao

Madagaskar: Central Bank of Madagascar

Malawi: Reserve Bank of Malawi

Malaysia: Central Bank of Malaysia

Mali: Central Bank of West African States (BCEAO)

Malta: Central Bank of Malta

Marokko: Bank of Morocco

Mauritius: Bank of Mauritius

Mazedonien: National Bank of the Republic of Macedonia

Mexiko: Bank of Mexico

Moldawien: National Bank of Moldova

Mongolei: Bank of Mongolia

Montenegro: Central Bank of Montenegro

Mosambik: Bank of Mozambique

Namibia: Bank of Namibia

Nepal: Central Bank of Nepal

Neuseeland: Reserve Bank of New Zealand

Niederlande: Netherlands Bank

Niederländische Antillen: Bank of the Netherlands Antilles

Niger: Central Bank of West African States (BCEAO)

Nigeria: Central Bank of Nigeria

Nicaragua: Central Bank of Nicaragua

Norwegen: Central Bank of Norway

Oman: Central Bank of Oman

Österreich: Oesterreichische Nationalbank

Östliche Karibik: Eastern Caribbean Central Bank

Pakistan: State Bank of Pakistan

Papua-Neuguinea: Bank of Papua New Guinea

Paraguay: Central Bank of Paraguay

Peru: Central Reserve Bank of Peru

Philippinen: Bangko Sentral ng Pilipinas

Polen: National Bank of Poland

Portugal: Bank of Portugal

Ruanda: National Bank of Rwanda

Rumänien: National Bank of Romania

Salomonen: Central Bank of Solomon Islands

Sambia: Bank of Zambia

Samoa: Central Bank of Samoa

San Marino: Central Bank of the Republic of San Marino

Saudi-Arabien: Saudi Arabian Monetary Agency

Schweden: Sveriges Riksbank

Schweiz: Swiss National Bank

Senegal: Central Bank of West African States (BCEAO)

Serbien: National Bank of Serbia

Seychellen: Central Bank of Seychelles

Sierra Leone: Bank of Sierra Leone	Tschechische Republik: Czech National Bank
Simbabwe: Reserve Bank of Zimbabwe	Tunesien: Central Bank of Tunisia
Singapur: Monetary Authority of Singapore	Türkei: Central Bank of the Republic of Turkey
Slowakei: National Bank of Slovakia	Uganda: Bank of Uganda
	Ukraine: National Bank of Ukraine
Slowenien: Bank of Slovenia	Ungarn: Magyar Nemzeti Bank
Spanien: Bank of Spain	Uruguay: Central Bank of Uruguay
Sri Lanka: Central Bank of Sri Lanka	Vanuatu: Reserve Bank of Vanuatu
Südafrika: South African Reserve Bank	Venezuela: Central Bank of Venezuela
Sudan: Bank of Sudan	Vereinigte Arabische Emirate: Central Bank of United Arab Emirates
Surinam: Central Bank of Suriname	
Swasiland: The Central Bank of Swaziland	Vereinigte Staaten: Federal Reserve, Federal Reserve Bank of New York
Tadschikistan: National Bank of Tajikistan	
Tansania: Bank of Tanzania	Vereinigtes Königreich: Bank of England
Thailand: Bank of Thailand	
Togo: Central Bank of West African States (BCEAO)	Vietnam: The State Bank of Vietnam
	Weißrussland: National Bank of the Republic of Belarus
Tonga: National Reserve Bank of Tonga	
Trinidad und Tobago: Central Bank of Trinidad and Tobago	Zentralafrikanische Republik: Bank of Central African States
Tschad: Bank of Central African States	Zypern: Central Bank of Cyprus

Familie Rockefeller[161]

Dieses Familienimperium reicht bis ins 19. Jahrhundert zurück. Die Quelle des Reichtums der Rockefeller-Dynastie war die von **John D. Rockefeller** gegründete Standard Oil Com-

---

161 https://secret-detecktor.blogspot.com/2013/06/die-familie-rockefeller.html

pany. Laut der Zeitschrift Forbes galt das Familienoberhaupt als reichster Mann der Welt und als erfolgreicher Unternehmer. Es wird geschätzt, dass das Vermögen heute etwa 340 Milliarden US-Dollar beträgt. Die Familie agierte in den einflussreichsten Kreisen und ist bis heute einer der führenden Politiker und Wirtschaftsführer. Wer Rockefellers genau studiert, wird feststellen, dass diese äußerst wohlhabende Familie an der gesamten Politik der Vereinigten Staaten im 20. Jahrhundert beteiligt war. Die Entscheidungen und die Richtung der amerikanischen Politik sollen auf den direkten Anweisungen der Rockefeller-Familie beruhen. Die Rockefellers wanderten ursprünglich von Spanien nach Amerika aus. Der berühmteste dieser Familie war John Davidson Rockefeller, ein einflussreicher Industrieller, Finanzier und Mitglied des Runden Tisches. Er galt als der reichste Amerikaner seiner Zeit. Bevor er ins Ölgeschäft einstieg, widmete er sich dem Verkauf von Drogen. Damals war es noch nicht im heutigen Sinne verboten. Er gründete den Standard Oil Trust, der 90 % der US-Ölraffinerien kontrollierte. Außerdem war es John Davidson Rockefeller, der das Land in Pocantico Hills kaufte, was später als Hauptwohnsitz dieser Familie diente. Heute leben mehr als 100 Rockefeller-Familien auf ihrem Privatgrundstück in den Pocantico Hills. David Rockefeller, bekannt als Finanzgenie, leitete seit 1945 die Chase Manhattan Bank, die wichtigste Bank der Welt. Seine Macht ist so groß, dass sie alle nationalen Grenzen überschreitet, Regierungen errichtet oder stürzt, Kriege beginnt oder beendet. Kurz gesagt, es hat direkte oder indirekte Auswirkungen auf die gesamte Menschheit. Rockefeller war direkt an der Gründung des FBI beteiligt, ist aber auch dafür bekannt, den US-Geheimdienst, die CIA und den Council on Foreign Relations (CFR) zu kontrollieren. Es wird gesagt, dass sie eng mit der Verbreitung der Illuminaten und des Okkultismus verbunden sind.

Nach einer Erzählung von David Rockefeller (1915–1917)[162]: „Wegen Atatürk mussten wir unsere Pläne um ein halbes Jahrhundert verschieben. (…) Wir konnten die Türken nicht als Wiege der Zivilisation akzeptieren; im Gegenteil, indem wir dieses kulturelle Erbe mit tausend Intrigen konfiszierten, präsentierten wir sie der ganzen Welt als ein barbarisches, rechtloses Volk, und wir waren sehr erfolgreich darin." Und: „Die Türkei ist in dieser Hinsicht als muslimisches und demokratisches Land ein führendes Land. Wenn wir den Islam zerstören wollen, müssen wir zuerst mit der Türkei beginnen", soll er gesagt haben.

Familie Morgan

Ende des 19. Jahrhunderts gründete John Pierpont Morgan J. P. Morgan & Company. Dieses Finanzinstitut ist eine der bedeutendsten Banken in der Geschichte der USA und der ganzen Welt, mit Hauptsitzen in London, Luxemburg und Genf und Niederlassungen in europäischen Finanzzentren, und widmet sich vermögenden Kunden in 30 Ländern in Europa, dem Nahen Osten und Afrika. Der Privatbankier Morgan gilt als Retter der US-Wirtschaft, weil er als Anführer einer Investorengruppe größere Mengen an Staatsanleihen kaufte, um das Land vor dem Bankrott zu retten. Die Die Familie Morgan spielte eine wichtige Rolle bei der Gründung der US-Notenbank (FED) und wurde mit dem Goldhandel in Verbindung gebracht. **Bohemian Club**[163] war oder ist immer noch im Besitz der Morgans. Der

---

162 https://www.linkedin.com/pulse/david-rockefeller-atat%C3%BCrk-y%C3%BCz%C3%BCnden-planlarimizi-yarim dcmir/?originalSubdomain=tr

163 Das Symbol des böhmischen Clubs ist eine Eule, die seit dem ersten Jahr der Vereinsgründung verwendet wird. Eine etwa 40 m hohe Betoneule steht am Ufer des Sees. Dieser Eulentempel wurde 1929 als zeremonieller Ort für traditionelle böhmische Rituale erbaut und wird jedes Jahr für Einäscherungszeremonien verwendet (Schaufensterpuppen oder Puppen werden verbrannt, einige behaupten, dass es echte Menschen sind). Es ist ein geheimer Ort, an dem sich die mächtigsten Männer der Welt versammeln.

Club existiert seit 1872 und war schon immer Gegenstand von Verschwörungstheorien.

Familie Du Pont
Im Jahr 1799 entkam der Ökonom Pierre Samuel Du Pont de Nemours der Französischen Revolution und gelangte in die Vereinigten Staaten. Bald gründete er sein Unternehmen, das bald zum größten Sprengstofflieferanten des US-Militärs wurde. Kurz darauf dominierte Du Pont den gesamten Dynamitmarkt. Im Ersten Weltkrieg wurden 40 % der alliierten Ausrüstung von dem Unternehmen hergestellt. Pierre Samuel Du Pont war auch am Manhattan-Projekt beteiligt, das zur Entwicklung der Atombombe führte.

UNO – Vereinte Nationen (United Nations Organisation)

1945 gegründet. Es handelt sich um eine internationale Organisation, die gegründet wurde, um den Weltfrieden und die Sicherheit zu schützen und eine wirtschaftliche, soziale und kulturelle Zusammenarbeit zwischen den Ländern zu schaffen. Die Vereinten Nationen definieren sich selbst als „eine globale Organisation, deren Ziel es ist, allen Ländern weltweit Gerechtigkeit und Sicherheit, wirtschaftliche Entwicklung und soziale Gleichheit zu bieten". Aber es gibt etwas, das diese tugendhafte Definition überschattet; es ist „**Agenda 21**".

Das von den Vereinten Nationen veröffentlichte Buch „Agenda 21" – was ist das? Den einen zufolge handelt es sich um eine absurde Verschwörungstheorie, den anderen zufolge handelt es sich um viel mehr als eine Theorie, genauer gesagt, um eine Verschwörungspraxis (Anwendung) und diese Praxis geht auch heute noch auf Hochtouren weiter. Diese völkermörderische Agenda der Menschheit hat bereits begonnen: Einsatz von 5G, Chemtrails (Geoengineering), Impfstoffen, bestrahlten Lebensmitteln, gentechnisch veränderten Lebensmitteln usw. Um dieses Ziel zu erreichen, stehen viele Tools zur Verfügung. **Die Agenda 21** – und die endgültige Agenda 2030 und Agenda 2050 – ist also ein Plan zur Eliminierung von 95 % der Weltbevölkerung bis 2030 (Disclose.tv).

Es handelt sich um einen Aktionsplan der Vereinten Nationen, der 1992 von 178 Regierungen auf der Konferenz der Vereinten Nationen für Umwelt und Entwicklung in Rio de Janeiro, Brasilien, unterzeichnet wurde. Ihr Ziel ist es, die Menschheit zu entvölkern, weil „wir zu viele sind" (ihrer Meinung nach). Die Agenda 21 wird von den Eliten als eine Möglichkeit angesehen, die menschliche Bevölkerung zu reduzieren, um „den Planeten zu retten", und zur Umsetzung wird von Regierungen auf der ganzen Welt ermutigt. Bill Gates hat bereits öffentlich seine Meinung dazu geäußert, wie dieses Ziel durch Impfstoffe und andere Mittel erreicht werden kann. Zu diesen Plänen gehört die Auslösung von Massenmigrationen durch die Schaffung von Bürgerkriegen und Chaos in unterentwickelten Ländern. Auf diese Weise wird die Degeneration der Identität der Nationen durch die Vermischung eines bestimmten Niveaus von Bildung, Kultur und Bewusstsein unter den Völkern leichter kontrolliert. Bei dieser Situation, die in den Mainstream-Medien weitgehend ignoriert wurde, handelt es sich seit Langem um eine geplante Massenmigration der Bevölkerung aus Afrika und dem Nahen Osten nach Europa. Wir sehen diese bewusste Strukturierung in fast allen Ländern, die dem Zustrom von Einwanderern ausgesetzt sind. Auch Wirtschaftsflüchtlinge werden gerne unterstützt. Es wird gemunkelt, dass sie in diesen Ländern (Afrika oder muslimischen Ländern) in breit angelegten Werbekampagnen eingesetzt wurde, und dass auf Plakaten Bilder von jungen, blonden europäischen Frauen mit dem Titel „Wir brauchen dich" (we need you!) steht und diese Slogans vor allem als Köder für junge Männer verwendet wurden. Amerika muss sich vor allem mit den Einwanderern seines eigenen Kontinents auseinandersetzen, zum Beispiel aus Mexiko, Kolumbien und anderen südamerikanischen Ländern. In Israel halfen sie dabei, alle Viertel südlich von Tel Aviv und anderen Städten zu erobern, wo fast 100.000 Migranten aus Afrika buchstäblich zu Flüchtlingen in ihrem Heimatland wurden und in andere Teile des Landes flohen. Sie terrorisieren die Einheimischen und was in diesen Gebieten passiert, ist nicht angenehm. Wenn diese Praktiken und all diese eingesetzten Mittel jedoch im Rahmen der Agenda 21 als „**nachhaltige Entwicklung**" bezeichnet werden, klingt das großartig.

Die Agenda 21 wird auch von Nichtregierungsorganisationen umgesetzt, die von anderen Ländern finanziert werden. „Dieser Plan durchdringt jeden Aspekt unseres Lebens", sagt **Rosa Koire**, eine Aktivistin und Dozentin, die unermüdlich daran gearbeitet hat, die unbewusste Öffentlichkeit über die Gefahren dieses Plans zu informieren. Die Agenda 21 der Vereinten Nationen für nachhaltige Entwicklung ist die Manipulation von Unternehmen, die die umweltfreundliche Umweltmaske verwenden, um einen globalen Plan vorzulegen.[164]

Nazis wie **Fritz ter Meer**, ehemaliges Vorstandsmitglied der **Ig Farben** (der im Zweiten Weltkrieg das Zyklon-B-Toxin-Gas in die Vernichtungslager brachte und lieferte), sind am Nürnberger Kriegsverbrechertribunal zu 15 Jahren Haft verurteilt worden. Nach seiner Verurteilung wurde er freigelassen und dann von der UNO rekrutiert. Man kann es nicht glauben, wie kommt es, dass ein Mörder, der den Tod von Millionen Menschen toleriert, von der UNO angeheuert wird, als ob seine viel zu kurze Inhaftierung nicht ausreichen würde. Darüber hinaus wird ihm eine Aufgabe zugeteilt, er in eine Position gebracht, in der er mit der Gesundheit der gesamten Menschheit spielen kann: Codex Alimentarius – durch die Entwicklung des Lebensmittelkodex wird er Teil des Komitees, das Standards für Nahrungsquellen für die Menschheit plant und festlegt (jetzt passt ein weiteres

---

164 https://dirtyworld1.wordpress.com/2019/03/29/wie-wird-agenda-21-weltweit-umgesetzt/

Puzzleteil zusammen: Können wir besser verstehen, woher die Chemikalien in unserer Nahrung kommen?).

Dr. Rima Laibov spricht über diese Vorschriften und erklärt, dass Vitamine Giftstoffe seien und daher auf niedrige Einnahmedosen beschränkt werden sollten. Dazu gehört auch die Bestrahlung der Lebensmittelversorgung, um alle Nährstoffe in unseren Lebensmitteln zu zerstören und zu massenhaft konsumierten gentechnisch veränderten Lebensmitteln überzugehen. Laut Dr. Rima Laibov wird allein dies in den kommenden Jahren weltweit zu 3 Milliarden Todesfällen führen, was die Weltgesundheitsorganisation bestätigt.

Eine weitere Erklärung der Hintergedanken dieses Plans lautet wie folgt: „Nur 15 Jahre nach ihrer Verurteilung durch das Nürnberger Kriegsverbrechertribunal wurden Bayer, BASF und Hoechst zu den Architekten der nächsten großen Menschenrechtsverletzungen." 1962 wurde die **Codex-Alimentarius**[165] – Lebensmittelkommission gegründet. Anmerkung der Dr. Rath Health Foundation: „Es wird alle Verfassungen zerstören und untergraben, die Meinungsfreiheit einschränken und die Menschen entwaffnen. Wenn die Agenda 21 vollständig verwirklicht ist, werden die Vereinten Nationen über alle Waffen verfügen, und das wird auch der Fall sein." Kein Widerstand gegen ihre

---

165 Der Codex Alimentarius enthält alle Regeln (Standards), freiwilligen Vereinbarungen und Empfehlungen der Codex-Alimentarius-Kommission. Die Codex-Kommission ist das höchste internationale Gremium für Lebensmittelstandards. Es handelt sich um eine gemeinsame Kommission der Ernährungs und Landwirtschaftsorganisation der Vereinten Nationen (FAO) in Rom und der Weltgesundheitsorganisation (WHO) in Genf. Die Alimentarius-Kommission besteht derzeit aus 188 Ländern und vertritt mehr als 98 % der Weltbevölkerung. Die Kommission tagt alle zwei Jahre. In den Länderdelegationen sind in der Regel Industrievertreter, Verbraucher- und Produzentenverbände sowie wissenschaftliche Einrichtungen vertreten. Einige Nichtregierungsorganisationen werden als Beobachter akzeptiert. Die wichtigste Aufgabe der Food Commission ist die Festlegung globaler Lebensmittelstandards.

Kontrolle. Schließlich sind wir alle Nutztiere globaler Mächte, die uns manipulieren und melken wie maschinengebundene Milchkühe.

Codex-Alimentarius-Kommission (International Food Standard)[166]

Die Codex-Alimentarius-Kommission (KAK) ist eine Organisation der Vereinten Nationen mit Sitz in Rom, die in den 1960er Jahren gemeinsam von der Ernährungs- und Landwirtschaftsorganisation der Vereinten Nationen (FAO) und der Weltgesundheitsorganisation (WHO) gegründet wurde, hat 188 Mitgliederstaaten. Die von der FAO (Ernährungs- und Landwirtschaftsorganisation) und der WHO (Weltgesundheitsorganisation) unter dem Dach der Vereinten Nationen (UN) gebildete Codex-Kommission erstellt international anerkannte und angewandte Lebensmittelstandards und -leitfäden. Nach Paracelsus[167]: „Den Unterschied zwischen Gift und Medizin macht die richtige Dosierung", was wahrscheinlich der Grund dafür ist, dass die Codex-Alimentarius-Kommission es sich zur Aufgabe gemacht hat, die Gifte in unseren Lebensmitteln auf der ganzen Welt umsichtig zu dosieren."

Laut Maj. Gen. **Alber Stubblebine** (3. Oberbefehlshaber des gesamten US-Militärs) wurde dies alles vom Militär im Rahmen seiner Tätigkeit als Unteroffizier organisiert und seine Schlachtpläne seien entsprechend ausgelegt worden. In den letzten Jahren seines Lebens arbeitete er zusammen mit seiner Frau daran, diese Bewegung zu stoppen und aufzuklären. Leider starb

---

166 https://www.gursahakman.com/codex-alimentarius/
https://www.zentrum-der-gesundheit.de/bibliothek/sonstige-informationen/weitere-informationen/codex-alimentarius

167 **Paracelsus** war ein schwedisch-deutscher Arzt, Chemiker und Denker, der als einer der bedeutendsten Wissenschaftler des 16. Jahrhunderts und als einer der Begründer der modernen Medizin gilt.

er im Jahr 2017. Seine Angehörigen gehen davon aus, dass er ermordet wurde. Er war auch ein sehr guter Freund von Doktor Coldwell und seiner Frau, und sie sagen, dass der Alimentarius Codex ihren Wunsch erfüllt, Menschen über einen längeren Zeitraum mit Lebensmitteln zu vergiften und zu töten (damit niemand rebelliert!), was ihre Intelligenz verringert und ihre natürliche Fruchtbarkeit stoppt, das alles war real. Dieses Verfahren wird in verschiedenen Stufen bereits seit sehr langer Zeit angewendet und Lebensmittel und Schadstoffe können durch die Erforschung von EU-Richtlinien und anderen Richtlinien immer deutlicher beobachtet werden.

Eigentlich sollten die Lebensmittelrichtlinien des Codex Alimentarius eine Schutzvorschrift für Verbraucher sein. Inzwischen haben die Machtinteressierten dieses Vorhaben zu ihren Gunsten verändert. Die gesunde Haltung des Bürgers spielt keine Rolle mehr. In der jüngsten Überarbeitung des Codex Alimentarius stimmen viele Gesundheitsexperten dem zu: „Die neuen Regeln sehen aus wie Massenmord!" So sehr, dass Codex-Regeln, sobald sie in Kraft treten, völlig unumkehrbar werden.

Neue Codex-Alimentarius-Richtlinien[168]

- Alle Mikronährstoffe (wie Vitamine und Mineralien) sollten als Giftstoffe betrachtet und aus allen Lebensmitteln entfernt werden, da der Kodex die Verwendung von Nährstoffen zur „Vorbeugung, Behandlung oder Heilung von Krankheiten" untersagt.
- Alle Lebensmittel (einschließlich Bio-Lebensmittel) sollten bestrahlt werden, so dass alle „toxischen" Nährstoffe entfernt werden. Im August 2008 wurde in den Vereinigten Staaten eine geheime Entscheidung über die Massenbestrahlung von

---

168 https://www.solarisweb.at/informationen-fuer-bewusste-menschen-archiv/186-der-neue-codex-alimentarius
https://krebspatientenadvokatfoundation.com/codex-alimantarius-toedliche-nahrungsmittel-zur-ausrottung-der-nutzlosen-esser/

Salat und Spinat im Namen der öffentlichen Gesundheit und Sicherheit getroffen. Wenn das Hauptanliegen der US-amerikanischen Food and Drug Administration der Schutz der Öffentlichkeit ist, warum werden die Menschen nicht über diese neue Praxis informiert?

- Zugelassene Nährstoffe werden durch eine von der Codex-Kommission erstellte Positivliste begrenzt. Es wird „nützliche" Substanzen wie Fluorid (3,8 mg pro Tag) enthalten, **die aus Industrieabfällen** hergestellt werden
- Alle Nährstoffe mit gesundheitlichen Auswirkungen (z. B. Vitamine A, B, C und D, Zink und Magnesium) werden in therapeutisch wirksamen Mengen als inakzeptabel eingestuft. Ihre Rate sollte reduziert werden, so dass ihre Auswirkungen auf die Gesundheit nicht berücksichtigt werden.
- Die Untergrenze wird auf nur 15 % der empfohlenen Verzehrmenge (RDA – in der EU gesetzlich festgelegter Normwert für Vitamine, einige Mineralstoffe und Spurenelemente) festgesetzt, selbst mit Rezept wird niemand mehr auf der Welt solche Nährstoffe in therapeutisch wirksamen Mengen bekommen können.

Die Verordnung umfasst alle Formen der Berichterstattung und Ernährungsberatung zu Vitaminen und Mineralstoffen. Solche Informationen können als verstecktes Handelshemmnis angesehen werden und können zu Wirtschaftssanktionen/Strafen für das betreffende Land führen.

Das hört sich alles wie ein Witz an. Glaubt noch irgendjemand, dass es zu unserem eigenen Besten ist?

Neue Weltordnung (New world order)

Was ist diese „**Neue Weltordnung**", die wir von Anfang an bei fast jedem Thema wiederholt haben, oder genauer gesagt: Was ist mit dieser Definition gemeint?

Laut Wikipedia heißt es, dass verschiedene Verschwörungs-theorien auf dem Aufbau einer autoritären und supranationalen Weltregierung (einer globalen Diktatur) basieren, die auch als „Neue Weltordnung" bezeichnet wird. Diese Theorien deuten auch darauf hin, dass diese Weltregierung eifrig versucht, von Eliten und Geheimgesellschaften umgesetzt zu werden. Wer genau hinhörte, hätte wohl bemerkt, dass fast alle Staatsmänner diesen Satz in den letzten 10 bis 15 Jahren ständig in ihren eigenen Landessprachen wiederholten. Also, was verbirgt sich hinter der „Neuen Weltordnung"?

Soll mit dieser Beschreibung eine fortschrittlich entwickelte Zukunft gemeint sein, die die heutige menschliche Gesellschaft erreichen sollte? Oder soll es einfach nur dazu dienen, die menschliche Existenz auf das Niveau zu bringen, das ihr gebührt?

Was hier gemeint und impliziert ist, ist weit davon entfernt, eine zum Wohle der Menschheit geplante Zukunft zu sein. Unter dem Namen dieser neuen Ordnung sollte eine ganz neue Weltordnung verstanden werden, in der die absolute Freiheit des Volkes durch die von diesem System festgelegten, verschlossenen Regeln regiert werden kann. So sehr, dass sich jeder einer neuen Ordnung bedingungslos unterwerfen muss. Wie kommen wir zu dieser Schlussfolgerung?

Ohne viele Kommentare hinzufügen zu müssen, lassen Sie uns die sehr gewagten, unanständigen Geständnisse und die Rhetorik einiger Eliten eins zu eins zitieren.

Der eigene Diskurs der Weltelite über eine neue Weltordnung und Weltregierung[169]

Churchill (Politiker, Vereinigtes Königreich): Als Churchill schon in früheren Jahren in London sprach, kündigte er tiefergehende angloamerikanische Ziele mit Europa an!

169 https://dieunbestechlichen.com/2020/05/zitate-zur-neuen-welt-ordnung-weltregierung-video/
https://michael-mannheimer.net/2020/03/17/die-neue-weltordnung-ist-eine-rechte-verschwoerungstheorie-wer-den-folgenden-artikel-gelesen-hat-wird-dies-nie-mehr-behaupten-koennen

„Natürlich erliegen wir nicht der Illusion, dass die Vereinigten Staaten von Europa die endgültige und vollständige Lösung aller Probleme der internationalen Beziehungen seien. Die Schaffung einer autoritären, **allmächtigen Weltordnung** ist das ultimative Ziel, das wir anstreben sollten. Solange keine wirksame Weltsuperregierung eingerichtet wird und schnell gehandelt wird, bleiben die Aussichten für einen friedlichen menschlichen Fortschritt düster und zweifelhaft. Aber lassen wir uns nicht einer Illusion über das Hauptziel hingeben: Ohne ein geeintes Europa kann es keine sichere Hoffnung auf eine Weltregierung geben. Die europäische Einigung ist ein unverzichtbarer erster Schritt zur Verwirklichung dieses Ziels." (Winston Churchill-Rede, New York 1974)

Noch ein Zitat von ihm: „Derjenige muss in der Tat blind sein, der nicht sehen kann, dass hier auf Erden ein großes Vorhaben, ein großer Plan ausgeführt wird, an dessen Verwirklichung wir alle als treue Knechte mitwirken dürfen."

Richard N. Gardner, Jura-Professor und US-Botschafter, im CFR-Magazin „Foreign Affairs" April 1974: „Kurz, das Haus der Weltordnung wird man eher von unten nach oben hin statt von oben nach unten herab aufbauen müssen. Es wird wie ein großes „boomendes, geschäftiges Durcheinander" aussehen, um einmal William James' berühmte Beschreibung der Realität zu zitieren. Denn wenn es darum geht, die nationale Souveränität zu zerstören, ist es viel effektiver, sie Stück für Stück erodieren zu lassen als den altmodischen Frontalangriff durchzuführen."

Henry Kissinger (deutschstämmiger Jude mit Originalnamen Heinz Alfred Kissinger)**,** ehemaliger US-Außenminister, der den größten Bombenterror Nachkriegszeit in Vietnam, Laos und Kambodscha entfachte und dem nichtsdestotrotz der Friedensnobelpreis verliehen wurde. Seine Gedanken über die Zukunft erklärt er wie folgt: „Heutzutage wäre Amerika empört, wenn UN-Truppen Los Angeles besetzen würden, um die Ordnung wiederherzustellen. In naher Zukunft wird es dankbar sein! Insbesondere dann, wenn man den Leuten erzählt, dass von außerhalb eine Bedrohung existiert – egal, ob die Bedrohung real ist oder lediglich propagiert –, die unser aller Existenz bedroht. Dann wird es so sein, dass die Leute der ganzen Welt flehen werden, sie vor diesem Bösen zu retten. Das Einzige, was jeder Mensch fürchtet, ist das Unbekannte. Wenn das präsentierte Szenario eintritt, werden die Menschen ihre persönlichen Rechte freiwillig aufgeben, wenn ihnen im Gegenzug das persönliche Wohlergehen durch die **Weltregierung** garantiert wird."

Darüber hinaus erläutert Kissinger in der Rede am 25. Februar 2009 vor dem Eugenik-Rat der WHO, also etwa 10 Jahre vor der Corona-Krise, nacheinander, was zu tun ist bzw. welche Pläne er hat (kurze Zusammenfassung):

„Sobald die Herde die vorgeschriebenen Impfstoffe akzeptiert, ist das Spiel vorbei. Sie werden alles akzeptieren – erzwungene Blut- oder Organspenden – „für das größere Wohl". Wir können Kinder genetisch verändern und sie sterilisieren – „für das größere Wohl". Kontrolliere den Verstand der Schafe und du kontrollierst die Herde. Impfstoffhersteller können Milliarden verdienen. Und viele von Ihnen in diesem Raum sind Investoren. Es ist eine große Win-Win-Situation. **Wir dünnen die Herde aus und die Herde bezahlt uns für die Ausrottung!**"

Na klar, wo er recht hat, hat er recht. Mit Sicherheit zahlen wir selbst für unsere eigene Ausrottung. Dennoch fragt man sich: Woher kommen die arroganten Äußerungen Kissingers und seiner Gleichgesinnten und ihre Besessenheit von einer absolut kontrollierenden Weltregierung und was noch wichtiger ist, die Vorstellung, dass wir eine naive, dumme Schafherde sind?

David Rockefeller (Banker, Geschäftsmann) 1991 auf der Bilderberger-Konferenz in Baden-Baden: „Wir sind der Washington Post, der New York Times, dem Time Magazine und anderen großen Publikationen dankbar, deren Chefredakteure an unseren Treffen in der Vergangenheit teilnahmen und die Zusage der Vertraulichkeit fast 40 Jahre lang respektierten. Es wäre unmöglich für uns gewesen, unsere Pläne für die Welt zu entwickeln, wenn wir all die Jahre im Rampenlicht der Öffentlichkeit gestanden hätten. Nun ist unsere Arbeit jedoch soweit durchdacht und bereit, in einer Weltregierung zu münden. Die supranationale Souveränität von Welt-Bankern und einer intellektuellen Elite ist sicher der nationalen Selbstbestimmung, welche in den letzten Jahrhunderten praktiziert wurde, vorzuziehen."

„Wir stehen am Rande einer weltweiten Umbildung. Alles, was wir brauchen, ist die richtige, allumfassende Krise und die Nationen werden in die **Neue Weltordnung** einwilligen."

Handelsblatt vom 25. September 2007, **Nicolas Sarkozy** (ehemaliger französischer Präsident), veröffentlichte in der UN-Generaldebatte einen Artikel, in dem er erklärte, dass er die **Neue Weltordnung** unterstütze. Minutenlang wurde Sarkozy nach dieser Rede applaudiert.

In seiner Rede für die Errichtung einer **Neuen Weltordnung** (08. Juli 2009 – Welt.de) nach der Krise brachte der Papst dies offen zum Ausdruck und sagte, dass die Menschheit viel sicherer sein könnte. Wie man sieht, ist es selbstverständlich, dass religiöse Führer in dieses Geschäft verwickelt sind.

Am 29. August 2017 äußerte die Welt die Vorstellungen des französischen Präsidenten **Emmanuel Macron** zu einer neuen Weltordnung wie folgt: „Es ist unsere Pflicht, eine stabile und gerechte **Neue Weltordnung** aufzubauen."

Ein ehemaliger Geheimdienstagent beschrieb 1996 in einem Interview die Neue Weltordnung[170]: „Die Neue Weltordnung ist der Versuch einer Gruppe Internationalisten, einer

---

170 https://michael-mannheimer.net/2021/08/06/ehemaliger-geheimdienst-agent-beschrieb-die-neue-weltordnung-in-einem-interview-von-1996-erschreckend/

selbsternannten Elite, die ganze Welt zu kontrollieren durch eine von ihnen aufgebaute Weltregierung. Sie wird diktatorisch sein, nicht demokratisch gewählt, und da sie nicht gewählt sind, brauchen sie auch keinerlei Rücksicht zu nehmen. Ein so genannter Polizeistaat. Sie brauchen auch eine Welt-Armee, eine Weltwährung, eine Welt-Religion, eine Weltkultur. Privatbesitz wird nicht mehr toleriert – und jeder Mensch wird registriert, bekommt eine Nummer. Und diese Daten werden auf einem Welt-Zentralcomputer gespeichert. (...) Wenn die Grenzen und die Nationen verschwinden, verschwinden dann auch die Kulturen. Der Sinn der multikulturellen Gesellschaft ist sowieso eine Monokultur. Eine Mischgesellschaft, wo die Menschen das Zugehörigkeitsgefühl für ihre Nation verlieren. Und damit sind sie auch leichter zu kontrollieren."

Als guten Abschluss **Putin** im russischen Fernsehen **NTV**[171]: In der Ankündigung vom 27. Februar 2021 teilte er mit: „**Die Neue Weltordnung** sei zu Ende und alle Staatsoberhäupter, die für diese Mafia arbeiten, werden entfernt. Die NWO ist gescheitert, weil Menschen auf der ganzen Welt aufgewacht sind und die heimtückische Wahrheit über die Pläne der Elite erkannt hätten."

Wenn also selbst Putin zu diesem Thema eine solche Aussage macht, nun müssen sich jedem Blinden die Augen öffnen! **Ist dann noch eine andere Interpretation nötig?**

Bei so viel Macht, Reichtum und weltweiter massiver Vernetzung fragt man sich, warum diese Eliten ihre Ziele nicht schon vor langer Zeit erreicht haben. Vielleicht gab es unterschiedliche Absichten und Konflikte zwischen ihnen, während ein Teil den Wunsch hegt, durch brutales Blutvergießen schnell zu Ergebnissen zu kommen, hat der andere vielleicht humanistischere Methoden angenommen. Obwohl Herr Haber auch behauptet,

---

171 https://freeworldnews.us/putin-die-neue-weltordnung-ist-tot/

dass der Einsatz von Giftgas im Krieg (Zweiter Weltkrieg) humanistischer sei. War es aber natürlich nicht. Denn selbst wenn ihre Pläne auf 50–100 Jahre im Voraus ausgelegt sind, wollen alle mit Gewalt an die Spitze gelangen und geraten dabei unweigerlich in einen Machtkampf. Und was sie übersehen, ist, dass das gestiegene gesellschaftliche Bewusstsein neue Hindernisse auf dem Weg mit sich bringt.

Zitate zum Nachdenken:

„Wer sich von der Wahrheit nicht besiegen lässt, der wird vom Irrtum besiegt!"
Augustine Aurelius

„Wir leben alle unter dem gleichen Himmel, aber wir haben nicht alle den gleichen Horizont!"
Konrad Adenauer

„Die Menschen glauben viel leichter eine Lüge, die sie schon hundertmal gehört haben, als eine Wahrheit, die ihnen völlig neu ist!"
Alfred Polgar

„Die Wahrheiten sind bereits zerstört, aber die Halbwahrheiten sind immer noch da. Wir müssen nur die richtige Hälfte wählen, nicht die falsche!"
Nurcan Gross

POLITIK

Wenn wir heute über Politik sprechen, ist das nicht nur auf gesellschaftliche, staatliche Inhalte beschränkt, sondern sie umfasst alle Bereiche unseres Lebens. In der Tat Politik überall und in allem, von dem, wie wir uns ernähren, was wir konsumieren, was wir tun bis hin zur Integrität unserer geistigen und körperlichen Unversehrtheit. Daher ist es unmöglich für uns, uns von ihr zu trennen, da sie so viel in den Kontext sozialer Interaktion eingreift. Besonders heute, wie in vielen Strukturen auch, stößt die zunehmende Machtdichte in der Politik mehr denn je an ihre Belastungsgrenzen und nähert sich damit einem unvorstellbaren Bruchpunkt. Zweifellos gab es seit Beginn der Menschheitsgeschichte immer politische Machtstrukturen und repressive Praktiken gegenüber der Gesellschaft. Aber bis jetzt (obwohl ein kollektiver Zusammenhalt noch nicht vollständig erreicht wurde) hat noch nie ein so neues menschliches Bewusstsein, ein Bewusstsein der Gegenwart geherrscht, und noch nie zuvor wurde ein völlig neues Erwachen herbeigeführt. So meisterhaft die Massenmanipulation auch geworden ist, es ist – zumindest bei einem Teil der Öffentlichkeit – ein gewisses Bewusstsein dafür entstanden, dass sie Informationen auf rationale Weise in Frage stellen wird.

Der aktuelle Stand der politischen Entwicklungen auf der ganzen Welt ist nicht sehr ermutigend, vor allem waren die aneinander geflochtenen Bestandteile nicht transparent. Doch einerseits führte das zu einem Rückgang des Vertrauens gegenüber den Regierenden und zum anderen zu einem wachsenden Bewusstsein, das die Weltanschauung in Frage stellte. In diesem Fall war die Polarisierung von Überzeugungen und Ansichten an verschiedenen Fronten unvermeidlich, aber hier von einem zweigeteilten öffentlichen Bewusstsein zu sprechen, wäre noch keine ausreichende Definition, da eine auf die Mitte konzentrierte Volksmasse hervorstechender ist, und ein Element darstellt, das das Schicksal der Zukunft der Menschheit beeinflussen wird. Aus all diesen Blickwinkeln zeigt uns das heutige politische Bild Folgendes: Zur Zeit zwischen dem Fortschritt eines nicht aufzuhaltenden, negativen Wandels und dem Fortschritt des öffentlichen Bewusstseins besteht ein klaffender Geschwindigkeitsunterschied, und hier gewinnt derjenige, der mit dieser Geschwindigkeit Schritt halten kann. Wenn man eine Theorie oder Tatsache unkritisch akzeptiert, wird man zwangsläufig in einen Mechanismus hineingezogen. Denn sobald der intellektuelle Geist einer Sache angenommen ist, ist es nicht einfach, diese Sache wieder aufzugeben, man wird weiterhin ständig neue Opfer bringen, um nicht gegen sein eigenes Ego zu kämpfen. Dabei ist es nicht unmöglich, die zukünftige Entwicklung ihrer sozialen Veränderungen durch rationales Denken vorherzusagen. Die Handlungen folgen immer den Erkenntnissen, aber jetzt gibt es selbst erzeugte Dogmen, die gegen Realität verstoßen. Der Priorität nach muss der Mensch schnellstmöglich seine inneren Konflikte lösen, sonst wird er sich einer neuen totalitären Macht ergeben. Zu welchen Prüfungen wir uns aus diesen Gründen noch hinführen lassen und welche sozialpolitischen Konsequenzen uns damit erwarten, das muss jetzt sowohl im Kontext der individuellen als auch der kollektiven Einsicht betrachtet werden. Denn, wenn wir nicht aufpassen, wird die Politik uns sowohl unterhalten, aber auch unten halten!

Ein Klassiker, der immer noch auf dem Vormarsch ist: „**Psychologie der Massen**" (1895 in Frankreich erschienen)

Le Bon wurde mit seinem Buch „**Die Psychologie der Massen**" zum Begründer der Massenpsychologie. Er vertritt die Meinung, dass der Einzelne, auch Angehörige einer Hochkultur, in der „Masse" seine Kritikfähigkeit verliert und sich emotional, primitiv verhält. Im Falle der Masse ist der Einzelne leichtgläubiger und anfälliger für psychische Ansteckung. So lässt sich die Ansammlung von Führungskräften problemlos bewältigen. Aber was uns überraschen wird, ist Gustave Le Bons unvorstellbare Art und Weise, wie Diktatoren 1895 die Macht ergriffen, wie der Sozialismus scheiterte und wie die heutigen Politiker sich immer wieder von uns wählen lassen. Dies sagt den Bankrott der heutigen europäischen Länder voraus!

Le Bons Buch wurde in alle Sprachen der Welt übersetzt. Politiker hassen dieses Werk, weil es ihre Argumente und Programme bloßstellt. Le Bon verstand auch gut die Rolle der Mainstream-Medien des Staates zu seiner Zeit. **„Die Wiederholung hat sich so tief in den Köpfen verankert, dass es schließlich als erwiesene Tatsache akzeptiert wurde!"**, denkt er. Die größte Gefahr für ihn ist die übermäßige Verschwendung von Finanzmitteln und die zunehmende Einschränkung der persönlichen Freiheit. Laut Le Bon wurde sogar ein gebildetes Individuum, sobald es Teil einer Menge war, oft von grundlegenden Instinkten geleitet, so dass die Menge alle seine intellektuellen Fähigkeiten enorm reduzieren konnte. Denn: „In den Massen verlieren die Dummen, Ungebildeten und Neidischen das Gefühl ihrer Nichtigkeit und Ohnmacht; an seine Stelle tritt das Bewusstsein einer rohen, zwar vergänglichen, aber ungeheuren Macht."

Diese Annahme lässt sich leider, auch heute noch, nicht völlig leugnen. Wie hat **Le Bon** das alles vor 120 Jahren gesehen? Weitere Frage: Ob sich seit 120 Jahren etwas auf der Erdoberfläche verändert hat?

Die Bedeutung der heutigen Demokratie

Eine transparente Regierungsführung steht in engem Zusammenhang mit dem Gemeinwohl. Eine Regierung sorgt ebenso für Vertrauen wie für ihre eigene Transparenz. Sanktionen, die zu Ungerechtigkeit, eigennütziger Zielorientierung und Korruption führen, sollten an ihrer Hauptquelle verhindert werden. Historisch gesehen besteht die mächtigste Form der Macht in der Schaffung von Transparenz und einem demokratischen System, in dem die Wahrheit leicht zugänglich und verbreitet ist.

Was Demokratie heute ist, scheint längst vergessen oder vom Weg abgekommen zu sein. Erinnern wir uns: Eine Staatsform, in der die politische Verwaltung direkt in den Händen des Volkes oder seiner frei gewählten Vertreter liegt und in der alle Bürger gleiche Rechte haben.

Im Gegenteil: die Einschränkung oder teilweise Abschaffung der Meinungsfreiheit, der Presse und des Rundfunks, die Missachtung oder teilweise Verletzung der Gerechtigkeit, des Rechts und der Gesetze, die Verletzung der Menschenrechte, die Zunahme der Korruption an der Macht oder in ihrer unmittelbaren Umgebung, die Verletzung oder Manipulation des Wahlrechts der Menschen, die Ungleichheit zwischen den Volksschichten und in einigen Fällen die Nichtversorgung der Grundbedürfnisse.

Es gibt nur eine Sache, die getan werden muss, und das ist, dass jeder die Beschreibungen auf dieser Liste selbst überprüfen kann, um festzustellen, in welcher demokratischen Struktur wir uns befinden. Eine solche Klassifizierung und Bewertung von Fakten bringt neue Perspektiven, aber ist das akzeptabel?

Wenn das klassische Demokratieverständnis nicht zu seinen ursprünglichen Einstellungen zurückkehrt und es keine gewisse Transparenz in der Politik gibt, ist die Interpretation, die uns bleibt: Wie können wir von einer Demokratie sprechen, wenn sie nicht mit der Demokratie vereinbar ist?

Politische Geheimhaltung:
Es besteht die Gefahr, dass die Wahrheit über die Sicherheit großer Unternehmen und Nationen weltweit einer breiteren Öffentlichkeit zugänglich gemacht wird. **Steven Aftergood,** der den Newsletter „Privacy News" veröffentlichte, wurde gebeten, Wikileaks zu konsultieren, aber er lehnte ab. Er erklärte: „Aufgrund fehlender Verantwortlicher redaktioneller Kontrolle

können Publikationen ganz einfach einen Akt der Aggression oder eine Anstiftung zu Gewalt darstellen."[172]

Derzeit gibt es in den USA Bestrebungen, bereits veröffentlichte Informationen einzudämmen, beispielsweise durch die Löschung von Links im Internet, was als dauerhafte Gefahr gilt. Es ist ein System, das mit enormen menschlichen und materiellen Ressourcen eine komplexe und effiziente Maschine aufbaut, die militärische, diplomatische, nachrichtendienstliche, wirtschaftliche, wissenschaftliche und politische Operationen vereint. Ihre Pläne werden nicht veröffentlicht, sie werden geheim gehalten, ihre Misserfolge werden begraben, nicht veröffentlicht, Dissidenten werden nicht gelobt und zum Schweigen gebracht, keine finanziellen Ausgaben werden in Frage gestellt, keine Gerüchte werden veröffentlicht, keine Geheimnisse werden preisgegeben.

Geheimhaltung ist mit Demokratie unvereinbar![173]

Tatsächlich wird ein großer Teil der weltweit begangenen Verbrechen in der Politik begangen, da treue Diener des Systems davon ausgehen müssen, dass sie nicht gefasst werden. Wenn es nichts Wichtiges zu verbergen gibt, kann die Wahrheit mit Dokumenten ans Licht kommen. Ist dann nicht klar, was es bedeutet, wenn es nicht getan und vertuscht wird? Wir legitimieren diejenigen, die uns regieren, indem wir wählen, zumindest denken wir, dass das fair funktioniert. Doch wie können wir die richtige Entscheidung treffen, solange Geheimhaltung herrscht und uns viele Informationen vorenthalten werden, da wir nicht einmal wissen, ob die Wahlen fair waren oder nicht?

---

172 Steven Aftergood (Los Angeles, 1956) ist Direktor des State Privacy Project der Federation of American Scientists und Herausgeber und Autor des Federation-Blogs und des Secrecy News Newsletters, der über neue Entwicklungen in der Sicherheitspolitik und Bemühungen zur Offenlegung vertraulicher Informationen berichtet.

173 https://ansage.org/demokratie-und-geheimhaltung-sind-unvereinbar/

Es gibt Hunderte von Beispielen, die versteckt, verheimlicht und vertuscht werden. Wenn das wesentliche Element einer Verschwörung die Geheimhaltung ist, was wird dann in der politischen Arena geheim gehalten, wenn nicht eine Verschwörung?

Der Fall **Kennedy** ist ein gutes Beispiel dafür. Die Aufklärung seiner Ermordung wurde in über 1.000 Akten dokumentiert, die viele Jahre lang geheim gehalten wurden. Schließlich wurden viele von ihnen auf Druck von **Trump** der Öffentlichkeit zugänglich gemacht (etwa 300 Akten sind noch immer geheim). Historiker mit gesundem Menschenverstand gehen heute davon aus, dass Kennedy Opfer eines Attentats wurde und dass Oswald (der ihn offiziell erschoss) einfach als Prügelknabe geopfert wurde und nicht einmal geschossen hat (siehe: Warum mussten sie sterben?). Übrigens fügen wir hinzu, dass sich das Konzept der „Verschwörungstheorie", das wie ein Kaugummi in aller Munde steckte, nach Kennedys Tod verbreitete, denn während der Ermittlungen kamen die Vorwürfe auf, dass es sich um eine geplante Verschwörung handelte. Als die Verschwörung an die Spitze kam, erzählten diejenigen, die dagegen waren: „Das ist nur eine Theorie." Seitdem wird alles, was nicht in das System passt, als Verschwörungstheorie bezeichnet.

Neuer Korruptionsbericht 2022: So können Politiker und Verwaltungen gekauft werden![174]

Transparency International stellte ein Ranking der korruptesten Länder vor und forderte, dass Deutschland sich mehr für die Korruptionsbekämpfung einsetzt. Der Bericht, der jährlich veröffentlicht wird, umfasst 180 Staaten und Regionen und bewertet die wahrgenommene Korruption in Politik und Verwaltung. Mit anderen Worten, der Bericht basiert auf Bewertungen von Experten und Managern im jeweiligen Land. Dies sind Umfragen von Experten und Geschäftsleuten, der Weltbank, dem Weltwirtschaftsforum und privaten Beratungsfirmen und Think

---

174 https://www.transparency.de/cpi/cpi-2022/cpi-2022-tabellarische-rangliste

Tanks. Wie schon im vergangenen Jahr steht Dänemark mit 90 Punkten an der Spitze (Auf einer Skala von 0 -hohes Maß an wahrgenommener Korruption- bis 100 -keine wahrgenommene Korruption-), gefolgt von Finnland, Norwegen und der Schweiz. Deutschland steht bei 180 Ländern auf Platz 9.

„Betrug, Fälschungen, Fake News in der Politik des 20. und 21. Jahrhunderts". Das Buch von **Pr. Dr. Hubertus Mynarek:** Ungeschriebene Gesetze sind schlimmer als Gesetze, die öffentlich verkündet, klar formuliert und definiert werden. Dies gilt auch für die sogenannten Gesetze der politischen Korrektheit. Niemand hat das offiziell und endgültig formuliert. Deshalb fördern sie eine Atmosphäre der Angst und Panik, weil es niemand genau weiß. Man kann individuell denken: Ist das immer noch politisch korrekt, oder gehe ich in ein gepflastertes Land? Ich halte lieber den Mund! Folglich wird der Bereich der Rede- und Meinungsfreiheit immer enger. In der Tat ist die politische Korrektheit, an die die Deutschen mehr gebunden sind als jedes andere Volk, zu einem neuen Dogma in Deutschland geworden, dessen Verletzung durch eine neue Inquisition, durch verhörende Strafmaßnahmen bestraft wird. (…) Der Mainstream einer Gesellschaft enthält und präsentiert nie die ganze Wahrheit, oft nicht einmal die Hälfte. Er verkörpert oft Lügen und Realitätsverzerrungen, die nur den jeweiligen Machthabern dienen.

Politiker zum Verkauf:
Wir wissen, dass Journalisten, Wissenschaftler und Künstler gekauft werden können, wir wissen, dass Beamte gekauft werden können, aber glauben wir, dass Politiker nicht gekauft werden können?

Es gibt heute ein äußerst kontroverses Bild erfolgreicher Politiker. Eine Gruppe von Psychologen und Psychiatern untersucht einige Führungskräfte und stellt fest, dass diese Menschen manchmal psychopathische Züge haben. Diese sogenannte dissoziative Persönlichkeitsstörung zeichnet sich einerseits dadurch aus, dass die Betroffenen äußerst attraktiv, charismatisch, selbstbewusst und ausdrucksstark sind. Politiker zum Verkauf: Andererseits mangelt es ihnen an Empathie, emotionaler Stabilität und sozialer Verantwortung. Schließlich erweisen sie sich als Meister der Manipulation. Der kanadische Psychologe **Robert Hare** hat beispielsweise herausgefunden, dass Unternehmen etwa dreieinhalb Mal mehr Psychopathen in ihren Vorständen haben als der Durchschnitt der übrigen Bevölkerung. Der Bostoner Psychiatrieprofessor **Nassir Ghaemi** hat auch überraschende Zusammenhänge zwischen psychischen Störungen und Führungsqualitäten entdeckt. In seinem Buch „**A First-Rate Madness**" schreibt er: „Wenn Frieden herrscht und das Staatsschiff auf Kurs bleiben muss, sind psychisch gesunde Führungskräfte angebracht. Aber wenn unsere Welt in Aufruhr ist, sind psychisch kranke Führungskräfte angemessen."[175]

Sahra Wagenknecht (Deutschland, Schriftstellerin, Politikerin, PDS-Linkspartei) stellt folgende Fragen: „Leben wir in einer liberalen Demokratie?

Eines ist sicher: Wir leben nicht in einer Diktatur, wir dürfen (noch) frei wählen und unsere Meinung äußern, ohne dass uns Gefängnis oder Schlimmeres droht. Aber Demokratie bedeutet auch nicht, dass die Interessen und Bestrebungen der Mehrheit die Politik prägen. Stimmt das?

Wir können Parteien wählen, aber können wir auch eine andere Politik wählen? Würde es den Interessen mächtiger Wirtschaftslobbys zuwiderlaufen?" Wagenknecht geht auf die Übernahmepolitik, den Einfluss großer Konzerne auf Parteien, Ministerien, Medien und Wissenschaft, den notwendigen Minderheitenschutz sowie die Meinungs-, Versammlungs- und freiheit schwindende Toleranzen ein. Für einige Politiker scheint es wichtiger zu sein, ein volles Bankkonto zu haben, als ein tugendhaftes politisches Mandat aufrechtzuerhalten. Vielleicht ist das eigentliche Problem nicht nur die Gier einiger Politiker, sondern hat tiefere Gründe. Es handelt sich um eine zielorien-

---

175 https://option.news/der-homo-politikus-oder-der-ideale-politiker/

tierte Anstrengung hinter den Kulissen des Deep State, einer weltweiten Ideologie, die von absoluter Herrschaft besessen ist.

Lobbyismus in der Politik[176]

Lobbying umfasst alle Aktivitäten, bei denen Interessengruppen (Lobbys) versuchen, Politiker zu ihrem Vorteil zu beeinflussen, indem sie in erster Linie persönliche Kontakte pflegen. Die Bildung von Interessengruppen, die die Politik durch Wissen, Analyse und Bewertung beeinflussen, ist in jeder Demokratie legitim, aber die Erneuerung der Lobbyregeln ist überfällig. Kritiker halten die Entwicklung des Lobbyismus für gefährlich: Das System ist nicht transparent und anfällig für Korruption. Akteure, die nicht demokratisch legitimiert sind, haben viel Einfluss auf politische Entscheidungen, die möglicherweise die Gesellschaft als Ganzes beeinflussen. Es gibt auch große Unterschiede zwischen Lobbyisten als Folge ungleicher Ressourcen in Bezug auf finanzielle Ressourcen, Kontakte oder Zugang zu Abgeordneten und anderen Entscheidungsträgern. Lobbyisten argumentieren, dass Interessenvertretung ein wesentlicher Bestandteil des demokratischen Prozesses ist. In einer zunehmend komplexen Gesellschaft sind Politiker mehr denn je auf Expertenwissen und Expertenrat angewiesen, um fundierte und verantwortungsvolle Entscheidungen zu treffen. Darüber hinaus steht die Interessenvertretung nicht nur großen Unternehmen und Branchenverbänden offen. Im Gegenteil, Lobbyarbeit bietet vor allem kleinen Vereinen und Verbanden die Möglichkeit, politisch aktiv zu sein und Einfluss zu zeigen.

Eine enge Vernetzung in der Politik ist Teil der Arbeit der Lobbyisten. Wirtschaftsverbände, Arbeitgeberverbände, Gewerkschaften, Kirchen, Nichtregierungsorganisationen, Sozialver-

---

176 https://www.lpb-bw.de/lobbyismus

bände sowie Unternehmen und politische Gruppen tragen mit ihren eigenen Interessen zum politischen Meinungsbildungsprozess bei und informieren ihre Mitglieder und die Öffentlichkeit.

US-Macht und ihre Intrigen:[177]

US-Milliardäre gewinnen mit viel Geld politischen Einfluss. Zum Beispiel die Gebrüder Koch. Im Laufe der Jahre haben sie ihren Reichtum genutzt, um ein konservatives Lobbynetzwerk aufzubauen. Das Ziel des großen Unternehmers Charles G. Koch und seines 2019 verstorbenen Bruders David H. Koch: Die Stärkung des rechten Randes in den Vereinigten Staaten durch die Deregulierung des Umweltschutzes und der Arbeitnehmerrechte. Das sogenannte „dunkles Geld", verdeckte Finanzierung politischer Einflussnahme, ist in Amerika ein großes Problem – und doch ist es oft völlig legal. Unter anderem werden die entsprechenden Gesetzesänderungen für das Ölhandelsunternehmen Empire Koch Industries und die Koch Brothers in bar bezahlt. Unbemerkt von der Öffentlichkeit unterstützen sie Politiker, die ihre Ziele vorantreiben und mit millionenschweren Kampagnen die öffentliche Meinung beeinflussen. Und sie sind nicht die Einzigen, die das tun. Während sie von einer Gruppe von Lakaien geleitet wird, um das beste „Image" eines Präsidenten zu schaffen, wird uns die fiktive Politik hinter den Kulissen von anderen auf dem goldenen Tablett serviert.

Um zu hinterfragen, ob etwas richtig ist, benötigt man kein Fachwissen darüber, ein sehendes Auge und gesunder Menschenverstand genügen wohl!

---

177 https://www.dw.com/de/macht-und-machenschaften-usa-gekaufte-politik/a-55557554

MISSION: TEILE UND HERRSCHE!

Divide et impera! (lateinisch: teile und herrsche) ist eine Redewendung und schlägt vor, eine zu erobernde oder zu beherrschende Gruppe (das Volk) in Untergruppen mit widersprüchlichen Interessen aufzuteilen. Dies dient dazu, Untergruppen feindselig zu machen, anstatt sich als Gruppe gegen den gemeinsamen Feind zusammenzuschließen. Diese lateinische Beschreibung ist auf **Machiavelli** zurückzuführen (teilweise auf den König Louis XI. zugeschrieben.) der in seinem Buch „Der Prinz" von 1532 dem Medici-Fürsten erklärte, wie er die Regeln der politischen Herrschaft anwenden sollte. Letztendlich jedoch soll die politische Macht unabhängig von Recht und Moral erlangt werden und die Kontrolle über die eigene Souveränität durch eine Reihe von Trennungswegen erfolgen. Der Einsatz dieser Taktik zielt darauf ab, die Kontrolle über die verschiedenen Fraktionen zu übernehmen, die dieser Vorherrschaft gemeinsam entgegenstehen könnten. Oftmals werden Provokationen und Manipulationen unter falscher Flagge durchgeführt und verbreitet, um Partnerschaften zu spalten und gegeneinander aufzuhetzen. Auf diese Weise werden Feindseligkeiten zwischen friedlichen Gruppenmitgliedern angezettelt, um die Gruppen als Ganzes zu schwächen, zu spalten oder aufzulösen. Um die Unterschiede zwischen den Parteien zu erhöhen, wird ein Konfliktumfeld geschaffen, indem schwächsten und empfindlichsten Punkte geschwächt werden. Dabei muss sich der Hauptinitiator nicht allzu sehr einmischen oder eine direkte Konfrontation riskieren, er nutzt sie lediglich aus, indem er die unerwünschte Bindung zerstört. Und der Rest wird sich von selbst regeln.

In der Politik und Soziologie zielt die Technik des Teilens und Herrschens auf souveräne Untertanen, Bevölkerungsgruppen oder Parteien unterschiedlicher Interessen ab. Unterschiedliche Interessen bestimmen, wer sich gemeinsam seiner Herrschaft widersetzen kann. **Niccolò Machiavelli**, Teil VI von „Die Kunst des Krieges" (1521). In seinem Buch (L'arte della guerra) beschreibt er die Anwendung einer ähnlichen militärischen Strategie: Ein Kommandant muss alle Arten von Kunst anwenden, um die feindlichen Streitkräfte zu spalten. Er schlägt vor, dies entweder dadurch zu erreichen, dass er seine Männer, denen er vertraut, misstrauisch macht oder indem er ihnen Befehle gibt, einen Grund, deren Kräfte zu trennen und dadurch zu schwächen. Diese Art von Separatismus kann zwischen benachbarten Ländern oder Ländergruppen erfolgen, die Austausch und Verbindungen untereinander haben, sowie allgemein innerhalb der Landesgrenzen. Dabei geht es darum, dass sich das Land in einer bestimmten strategischen Position befindet, sein geografisches Widerstandspotenzial hoch ist oder der Reichtum an materiellen oder spirituellen Werten darauf abzielt, es zu schwächen.

In der Zwischenzeit ist es besonders wichtig zu betonen, dass die Türkei eines der Länder ist, die genau die Kriterien für dieses Zielland erfüllen. Denn sowohl durch die geografische Lage der Türkei als auch durch die Prinzipien, die der „Atatürk" der türkischen Nation in der sozialen Struktur gebracht hat, können bestimmte Ideenkonflikte, große Machtkonzentrationen, durch strategische Anwendung in weniger mächtige Teile geteilt und so kann Macht gewonnen werden. Spaltung kann in vielen verschiedenen Richtungen auftreten. Fast jede Art erzeugt unterschiedliche Mengen an Stressfaktoren und enthält Gewalt, während einige viel wichtiger sind als andere und sich sogar in Terrorismus verwandeln, was zu blutigen Schlachtfeldern führt. Die wichtigsten und am häufigsten verwendeten Beispiele sind: ethnische Ursachen, religiöse Ursachen – eine Taktik, die sehr häufig sowohl zwischen verschiedenen Religionen als auch zwischen verschiedenen Konfessionen derselben Religion angewendet wird –, während politische Gründe vielleicht zu den stärksten Konflikten führen, wodurch das Potenzial für einen Bürgerkrieg besteht. Es kann sich dabei um gesellschaftliche Unterschiede handeln, z. B. die Diskriminierung von Männern und Frauen, Alt und Jung, Arbeitnehmer und Arbeitgeber und sogar bei verschiedenen Musik- oder Sportwettbewerben, zum Beispiel im Fußball, sehen wir diese Diskriminierung. Was wir hier besprechen werden, sind jene Bereiche, die die wichtigsten Konflikte haben, und wir werden versuchen, hinter die Kulissen zu blicken.

Welche Art von Meinungskonflikten kann es unter der breiten Masse von Menschen geben?

Spaltung/Konflikt in der gesellschaftlichen Struktur

1. Frauen, Männer – Feminismus: Feminismus scheint eine Frauenbewegung zu sein. Tatsächlich richtet sich der Feminismus an Frauen. Wenn Ihnen eine Ideologie erklärt wird, die auf die Beseitigung von Ungleichheiten und die Unabhängigkeit der Frau abzielt, um die Rechte der Frau zu schützen, wird übersehen, dass die Rolle der Frau, die sich in verschiedenen Ländern, in verschiedenen Kulturen, sowohl in religiösen als auch in zeremoniellen Strukturen manifestiert, unterschiedliche Linien hat. Wie kann man dann verallgemeinern?

In Afghanistan können Mädchen nur sechs Jahre lang zur Schule gehen, danach müssen sie zu Hause bleiben und wahrscheinlich schon in jungen Jahren heiraten. Ebenso ist es in einigen Ländern Frauen verboten, zu männlichen Ärzten zu gehen, aber es gibt keine weiblichen Ärzte, weil sie kein Recht auf Bildung haben. Was für ein unlogischer Widerspruch das ist; hier gilt es nicht nur, die Rechte der Frauen zu bekämpfen, sondern direkt die Menschenrechte. Wie Sie sehen, erscheint es in westlichen Ländern unter dem Namen „Feminismus" lächerlich, mit Minirock, engen Hosen und moderner Sonnenbrille auf die Straße zu gehen und die Rechte der Frauen zu verteidigen. Dies kann nicht über die Anhängerschaft eines Sportvereins hinausgehen. Das bedeutet, dass die Ideologie des Feminismus, wie wir sie verstehen, nur auf die Frauen des Landes abzielt, die sich in einigen der entsprechenden Charakterstrukturen befinden.

Zweifellos sind die Frauen (noch) das schwächere und verletzlichere Geschlecht der heutigen Gesellschaft, und wir müssen den Krieg gegen Unterdrückung und Ausbeutung gegen alle Arten von Menschen fortsetzen. Ironischerweise vermeiden die meisten Frauen oft nicht nur politische Diskussionen, sondern enthalten sich auch Informationen oder Lesungen zum Thema. Sie zeigen ihre weibliche Nachsicht und Freundlichkeit nur gelegentlich, nicht weil sie darüber nachdenken, es ist nur eine Art, sich gegen patriarchalische Herrscher aufzulehnen. Aber wenn es darum geht, Feminismus zu definieren, hängen Motivationen für Aktivitäten wahrscheinlich mit der Erwartung zusammen, von Männern nicht nur für ihre weibliche Attraktivität, sondern auch für ihre Intelligenz gelobt zu werden. Schließlich ist der Feminismus nicht nur ein Akt der absurden Spaltung der Gesellschaft, sondern auch ein Mittel zur Geburtenkontrolle, da einige Kreise immer davon besessen waren. Aus den gleichen Gründen werden homosexuelle Partnerschaften in den Industrieländern seit 30 bis 40 Jahren stark gefördert, und einer der Gründe dafür ist die Zerstörung der Institution Familie. Aus vielen Perspektiven ist der Feminismus, insbesondere in westlichen Ländern, tatsächlich eine grausame Lüge, die die natürlichen biologischen Instinkte von Frauen künstlich konstruiert, um sie zu unterdrücken, und sie als politisches Instrument nutzt. Dabei geht es nicht nur darum, Frauen gegen Männer aufzuhetzen, sondern vielmehr darum, die Bindung zur Mutter zu brechen, um die gesunde geistige Entwicklung des Kindes zu verhindern und ihm die Dominanz im späteren Alter zu erleichtern. Es ist notwendig, die Aufmerksamkeit auf die Familienverteilung zu lenken, die zu einem sehr verbreiteten Phänomen geworden ist, das wir sehen werden, wenn wir unsere Situation mit der von vor 50–60 Jahren vergleichen. Vielleicht sollten wir aufhören, uns selbst als dieses oder jenes zu definieren, und uns von den sogenannten Ideologien befreien, die in die eine oder andere Richtung gehen, und die Obsessionen sprachlicher, religiöser, farbiger und intellektueller Diskriminierung aufgeben. Es ist an der Zeit, als heutiger Mensch nur ein Verfechter der kollektiven

Einheit zu sein. Menschen verspüren immer das Bedürfnis, einer Gruppe anzugehören und zeigen diese Tendenz. Bevor wir auf den psychoanalytischen Ansatz eingehen, sagen wir gleich Folgendes: Ohne die Notwendigkeit, diese Tendenzen in verschiedenen Gruppenstrukturen zu suchen, wenn sie sich nur ihrer Bindung an eine weltweite Menschheitsfamilie bewusst wären und diese kollektiv assimilieren würden, so könnten sowohl nationale als auch internationale Konflikte über Nacht enden.

Der Ursprung des Feminismus

Nicholas Rockefeller sagte einmal: „Der Feminismus ist aus zwei Gründen unsere Erfindung. Früher zahlte nur die Hälfte der Bevölkerung Steuern, heute tun es fast alle Frauen, weil sie arbeiten gehen. Außerdem hat er die Familie zerstört und uns Macht über die Kinder gegeben."

Somit ist die Gesellschaft mit dieser Ideologie und der Macht der Medien unter eine gewisse Kontrolle geraten. Durch die Hetze von Frauen gegen Männer und die Zerstörung der Partnerschafts- und Familiengemeinschaft ist eine kaputte Gesellschaft von Egoisten entstanden, die arbeiten (Pseudokarriere), konsumieren (Mode, Schönheit, Markenleidenschaft) und so zu Sklaven werden und es darüber hinaus gut finden.

Die Rockefeller Foundation und die CIA haben die Frauenbewegung ins Leben gerufen, um die Familie zu zerstören!

Es ist kaum zu glauben, aber die meisten Feministinnen sollten wissen, dass die Bewegung ursprünglich von der Rockefeller Foundation ins Leben gerufen und gefördert wurde. Diese Megamächte nutzten die verschiedenen Medien und Zeitschriften, die sie besaßen, um Frauen feministisches Gedankengut zu vermitteln. Und sie haben gute Arbeit geleistet und ihr Bestes gegeben. Wie ein Chefredakteur nun zugibt, gründete und finanzierte die CIA in den 1960er Jahren verschiedene „linke" Frauenzeitschriften. Warum sollten die großen Konzerne und

Geheimdienste, der Machtapparat, das wollen, wenn es auf den ersten Blick gegen ihre Interessen wäre?

Ja, der Feminismus wurde von der Elite erfunden, eine bewusste soziale Umgestaltung zur Neutralisierung beider Geschlechter, indem Frauen männlich und Männer weiblich gemacht wurden. Dadurch werden Frauen gegen Ehe und Mutterschaft aufgehetzt und Männer finden keine Frauen mehr, die eine Familie gründen wollen. Ihnen wird gesagt, dass „Karriere" wichtiger sei als die traditionelle Mutterschaft, und die von der Elite kontrollierten Medien verbreiten diese falsche Botschaft.

Die Rockefellers und Rothschilds erfanden den Feminismus, um die Familie zu zerstören und die Beziehung zwischen Mann und Frau zu vergiften. Ein Fall von „teile und herrsche". Ihr Ziel ist es, eine Population egoistischer Individuen zu schaffen, die den idealen steuerpflichtigen Verbraucher darstellen. Sie wollen auch die Welt entvölkern, in der immer weniger Kinder geboren werden. Und sie wollen eine einzige Weltregierung errichten, die alles regiert und kontrolliert.[178]

2. Spaltung/Konflikt in der politischen Struktur: Der seit Jahren andauernde Rechts-Links-Kampf hat auf gesellschaftspolitischer Ebene zu großen Problemen geführt und ist nicht ohne Zeugnis der blutigen Ereignisse. Insbesondere die Türkei hat darunter sehr gelitten. Glauben Sie, dass uns ein Bild begegnen wird, das uns schockieren wird, wenn wir hinter die Kulissen blicken?

Was wäre, wenn dieser extreme Meinungskonflikt nicht als heimtückisches und bewusstes politisches Instrument genutzt würde?

Könnte es sein, dass es auf beiden Seiten ein und dieselben parasitären Blutsauger gibt, die sowohl zu materiellen als auch zu taktischen Unterstützern werden?

---

178 https://www.ruhrbarone.de/verschwoerungstheorie-trifft-antiimperialismus/74384

Wussten diese testosterongeladenen Jugendlichen, wofür und für wen sie kämpften, welche Ziele sie verfolgten und wer die Hilfe leistete, die sie unter dem Deckmantel der angeblichen Unabhängigkeit und Wohltätigkeit erreichte? Wer sind sie, die hinter den Kulissen die Fäden ziehen und sich von diesem vergossenen Blut ernähren?

Im Laufe der Jahre ist man überall auf der Welt immer wieder auf die gleiche verräterische, mörderische Strukturierung gestoßen. Und sie hinterlässt immer die gleichen blutigen Spuren. Es ist ein schändliches Bauwerk, das sich hinter fast allen Bürgerkriegen, Terroranschlägen und Aufständen verbirgt und nicht nur für die Menschheit, sondern für alle Lebewesen auf der Erde eine Bedrohung darstellt. Sie haben im Laufe der Geschichte zu vielen Ideologien und Organisationen geführt, jede von ihnen auf die eine oder andere Weise, wie auch immer sie namentlich heißen, das spielt keine Rolle, denn letztendlich verfolgt jede einzelne den gleichen Zweck und die gleiche Ideologie. Die neueste dieser Organisationen ist Antifaschismus (oder besser gesagt „Antifa" in ihrer aktualisierten Form, die erstmals in den USA auftauchte, die Organisation, die als linksgerichtet gilt und ihre Ziele eher durch direkte Aktion als durch politische Reformen erreichen will, genauso wie die anderen). Obwohl sie in der Darbietung (noch) keine blutige Brutalität an den Tag legten, bleibt die spannungsgeladene und kämpferische Strukturierung nicht unbemerkt. Als Finanzier der Antifa geraten US-Terrorermittler derzeit als Unterstützer einer Terrororganisation ins Visier. Das wird dann in eine völlig andere Welt führen.

Ignazio Silone (1900–1978) war ein politisch aktiver italienischer Schriftsteller. Ziemlich vorausschauend sagte Silone einst: „**Wenn der Faschismus zurückkommt, wird er nicht sagen: ‚Ich bin der Faschismus.' Nein, er wird sagen: ‚Ich bin der Antifaschismus.'**" So beschrieb der linke Intellektuelle Silone, dass hinter dem Antifaschismus nichts als der Faschismus selbst steckt, und dass das Präfix „Anti" nur Verkleidung ist. Es bringt die These mit sich, dass es wieder derselben Ideologie dient.

3. Religiöse Spaltung: Genau wie im politischen Konflikt werden auch hier ausnahmslos dieselben Taktiken, dieselben Intrigen verwendet. Die Felder werden hier in drei Hauptbereiche geteilt:
1. Theisten mit Atheisten konfrontieren,
2. Zum Beispiel drei große religiöse Einzelkonflikte, indem man den Islam gegen das Judentum oder das Christentum gegen den Islam aufhetzt,
3. Konflikte beispielsweise mit Sekten innerhalb einer Religion, wie der Aleviten-Sunniten-Konflikt.

Ein alter Gegensatz wird zum heutigen Konflikt.

Mit dem Aufstieg verschiedener religiöser Strömungen hat sich der alte religiöse Gegensatz jedoch zu einem politisch-religiösen Konflikt der Gegenwart entwickelt. Die Ereignisse des Hasses haben zu zahlreichen blutigen Enden in der Geschichte der Menschheit geführt, die viel Leid und Elend gebracht haben. Offensichtlich hat sich das Glaubenssystem zu einer politischen Instrumentalisierung entwickelt, die die Menschen zu einer leichten Beute für ihre räuberischen Handlungen durch gierige Banden macht.

Ist also ein Kompromiss möglich? Zumindest hätte das bei den Religionen geschehen sollen. Denn Gott ist der Einzige und die Definition von Gut und Böse ist in allen Sprachen gleich. Warum gibt es also verschiedene Religionen?

Vielleicht wären wir zu weit gegangen und hätten eine Verschwörungstheorie aufgestellt, wenn wir davon ausgegangen wären, dass es im Grunde nur eine Religion gibt und diese mit einem geplanten Aufbau im Laufe der Zeit in verschiedene Religionen aufgeteilt wurde?

Erst wenn man erkennt, was das Wesen des wirklichen Bösen ist, dass es keine Hand des Bösen gibt, sondern einen Organisator des Bösen, wird man aus dem Griff der maskierten Tyrannei befreit. Bis dahin sind wir Spielzeuge in ihren Händen, einer von uns kämpft gegen den anderen.

WARUM MUSSTEN SIE STERBEN?

Wir wissen, dass der Tod ein Teil des Lebens ist, aber die Tatsache, dass einige Todesnachrichten tragisch sind und eine Reihe unbeantworteter Fragen hinterlassen. Das ist nicht nur schmerzhaft, sondern auch höchst verdächtig. Besonders wenn die unerwarteten, mysteriösen Todesfälle einiger Prominenter bis heute mit einem Schleier der Geheimhaltung bedeckt sind und die offiziellen Aussagen uns mit strengem Dogmatismus zu der Annahme zwingen, dass es sich nur um „normale" Todesfälle handelte, fühlt es sich umso schmerzhafter an. Es ist, als würde ein Versuch unternommen, jene Prominenten, Politiker, Künstler, Wissenschaftler und viele andere zu eliminieren, die die Ungerechtigkeit und Falschheit des Systems bloßstellten und aufzudecken versuchten, oder zumindest jene, die Disharmonie mit einem korrupten System erzeugen würden. Waren sie zur falschen Zeit am falschen Ort, haben sie Dinge erlebt, von denen sie nichts wissen sollten?

Vielleicht waren sie zu neugierig, und ihre Neugier trieb sie zu dem, und stellte eine Bedrohung für jemanden dar. Vielleicht haben sie als idealistische Individuen nur versucht, bestimmte Wahrheiten aufzudecken, und sie wurden von Kräften blockiert, die nicht wollten, dass sie ans Licht kommt und systematisch für immer zum Schweigen gebracht.

Das Traurige an so vielen berühmten toten Menschen ist das Unbekannte, was sie an diesen Punkt gebracht hat und weshalb sie sterben mussten. Wahrscheinlich hatten sie alle eines gemeinsam: Sie waren Opfer der absichtlichen Störung ihres Lebens und möglicherweise derselben Organisation oder zumindest einer teuflischen Infrastruktur, die ihr Netz in der Welt gesponnen hatte. Einige von ihnen hinterließen tiefe Spuren, sie waren sehr wertvoll wegen dem, was sie für die Menschheit taten und was sie noch vorhatten, einige veränderten eine Geschichte, konnten nie ersetzt werden, einige wollten der Menschheit einen Dienst erweisen, einige waren ziemlich mutig und tapfer, andere waren gerecht, rechtschaffen und tugendhaft. Andere wurden getäuscht und in eine Falle gelockt, einige wurden in Geheimnisse verwickelt, die man nicht wissen sollte, einige waren nur Zeugen, andere gingen falsche Wege, von denen sie nichts wussten, und das war eine Sackgasse. Eine der Sackgassen könnte zweifellos in der Kunst-, Film- und Musikindustrie, insbesondere in **Hollywood** enden. Die waren gegen Ende des 20. Jahrhunderts immer mehr in den Nachrichten, eine nach der anderen. Die Nachricht vom plötzlichen Tod von Politikern, Journalisten, Wissenschaftlern, der Bühnenwelt, Künstlern hat uns manchmal traurig gemacht und manchmal überrascht, aber wir haben uns trotzdem ziemlich daran gewöhnt. Dennoch haben sich unsere Fragen mit unseren wachsenden Informationsquellen vermehrt. Die meisten dieser mysteriösen Todesfälle haben natürliche Quellen, wie Herzinfarkt, Krankheit, Alkohol, Drogenvergiftung, oder die Folge eines Unfalls, möglicherweise auch Selbstmord. Obwohl offizielle Aussagen dies bestätigen, zeigen die Aussagen von personennahen Kreisen und die Erkenntnisse der Forscher ausnahmslos das Gegenteil. Besonders schwer ist es, den plötzlichen Tod junger gesunder Menschen durch einen Herzinfarkt zu erklären. Denn seit mindestens 1975 soll es sich um eine „**Herzanfallwaffe**" gehandelt haben: Die Waffe feuerte einen kleinen Giftpfeil auf das Opfer und verursachte nachahmend einen Herzinfarkt. Das Gift konnte bei der Autopsie nicht nachgewiesen werden. Laut einem CIA-Mitarbeiter ist der Pfeil eine gefrorene Form von flüssigem Gift, das im Körper schmilzt. Nach dem Mord ist nur noch ein kleines rotes Loch übrig, und es gibt nichts Verdächtiges daran.

Mysteriöse Todesfälle

(Die Liste bezieht sich nur auf einige von ihnen und nach 1900.)

Die mysteriösen Todesfälle der Bühnenwelt

George Reeves (1959)[179]: Der Schauspieler, der Superman spielte, wurde tot in seinem Schlafzimmer gefunden. War es Mord oder nicht? Bisher gibt es einige Verschwörungstheorien zu diesem Vorfall. Offiziell wurde sein Tod als Selbstmord angesehen. Es gibt jedoch immer noch viele Zweifel an der Suizidtheorie. Hätte Reeves nach einer Party, nur drei Tage vor seiner Hochzeit, Selbstmord begehen können?

Wie wir es von einer billigen Filmproduktion erwarten, war es eine der schlampigsten Untersuchungen aller Zeiten. Es wurden keine Fotos vom Tatort gefunden. Die Waffe wurde nie auf Fingerabdrücke überprüft. Reeves' Leiche wurde einbalsamiert, bevor eine Autopsie durchgeführt wurde. Und die Polizei warf seine blutigen Laken einfach in die Waschmaschine. Warum berichteten die Zeitungen, dass George Reeves arbeitslos sei?

Das war eine Lüge. Tatsächlich wussten sie, dass „Superman's Adventures" für eine weitere Staffel ausgewählt wurde, vielleicht sogar für zwei – mindestens 26 weitere Episoden. Der Vertrag enthielt sogar eine vorgeschlagene Australien- und Japan-Tour. Seine Show war so beliebt. Es war, als hätte die Presse das Selbstmordszenario vor der polizeilichen Untersuchung entschieden, was verdächtig war. Direkt auf der Straße, wo sich das Haus von George Reeves befand, sollte der Mord an Sharon Tate stattfinden, der etwa zehn Jahre später inszeniert werden sollte. War das ein Zufall?

---

179 https://www.guidograndt.de/2018/05/31/sodom-hollywood-2-wurde-der-erste-superman-der-filmgeschichte-ermordet/

Marilyn Monroe (1962): Nach einer langen Untersuchung wurde Marilyn Monroes Tod als Selbstmord bestätigt. Jahre später wird dies immer noch in Frage gestellt. Könnte es sein, dass das Sexsymbol der 1950er Jahre getötet wurde, um einen Skandal zu vermeiden, da es Gerüchte gab, sie sei die Freundin von Präsident Kennedy? Marilyn wurde in der Nacht des 5. August 1962 tot aufgefunden, mit einem Telefonhörer in der Hand. Auf dem Nachttisch stand eine leere Flasche Schlaftabletten. Es gab keinen Abschiedsbrief, kein vorheriges Abschiedsgespräch, nicht den geringsten Hinweis auf ihre Absichten. Wurde sie Opfer eines kaltblütigen Mordes? Nach der Autopsie diagnostizierten die Ärzte bei ihr den Tod durch eine Überdosis Drogen, in ihrem Magen wurden jedoch keine Tabletten gefunden. Mit der Zeit kamen neue Erkenntnisse über den Fall ans Licht. Es stellte sich beispielsweise heraus, dass Marilyn vor ihrem Tod den Schauspieler Peter Lawford (der auch Kennedys Schwager ist) anrief, mitten im Satz jedoch plötzlich aufhörte zu reden und auflegte, was einige zu der Annahme veranlasste, dass sie möglicherweise ermordet wurde. Es gab Gerüchte, dass das FBI sie verfolgte. Obwohl John F. Kennedys Schwager Peter Lawford nicht anwesend war, war der Schauspieler der Letzte, der live mit Monroe sprach. Ihr letztes Telefongespräch beendete sie mit den Worten: „Auf Wiedersehen, Pat, auf Wiedersehen an den Präsidenten. Und auf Wiedersehen an Sie, weil Sie ein guter Mann sind."

1982 wurde die Untersuchung offiziell eingestellt. Die abschließende Prüfung dauerte 3,5 Monate und dann erklärte der US-Generalstaatsanwalt, der Fall sei abgeschlossen. Es wurde diskutiert, dass die Todesursache aufgrund des Mangels an Beweisen, der widersprüchlichen Aussagen ihres Verwalters und dergleichen Mord sein könnte. Sogar die CIA, die Mafia und die Familie Kennedy wurden erwähnt. Die unzähligen verschreibungspflichtigen Pillen, die auf ihrem Nachttisch verstreut waren, erinnerten sicherlich an Selbstmord – aber die seit Langem bestehende Frage, was Monroes Tod wirklich verursacht hat, ging nie auf. Kurz gesagt, Monroe wurde mit ihrem Tod, dessen genaue Ursache unbekannt ist, zur Legende.

Jayne Mansfield (1967):Es wird angenommen, dass Jayne Mansfield im Juni 1967 bei einem Autounfall enthauptet wurde, aber die Wahrheit ist noch grausamer und weitaus trauriger. Am 29. Juni 1967, gegen zwei Uhr morgens, prallte das Auto mit ihren drei Kindern und Jayne Mansfield, und der Schauspielerin Mariska Hargitay, auf einer Autobahn in Louisiana gegen die Ladefläche eines Sattelschleppers. Bei dem Aufprall zerfiel das Dach von Mansfields Auto vollständig und die alle Erwachsenen auf dem Vordersitz kamen sofort ums Leben. Wie durch ein Wunder überlebten die Kinder, die auf dem Rücksitz schliefen. In den 1950er Jahren erlangte Jayne Mansfield als sexy Alternative zu Marilyn Monroe Berühmtheit. Doch als 1962 die Nachricht von Marilyn Monroes plötzlichem Tod Mansfield erreichte, äußerte sie ihre Besorgnis: „Vielleicht bin ich die Nächste."

„Der Kopf dieser weißen Frau wurde abgetrennt", heißt es in dem nach dem Unfall eingegangenen Polizeibericht. Mansfields Sterbeurkunde bestätigt, dass sie eine Schädelzertrümmerung und eine teilweise Ablösung des Schädels erlitten hat, eine Verletzung, die eher einer Häutung als einer Enthauptung gleicht. Ein weiteres Gerücht folgte der angeblichen Enthauptung Mansfields. Klatschjäger sagten, der Star, der eine Affäre mit Anton La Vey, dem Gründer der Church of Satan, hatte, sei verflucht.[180]

Sharon Tate (1969): Am 9. August 1969 wurde die amerikanische Schauspielerin Sharon Tate Opfer eines schrecklichen Verbrechens. Sharon Tate, die Tochter eines führenden US-Geheimdienstagenten und Ehefrau des berühmten Regisseurs Roman Polanski, wurde durch die Filme „Tal der Puppen" und „Tanz der Vampire" weltberühmt. Die 26-jährige Frau, im neunten Monat

---

180 Anton Szandor LaVey. Er war der Gründer und Hohepriester der Church of Satan. La Vey behauptete, der Erste zu sein, der den modernen Satanismus definiert und organisiert habe. Er war der Autor des 1969 veröffentlichten Buches über satanische Religion.

schwanger, wurde in der Nacht vom 8. auf den 9. August 1969 zusammen mit einigen ihrer Freunde auf dem Höhepunkt ihres Erfolgs erstochen. Sharon Tate, die im Wohnzimmer festgehalten wurde, war die letzte Überlebende, als Texas und Patricia (ihre Mörder) von draußen zurückkehrten. Sharon weinte und bettelte um ihr Leben und das ihres ungeborenen Kindes. „Bitte töte mich nicht, ich will nicht sterben. Ich will leben, ich will mein Baby haben." Die Antwort der Mörder war eindeutig: „Hör zu, Schlampe, du bist mir egal. Es ist mir egal, ob du ein Baby hast. Du wirst sterben und solltest besser darauf vorbereitet sein. Ich spüre nichts." Sharon bot den Mördern an, sie mitzunehmen, bis das Kind käme, dann könnten sie sie töten. Als dies abgelehnt wurde, verlangte sie, dass ihr Kind entführt werde, um es zu retten. Dies wurde ebenfalls abgelehnt. Drei Frauen und ein Mann, Mitglieder der Charles-Manson-Sekte, begingen den Mord auf Befehl ihrer Anführer. Einige Monate später wurden Mitglieder der Manson-Sekte verhaftet, im Prozess sagte Manson, er habe es nicht selbst getan. Tatsächlich war er nicht an den Morden beteiligt, aber drogenabhängig und ihm wird nachgesagt, dass seine Mitglieder ihm wie „hirnlose Roboter" zuhören. Mansons geheime Botschaften bestanden aus Zitaten aus der Bibel und der Beatles. Mit den Morden wollte er einen Rassenkrieg zwischen Schwarzen und Weißen entfachen und sich schließlich als Anführer beweisen. Er nannte seine Ideologie „Helter Skelter" nach dem gleichnamigen Beatles-Song. Er wurde als Teufel oder Jesus verehrt und ermutigte die Blutjungfrauen seines Kultes zur Prostitution und schließlich zum Mord. Sie entgingen der Todesstrafe, die einige Jahre nach dem Mord aufgehoben wurde. Das macht doch keinen Sinn, oder?

Bruce Lee (1973): Sein Tod war so schnell wie sein Leben. Es ist möglich, dass Bruces Tod eine Rache der Mafia war, mit der es einige Widersprüche gab, wie seine Verwandten behaupteten. Nach Lees Tod stellte sich heraus, dass sein Haus auf den Namen seines Butlers eingetragen war, der laut Testament 80 % des Vermögens erhielt. Es wurde vermutet, dass der Butler von derselben Bande Bruce Lee zugeteilt wurde. Die Ärzte diagnostizierten bei ihm ein Hirnödem, die Behandlung war zunächst erfolgreich, doch nach etwa einem Monat begannen die Kopfschmerzen erneut. Er beschwerte sich darüber bei seinem Co-Star Betty Ting Pei, die ihm die Kopfschmerztablette „Equajestic" gab. Diese Tablette enthielt Aspirin und Beruhigungsmittel. Später legte sich Lee hin, um sich auszuruhen, wachte aber nie wieder auf. Als Bruce Lee starb, nahmen die Gerüchte und Spekulationen kein Ende. Einer Theorie zufolge handelte es sich um die Rache einer geheimen kriminellen Organisation namens Triad. Einigen zufolge wurden er und seine Familie verflucht und deshalb ermordet. Offiziell handelte es sich um einen „Tod durch Vernachlässigung": Das in der Pille enthaltene Medikament war mit Lees Krankheit nicht vereinbar und löste eine tödliche Reaktion aus. 20 Jahre später starb der Sohn des Schauspielers, Brandon Lee, eines verdächtigen Todes, der als Beweis für diese Behauptung angeführt wurde.

Natalie Wood (1981): Die Schauspielerin Natalie Wood starb am 29. November 1981, der Tod wurde auf Unterkühlung und Erstickung zurückgeführt. Es wird angenommen, dass Wood versehentlich ins Wasser gefallen ist, als sie mit ihrem Ehemann Robert Wagner, dem Schauspieler Christopher Walken und dem Schiffskapitän auf einer Yacht unterwegs war. Darüber hinaus behaupten alle drei Männer, sie hätten nicht gesehen, wie Natalie Wood ins Meer fiel. Zum Zeitpunkt von Woods Tod wurde der Alkoholgehalt in ihrem Blut auf 0,14 Promille bestimmt, zudem wurden im Blut Schmerzmittel gefunden. Und obwohl diese Gründe völlig ausreichen, um die Übertreibung zu erklären, gibt es dennoch inkonsistente Details, die nicht in dieses Bild passen. Natalies Tod ereignete sich beispielsweise gegen zwölf Uhr mittags und anderthalb Stunden später wurden Notsignale gegeben. Außerdem heißt es, Wood habe das Boot losgemacht. Wohin wollte sie gehen? Und außerdem wurde ihre Leiche eine Meile von der Yacht entfernt gefunden und sie trug im November nur ein Nachthemd.

US-amerikanischer Regisseur Kubrick[181] (1999): Offiziellen Angaben zufolge soll der berühmte Regisseur Stanley Kubrick am 9. März 1999 in seinem Haus in Hertfordshire an einem Herzinfarkt gestorben sein. Aber er starb nicht an einem Herzinfarkt, wie seine Frau zuvor behauptet hatte. Einigen zufolge wurde er vom amerikanischen Geheimdienst getötet, weil Kubrick in das größte betrügerische Geschäft des 20. Jahrhunderts verwickelt war. Er wusste, dass der Mond nie besucht worden war und dass die gesamte Menschheit getäuscht worden war. Eine weitere Behauptung betraf den Zusammenhang mit Kubricks plötzlichen Tod kurz nach dem Ende seines letzten und mysteriösestem Films „Augen weit geschlossen" (Eyes Wide Shut). Die Hauptrollen im Film spielten **Tom Cruise** und **Nicole Kidman**, damals noch ein Ehepaar. In einem Interview mit der US-Zeitung „National Investigation" im Juli 2002 sagte Kidman, sie habe Kubrick zwei Stunden vor seinem Tod angerufen und ihn gebeten, nicht nach Hertfordshire zu kommen, und sagte: „Sie vergiften uns alle so schnell, dass wir nicht einmal Zeit zum Gähnen haben."

Nach diesen Aussagen tauchten in der europäischen Presse Gerüchte auf, dass die geheimen satanistischen Gesellschaften, denen viele Vertreter der wirschaftlichen, politischen und kulturellen Elite des Westens angehörten, Kubrick getötet hätten. Ein großer Teil des Films beschreibt ein gigantisches Ritual, das moderne Satanisten in einem eleganten Herrenhaus in der Nähe von New York durchführen. Aufgrund dieser Szene, in der Kubrick zeigen wollte, dass Satanisten heute die westliche Welt beherrschen, verzögerte die American Cinema Owners Association den Verleih des Films um vier Monate. Kurz gesagt, die

---

181 https://sascha313.wordpress.com/2018/09/24/warum-musste-stanley-kubrick-sterben/
https://www.pravda-tv.com/2022/02/rituale-der-elite-hat-kubrick-versucht-uns-durch-seinen-film-eyes-wide-shut-etwas-zu-enthuellen-video/

Szene der Orgie der Satanisten im Filmsegment hat sich so sehr verändert, dass am Ende nur noch auf die Erotikszenen eingegangen wird. Mit anderen Worten, der Richtungsänderungsmechanismus wurde angewendet.

Was wusste Kubrick?[182]

Er war der Leiter des gefälschten Mondlandeplans im Jahr 1969, und wenn es sich tatsächlich um eine Fiktion handelte – und die Beweise deuten darauf hin –, reichte dieser Grund allein aus, um ihn eng mit seinem Tod in Verbindung zu bringen. Offenbar wusste Kubrick mehr, als er herausfinden sollte, und versuchte herauszufinden, was hinter verschlossenen Türen vor sich ging. War er zu einer der Partys eingeladen und hatte er aus erster Hand dokumentiert, was dort vor sich ging?

Vielleicht hatte ihm jemand etwas erzählt, was passiert war. Wir werden es nie genau wissen, aber die Botschaften, die Kubrick uns in seinem Film („Eyes Wide Shut") zu vermitteln versucht, sind sehr klar. Der Film wurde in einer Rotschild-Villa gedreht. Wenn Sie den Film gesehen haben, fühlen Sie sich möglicherweise verwirrt sein. Es gab Gerüchte, dass über 20 Minuten des Films gekürzt wurden, nachdem Kubrick ihn dem Studio vorgestellt hatte. Dieser Abschnitt gibt es nicht mehr und unzugänglich. Es wird behauptet, dass in diesem fehlenden 20-Minuten-Schnitt eine Zeremonie (satanistische Rituale?) durchgeführt werden könnte. Noch verdächtiger ist Kubricks Tod nur wenige Tage nach Fertigstellung des Films. Kubrick wollte sein Schweigen brechen und den vielleicht größten Skandal in der modernen amerikanischen Geschichte aufdecken. Viele Verwandte und Freunde von Stanley Kubrick glauben, dass er getötet wurde, weil er dieses Geheimnis preisgeben wollte. Kubrick hatte enge Verbindungen zu Geheimge-

---

182 https://sascha313.wordpress.com/2018/09/24/warum-musste-stanley-kubrick-sterben/
https://www.pravda-tv.com/2017/08/gestand-stanley-kubrick-dass-er-an-der-gefaelschten-mondlandung-beteiligt-war-videos

sellschaften und wusste sehr wichtige Dinge. Wenn Kubrick getötet würde, weil er zu viel preisgegeben hätte, könnte das eine Bedrohung für andere sein, die mit dem Gedanken spielen, dasselbe zu tun.

Kubricks letztes Interview wurde 17 Jahre nach seinem Tod veröffentlicht: Nach 17 Jahren Produktion konnte T. Patrick Murray sein Werk endlich veröffentlichen. Ob das wirklich wahr ist oder eine geschickt platzierte Desinformation, die auf dem Kern einer Tatsache basiert, muss jeder für sich selbst entscheiden.

Hier ist eine Übersetzung der wichtigsten Teile des Interviews:
Kubrick: Es ist schwer für mich, weil ich zum ersten Mal darüber spreche.

Murray: Kein Problem. Nehmen Sie sich die Zeit, die Sie brauchen.

K: Wahrscheinlich eine Art Geständnis. Ich habe einen Film gemacht, von dem niemand etwas wusste. Auch wenn sie es gesehen haben.

M: Ein Film, den Sie gemacht haben und von dem niemand etwas weiß?

K: Das ist wahr. Überrascht Sie das? Ich war mitverantwortlich für einen massiven Betrug, um das amerikanische Volk zu täuschen. Ich werde es jetzt erklären. Die amerikanische Regierung und die NASA mischten sich ein. Die Mondlandungen waren eine Fälschung. Alle Mondlandungen waren gefälscht, und ich war derjenige, der diese Filme gemacht hat.

M: Wovon reden Sie? Ist das Ihr Ernst?

K: Es war eine imaginäre Mondlandung, reine Fiktion. Finden Sie es nicht wichtig, dass die Menschen die Wahrheit erfahren?

M: Warum erzählen Sie mir das?

K: Mit meiner Hilfe war es möglich. Das ist kein Witz oder so. In diesem Fall haben die Verschwörungstheoretiker recht! Es hat meiner künstlerischen Integrität geschadet. Ich habe buchstäblich Bestechungsgeld angenommen.

M: Warum mussten Sie die Mondlandungen vortäuschen? Warum sollte die Regierung so etwas tun?

K: Es ist kein Geheimnis, dass die NASA schon immer Kennedys Vorhersage erfüllen wollte, dass wir vor 1970 auf dem Mond landen. Andere Produzenten wie Steven Spielberg, Martin Scorsese und sogar Woody Allen lehnten damals eine Beteiligung ab. Niemand wollte es tun. Ich habe schließlich zugesagt. Die Welt muss wissen, dass die Mondlandungen am Ende gefälscht sind. Ich sehe sie als meine Meisterwerke.

M: Sie haben nie darüber gesprochen, also glauben Sie, dass Sie in 10–15 Jahren sterben werden?

K: Das stimmt, ich habe vielleicht noch 10 oder 15 Jahre Zeit.

M: Warum mussten Sie so tun, als wären Sie auf dem Mond gelandet?

K: Weil es unmöglich war, zum Mond zu fliegen. Ich drehte den Film „2001 – A Space Odyssey" und bekam mit meiner Filmerfahrung die staatliche Ausschreibung. Damals konnte ich mir die Moral dieser Aktion nicht vorstellen. Aber es störte Neil Armstrong ...

Ähnliche Behauptungen erhebt nun ein russischer Kosmonaut. Der erste Mensch, der einen Weltraumspaziergang unternahm, war der ehemalige Kosmonaut Alexey Leonov. Während der Voskhod-1-Mission am 18. März 1965 blieb er zwölf Minuten lang außerhalb der Raumkapsel. Leonov ist einer der letzten überlebenden Zeugen des frühen Weltraumprogramms. Er war auch gut mit Neil Armstrong und anderen Apollo-Astronauten befreundet.

Es stellte sich heraus, dass mit Kubricks Geständnissen das, was manche heute als Verschwörungstheorien bezeichnen, eigentlich Verschwörungspraktiken genannt werden sollte ... oder?

Heath Ledger: 2008 tot aufgefunden; er war erst 28 Jahre alt. War es doch Selbstmord oder nicht? Der Schauspieler lag auf dem Boden seiner Wohnung, umgeben von Stapeln von Pillen. Die Dreharbeiten zu „I'm Not There" sind beendet, doch am Ende von „The Dark Knight" bricht plötzlich Schlaflosigkeit aus. Der Mann, der dieses Problem vorher nicht hatte, beginnt plötzlich, schwere Drogen zu nehmen. Die Todesursache ist auf eine Überdosis dieser Medikamente zurückzuführen. Alle Nachrichtensender und Zeitungen gaben den Zeitpunkt von Ledgers Tod mit 3:36 Uhr am Morgen dieser Nacht an. Doch es war 14:45 Uhr, als das Hausmädchen bemerkte, dass Ledger nicht atmete. Es gibt viele Gerüchte, dass er möglicherweise von der Mafia getötet wurde oder dass Heath Ledger sich so sehr in die Rolle des Jokers (im Film „The Dark Knight") vertieft hat, dass er sich nicht mehr von seiner Figur trennen kann, was dahingehend interpretiert wird, dass es ihn psychisch instabil machte. Seine Schwester sagte dem Daily Telegraph: „Viele Zeitungen schrieben, dass er deprimiert sei und dass diese Rolle sein Opfer erfordere (…), aber das stimmt nicht."

Brittany Murphy (2009): Die Ermittlungen rund um Brittany, die auf tragische Weise ums Leben kam, hinterließen sicherlich mehr Fragen als Antworten. Die Künstlerin fiel am Morgen des 20. Dezembers 2009 im Badezimmer ihres Hauses in Los Angeles in Ohnmacht. Sie wurde sofort ins nächstgelegene Krankenhaus gebracht, doch die Ärzte konnten nur mehr feststellen, dass sie an den Folgen eines Herzinfarkts gestorben war. Brittany war erst 32 Jahre alt. Zunächst wurde ihr Tod nur als eine Kombination aus einem unglücklichen Umstand und der Folge einer damit verbundenen schweren Anämie erklärt. Dies führte auch zum Tod. Ihr Tod wurde von den zuständigen Behörden durch Herzversagen festgestellt, später als Unfall infolge falscher Selbstmedikation eingestuft. Damit wurden die Ermittlungen von der Polizei eingestellt. Im Jahr 2013 begann Brittany Murphys Vater mit unabhängigen Tests an Murphys Haaren, Blutproben und Gewebe. Dabei wurden hohe Werte von zehn Schwermetallen festgestellt. Vielleicht war die Situation schmutziger und giftiger als bisher angenommen. Murphy war gestorben, nachdem sie mehrere Tage lang grippeähnliche Symptome gezeigt hatte. Später äußerte Murphys Vater ausdrücklich Skepsis gegenüber der offiziellen Erklärung zu den Umständen ihres Todes. Was noch seltsamer ist: Ungefähr fünf Monate nach Murphys Tod starb ihr Mann Simon Monjack mit ähnlichen Symptomen.

Robin Williams (2014): Es hieß, er sei depressiv gewesen und habe Selbstmord begangen. Als sich der Schauspieler und Komiker Robin Williams im August 2014 in seinem Haus in Kalifornien erhängte, löste die Nachricht von seinem Tod weltweit Unverständnis aus. Die Faktoren, die zu seinem Selbstmord führten, stießen auf Skepsis, da Williams' Kollegen und Freunde argumentierten, dass Depressionen zu seinem Geisteszustand beigetragen hätten. Die Witwe von Robin Williams, Susan Williams, erzählte dem People Magazin ein Jahr nach dem Tod ihres Mannes: „Es war nicht die Depression, die ihn getötet hat", und dass der Schauspieler an einer schwächenden Gehirnkrankheit namens Lewy-Körper-Demenz litt. Robin wurde möglicherweise getötet. In den sozialen Medien wird sogar behauptet, er sei von den Illuminaten getötet worden und es wurde der Anschein eines Selbstmordes erweckt. Es heißt, dass diese mysteriöse Organisation alle Machtzentren der Welt kontrolliert.

David Crowley (2015)[183]: Crowley, ein junger und talentierter Filmemacher, entschied sich für seinen neuesten Film, „The Grey State", nachdem er sich jahrelang mit allen Aspekten des Films beschäftigt hatte, darunter Musik, Sounddesign, Kostüme, visuelle Effekte, Schnitt, Marketing, Produktion und Regie. Am 17. Januar 2015 wurde die Polizei von Nachbarn zum Haus des jungen Filmemachers David (29), seiner Frau Komel (28) und ihrer 5-jährigen Tochter Rani gerufen. Drinnen wurde die gesamte Familie tot aufgefunden, sie muss schon lange dort gewesen sein, da ihre Körper zu verwesen begannen,

183 https://outoftheboxmedia.tv/2022/01/04/the-grey-state-ein-film-den-man-nicht-wollte-musste-david-crowley-deshalb-sterben/

der Familienhund wurde lebend aufgefunden. Sein Vater und seine Mutter starben auf mysteriöse Weise nur acht Monate nach David. Der Kriminalpolizeibericht präsentierte eine unlogische Szene voller Widersprüche und seltsamer Daten. Die Belastungen in Davids Leben, sein Geisteszustand und sein Filmprojekt wurden angesprochen. Der Tatort wurde jedoch kaum untersucht und es wurde festgestellt, dass David zuerst seine Familie und dann sich selbst erschossen hatte, sodass der Fall eingestellt wurde.

Ein unerwünschter Film, der Grey State-Film. Musste David Crowley deshalb sterben?

David Crowley verteidigte die folgenden Diskurse: „Was man über Verschwörungstheorien verstehen muss, ist, dass sie ab einem bestimmten Punkt keine Theorie mehr sein können." „Was wir im Nahen Osten tun, ist moralisch verwerflich. Und wenn Sie das nicht verstehen, müssen Sie es die Augen öffnen, denn Sie sind ein Sklave der heimtückischsten globalen Agenda und Sie sind selbst dafür verantwortlich. Eines Tages müssen Sie erkennen, dass Sie nicht besser sind als ein treuer Hund, der alles für den Staat tut."

David war eine Art Pionier der mutigen Stimmen, die gegen das Fehlverhalten erhoben werden mussten, egal, was gerade Schlimmes passierte, insbesondere für Patrioten in den Vereinigten Staaten. Gerade deshalb ist Crowleys Film heute so wichtig, weil der talentierte Filmemacher mit seinem Wissen, seiner Erfahrung und seiner Forschungskraft diesen Dokumentarfilm ins Leben gerufen hat. Beschreibende Dokumentarfilme decken die verborgenen, unbekannten Aspekte einer Sache auf und enthüllen häufig schlechte oder unethische Aspekte einer Person oder Situation. Produzenten gehen das Projekt in der Regel mit einer bestimmten Perspektive auf ein Thema an, wählen dann das Filmmaterial aus, bearbeiten es und präsentieren es dem Publikum aus einer offenen Perspektive. Durch die Aufdeckung der Fakten entsteht eine Erzählung, die zu einer vorher festgelegten Schlussfolgerung führt. Wenn die Ausdruckskraft dieses Dokumentarfilms ausreicht, wenn die Auswahl der Schlüsselfaktoren und seine realistische Darstellung ausreichend sind, kann das Ergebnis natürlich ein kraftvoller Propagandafilm sein. Es gibt diejenigen, die die Entstehung eines solchen Qualitätsfilms um jeden Preis verhindern wollen.

Die mysteriösen Todesfälle der Musikwelt

Brian Jones (1969): Das Gründungsmitglied und Gitarrist der Rolling Stones ertrank in seinem Pool in seinem Haus in Hartfield. Seitdem verbreiteten sich wilde Gerüchte über Jones' Tod. Mick Jagger und die Band „Rolling Stones" hatten viel Spaß zusammen. Damals war Jones erst 27 Jahre alt und ertrank unter Drogeneinfluss in einem Schwimmbad. Die Mordgerüchte dauern weiterhin an. Offiziell einen Monat vor seinem Tod sollen die Rolling Stones ihn gefeuert und anschließend soll er seinen Drogenkonsum gesteigert haben. Am 3. Juli 1969 starb Brian Jones im Alter von 27 Jahren. 50 Jahre nach seinem Tod gibt es Zweifel an der offiziellen Version der Geschichte, laut seiner Tochter sei sein Tod kein Unfall, sondern Mord gewesen.

Jimi Hendrix (1970): Rock-Ikone Jimi Hendrix verstarb am 18. September 1970; er war erst 27 Jahre alt. Er soll im Schlaf in der Wohnung seiner Freundin Monika Dannemann gestorben, an seinem Erbrochenen erstickt sein, nachdem er das 18-Fache der empfohlenen Dosis Barbiturate eingenommen und mit Rotwein heruntergespült hatte. Obwohl es Hinweise darauf gibt, dass Hendrix in seinen letzten Tagen nicht gut aussah und sich nicht gut fühlte, glauben viele immer noch, dass an dieser widersprüchlichen Geschichte etwas nicht normal ist. Zum Beispiel: Dannemann behauptete, dass sie Jimi keuchend vorfand, sie habe einen Krankenwagen gerufen und ihren Freund ins Krankenhaus begleitet, er sei aber auf dem Weg dorthin gestorben. Aber Rettungskräfte erzählten eine andere Version des Vorfalls: Als sie in der Wohnung ankamen, befand sich niemand außer der

Leiche im Bett. Sie sagten, dass Dannemanns Aussagen, stimmte nicht. Weil er ständig verwirrt war und ihre Version änderte.

Jim Morrison (1971): Doors-Frontmann Jim Morrison wurde am Morgen des 3. Juli 1971 tot in einer Badewanne in seiner Pariser Wohnung aufgefunden. Er war 27 Jahre alt. Mysteriöse Gerüchte über Morrisons Tod werden durch die seltsame Tatsache angeheizt, dass niemand eine Autopsie durchgeführt hat. Morrisons Freundin Pamela Courson behauptete, Morrison sei an einer tödlichen Überdosis Heroin gestorben; sie glaubte, dass es ein Unfall war und dass Jim Heroin mit Kokain gemischt hatte. Als offizielle Todesursache wurde Herzinfarkt angegeben, da diese nicht sicher bekannt war. Eine Autopsie wurde nicht durchgeführt und die Leiche blieb mit Courson in der Wohnung, bis sie drei Tage später auf dem Friedhof Père Lachaise beigesetzt wurde. Es ist auch seltsam beunruhigend, dass Courson die US-Botschaft anlügt, um die Beerdigung zu beschleunigen, und behauptet, Morrison sei kein enger Verwandter. Es heißt, bei der Beerdigung sei nicht einmal ein Priester anwesend gewesen. Schließlich kennt niemand den Namen des Arztes, der Zeuge von Morrisons Tod war, da Courson behauptet, sie könne sich nicht an seinen Namen erinnern. So schloss sich Jim Morrison wie andere dem „**Club 27**" der Verstorbenen der Musikwelt an.[184]

Elvis Presley, „King of Rock'n'Roll" (1977): Er wurde tot in seinem Badezimmer aufgefunden. Er litt unter Drogenabhängigkeit. Elvis Presley starb am 16. August 1977 im Alter von 42 Jahren im Badezimmer seiner Villa in Graceland. Es hieß, der King of Rock'n'Roll sei an einem Herzinfarkt gestorben, doch später stellte sich heraus, dass es zu einer Reihe ungeklärter Ereignisse kam. Medikamente, darunter Codein mit Konzentrationen 10-fach über der empfohlenen Dosis. Diese Information

---

184 Club 27 beschreibt eine Reihe wichtiger Musiker, die im Alter von 27 Jahren starben.

schockierte die Musikwelt und man stritt sich über den Mord an Presley. Als Elvis starb, war sein Gesundheitszustand in einem schrecklichen Zustand: Er wog fast 160 kg und war fast bettlägerig. Bei seinem letzten Konzert kann man nicht nur sehen, sondern auch spüren, wie schmerzhaft es für ihn war. Elvis weint zum Abschied und das Gefühl, zu wissen, dass er sich verabschiedet und sterben wird, lässt einen nicht los. Und es gibt immer noch Menschen, die sich fragen, was es war: War es Selbstmord, Mord oder nur ein tragischer Unfall?

John Lennon (1980): Lennon wurde am 8. Dezember 1980 vom „wiedergeborenen Christen" Mark David Chapman am Eingang des Dakota-Wohnhauses in New York City, in dem Lennon lebte, ermordet. Der Mord an Lennon bleibt für viele ein Rätsel, da die Menschen nicht genau verstehen, was Chapman dazu veranlasste, die Waffe auf den legendären Musiker zu richten und fünf Schüsse abzugeben. Viele glauben, dass die Fakten nicht alles erklären und dass Lennons Tod Teil von etwas Größerem sein muss. Es gibt sogar eine Theorie über eine CIA-Verschwörung zur „Eliminierung" Lennons. Dieser Theorie zufolge wurde Chapman vom Secret Service rekrutiert. Das war eine seltsame Situation, denn als Chapman verhaftet wurde, hatte er das Buch „The Hunter in the Rye" bei sich und erklärte, dass er sich wie der Protagonist dieses Romans verhielt (tatsächlich ist dies eine sehr offensichtliche Situation, da wird unsere Aufmerksamkeit immer auf ein etabliertes Szenario gelenkt und der Fall ist somit abgeschlossen). Einigen zufolge wurde Lennon von der US-Regierung getötet. Grund dafür waren Lennons Reden gegen den damaligen US-Präsidenten Ronald Reagan.

Kurt Cobain (1994): Cobains Leiche wurde am 8. April 1994 vom Elektriker Gary Smith entdeckt. Smith kam, um das Sicherheitssystem einzurichten, kletterte die Leiter zum Gewächshaus über der Garage hinauf und sah durch die Glastür eine Schaufensterpuppe auf dem Boden liegen, wie er zuerst dachte, doch es war Cobain. Am 5. April verbarrikadierte sich Cobain im Gewächshaus, schrieb einen Abschiedsbrief an einen imaginären Freund namens Boddah, injizierte sich eine Mischung aus Valium und Heroin, legte sich dann auf den Boden und drückte ab. Die vielen Ungereimtheiten und Widersprüche, die bei der Betrachtung dieses Todesfalls zutage traten, waren die Ursache vieler Verschwörungstheorien: Beispielsweise wurde die Waffe nur einen Monat später von der Polizei in Seattle inspiziert, und auf der Waffe waren die Fingerabdrücke des Beamten verschmiert, was Experten zu der Behauptung veranlasste, jemand habe sie abgewischt. Viele argumentieren auch, dass Cobains Brief eigentlich kein Abschiedsbrief war, sondern eher eine Erklärung, dass er das Musikgeschäft verlassen hatte. Der Privatdetektiv Tom Grant, der von Courtney Love (seine Ehefrau) angeheuert wurde, um ihn Tage vor dem Tod ihres Mannes aufzuspüren, ist einer der führenden Befürworter der Theorie, dass Cobains Tod Mord und kein Selbstmord war. Grant hat mehrere starke Argumente für seine Theorie und verteidigt sie weiterhin hartnäckig.

Michael Jackson (1958–2009): Er starb an einer Überdosis Drogen. Gegen seinen persönlichen Arzt wurde ermittelt. Er hatte dem schlaflosen Künstler wochenlang starke Medikamente verabreicht. Das Verschwinden des Arztes bei dem vor seinem Tod getätigten Notruf für eine Weile und der erwähnte Drogencocktail hielten die Verdachtsmomente auf hohem Niveau. Die Ärzte, die auf den Ruf von Conrad Murray, dem Leibarzt des Pop-Idols, eintrafen und den leblosen Michael im Bett fanden, konnten nicht helfen. Bei der Autopsie wurden in Jacksons Magen große Mengen der stärksten Schmerzmittel gefunden. Zudem war er stark geschwächt: Er war 178 cm groß und wog nur 51 kg. Der Verdacht fiel jedoch bald auf Conrad Murray. Der Wachmann des Stars sagte sogar gegen Jacksons Leibarzt aus, der sich daran erinnerte, wie er versuchte, Michael wiederzubeleben, bevor der Krankenwagen eintraf, plötzlich anhielt und begann, die verstreuten Glühbirnen zu verstecken. Ein Freund des Sängers erinnerte sich, ihn am Vortag fröhlich und gesund gesehen zu haben. Über den Tod von Michael Jackson wurde viel gesprochen, und überraschende Details über das Geschehen entgingen der Aufmerksamkeit der Öffentlichkeit nicht. Jackson wurde am 25. Juni 2009 von seinem Arzt Conrad Murray tot aufgefunden, der feststellte, dass der Sänger nicht atmete und nicht auf Wiederbelebungsversuche reagierte. Ein Krankenwagen wurde gerufen, Jackson wurde in das nächstgelegene Krankenhaus gebracht, wo er offiziell für tot erklärt wurde. Es gibt viele Kuriositäten in dem Fall: Im Blut des Sängers wurden eine tödliche Dosis Propofol und ein Beruhigungsmittel Benzodiazepin gefunden. Dies löste große Empörung aus, da Jacksons Medikamente von demselben Arzt, Murray, geliefert wurden. Es ist noch unklar, warum der Sänger die Medikamente in so hohen Dosen einnahm[185]. Seine Tochter **Paris** sprach in einem Interview mit dem Magazin „**Rolling Stone**" offen über den „Mord": „Mein Vater wurde getötet!", sie erwähnte auch, was ihr Vater gesagt habe: „Eines Tages werden sie mich fangen." Auch **Lisa Marie Presley**, die Tochter von Elvis Presley, mit der Jackson fast zwei Jahre verheiratet war, sagte, dass ihr Ex-Mann nach ihrer Scheidung Angst hatte, getötet zu werden.

Michael Jackson warnte vor seinem Tod mehrfach vor einer umfassenden Verschwörung und versuchte, mit seinen Geldern eine Gegenmeinung zu schaffen. In einer Rede an seine Fans sagte er sogar: „Die Medien lügen! Die Medien manipulieren! (...) Ich habe es satt, belogen zu werden, dass alles, was um uns herum passiert, manipuliert wird. (...) Dieselben Leute, die unsere Medien manipuliert haben, haben auch unsere Geschichtsbücher manipuliert! Unsere Geschichtsbücher sind nicht wahr. Das sind alles Lügen! Das sollten Sie alle wissen! Alles, was ist und passiert ist, ist, dass die Verschwörer, die größeren Eliten, die Macht haben. Es ist Zeit für Veränderung!"

---

185 https://www.info-direkt.eu/2017/01/26/warum-wurde-michael-jackson-ermordet/

Amy Winehouse (2011): Der Tod der 27-jährigen Amy Winehouse, einer in der Musikwelt einzigartigen Stimme, schockierte ihre Fans. Amy war eine englische Soul- und Jazz-Sängerin und Songwriterin. Amy wurde tot in ihrem Haus in London aufgefunden und soll an einer Alkoholvergiftung gestorben sein. Jeder, der über ihren Lebensstil Bescheid wusste, bemerkte, dass sie „definitiv an Alkohol oder Drogen gestorben" sei, als er die Nachricht zum ersten Mal hörte. Ihre Familie behauptete jedoch, dass sie kurz vor Winehouses Tod vollständig „gereinigt" worden sei und weder Alkohol noch Drogen konsumiert habe. Das bereits bekannt gegebene Obduktionsergebnis überraschte alle. Denn von Alkohol oder Drogen war bei der jungen Sängerin keine Spur. Amys Mutter sagte: „Als wir uns das letzte Mal trafen, sagte sie: Ich liebe dich, Mama. Erinnere dich immer an mich, es war, als würde sie sich von mir verabschieden." Die Todesursache von Amy Winehouse bleibt ein Rätsel.

Whitney Houston (2012): Sie wurde tot in der Badewanne ihres Zimmers im Beverly Hills Hotel aufgefunden. Sie hatte zuvor Drogen genommen. Nach der Autopsie kam man zu dem Schluss, dass die Sängerin nach der Einnahme von Drogen erstickt sei. Auch ihre Tochter Bobby Kristina wurde drei Jahre später tot in der Badewanne aufgefunden. Paul Huebl, Inhaber eines Privatdetektivbüros in Los Angeles, gab bekannt, dass er starke Beweise dafür gefunden habe, dass die berühmte 48-jährige Sängerin von der Mafia getötet wurde „Ihr Körper trug die klassischen Spuren eines Selbstverteidigungskampfes", sagte Huebl dem National Enquirer.

Prince (1958–2016): Die Todesursache wurde lange Zeit nicht bekannt gegeben, schließlich wurde eine Überdosis Schmerzmittel angegeben. Aber es gibt viele Anzeichen dafür, dass er getötet wurde. Er trug auch ein Geheimnis in sich, das Prince fünf Jahre zuvor in einem Interview verriet: Wie Michael Jackson erklärte er, dass er sowohl an die Chemtrails als auch an die

Illuminati glaube, dass eine Neue Weltordnung und die Entvölkerung der gesamten Welt geplant seien. Einige glauben, dass hinter diesem Geheimnis ein tödlicher Plan steckt, angefangen bei den Widersprüchen der Polizeiaussagen über die schnelle Einäscherung seines Körpers bis hin zu all den versteckten Implikationen.

Isaac Kappy (1977–2019): US-amerikanischer Schauspieler, Autor und Musiker. Zu seinen Erfolgen zählen „Fanboys" (2009), „The Terminator", „Deliverance" (2009) und der Marvel-Film „Thor" (2011). Kappy war erst 42 Jahre alt, als er 2019 in Bellemont, Arizona, starb und offiziell Selbstmord beging. Kappy warf seinem Schauspielerkollegen Seth Green und dem Regisseur Steven Spielberg sexuelle Belästigung vor. Kurz vor seinem Tod nahm Isaac Kappy ein weiteres Video über Pädophile, Kinderhandel und andere dunkle Engel auf. Gerüchten zufolge hat Kappy sich nicht umgebracht, er wurde getötet, weil er einige Täuschungen aufgedeckt hatte. Aber das ist (zumindest im Moment) reine Spekulation. Seine letzten Worte in einem Internet waren wie folgt: „Möchten Sie in einer Welt des Friedens, der Ruhe und des Wohlstands leben? Möchten Sie in einer Welt leben, in der sich der menschliche Geist den Herausforderungen des Kosmos stellt, oder möchten Sie in einer Welt leben, in der gewalttätige Pädophile uns ausnutzen, uns misshandeln, unsere Kinder vergewaltigen und töten?"

Mysteriöse Todesfälle in Politik und Staatsverwaltung

Atatürks mysteriöser Tod (1881–1938)[186]

Am 10. November 1938 ging die Nachricht vom Tod von **Mustafa Kemal Atatürk**, dem Gründer der Türkischen Republik, einem brillanten Führer und Denker, in die Geschichte ein. Was wir offiziell wissen, ist, dass die Todesursache „Zirrhose" war. Darüber hinaus war eine der Erklärungen dafür, dass die Leberzirrhose durch zu viel Alkohol verursacht wurde. Atatürk war einer der beliebtesten und unendlich respektierten Führer unter den Führern, die seit Tausenden von Jahren auf türkischem Boden existierten. Gleichzeitig war er bei einigen bösartigen Ideologien ein so verhasster Mann, dass man dachte, er sollte eliminiert werden. Der beste Ausdruck dafür stammt angeblich von David Rockefeller: **„Wegen Atatürk mussten wir unsere Pläne um ein halbes Jahrhundert verschieben. Wir machen jetzt weiter!"**

Was auch immer diese Pläne sind, wir müssen wissen und verstehen, dass es möglicherweise nicht angebracht ist zu sagen, dass die Türkei hier nur als ein Land ins Visier genommen wird.

---

186 https://www.odatv4.com/guncel/icimde-hicbir-suphe-kalmadi-ataturku-zehirleyerek-sehit-ettiler-04111810-149564
https://evreningizemleri.blogspot.com/2012/03/ataturk-olduruldu-mu-ataturku-kim.html
https://diogetsu.wordpress.com/2017/02/22/mustafa-kemal-ataturk-olduruldu-mu/
https://play.google.com/books/reader?id=NExhEAAAQBAJ&pg=GBS.PP1&hl=de

Die Wahrheit ist, dass die Bedeutung der geopolitischen Lage[187] der Türkei unbestreitbar ist, was sie sie zu einem der Hauptziele macht, die insbesondere erobert werden müssen. Könnten der freie Erwerb und die Ausbreitung einer absoluten Macht über die Türkei mit der Existenz Atatürks vereinbar sein? Natürlich nicht!

Es gibt viele Gründe, warum er nicht am Leben bleiben sollte, zum Beispiel ließ Atatürk 1935 die Freimaurerlogen schließen. **Avram Benaroyas**, ein 33-Grad-Freimaurer aus Varna, erfuhr von dieser Situation, als er bei einem Treffen in Moskau war, wurde wütend und sagte: „Dieser blonde Anführer wird auf jeden Fall entfernt! Das Schicksal derjenigen, die unseren Zielen einen vernichtenden Schlag versetzen, ist der Tod unter katastrophalen Bedingungen!" (Auszug aus historischen Memoiren, veröffentlicht in der Zeitung Laiki Foni, „Volksstimme", Griechenland, 1948). **Atatürks** Tod sollte ohne Verdacht zu erregen und mit perfekt organisierter Geheimhaltung erfolgen. So wurde Atatürk in den letzten beiden Jahren seines Lebens einer heimtückischen Operation unterzogen, die wahrscheinlich im Jahr 1936 begann und bis zu seinem Tod dauerte.

In der Tat wurden auf Atatürk ständig viele gescheiterte Attentate verübt, während er jedes von ihnen überwand, erlag er am Ende dem heimtückischsten, hinterhältigsten, im wahrsten Sinne des Wortes verräterischsten, d. h. irgendwie wurde durch Vergiftung langsam und leise seine körperliche Lebendigkeit abgestumpft. Und Gerüchten zufolge wurde sein Leben in der

---

187 Die Türkei ist ein wichtiger Knotenpunkt, der die asiatischen, und europäischen Kontinente verbindet, und verfügt über eine Meerenge von großer strategischer Bedeutung, die auf drei Seiten von Meeren umgeben ist. Darüber hinaus haben die reichen kulturellen Ansammlungen Anatoliens, die viele Zivilisationen beherbergen, noch dazu die geografische Lage in der mittleren Generation, die Leben in allen vier Jahreszeiten ermöglicht, klimatische Vielfalt geschaffen, in fruchtbaren Ebenen können verschiedene Kulturen angebaut werden und das Potenzial des Landes mit reichen Wasserressourcen hat seine geopolitische Bedeutung erhöht.

Nacht zuvor zwischen neun und elf Uhr durch einen körperlichen Eingriff beendet. Über diese Zahlen sollte man nachdenken, wie zum Beispiel beim Einsturz der Twin Towers 9/11 in der Geschichte, denn diese Zahl kommt im **Okkultismus** sehr häufig vor und irgendwann geht das über das Zufällige hinaus.

Wurde Atatürk wirklich getötet?

Hier listen wir eine Reihe widersprüchlicher, höchst zweifelhafter Ereignisse auf, die sich während Atatürks Krankheit und nach seinem Tod ereigneten:

- **M. Kemals Tod geschah am 10. November (1938) nicht nach 9 Uhr 5!**[188] Diese Erzählung ist nicht wahr, sondern nur eine offizielle Erklärung, die entworfen und verkündet wurde. Offizielle Berichte über M. Kemals Gesundheit wurden täglich erstellt und in den Zeitungen veröffentlicht. In der Erklärung vom 8. November wurde das schwere Koma erwähnt, das bis zu Kemals Tod andauern würde. Am 9. November fiel Atatürk gegen Abend erneut ins Koma. Die Ärzte am Krankenbett vermerkten „Agonie" im Beobachtungsbuch. Agonie bedeutet „sterbend". Tatsächlich enthielt die Blitzausgabe der Zeitung „Cumhuriyet" in der Nacht des 9. November die Information, dass M. Kemal gestorben sei. Ein Lehrer, der sich daran erinnert hat, hat die Zeitung gesehen und bestätigt dies. Ein anderer Zeuge ist sein Fahrer, der sagt, er sei am Vortag gestorben.

- **Im Todesbericht gibt es Widersprüche.** Im ersten Bericht nach dem Tod von Atatürk wird die Todesursache mit Flüssigkeitsansammlung im Bauch und Säure angegeben, während im zweiten Bericht alkoholbedingte Leberentzündungen als Ursache angegeben werden. Auch ein anderer Arzt, Pehlivan, hat Zweifel; die Widersprüche, die er in Atatürks

---

188 https://belgelerlegercektarih.com/2013/02/25/m-kemal-ataturk-10-kasimda-mi-oldu/
https://www.yeniasya.com.tr/m-latif-salihoglu/10-kasim-supheli-tuhafliklar-kesin_210026

Gesundheitsberichten sah, das politische Bild, das er im letzten Jahr erlebt hatte, seine Beziehungen veränderten und sein Tod, haben Pehlivan misstrauisch gemacht. Er hat alle Bücher und Berichte über Atatürks letzte Periode gelesen. Nicht nur das, er hat auf der Website der CIA untersucht, wie die Weltführer starben. Sein Fazit: „Ich glaube, Atatürk wurde ermordet."

- **Schweigen von İsmet İnönü** (auch der Kommandeur des Unabhängigkeitskrieges, der Nachfolger von Atatürk und ein Freimaurer). Seitdem Atatürk erkrankt war, hat İnönü keine einzige Nachricht gesendet, er hat ihn nicht einmal besucht. İnönü nahm auch nicht an der Beerdigung teil, an der Hunderttausende Menschen und sogar Vertreter vieler Länder teilnahmen. An einem Tag, an dem alle zur Beerdigung kommen, um ihre letzte Pflicht zu erfüllen, ist İsmet İnönü, sein engster Waffenfreund, nicht da. Also, wo ist er? In Ankara. Am 11. November 1938 wurde er von der Großen Türkischen Nationalversammlung zum Präsidenten gewählt.[189]

- **Atatürks Bedenken.** Er schrieb Folgendes an seine Adoptivtochter Afet Inan: „... Ich denke, dass die Krankheit aufgrund der falschen Meinungen und Urteile der Ärzte nicht aufgehört hat, sondern fortgeschritten ist. (...) Die Regierung hat Dr. Fiessenger eingebracht, ohne die Notwendigkeit zu sehen, meine Stimme zu bekommen ..."

- **Wurde dieser Krankheit genügend Aufmerksamkeit geschenkt?** Der Erste, der Atatürk untersuchte und diagnostizierte, Prof. Dr. Nihat Reşat Belger, erzählt Folgendes über Atatürks Untersuchung und Diagnose: „Atatürk hatte Juckreiz, seine Leber war um drei Finger vergrößert und verhärtet. (...) Ich habe behauptet, dass dieser Juckreiz mit der Ernährung, insbesondere dem Trinken, zusammenhängt. Meine Worte, bis zu diesem Zeitpunkt hatte man ihm noch kein einziges Mal von seiner Lebererkrankung erzählt, hatten

---

189 http://www.malatyaolay.com/haber-muthis_iddia-3771.html

eine überraschende Wirkung auf Atatürk." Könnte es sein, dass Atatürks Ärzte bei der Diagnose der Krankheit inkompetent waren, oder könnte es sein, dass seine Krankheit absichtlich nicht diagnostiziert wurde und unbehandelt blieb?

- **Die Villa wurde von Ameisen befallen.** Das Datum ist der 7. Februar 1938, es ist Winter. Während die Jahreszeit nicht für Ameisen geeignet ist, um aus dem Boden zu kommen, ist es seltsam, dass sie in der Umgebung von Atatürk nisten. Woher kam dieser Juckreiz? Die beschuldigten Ameisen wurden gesucht und schließlich eine gefunden. Atatürk: „Es juckt mich nachts, wie kommt die Ameise in mein Schlafzimmer?" In der Tat ist es wahr, dass die Villa von fleischfressenden Feuerameisen befallen war, aber es ist suggestiv, dass diese Ameisen nur Atatürk heimsuchen.

- **Behandlung und verabreichte Medikamente.** Atatürk wurde wegen Malaria behandelt, war mit „Chinin" überladen und seine Leber kollabierte, was zu einer Leberzirrhose führte. Der behandelnde Arzt ist der Meister der Freimaurerloge, Doktor Mim Kemal Öke. Gleichzeitig saugte diese Person mehrmals durch Injektion die Flüssigkeit aus Atatürks Magen auf, diese Flüssigkeit betrug bis zu zwölf Liter. Die Empfehlung dazu sieht heute maximal vier Liter vor, sonst kann diese Situation für den Patienten gefährlich werden. Das andere Medikament, das Atatürk zur Behandlung erhielt, ist „Pyrimidon". Es ist gesichert, dass es eine „toxische" Wirkung auf den Menschen hat. Das Medikament „Salyrgan", ein „Quecksilberdiuretikum", wurde weiterhin verwendet, obwohl bereits vor der Konsultation am 3. August 1938 bekannt war, dass seine Verwendung gefährlich sein würde. Laut einer Studie aus dem Jahr 1962: „In der Apotheke, in der Atatürks Medikamente ausgegeben wurden, standen 43 Flaschen Chinin, das damals zur Behandlung von Malaria verwendet wurde. Das sollte jeder Arzt wissen. Wenn so viel Chinin verwendet wird, verursacht es irreparable Wunden in seiner Leber", und es war, als ob es bewusst verwendet wurde.

- **Haltung der Freimaurer**[190]. Die Freimaurer kamen in Begleitung von Doktor Mim Kemal (der später sein Arzt werden sollte) zu Atatürk und sagten zu ihm: „Sir, wir sind bereits in Ihrem Gefolge, aber wenn Sie es erlauben, werden wir Ihnen dienen."
  Atatürk: „Mein Volk hat mich als einen Helden betitelt. Werde ich ein Diener sein wie ihr? Wenn ihr bis heute Morgen nicht alle eure Logen in der Türkei schließt, werde ich euch dem Gericht übergeben. Geht mir aus dem Weg!"
  Als die Maurer schwere Beleidigungen von Atatürk hörten und vertrieben wurden, meldeten sie die Situation in dieser Nacht blitzschnell den Logen weiter. Sie beschließen, alle Logen in der Türkei vor dem Morgen zu schließen. Nach Atatürks Tod wurden während der Präsidentschaft von İnönü die Freimaurerlogen wiedereröffnet und in Betrieb genommen.
- **Atatürks Ärzte.** Die Ärzte, die Atatürk während seiner Krankheit behandelten, waren: Prof. Dr. Neşet **Ömer İrdelp**, Prof. Dr. Mim Kemal Öke und Prof. Dr. Nihad Reşad Belger. Wie bereits erwähnt, ist Doktor Mim Kemal Öke ein Freimaurer. Schauen wir uns die aus dem Ausland mitgebrachten Ärzte an. Abram Benaroyas (ein bulgarischer Jude und Freimaurer) hält diese Rede: „Wir haben das Osmanische Reich zerrissen, um die zionistischen Kolonien Palästinas zu gründen. Danach gab es noch drei weitere Aufgaben, die erledigt werden mussten. Es war notwendig, diese in Serie auszuführen. Dr. Samuel Abrayava und Dr. Noel Fiessinger haben ernsthaft hart an diesem Job gearbeitet. Mitte 1937 versetzte ein Arzt, dessen Namen ich aufgrund einiger Reputation nicht nennen kann, Atatürk den ersten Schlag, indem er seine Nervenorgane schwächte. Von Zeit zu Zeit begannen bei Atatürk Nasenbluten, Schwindel und Erbrechen. (...) Der „Blonde Anführer", um den wir einen Kreis bildeten, trat von sich selbst in diesen Kreis ein und überließ uns sein Leben."

---

190 https://mrasar.wordpress.com/tag/dr-fissenger/

Die anderen drei ausländischen Ärzte waren Prof. Dr. N. Fiessinger aus Paris, Prof. Dr. von Bergman aus Berlin und Prof. Dr. H. Eppinger. Die Persönlichkeiten dieser Ärzte, insbesondere Eppingers, sehen ziemlich düster aus, es besteht kein Zweifel, dass er ein Psychopath jenseits der Dunkelheit ist. Aber erinnern wir uns: Dies ist keine Aktion, die allein durchgeführt werden kann, es sollte eine Gruppenverschwörung sein, ein reiner Mord, gemeinsam und perfide, wie es Benaroyas in seiner Rede oben als „wir" bezeichnete.

- **Prof. Dr. Hans Eppinger jun.** (1879–1946): Der österreichische Arzt spielte eine wichtige Rolle bei den Experimenten mit Häftlingen im KZ Dachau (zusammen mit seinem Assistenten Beigelbock während des Hitlerfaschismus). Beispielsweise führte er Experimente mit 90 Zigeunern durch, um die Trinkbarkeit von Meerwasser zu untersuchen. Den Probanden wurde Trinkwasser vorenthalten und sie hatten nur Meerwasser zum Trinken. Die meisten von ihnen starben innerhalb kürzester Zeit. 1936 wurde Eppinger nach Moskau gerufen, um den sowjetischen Diktator Josef Stalin zu behandeln. 1945 wurde Eppinger Vertrauensarzt des sowjetischen Oberkommandos in Österreich, obwohl er aus dem Vorstand der Wiener Klinik entfernt wurde. Nach dem Zweiten Weltkrieg wurde er vorgeladen, um im Nürnberger „Ärzteprozess" auszusagen, aber er entschied sich einen Monat vor seinem Prozess, sich mit Gift umzubringen. Nach der Erzählung derer, die ihn kannten, galt er als „halb Faustos, halb Mephisto", ein Mann, dessen wissenschaftliche Fähigkeiten sofort bewundert wurden, dem man aber in keiner Weise vertrauen konnte. Sein psychologischer Zustand, der dem experimentellen-moralischen Wahnsinn nahesteht, die Liste seiner unangemessenen, moralwidrigen und sogar kriminellen Verhaltensweisen ist sehr lang. Eppinger führte die Leberbiopsie, die damals noch mit Komplikationen behaftet war, meist aus rein wissenschaftlichen Gründen und ohne Zustimmung der Patienten durch. Er öffnete die Radialarterie eines Patienten ohne medizinischen Grund. Er hat rücksichtslos und schamlos in die Waschbecken der Klinik gepisst, er spuckte Patienten an, brach die Laborschränke anderer auf, verschmutzte die Schreibtische von Kollegen, die er nicht mochte, stahl die Lieblingskatze der Oberschwester zu experimentellen Zwecken, und zeigte nach den Todesfällen durch seine Behandlungen gefühllose Reaktionen. Diese Erzählungen zeigen, dass dieser Mann keine Empathie hatte.

- **Wie auch immer, Atatürk wurde nicht obduziert.** Ein Mensch, der die Welt verändert hat, stirbt, aber es gibt keine Autopsie. Diese Obduktion ist zwar sehr gewünscht, wird aber nicht durchgeführt. Atatürks Ärzte wollten nach seinem Tod ein Buch schreiben. Aber es wird gesagt, dass diese von İsmet İnönü selbst verhindert wurde. Trotzdem, Dr. A. M. Özden hat ein Buch über den Heilungsprozess geschrieben. Dieses Buch ist jedoch nach kurzer Zeit verschwunden.

Aus all diesen Blickwinkeln scheint es, dass das wahre Bild seines Todes, das über Jahre hinweg mit Lügen geheim gehalten wurde – wie zu sagen, dass er viel trank, an Zirrhose starb –, auf politischen Zwecken beruht und dass er auf diesem Weg geopfert wurde.

Kennedys mysteriöser Tod (1917–1963)

Nach der Beseitigung von Atatürk, den einige Mächte im Osten als Hindernis für die Ziele der Weltherrschaft betrachteten, stellte ein Führer im Westen dieselbe Bedrohung dar, was zu seiner Beseitigung führte. US-Präsident **John F. Kennedy** musste 25 Jahre nach Atatürk zum Schweigen gebracht werden. Wenige Monate vor seiner Ermordung soll **John F. Kennedy** laut Aussage einer Zeugin von seinem **Vater Joseph Kennedy** im Oval Office des Weißen Hauses angeschrien worden sein: „Wenn du das tust, bringen sie dich um!" Doch der Präsident ließ sich nicht von seinem Plan abbringen. Was war so gefährlich? Er wollte die Herstellung von Banknoten wieder in die Hände des Staates legen und damit das exklusive Kartell der Privatbanken weitgehend neutralisieren. Er tat dies und unterzeichnete dafür am 4.

Juni 1963 eine neue Executive Order. Das war noch nicht alles, Kennedys letzte öffentliche Rede war auch ziemlich auffällig und zum Nachdenken anregend: „Meine Damen und Herren, schon das Wort Geheimhaltung ist abstoßend in einer freien und offenen Gesellschaft und wir sind als Volk von Natur aus und historisch gesehen gegen Geheimbünde, geheime Schwüre und geheime Verfahren. Wir haben vor langer Zeit beschlossen, dass die Gefahren einer übermäßigen und ungerechtfertigten Verheimlichung von relevanten Fakten bei Weitem die Gefahren überwiegen, die zu ihrer Rechtfertigung angeführt werden. Auch heute noch hat es wenig Sinn, sich gegen die Drohung einer geschlossenen Gesellschaft durch Nachahmung ihrer willkürlichen Einschränkungen zu verteidigen. Auch heute noch ist es von geringem Wert, das Überleben unserer Nation zu sichern, wenn unsere Traditionen nicht mit ihr überleben, und es besteht die sehr große Gefahr, dass ein angekündigter Bedarf an erhöhter Sicherheit von denjenigen aufgegriffen wird, die seine Bedeutung bis an die Grenzen des Möglichen ausweiten wollen: offizielle Zensur und Vertuschung. **Ich habe nicht die Absicht, dies zuzulassen, solange es in meinem Einflussbereich liegt, dies zu verhindern.** Kein Beamter meiner Verwaltung, ob sein Rang hoch oder niedrig ist, zivil oder militärisch, sollte meine Worte hier heute Abend als Vorwand zur Zensur der Nachrichten interpretieren, abweichende Meinungen zu unterdrücken und unsere Fehler zu vertuschen oder der Presse und der Öffentlichkeit Fakten vorzuenthalten, die sie zu kennen verdienen. Wir sind dagegen. Denn wir werden rund um die Welt von einer monolithischen und rücksichtslosen Verschwörung bekämpft, die sich bei der Ausweitung ihres Einflussbereiches vor allem auf verdeckte Mittel der Infiltration verlässt, anstatt auf Invasion, auf Subversion statt auf Abstimmung, auf Einschüchterung statt auf freie Wahl, auf Guerillas bei Nacht statt auf Armeen bei Tag. **Es ist ein System, das militärische, diplomatische, nachrichtendienstliche, wirtschaftliche, wissenschaftliche und politische Operationen kombiniert und enorme menschliche und materielle**

Ressourcen investiert, um eine engmaschige, hocheffiziente Maschine aufzubauen. Seine Vorbereitungen werden verheimlicht und nicht veröffentlicht, seine Fehler werden vergraben und nicht veröffentlicht. Andersdenkende werden zum Schweigen gebracht, nicht anerkannt, keine Ausgaben werden hinterfragt, kein Gerücht wird gedruckt, kein Geheimnis gelüftet. Kein Präsident sollte die öffentliche Prüfung seines Programms fürchten. Aus dieser Prüfung kommt Verständnis und aus diesem Verständnis kommt Unterstützung oder Opposition. Und beide sind notwendig. Ich bitte Ihre Zeitungen nicht darum, eine Regierung zu unterstützen, aber ich bitte Sie um Ihre Hilfe für die gewaltige Aufgabe, das amerikanische Volk zu informieren und zu alarmieren. Denn ich habe volles Vertrauen in die Reaktion und das Engagement unserer Bürger, wenn sie umfassend informiert sind. (...) Wie ein weiser Mensch einst sagte: Ein Irrtum wird nicht zu einem Fehler, bis man es ablehnt, ihn zu korrigieren. (...) Und es bedeutet schließlich, dass die Regierung auf allen Ebenen ihrer Verpflichtung nachkommen muss, Sie so umfassend wie möglich zu informieren, außerhalb der engsten Grenzen der nationalen Sicherheit. Und so ist es an der Druckerpresse, dem Aufzeichner der Taten der Menschen, dem Hüter des Gewissens, dem Boten der Nachrichten, dass wir um Kraft und Unterstützung bitten, in der Zuversicht, dass der Mensch mit Ihrer Hilfe das sein wird, wozu er geboren wurde: **frei und unabhängig!**"

Kennedys öffentliche Erklärung dieser Art, sein Bewusstsein dafür, was vor sich ging und was passieren könnte, sein Widerstand gegen eine solche Struktur, sein großer Mut und seine offene Kriegserklärung wurden zu seinem Todesurteil. Er wurde kurz nach dieser Rede getötet. Darüber hinaus wollte Kennedy das Finanzsystem erneut verstaatlichen und der FED die Macht entziehen. Doch Kennedy wurde am 22. November 1963 getötet, bevor er sein Ziel vollständig erreichen konnte. Sein Nachfolger, Lyndon B. Johnson, stellte aus irgendeinem Grund die Produktion von Banknoten ein, und zwölf Federal Reserve-Banken zogen die Kennedy-Banknoten umgehend aus dem Verkehr.

Kennedys Tod

Die Person, die angeblich den Präsidenten getötet hat, Lee Harvey Oswald, wurde zwei Tage nach seiner Festnahme vom Clubbesitzer Jack Ruby vor den Augen der Polizei getötet, und noch seltsamer ist, dass Ruby, der Oswald getötet hat, im Gefängnis getötet wurde, alle Spuren wurden gelöscht und der Fall war damit abgeschlossen. Die beiden Mitglieder der Jury, die beschlossen, den Fall einzustellen, waren hochrangige Maurer. Obwohl Kennedy gemäß Amateuraufnahmen von mindestens drei verschiedenen Punkten aus erschossen wurde, ignorierte die Polizei dieses Detail. Es wurde berichtet, dass Oswald, der wegen der Organisation des Attentats verhaftet und am selben Tag vor dem Polizeigebäude getötet wurde, drei Schüsse abfeuerte und zwei davon getroffen haben. Aber Kennedy hatte genau acht Einschusslöcher an seinem Körper. Das Motiv war seine Rede über die Illuminaten, und wahrscheinlich wurde beschlossen, ihn vorher zum Schweigen zu bringen, weil er den Familien an der Spitze der Pyramide die Macht zum Drucken des Dollars entriss und diese dem Staat übergab. Nach seinem Tod war das Erste, was getan wurde, die Aufhebung dieses Gesetzes. Im Allgemeinen wissen die Leute das nicht, weil diese Familien die Medien kontrollieren und es vertuschen, die größten Schläge der Welt wurden in den USA verübt, die größten Banden haben sich dort eingenistet.

Prinzessin Grace Kelly (1982): War Grace Kellys Tod am 14. September 1982 ein tragischer Autounfall oder Mord? Am 14. September 1982 starb die Prinzessin von Monaco, Grace Patricia, am Morgen auf dem Heimweg von ihrer Sommerresidenz bei einem Autounfall. Ein tragischer Umstand lässt viele echte offizielle Versionen in Frage stellen. Ihre minderjährige Tochter Stephanie soll ohne Führerschein gefahren sein. Der Mailänder „Corriere del la Sera" hat den Mord an der Prinzessin von Monaco teilweise veröffentlicht. Grundlage dieser Behauptung waren die Recherchen des Journalisten Michail Baklanow. Er ging zwei Jahre lang jeder Spur nach und kam schließlich zu dem

Schluss, dass Prinzessin Grace Patricia tatsächlich Opfer eines Mordanschlags war. Die Mafia, die italienische Freimaurerloge P2 (Propaganda Due) und der Vatikan werden in derselben Liga genannt. Was steckt also hinter diesen Anschuldigungen? Angeblich musste sie sterben, weil sie zu viel über die Mafia und den Präsidenten der P2-Loge wusste, der Verbindungen zum Licio Celli im Vatikan hatte. Er wollte den Aktivitäten der P2-Mafia in Monaco (Papst Franziskus' Trio: CIA, Freimaurerloge P2 und Opus Dei) ein Ende setzen.

Es gab keine ausreichende Untersuchung des Unfalls, die Bremsen sollen manipuliert worden sein, da weder Monaco noch die französische Polizei das Fahrzeug inspizieren durften und Prinz Rainer persönlich die sofortige Verschrottung des Wagens überwachte. Der Bruder der Prinzessin, der amerikanische Bauunternehmer John Kelly, erzählte öffentlich vom Mord an seiner Schwester! Bei seinem Besuch bei Fürst Rainer soll es zu lautstarken Auseinandersetzungen gekommen sein. John Kelly war ein amerikanischer Sportler, der jeden Tag lief und regelmäßig von Kopf bis Fuß untersucht wurde. Im März 1985 brach er beim Laufen zusammen: Herzstillstand. Interessant ist, dass der Tote von einer anonymen Polizeidienststelle abgeführt wurde. Angeblich wurde er drei Tage lang im Institut für forensische Medizin zurückgelassen, bevor seine Frau ihn identifizieren durfte. Fünf Tage lang wurde keine Sterbeurkunde ausgestellt, bis die Ärzte „Herzinsuffizienz" als Todesursache feststellten. Als seine Frau Sandra Kelly ihn identifizierte, erlitt sie einen Nervenzusammenbruch. Kein Wunder, dass das Gesicht des Toten schrecklich entstellt war. Auf seinem Kopf fehlten alle Haarsträhnen. Starb John Kelly nicht an einem Herzinfarkt, sondern an einer Kugel aus einer schallgedämpften Waffe?

Warum dauerte es drei Tage, bis die Ärzte des Forensischen Instituts die Leiche seiner Witwe zeigten? Musste der Schädel repariert werden, damit niemand die Schusswunde sehen konnte?

Prinzessin Diana (1997): Der Tod von Prinzessin Diana war eine Tragödie für die Menschen in Großbritannien. Sie starb am 31. August 1997 bei einem Autounfall, als sie durch den Al-ma-Tunnel in Paris fuhren. Es ist bekannt, dass die Prinzessin zu dieser Zeit eine Affäre mit Dodi al-Fayed hatte. Es wurde angenommen, dass der Unfall von britischen Geheimdiensten inszeniert wurde.

Prinzessin Diana starb in den frühen Morgenstunden des 31. August 1997 nach einer Paparazzi-Verfolgungsjagd, nachdem sie im Pont de L'ALMA-Tunnel in Paris, Frankreich, von ihrem Auto angefahren worden war. Sie war 36 Jahre alt. Gerüchten zufolge wurden ihr Freund, der ägyptische Geschäftsmann Emad Dodi Fayed, und der Mercedes-Benz-W140-Fahrer Henri Paul noch am Tatort für tot erklärt. Dianas Leibwächter Trevor Rees-Jo-nes kam mit schweren Verletzungen davon. Diana, die an der Absturzstelle noch lebte, sich aber in einem kritischen Zustand befand, wurde in das Salpêtrière-Krankenhaus gebracht, wo sie starb. Laut der Zeitschrift „Oprah" litt Diana unter einer Ge-hirnerschütterung, einem gebrochenen Arm, einem amputier-ten Oberschenkel und schweren Brustverletzungen. Nach einer zweistündigen Operation, um sie zu retten, gelang es den Ärzten nicht, Dianas Herz wieder schlagen zu lassen, und sie erlangte nie wieder das Bewusstsein.

Englischer MI5-Agent: „Ich habe Prinzessin Diana im Auftrag von Prinz Charles und Königin Elizabeth er-mordet."[191]

Diana wurde vom Geheimdienst verfolgt – ihr Fahrer trank nie Alkohol –, Zeugen erhielten Morddrohungen oder verschwan-den. Vor der Einfahrt in den Tunnel verließ Henri Paul nicht die „Ideallinie", wie BILD berichtete, sondern wurde von Motorrä-dern blockiert, eines davon hinderte ihn laut Augenzeuge Thier-

---

191 https://michael-mannheimer.net/2020/01/29/englischer-mi5-
agent-ich-habe-prinzessin-diana-im-auftrag-von-prinz-charles-
und-koenigin-elizabeth-ermordet/
https://www.guidograndt.de/2017/08/31/komplott-mainstream-
verbreitet-weiter-fake-news-zum-mord-an-lady-diana/

ry Hackett sogar daran, die Ausfahrt zu erreichen. Augenzeuge François Levistre: „Ich sah ein Motorrad auf mich zukommen. Es befand sich auf der linken Seite eines großen Autos, das hinter uns kam. Das große zweisitzige Motorrad, dessen Fahrer einen Vollhelm trug, schnitt das Auto ab, um davor zu landen."

Als Henri Paul gerade in den Tunnel einfahren wollte, bemerkte er, dass vor ihm ein weißer Fiat Uno die Spur wechselte. In diesem Moment beobachteten mehrere Augenzeugen auf derselben Seite des Mercedes, dass ein „starkes Blitzlicht" aufleuchtete. Später wurde bekannt, dass der berühmte Fotojournalist und Sternenjäger James Andanson den Fiat fuhr. Sie konnten nicht nachweisen, dass er in den Unfall verwickelt war. Im Mai 2000 wurde seine Leiche irgendwo in den Alpen in der verkohlten Karosserie eines Autos gefunden. Die Polizei bremste den Fall und behauptete, der Mann habe sich selbst verbrannt.

Mysteriöser Tod von Ärzten

Im Jahr 2015 verstorbene/getötete Ärzte
Seltsamerweise waren im Jahr 2015 die Todesfälle mehrerer Ärzte, sogar am selben Tag, recht bemerkenswert. Einige von ihnen waren an Herzinfarkten gestorben, andere an Mord oder Selbstmord.

Dr. Jeffrey Bradstreet, 19. Juni 2015: Autismus Forscher und ganzheitlicher Arzt aus Georgia/USA, Selbstmord? Schuss in die Brust? Zunächst führte er Untersuchungen durch, die die These stützten, dass einige Impfstoffe Autismus auslösen können. Er führte vor dem Kongress zwei Studien durch. Zweitens arbeitete er mit einer neuen Gemeinschaft in der Schweiz zusammen, bestätigte deren Arbeit und stärkte ihre Forschung darüber, dass Krebs und andere Krankheiten ebenfalls Folgen sein können. Der Umsatz mit Impfstoffen beläuft sich auf über

25 Milliarden US-Dollar und der Umsatz mit Krebsmedikamenten auf über 100 Milliarden US-Dollar. Der US-Dollar riskiert enorme Gewinne, wenn Untersuchungen wie die von Bradstreet weiterhin positiv sind und ein breites Publikum erreichen. Wem nützt der Tod dieser Heiler?

Dr. Bradstreet forschte ernsthaft an einem noch wenig bekannten Molekül namens GcMAF, das ein Durchbruchspotenzial bei Krebs, HIV-Viren und Autismus hat. GcMAF ist ein natürlich vorkommendes Molekül im Körper und hat in mehreren Studien heilende Eigenschaften mit weniger Nebenwirkungen bei der Behandlung von Krankheiten gezeigt. Wie bei allen Behandlungen gibt es Vor- und Nachteile. Aber angesichts der überwältigenden Nebenwirkungen der Chemotherapie sagte Dr. Bradstreet, die von ihm untersuchte Behandlungsmethode hatte weitaus weniger Nebenwirkungen und eine 24-wöchige Behandlung kostete nicht mehr als 2.000 US-Dollar. Mit einer Erfolgsquote von 85 % erweist es sich im Vergleich zu vielen klassischen Methoden in der Krebsbehandlung als weitaus vorteilhafter, da es eine lebenslange Immunität gegen die Krankheit bietet und darüber hinaus schwerwiegende Rückschritte in der Krankheit und am Ende der Behandlung verhindert. Im Rahmen einer Untersuchung durch die US-Regierung wurden alle Daten aus der Forschung seiner Klinik beschlagnahmt und alle Behandlungen für seine Patienten eingestellt. Und seltsamerweise wird er kurz danach ermordet, was ernsthafte Fragen aufwirft. Dr. Bradstreets Behandlungsmethode wurde von der US-amerikanischen Food and Drug Administration als „illegal" erklärt und die bei der Behandlung verwendeten Medikamente nicht zugelassen. Schließlich wurde Bradstreets Leiche gefunden, als sie einen Fluss hinuntertrieb, sodass seine Forschungen für immer beendet.

Allerdings wird GcMAF[192] rechtlich als neue Behandlungsmethode anerkannt, die in verschiedenen Ländern auf der ganzen Welt, darunter auch Japan, mit sehr erfolgreichen Ergebnissen angewendet wurde. Gleichzeitig wurde die GcMAF-Behandlung in vielen Ländern von direkt Interessierten und mit dem Erfolg zufriedenen Personen als „**neue Heilmethode gegen Krebs**" bezeichnet. Es ist nicht verwunderlich, dass erfolgreiche und dauerhafte Behandlungsmethoden dieser Art insbesondere von der kommerziell orientierten Medizinbranche, in der Krebspatienten eine Haupteinnahmequelle darstellen, als ernsthafte Bedrohung wahrgenommen werden. Die Tatsache, dass Gesetze wie der Cancer Act, der 1939 in England in Kraft trat, sogar die Erörterung alternativer Krebsbehandlungen mit medizinischen Anbietern und Kliniken verbietet, ist der größte Beweis dafür, dass dieses Monopol dem Handel Vorrang vor der Gesundheit einräumt.

Bruce Hedendal, 21. Juni 2015: Chiropraktiker aus Miami/USA, natürlicher Tod?

Brian Holt, 21. Juni 2015: Chiropraktiker aus North Carolina/USA, natürlicher Tod?

---

192 GcMAF ist ein natürliches, körpereigenes Protein, das Makrophagen aktiviert und dadurch die gesamte Immunantwort des Körpers verändert. Es hemmt auch die Migration von Tumorzellen (Metastasierung) und die Tumorzellproliferation. Dieses Protein verbessert die Fähigkeit des Körpers, Krankheiten zu bekämpfen und gesund zu bleiben, indem es den oxidativen Stress des Körpers reduziert. Die Wissenschaftler konnten zeigen, dass GcMAF von Zellen des Immunsystems produziert und als interner Signalstoff verwendet wird, um den Wunsch, einen Tumor zu zerstören, an Makrophagen (Fresszellen) weiterzuleiten. Durch die Stärkung des Immunsystems werden die Selbstheilungskräfte des Menschen aktiviert. Der Wirkstoff GcMAF soll den Körper dabei unterstützen, Krebszellen zu erkennen und zu bekämpfen.

Lisa Riley, 10. Juli 2015: Spezialisierung auf Notfallmedizin aus Georgia/USA wurde getötet.

Teresa Sievers, 29. Juni 2015: Arzt für ganzheitliche Medizin aus Florida/USA, ermordet.

Ronald Schwartz, 19. Juli 2015: Ein pensionierter Geburtshelfer, der in Georgia/USA und Tennessee/USA arbeitet, wurde offenbar bei einem Raubüberfall getötet.

Amanda Crews, 20. Juli 2015: Eine amerikanische Ärztin, gestorben, Kalifornien/USA.

Jeffrey Whiteside, Juni 2015: Ein pensionierter Lungenarzt, der nach einem Streit mit seiner Frau verschwunden war, wurde fast einen Monat später mit einer Kugel im Kopf gefunden.

Nicholas Gonzales, 21. Juli 2015: Der amerikanische alternative Krebsmediziner Dr. Gonzalez konzentrierte sich darauf, die Gefahren und die verheerende Geschichte von mehr als 100 Chemotherapeutika sowie ganzheitliche Alternativen zur Bestrahlung zu erklären. Interessant ist, dass diese unter Verwendung giftiger Nervengase entwickelt wurden. An Herzinfarkt gestorben?

Dr. Abdul Karim, 21. Juli 2015: Ein äußerst beliebter und ganzheitlicher (biologischer) Zahnarzt im Alter von 41 Jahren ist gestorben.

Am 19. Juni 2015 wurden in Mexiko drei Ärzte als vermisst gemeldet, die zur Übergabe einiger Dokumente in die Landeshauptstadt fuhren. Die Behörden sagten, sie hätten die Leichen gefunden, aber die Familien sagten, die Leichen seien ihnen nicht ähnlich und forderten weitere Beweise und Tests.

Welche Verbindung besteht zwischen diesen Ärzten?[193]
Angeblich entdeckten alle diese Ärzte ein Enzym in Impfstoffen und wurden getötet, bevor sie es öffentlich machen konnten. Dieses Enzym namens Nagalese, das Impfstoffen zugesetzt wird, verursacht Krebs. Diese Impfstoffe werden Menschen auf der ganzen Welt verabreicht. Nagalese ist ein Enzym, das die Produktion von Vitamin D hemmt, wodurch dem Körper die Fähigkeit genommen wird, Krebszellen auf natürliche Weise abzutöten. Da alle Ärzte Impfstoffe erforschten, war es wahrscheinlich, dass sie herausfanden, dass diese in gängigen Impfstoffen vorkamen.

Todesfälle von Wissenschaftlern und anderen Medizinern[194]

Auf der ganzen Welt scheinen Ärzte, Wissenschaftler und andere an der **COVID-19**-Forschung beteiligte medizinische Fachkräfte auf mysteriöse Weise gestorben zu sein. Das sieht nach einer Massenvernichtung von Menschen aus, die zu viel Wahrheit über Plandemie wissen.

Frank Plummer: Er war ein weltbekannter kanadischer Wissenschaftler, arbeitete auch an einem COVID-19-Impfstoff. Es gab Gerüchte über Plummers Verbindungen zu einer kommunistischen chinesischen Spionagebande, die offenbar dafür verantwortlich war, Coronavirus-Stämme aus einem kanadischen Labor zu stehlen und nach Wuhan zu bringen.

---

193 https://www.mimikama.at/aktuelles/krebs-heilende-arzt-erschossen/
https://docs.google.com/spreadsheets/d/1cmo-q6nPBKe08_sWLie8i-XhSmWxTFDi-HiN2m2rnoU/edit#gid=178385142
194 https://lupocattivoblog.com/2021/01/05/wer-ermordet-all-die-covid-wissenschaftler/

Prof. Bing Liu: Ein weiterer Wissenschaftler der University of Pittsburgh wurde getötet, in diesem Fall kurz bevor ihm ein neuer Durchbruch über die Natur von COVID-19 gelang. „Bing stand kurz davor, wichtige Informationen für das Verständnis der zellulären Mechanismen zu erhalten, die einer SARS-CoV-2-Infektion zugrunde liegen."

Gita Ramjee: Eine HIV-Wissenschaftlerin, die nach einem Besuch in London, um einen Vortrag über HIV-Behandlung und -Prävention zu halten, angeblich an COVID-19 gestorben ist. Als sie nach Durban zurückkehrte, wurde berichtet, dass sie sich unwohl fühlte und kurz darauf im Krankenhaus verstarb.

Brandy Vaughan, Merck & Co.: Die ehemalige Vertriebsleiterin und Gründerin von LearnTheRisk.org wurde tot in ihrem Haus neben ihrem neunjährigen Sohn aufgefunden. Vaughan hat hart daran gearbeitet, die Öffentlichkeit über die Sicherheitsrisiken von Impfstoffen aufzuklären.

Alexander Sasha Kagansky: Einer der jüngsten Todesfälle ist der von Alexander „Sasha" Kagansky, einem russischen Wissenschaftler, der an der Entwicklung des COVID-19-Impfstoffs arbeitete. Damals wurde er brutal erstochen und aus dem Fenster seiner Wohnung im 14. Stock in St. Petersburg geworfen. Berichten zufolge starb Kagansky „unter seltsamen Umständen", was angesichts der Art und des Zeitpunkts seines Todes eine Untertreibung ist. Kagansky hatte kürzlich ein Stipendium der russischen Regierung erhalten, um neue Wege zur Diagnose und Behandlung von Hirntumoren zu erforschen. Er war auch ein Verfechter natürlicher Heilmittel wie Kräuter und Pilzen, von denen bekannt ist, dass sie Krebszellen abtöten.

Türkische Wissenschaftler, die verdächtig gestorben sind (2007): Der Deckmantel hinter dem Tod türkischer Wissenschaftler, die bei einem verdächtigen Unfall in der Türkei ums Leben kamen, ist seit Jahren ein Rätsel. Eine von ihnen war Pr.

Engin Arık, die für ihre Arbeit an den reichen Thoriumvorkommen in der Türkei bekannt ist und 2007 im Atlasjet-Flugzeug ums Leben kam, das in Isparta abstürzte. Bei dem Absturz des Flugzeugs kamen 57 Menschen ums Leben. Es wurde angegeben, dass nach dem Absturz des Flugzeugs keine Explosion aufgetreten war, da das Flugzeug auf einer kurzen Strecke flog und keine große Menge Treibstoff im Flugzeug gewesen sei. Es wurde auch festgestellt, dass das Flugzeug kein Notsignal sendete, warum wie immer. Unter den Passagieren des in Isparta abgestürzten Flugzeugs befanden sich sechs sehr wichtige Namen. Diese Leute waren wertvolle Wissenschaftler der Türkei. Kernphysiker reisten zum Kongress in Isparta. Der Kernphysik-Kongress wurde mit der bitteren Nachricht verschoben. Von den sechs Kernphysikern arbeiteten drei an der Boğaziçi-Universität und drei an der Doğuş-Universität. Zwei der sechs Physiker waren Experten auf ihrem Gebiet. Sie arbeiteten an einem sehr wichtigen Projekt. Es wurde berichtet, dass die sechs Wissenschaftler dem Projekt „Turkish Accelerator Center Technical Design and Test Laboratories" zugewiesen wurden, das vor zwei Jahren initiiert und vom DPT unterstützt wurde. Pr. Dr. Engin Arık wurde 1981 außerordentliche Professorin und 1988 Professorin mit ihrem Studium im Bereich „Experimentelle Hochenergiephysik" und arbeitete am „Atlas-Experiment" im Kernforschungszentrum „Europäische Organisation für Kernforschung (CERN)" in der Nähe von Genf, Schweiz.

Der verlorene Laptop von Pr. Engin Arık wurde nicht gefunden!

Der Ehemann von ihr, Prof. Dr. Metin Arık sagte, als er nach Isparta ging, um die Sachen seiner Frau abzuholen, es wurden ihm alle persönlichen Gegenstände gegeben, aber es wurden keine Koffer mit dem Laptop gefunden. Er sagte: „Der Koffer, in dem sich auch der Laptop befand, in dem alle ihre Arbeiten waren, war verschwunden. Man war sehr gründlich bei den Gegenständen, die am Tatort gefunden wurden. Sie hatten eine detaillierte Liste mit den Nummern der Banknoten. Ich fand es seltsam, dass es trotz der sorgfältigen Arbeit keine Hinweise auf den Koffer gab, in dem sich der Laptop befand. Ohne den Laptop wird es schwer, alles wieder in Ordnung zu bringen."

Alternative Energie zu Öl: THORIUM
Aus Ariks Worten geht hervor, dass die Türkei ihre Thoriumreserven nutzen kann, um Atomenergie ohne Strahlungsgefahr zu erzeugen, die Billionen Barrel Öl entspricht. Thorium, wenn es gereinigt wird, ist ein Element im Aussehen wie Aluminium oder Stahl. Im Boden als Thoriumoxid vorhanden. Mehr als die Hälfte der weltweiten Reserven befindet sich in der Türkei, hauptsächlich in Westanatolien. Weltweite Vorkommen: 300.000 Tonnen in Australien, 290.000 Tonnen in Indien, 170.000 Tonnen in Norwegen, 160.000 Tonnen in den USA, 100.000 Tonnen in Kanada, 35.000 Tonnen in Südafrika, 16.000 Tonnen Thorium in Brasilien. Insgesamt 1.071.000 Tonnen in der ganzen Welt und 800.000 Tonnen in der Türkei.

Thorium wird das strategisch wichtigste Material des nächsten Jahrhunderts sein. In Zukunft soll es als Brennstoff für neue Reaktoren eingesetzt.

Andere mysteriöse Todesfälle

Martin Luther King jr. (1968): Martin Luther King jr. war ein amerikanischer Baptistenpastor und Bürgerrechtler. Er gilt als einer der herausragendsten Vertreter des gewaltlosen Kampfes gegen Unterdrückung und soziale Ungerechtigkeit. Er wurde am 4. April 1968 von James Earl Ray getötet, als er auf dem Balkon seiner Suite im Lorraine Motel in Memphis stand. Der Aktivist für Menschenrechte hat im Laufe seiner Karriere viele Drohungen erhalten, aber er ging das Risiko ein und glaubte nicht, dass er deswegen den Kampf aufgeben musste. In den letzten 50 Jahren war Kings Tod Gegenstand zahlreicher Verschwörungstheorien. War sein Mörder Ray nur ein Rassist oder steckte etwas anderes dahinter? Ob James Earl Ray wirklich der Täter war und ob der Mord wie hier beschrieben begangen wurde, ist bislang ungeklärt. Nach der Verurteilung von James Earl Ray stellten verschiedene Personen immer wieder die Frage, ob er die Tat allein begangen habe. Es gibt Theorien, die eine massive Verschwörung zum Mord an King aufdecken. Es gibt Theorien, dass die Regierung darin verwickelt war, und eine, die sich um den Zettel mit der Aufschrift „Raul" dreht, die in Rays Auto gefunden wurden.

„Wenn es Frieden auf Erden geben soll, müssen wir an eine grundlegende Moral in der Schöpfung und an die moralischen Grundlagen aller Existenz glauben." M. L. King

Dr. Malachi Martin (1999): Dr. Malachi Martins Roman „Der letzte Papst" handelt von der geplanten Ablösung des Papstes, einem Staatsstreich. Nach seinem Tod wurde das Buch veröffentlicht. Tatsächlich wurde es dem Anwalt übergeben. Dr. Martin war bis 1964 Jesuit, später auf eigenen Wunsch weltlicher Priester. Er war unter anderem Sekretär von Kardinal Bea. Nachdem er aus dem Dienst des Vatikans zurückgerufen wurde, kehrte er in die Vereinigten Staaten zurück. Godfree Danneels, Kardinal Bea, Angelo Sodano usw., er listete reale Personen in seinem Roman auf.

Dr. Martin hatte Einblick in die dunklen Intrigen, die im Vatikan beschrieben wurden. Es ist bekannt, dass Satan 1963 in einer Zeremonie im Vatikan den Thron bestiegen hat. Er war sich der Verschwörungstheorien bewusst, die im Vatikan im Zusammenhang mit der gezielten Entlassung eines Papstes und der Ernennung eines neuen Papstes kursierten. Unter anderem recherchierte er auch über St. Die Gallen-Mafia. 1999 wurde Dr. Malachi Martin ermordet. Bis dahin hatte er seinen Roman bereits fertig geschrieben und in Sicherheit gebracht. Weitere Bücher sind „Das letzte Konklave", „The Jesuits", „The decline and the fall of Roman Church", „Die Macht und die Herrlichkeit". Offenbar wählte er die Form des Romans, um sein Wissen zu verbreiten. Er sagte: „Sobald die Zuflucht der wahren Gegenwart Jesu leer ist, wird die Kirche aufhören, heilig zu sein, und dann wird Luzifer sie von feindlichen Kräften erobern. Und genau das passiert gerade. Da passiert es, daran besteht kein Zweifel."

Todesfälle von Journalisten[195]

Einer der gefährlichsten Berufe neben Ärzten ist der des Journalisten. Als Journalist konnte man nur zwei Möglichkeiten wahrnehmen. Entweder würden Sie sich an die Regeln halten und das tun, was von Ihnen verlangt wird, oder Sie würden sich an den Idealismus halten, der Sie dazu treibt, die Fakten zu veröffentlichen.

Nach Angaben der International Federation of journalists (IFJ) wurden 2018 weltweit 73 Journalisten getötet. 2019 waren es 51, 2020 50, 2021 42. Journalisten sind gefährdet: Im Jahr 2021 wurden weltweit 24 Journalisten wegen ihrer Arbeit getötet, während das Motiv bei den anderen 18 Journalisten nicht bestätigt wurde. Die Zahl der Journalisten, die wegen ihrer Recherchen getötet wurden, war etwas niedriger als in den Vorjahren. Einige davon:

Türkei: Uğur Mumcu[196]. In einer Erklärung zum 28. Jahrestag der Ermordung des investigativen Journalisten Uğur Mumcu sagte der Vorstand des Journalistenverbandes der Türkei: „Die Angriffe auf Journalisten, Wissenschaftler, Gewerkschafter, Intellektuelle und Studenten in unserem Land haben seit Jahren nur einen Zweck: zu verhindern, dass die Öffentlichkeit die Wahrheit erfährt, und um Angst in der Gesellschaft zu schüren. Uğur Mumcu, der das Gewissen des Volkes ist, wurde getötet,

---

195 https://de.euronews.com/2018/10/09/in-weniger-als-einem-jahr-6-journalisten-in-europa-ermordet

196 https://www.timeturk.com/gundem/ugur-mumcu-neden-oldurul-du-bilerek-saklanan-gercekler/haber-1687343

weil er die dunklen Beziehungen derjenigen aufgedeckt hat, die diese Angriffe organisiert haben." Uğur Mumcu wurde am 24. Januar 1993 vor seinem Haus in Ankara durch die Explosion einer in seinem Auto platzierten Bombe ermordet.

AĞAR: Wenn ich einen Ziegelstein ziehe, wird die Mauer fallen.

Nach dem Mord war der Dialog zwischen seiner Ehefrau Güldal Mumcu und dem Polizeichef Mehmet Ağar recht interessant:

Güldal Mumcu: „Es bildet sich eine Mauer, die das Eintreten dieser Ereignisse verhindert."

Mehmet Ağar: „Ja, es gibt eine Mauer, die die Ermittlungen blockiert."

Güldal Mumcu: „Dann zieh einen Stein und die Wahrheit kommt ans Licht."

Mehmet Ağar antwortet: „Wenn ich einen Ziegelstein ziehe, wird die ganze Mauer einstürzen."

Damals konnte die Gesellschaft nicht vollständig erkennen, dass die USA hinter der PKK standen. Uğur Mumcu, die Waffen der PKK, woher bekommt sie diese Waffen, woher bekommt sie ihr Geld?

Er stellte Nachforschungen an. Sein Weg führte nach Amerika. Aus diesem Grund kritisierte er auch Amerika und andere EU-Länder. Mit anderen Worten, die NATO-Staaten haben dies seit dem 12. März und sogar vor dem 12. September immer in Frage gestellt, da NATO-Waffen immer gegen den Terrorismus kämpfen. Unsere Terrororganisationen erhalten die Waffen von NATO-Mitgliedsländern. Schützt uns die NATO? Oder ist die NATO uns feindlich gesinnt?

Nach Mumcu: „Der Nahe Osten ist eine dunkle bodenlose Grube, in dem der Imperialismus lauert. Dort werden Terrororganisationen und verschiedene Geheimdienste blutige und schmutzige Spiele spielen. In diesem dunklen und bodenlosen Abgrund folgen die Morde aufeinander. Wer tötet wen, warum? Die Antworten auf diese Fragen gibt es nicht sofort. Die Ereignisse erhellen sich Jahre später. Das ist mal gerade ein Teil davon."

Sarah Kershaw (2016). Reporterin der New York Times tot aufgefunden, nachdem sie mutmaßliches CIA-Programm zur Gedankenkontrolle enthüllt hatte. Ein ehemaliger Reporter der New York Times wurde in der Dominikanischen Republik ermordet aufgefunden, weil er etwas über MK Ultra enthüllt hatte. Projekt MK Ultra, oft als Gedankenkontrollprogramm der CIA bezeichnet, war der Codename für ein illegales Experimentierprogramm mit menschlichen Probanden, das von der CIA entwickelt und betrieben wurde. Frau Kershaw veröffentlichte in der New York Times einen Artikel, in dem sie sich mit diesem Thema befasste. Ist es möglich, dass Miss Kershaw auf neue Informationen gestoßen ist, die sie zu einer Bedrohung machten? Die Wahrscheinlichkeit hierfür ist angesichts der Geschwindigkeit der Entwicklung psychotronischer Waffenfähigkeiten äußerst hoch.

Deutschland, Udo Ulfkotte. Ein berühmter Journalist und Schriftsteller, der sich sehr kritisch gegenüber der Öffentlichkeit äußerte, starb am 13. Januar 2017 im Alter von 56 Jahren. Offiziellen Berichten zufolge erlitt der ehemalige FAZ-Journalist und Autor von Bestsellern wie „Gekaufte Journalisten", Herzversagen. Doch bei näherer Betrachtung tauchen Zweifel an dieser Theorie auf. Mit seinen eigenen Worten sagte er: „Mir wurde beigebracht, zu lügen, zu betrügen und die Wahrheit vor der Öffentlichkeit zu verbergen."

„Dies begann im Jahr 1988, als ich Zeuge der Vergasung iranischer Soldaten an der iranisch-irakischen Grenze wurde. Unter deutscher Giftgas- und amerikanischer Überwachung bombardierten die Iraker die Iraner mit Gas – und das hinterher in Bagdad gefeiert. Ich bin Jahrgang 1960 und habe bekam in der Schule eingeimpft bekommen, dass die Deutsche nie wieder Menschen vergasen dürfen. Und da stand ich nun und musste ohnmächtig vor Wut mit ansehen. Auch unsere Medien, und ich war ein Teil davon, dass es Taten von Vergasungen immer noch gibt. Die Artikel, die ich an die „FAZ" schickte und das, was veröffentlicht wurde, waren zwei verschiedene Welten. Da habe ich gelernt, dass dieses Vorgehen in den Medien „normal" ist. Ich habe weitergemacht, bis ich nicht mehr in den Spiegel schauen konnte. Übrigens bin ich inzwischen der einzige deutsche Journalist, der offiziell als Senfgasopfer anerkannt ist."

Gleichzeitig warnte Ulfkotte vor einer „heimlichen Islamisierung" und reiste durch das Land, um Vorträge zu diesem Thema zu halten. Er thematisierte öffentlich die Folgen der Islamisierung und versuchte, Aufmerksamkeit zu erregen. In gewisser Weise war er gegen die Pläne einiger Eliten, da er sie scharf kritisierte. Eliten werden gerne als Verschwörungstheoretiker bezeichnet, wenn sie einen Mord für möglich halten. Möglicherweise ist es das Mordmotiv: Hat er kritische Äußerungen gegenüber der Öffentlichkeit gemacht, indem er über Asylpolitik oder die Pädophilie Enthüllungen machte?

Folglich konfrontierte er das politische Establishment in vielen seiner Bücher auf unangenehme Weise, so war er unliebsam.

Schweden: Kim Wall. Freiberufliche Journalistin im August 2017 in Dänemark getötet. Der Forscher und U-Boot-Kapitän Peter Madsen sagte, ihr Tod sei ein Unfall gewesen. Die Leiche der 30-jährigen Frau wurde zerstückelt im Wasser südlich von Kopenhagen gefunden.

Malta: Daphne Caruana Galizia. Die Journalistin und Bloggerin Daphne Caruana Galizia (53) wurde durch eine unter ihrem Auto platzierte Bombe getötet. Sie arbeitete für verschiedene Medienorganisationen in Malta. Im Dezember 2017 wurden drei Personen wegen Mordes an Galizia angeklagt. Ihr Blog ist einer der meistgelesenen in Malta. Als Ergebnis der Untersuchungen fanden im Juni 2016 vorgezogene Neuwahlen statt. Es zeigte sich, dass maltesische Politiker an den Panama-Papieren beteiligt waren. Dem Polizeibericht zufolge wurde sie 15 Tage vor ihrem Tod bedroht.

Russland: Nikolai Adruschenko. Der 73-jährige Journalist fiel nach Schlägen ins Koma, aus dem er nie wieder aufwachte.

Die Angreifer wurden nicht gefunden. Adruschenko war einer der Gründer von Nowy Petersburg. Das wichtigste Thema waren die Menschenrechte. Er wurde 2007 wegen Berichterstattung über eine Mordermittlung wegen Verleumdung und Behinderung der Justiz inhaftiert.

Russland: Dmitry Popkov. Popkov wurde am 24. Mai 2017 in Minusinsk erschossen. Seine Leiche wurde in einem Hinterhof gefunden. Die Justiz vermutete unter anderem, dass seine Arbeit bei dem Mord eine Rolle gespielt hatte. Popkov wurde in seinem Bezirk bekannt, nachdem er Abgeordneter der Kommunistischen Partei geworden war. Er gründete Ton-m, ein Ermittlungsportal zu Polizeikorruption.

Slowakei: Jan Kuciak. Mit 27 Jahren berichtete er über Korruption und Steuerhinterziehung. Er wurde am 25. Februar 2018 zusammen mit seiner Freundin in seinem Haus in Velka Maca in der Nähe von Bratislava erschossen.

Türkei: Saaed Karimian. Der iranische Fernsehjournalist wurde in Istanbul von maskierten Männern erschossen. Karimian, 45, war Gründer und Präsident des persischen GEM TV, das ausländische Filme ins Persische übersetzt und im Iran sendet. Den Medien wurde oft vorgeworfen, westliche Kultur und antiislamische Werte zu verbreiten. Ein Gericht in Teheran verurteilte ihn in Abwesenheit zu sechs Jahren Gefängnis wegen der Verbreitung von Propaganda gegen den Iran.

Zitate zum Nachdenken:

„Ein Moment kann einen Tag verändern, ein Tag kann ein Leben verändern und ein Leben kann die Welt verändern!"
Buddha

„Wer kämpft, kann verlieren. Wer nicht kämpft, hat schon verloren!"
Bertolt Brecht

„Nur die Lüge braucht die Stütze der Staatsgewalt, die Wahrheit kann von alleine aufrecht stehen!"
Thomas Jefferson

„Sind doch alle Ordnungen des Menschen darauf hingerichtet, dass das Leben in einer fortgesetzten Zerstreuung der Gedanken nicht gespürt werde!"
Friedrich Nietzsche

„Der einzige Weg, Veränderungen wertzuschätzen, besteht darin, in sie einzutauchen, sich in ihrem Tempo zu bewegen und sich darauf zu konzentrieren, das Neue zu bauen, ohne mit dem Alten zu verweilen!"
Nurcan Gross

TEIL 4

TERRORISMUS, PUTSCHE, REVOLUTIONEN, KRIEGE

TÖDLICHE BRUTALITÄT/TERROR

Raymond Walden, Pazifist und Autor: **„Zwei Gesichter pflegt der Terrorismus: Die offensichtliche sprengende Gewalt und die getarnte diplomatische Drahtzieherei, Letztere weit effektiver als einzelne Bombenanschläge!"**

Unter Terrorismus versteht man in erster Linie die Anwendung von Gewalt zur Durchsetzung politischer Ziele. Terroristen sind in der Regel nichtstaatliche Akteure, obwohl Terrorismus auch von Staaten organisiert werden kann. Terroristen sind sich in der Regel in militanten Gruppen organisieren (streit-haft, kämpferisch.).

Die bekanntesten dieser Terrorgruppen sind der **Islami-sche Staat** (ISIS), **Al-Qaida**, der **Dschihad Islam**, die **Taliban Pakistan** und **Boko Haram**. Wie Sie sehen, rührt unsere der-zeitige Angst vor Terrorismus hauptsächlich von islamischen Terrororganisationen her. Sind wir darüber überrascht? NEIN!

Obwohl wir sie als islamische Terrororganisationen bezeich-nen, scheinen die Fakten anders zu sein. Es ist anzunehmen, dass die niederrangigen Mitglieder der Gruppe die Überzeu-gung haben, sich für das heilige Ziel einzusetzen. Dabei wur-den sie einer Gehirnwäsche unterzogen und werden lediglich als Bauernfiguren betrachtet, wie sie beim Schachspiel zum Aufopfern gedacht sind. Möglicherweise sind es etwas Höher-rangiger, die etwas mehr zu sagen haben oder wichtige Rollen in der Gruppe spielen. Sie machen es für ihren eigenen Profit (z. B. Geld) mit. Die zahlreichen jungen Männer aus westlichen Ländern (z. B. Deutschland, England) zeigen sich bereit, sich an diesen Gruppen zu beteiligen. Der Autor Jürgen Todenhö-fer schrieb seine Erfahrungen in seinem Buch „Inside IS – 10 Tage im islamischen Staat". Seine erste Kontaktaufnahme er-folgte mit einem jungen deutschen Mann. In seinem Buch beschrieb er unter anderem, dass die IS-Gefolgen sowohl amerikanische Rüstungen als auch Waffen besaßen. Woher sollte das hier gekommen sein?

Na klar, in dem Gefecht, als der Amerikaner davon geflüchtete, ließen diese Gegenstände zurück und so wurden sie als Trophäe angenommen.

ISIS ist der Nachfolger von Al-Qaida, und al-Bagdadi ist der Nachfolger von Bin Laden (offiziell ist er tot, aber Gerüchten zufolge lebt er noch). Im Jahr 2013 wurde Al-Qaida im Irak in ISIS (Islamischer Staat im Irak und Syrien) umbenannt. Was sehr witzig ist, ist, dass dieser Name eine ägyptische Göttin repräsentiert. Freimaurer waren schon immer von solchen Verbindungen und Nachahmungen fasziniert.

Nach Magaldis Buch „Massoni": Im Jahr 2009 wurde der selbst ernannte Kalif eines neuen islamischen Staates, Al-Baghdadi, irgendwie aus dem Gefängnis entlassen, in dem er seit 2004 inhaftiert war, und es stellte sich heraus, dass er heimlich in die Hathor Pentalpha eingeweiht wurde. Also, Al-Bagdadi wurde in die Loge aufgenommen, demnach werden ihn führende Weltpolitiker der Loge als Bruder der Loge angesehen.

Wen wundert es schon, dass solche Spiele wie immer auf der Bühne der Weltpolitik inszeniert werden?

Und solange wir uns mit dem beschäftigen, was auf der Bühne passiert, werden wir Zeit vergeuden, um zu begreifen, was hinter dem Vorhang vor sich geht. Während dieser Zeit hat jemand eine völlig neue Geschichte verfasst, die so nicht stimmt. Schließlich entsteht ein völlig neues Geschichtsverständnis und die Massen sind nicht mehr vor neuen Manipulationsmethoden gefeit. Ein wissenschaftlich anerkanntes Geschichtsbild wird durch Behauptung, Interpretation oder Verschleierung so angepasst, dass die öffentliche Wahrnehmung überprüfbaren Tatsachen entspricht. Eine solche einseitige Darstellung verzerrt die Sicht auf den historischen Hintergrund oder Kontext, wenn es um gravierende Tatsachen von öffentlicher Bedeutung geht. In den letzten zwei Jahrzehnten waren wir mehr denn je brutalen, blutigen Angriffen auf der ganzen Welt ausgesetzt, und anscheinend waren die globalen Strippenzieher sehr fleißig. Gleichzeitig existieren organisierte Terrorgruppen unter unterschiedlichen Namen, ihre Ziele sind jedoch immer dieselben: so viel Schmerz und Zerstörung wie möglich anzurichten. Das dreiste Beispiel hierfür ist der US-Angriff vom 9. September 2001 (Twin Towers).

Die zehn reichsten Terrororganisationen der Welt heißen wie folgt:

- ISIS
- Hamas
- FARC
- Hisbollah
- Taliban
- Al-Qaida
- Lashkar-eTaiba (Pakistan und Indien)
- Al Shabab, islamistisches Somalia
- Boko Haram
- REAL IRA, irische Freiheitskämpfer

Wie können diese Organisationen noch existieren, wenn es heute so fortschrittliche Techniken, Abhörgeräte usw. gibt? Vielleicht existieren die Befürworter dieser Strukturen noch irgendwo in uns selbst?

Wer finanziert und unterstützt Terrororganisationen?
Auf der Liste der reichsten Terrororganisationen der Welt stehen acht Organisationen islamischen Ursprungs ganz oben. Die reichste ist ISIS, der im Irak und in Syrien operiert. Schätzungen zufolge stammen die Einnahmen aus der Ölhandel, Drogenhandels, sowie die Erpressung von Schutzgeldern, Kidnapping, Plünderungen und Raubüberfällen.

Am 22. Juni 2021 veröffentlichte die bulgarische Journalistin **Dilyana Gaytandzhieva** einen Artikel mit dem Titel „Die USA heizen den Krieg in Syrien mit neuen Waffenlieferungen an Al-Qaida-Terroristen an". Im Dokument stand, dass das US

Army Contracting Command, Picatinny Arsenal[197] und acht amerikanische Unternehmen mit der Belieferung von Waffen der Kategorie 1 für die Jahre 2020–2025 beauftragt hat. Laut Gaytandzhieva kauft das Pentagon Waffen im Wert von 2,8 Milliarden US-Dollar für Konfliktgebiete auf der ganzen Welt. Die meisten dieser Waffen richten sich gegen Syrien. Schließlich gilt die Provinz Idlib in Syrien (derzeit vollständig von Al-Qaida kontrolliert) als einer der strategisch wichtigsten Orte im Nahen Osten. Diese acht amerikanischen Unternehmen wurden mit der Beschaffung von Waffen beauftragt. Die Waffen werden nicht in den USA hergestellt und können daher nicht von amerikanischen Soldaten verwendet werden. Das Pentagon verfügt jedoch über „nicht standardmäßige Waffen, Teile und Zubehör". Der Ausschreibung zufolge sollen diese Waffen in Konfliktgebieten eingesetzt werden. Es sollte offensichtlich sein, dass die amerikanischen, europäischen und türkischen Waffenlieferungen an Al-Qaida und andere Terrorgruppen eine hartnäckige Fortsetzung des Krisenbogens sind, den Brzezinski 1977 als Nationaler Sicherheitsberater von Präsident Carter prägte und zur Gründung von The Nationalities Working Group führte. Das Konzept des Krisenbogens war, um ethnische Spannungen durch die Förderung von religiösem Fanatismus und Terrorismus in den muslimischen Gemeinschaften des Nahen Ostens zu schüren, die sich dann auch auf Zentralasien ausbreiten könnten.[198]

Global War on Terrorismus (abgekürzt GWOT) war ein politischer Slogan, der von der damaligen US-Regierung unter George W. Bush verwendet wurde, um die Anschläge vom 11. September einschließlich politischer, militärischer und rechtlicher Maßnah-

---

197 Die Einrichtung wurde 1880 gegründet und war viele Jahre lang der Hauptlieferant von rauchfreiem Pulver für das Militär. Picatinny Arsenal ist heute vor allem für ihre dort entwickelte Picatinny-Schiene für Pistolen bekannt. Auch die 40-mm-Granate wurde dort entwickelt in den frühen 1950er Jahren.

198 https://uncutnews.ch/warum-der-westen-den-terrorismus-finanziert/

men gegen internationalen Terrorismus einzubeziehen. Damit beschrieb die Bush-Administration den Kampf sowohl gegen Terrororganisationen als auch gegen Staaten, die Terrororganisationen unterstützen. Es ist klar, dass der in diesem „Krieg gegen den Terror" bezeichnete „Feind" nicht wirklich der Feind ist, an den wir glauben. Sondern genaue die Mächte, die auf globaler Ebene die Fäden ziehen und sie derartige Grausamkeiten unterstützen.

Es gibt eine Frage, die wir zuerst beantworten müssen, und zwar:

Was benötigen wir vor allem, um den Terrorismus so effektiv wie möglich zu bekämpfen?

Natürlich brauchen wir zuerst Terroristen ... **Stimmt das?**

Amerika, 9. September 2001, Terroranschlag – World Trade Center, Zwillingstürme

Der Angriff auf die USA am 11. September 2001 markierte den Beginn eines grundlegenden Wandels und einen historischen Wendepunkt in der Außenpolitik. Gleichzeitig hat er das islamistisch-terroristische Bedrohungsszenario an die Spitze der internationalen Sicherheitsagenda gebracht. Laut offiziellen Quellen: Am 11. September 2001 entführten Al-Qaida-Terroristen vier Passagierflugzeuge und leiteten sie zu Zielen in den Vereinigten Staaten um. Die ersten beiden Flugzeuge stürzten in die Twin Towers des World Trade Centers, das dritte Flugzeug wurde von Terroristen auf das Pentagon gerichtet. Und das vierte Flugzeug stürzte kurz darauf in Pennsylvania ab, sein Ziel war das Weiße Haus. Insgesamt kamen bei den Anschlägen mehr als 3.000 Menschen ums Leben, doppelt so viele wurden verletzt. Erste Militäraktion: Am 7. Oktober 2001 marschierten US-geführte NATO-Truppen in Afghanistan ein. Das von den Taliban kontrollierte Land beherbergte Osama bin Laden, den Drahtzieher der Anschläge und Chef des für die Anschläge verantwortlichen Terrornetzwerks Al-Qaida. Im Dezember 2001 wurden die Taliban gestürzt. Fast zehn Jahre später soll Osama bin Laden am 2. Mai 2011 in seinem Versteck in Abbottabat, Pakistan, von US-Spezialeinheiten erschossen worden sein. Was bisher passiert ist, sind die Prozesse, die offiziell auf uns übertragen wurden. Es ist, als ob die offizielle Geschichte des 11. September mit einer Reihe widersprüchlicher, unlogischer Geschichten gefüllt wäre (die in Märchen schließlich mehr Sinn ergeben). Eine neue Reihe von Enthüllungen eines ehemaligen Mitarbeiters des russischen Geheimdienstes könnte selbst diejenigen schockieren, die schon lange daran dachten, hinter die Kulissen zu blicken. Wie genau wurden die Gebäude des World Trade Centers zerstört?

Ein Experte für nukleare Detonation hat eine schockierende These zur Analyse. Tatsächlich handelt es sich hierbei nicht einmal um eine These, überhaupt nicht um eine Theorie, sondern um einen Augenzeugenbericht **voller Beweise.**

Anschließend untersuchten verschiedene Experten Hinweise auf eine kontrollierte Explosion. Das bislang bekannteste Ergebnis der Theorie der kontrollierten Explosion der Zwillingstürme ist die Arbeit von **Dr. Niels Harrit** und **Professor Steven Jones**: Im Staub des World Trade Centers wurde aktive energetische Materie entdeckt. Die Türme stürzten nicht ein, sondern wurden durch die Bruch- und Entspannungszonen thermonuklearer Explosionen in kleinste Bruchstücke zerbrochen, so dass sie unter ihrem eigenen Gewicht zerfielen.

Werfen wir einen Blick hinter die Kulissen, was wirklich passiert sein könnte.

World Trade Center – Zwillingstürme; Unbestreitbare Fakten:[199]

- Flugzeugtreibstoff verbrennt bei einer Temperatur von etwa 800 Grad, Stahl schmilzt jedoch erst oberhalb von 1.500

---

199 http://rememberbuilding7.org/
http://mainstreamsmasher.blogspot.com/2012/11/11-september-die-dritte-wahrtheit-von.html

Grad. Die Stahlträger mussten daher den hohen Temperaturen problemlos standhalten, sie wäre niemals als Staubhaufen zusammengebrochen.

- Flugzeuge konnten die „große Stahlkonstruktion" nicht passieren. Genauer gesagt würden Flügel und Schwanz die vierwandigen Balken nicht durchdringen. Was sehen wir auf den Videos? Es ist genau das: Etwas Unmögliches kann plötzlich möglich werden. Erstens kann ein Flugzeug in Bodennähe nicht so schnell fliegen. (http://www.youtube.com/watch?v=CtDa7B_LG10) Zweitens kann dieses Flugzeug den Turm nicht vollständig durchdringen und schmelzen, ohne beim Aufprall auf die Außenseite etwas vom Flugzeug zu zerbrechen. Alle Studien vor 9/11 besagen, dass Flugzeuge nur den Turm beschädigen können und einige Flugzeugträger zerstört werden müssten, Gebäude jedoch niemals einstürzen können. Nirgendwo wird erklärt, wie Flugzeuge durch eine solide Stahlsäulenkonstruktion fliegen könnten, als würden sie Hologramme anzeigen, und dann beschließen, zu explodieren.

- Ein Absturz kann nur durch Sprengstoff verursacht werden, der bereits in Gebäuden platziert ist! Die Aussagen zahlreicher Zeugen, die von Explosionen berichteten, stützen diese These. Bei Staubforschungen im World Trade Center wurde Nanothermit gefunden, was die Existenz des Sprengstoffs beweist. Diese Realitäten wurden von der US-Regierung, ihren Verbündeten und gekauften Medien unter den Teppich gekehrt.

- Aussagen von 100 Feuerwehrleuten und Augenzeugen von Bomben und Explosionen, die im Bericht der 9/11-Kommission ignoriert wurden, werden im 9/11-Kommissionsbericht als antwortende Augenzeugen verboten. „Es gab mehrere Explosionen in der Lobby und den unteren Etagen!", hieß es.

- Den Aussagen von Zeugen zufolge wurde das geschmolzene Metall im Kommissionsbericht ignoriert. Laut Zeugenaussagen wurde das als „wie in einer Gießerei" bezeichnet. Die Existenz von geschmolzenem Metall wurde jedoch bestritten. 21 Tage nach dem Angriff brannten die Brände immer noch und die Stahlschmelze war noch aktiv.

- Das erste Flugzeug stürzt in den Nordturm, in nur drei Minuten bricht der Sender CNN ab und zeigt Live-Aufnahmen von Kameras, die in Gebäuden in New York installiert sind. Rundfunkanstalten auf der ganzen Welt veröffentlichen diese Bilder sofort. Als das zweite Flugzeug in den Südturm stürzte, liegen CNN-Aufnahmen von einem lokalen, mitübertragenden Hubschrauber vor. Der CNN-Moderator bemerkte zunächst nur die Explosion. Eine Minute später sagte er, es gebe Anzeichen dafür, dass „vielleicht" ein zweites Flugzeug beteiligt sei.
- Obwohl sogar die Autos rund um das Gebäude vollständig verbrannt waren und überall Staub lag, wurden auf der Straße vor dem WTC der Reisepass des Terroristen, der diese Katastrophe überlebte, und ein Stück Papier mit Informationen über die Flugroute eines Flugzeugs gefunden. Dieser Pass muss sich lange Zeit nach der Kollision und dem Feuer in der Luft gedreht haben, bis das WTC einstürzte und er schließlich ganz oben auf den Trümmern des Hügels landete. Was für ein Zufall?
- Am 10. September 2001 meldete Rumsfeld (der frühere US-Verteidigungsminister), dass im Pentagon 2,3 Billionen US-Dollar fehlen.
- Wurde das vierte Flugzeug abgeschossen? Das Wrack von „Flug 93" soll sich kilometerweit ausgebreitet haben. Rumsfeld gibt zu, dass er die Erschießung von Cheney 93 angeordnet hat. „Wir haben das Flugzeug über Pennsylvania abgeschossen", sagt er. Chris Konicki „Man erkennt nichts davon, dass ein Flugzeug abgestürzt ist."
- Gerichtsmediziner Wallace Miller „Kein Tropfen Blut." Bürgermeister Ernie Stull sagte: „Es gab kein Flugzeug."
- Vorsätzliche Behinderung der Justiz. Bush zögerte 441 Tage, bevor er die 9/11-Überprüfungskommission ins Leben rief, und der Kommission wurden äußerst begrenzte Mittel zur Verfügung gestellt.

- Zufälligerweise war Präsident Bush an diesem Tag gerade auf Schulbesuch und bevor er das Klassenzimmer betrat, sagte er, er habe den ersten Flugzeugabsturz im Nordturm im Fernsehen gesehen. „Er wurde über den zweiten Angriff informiert, als er den Kindern das Buch „My Pet Goat" vorlas." Er blieb dort noch mindestens acht Minuten, während Amerika bedroht war.
- Osama bin Laden wurde wegen der Anschläge vom 11. September vom FBI nicht gesucht. Es gibt keine schlüssigen Beweise, die Bin Laden mit dem 11. September in Verbindung bringen. Die CIA gründete, trainierte und finanzierte „Al-Qaida/Taliban" während der Mudschaheddin-Ära. Gerüchten zufolge war Bin Laden ein CIA-Mann namens „Tim Osman". Sein angeblicher Tod wurde im Dezember 2001 gemeldet (FOX). Eine Gruppe von Kommandos, die ihn gefunden und getötet hatte (sie waren misstrauisch, wer der Mann war, den sie getötet hatten), kamen alle kurze Zeit später auf mysteriöse Weise bei einem Unfall ums Leben.

Scheint das alles nicht bemerkenswert, warum weigern wir uns immer noch hartnäckig, es zu verstehen? Zu diesem Thema wurden viele Bücher geschrieben und Dokumentationen gedreht. Eine von diesen:

„**Fahrenheit 9/11**" ist ein Dokumentarfilm des amerikanischen Produzenten **Michael Moore**. Er beleuchtet unter anderem die Geschäftsbeziehungen der Familie von Präsident Bush mit arabischen Geschäftsleuten, insbesondere der Familie Bin Laden. Der Film schildert die Politik der US-Regierung nach der Zerstörung des World Trade Centers in New York. Der erklärte Zweck des Films bestand darin, gegen die Wiederwahl des Amtsinhabers George W. Bush bei der US-Präsidentschaftswahl am 2. November 2004 zu protestieren; aber Bush wurde wieder Präsident. Ist es also passiert, wie einige Kräfte es geplant haben?

Der Terroranschlag vom 11. September war die erste große Prämisse, die darauf hindeutete, dass kein Teil der Welt sicher sein kann, andere folgten.

Hier sind nur einige dieser Angriffe, die weitreichend und verheerend störend sind:

- **Indonesien, Oktober 2002:** Nach dem Bombenanschlag auf Nachtclubs, in denen hauptsächlich ausländische Touristen auf der Ferieninsel Bali feiern, trauert man um die 202 getöteten Menschen.
- **Spanien, März 2004:** Bei einer Bombenanschlagsserie auf S-Bahnen in Madrid sind fast 200 Menschen getötet worden.
- **Russland, 1. September 2004:** Geiselnahme in der Stadt Beslan darunter in der Schule, 333 (+32) Tote, 783 Verletzte, 34 tschetschenische, islamistische Selbstmordattentäter mit Schusswaffen. (Zweiter Tschetschenienkrieg)
- **Ägypten, Juli 2005:** Touristen aus dem Badeort Sharm el-Sheikh waren bei ihrer Rückkehr entsetzt. Mindestens 64 Menschen wurden im Roten Meer durch mit Bomben beladene Fahrzeuge getötet.
- **Vereinigtes Königreich, Juli 2005:** Bei Anschlägen auf drei U-Bahnlinien und einen Bus in London kamen 52 Passagiere und vier Attentäter ums Leben. Viele Menschen wurden verletzt.
- **Jordanien, November 2005:** Bei dem Angriff auf drei Hotels in Amman wurden 56 Menschen getötet und mehr als 115 verletzt.
- **Irak, 14. August 2007:** Al-Qahtaniyye, Al-Jazeera-Angriff von Sindschar aus, möglicherweise Al-Qaida im Irak, vier Autobomben, 796 Tote, 1.562 Verletzte. (Irakischer Widerstand)
- **Russland, 9. März 2010:** Bei den Selbstmordanschlägen auf die Moskauer Metro wurden 40 Menschen getötet und 84 verletzt. Der tschetschenische Terrorist Doku Umarow bekannte sich zu den Anschlägen.
- **Russland, 24. Januar 2011:** Bei einem Selbstmordanschlag auf dem Moskauer Flughafen Domodedowo sind 37 Menschen getötet und mehr als 100 verletzt worden. Auch der tschetschenische Terrorist Umarow übernahm die Verantwortung dafür.

- **Oslo, 22. Juli 2011:** Bei der Explosion einer Bombe am Regierungsgebäude kamen sieben Menschen ums Leben. Nach Angaben der Polizei wurde die Explosion durch „eine oder mehrere" Bomben ausgelöst. Auch das Büro des norwegischen Ministerpräsidenten Jens Stoltenberg war von der Explosion betroffen. Stunden nach dem Bombenanschlag eröffnete der schwer bewaffnete Anders Behring Breivik das Feuer auf ein Jugendlager in der Nähe von Oslo. Nach Angaben der Behörden wurden 84 Menschen getötet und ein Verdächtiger festgenommen.
- **Jemen, 20. März 2015:** Bei den Angriffen auf Moscheen in Sanaa wurden 142 Menschen getötet und 345 verletzt.
- **Tunesien, 26. Juni 2015:** Bei dem Angriff auf zwei Hotelkomplexe in der Stadt Port El-Kantaoui, 10 km nördlich der tunesischen Stadt Sousse, wurden 38 Menschen getötet, darunter auch deutsche Urlauber. Einer der Attentäter schoss am Strand wahllos mit einer Kalaschnikow auf Zivilisten. Zuvor hatte er das Gewehr unter einem Regenschirm versteckt. Anschließend warf er mehrere Handgranaten in den Pool und in die Büros des Hotelpersonals.
- **Türkei, 10. Oktober 2015:** Bei dem Anschlag in Ankara sprengten sich zwei Selbstmordattentäter während einer Friedensdemonstration in die Luft, töteten 103 Menschen und verletzten 500.
- **Ein Passagierflugzeug Russlands, 31. Oktober 2015:** Es stürzte 20 Minuten nach dem Start über Ägypten ab, 224 Menschen wurden getötet. Die meisten Opfer waren Touristen, die nach St. Petersburg zurückkehrten. Nach Angaben des russischen Inlandsgeheimdienstes FSB sei eine Bombe an Bord geschmuggelt worden. Der IS bekannte sich zu dem Verbrechen.
- **Frankreich, 13. November 2015:** In Paris kam es in vielen Teilen der Stadt fast gleichzeitig zu Anschlägen. Betroffen waren Restaurants, ein Konzertsaal und die Umgebung des Stade de France-Stadions, in dem das Freundschaftsspiel zwischen Frankreich und Deutschland ausgetragen wird.

Mindestens 132 Menschen wurden getötet und mehrere Hundert verletzt. Die Terrormiliz ISIS bekannte sich zu den Anschlägen mit mindestens acht Attentätern.

- **Frankreich, 14. Juli 2016:** Am französischen Nationalfeiertag fährt ein Mann mit einem Lastwagen durch die Menschenmenge auf der Promenade von Nizza und fordert fast 100 Todesopfer.
- **Türkei, 10. Dezember 2016:** Im Istanbuler Stadtteil Beşiktaş und am Fußballstadion Maçka Democracy Park wurden zwei separate Bombenanschläge verübt. Bei den Angriffen kamen 39 Polizisten und sieben Zivilisten sowie zwei Selbstmordattentäter ums Leben und 166 Menschen wurden verletzt. Interessant ist: Ein britischer Journalist befand sich zu dieser Tageszeit in einem Hotelzimmer, von dem aus er das Ereignis verfolgen konnte, und begann sofort mit der Aufnahme der Nachrichten. Eine weitere interessante Situation war, dass sich die Polizeiteams aufgrund einer neuen Anweisung nicht an ihren gewohnten Plätzen befanden und an einem anderen Ort stehen mussten. Dies bedeutete, dass sie das Ziel einer Explosion waren. Wusste also jemand etwas?
- **Türkei, 1. Januar 2017:** Terroristen verübten am Silvesterabend um 1:15 Uhr einen bewaffneten Angriff auf den Nachtclub Reina in Istanbul. Bei dem blutigen Angriff kamen 39 Menschen ums Leben und 79 Menschen wurden verletzt. Ein amerikanischer Überlebender des Reina-Angriffs ist Jake Raak. Wer war er? Der Mann sagt: Er sei mit neun seiner Freunde gekommen, aber aus irgendeinem Grund sei keiner seiner Freunde da. Er macht recht widersprüchliche Aussagen. Er wird im Rollstuhl zum Flughafen gebracht, als wäre er verletzt, aber diese Person steht ganz normal auf und geht. Aus seinem Profil geht hervor, dass er Verbindungen zur amerikanischen Armee hat.
- **Somalia, 14. Oktober 2017:** Anschlag in Mogadischu, zwei Selbstmordattentäter der islamistischen Al-Shabaab Wahhabi, 589 (+1) Zivilisten getötet und 316 verletzt bei Angriff

auf Flughafen und Hotel mit bombenbeladenem Fahrzeug (somalischer Bürgerkrieg).

- **Afghanistan, 27. Januar 2018:** Im Stadtzentrum von Kabul tötete ein Taliban-Selbstmordattentäter mit einer Autobombe in Regierungsbüros 103 Menschen und verletzte 235.
- **Pakistan, 13. Juli 2018:** Bei der Wahlkundgebung in Mastung tötete der Selbstmordattentäter 149 (+1) und 186 wurden verletzt.
- **USA, 16. September 1920:** 38 Tote, 300 Verletzte bei dem durch den Sprengstoff verursachten Bombenanschlag auf eine Pferdekutsche an der Wall Street in New York City.

PUTSCHE, REVOLUTIONEN

„Wir können einem Kind, das Angst vor der Dunkelheit hat, leicht verzeihen; die wahre Tragödie des Lebens ist, wenn Menschen Angst vor dem Licht haben!" Platon

Zu den wichtigen Revolutionen zählen die Amerikanische Revolution (1775–1783), die Französische Revolution (1789–1799), die Haitianische Revolution (1791–1804), die Südamerikanischen Unabhängigkeitskriege (1808–1826), die Revolutionen von 1848 und die Russische Revolution (1917), die Türkische Revolution (1919–1923), die Chinesische Revolution (1940er Jahre), die Kubanische Revolution (1959), die Iranische Revolution (1979) und die Revolutionen von 1989. Nach Ansicht einiger russischer Historiker war die Oktoberrevolution eines der größten Ereignisse in der Geschichte der Menschheit, das Auswirkungen auf die gesamte Weltgeschichte hatte. Lenin (1870–1924), russischer sozialistischer Revolutionär und Politiker und intellektueller Führer der marxistisch-leninistischen Ideologie, Führer der Oktoberrevolution und Gründer der Sowjetunion. Die Bolschewiki schufen aus ihren untergeordneten Arbeitergruppen die Roten Garden und später die Rote Armee. In der Oktoberrevolution (November im gregorianischen Kalender) schafften die bolschewistische Partei und die von Wladimir Lenin angeführten Arbeiterräte die provisorische Regierung in St. Petersburg ab. Die Bolschewiki hingegen waren der Meinung, dass der Krieg so bald wie möglich beendet werden sollte und es sollte Frieden erklärt werden. Diese kriegsbezogenen Diskussionen ermöglichten es den Bolschewiki, die Unterstützung der Bevölkerung zu erhöhen. Die neuen Reforminitiativen der provisorischen Regierung konnten das Volk nicht zufriedenstellen. Die Bauern beschlagnahmen das Land aus den Händen der Grundbesitzer und teilten es untereinander auf. Auch vor der Front flüchtende

Soldaten hatten damit begonnen, Eigentum der Oberschicht zu zerstören. 1917 war ein Jahr voller Ereignisse, die nicht nur die Geschichte Russlands, sondern der ganzen Welt veränderten. Die 1922 nach der Revolution gegründete Union der Sozialistischen Sowjetrepubliken (UdSSR) zerfiel 1991 nach dem „Kalten Krieg" mit den USA, die die liberale Demokratie vertreten.

Türkei 1980 – Militärputsch

Die Intervention der Streitkräfte gegen die Regierung am 12. September 1980 innerhalb der Befehlskette wurde als dritter Militärputsch in der Geschichte der Republik Türkei registriert. Erste allgemeine Aussage: „Der Zweck der Operation besteht darin, die Integrität des Landes zu schützen, die nationale Einheit und Solidarität zu gewährleisten, einen möglichen Bürgerkrieg und brüderlichen Konflikt zu verhindern, die Autorität und Existenz des Staates wiederherzustellen und die Gründe dafür zu beseitigen."

Zweifellos scheint das, was in dieser Erklärung beschrieben wird, einen edlen und fairen Ansatz zu beinhalten. Aber was unmittelbar nach der Revolution umgesetzt wurde, spiegelte tatsächlich ganz im Gegenteil, die nicht edel und gerecht waren. Was war das?

Der Ort war voll von Tausenden von Erpressungen, Unruhen, verbrannten Büchern, geschlossenen Verlagen, ungerechtfertigten Verhaftungen, Inhaftierungen, unmenschlichen Folterungen, Morden und sogar Menschen, die einfach verschwanden, bevor ihre Leichen gefunden werden konnten. Das Land stand am Rande eines Bürgerkriegs, oder? Besonders der Wunsch, „Geschwisterrivalität zu verhindern", klingt sehr berührend. Aber es erfordert zunächst ihre Existenz, um Geschwisterrivalität zu verhindern. Wissen Sie, wir haben bereits erwähnt, dass „Terroristen zuerst benötigt werden, um den Terrorismus zu bekämpfen". Die Schlussfolgerung, die wir daraus ziehen können, ist natürlich nichts anderes als die „teile und herrsche"-Ideologie. Mit anderen Worten: Die Spannungsstrategie vor dem Putsch sollte umgesetzt werden, das Land sollte von Terror und Massakern erschüttert werden, damit die Armee eingreift, um die Ordnung wiederherzustellen. Um dies auf diese Weise zu bestätigen, erklärte ein Zeuge vor Gericht: „Die Massaker waren eine Provokation des MIT (türkische Geheimdienst), mit den Provokationen des MIT und der CIA wurde der Grundstein für den Putsch vom 12. September gelegt!"

So kam es am 12. September 1980 zum blutigsten Militärputsch in der Geschichte der Türkei. Den Daten zufolge sind die Verstöße der Generäle, die den Militärputsch durchführten und sich Nationaler Sicherheitsrat nannten, zwischen dem 12. September 1980 und dem 6. Dezember 1983 wie folgt (bekannt und aufgezeichnet): 650.000 Menschen wurden während der Haftzeit von bis zu 90 Tagen inhaftiert und schwer gefoltert, 1.683.000 Menschen wurden als Kommunisten, Aleviten, Kurden, Religiöse und Scharia-Anhänger bezeichnet, 210.000 Menschen wurden vor Kriegsgerichten verurteilt, 7.000 Menschen wurden festgenommen, 517 Menschen wurden zur Todesstrafe verurteilt, 50 der zum Tode Verurteilten wurden gehängt, 404 Personen wurden wegen „Mitgliedschaft in einer Terrororganisation" vor Gericht gestellt, gegen 525 Beamte wurde ermittelt, 14.000 Menschen wurde die Staatsbürgerschaft entzogen, 30.000 Menschen waren „Flüchtlinge", gingen ins Ausland, 366 Menschen starben „auf Verdacht". Es wurde dokumentiert, dass 171 Menschen „durch Folter starben", insgesamt 299 Menschen in Gefängnissen starben, 144 Menschen verdächtig starben, 14 Menschen im Hungerstreik starben, 16 Menschen „auf der Flucht" erschossen wurden, 95 Menschen „im Konflikt" starben, bei 73 Personen wurden „natürliche Todesfälle" gemeldet, 43 Personen sollen „Selbstmord" begangen haben, 937 Filme wurden verboten, weil sie als „anstößig" galten, 23.677 Vereine wurden suspendiert, politische Parteien und Gewerkschaften wurden geschlossen, viele Politiker wurden inhaftiert, 3.854 Lehrer, 120 Hochschullehrer und 47 Richter wurden entlassen, drei

Journalisten wurden mit Waffen getötet, Zeitungen konnten 300 Tage lang nicht gedruckt werden 303 Klagen wurden gegen 13 große Zeitungen eingereicht, 39 Tonnen Zeitungen und Zeitschriften wurden zerstört, Hunderttausende Publikationen wurden beschlagnahmt und zerstört. Lediglich 113.607 Bücher aus den Publikationen „Wissenschaft und Sozialismus" wurden verbrannt. Verlagsbesitzer wurden festgenommen, verhaftet und gefoltert. Die meisten dieser Verbrechen fallen in die Kategorie der Verbrechen gegen die Menschlichkeit. Es heißt, dass die Festgenommenen ihre Tage in Gefängnissen unter sehr schlechten Bedingungen und auf unmenschliche Weise verbringen mussten. Sie wurden zum Beispiel in dunklen Zellen festgehalten, ein fensterloser Quadratmeter und mit Exkrementen kontaminiert, sie wussten nicht einmal, wie spät es war. Darüber hinaus versuchten sie mit gelegentlichen Folterungen, tagelang ohne Essen und Trinken am Leben zu bleiben.

Evren hat nie das geringste Bedauern empfunden. Als General Evren mit dem Putsch am 12. September 1980 in der Türkei an die Macht kam, war der Direktor der CIA-Station in Istanbul, Paul Henze, der Drahtzieher im Hintergrund, und es heißt auch, dass die NATO-Einheit dazu bereit sei, bei Bedarf einzugreifen, wenn beim Putsch eine Störung vorliegt. Am Tag nach dem Putsch erklärte Henze seinen CIA-Kollegen triumphierend: „Unsere Jungs haben es geschafft!" Die strafrechtliche Verfolgung der Putschisten hat lange gedauert, war aber erst mit der Aufhebung der Immunität im Referendum von 2010 möglich. In einem historischen Prozess waren nicht nur Hunderte von Putschopfern und Verbänden am Prozess gegen Evren und Şahinkaya beteiligt, sondern auch das Parlament und die Regierung, die von den Putschisten aufgelöst wurden. Medienberichten zufolge hatte Evren bei der Befragung durch die Staatsanwaltschaft zum Ausdruck gebracht, dass er es nicht bereue. Es scheint, dass der ehemalige General Evren immer noch nicht wusste, was er tat, oder dass er als Lakai Amerikas und der CIA immer noch bewusst darauf bestand, die Wahrheit darüber zu verteidigen. Laut seiner Beschreibung: Er sagte, dass er in einer ähnlichen Situation genauso handeln würde wie damals. Evren war ein Freimaurer, das erklärt eigentlich alles und für wen er arbeiten konnte. Der Spruch, das der Putschisten Evren, über den Jungen Erdal Eren (sein alter vorsätzlich erhöht um zu hinzurichten) lautete: „Sollten wir ihn lieber beköstigen, anstatt aufzuhängen?

Diese Aussage wird niemals aus dem Gedächtnis gelöscht werden!

Liste der wichtigsten Putsche nach 1950[200]

Datum	Land	Bemerkung
15.08.1953	Iran	Die CIA und MI6 haben Mohammad Mossadegh während der Operation Aja Llosa gestürzt.
13.05.1958	Frankreich	Während des Putsches d'Alger rebellierte die französische Armee in Algerien gegen die neu gebildete Regierung in Paris unter dem christdemokratischen Pierre Pflimlin. Charles de Gaulle kam an die Macht.
27.05.1960	Türkei	Militärputsch
08.02.1963	Irak	Die irakische Baath-Partei stürzte General Abdulkerim Kasim.
08.03.1963	Syrien	Militärputsch
01.04.1964	Brasilien	Die Armee entließ João Goulart als Präsidenten und ernannte Marschall Humberto Castelo Branco.
01.01.1966	Zentralafrikanische Republik	Jean-Bédel Bokassa entließ seinen Cousin David Dacko als Präsidenten.

---

200 https://de.wikipedia.org/wiki/Liste_von_Putschen_und_Putschversuchen

21.04.1967	Griechen-land	Die Armee errichtete bis 1974 ihre Militärdiktatur.
13.11.1970	Syrien	Hafez Assad kam an die Macht.
25.01.1971	Uganda	Generalstabschef Idi Amin ergriff die Macht.
12.03.1971	Türkei	Militärputsch
11.09.1973	Chile	Beim Putsch in Chile stürzte Augusto Pinochet Präsident Salvador Allende.
25.04.1974	Portugal	Während der Nelkenrevolution endete die autoritäre Diktatur des Estado Novo und es entstand eine Demokratie.
24.03.1976	Argentinien	Militärputsch
27.04.1978	Afghanistan	Die Saur-Revolution führte zur Machtergreifung der kommunistischen Afghanischen Volkspartei und zur Ausrufung der Demokratischen Republik Afghanistan.
20.09.1979	Zentralafrikanische Republik	Die von Frankreich unterstützte Operation Barracuda stürzte Kaiser Jean-Bédel Bokassa und setzte den ehemaligen Präsidenten David Dacko wieder ein.
12.09.1980	Türkei	Militärputsch
23.02.1981	Spanien	Der Militärputsch war ein erfolgloser Versuch der Guardia Civil und des Militärs, die Demokratie in Spanien zu beenden und eine neue Diktatur zu errichten.
20.09.1981	Zentralafrikanische Republik	Stabschef André Kolingba stürzte Präsident David Dacko und ersetzte ihn.

19.08.1991	Sowjetunion	Während des Putschversuchs im August in Moskau versuchte eine Gruppe von Funktionären der Kommunistischen Partei, Präsident Michail Gorbatschow zu stürzen. Er und seine Frau wurden vom 18. bis 21. August inhaftiert und isoliert. Der Widerstand gegen den Putsch wurde von Boris Jelzin angeführt. Am 26. Dezember 1991 löste sich die Sowjetunion auf.
19.09.2006	Thailand	Bei dem Putsch wurde Thaksin Shinawatra von der Polizei und der Armee unter der Führung von Sonthi Boonyaratkalin gestürzt.
28.06.2009	Honduras	Die Armee stürzte Präsident José Manuel Zelaya.
03.07.2013	Ägypten	Militärputsch
21.02.2014	Ukraine	Viktor Janukowitsch, Sprecher des ukrainischen Parlaments, ersetzte das von der Partei der Regionen dominierte Kabinett Asarow II durch Mykola Asarow.
20.05.2014	Thailand	12. Militärputsch
15.11.2017	Zimbabwe	Ein Militärputsch in Simbabwe im Jahr 2017 führte zum Machtverlust des langjährigen Präsidenten Robert Mugabe.
11.04.2019	Sudan	Beim Militärputsch im Sudan 2019 wurde der langjährige Präsident Omar al-Baschir seines Amtes enthoben.
26.05.2021	Mali	Militärputsch
05.09.2021	Guinea	Unter der Führung des Brigadegenerals und Putschistenführers Mamady Doumbouya wurde Präsident Alpha Condé inhaftiert.
25.01.2022	Burkina Faso	Militärputsch
30.09.2022	Burkina Faso	Militärputsch

KRIEGE UND IHRE HINTERGRÜNDE

Einstein: „Ich bin nicht sicher, mit welchen Waffen der dritte Weltkrieg ausgetragen wird, aber im vierten Weltkrieg werden sie mit Stöcken und Steinen kämpfen!"

Kriege brechen nicht einfach so aus, sie werden kreiert. Es ist das Absolute, das wir nicht so beschreiben, als würde man sagen: „Der Sturm ist ausgebrochen." Die Werte und Bedeutungen, die wir Wörtern geben, führen uns unbeabsichtigt in die Irre, und das sollte betont werden. Auch wenn es zwischen den Parteien zu Meinungsverschiedenheiten kommt, heißt das lange nicht, dass es blutig enden wird. Sollte die Verteidigung von Zweck-interessen, das weitere Beharren und das Vergnügen, um jeden Preis Überlegenheit zu erlangen, durch Kriege gelöst werden?

Die zu diesen Zwecken ausgeübten Gewalttaten führen bewusst zu Aggressionen gegen die körperliche Unversehrtheit von Menschen mit gegensätzlichen Ansichten und zur Verhinderung ihrer Lebensbedingungen. Es ist sicher, dass es kein einziges Individuum oder Volk geben wird, das Kriege befürwortet. Warum gibt es also noch Kriege?

Nach Tausenden von Kriegen in vielen Teilen der Welt im Laufe der Geschichte ist es der Menschheit immer noch nicht gelungen, in Frieden zusammenzuleben. Wenn dies der Fall ist, auf welcher Grundlage basiert die Annahme, dass wir zivilisiert sind?

Warum können wir nicht verhindern, dass Meinungsverschiedenheiten und Unruhen in Gewalt umschlagen? Und leider leben wir immer noch in einer Welt, in der Waffen hergestellt und gehandelt werden. Die politischen Kräfte setzen ihre Intrigen problemlos fort. Wir haben in dieser Angelegenheit keinen Einfluss, aber wir sind diejenigen, die sie (politische Parteien) wählen. (Nehmen wir an, wir waren es.)

Der deutsche Politiker **Horst Seehofer** sagt: „Diejenigen, die entscheiden, sind nicht gewählt, und diejenigen, die gewählt werden, haben nichts zu entscheiden!"

Die Aufgabe der Gewählten besteht darin, unsere Interessen zu vertreten und nach unseren Wünschen zu handeln. Dabei sehen die Fakten anders aus. Heute befindet sich das politisch-moralische Verständnis der meisten politischen Akteure auf dem Höhepunkt der Korruption. Es könnte sein, dass es stets dieselbe Quantität und Qualität gab, doch jetzt scheint unsere Wahrnehmung wesentlich klarer zu sein und deshalb werden wir immer häufiger Zeuge von Täuschungen. Betrachtet man die Beschreibung politischer Ereignisse im historischen und gesellschaftlichen Kontext, stellt man fest, dass eine Reihe von Fakten systematisch unterdrückt und verzerrt wird. Die Wirksamkeit der Kriegslegitimierung setzt insbesondere deren Darstellung gegenüber der relevanten Öffentlichkeit auf der entsprechenden Ebene voraus. Manchmal bleibt die brutale Realität des Krieges der Zivilbevölkerung verborgen, es sei denn, sie lebt mitten in darin. Die Militärbehörden haben ihr Tätigkeitsfeld auf eine nahezu unzugängliche Geheimhaltung beschränkt. Obwohl behauptet wird, dass Geheimhaltung eine „Kriegsnotwendigkeit" sei, ist dies nicht immer auf den Wunsch der feindlichen Front zurückzuführen, Unklarheiten über ihre Hauptabsichten und verfügbaren Möglichkeiten zu belassen, sondern auch auf die Zustimmung und Unterstützung der Bevölkerung ihres eigenen Landes. Aus diesem Grund kann es als bedeutend angesehen werden, die Fakten zu verheimlichen, sie manchmal stärker zu dramatisieren, als sie wirklich sind. Das etablierte System erlangt nun die bedingungslose Abhängigkeit der Gesellschaft, indem Angebot und Nachfrage (Zustimmung, Unterstützung und Ausführung) zielorientiert in die Gesellschaft eindringen. In gewisser Weise gehören das Verheimlichen oder Verschweigen der Wahrheit, insbesondere das Lügen, und darüber hinaus ihre Heroisierung auf nationaler Ebene zu den Überzeugungsmethoden. Schließlich ist Krieg ein Akt der Gewalt, und seine Anwendungsbereiche, seine Zerstörungskraft sind unbegrenzt, und er birgt ein enormes Potenzial für gegenseitigen Extremismus. Auch Monate oder sogar Jahre nach dem Ende des Krieges bleibt die zerstörte Landschaft, das Elend und das Leid bestehen, da auch lebenswichtige Ressourcen zerstört wurden, was gegen die Menschenrechte verstößt.

Ist Krieg ein politisches Instrument?

Der preußische General Carl von Clausewitz (1780–1831) beschrieb in seinem Werk „**Vom Kriege**" den Krieg als „wahres Chamäleon", weil er in jeder konkreten Situation seinen Charakter ein wenig ändere. Mit dieser Definition sind verschiedenste Kriegskonflikte gemeint, die immer ähnlich, aber nie gleich sind. Das Bild des Chamäleons im 20. Jahrhundert wirft noch gravierender die Frage auf, was dem Kriegsbegriff noch hinzugefügt werden kann und was nicht. Mit anderen Worten: Wann können wir über Krieg und wann über Kriminalität sprechen? Diese Fragen sind zentral für die Erhebung und Auswertung von Daten. Insbesondere das Phänomen Krieg hat sich ständig verändert. Krieg ist ein Kampf zwischen zwei Feinden, die sich gegenseitig ihren Willen aufzwingen wollen. Es ist nie Selbstzweck, es bleibt immer Mittel zum politischen Zweck. Deshalb: **„Krieg ist eine bloße Fortsetzung der Politik mit anderen Mitteln!"**

Gibt es einen „fairen Krieg"? – Kriegsprävention durch „gerechten Krieg"
Eines der ältesten Repertoires politischer Kriegsrechtsregelungen ist die Just-War-Doktrin. Sie entstand als Kirchentheorie im 5. Jahrhundert n. Chr. Das Ziel der damaligen Theologen war es, militärische Gewalt so weit wie möglich zu beschränken und an bestimmte Bedingungen anzupassen. Tausend Jahre später begann das aufkommende Völkerrecht, die kirchliche Lehre von der gerechten Kriegsführung zu ersetzen. in der ersten Hälfte

des 20. Jahrhunderts. Zu Beginn des 19. Jahrhunderts wurde eine Reihe internationaler Abkommen unterzeichnet, die das Recht der Staaten auf Krieg stark einschränkten. Lediglich das Recht, sich gegen einen Angriff zu wehren, blieb als „natürliches" Recht unangetastet. Schon vor Jahrhunderten vermieden es Kriegsherren, den Anschein zu erwecken, sie führten einen „ungerechten" Krieg. Seitdem eine demokratische öffentliche Meinung in das politische Leben der Nationen Europas Einzug gehalten hat, versucht die politische Führung der kriegsführenden Staaten, ihre Nation so darzustellen, als würde sie im Kriegsfall angegriffen. Keine kriegsführende Regierung gab zu, dass sie einen illegitimen Angriffskrieg wollte oder führte. Die Kriegspropaganda verbreitete Lügen, die für den einzelnen Bürger oder Soldaten schwer zu verstehen waren. Im Strudel der Mythen, die den Krieg der Aggressoren vertuschen oder rechtfertigen sollten, ist die Tatsache verschwunden, dass es manchmal – unbestreitbar – auch Fälle echter Verteidigung gibt. Betrachten Sie die Beispiele Belgiens im Jahr 1914, Polens im Jahr 1939 und der Sowjetunion im Jahr 1941. In der Propaganda der streitenden Reiche wurden Einwände gegen die Doktrin des „gerechten Krieges" lange Zeit durch politische Kriegslügen ersetzt. Vor dem Hintergrund der jüngeren Geschichte ist zu befürchten, dass die Wiederbelebung dieser Lehre eher die Führung von Kriegen fördert als zur Verhinderung von Kriegen beiträgt. Die Politik der Kriegsverhinderung und der Vermeidung von Eskalation von Konflikten bedarf jedoch keiner Doktrin des gerechten Krieges, denn einen gerechten Krieg wird es nie geben!

Kriegsergebnisse:

Wenn es um Kriege geht, gibt es viele Verwundete, Tote und Verstümmelte, die verschiedene Gliedmaßen verloren haben. Darüber hinaus gibt es viele Menschen, die ein Leben lang traumatisiert sind, vor allem Kinder und Jugendliche, die Opfer dieser psychischen Zerstörung sind. Die Folgen des Krieges sind nicht nur physisch, die Menschen sind oft gezwungen, Jahre später noch zu leiden und mit dem Leben zu kämpfen. Eine der

Hauptursachen ist die brutale Zerstörung von ökologischen Lebensgrundlagen, deren Wirtschaft und auch aller wichtigen kulturellen Werte. Ein Beispiel dafür ist die Biowaffe „**Agent Orange**"[201], die die Amerikaner im Vietnamkrieg benutzten. Vor etwa 50 Jahren überflog ein amerikanisches Flugzeug Vietnam, um einen Liter unverdünnten Laubbläser Namens Agent Orange zu versprühen. Es handelt sich um eines der größten Kriegsverbrechen der USA. Die blattlosen Wälder und Kulturen wurden zerstört, und am Ende des Krieges war fast ein Viertel des Landes betroffen. Große Gebiete sahen aus wie nach einem Atomangriff. Hunderttausende Vietnamesen leiden immer noch an den gesundheitlichen Folgen, und weiterhin werden verkrüppelte Kinder geboren. Das Ziel war es, seine Feinde verhungern zu lassen. Nachkriegsanalysen haben jedoch gezeigt, dass ein großer Teil davon nicht den Gegnern der Guerillas, sondern dem Volk Schaden und Leid zugefügt hat. Hunderttausende Südvietnamesen hungerten. Jeder, der als Staatsmann oder Soldat einen Kriegskonflikt plant oder bereit ist, ihn zu akzeptieren, weiß das und sollte die Darstellung der Realität des Krieges als destruktiven Akt sehr gut kennen.

So klischeehaft es auch klingen mag, um die wahren Ursachen der großen Kriege zu verstehen, müssen wir zunächst die folgenden Fragen analysieren und beantworten: Wem und wofür war es nützlich, wer hat davon profitiert, welche Interessengemeinschaften bestanden, und wem gab es wie viel Reichtum und Macht? Eine weitere letzte Frage sollte sein: Welche sozialpolitischen Entwicklungen der Nachkriegszeit gab es, wie und wo wurden sie praktiziert?

---

201 Agent Orange ist der militärische Name einer entlaubenden Chemikalie, die von den Vereinigten Staaten während des Vietnamkrieges und des Laotischen Bürgerkriegs häufig zur Zerstörung von Wäldern und zur Zerstörung von Kulturen verwendet wurde. Dieses chemische Toxin bestand aus zwei Herbiziden und einem tödlichen Nebenprodukt.

In der Tat ist die Hauptursache des Krieges nichts anderes als der Versuch, die Unterdrückung der Nationen und Völker durch ihre herrschenden Ideologien zu erreichen.

Bertold Brecht sagt: „Buchautoren können nicht schneller schreiben als Staaten, die Krieg führen, denn schreiben erfordert denken."

Ist es also immer ausreichend überlegt, welche Katastrophen die Kriegserklärung mit sich bringen kann?

Um nicht in eine solche Falle zu tappen, ist es notwendig, die Weltgeschichte zu kennen und zu hinterfragen. Eine historische Perspektive sollte nicht nur die Zusammenhänge der Ereignisse in der Vergangenheit suchen – und das reicht möglicherweise ohnehin nicht aus –, sondern wir sollten die Ereignisse der Vergangenheit idealerweise auch aus der Perspektive der Gegenwart bewerten. Unsere Gegenwart ist durch viele Ereignisse aus der Vergangenheit geformt und unsere Zukunft wird hier und heute gestaltet. Genau darüber muss man nachdenken.

Menschlicher Schlachthof

Im Sommer 1912 schrieb der Hamburger Reformpädagoge, Lehrer und Pazifist **Lamszus** in seinem Roman „**Das Menschenschlachthaus**" mit realistischer und eindringlicher Weitsicht über den Krieg der industrialisierten Zukunft. Er zeigte eindrucksvoll die enorme Zerstörungskraft des Ersten Weltkriegs, die kolossalen Tötungsmaschinen. Er nahm sich die Schützengräben der Kriegsfronten und die tückischen Fallen der Minenfelder vor und beschrieb detailliert die Schrecken aller Facetten des Krieges. Als das Buch veröffentlicht wurde, löste es bei Nationalisten und Militaristen gleichermaßen einen Oppositionsskandal aus. Lamszus wurde von der reaktionären Presse als „schlechter Deutscher, Verräter und Staatenloser" gedemütigt und sogar sein Amtverweis wurde gefordert. **Lamszus** schrieb unbeirrt weiter und 1919 erschien sein zweites Buch unter dem

Titel „The Asylum". Seitdem wurden Lamszus' „Kriegsvisionen" weltweit in mehrere Sprachen gedruckt. Seine Werke sind fesselnd geschrieben, epochal und universell und eine äußerst überzeugende Warnung vor der Hölle des absolut geschaffenen Krieges.

Dokumentarfilm „Why We Fight?"[202]

Es handelt sich um einen mehrfach preisgekrönten Dokumentarfilm aus dem Jahr 2005 unter der Regie von **Eugene Jarecki**. Der Titel des Films ist der der Propagandawoche des Pentagon aus dem Jahr 1942 mit dem Titel „Warum kämpfen wir?". Die Auswahl erfolgte auf Basis der Serie.

Jareckis Film beschäftigt sich hauptsächlich mit dem Militär-Industrie-Kongress-Komplex der Vereinigten Staaten und übt großen Einfluss auf die Innen- und Außenpolitik des Landes aus. Der Film kam am 17. Januar 2005 in die Kinos, genau 44 Jahre nach der Abschiedsrede des zurücktretenden Präsidenten D. Eisenhower im Jahr 1961. Der ehemalige 5-Sterne-General Eisenhower sagte in dieser Rede, dass im Land ein „militärisch-industrieller Komplex" entstehe, was das Land eindringlich vor seinem wachsenden Einfluss warnen sollte. Der Film zeigt, dass das außenpolitische Handeln der USA heute, insbesondere im Hinblick auf Militäreinsätze und Kriege, maßgeblich von diesem „Komplex" beeinflusst wird. Warum befindet sich Amerika heute noch im Krieg? Welche politischen, wirtschaftlichen und ideologischen Kräfte stehen hinter dem amerikanischen Militarismus und treiben ihn an?

Auf die Frage, warum er den Film gemacht habe, sagte Jarecki: „Amerikaner (heute) haben den gemeinsamen Instinkt, dass etwas nicht stimmt, aber niemand scheint die Zusammenhänge zu verstehen. Ich habe diesen Film gemacht, weil wir das brauchen, was Eisenhower als fürsorgliche und informierte Bürger bezeichnet, um Veränderungen zu erzwingen und die Fähigkeit

---

202 https://www.grimme-preis.de/archiv/2006/preistraeger/p/d/why-we-fight-die-guten-kriege-der-usa-artewdrbbc/

der Menschen zu stärken, die Starken zu kontrollieren." In seinem Dokumentarfilm versucht der New Yorker Filmemacher, das komplexe Geflecht zwischen Politik, Wirtschaft und Armee zu entwirren. Warum kämpfen die USA seit dem Zweiten Weltkrieg immer irgendwo auf der Welt? USA: das neue Rom?

Ein Weltherrscher, der entscheidet, wer gut und wer böse ist? War Saddam Hussein nicht ein Verbündeter der USA im Krieg gegen den Iran? (...) Und schauen Sie sich die Einflussketten an: Kriege beleben die Wirtschaft: Sie bringen Wählerstimmen wegen der Rüstung; und während die meisten militärischen Pflichten an private Unternehmen ausgelagert werden, so fragt man sich, wem die Wirtschaft gehört? Möchten Sie die Aktion in Frage stellen?

Der Kalte Krieg[203] 1947–1991:

Der 12. März 1947 wird als Beginn des Kalten Krieges angesehen, da an diesem Tag verkündete US-Präsident **Harry Truman** sein Ziel, den als Bedrohung empfundenen sowjetischen Kommunismus einzudämmen. Von diesem Moment an wurde das zur außenpolitischen Linie der USA (Truman-Doktrin).

Die wichtigsten Krisen, die zum Dritten Weltkrieg zwischen den Supermächten Amerika und der Sowjetunion führen hätten können, waren folgende:

*   Teilung Deutschlands (1948/49) aufgrund des Zweiten Weltkriegs. Da die Sieger des Weltkriegs unnachgiebige Staatssysteme (USA und UdSSR) waren und jeder sein eigenes System Deutschland aufzwingen wollte, blieb diese Teilung die einzige Lösung.
*   Korcakrieg (1950–53).
*   Vietnamkrieg (1946–75).

---

203 Der Kalte Krieg ist der Name für den Konflikt zwischen den Westmächten unter der Führung der Vereinigten Staaten und dem Ostblock unter der Führung der Sowjetunion.

- Die Kubakrise (1962) begann mit der Stationierung einer Atomrakete durch die UdSSR auf Kuba. Es brachte die Welt an den Rand eines Atomkrieges und kann als Höhepunkt des Kalten Krieges angesehen werden (1979).
- Invasion Afghanistans durch sowjetische Truppen (1979).

Nach dem Rücktritt von Michail Gorbatschow, dem letzten Präsidenten der UdSSR, am 25. Dezember 1991 hörte sie am 26. Dezember 1991 auf zu existieren. Der Zerfall des größten sozialistischen Staates der Welt brachte das Ende des Kalten Krieges.

Die (heißen) Kriege mit den meisten Toten (Die Liste der Kriege nach 1900 wird anhand der höchsten Opferzahlen nach oben sortiert.):

Kriege	Jahre	Zahl der Todesopfer (über 100.000 Toten)
Zweiter Weltkrieg, weltweit	1939–1945	60 bis 85 Millionen
Chinesisch-japanischer Krieg*	1937–1945	25 Millionen
Erster Weltkrieg	1914–1918	20 Millionen
Chinesischer Bürgerkrieg	1927–1949	8 bis 11,692 Millionen
Russischer Bürgerkrieg	1917–1922	5 bis 9 Millionen
Zweiter Kongo-Krieg	1998–2003	2,5 bis 3,6 Millionen
Vietnamkrieg, Südostasien	1964–1975	800.000 bis 3,8 Millionen
Schlacht von Biafra, Nigeria	1967–1970	1 bis 3 Millionen
Mexikanischer Bürgerkrieg	1910–1920	1 bis 2 Millionen

Koreanischer Krieg	1950–1953	1,5 bis 4,5 Millionen
Bangladesch-Pakistan	1971	300.000 bis 3 Millionen
Afghanistan-Krieg	1978 bis heute	1,25 bis 2 Millionen
Iran-Irak-Krieg	1980–1988	ca. 1 Million
Äthiopisch-Eritreischer Krieg	1974–1991	500.000 bis 1,5 Millionen
Algerischer Unabhängigkeitskrieg	1954–1962	500.000 bis 1,5 Millionen
Spanischer Bürgerkrieg	1936–1939	500.000 bis 1 Million
Syrien Bürgerkrieg	2011 bis heute	über 500.000
Angolanischer Bürgerkrieg	1975–2002	ca. 500.000
Vietnam-Unabhängigkeitskrieg	1946–1954	ca. 400.000
Somalischer Bürgerkrieg	1991 bis heute	300.000 bis 500.000
Irak-Krieg	2004 bis heute	75.000 bis 500.000
Sierra Leone Bürgerkrieg	1991–2002	50.000 bis 300.000
Jugoslawienkrieg	1991–2001	ca. 140.000

* Chinesisch-Japanischer Krieg = Teil des Zweiten Weltkriegs

Wahrscheinlich ist die Sterblichkeitsrate viel höher als die hier angegebenen Zahlen. Insbesondere dürften nicht alle Zivilisten in diesen Zahlen ausgewiesen gewesen sein, denn in einer Situation, in der eine ganze Familie gestorben ist, gibt es niemanden, der sie als vermisst oder im Krieg gefallen bezeugen kann.

Einige wichtige Kriege auf der ganzen Welt

John F. Kennedy: „Die Menschheit muss dem Krieg ein Ende setzen, oder der Krieg setzt der Menschheit ein Ende!"

Obwohl wir wissen, was in Geschichtsbüchern und Enzyklopädien steht, wird dies ausreichen, um den Beginn, den Verlauf und die Ergebnisse der Kriege zu erklären, aber der vollständige Hintergrund und viele unbekannte Aspekte werden entweder nicht abgedeckt oder verzerrt. Es kann Gründe geben, die hinter dem Sichtbaren auch das Unsichtbare verbergen können. Deshalb werden wir uns so weit wie möglich auf Informationen konzentrieren, die nicht in den Geschichtsbüchern enthalten sind oder übersehen wurden. Wie zweifellos fast jeder weiß, gab und gibt es in Kriegen immer notwendigerweise eine geplante Kausalität, eine gezielte Hetze und eine erzwungene Gewalt auf Kosten des Blutvergießens. Aber was die meisten von uns nicht akzeptieren können oder wollen, und was sogar einige Historiker ignorieren, ist, dass wir im Laufe der Geschichte immer mit ein und denselben Mächten konfrontiert sind. Es handelt sich auch um die Existenz eines Pyramiden-Hegemonialsystems, das gegen die Menschheit kämpft, und es enthält immer die gleichen Namen, also Abstammungslinien. Heute haben sich nur die Formen, Methoden und Mechanismen geändert, aber es bestehen immer noch die gleichen gierigen Ziele. Sie zielen darauf ab, Nationalstaaten zu zerstören und die menschliche Bevölkerung durch die systematische Zerstörung politischer, wirtschaftlicher und kultureller Faktoren so weit wie möglich zu reduzieren. Die Bemühungen der Elite, die vollständige Vorherrschaft auf der Erde zu erlangen, erscheinen uns als Fortschritt auf dem Weg zu einer **„Neuen Weltordnung"**.

Erster Weltkrieg 1914–1918[204]

Er brach im Juli 1914 aus, dauerte vier Jahre, drei Monate und elf Tage und forderte insgesamt zwanzig Millionen Todesopfer. Er hat einen Kontinent dem Erdboden gleichgemacht und dynamische Nationen in Armut und Zerstörung gestürzt. Der Krieg hat mehr wehgetan als alles je zuvor und er hatte den Menschen das Grundvertrauen in das Leben und die bestehende Ordnung genommen. Er hinterließ nicht nur körperliche Verletzungen, sondern auch irreparable psychische Traumata. Nach dem, was in unseren Geschichtsbüchern erzählt wird: Die Ermordung von Erzherzog Franz Ferdinand, Kronprinz von Österreich-Ungarn, und seiner Frau, Erzherzogin Sophie, am 28. Juni 1914 in Sarajevo löste den vier Jahre dauernden Krieg an vielen Fronten aus. Die Entente-Mächte (Alliierte: Deutschland, Österreich-Ungarn und das Osmanische Reich), die ursprünglich aus England, Frankreich und Russland bestanden, kämpften gegen die Gruppe der Mittelmächte. Nach Beginn des Ersten Weltkriegs verließ Italien die Gruppe der alliierten Mächte und trat auf der Seite der Gruppe der Entente Mächte in den Krieg ein. Und in den späteren Phasen des Krieges stand USA auch auf der Seite der Alliierten gegen die Mittelmächte. Wie wir aus den Schulbüchern kennen, waren die Alliierten als Sieger aus dem Ersten Weltkrieg hervorgegangen und besetzten teilweise das Territorium der besiegten Länder.

Soweit wir wissen, mit Österreich hat alles angefangen, zumindest ist das ein Teil dessen, was man von außen sieht. Der Thronfolger **Franz Ferdinand** wurde am 28. Juni 1914 in Sarajevo ermordet. Obwohl serbische Terroristen seit 1909 vier Anschläge auf hochrangige österreichische Sicherheitsbeamte verübten und weitere planten, wurde am 28. Juni auf einfachste

---

204 Widerlegung der „Hauptschuld" Deutschlands am Ersten Weltkrieg – FASSADENKRATZER (wordpress.com)
https://www.zeitenschrift.com/artikel/der-infame-krieg

Sicherheitsmaßnahmen verzichtet. Weder hatte die Armee eine Absperrung gebildet, noch war ausreichend Polizei auf dem Weg stationiert. Außerdem wurde der besondere Leibwächter des Erzherzogs versehentlich auf dem Bahnhof zurückgelassen. Es scheint, als ob es sich hier um eine geplante Struktur handelte. Das ist noch nicht alles, es gibt noch mehr. Gerüchten zufolge unterschätzte Franz Ferdinand selbst, der nach schwerer Krankheit wieder aufgestanden war, die Aufgabe, als wüsste er, dass er getötet werden würde. Er sagte einmal: „Wir sind immer in Lebensgefahr. Man muss nur Gott vertrauen."

Der Autor des Buches „**Bandulet**"[205] erklärt: „Mit der Unterstützung von oben war diesmal nicht zu rechnen." Entlang des Kais warteten sieben Terroristen, die zuvor in die Stadt eingedrungen waren, mit Bomben, geladenen Pistolen und sogar Zyanid zum Selbstmord. Als das Auto vorbeifuhr, warf der Attentäter seine Bombe ab und der Fahrer von Franz Ferdinand beschleunigte. Die Bombe explodierte unter dem nächsten Fahrzeug. Der im Wagen sitzende Oberst Erik von Merizzi wurde schwer verletzt. Diese Verletzung war der Grund für den Erfolg des zweiten Attentats. Anstatt so schnell wie möglich zu gehen, blieb Ferdinand stehen, stieg aus und kümmerte sich um die Verwundeten. Er gab den anderen Attentätern eine weitere Gelegenheit zum Angriff, doch wie durch ein Wunder passierte ihm nichts. Der Erzherzog und sein Gefolge setzten ihren Weg fort und er hielt seine Rede im Rathaus. Ferdinand traf jedoch die Entscheidung, die ihn das Leben kostete, indem er das Angebot des Gouverneurs, nach Hause zu gehen oder Sarajevo zu verlassen, ablehnte und darauf bestand, den verletzten Oberst von Merizzi im Krankenhaus zu besuchen. So bekamen die Attentäter eine weitere Chance. Auf dem Weg zum Krankenhaus bog der Fahrer plötzlich falsch ab und wollte zurückfahren. Es

---

205 **Bruno Bandulet** ist ein deutscher Journalist, Verleger und Autor. In einem Buch, „Als Deutschland eine Großmacht war", beschreibt er den Ersten Weltkrieg.

wurden zwei Schüsse abgefeuert, bei denen das Auto beinahe zum Stehen gekommen wäre, und beide waren tödliche Treffer.

Manchmal fragt man sich: Warum musste das alles so passieren?

Die Antwort dazu stammt sozusagen aus einem Gespräch im Jahr 1910 zwischen dem britischen konservative Parteiführer **Lord Balfour** und dem US-Botschafter in London, **Henry White**:

Balfour: „Wir sind wahrscheinlich unklug, keinen Grund zu finden, Deutschland den Krieg zu erklären, bevor es so viele Schiffe baut und uns den Handel wegnimmt."

White: „Sie sind ein großzügiger Mann in Ihrem Privatleben. Wie können Sie politisch an etwas so Unmoralisches denken, wie einen Krieg gegen eine harmlose Nation zu provozieren, die das gleiche Recht hat wie Sie? Wenn Sie mit den Deutschen konkurrieren wollen, arbeiten sie härter."

Balfour: „Das bedeutet, dass wir unseren Lebensstandard senken müssen. Vielleicht ist ein Krieg einfacher für uns."

Lord Balfour war ein Mann der **Rothschilds**, und es wäre nicht falsch zu sagen, dass seitdem immer dieselben Namen an denselben Positionen saßen. Darüber hinaus müssen wir uns der Tatsache stellen, dass sie immer dieselben Lügen und dieselben verräterischen Pläne anwenden. Und das war auf jeden Fall im Ersten Weltkrieg geplant, wir verstehen es nicht nur aus den Aussagen von Lord Balfour, es gibt noch andere. Der britische Seelord **John A. Fisher** sagte 1912: „Der große Krieg wird jetzt auf eine Weise vorbereitet, die noch niemand gesehen hat."

Nur wenige Monate vor dem Anschlag in Sarajevo gab Erzbischof Kardinal John **Murphy Farley** eine Erklärung ab, die der Öffentlichkeit nicht bekannt war und die den meisten Historikern bisher nicht bewusst war (oder sein wollte): „Der Krieg, der vorbereitet wird, wird ein Kampf zwischen internationalem Kapital und herrschenden Dynastien. Das Kapital will niemanden, der ihm übergeordnet ist, erkennt weder Götter noch Herren an und möchte, dass alle Staaten wie große Banken geführt werden."

Der Krieg begann planmäßig, dauerte und endete bis zum nächsten (11. November 1918) und forderte mindestens 20 Millionen Todesopfer. Es erübrigt sich zu sagen, wie brutal Krieg sein kann. Es ist schwer zu verstehen, wenn wir in unseren warmen und komfortablen Häusern sitzen, genauso wie ein voller Magen den Schmerz der Hungrigen nicht spüren kann. Wir können diesem Verständnis etwas näherkommen, wenn wir uns die Beschreibungen einiger Soldaten in ihren Briefen vergegenwärtigen. Ein Offizier schrieb: „An der Front wird jeden Tag heftig gekämpft. Viele von ihnen werden nie wieder auf das Feld der Ehre zurückkehren, und unzählige andere wird ihr Schicksal ereilen. Wer wird sicher zurückkehren können? Wohin auch immer." Es gibt Kriege, Schlachtfelder sind voller getöteter oder verwundeter Soldaten. „Wie viele werden noch fallen! Was für eine abscheuliche Gräueltat! Tod und Zerstörung sind überall. Wie ein Aufruf zum Pazifismus, wie ein hoffnungsloser Fluch."

Zeilen aus dem Brief eines anderen Soldaten: „Monatelang gab es Todesfälle und die Leichen lagen in jedem verwesenden Stadium vor unseren Augen. Nach einem erfolglosen Angriff wurden verwundete Soldaten in Stacheldraht vor den feindlichen Schützengräben gefangen. Es war schwer, die vergeblichen Hilferufe unserer Soldaten zu ertragen. Unglückliche Kameraden. Wir konnten ihnen keine Hilfe bringen und durften sie auch nicht holen, weil die Franzosen jeden, der sich ihnen näherte, brutal erschossen. Die schrecklichen Schreie der Verwundeten hallten Tag und Nacht in unseren Ohren wider, bis sie verstummten. Aber was als Nächstes geschah, war genauso erschreckend. Denn es waren die Gerüche, die uns durch die Verwesung der Leichen in die Nase stiegen, die wir ertragen mussten. Ja, wir sahen jeden Tag die Skelette von Menschen, die wir einst Freunde nannten, vor uns." Wir können sicher sein, dass diese Aussagen auch für die andere Partei gelten. Deshalb möchte niemand dieses Leid erleben, niemand ist ein Befürworter des Krieges und kämpft nur, um sich selbst, seine Familie und das Land, in dem er lebt, zu verteidigen. „Krieg ist Teil der menschlichen Natur", ist es so? Wer bringt uns dazu, das zu sagen, wer pflanzt diese Gedanken in unsere Köpfe? Lasst uns zuerst darüber nachdenken!

Türkischer Unabhängigkeitskrieg 1919–1923

Der Erste Weltkrieg endete, in Europa blieben Ruinen zurück, aber die blutrünstigen Invasoren waren noch nicht fertig und immer noch daran interessiert, ihre Herrschaft auszuweiten.

Nach langen Verhandlungen mit Deutschland und seinen Verbündeten wurde der Vertrag von **Versailles** geschlossen. Es war ein Vergnügen, besonders als die Osmanen an der Reihe waren. Schließlich hatten sie diese Länder schon lange im Blick und betrachteten die Osmanen bekanntlich als „kranke Männer". Sie wussten jedoch nicht, dass dieser Ausdruck nur die Osmanen selbst und ihre Regierung beschreiben konnte, nicht das türkische Volk. Am 4. Juli 1919 beschrieb der britische Außenminister **George Curzon** das Osmanische Reich als „einen Verbrecher, der auf seinen Prozess wartet". Der britische Premierminister **Lloyd George** machte folgende Aussage: „Wenn die Friedensbedingungen bekannt gegeben werden, wird sich zeigen, welch harte Strafen auf die Türken wegen ihres Wahnsinns, ihrer Blindheit und ihrer Morde zukommen werden. Die Strafen werden so schrecklich sein, dass selbst ihre ärgsten Feinde damit zufrieden sein werden!"

Nach dem Ersten Weltkrieg befand sich das Osmanische Reich bereits im Niedergang und große Gebiete fielen unter die Kontrolle der Alliierten. Letztendlich traf das Osmanische Reich, wie die anderen Mittelmächte Deutschland, Österreich-Ungarn und Bulgarien, nach dem Ersten Weltkrieg (10. August 1920) der schwierige Vertrag von Sèvres, der von der siegreichen Entente und den Mittelmächten durchgesetzt wurde. Dieses Abkommen, das die neuen Grenzen des Landes festlegte, wurde von Großwesir Damat Ferit Pascha unterzeichnet, wurde aber von der Großen Nationalversammlung in Ankara nicht anerkannt. Dies war der Beginn des türkischen Unabhängigkeitskrieges.

Vermutlich hatte das Osmanische Reich aufgrund seiner Schwäche bereits vor dem Ersten Weltkrieg bei anderen Mächten den Wunsch geweckt, große Gebiete seines Territoriums aufzuteilen und zu besitzen. Auf jeden Fall war die geografische Bedeutung der Region Thrakien und Anatoliens nicht zu übersehen; nach ihren eigenen Worten muss der „kranke Mann" eine leichte Beute gewesen sein.

Etwas war nicht fair: Nach dem Ersten Weltkrieg galt Deutschland als Hauptschuldiger und verlor nur 7 % seines Territoriums (laut Vertrag von Versailles), während die Osmanen, die Verbündeten der Deutschen, mehr als 50 % verloren (laut Vertrag von Sèvres). Selbst wenn sie wirklich schuldig wären, wäre das dann fair?

Bereits im Mai 1916 einigten sich Frankreich und Großbritannien im **Sykes-Picot-Abkommen** auf eine Angleichung der Interessengebiete in der Region und begannen gemäß dieser Vereinbarung auch mit der Gestaltung der Nachkriegsordnung.

Der große Irrtum der osmanischen Freimaurer:
Damat Ferit Pascha wollte unbedingt den Osmanischen Staat bei den Friedensverhandlungen am Ende des Ersten Weltkriegs vertreten, da er, als Mitglied der schottischen Großloge, glaubte, dass die Freimaurer bei den Friedensverhandlungen helfen würden. Insbesondere die Tatsache, dass er ein „Bruder" in derselben Loge wie der britische Außenminister Curzon war, den wir gerade über seine Meinung zum Osmanischen Reich erwähnt haben, hätte ihn noch hoffnungsvoller machen sollen. Es scheint, dass auch andere osmanische Maurer denselben Fehler begangen haben. Was hatten sie dabei gedacht, was die Ideologie der Freimaurerei wäre?

Von außen scheinen es Brüderlichkeit, Freundschaft, Solidarität, Gleichheit, Gerechtigkeit, hohe Weisheit und göttlicher Glaube zu sein. Aber könnten sie geheime Ziele und geheime Meister haben, denen sie dienen? In den fortgeschrittenen

Stufen der Freimaurerei sollte man eigentlich besser verstehen, was und wem sie dienten.

Schon vor ein paar Jahren waren die osmanischen Maurer leidenschaftlich daran interessiert, ausländische Logen loszuwerden und eine lokale und nationale Loge zu besitzen, besonders junge Offiziere wollten ihre eigenen Logen eröffnen. Freimaurer fungierten im 18. und 19. Jahrhundert als Geheimdienst- und Hinrichtungsorgane westlicher Staaten. Unter denen, die sich für den Krieg entschieden hatten, befanden sich viele namhafte Freimaurer, die während des Friedensvertrags die Prinzipien der Freimaurerei beiseitelegten und sich ausschließlich für die Interessen ihres Landes einsetzten, natürlich aber nicht für die Heimat der türkischen Freimaurer. Diese sogenannten Maurerbrüder im Ausland krempelten die Ärmel hoch und begannen, das Osmanische Reich zu zerreißen. Das musste die türkischen Maurer ziemlich enttäuscht haben. **Kein Witz, Krieg in allen Ecken, im ganzen Land!**

Der türkische Unabhängigkeitskrieg ist die Folge der Besetzung des im Ersten Weltkrieg besiegten Osmanischen Reiches durch die Alliierten, um die Integrität des Landes im Inneren zu wahren. Im Krieg wurde an drei großen Fronten gekämpft: der Ostfront, der Westfront und der Südfront. An der Ostfront wurde mit Armenien, Georgien, Russland und an der Südfront mit Italien, Frankreich und England gekämpft. An der Westfront kämpften mit den von Großbritannien unterstützten Ländern Griechenland und Italien. Die Sieger des Ersten Weltkriegs, vor allem die Briten und die Franzosen, besetzten mit dem Vertrag von Sèvres nicht nur die Gebiete auf der Arabischen Halbinsel, sondern auch den größten Teil der Türkei. Die Briten kontrollierten zusammen mit den Franzosen den Bosporus, die Griechen besetzten einen Teil der ägäischen Küste um Izmir, die Franzosen ließen sich im Südosten des Landes nieder (bemerkenswert ist, dass dies die Erdbebenzone von 2023 ist), und die Italiener waren im Südwesten. Darüber hinaus sollten im Osten ein armenischer Staat und eine autonome und unabhängige kurdische Region entstehen. Die Türken reagierten jedoch mit großem Widerstand und viele Offiziere schlossen sich an. Gestützt auf ein loyales Offizierskorps von **Mustafa Kemal Pascha** (Atatürk) starteten die türkischen Streitkräfte mit breiter Unterstützung des Volkes – auch mit Frauen und Kindern – am 19. Mai 1919 den Widerstand gegen die Besatzungsmächte, die schließlich zum Rückzug gezwungen wurden. Ohnehin waren weder England noch Frankreich und Italien bereit, sich kurz nach dem Ende des Ersten Weltkriegs erneut auf einen größeren Krieg einzulassen. Schließlich wurden im Vertrag von Lausanne vom 24. Juli 1923 aufgrund der bedingungslosen Unabhängigkeitsforderung die derzeitigen Grenzen der Türkei neu festgelegt.

Mit dem Vertrag von Montreux am 20. Juli 1936 erlangte die Türkei ihre volle Souveränität **(in der Tat?)** über die Meerenge zurück.

Wie ist es möglich, dass wir als Generation, die noch nie einen Krieg erlebt hat und die nie ihre friedliche Zone verlassen hat, die volle Zerstörung des Krieges, den Hunger, die Armut und alle seine Folgen und Lasten vollständig begreifen? Ist es nicht vielmehr eine dicke Illusion, dass wir heute die konditionierte Normalität nicht in Frage stellen, weil wir glauben, dass all dies der Vergangenheit angehört?

Zweiter Weltkrieg 1939–1945

Als Beginn gilt der 1. September 1939, als das Deutsche Reich mit dem Einmarsch in Polen begann und Polen somit das erste Land war, das von deutschen Truppen besetzt wurde. Deutschland war mit Italien und Japan verbündet. Diese Kräfte wurden „Achsenmächte" genannt. Während des sechsjährigen Krieges waren die Hauptgegner der Achsenmächte vor allem Großbritannien, Frankreich, die Sowjetunion und die Vereinigten Staaten. Tatsächlich endete der Krieg mit der bedingungslosen Kapitulation Deutschlands am 8. Mai 1945. Den Amerikanern war es jedoch lieber, dass der Krieg so endete, dass eine Atombombe auf zwei Städte in Japan abgeworfen wurde (auf Hiroshima am 6. August und auf Nagasaki am 9. August). Die Frage, die in aller Munde war, lautet: „**Warum hat die US-Regierung diese Bomben abgeworfen, obwohl der Krieg vorbei war?**"

Schließlich kapitulierte Japan am 2. September 1945 bedingungslos. Während des Krieges kämpfte man an verschiedenen Fronten und in verschiedenen Ländern, zu Land, zu Wasser und in der Luft.

Die Kampffronten waren kurzzeitig wie folgt:
1939 Angriff auf Polen
1939–1940 Sowjetisch-Finnischer Winterkrieg
1940 Invasion in Dänemark und Norwegen
1940 Westexpedition
1940–1943 Afrikanische Kampagne
1940–1941 Britischer Luftkrieg
1941 Balkan-Kampagne
1941–1945 Russland/Ostfront
1941–1944 Finnisch-Sowjetischer Krieg
1941–1945 Pazifikkrieg
1943–1945 Italien-Kampagne
1944–1945 Alliierte Invasion/Westfront

Die Vereinigten Staaten traten Anfang Dezember 1941 in den Zweiten Weltkrieg ein, nachdem Pearl Harbor von Japan angegriffen wurde. Dies machte die USA auch zu einem weiteren Teilnehmer des Pazifikkrieges. Der japanische Angriff auf die US-Pazifikflotte in Pearl Harbor brachte Japan in den Zweiten Weltkrieg ein, da es ein Verbündeter Deutschlands war.

Die dunklen Seiten des Zweiten Weltkriegs
· **Die Märchen von Pearl Harbor**[206]: Die US-Regierung musste Japan nicht provozieren und in den Krieg ziehen, und sie

---

206 https://propagandaschau.wordpress.com/2017/12/10/david-swanson-76-jahre-voller-pearl-harbor-luegen/

war nicht überrascht, als der Angriff auf Pearl Harbor stattfand. Bereits 1932 verhandelten die USA mit China über die
Bereitstellung von Flugzeugen, Piloten und Schulungen für den
Krieg gegen Japan. Im November 1940 gab Roosevelt China
ein Darlehen von 100 Millionen Dollar für den Krieg gegen
Japan. US-Finanzminister Henry Morgenthau plante im Ein-
vernehmen mit den Briten, chinesische Bomber mit US-Besat-
zungen zu schicken, um Tokio und andere japanische Städte
zu bombardieren. Am 18. August 1941 berief Premierminister Churchill sein Kabinett ein. Das Treffen enthüllt die geheimen Kriegsabsichten der USA. Bei einer Sitzung im Jahr 1941
sagte Churchill zu seinem Kabinett: „Der Präsident sagte, er
wolle Krieg führen, aber das würde er nicht zuerst erklären.
Außerdem wird alles getan, um einen Vorfall zu provozieren."
Tatsächlich wurde alles dafür getan, die Amerikaner pro-
vozierten den Krieg mit den Japanern, indem sie mit ihrer
Kriegsmarine aus ihren Hoheitsgewässern auszogen, und
daraus entstand **Pearl Harbor.**

• **Wer war Hitler?** Gleichzeitig wurde die Partei Adolf Hitlers,
die NSDAP (Nationalsozialistische Deutsche Arbeiterpartei,
bis Februar 1920 noch DAP, Deutsche Arbeiterpartei), für das
deutsche Volk immer attraktiver. Die Hauptideologien des
Nationalsozialismus waren antisemitisch, rassistisch, nati-
onalistisch, antiliberal, antidemokratisch, antikommunis-
tisch und sozialdarwinistisch[207]. **Hitler** selbst war nicht nur
Mitglied der **Thule-Gesellschaft**[208], sondern auch Mitglied

---

207 Der **Sozialdarwinismus** war bis zum Zweiten Weltkrieg eine popu-
läre „Wissenschaft", die biologische Unterschiede zwischen verschiedenen Menschengruppen voraussetzte. Teil des Sozialdarwinismus
war der Glaube an „gutes" und „schlechtes genetisches Material" und
dieses „schlechte genetische Material" müsse zerstört werden.

208 Die **Thule-Gesellschaft** war eine geheime politische Gesellschaft,
die von Rudolf von Sebottendorf im August 1918 gegen Ende des
Ersten Weltkriegs in München gegründet wurde und hatte ihre Blütezeit im Winter 1918/19.

einer magischen 99-Organisation[209]. Wenn man sich diese Struktur genau anschaut, kann man sagen, dass Hitler ein Agent des Zionismus, des Vatikans und der Bank of England (City of London) war. Nach einem anderen Gerücht beging er keinen Selbstmord, sondern floh 1945 mit Hilfe des Vatikans und der Freimaurerei nach Südamerika.

- „**War Hitler ein britischer Agent?**" Dies ist der Titel des Buches von **Greg Hallet** und **The Spymaster**. In dem Buch wird erwähnt, dass Hitler ein britischer Agent war, der seine inzestuöse Abstammung und seine Ausbildung. In dem Buch wird erwähnt, dass Hitler ein britischer Agent war, der seine inzestuöse Abstammung und seine Ausbildung in Großbritannien hatte. Hitlers psychischer Zustand wurde durch „Dekonstruktion" manipuliert, um als britischer Agent für die britische Kriegsmaschinerie tätig zu werden. Hitlers Biografie enthält die verlorenen Jahre 1912 und 1913, die in den meisten Geschichtsbüchern nicht enthalten sind. In diesen verlorenen Jahren nahm er an einem speziellen Institut teil, um dort eine Ausbildung zu absolvieren. Ein der ersten erfolgreichen Konzepte des Instituts, das später den Namen „**Tavistock**"[210]

---

209 Der Freimaurerorden des Goldenen Centuriums (FOGC: 99) bezeichnet eine unregelmäßige und streng geheime Freimaurerloge, die sich angeblich mit Dämonologie befasst und für persönliche Machtinteressen verwendet.

210 Das Tavistock Institute of Human Relations wurde 1913 als eine in Wellington House ansässige Organisation gegründet, die Propagandarezepte entwickelte und verbreitete, um den Widerstand der britischen Öffentlichkeit gegen den Krieg zwischen Großbritannien und Deutschland zu brechen. Diese Aufgabe wurde in die Hände von Lord Rothmeres und Lord Northcliffes gelegt. Ihre Aufgabe bestand darin, die Öffentlichkeit in die gewünschte Richtung zu lenken. Damals sollte damit eine britische Kriegserklärung an Deutschland unterstützt werden. Die Finanzierung erfolgte zunächst durch die britische Königsfamilie, dann durch die Rothschilds, mit denen Lord Northcliff verschwägert war.

erhielt, war Adolf Hitler. Als Ausländer illegitimer Herkunft wurde er von seinem eigenen Land durch verschiedene Staaten in die Arme des britischen Geheimdienstes gedrängt. Als „Führer" wurde er zum Feind des Landes, das er leitete, um die Verträge und Verpflichtungen des Staates zu erfüllen, der ihn ausbildete. Dieses Buch enthüllt auch seine bizarren sexuellen Gewohnheiten sowie die Morde an Frauen, die in der Öffentlichkeit als Selbstmord dargestellt wurden.

- Auf der einen Seite heißt es, dass Hitler in der ganzen Komplexität des Krieges eine Rolle bei der Gründung des Staates Israel gespielt hat, und auch die Juden bestätigen dies. Aber er tat es nicht allein, eine Reihe von Geheimdienstagenten, von denen die meisten uneheliche Kinder der königlichen Familie waren, halfen ihm. Daher waren sie gezwungen, ein Gleichgewicht zwischen großer Geheimhaltung und falscher Geschichtsschreibung zu finden. Hinter Hitlers Psychologie liegt die „Herrschaft des Westens" der britischen und europäischen Königsfamilien. Im Krieg sind Lügen und geheime Spiele am besten geschützt. So wurden menschliche Todesfälle zu einem Nebenprodukt der Rivalität korrupter Egoisten, die glaubten, sie seien die Auserwählten, während sie tatsächlich nur als Marionetten einer anderen höheren Herrschaft dienten.

- **Die Vorbereitungen für die Gründung Israels:** Zwischen 1516 und 1918 war Palästina Teil des Osmanischen Reiches. Am Ende des Ersten Weltkriegs trennte sich die Region vom Osmanischen Reich, britische Truppen eroberten Palästina 1917–18. Das Land wurde zum britischen Mandat. Im Land bildeten sich verschiedene zionistische Organisationen. Eine, die Haganah (Verteidigung), wurde offiziell im Juni 1920 gegründet, um sich gegen arabische Rebellen zu verteidigen. Ab 1929 war die Haganah die Autorität der **zionistischen**

Bewegung[211] und ihre militärischen Operationen waren die politischen Ziele der zionistischen Bewegung. Etzel wurde 1931 in Jerusalem von Führern gegründet, die die Haganah nach dem Arabischen Aufstand von 1929 verließen. Sie protestierten gegen die Haltung der Haganah gegenüber den Arabern. 1940 löste sich Etzel auf. Eine Gruppe unter der Leitung von Ibrahim Stern verließ Etzel und gründete eine eigene Organisation namens „Lochamei Cherut Israel" („Kämpfer für die Freiheit Israels"), also **Lehi**. Später bildeten diese drei Organisationen ein gemeinsames Komitee, um die Disziplin zu stärken, die Autorität, militärische Operationen zuzulassen, würde nur diesem Komitee gehören. Der Höhepunkt des Lechi-Terrors war die Ermordung des britischen Ministers für den Nahen Osten, Lord Moyne, im November 1944 in Ägypten. Noch eine nachdenkliche Erkenntnis: Lord Moyne hielt die Bemühungen der Zionisten in Palästina für ungerecht gegenüber den Arabern und schlug beispielsweise die Errichtung des Staates Israel in Bayern oder Ostpreußen vor. Es war ein Versuch der Briten, Moyne, gegen dessen Plan sie waren, aus dem Weg zu räumen, und mehr Chaos zu schaffen, indem sie es als Angriff auf sie darstellten. All dieser militärische Kampf war Teil einer Kampagne zur Beendigung der britischen Mandatsregierung und zur Schaffung eines unabhängigen jüdischen Staates. Diese Aktionen hatten zweifellos Auswirkungen auf die britische Entscheidung, die palästinensische Frage an die Vereinten Nationen zu übergeben.[212]

- **Die Gründung Israels**: Im Mai 1947 gründeten die Vereinten Nationen das Unscop (UN Special Committee for Palesti-

---

211 Es ist ein polarisierter Begriff: Für einen ist die Befreiungsbewegung des jüdischen Volkes, den anderen gilt er als Imperialismus, der Zionismus bezeichnet eine Nationalbewegung und nationalistische Ideologie, die auf einen jüdischen Nationalstaat in Palästina zielt, diesen bewahren und rechtfertigen will.

212 https://de-academic.com/dic.nsf/dewiki/877419

ne), dass die Teilung Palästinas vorschlug. Am 29. November 1947 beschloss die Generalversammlung der Vereinten Nationen, Palästina zwischen Jordanien und dem Mittelmeer in einen arabischen und einen jüdischen Staat zu teilen. Am 14. Mai 1948 wurde der Staat Israel gegründet. Palästinenser und arabische Staaten arbeiteten seit Jahrzehnten für einen unabhängigen palästinensischen Staat. Juden und Muslime beanspruchten auf beiden Seiten das „**Heilige Land**". Seit der offiziellen Teilung Palästinas durch die Vereinten Nationen im Jahr 1947 ist die Geschichte des Landes von blutigen Kriegen zwischen Israelis und arabischen Völkern geprägt. Palästinenser, die in der britischen Manda-Region leben und mehr als 90 % des Landes besitzen, wurden nicht befragt, darunter Gebiete der kargen Negev-Wüste. Jerusalem sollte unter internationaler Herrschaft stehen. 1,3 Millionen Palästinenser nahmen etwa 43 % des britischen Mandats ein, während etwa 600.000 Juden 57 % des Landes besaßen. Mit der Entscheidung des Trennungsplans kündigten die Briten am 14. Mai 1948 den Rückzug ihres Mandats an, die letzten Truppen verließen Palästina. Der israelische Ministerpräsident David Ben-Gurion hat im Namen des Jüdischen Nationalrats den unabhängigen souveränen Staat Israel ausgerufen. Unmittelbar nach der Unabhängigkeitserklärung erkannten die Weltmächte USA und Sowjetunion Israel diplomatisch an. Die Antwort der Araber auf die Erklärung ließ nicht lange auf sich warten. Am 16. Mai 1948 drangen arabische Armeen, insbesondere aus Ägypten, Jordanien, Syrien, Libanon, Irak und Saudi-Arabien, in Israel ein. In der Zwischenzeit begann Israel mit dem Aufbau seiner Armee. Wo, glauben Sie, wurde diese Armee ausgebildet? An einem Ort, an dem es niemals passieren darf, direkt in dem Land, in dem der Holocaust stattfand?

- **Deutschland: geheime militärische Trainingslager der Haganah in Bayern 1946–1948**[213]: Haganah, ein Pionier der israelischen Armee, betrieb zwei illegale Ausbildungseinrichtungen für jüdische Soldaten im Nachkriegsdeutschland. Nach der Unterdrückung des Nationalsozialismus wurden Zehntausende Juden, vor allem aus Osteuropa, in der US-Besatzungszone gefangen. Aber um den Traum vom jüdischen Staat zu verwirklichen, wurden Soldaten für den bevorstehenden Unabhängigkeitskrieg benötigt. Ab 1946 rekrutierte die zionistische Militärorganisation Haganah die ersten jungen Männer und Frauen aus der Armee der überlebenden Juden und gründete die zukünftigen israelischen Armeen. Zu Beginn des Jahres 1947/48 verschlechterte sich die politische Situation in Palästina immer mehr, die britische Mandatstruppe und die Konflikte mit den Arabern nahmen zu.

Nach offiziellen Angaben war der Holocaust die systematische, bürokratische und staatlich unterstützte Verfolgung und Ermordung von sechs Millionen jüdischen Männern, Frauen und Kindern durch das NS-Regime und seine Kollaborateure. Die Nazis, die im Januar 1933 in Deutschland an die Macht kamen, glaubten, die Deutschen seien „rassisch überlegen" und wollten aus irgendeinem Grund einen „reinen Staat" gründen. Diejenigen, die als „minderwertig" eingestuft wurden, wurden als Bedrohung für die sogenannte deutsche Rassengemeinschaft angesehen. Am Ende des Krieges versuchten die Nationalsozialisten und ihre Mitarbeiter, die meisten vorhandenen Dokumente und andere physische Beweise zu vernichten. Sie zielten nicht nur auf Juden, sondern auch auf andere Gruppen, die aus politischen, ideologischen und Verhaltensgründen verfolgt wurden, darunter Sinti und Roma, behinderte Deutsche und einige slawische Völker (insbesondere Polen und Russen), Kommunisten,

---

213 https://www.nurinst.org/geheime-militaerausbildungscamps-der-hagana-in-bayern-1946-48/

Sozialisten, Zeugen Jehovas und Homosexuelle. Jüdische Kinder und Kinder von Roma waren in Zeiten des Holocaust besonders gefährdet, da die Nazis irgendwie darauf abzielten, Kinder „unerwünschter" Gruppen zu töten. Wie man aus offiziellen Erklärungen weiß, ist der Völkermord dieser Größenordnung in den systematischen Massenvernichtungslagern als Schande für die moderne Menschheit in die Geschichte eingegangen.

Es ist zwar bereits vergangen, aber es gibt verschiedene Meinungen und Ansichten über das, was in der Vergangenheit vorgefallen ist. Es wird behauptet, dass diese Konzentrationslager als Arbeitslager genutzt wurden, sodass es Gerüchte gibt, dass in den tödlichen Gaskammern in diesen Lagern keine Massenmorde stattgefunden haben.

Zum Beispiel[214] **Leuchter-Bericht**: Der Ingenieur Fred Leuchter, der damals noch für die Wartung der in einigen US-Bundesstaaten noch verwendeten Exekutionsgaskammern zuständig war, wurde beauftragt, einen Bericht über diese Gaskammern zu erstellen. Dem Bericht zufolge waren die „Gaskammern" auf diese Weise nicht geplant und nicht nutzbar. Die Kapazität des Krematoriums reichte nur aus, um einen Teil der angeblichen Gasopfer zu verbrennen. Das Krematorium des Basislagers konnte bis zu 120 Leichen pro Tag verbrennen. Die entscheidende Periode war jedoch die von Mitte Mai bis Mitte Juli 1944, als Hunderttausende ungarische Juden in Birkenau vergast wurden. Natürlich ist es möglich, dass die Leichen im Freien verbrannt wurden, viele Fotos wurden gemacht, aber es gibt keine Luftaufnahmen. Als Überreste von Massengräbern wurde nur ein Massengrab mit 536 Leichen gefunden. Auch die Analyse von Wandproben aus Gaskammern ergab keine oder nur gerin-

---

214 https://codoh.com/library/chapter/1878/
https://vho.org/D/gzz/11.html
https://michael-mannheimer.net/2020/12/05/holocaustleugnung-die-92-jaehrige-ursula-haverbeck-erneut-zu-einem-jahr-gefaengnis-ohne-bewaehrung-verurteilt/

ge Mengen Cyanid, während in einer Kontrollprobe aus einer Entlüftungskammer ein extrem hoher Cyanidwert festgestellt wurde. (Cyanide könnten durch die Wirkung von Hydrocyansäure, dem Wirkstoff in Zyklon B, auf die Wände gelangt sein.) Der Chemiker Germar Rudolf bestätigte den Leuchter-Bericht ausführlich. Was in Ausschwitz beobachtet wurde, kam zu dem Schluss, dass die Massenvernichtung von Menschen aus strukturellen und chemischen Gründen nicht stattfinden konnte. Auf der anderen Seite schweigen viele Zeugen der Zeit, während **Ursula Haverbeck** behauptet, es handelte sich um Arbeitslager. Die 92-jährige Haverbeck wurde wegen Leugnung des Völkermords zu einer Haftstrafe verurteilt.

Wie auch immer die Umstände sein mögen, es ist bekannt, dass es Verbrechen gegen die Menschlichkeit gab, und das schließt nicht nur Morde, sondern auch Täuschungen und Lügen ein. Kurz gesagt, wir sitzen alle im selben Boot und gehören zur Menschenfamilie. Daher, in dieser Angelegenheit ist es nicht möglich Juden, Deutsche, Amerikaner oder Türken voneinander zu trennen. Wenn die Gier, der Egoismus, die Heuchelei des Menschen aufhört und die ganze Welt die Bruderschaft der Menschen anerkennt, dann wird dies dieser primitiven Räuberei ein Ende setzen und zur höheren Zivilisation übergehen. Endlich kann die Menschheit in ein höheres Bewusstsein übergehen, und dies kann nur geschehen, wenn die Fesseln der dogmatischen Weltanschauung und Ignoranz endlich gebrochen werden.

Nach Schätzungen: Zahl der Todesopfer während des Zweiten Weltkriegs (mehr als 50 bis 85 Millionen, wahrscheinlich ist die Dunkelziffer weit höher):

Gruppe	Zahl der Todesopfer
Juden	6 Millionen
Sowjetische Zivilisten	rund 7 Millionen (einschließlich 1,3 Millionen jüdisch abstammende sowjetische Bürger.)
Sowjetische Kriegsgefangene	etwa 3 Millionen (darunter etwa 50.000 jüdische Soldaten)
Nichtjüdische polnische Zivilisten	rund 1,8 Millionen (polnische Elite 50.000 bis 100.000)
Serbische Zivilisten (auf dem Territorium von Kroatien, Bosnien und Herzegowina)	mind. 312.000
Menschen mit Behinderungen in Einrichtungen	mind. 250.000
Sinti und Roma	mind. 250.000
Japanische Zivilisten (mit Atombomben in Hiroshima und Nagasaki)	über 200.000 (vielleicht mehr als 1 Million Menschen, die nach der Bombe krank wurden)
Andere, Zeugen Jehovas, deutsche politische Gegner und Widerstandskämpfer	mind. 70.000 (unklar)

Die Berechnung der Zahl der durch die Nazi-Politik getöteten Menschen ist eine große Herausforderung. Es existiert kein einziges Dokument, alles, aus dem hervorgeht, wie viele Menschen im Holocaust oder im Weltkrieg getötet wurden, wurde von den Nazi-Behörden vernichtet.

Dafür gibt es drei Hauptgründe, die miteinander verbunden sind:
1. Die Erstellung umfassender Statistiken über die von den deutschen Behörden und anderen Achsenmächten getöteten Juden begann zwischen 1942 und 1943. In den letzten anderthalb Jahren des Krieges wurden die Arbeiten eingestellt.
2. Als Anfang 1943 klar wurde, dass sie den Krieg verlieren würden, zerstörten die Deutschen und ihre Verbündeten die meisten verfügbaren Dokumente. Sie haben auch Beweise für einen Massenmord vernichtet.
3. Bis zum Ende des Zweiten Weltkriegs und des NS-Regimes gab es niemanden, der sich die Mühe machte, die Zahl der jüdischen Todesfälle zu erfassen. Die Gesamtschätzungen wurden erst nach Kriegsende getroffen und basierten auf demografischen Verlusten und Täterakten. Obwohl fragmentarisch, könnten diese Quellen aussagekräftige Zahlen liefern, aus denen Berechnungen abgeleitet werden könnten. Der Weg zum Zweiten Weltkrieg wurde möglicherweise nach dem Ersten Weltkrieg im Vertrag von Versailles festgelegt. Der französische Feldmarschall **Ferdinand Foch**, der im **November 1919** für die Waffenstillstandsverhandlungen zuständig war, kommentierte den Vertrag kurz und prägnant: „**Das ist kein Friedensabkommen, sondern ein 20-jähriger Waffenstillstand**!", und es geschah genauso, wie er sagte.

Wenn Foch kein Wahrsager war, war er entweder sehr vorausschauend, oder er wusste von den Plänen, und er war einer der Spieler am gleichen Tisch, stimmt's?

Israelisch-palästinensischer Konflikt (Nahostkonflikt, seit 1947)
Als der Zusammenbruch des Osmanischen Reiches in der Region Palästina vorüber war, schmiedeten Großbritannien und Frankreich bereits Pläne für die arabischen Regionen. Und bereits 1917 erwähnte der britische Außenminister Arthur Balfour die Errichtung einer nationalen Heimat für die Juden in

den palästinensischen Gebieten. Die Frage nach dem Verbleib der Juden in Deutschland nach dem Zweiten Weltkrieg war, wohin sie gehen könnten. Dies führte dazu, dass die Vereinten Nationen die Teilung Palästinas akzeptierten. Am 29. November 1947 wurde die Lösung zweier getrennter Staaten vorgeschlagen. Es wurde mit der von der UN-Generalversammlung vorgeschriebenen Zweidrittelmehrheit beschlossen. Arabische Staaten und Palästinenser lehnten den Teilungsplan und solche zionistischen Initiativen ab. Da es gegen die Rechte der Mehrheit des palästinensischen Volkes verstieß, hielten sie es für ungültig. Es wurden jedoch alle gegnerischen Stimmen ignoriert und Palästina zwischen Jordanien und dem Mittelmeer in einen arabischen und einen jüdischen Staat geteilt. Infolgedessen wurde der Staat Israel wie vorgesehen gegründet (1948), wobei sich das Staatsgebiet im Vergleich zum Teilungsplan der Vereinten Nationen um ein Drittel vergrößerte[215], und seit seiner Gründung kam es ständig zu bewaffneten Konflikten mit seinen Nachbarn. Der Erste Nahostkrieg war für Israel ein Unabhängigkeitskrieg, für die Palästinenser jedoch eine Katastrophe, der Beginn des Verlusts ihres Landes und der Vertreibung. Darüber zu berichten, gehört seit Jahrzehnten zum Standardrepertoire unserer Nachrichten. Die Nachrichten wiederholen sich: Siedlungsbau, Hauszerstörung, Schließung des Gazastreifens, Zusammenstöße, Todesfälle, Attentate, Bombenanschläge und Raketenangriffe. Allerdings hat sich die Situation in den letzten Jahren deutlich verändert: Der sogenannte Oslo-Prozess brachte keinen Frieden, 2008 kam es zu ernsthaften Gesprächen zwischen beiden Seiten zur Konfliktlösung und 2014 zumindest zu indirekten Gesprächen. Heute können wir sagen, dass eine Konfliktlösung auf dem Verhandlungsweg in weiter Ferne liegt. Israels erster Premierminister, **David Ben-Gurion,**

---

215 https://www.nzz.ch/visuals/so-wandeln-sich-die-politischen-landkarten-von-israel-und-palaestina-ld.1657319

sagte: „Wenn ich ein arabischer Führer wäre, hätte ich nie einen Vertrag mit Israel unterzeichnet. Das ist normal; wir haben ihr Land genommen. Es ist wahr, dass Gott uns das versprochen hat, aber warum sollte es sie interessieren? Unser Gott ist nicht ihr Gott. Es gab Anti-Semiten, Nazis, Hitler, Auschwitz, aber war das ihre Schuld? Sie sehen nur eines: Wir sind gekommen und haben ihr Land gestohlen. Warum sollten sie das zugeben?"

Wenn Präsident Ben-Gurion das wirklich gesagt hat, wäre das ein ehrliches Eingeständnis von grober Ungerechtigkeit!

Koreakrieg 1950–1953[216]

Korea wurde seit 1910 als Kolonie Japans ausgebeutet. Am Ende des Zweiten Weltkriegs, nach dem Zusammenbruch des japanischen Reiches (denken Sie an die Atombombenabwürfe auf Hiroshima und Nagasaki), fielen die USA und die Sowjetunion in das Land ein wieder. Am 38. Breitengrad wurde 1945 eine Demarkationslinie beschlossen, die die beiden Besatzungszonen trennte: Im Norden begann die Sowjetunion zu herrschen, im Süden die USA. Die Teilung Koreas in zwei Staaten könnte als Ergebnis des Zweiten Weltkriegs und der als direkter Beginn desKalten Krieges zwischen den Vereinigten Staaten und der Sowjetunion – dem damaligen US-Präsidenten **Truman** und dem sowjetischen Präsidenten **Stalin** – angesehen werden. Außerdem erlebte das koreanische Volk mehrere Spaltungen und langanhaltende Unruhen. Weder das nordkoreanische Volk erkannte sich als Nordkoreaner, noch erkannte sich das südkoreanische Volk als Südkoreaner. Mitglieder der japanisch orientierten Oberschicht lebten im Sü-

---

216 https://bronsteyn.wordpress.com/category/geschichte/korea-krieg/

den, während Kommunisten, Sozialisten und Nationalisten, die von Syngman Rhee (dem Präsidenten Südkoreas) verfolgt wurden, im Norden lebten. Die koreanische Oberschicht unterstützte nachdrücklich die japanische Herrschaft zur Modernisierung des in feudalen Strukturen erstarrten Landes. Während das Land ebenfalls modernisiert wurde, geschah dies auf Kosten einer brutalen Kolonialpolitik, die einerseits eine gewaltsame Japanisierung Koreas anstrebte und andererseits die Koreaner in den Status eines „Helfervolkes" mit geringeren Rechten verbannte. Die koreanische Oberschicht war bei der breiten Masse der Bauern und insbesondere bei den während der Kolonialzeit entstandenen Industriearbeitern unbeliebt. Unmittelbar nach dem Ende des Zweiten Weltkriegs erreichte die antikommunistische Propaganda ihren Höhepunkt. Und es sollte nicht übersehen werden, dass der legendäre Angriff des Koreakrieges (Nordkorea gegen das demokratische Südkorea) das Ereignis war, das die Welle systematischer antikommunistischer Propaganda in den 1950er und 1960er Jahren auslöste. Die Situation war jedoch genau das Gegenteil. Am 25. Juni 1950 berichtete der **nordkoreanische Rundfunk** von einem Überraschungsangriff auf die nordkoreanische Stadt **Haeju**. Die Beweislast ist in der Tat schwierig, eine seit langem geplante Maßnahme der **Regierung Rhee** (Südkorea) und der Truman-Regierung tatsächlich so offensichtlich, dass sie kaum geleugnet werden kann. Die Regierung hatte offensichtlich großes Interesse am Kriegsausbruch. Bereits vor einem Jahr tobte ein ununterbrochener Grenzkrieg, und die Angriffsschwerpunkte kamen ständig von Südkorea (d. h. Rhee-Truppen) mit westlicher Unterstützung.

Der eigentliche Koreakrieg begann am 25. Juni 1950, als südkoreanische Truppen die nordkoreanische Stadt Haeju angriffen. Dies ist eine Tatsache, die durch zeitgenössische Quellen belegt werden kann. Alles andere, was offengelegt wird, ist eine Mischung aus Halbwahrheiten, Gerüchten, Interpretationen, verschleierten oder aus dem Zusammenhang gerissenen Fakten. Darüber hinaus tobte in Südkorea ein hartnäckiger

Guerillakrieg gegen die Rhee-Regierung von innen heraus. Die Menschen hassten sie, weil sie die Oberschicht der ehemaligen Kollaborateure des Kaiserreichs Japan repräsentierten. Die sehr klaren und eindringlichen Beweise sind auch in einem CIA-Bericht aus den frühen Kriegstagen dokumentiert, in dem es heißt, dass die „Fehler" der Südregierung dazu geführt hätten, dass mehr als die Hälfte der „Studentenklasse" die „Kommunisten" aktiv unterstützte. Viele von ihnen sollen sich freiwillig der nordkoreanischen Armee angeschlossen haben. Aber wenn wir uns die Fakten genauer ansehen, kommen wir zu dem Schluss, dass der Krieg im Wesentlichen ein konterrevolutionärer Kolonialkrieg war, mit dem die Vereinigten Staaten versuchten, das japanische Reich zu erben, während sie gleichzeitig versuchten, gegen die neu ausgerufene Republik China vorzugehen.

Der Krieg kostete mehreren Millionen Menschen das Leben und war Schauplatz einer bislang unbekannten Zahl amerikanischer Massaker, wobei mindestens 1.000 Einzelfälle als Völkermord eingestuft werden konnten. Die „Explosion" des Koreakrieges ist eines der kolossalsten historischen Verbrechen des US-Imperiums, und infolgedessen auch die blutigen Massaker in Indonesien 1965/66 (ohne direkte Intervention der US-Truppen), der Vietnamkrieg und die mörderischen Verbrechen in Guatemala 1954, Chile 1973 usw. überschatteten sogar Militärputsche. Zum Beispiel: Im Rahmen des Massakers der Bodo-Liga (das bis zum Jahr 2000 sowohl in Korea als auch weltweit praktisch unbekannt war) wurden 100.000, um genau zu sein gehen höchste Schätzung von 1,2 Millionen Südkoreanern aus, Bürger von Truppen der Regierung **Syngman Rhee** getötet. Im Zeitraum von Juni bis September 1950 (also in nur drei Monaten) wurden über 300.000 massenweise Hinrichtungen durchgeführt. In den letzten Jahren wurden viele Massengräber gefunden. Während also die US-Armee die vorrückende nordkoreanische Armee bekämpfte, schlachteten Rhees Truppen hinter der Front systematisch seinem eigenen Volk ab.

Amerikanischer Vietnamkrieg 1964–1975

Auch der Vietnamkrieg von 1964 bis 1975 begann mit einer Lüge. Die amerikanische Regierung unter dem demokratischen Präsidenten Lyndon B. Johnson suchte und fand einen Vorwand, um in den Krieg gegen Nordvietnam einzutreten. Wenn wir vor den Beginn des amerikanischen Vietnamkrieges blicken, sehen wir Folgendes: Vietnam, das viele Jahre lang eine französische Kolonie war, begann unter der Führung der kommunistischen Idee, der **Vietminh-Organisation**, für die Unabhängigkeit des gesamten Landes zu kämpfen. Auch in diesem Krieg unterstützten die USA Frankreich, während ihre Gegner von China und der Sowjetunion unterstützt wurden. Nach der Niederlage Frankreichs im Jahr 1954 wurde Vietnam in einen kommunistischen Norden und einen antikommunistischen Süden geteilt. In beiden Teilen des Landes wurden politische Gegner niedergeschlagen, in Südvietnam kam es zu Angriffen auf Buddhisten. Guerillakämpfer versammelten sich hier unter dem Namen „Vietcong" und bildeten eine nationale Front für die Befreiung Südvietnams. Der Vietcong wurde von Nordvietnam unterstützt, und Südvietnam wurde mit Nachschub und Verstärkung versorgt. Die USA müssen das Gefühl gehabt haben, dass ihre eigenen Interessen gefährdet seien und dass Südvietnam sich dem Kommunismus zuwenden würde. Seit 1959 nutzen die Amerikaner kontinuierlich ihren Einfluss, bilden die Soldaten aus und unterstützen ihre Zwecke teilweise finanziell.

Nach dem Tonkin-Vorfall vom 2. und 4. August 1964, bei den nordvietnamesische Kriegsschiffe angeblich das Feuer auf zwei US-Zerstörer im Golf von Tonkin (vor Nordvietnam) eröffneten, ordnete Präsident Johnson Vergeltungsbombenanschläge gegen Ziele in Nordvietnam an. Anschließend erhielt er vom amerikanischen Kongress das allgemeine Mandat, den Krieg auszuweiten. Im März 1965 griffen die USA offen ein: Sie bombardierten Nordvietnam und entsandten offizielle Kampftruppen. Auf diese Weise wollten sie eine weitere Unterstützung Südvietnams durch den Norden verhindern.

Der Vietnamkrieg wird als Stellvertreterkrieg bezeichnet, weil die Vereinigten Staaten und die Sowjetunion für jedes Land ihres „eigenen" Systems Partei ergriffen. Immer mehr Angriffe wurden verübt. Die Bombardierung Nordvietnams stieg auf 900 pro Woche. Die USA setzten **Napalmbomben**[217] **ein und versprühten Agent Orange**[218] **großflächig.**

Dadurch wurde das ganze Land verschmutzt, Menschen wurden krank, sogar Neugeborene waren deformiert. Messungen, die nach dem Krieg in diesen Regionen durchgeführt wurden, zeigen, dass der Gehalt an giftigen Stoffen die Gefahrengrenze um das 400-Fache überschritt, was Unmengen an unbebautem Land bedeutet, zusammen mit Menschen, die noch mit Behinderungen geboren wurden, und erkrankten Menschen.

Amerikaner haben in Vietnam mehr als 200 Kriegsverbrechen begangen. Das Bekannteste ist das Massaker von My Lai im März 1968, das nie vergessen wird. Die amerikanischen Soldaten, die an dieser Gräueltat beteiligt waren, zerstörten brutal fast ein ganzes Dorf, Männer, Frauen und sogar Kinder. Der Krieg breitete sich auch auf die Nachbarländer Laos und Kambodscha aus. Die meisten amerikanischen Soldaten töteten blind, systematisch und kaltblütig. Sie trieben Dorfbewohner in Bunker und sprengten sie dann in die Luft, Frauen wurden vergewaltigt, bevor sie erschossen oder verwundet wurden, Leichen wurden nach ihren Wünschen verstümmelt und sogar skalpiert. Die Verantwortung für das Massaker wurde nach dem Krieg einer einzelnen Person zugeschrieben, einem niederrangigen Soldaten. Schauen Sie, was mit diesem Soldaten passiert ist. Natürlich wurde dieser Soldat nach einigen Jahren im Gefängnis von Präsident Nixon begnadigt. Nordvietnam hielt

---

217 **Napalm** ist eine Schusswaffe mit dem Hauptbestandteil Benzin, das mithilfe von Zusatzstoffen geliert (zu einer halbfesten Masse) wird. Dadurch kann Napalm als zähe, klebrige Masse am Ziel haften und eine starke Brandwirkung entfalten.
218 Ein chemisches Entlaubungsmittel.

diesen Angriffen jedoch stand. Es mobilisierte seine gesamte Bevölkerung zum Krieg. Das Land erhielt weiterhin Unterstützung von China und der Sowjetunion. Die USA zerstörten die Infrastruktur Nordvietnams, verloren jedoch etwa 1.000 Flugzeuge. Viele Piloten starben. Die Vereinigten Staaten haben ihr Ziel, den Süden zu stabilisieren, nicht erreicht. Die Tet-Offensive, die am buddhistischen Neujahr 1968 begann, wurde von nordvietnamesischen Truppen und Vietcong-Guerillas durchgeführt. Dieser Krieg wurde von den Amerikanern abgewehrt, doch inzwischen hat sich bei den Amerikanern der Eindruck eines verlorenen und bedeutungslosen Krieges weit verbreitet. Der Krieg dauerte dennoch bis 1975 und endete mit dem Sieg Nordvietnams, da amerikanische Soldaten gedemütigt und zur Flucht gezwungen wurden.

Kinder der Operation Babylift

Ein weiterer überwältigender Vorfall im Vietnamkrieg war die Frage, was mit den Babys und Kleinkindern passierte, die mit dem Flugzeug nach Amerika gebracht wurden. Als Operation Babylift bezeichnete man die Massenevakuierung von Kindern aus Südvietnam in die Vereinigten Staaten und andere westliche Länder (einschließlich Australien, Frankreich, Westdeutschland und Kanada) am Ende des Vietnamkrieges vom 3. bis 26. April 1975. Beim letzten amerikanischen Flug aus Südvietnam wurden mehr als 3.300 Säuglinge und Kinder evakuiert, obwohl die tatsächliche Zahl unterschiedlich angegeben wird.

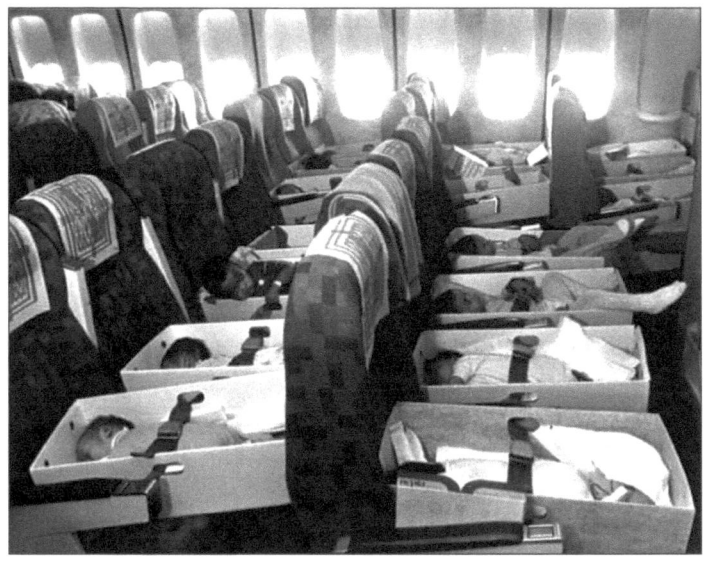

Säuglinge und Kleinkinder, die unfreiwillig mit dem Flugzeug aus Vietnam ins Ausland gebracht wurden.

Die unkritische Akzeptanz der Vietnamkriegswaisen hielt nicht lange an. Zahlreiche amerikanische Stimmen, von Kinderpsychologen über Nachrichtenreporter bis hin zu Gelegenheitsbeobachtern, stellten bald in Frage, ob die Evakuierung im besten Interesse der Kinder sei. Viele dieser Debatten begannen mit der Einführung des unbefristeten Waisenstatus einiger Kinder. Die südvietnamesische Regierung hat so vielen Kindern widerwillig erlaubt, das Land zu verlassen, und nur verlangt, dass sich die mitgenommenen Kinder im Adoptionsverfahren befinden müssen. Einige dieser Kinder sagten, sie seien keine Waisen und hätten Familien in Vietnam. Viele vietnamesische Familien brachten ihre Kinder vorübergehend in Waisenhäuser, wenn sie aufgrund der Verwüstungen des Krieges in äußerster Not waren. Angesichts dieser unterschiedlichen Ansichten über den Adoptionsprozess waren viele der nach Amerika gebrachten Kinder keine Waisen. Die Eltern vietnamesischer Kinder wollten ihr Kind finden und zurückbekommen.

Jugoslawienkriege 1991–2001

Jugoslawien, einer der wichtigsten Staaten auf dem Balkan, hatte unterschiedliche religiöse, ethnische und ideologische Ansichten. Das muss das Land in innere Unruhen gestürzt haben, da es 1991 zerfiel und sieben neue Staaten entstanden. Diese sind **Serbien, Bosnien und Herzegowina, Montenegro, Kroatien, Slowenien, Mazedonien** und **Kosovo**. Die meisten Kriegsverbrechen in Jugoslawien wurden nicht von den Invasoren begangen, sondern von den Jugoslawen selbst, die auf verschiedenen Seiten standen. Beispielsweise massakrierten kroatische Truppen Zehntausende serbische Zivilisten und Juden, und serbische Tschetniks massakrierten Zehntausende Kroaten. Bosnische Muslime schlossen sich der SS an und kommunistische Partisanen massakrierten nach Kriegsende Tausende Slowenen und Kroaten (Bleiburg-Massaker). Viele Fakten kamen in den Medien nicht ans Licht oder sie schrieben das Gegenteil von dem, was passiert ist. Warum? Könnte es sich dabei um eine durchaus gezielte Operation handeln?

Nur Titos Jugoslawien gelang Frieden, Gleichheit und Koexistenz. Mit dem Tod Titos im Jahr 1980 trat das Land in den Prozess des Zerfalls ein. Die imperialistischen Mächte wollten dieses Land zerstören, das sie als „zu links" betrachteten. Es waren Jahrzehnte der Kriege an vielen verschiedenen Fronten/Regionen. Dies sind kurz: 1991 Slowenien 10-Tage-Krieg, 1991–1995 Kroatien-Krieg, 1992–1995 Bosnien-Krieg, 1999 Kosovo-Krieg, 2001 Mazedonischer Krieg. Sie erkannten nie die Existenz des Vereinigten Jugoslawiens an, das sich im Zweiten Weltkrieg tapfer der deutschen Aggression widersetzte, und die Großmächte stürzten das Land in einen Bürgerkrieg. Sie wollten den Balkan kontrollieren, indem sie Jugoslawien erneut in leicht handhabbare Ministaaten aufteilten.

Fakten zum Zerfall Jugoslawiens![219]

- Anfang 1991 wollte man unter Missachtung des Völkerrechts und der jugoslawischen Verfassung Jugoslawien zerschlagen und eilig die „Unabhängigkeit" Sloweniens und Kroatiens anerkennen. Deutschland, Frankreich, England lagen genau auf einer Linie.
- Ein Bürgerkrieg wurde provoziert. Weil: Jede jugoslawische Republik war eine Mischung aus verschiedenen Nationalitäten, und man dachte wahrscheinlich, es sei ein einfacher Imbiss. Bevorzugt gewählte Führer, ultranationalistische kroatische und muslimische Führer wurden nur als naive Opfer und große antirassistische Demokraten dargestellt. Doch ihre Vergangenheit zeigte ein anderes Bild.
- Als der Neofaschist Tudjman[220] an die Macht kam, brachte er das Geld und die Flagge des ehemaligen völkermörderischen faschistischen Regimes zurück und änderte die Verfassung, um die Serben zu vertreiben. Der muslimische Nationalist Izetbegovic[221] (der in seiner Jugend mit Hitler kollaboriert hatte) löste bei den bedeutenden serbischen Minderheiten, die seit Jahrhunderten in Kroatien und Bosnien lebten, mit Sicherheit Panik aus. Izetbegovic wurde von den US-Generälen unterstützt. Es entstand ein korruptes und mafiöses Regime, das vor allem auf dem lukrativen Schwarzmarkt und dem Schmuggel internationaler Hilfsgelder basierte. Mit Zustimmung Washingtons erhielt er die Hilfe islamischer Söldner, vor allem von Al-Qaida.
- Die Weltbank und der IWF haben dazu beigetragen, dieses Land zu zerstören. Alle westlichen Großmächte versuchten,

---

219 https://www.sott.net/article/292941-Truth-and-lies-about-the-break-up-of-Yugoslavia-Forget-Milosevic-this-was-a-US-operation-from-start-to-finish?ysclid=lfiojcdx2a664587695

220 Franjo Tudjman war ein jugoslawischer und kroatischer Offizier, Historiker und Politiker.

221 Aliya Izetbegovi, bosnischer Politiker, islamischer Aktivist, erster Präsident der Republik Bosnien und Herzegowina.

das jugoslawische Wirtschaftssystem zu liquidieren. Die Weltbank demontierte das Bankensystem, entließ innerhalb eines Jahres 525.000 Arbeitnehmer und ordnete die sofortige Streichung von zwei von drei Arbeitsplätzen an.

- Die Medien verheimlichten die grundlegende Geschichte Bosniens. Uns wurde eingeredet, dass die Serben Aggressoren seien, dass sie die Grenzen Bosniens verletzten. Tatsächlich kämpften sie nicht dafür, „anderes" Territorium zu betreten, sondern für die Befreiung ihres eigenen Landes und die Schaffung von Kommunikationskorridoren zwischen ihnen. Lange Zeit haben in Bosnien drei nationale Gruppen gelebt: Muslime (43 %), Serben (31 %), Kroaten (17 %), und es ist zu beachten, dass 7 % der „Jugoslawen" in Mischehen geboren wurden und es vorzogen, eine enge Wertakkumulation nationaler Identitäten zu vermeiden.

- Die USA setzten in Bosnien auch Waffen mit angereichertem Uran ein. Auf einer internationalen Konferenz mit dem Titel „Uranium, Victims Speak", die im März 2001 in Brüssel stattfand, stellte ein bosnischer Arzt einen bosnisch-serbischen Förster vor, der wie viele andere Opfer atypischer und schnell fortschreitender Krebserkrankung war. Ein bosnischer Gesundheitsbeamter legte einige Statistiken vor: Die Bevölkerung eines serbischen Viertels in Sarajevo (eine Bevölkerung, die später aus dieser Stadt vertrieben wurde), das 1995 von US-Flugzeugen bombardiert wurde, hatte einen fünffachen Anstieg verschiedener Krebsarten. Die von ihnen eingesetzten Uranwaffen ermöglichten es den USA, aber auch Frankreich und Großbritannien, den Müll aus ihren Atomkraftwerken loszuwerden. Kurz gesagt: Der Einsatz dieser Waffen mit angereichertem Uran hat im Laufe der Jahrhunderte viele Länder in Atomdeponien verwandelt. Abschließend kurz die Ziele dieses Krieges: Die wirtschaftliche Kolonisierung des Balkans, die Kontrolle der Ölrouten und die Eroberung der Weltherrschaft lassen sich am einfachsten mit der Ideologie von „teile und herrsche" erreichen.

- **1999 Kosovo-Krieg und der „Hufeisenplan":** Es handelte sich um eine Militäroperation, die im Rahmen der NATO 54 Jahre nach dem Ende des Zweiten Weltkriegs stattfand. Zum ersten Mal kämpften deutsche Soldaten im Ausland, und zwar gegen den Rest Jugoslawiens. Dies geschah jedoch ohne Mandat der Vereinten Nationen. Es handelte sich um einen Angriffskrieg, der weder durch das Völkerrecht noch durch das Grundrecht (Artikel 26) abgedeckt war. Der Rest Jugoslawiens hat Deutschland weder angegriffen noch eine Bedrohung für Deutschland dargestellt. Der damalige Außenminister Joschka Fischer (Bündnis 90/die Grünen) legitimierte den deutschen Militäreinsatz, der historisch gesehen einen schwerwiegenden Tabubruch darstellte, mit seiner Erfahrung der NS-Zeit. Aber jetzt spielten sie dieses Spiel ganz anders als je zuvor. Im Deutschen Bundestag wurde lediglich „Nie wieder Krieg!" befürwortet, jedoch kommt es weiterhin zu Provokationen dieser Art. Dies war eine historisch unhaltbare, aber politisch wirkungsvolle historische Analogie. Verteidigungsminister Rudolf Scharping (SPD) hat der internationalen Öffentlichkeit einen angeblichen „Hufeisenplan" der serbischen Regierung zur systematischen Vertreibung der Albaner aus dem Kosovo vorgestellt. Tatsächlich wurde dieser Plan ausgedacht. Das war eine der üblichen Kriegslügen. Dieser Wendepunkt in der Entstehung des Krieges wurde später „Human Rights Belizism", der Menschenrechtskrieg, genannt. Nach dieser Erfahrung wurde 2005 die Politikstrategie „Responsibility to Protect" entwickelt und von fast allen Mitgliedsstaaten der Vereinten Nationen verabschiedet. Allerdings erwies sich diese Strategie bereits aufgrund der Missbrauchsgefahr während der internationalen Militäraktion gegen Libyen im Jahr 2011 als problematisch.

Afghanistan-Krieg 2001

Die Angriffe von Al-Qaida in den USA lösten den US-Militäreinsatz in Afghanistan aus. Verantwortlich für die Anschläge war Al-Qaida-Führer Osama bin Laden, der in Afghanistan unter dem Schutz der Taliban[222] stand. Nach der (vorsätzlichen) Zerstörung der Twin Towers am 11. September 2001 sollten die US-Regierung (2001–2009 George Bush-Administration) und ihre Verbündeten die seit 1996 herrschende Taliban-Regierung stürzen und Bodentruppen in Afghanistan bald stationieren. Daher traten sie in den Krieg ein, um die Terrororganisation Al-Qaida zu bekämpfen. US-Präsident George Bush sagte, er habe kurz nach Beginn der Anschläge bereits Wochen zuvor mehrere Anfragen an die Taliban-Führung gerichtet. Beides wurde nicht erfüllt, und nun mussten die Taliban die Konsequenzen tragen, und die USA und Großbritannien starteten daher die „permanente Freiheitsoperation" gegen das Taliban-Regime in Afghanistan. Zu diesem Zweck bildeten die Vereinigten Staaten ein Bündnis mit der Anti-Taliban-Koalition der Nordallianz, die am 7. Oktober 2001 mit Unterstützung der US-Luftwaffe Taliban-Stellungen in Afghanistan angriff. Viele Städte wurden aus der Luft angegriffen. Mit der Selbstverteidigungsklausel in den UN-Resolutionen 1368 und 1373 legitimierten sie ihre Angriffe (schamlos). Sie nannten den sogenannten Terroristenführer Osama bin Laden. Erinnern wir uns (siehe: Buch Masoni): Welchen anderen Bruder hatte Bush bei sich in der großen Loge **Hathor Pentalpha**, die von **George W. Bush** und seinen Mitmenschen gegründet wurde? Natürlich, Osama bin Laden

---

222 Die Taliban sind eine islamische fundamentalistische Bewegung mit bewaffneten Milizen in Afghanistan und Pakistan. Die meisten von ihnen stammen von Paschtunen, die in pakistanischen Koranschulen ausgebildet wurden. Der Name ist der Plural des Arabischen Wortes Talib, was „Student" oder „Sucher" bedeutet.

war es. Gerüchten zufolge lautet Osama bin Ladens Spitzname **Tim Osman** und er ist ein CIA-Agent.

Nach der massiven Zerstörung der Luftverteidigung der Taliban kündigten die USA an, dass sie sich darauf vorbereiten würden, das Netzwerk um den mutmaßlichen Terroristenführer Bin Laden mit alliierten Bodentruppen „langsam, aber sicher zu komprimieren". Infolgedessen gab Präsident Barack Obama am 2. Mai 2011 bekannt, dass Bin Laden offiziell bei einer gewalttätigen Schießerei auf seinem Anwesen in Abbottabad getötet worden sei. Diejenigen, die ihn getötet haben, das Team 6 der Navy SEALs, sind eine legendäre Spezialeinheit. In einem ausführlichen Untersuchungsbericht sprach The Times mit ehemaligen Militärangehörigen und stellte fest: Navy SEALs sind eine „globale Tötungsmaschine" seien. Sie haben kein Kontrollorgan über sie, werden die **Genfer Konvention**[223] nicht anerkennen und sich nicht um den Tod zahlreicher Zivilisten kümmern. Aber seltsamerweise äußerte dieses Team 6 seine Zweifel nach Bin Ladens Tod: Die Person, die sie töteten, war völlig wehrlos und unbewaffnet, dennoch töteten sie ihn. Außerdem sah diese Person überhaupt nicht wie Bin Laden aus, es war, als wäre er jünger und sein Bart wäre nicht so weiß. Was noch seltsamer ist, dass diese Agenten von Team 6 etwa drei Wochen später alle bei einem Hubschrauberabsturz ums Leben kamen.

Fakten über Afghanistan!

Der Bürgerkrieg zerstörte größere Fabriken und die übrige Industrie. Afghanistan war schon immer abhängig, Afghanistan als Staat ein Produkt des Imperialismus des 19. und 20. Jahrhunderts. Das Land, dessen natürliche Ressourcen durch die Politik der Großmächte begrenzt sind, war schon immer zu arm, um seine Bevölkerung zu ernähren, es war nicht in der

---

223 Das Büro des Hohen Kommissars für Menschenrechte hat seinen Hauptsitz in Genf und schützt und fördert die Menschenrechte weltweit.

Lage, einen darüber hinaus gehenden Staat zu finanzieren. Der Staat selbst wurde fast immer durch ausländische Mittel finanziert. Nach dem Abzug der Russen im Jahr 1989 herrschte im Land ein Bürgerkrieg – praktisch bis zum Aufstieg der Taliban im Jahr 1994. Die örtlichen Anführer der Mudschaheddin, die sich zuvor gegen die Russen zusammengeschlossen hatten, kämpften nun selbst um die Macht. Viele Afghanen glaubten, dass nach dem Abzug der Russen Frieden kommen würde. Doch nun befanden sie sich inmitten von Räubern, die die Beute an sich reißen wollten.

- Afghanistan ist ein Binnenstaat und war im Laufe der Geschichte immer wieder Gegenstand ausländischer Interventionen. Wer Afghanistan kontrolliert, kontrolliert die Pipelines und Energieressourcen. Es spielt eine wichtige Rolle bei der effizienten Verbindung von Regionen. Aus diesem Grund wollten die Großmächte ihre Hände nicht aus der Region zurückziehen. Warum gibt es in Afghanistan einen so langen Krieg, woher kommt diese Bedeutung?
- Afghanistan verfügt über bedeutende Mineralvorkommen und große Reserven an Kupfer, Kohle, Eisen, Gas, Kobalt, Quecksilber, Gold, Lithium und Thorium. Lithium ist ein wesentlicher Bestandteil der neuen Generation elektrischer Batterien. Diesbezüglich berichtete die New York Times: „So heißt es beispielsweise in einer internen Pentagon-Zeitung, dass Afghanistan das ‚Saudi-Arabien des Lithiums' sein könnte. Lithium ist ein wichtiger Rohstoff für die Herstellung von Batterien für Laptops und Smartphones." Die Ressourcen wurden von Pentagon-Beamten und einem kleinen Team amerikanischer Geologen entdeckt.
- Darüber hinaus unterstützten die USA die Taliban. Denn auch die amerikanische Außenpolitik zielte auf eine Befriedung des Landes ab. Die Planung einer Ölpipeline durch Afghanistan begann in den 1990er Jahren. Auch das amerikanische Konsortium UNOCAL führte hier Gespräche. In den 1990er Jahren erhielten hochrangige Taliban-Führer Einla-

dungen in die USA. Die Taliban-Armee finanzierte sich vor allem durch ausländische Waffenlieferungen aus Pakistan und Saudi-Arabien, Finanzhilfen der USA und Hilfen der „internationalen Staatengemeinschaft".

- **Auch die Ausweitung der Opiumproduktion war von entscheidender Bedeutung: Steuern auf Opiumexporte wurden zur Haupteinnahmequelle der Taliban und der Kriegswirtschaft.** Im Jahr 1995 schätzte UNODC[224], dass die Drogenexporte aus Pakistan und Afghanistan etwa 50 Milliarden Rupien (1,35 Milliarden US-Dollar) pro Jahr einbrachten. Im Jahr 2015 verdoppelte sich der Wert der Heroinexporte auf 3 Milliarden US-Dollar. Mit dem Drogengeld wurden Waffen, Munition und Treibstoff für den Krieg finanziert. Es wurden Nahrung und Kleidung der Soldaten, Gehälter, Transportmittel und kleine Prämien bezahlt, die die Taliban ihren Soldaten gaben. Der Großteil des Opiums stammt aus Afghanistan. Sie produzieren 70 % der Welternte. Afghanistan ist der größte Drogendealer der Welt: Viele verstehen nicht, wie diese kriminelle Welt funktioniert und glauben, dass wir in einer gerechten Welt leben. Leider haben viele noch nicht erkannt, dass Regierungen und Geheimdienste auf der ganzen Welt nicht für die Menschen arbeiten … sie dienen der kleinaristokratischen Elite!
- In der Region um das Kaspische Meer liegen vermutlich die größten Erdölvorkommen der Welt. Allerdings ist der Transport in den Westen mit einigen Schwierigkeiten verbunden. Die Straßen im Norden werden von Russland kontrolliert, im Westen ist der Iran, ein „Schurkenstaat", der den USA seit den 1980er Jahren feindlich gesinnt und selbst im Öl-

---

224 Das United Nations Office on Drugs and Crime (UNODC) ist ein Büro, das 1997 durch die Zusammenlegung des Internationalen Drogenkontrollprogramms der Vereinten Nationen (Undcp) und der Abteilungen für Verbrechensverhütung und Strafjustiz im Büro der Vereinten Nationen in Wien gegründet wurde.

geschäft verwickelt ist, und im Osten von China zu einem wichtigen Rivalen entwickelt. Somit blieb nur die Südroute durch Afghanistan übrig.

- „Bacha Bazi" ist ein weit verbreitetes Phänomen in Afghanistan, bei dem arme Jungen im Alter von 11 bis 13 Jahren ihren Eltern entrissen werden, um als Sexsklaven für wohlhabende Geschäftsleute und Kriegsherren zu dienen. Sie müssen lernen, wie Frauen zu tanzen, zu singen und sich zu kleiden. Eltern werden dafür bezahlt, dass sie ihren Sohn gehen lassen. Kinder, die versuchen, sexuellem Missbrauch zu entkommen, setzen ihr Leben aufs Spiel. Obwohl diese Praxis in Afghanistan offiziell gesetzlich verboten ist, wird sie nicht strafrechtlich verfolgt. Könnte es Sinn machen, dass einige europäische Politiker während der Afghanistan-Übungen oft dorthin gingen? Erinnern wir uns daran, dass der deutsche Journalist Udo Ulfkotte wahrscheinlich kurz vor seinem Tod daran hätte arbeiten wollen.

- In Afghanistan hat alles einen Wert, außer Menschenleben. Afghanistan hat ein ernstes Problem mit dem illegalen Nierenhandel. Das Gesundheitssystem des unter Krieg und Hunger leidenden Landes sei schlecht, hieß es in den Nachrichten der New York Times vom 6. Februar 2021. Weit verbreitete Armut und ein ehrgeiziges Privatkrankenhaus tragen dazu bei, einen illegalen Markt zu nähren – ein Tor zu neuem Elend für die Schwächsten des Landes. In dem Bericht sagten Beamte des Loqman-Hakim-Krankenhauses, das Krankenhaus habe in fünf Jahren mehr als 1.000 Nierentransplantationen durchgeführt, wobei Menschen aus ganz Afghanistan angereist seien, da die Kosten im Vergleich zum Rest der Welt weit niedriger wären. Das Problem besteht dem Bericht zufolge darin, dass die Organentnahme unregelmäßig erfolgt und Nierentransplantationsärzte nicht wissen, woher die Organe stammen. Das Gesundheitsministerium sagte, nur Mitglieder einer Familie seien für eine Organtransplantation berechtigt. In der westlichen Provinz Herat verkauften Hunderte arme und vertriebene Menschen ihre lebenswichtigen Organe für einen geringen Preis. Bestätigte Zahlen zeigen, dass in Herat in den letzten fünf Jahren mehr als 1.000 Nieren gehandelt wurden. Mehr als 100 dieser Menschen, die ihre Nieren verkauft haben, leben im Dorf Se Shanba Bazar, Distrikt Injil, Herat, und sind miteinander verwandt. Sie sagten, dass sie der Ausschreibung ihrer Organe aufgrund von Armut und Arbeitslosigkeit erlegen seien. Unter denen, die ihre Nieren verkaufen, sind auch einige Frauen und Kinder.

Golfkriege

Unter Golfkrieg versteht man Kriege zwischen und innerhalb der Anrainerstaaten des Persischen Golfs:
- Erster Golfkrieg, Krieg zwischen Irak und Iran von 1980 bis 1988
- Zweiter Golfkrieg (Erster Irak-Krieg), Krieg von 1990/91, der zwischen dem Irak und einer von den USA geführten Militärkoalition geführt wurde
- Dritter Golfkrieg (Zweiter Irak-Krieg), der 2003 zwischen einer von den USA geführten Militärkoalition und dem Irak ausgetragen wurde

Der Iran-Irak-Krieg, bekannt als Erster Golfkrieg: Die territorialen Streitigkeiten zwischen Iran und Irak über die rohstoffreiche Provinz Khuzestan veranlassen Irak zum Angriff gegen Iran. Zum anderen begünstigten religiöse Spannungen zwischen dem überwiegend sunnitischen Irak und dem Iran, wo der Schiismus Staatsreligion war. Der sinnlose Krieg dauerte bis 1988 und wurde durch eine UN-Resolution beendet. In diesem Krieg unterstützten die Regierungen westlicher Länder heimlich den irakischen Diktator Saddam Hussein. Waffen bekam er von überall, alle haben geliefert, Chemiewaffen bekam er sogar explizit aus den USA. Später, als die irakische Armee 1990 in Kuwait einmarschierte, gaben die Vereinigten Staaten und einige ihrer Verbündeten ihre eigene passende Antwort darauf, damit Saddam Hussein kein Freund mehr sein wird.

Zweiter Golfkrieg: Um diesen Krieg öffentlich zu legitimieren und das eigene Lager kriegsbereit zu machen, hat ihn die US-Regierung unter Präsident George Bush erfunden. Jetzt eine neue Sprachstrategie: Den Feind verteufeln. Der irakische Diktator und frühere Verbündete Saddam Hussein wurde nun so genannt. Präsident Bush selbst war Songwriter. In seiner Rede am 8. November 1990 sagte er, dass irakische Truppen für „schreckliche Taten der Barbarei, die nicht einmal Adolf Hitler begangen hat", in Kuwait verantwortlich seien. So war man weltweit erschüttert über den Vergleich zwischen Saddam und Hitler.

Brutkasten Lüge

Am 10. Oktober 1990 erschien ein junges kuwaitisches Mädchen vor dem Menschenrechtsausschuss des Kongresses in Washington und gab eine Erklärung ab. Das 15-jährige Mädchen wurde zum Schutz ihrer Familie als **Nayirah** vorgestellt. Das junge Mädchen, das vor etwa zwei Monaten als Praktikantin in der Al-Addan-Klinik in Kuwait arbeitete, erzählte unter Tränen, wie sie miterlebte, wie irakische Soldaten die neue Entbindungsstation überfielen und die Brutkästen zerstörten: „Wie irakische Soldaten 312 Frühgeborene wahllos auf den Boden warfen und sie sterben ließen." Obwohl es sich beim Menschenrechtsausschuss nicht um einen offiziellen Ausschuss handelte und es keinen Eid gab, sorgte Nayirahs Auftritt für großes Aufsehen. Dies berichtete Amnesty International am 19. Dezember 1990. US-Präsident George Bush soll diese Geschichte mindestens zehn Mal wiederholt haben – so dass die wiederholten Lügen einem fest im Kopf sitzen und niemand in Frage stellt, ob sie wahr sind. Der Krieg gegen den Irak, der in Kuwait einmarschierte und die Ölfelder beschlagnahmte, wurde im Januar 1991 dem UN-Sicherheitsrat vorgelegt und vom Kongress genehmigt. Was Nayirah betrifft: Sie verfügte über ein meisterhaftes Theatertalent, jedes Wort ihrer Erzählung war eine Lüge. Tatsächlich war Nayirah die Tochter von Saud Nasir al-Sabah, dem US-Botschafter in Kuwait, der ein Mitglied der königlichen Familie war, und nie in diesem Krankenhaus gewesen war und nie als Praktikantin gearbeitet hatte. Die gesamte Geschichte wurde von **Hill & Knowlton**[225] geschrieben und umgesetzt, die damals angeblich größte PR-Agentur der Welt und von der kuwaitischen Exilregierung für 10,8 Millionen US-Dollar beauftragt wurde, die öffentliche Meinung in den Krieg einzubeziehen. Obwohl sich diese Lüge seitdem in das Gedächtnis mancher eingeprägt hat, verschwand sie mit der Zeit aus Vergesslichkeit der Mehrheit. **Wenn wir diese Lügen aus dem Blickfeld verlieren, werden sie weiterhin im gleichen Tempo wiederholt!**

Irak-Krieg 2003 (Dritter Golfkrieg)

Als Rechtfertigung für den Krieg im Irak im Jahr 2003 sahen die Regierungen der USA und des Vereinigten Königreichs von der Bush-Regierung militärische Reaktionen auf den Terroranschlag auf das World Trade Center am 11. September 2001 (der „Krieg gegen den Terror"). Nach Afghanistan kam er in den Irak. Einerseits gaben sie an, dass eine enge Verbindung zum Al-Qaida-Terrornetzwerk bestehe, das die Terroranschläge initiiert habe, andererseits stellten die zunehmenden Massenvernichtungswaffen des Irak, insbesondere Biowaffen, eine Bedrohung dar.

„Die Massenvernichtungswaffen lügen!"

Im Februar 2003 legte US-Außenminister Colin Powell dem UN-Sicherheitsrat Beweise für angebliche Laboratorien für biologische und chemische Waffen im Irak vor, die er mit detaillierten Computerillustrationen untermauerte. Es wurde behauptet, der Irak habe eine Flotte von (mobilen) Lastwagen in Labora-

---

225 **Hill & Knowlton** ist eine **PR-Agentur** mit Sitz in New York City. Sie wurde 1927 von John W. Hill in Cleveland gegründet. Das Unternehmen verfügt über 88 Niederlassungen in 49 Ländern und ist Teil der WPP-Gruppe (dem weltweit größten Medien- und Kommunikationsunternehmen).

torien für chemische und biologische Waffen umgebaut. Alles wurde im Voraus durchdacht und geplant. Die Regierung von US-Präsident George Bush wollte diesen Krieg. Vermutlich war die Grundlage für diese rechtswidrige Invasion der Vereinigten Staaten bereits vor dem 11. September 2001 geplant (Zerstörung der Twin Towers). Deutschland hatte angeblich die Unterstützung der USA abgelehnt. Gerhard Schröder, der damalige Ministerpräsidentenkandidat, gewann sogar die Bundestagswahl 2002 mit seinem „Nein zum Irak-Krieg". Doch wie im Krieg 1988 half er -zumindest indirekt-. Dies sollte uns nicht überraschen, denn seit Jahren werden dieselben Spiele und Lügen weltweit gespielt. Was der Presse verkündet wird, hat wenig mit der Realität zu tun; es werden unterschiedliche Dinge erzählt und unterschiedliche Dinge getan. Oder sie unterstützen jemanden, solange es für sie funktioniert, und wenn es nicht funktioniert, wird beschlossen, er für sie einwandfrei funktioniert und wenn er nicht mehr gebraucht wird, wird er weggeschoben und entsorgt. Genau das war hier der Fall. Die damalige amerikanische Regierung scheute keine Hilfe im Iran-Irak-Krieg, doch später wurde beschlossen, Saddam Hussein zu eliminieren, wobei seine brutale Diktatur als Rechtfertigung diente. Es wurden sogar Vergleiche mit „**Hitler des Ostens**" angestellt, um der Welt zu zeigen, wie gefährlich Saddam Hussein war. Dadurch verbreitete sich erfolgreich die Behauptung, Saddam Hussein besitze Massenvernichtungswaffen und sei somit eine Bedrohung für die ganze Welt. Später stellte sich diese Behauptung als kriegsorientierte Lüge heraus[226]. Es dauerte fast drei Wochen, bis die USA im Irak einmarschierten, nachdem der Abriss der Statue von Saddam Hussein in Bagdad auf Millionen von Bildschirmen auf der ganzen Welt gezeigt wurde. Dieses Bild vom 9. April 2003 ist in das kollektive Gedächtnis der Menschheit eingegangen. Viele Jahre später gibt es immer noch viele unbe-

---

226 https://www.dw.com/de/irak-krieg-am-anfang-stand-die-l%C
3%BCge/a-43279424

antwortete Fragen. So ist beispielsweise unklar, wie viele Menschen durch den Irak-Krieg und das daraus resultierende Chaos unter der Bevölkerung ums Leben kamen. Die meisten Schätzungen reichen von 150.000 bis zu einer halben Million Toten. Einige seriöse Studien kommen sogar auf weitaus höhere Zahlen: Die renommierte medizinische Fachzeitschrift „**Lancet**" bezifferte die Zahl der „zusätzlichen Todesfälle" im Jahr 2006 auf mehr als 650.000. Neben der offenen Gewalt wurden auch die Folgen zerbombter Infrastruktur und zerstörter Gesundheitsdienste berücksichtigt. Sicher ist jedoch, dass die Rechtfertigung dieser bewaffneten Bewegung auf Lügen beruht. Es weiteres Bild der gemeinsamen Erinnerung an den Irak-Krieg ist US-Außenminister **Colin Powells** Rede vor dem UN-Sicherheitsrat am 5. Februar 2003, sechs Wochen vor Kriegsbeginn. Powell forderte die Weltöffentlichkeit 76 Minuten lang auf, den Krieg zu unterstützen. Er betonte, dass Saddam Hussein über biologische und chemische Massenvernichtungswaffen verfüge. Sein Regime hätte den internationalen Terrorismus unterstützt und darauf abzielen sollen, Atomwaffen herzustellen. Mit überzeugenden Erklärungen aus der ganzen Weltöffentlichkeit wurde argumentiert, dass es sich bei diesem Angriff um eine rechtliche Verteidigung handelte, und sie führten ihn daher wie geplant durch. Dieser illegale blutige Angriff auf das irakische Volk, der vor den Augen der ganzen Welt stattfand, wurde als legal dargestellt, und das reichte nicht aus, es wurde versucht, einige Morde an Zivilisten zu verbergen.

Einige von ihnen, die bekannt waren, wie folgt:
- **Der Folterskandal von Abu Ghuraib** (auch bekannt als Abu Graib oder Abu Ghraib) war ein Foltervorfall, der während der US-Invasion im Irak weltweit für Aufruhr sorgte. Irakische Gefangene im Gefängnis Abu Ghuraib wurden von Wärtern misshandelt, vergewaltigt und gefoltert, oft bis zum Tod. Ein General sagte später, dass die meisten Gefangenen „unschuldige Menschen zur falschen Zeit am falschen Ort" seien. Der Skandal wurde durch die Veröffentlichung von

Foto- und Videobeweisen durch die Presse aufgedeckt. Einige dieser Bilder wurden im Mai 2004 und einige im Februar und März 2006 veröffentlicht. Der Anführer dieses Unternehmens war Charles Graner (oder das Opfer). Er wurde von einem US-Militärgericht zu zehn Jahren Gefängnis verurteilt und sechseinhalb Jahre später (wie immer) wegen guten Benehmens freigelassen.

- **Verstoß gegen erlaubte Gewalt bei der Operation „Iron Triangle"**: Die Tötung von vier unbewaffneten Irakern durch US-Militärangehörige auf der Grundlage des Befehls der Einsatzleitung: „Tötet alles, was sich bewegt."
- **Die Morde am Bagdad-Kanal** ereigneten sich im Frühjahr 2007 entlang eines abgelegenen Kanals südlich von Bagdad, wo ungeprüfte Hinrichtungen zuvor gefangener irakischer Rebellen durch US-Angehörige stattfanden.
- **Beim Mahmudiyya-Massaker** im Jahr 2006 wurden irakische Zivilisten von amerikanischen Soldaten getötet, vergewaltigt und hingerichtet. Am 15. März 2006 wurden elf irakische Zivilisten von den US-Behörden mit Handschellen gefesselt und hingerichtet (Ishaki-Vorfall). Fünf der Zivilisten waren jünger als sechs Jahre, vier der anderen sechs waren Frauen und einer war 75 Jahre alt.

Der heute geschätzte Historiker Daniele Ganser[227]: „Während der Kriegsvorbereitungen gegen den Irak in den Jahren 2002 und 2003 hieß es, dass Saddam Hussein über biologische Waffen verfügte, dass es einen Zusammenhang zwischen dem Irak und dem Anschlag vom 11. September und Al-Qaida-Terroristen gab. Doch nichts davon stimmte. Mit Lügen wurde der

---

227 Daniele Ganser ist ein Schweizer Historiker und Schriftsteller. Er ist vor allem für seine 2005 veröffentlichte Dissertation über die Geheimarmeen der NATO in Europa bekannt. Seitdem veröffentlicht Ganser über die militärischen Aktionen der NATO-Staaten, die seiner Meinung nach gegen das Völkerrecht verstoßen, und über den globalen Ölfördergipfel.

ganzen Welt weisgemacht, dass Muslime überall Terrorismus verbreiteten und dass dieser Krieg notwendig sei, um Terrorismus zu verhindern. Aber der Hauptgrund für den Krieg war die Kontrolle der Energieressourcen. Aus geologischen Gründen konzentrieren sich Gas und der Ölreichtum in muslimischen Ländern. Wer dies an sich reißen will, versteckt sich hinter solchen Manipulationen.

Man kann der Welt nicht sagen, dass es nicht mehr annähernd genug Öl gibt, weil das weltweite „Peak Oil"-Produktionsmaximum wahrscheinlich vor 2020 erreicht wird und daher irakisches Öl gestohlen werden muss. Die Leute sagen, dass Kinder nicht wegen Öl getötet werden dürfen, und sie haben recht. Man kann nicht sagen, dass es unter dem Kaspischen Meer riesige Reserven gibt und dass man dafür eine Pipeline in den Indischen Ozean bauen will. Es kann auch nicht gesagt werden, dass wir uns vom Kaspischen Meer nach Osten bewegen und Turkmenistan und Afghanistan kontrollieren müssen, weil wir die Pipeline nicht durch den Iran im Süden und Russland im Norden führen können. Deshalb sollten Muslime als Terroristen bezeichnet werden. Das sind große Lügen, aber wenn tausende Male wiederholt wird, dass Muslime Terroristen sind, beginnen die Menschen das schließlich zu glauben und zu denken, dass diese Kriege gegen Muslime von Vorteil sein werden. Sie beginnen auch zu vergessen, dass es viele Formen des Terrorismus gibt und dass Gewalt nicht unbedingt eine muslimische Spezialität ist.

Nobelpreisträger Harold Pinter[228] erwähnte, dass die USA überall auf der Welt ständig Verbrechen begehen und sagte: **„Die Invasion im Irak war das „Werk der Gangster"**. (8. Dezember 2005)

---

228 Harold Pinter ist ein britischer Dramatiker und Regisseur. Er schrieb für Theater, Radio, Fernsehen und Kino. Viele seiner frühen Werke gelten als Theater des Absurden. Im Jahr 2005 wurde ihm der Nobelpreis für Literatur verliehen.

Ukraine-Krieg

Das russische Außenministerium hielt eine Präsentation, in der die Ereignisse in der Ukraine und im Donbass vom Kiewer Putsch im Frühjahr 2014 bis Februar 2022 zusammengefasst wurden. In diesem Vortrag erläutert man nacheinander die Gründe für die russische Sondermilitäroperation in der Ukraine. Nach dem blutigen Putsch in der Ukraine im Jahr 2014, der von westlichen Staaten provoziert und aktiv unterstützt wurde, folgte der Konflikt im Donbass, der im Frühjahr 2022 erneut aufflammte. Mit dem Zerfall der ukrainischen Gesellschaft und Politik in den letzten acht Jahren infolge der Ausbreitung von Gesetzlosigkeit und Ultranationalismus auf den Rest des Landes hat sich das Land eindeutig in einen unmenschlichen, inkonsistenten und machtlosen Staat verwandelt, den die NATO sicherlich an sich reißen wollte.

Es ist wichtig, dass einige Fakten ans Licht kommen, da aktiv versucht wird, die tatsächliche Situation im Land hinter falschen Anschuldigungen zu verbergen. Hier beginnt die 46-seitige Präsentation des russischen Außenministeriums. Darin heißt es in russischer und englischer Sprache, dass die Ukraine ein gescheiterter Staat sei, der seit dem **Euro-Maidan**[229] **2014** völlig unmenschlich regiert werde und ein Sicherheitsrisiko für Russland (und ganz Europa) darstelle. Hier wird in verschiedenen Dimensionen diskutiert. Es geht um die herausragende Rolle der Neonazis in der Ukraine und andere Formen des Putsches, gefolgt von den hohen Aufgaben, die Neonazis im Staats- und Sicherheitsapparat und in der ukrainischen Armee übernehmen. Der Bericht fasst auch die Integration aller Neonazi-paramilitä-

---

229 Ende November 2013 und im Februar 2014 gingen Hunderttausende Menschen auf die Straße. Auf Euro-Majdan, die größte Massenbewegung von Zivilisten in Europa, reagierte die Staatsmacht mit einem brutalen Einsatz der Polizei, und die zunächst friedlichen Demonstrationen wurden später radikal.

rischen Einheiten in den Sicherheitsapparat des Landes zusammen. (Es ist nicht verwunderlich, dass diese Neonazis in vielen Ländern auftauchen, zum Beispiel in Griechenland, da sie in der tiefen Staatsszene zu den beliebtesten und beeindruckendsten Figuren gehören, die immer wieder präsentiert werden.)

Bereits 1997 schrieb der Geostratege **Zbigniew Brzezinski**[230]: „Die Ukraine, ein neues und wichtiges Gebiet auf dem eurasischen Schachbrett, ist ein geopolitischer Eckpfeiler, weil ihre Existenz als unabhängiger Staat zur Transformation Russlands beiträgt. Ohne die Ukraine ist Russland kein eurasisches Reich mehr. (…) Wenn Moskau jedoch die Kontrolle über die Ukraine zurückgewinnt, die über eine Bevölkerung von 52 Millionen, wichtige Bodenschätze und Zugang zum Schwarzen Meer verfügt, erhält Russland automatisch die Mittel, ein mächtiges Imperium zu werden, das Europa und Asien umspannt."[231]

Weitere dunkle Fakten über die Ukraine

• **Fruchtbare Böden:** Ein Land, das sowohl sehr reich als auch sehr arm ist. Es ist reich, weil sein Boden viele Metalle enthält – 5 % der weltweiten Eisenerzvorkommen, aber auch Bauxit, Blei, Chrom, Gold, Uran, Zink und mehr. Auch auf dem Schelf des Schwarzen Meeres wurden Öl- und Gasvorkommen entdeckt. Die Ukraine produziert 60 Millionen Tonnen Getreide pro Jahr. Damit liegt es weltweit auf Platz 7. Kein Wunder, denn im Land gibt es jede Menge wertvolle Schwarzerde, den fruchtbarsten Boden, den man von Natur aus nur in Steppenregionen mit heißen Sommern und kalten Wintern findet. Kein anderes Land der Welt hat einen so hohen Anteil an Schwarzerde – 56 % der Landesfläche!

---

230 Er war ein polnisch-amerikanischer Politikwissenschaftler und Politikberater und ein hochrangiger Freimaurer.
231 https://www.zeitenschrift.com/artikel/zankapfel-ukraine-was-wirklich-geschieht

- **Will die NATO Russland umzingeln?** Nach dem Zusammenbruch des Kommunismus zu Beginn der 1990er Jahre, nach der Auflösung der Union der Sozialistischen Sowjetrepubliken, endete der Kalte Krieg und in gewisser Weise begann der Prozess der Trennung einiger Länder von Russland in Europa. Eigentlich gab es keinen Grund mehr für die NATO zu bestehen, weil sie nur zum Schutz vor den Gefahren des Ostblocks errichtet worden war, aber es war klar, dass sie die ehemaligen Staaten des Warschauer Pakts allmählich erobern wollte, anstatt sich aufzulösen. Der damalige US-Präsident Bill Clinton trat 1994 in Aktion, ein williger Diener mächtiger amerikanischer Rüstungskonzerne. Ohne Krieg gäbe es also keinen Profit und keine Macht. Die Erweiterung der NATO nach Osten, Panzer, Munition, Waffen, Vorräte usw. hat dazu geführt, dass seine Verkäufe wieder stiegen (vergessen wir nicht, dass Kriege und Konflikte immer eine Frage des Profits waren). Dutzende ehemals kommunistische Länder sind seit dem Ende des Warschauer Paktes der NATO beigetreten (Polen, Tschechien und Ungarn im Jahr 1999; 2004 Bulgarien, Estland, Lettland, Litauen, Rumänien, Slowakei und Slowenien und schließlich 2009 Albanien und Kroatien). Und im Laufe der Zeit wurde Russland zunehmend von der alten (wieder) feindlichen Militärallianz belagert. Eines der in der NATO fehlenden Länder war die Ukraine. Letztere musste sich 2013 entscheiden, ob sie ein Assoziierungsabkommen mit der Europäischen Union unterzeichnet oder der Eurasischen Zollunion unter der Führung Russlands beitritt. Nach dem verlockenden wirtschaftlichen Angebot Russlands kündigte **Janukowitsch** (abgesetzter und ermordeter Präsident) den EU-Ministern im November 2013 an, dass die Ukraine die Verhandlungen über das EU-Assoziierungsabkommen verschieben und der Eurasischen Zollunion beitreten werde. Wie vorherzusehen war, musste er verschwinden (einige Politiker um ihn herum und Janukowitschs Sohn wurden getötet, angeblich durch Unfall).

- **Biolabore in der Ukraine:** Seit Beginn des Russland-Ukraine-Konflikts am 24. Februar sind viele Themen in den Vordergrund gerückt. Eines davon waren die von den USA kontrollierten biologischen Labore in der Ukraine, die die Aufmerksamkeit von Internetnutzern in Russland, den USA und China erregten. Amerika hat mehr als 2 Milliarden Dollar zur Finanzierung geheimer biologischer Labore in der Ukraine bereitgestellt. Und die ukrainischen Behörden verheimlichen hartnäckig die Existenz dieser Labore. Das verunsichert die Menschen. Vor ein paar Jahren fragte die serbische **Zeitung „Pechat"** einen Artikel mit dem Titel: **„Warum verwandeln die USA die Ukraine in eine biologische Bombe?"** Sie berichtete über Laboratorien, die in den Jahren 2014 – 2017 in der Ukraine eingerichtet wurden. Es scheint, dass dort nur Amerikaner arbeiten und das Pentagon sie finanziert. Dem offiziellen Dokument zufolge untersuchen US-Militärärzte Krankheitserreger, die in verschiedenen Teilen der Ukraine besonders gefährliche Infektionen verursachen. Diese Behauptung wird durch Epidemien gefährlicher Infektionskrankheiten bestätigt. Im Jahr 2009 erkrankten in Ternopil 450 Ukrainer an einer hämorrhagischen Lungenentzündung. Die hämorrhagische oder viral-bakterielle Pneumonie ist eine akute Infektionskrankheit. Hunderte (bekannte) Menschen, die in der Nähe dieser Labore lebten, erkrankten aus unbekannten Gründen. Welche Experimente werden in der Ukraine durchgeführt und welche tödlichen Viren werden dort getestet? Die Firma **Black & Individ** ist der Gründer geheimer US-amerikanischer Biolabore in der Ukraine. Im Gegenzug unterzeichnete Black & Individ einen Vertrag über 970 Millionen US-Dollar mit der US Defense Threat Mitigation Agency des US-Verteidigungsministeriums. Es wurden Informationen über die Aktivitäten der US-amerikanischen Biowaffenlabore in der Ukraine und Dokumente zur Vorbereitung eines Biowaffenangriffs auf den Donbass in Russland veröffentlicht.

Auf einer Pressekonferenz sprach der Sprecher des chinesischen Außenministeriums über 26 biologische Laboratorien und andere damit verbundene Einrichtungen in der Ukraine, die unter der absoluten Kontrolle des US-Verteidigungsministeriums stehen, sowie über 336 US-amerikanische biologische Laboratorien weltweit (in 30 Ländern). Er wurde gefragt: „**Was ist der wahre Zweck der USA?**"

Aus öffentlichen Dokumenten geht eindeutig hervor, dass das US-Verteidigungsministerium Millionen von Dollar in mindestens 13 biologische Laboratorien (nach Angaben einiger 20 bis 46) in der Ukraine investiert hat. Einige internationale Experten sagten, dass der Hauptzweck der Zusammenarbeit zwischen den USA und der Ukraine darin besteht, sicherzustellen, dass die Ukraine die Verantwortung für alle Sicherheitsunfälle in den Labors übernimmt. **Anatoly Zyganok**, Mitglied der Russischen Militärakademie der Wissenschaften und außerordentlicher Professor an der Fakultät für Weltpolitik der Moskauer Lomonossow-Universität, sagte gegenüber Global Times, dass die Vereinigten Staaten zuvor die Erprobung biologischer Waffen auf ihrem Territorium verboten und sich daher für andere Länder als Teststandorte ihres potenziellen biologischen Arsenals entschieden hätten Es scheint, dass sich sogenannte Verschwörungstheorien immer mehr bestätigen. Brauchen wir vielleicht mehr Verschwörungstheorien, um weiterzuschlafen? **Elon Musk** wollte das ebenfalls wissen, und so stellte er seinen scherzhaften Spruch, den er am 9. März 2023 in Twitter veröffentlichte: „D**ie Verschwörungstheorien, die wahr werden, gehen aus, die Regale sind fast leer! Kann jemand noch ein paar mehr machen?**"

- **Organhandel:** Beweise für diesen Handel, der seit langem geheim ist, aber auf einigen Kanälen auf der Tagesordnung steht, stammen aus einigen E-Mails. Nach Angaben des ehemaligen Anwalts von Julia Timoschenko (Politikerin), Sergey Vlasenko, und des E-Mail-Verkehrs eines deutschen Arztes war Vlasenko ein Vermittler, der technische Geräte für den

Organhandel handelte. Neben Kriegsopfern in der Ukraine konnten auch Personen, die im Süden und Osten der Ukraine festgenommen wurden, verschwinden. In Kiew fand ein „Witwenprotest" statt, an dem Angehörige der vermissten und getöteten Soldaten der ukrainischen Armee (Ehefrauen, Mütter) teilnahmen, die Männer waren verschwunden, es gab keine Leichen. Nach ukrainischem Recht hat jede Person, die volljährig ist, das Recht, gegen die Organentnahme Einspruch einzulegen, aber die Beschwerde muss persönlich eingereicht werden. Andernfalls ist es nach dem Tod erlaubt, die Gewebe (Organe) der Verstorbenen zu Transplantationszwecken zu entfernen. Menschen werden vom Gesundheitsministerium für tot erklärt, nachdem ein Hirntod festgestellt wurde (diejenigen, die im Koma liegen, sonst werden den Toten keine Organe entnommen). Auch dies könnte vom Selenskyj-Regime legalisiert werden (er war Fernsehkomiker, bevor er Präsident wurde) und Organe können von noch lebenden Menschen gekauft und verkauft werden. Anschließend würden die Leichen in mobilen (fahrenden) Krematorien entsorgt, heißt es.

- **Söldner:** Dieses Söldnerproblem gibt es schon lange, insbesondere seit dem Ende des Kalten Krieges ist die Zahl solcher Unternehmen und der Umfang ihrer Aktivitäten deutlich gestiegen. Im Jahr 2010 gab es mehr als 260.000 Angestellte privater Militär- und Sicherheitsunternehmen, darunter auch **Blackwater**[232]. **Sie arbeiten brutaler und rücksichtsloser als normale Soldaten, was bedeutet, dass sie komplette Tötungsmaschinen sind (ein angeheuerter Soldat verdient bis zu 800 Dollar pro Tag). Sie haben für US-Regierungsbehörden in Afghanistan und im Irak**

---

232 Das größte private Sicherheits- und Militärunternehmen in den USA wurde bis 2007 offiziell betrieben. Das Unternehmen heißt jetzt Academi und ist eines der weltweit größten Militärdienst- und Sicherheitsunternehmen.

gearbeitet und setzen nun ihre Einsätze in der Ukraine fort. Vielleicht beschreibt dies diese brutale Form des Terrors, zu der der Westen schweigt, einschließlich der Verfolgung und Tötung russischer Zivilisten, Antikriegskämpfer[233], die in der Ukraine leben. Hunderte Ausländer, die sich gegen Geld aktiv am Krieg gegen Russland beteiligten, gaben ihr Leben für Geld. Russische Geheimdienste schätzen, dass insgesamt 7.300 „Legionäre" bei den ukrainischen Streitkräften im Einsatz sind – eine beachtliche Zahl (2022), wenn man die verbleibende Gesamtstärke von vielleicht 120.000 Soldaten bedenkt.

Henry Kissinger sagte einmal: „Soldaten sind naive, dumme Tiere, die wir als Bauer (Schachfiguren) **in der Außenpolitik nutzen."** Es ist wahrscheinlich, dass Kissinger sich mit dieser Formulierung speziell auf Söldner bezieht, weil die anderen schließlich denken, sie würden ihr Land schützen.

Der vom renommierten Regisseur **Oliver Stone** produzierte Dokumentarfilm „Ukraine on Fire" erzählt die Hintergründe der Maidan-Proteste in der Ukraine zwischen 2013 und 2014 gegen die Regierung von Viktor Janukowitsch. Oliver Stone interviewt Wladimir Putin und andere. Die Hauptthese des Films ist, dass das Ereignis, das zu Janukowitschs Flucht im Jahr 2014 führte, ein von der CIA gesteuerter Putsch war. Die englische Version des Films wurde nach seiner Veröffentlichung im Jahr 2016 mehrere Jahre lang weder in den Kinos noch im Fernsehen gezeigt. Ich denke, es besteht kein Grund zu fragen, warum. Ist es klar?

---

233 https://michael-mannheimer.net/2022/03/05/test-ukraine-der-vom-westen-totgeschwiegene-taegliche-und-bestialische-terror-einschliesslich-massenmord-an-in-der-ukraine-lebenden-russen

WELTPOLIZEI USA

Die Menschheitsgeschichte ist mit Blut geschrieben, besonders die amerikanische Geschichte. Kein anderes Land der Welt hat so viel Blut an den Händen wie die USA. In mehreren Konflikten seit 1945 hat das US-Regime Millionen Menschen (militärisch oder zivil) für seine eigenen geopolitischen Zwecke getötet, töten lassen und wichtige Lebensgrundlagen der Menschen zerstört. Betrachtet man allein die Zeit nach dem Ende des Zweiten Weltkriegs, so erlebte die Welt in diesem Zeitraum insgesamt 248 bewaffnete Konflikte. 201 (81 %) davon wurden unter aktiver Beteiligung der USA realisiert. Darüber hinaus wurden in diesen Konflikten und Kriegen mehr als 30 Millionen Menschen – 90 % davon unschuldige Zivilisten – vom US-Militär getötet. Aber ihre Truppen und Streitkräfte erlitten kaum Schaden. Dass sich dieses Land als „das führende Land der westlichen Welt" und „die Weltpolizei" präsentiert, sollte uns zum Nachdenken bringen. Weil wir unweigerlich in diesen blutigen Mechanismus des militärisch-industriellen Komplexes hineingezogen und dadurch zum feindlichen Ziel für diejenigen werden, gegen die die USA Terror und Gewalt anwenden. Während sich die USA als Hüter des Weltfriedens und der Demokratie sehen, sind sie in Wirklichkeit zur größten Bedrohung für den Weltfrieden geworden.

Der US-Politikwissenschaftler **John Tirman** vom **Massachusetts Institute of Technology** (MIT) legt gegen sein Heimatland ein hartes Comeback hin. Das Institut gilt als eine der weltweit führenden Eliteuniversitäten und belegt in internationalen Vergleichen regelmäßig Spitzenplätze. In einem Meinungsbeitrag für die **Washington Post** untersucht Tirman, warum die Vereinigten Staaten den zivilen Opfern in Kriegen kaum Aufmerksamkeit schenken. Dennoch haben große amerikanische Interventionen seit dem Zweiten Weltkrieg zu „gewaltigem Blutvergießen" geführt. Optimistische Schätzungen gehen davon aus, dass mindestens 6 Millionen Zivilisten und Soldaten starben.

„Unsere Unwissenheit hat mehr mit Gewohnheit als mit Zufall zu tun", schreibt John Tirman, der ein Buch zu diesem Thema geschrieben hat: „The Deaths of Others: The Fate of Civilians of America's Wars". Der Autor sagt: „Amerikaner sehen sich bei Naturkatastrophen, wie bei der Tsunami-Katastrophe in Asien 2004 oder dem Erdbeben in Haiti, als großzügig und wohlwollend, und das sind sie oft: Aber wenn es um unsere Kriege in Übersee geht, geht es nur um das Schicksal der US-Streitkräfte auf Leben und Tod." sagt er. [234]

Was passiert also mit den Zivilisten, die in diesen Ländern leben?

Kriegsverbrechen der Vereinigten Staaten – Wikipedia[235]
Auf der berühmten Seite Wikipedia stehen die folgenden Zeilen (letzte Aktualisierung der Seite am 11. März 2023 um 13:53 Uhr), was überraschend ist, da solche Informationen bisher nicht oft veröffentlicht wurden. Zu den Kriegsverbrechen der Vereinigten Staaten zählen alle Verstöße gegen das Internationale Kriegsrecht durch Angehörige der Streitkräfte der Vereinigten Staaten oder des US-amerikanischen Auslandsgeheimdienstes nach der Unterzeichnung des Haager Abkommens von 1907 und der Genfer Konventionen von 1949. Dazu gehört die Hinrichtung von Kriegsgefangenen, die Misshandlung von Gefangenen während der Verhöre, Folter und die Anwendung von Gewalt gegen Zivilisten. Von den Vereinigten Staaten begangene Kriegsverbrechen können dort nicht verhandelt wer-

---

234 https://michael-mannheimer.net/2019/01/22/6-millionen-tote-40-jahre-kriegsverbrechen-der-usa/
235 https://de.wikipedia.org/wiki/Kriegsverbrechen_der_Vereinigten_Staaten

den, da die Vereinigten Staaten die Statuten von Rom[236] durch den Internationalen Strafgerichtshof nicht ratifiziert haben. Obwohl die Vereinigten Staaten nicht Mitglied des IGH sind, können ihre Bürger strafrechtlich verfolgt werden, wenn sie in einem Mitgliedstaat des Strafgerichtshofs eine Straftat begehen. Die Ablehnung des Internationalen Strafgerichtshofs durch die US-Regierungen ist auf ihr großes Engagement für globale Sicherheitsfragen zurückzuführen. Aus diesem Grund werden Amerikaner immer mit Anklagen konfrontiert, im Gegensatz zu Ländern, die sich nicht zu internationalen Verpflichtungen verpflichten und daher kaum Risiken eingehen. Kriegsverbrechen, die gegen die Streitkräfte und Zivilisten innerhalb oder außerhalb der Vereinigten Staaten begangen werden, können nach dem War Crimes Act von 1996 strafrechtlich verfolgt werden.

Schaffen die USA zuerst blutrünstige Banden und bekämpfen sie dann?

Man muss sich die Frage stellen: Hat das US-Regime/die CIA Terrororganisationen wie Al-Qaida und ISIS geschaffen, um sie gegen unliebsame Regierungen einzusetzen? Es ist kein Geheimnis mehr. Es ist keine Verschwörungstheorie mehr. 2010 wurde es von **Hillary Clinton** selbst als US-Außenministerin bestätigt. Clinton bekräftigte, dass die USA Bin Laden aktiv unterstützen. Al-Qaida, Bin Ladens Organisation, wurde in den 1980er Jahren gegründet, um die von der Sowjetunion

---

236 Das Römische Statut des Internationalen Strafgerichtshofs bildet die vertragliche Grundlage des Internationalen Strafgerichtshofs mit Sitz in Den Haag. Durch dieses Gesetz wurde der Internationale Strafgerichtshof (das Gericht) errichtet. Der Gerichtshof ist eine ständige Einrichtung und hat die Gerichtsbarkeit über Personen, die sehr schwere Verbrechen begangen haben, die für die internationale Gemeinschaft von großer Bedeutung sind und in diesem Statut erwähnt werden, und ergänzt die nationale Gerichtsbarkeit der Staaten. Die Zuständigkeit und Aufgaben des Gerichts richten sich nach den Bestimmungen dieser Satzung.

unterstützte sozialistische Regierung in Afghanistan zu stürzen. Sogar die afghanischen Mudschaheddin wurden im Weißen Haus von **Präsident Reagan** (1981–1989) fast als Helden empfangen. Aber wenn sie damit fertig sind, versuchen sie, sie zu zerstören. So entstand der IS, in Wirklichkeit war er nichts anderes als eine Erweiterung von Al-Qaida im Nahen Osten. Er wurde von der CIA entworfen, um Gaddafi und Assad zu stürzen. Hillary Clintons E-Mails, die von Wikileaks veröffentlicht wurden, deuten darauf hin, dass Waffenlieferungen an den IS genehmigt wurden. Von den 30.000 E-Mails gibt es nur 1.700, die sich auf dieses Thema beziehen. Am 4. Februar 2015 bestätigte **George Friedman**, Gründer und Vorsitzender von Stratfor (Strategic Forecasting Inc.), einem führenden privaten US-amerikanischen Think Tank, dass die USA seit mehr als 100 Jahren die deutsch-russische Zusammenarbeit blockieren wollen. Bis zum Krieg wurden alle Mittel verwendet, um dies zu tun, einschließlich vorsätzlicher Lügen.

Der ehemalige CIA-Offizier **John Stockwell** leitete die verdeckten Operationen der CIA in Vietnam und Angola (1975), trat 1988 von der CIA zurück und enthüllte erstaunliche Dinge über CIA-Praktiken. Was Aufmerksamkeit erregte, war Folgendes: „Ich glaube, dass ich Mitte der 1980er Jahre die Anerkennung des Dritten Weltkriegs verstanden habe, denn dank meiner Forschung begann ich zu glauben, dass wir mit unseren CIA-Operationen nicht die UdSSR angreifen, sondern Menschen in der Dritten Welt.“[237]

CIA[238]

Ein Zitat des ehemaligen CIA-Chefs **Casey**: „**Wir werden wissen, dass unser Desinformationsprogramm abgeschlos-**

237 https://archive.org/details/AJohnStockwellExCIAAgentUberOperationGegenLanderDer3tenWelt
238 https://www.sott.net/article/373570-CIA-The-largest-criminal-organization-in-the-world?ysclid=lh6tmgon2w16286735

sen ist, wenn alles, was die amerikanische Öffentlichkeit glaubt, falsch ist."[239]

Offenbar scheint die CIA die größte Bedrohung für den Weltfrieden zu sein. Kann es sich direkt oder indirekt um eine Terrororganisation handeln, die alle anderen Terrororganisationen gegründet hat? Gleichzeitig heißt es auf vielen Kanälen, die wichtigste und zentralste Organisationsmacht des internationalen Drogenhandels sei die CIA, der wichtigste Geheimdienst der US-Regierung.

Verbindungen zwischen amerikanischem Geheimdienst und organisierter Kriminalität: Es begann während des Zweiten Weltkriegs, zur Zeit des **OSS** (ein Vorgänger der CIA im Zweiten Weltkrieg war das Office of Strategic Services), bevor die CIA gegründet wurde. Damals wurden italienische Mafiabosse von Mussolinis Regierung verhaftet, und der amerikanische Geheimdienst verlor den Kontakt zu Persönlichkeiten wie Lucky Luciano, Frank Costello und anderen italienisch-amerikanischen Mafiabossen, um strategische Informationen über die Operationen der italienischen Regierung zu erhalten. Mit der Eroberung Siziliens durch die Alliierten im Jahr 1944 ließ die amerikanische Armee alle italienischen Mob-Häftlinge frei, und unter der Führung des OSS kamen die großen Führer erneut an die Macht. Mit Kriegsende erlangte die neu gegründete CIA (1947) sizilianische und korsische Familien sowie die Kontrolle über die Häfen. Dies sicherte den internationalen Heroinhandel in den 1940er Jahren.

---

239 https://www.quora.com/Did-William-Casey-CIA-Director-really-say-Well-know-our-disinformation-program-is-complete-when-everything-the-American-public-believes-is-false

US-Außenpolitik und CIA-Interventionen nach 1945[240]

(Als Beispiel wird nur Libyen ausführlich beschrieben.)

1945, Deutschland: Der US-Geheimdienst **CIC**[241] stellte eine 35.000 Mann starke Söldnerarmee aus SS-Experten und Nazi-Kollaborateuren für den Guerillaeinsatz gegen die Sowjetunion zusammen. Der CIC übernimmt als **„Organisation Gehlen"**[242] die NS-Spionageabteilung und initiiert mit ihrer Hilfe eine gezielte Sabotage- und Destabilisierungsstrategie in Osteuropa. Aus der „Organisation Gehlen" wird später der „BND –Bundesnachrichtendienst" als offizieller Nachrichtendienst der Bundesrepublik Deutschland. Zu den vielen SS- und Gestapo-Experten, die vom US-Geheimdienst gefangen genommen und vor der Verfolgung geschützt wurden, gehörte **Klaus Barbie**[243], der die Deportation französischer Juden von Lyon in deutsche Vernichtungslager organisierte. 1951 wurde Barbie unter dem Namen „Klaus Altmann" von der CIA nach Bolivien verschleppt und führte von dort aus im Auftrag der CIA Todesschwadronen gegen linke Politiker und Gewerkschafter in Lateinamerika an.

1945–49, China: Im chinesischen Bürgerkrieg intervenierten die Vereinigten Staaten auf der Seite von Chiang Kai-shek gegen die Kommunisten. Zu diesem Zweck nutzten sie japanische Soldaten, die im Zweiten Weltkrieg kapitulierten.

---

240 https://derfunke.at/nostalgie/hp_artikel/usverbrechen.htm
241 Das Counter Intelligence Corps (CIC) war ein Nachrichtendienst des US-Militärs, das während des Zweiten Weltkriegs als polizeiähnliche Abwehreinheit gegründet wurde.
242 Die Organisation Gehlen war ein Nachrichtendienst, der Anfang 1946 entstand, der Bundesnachrichtendienst entstand am 1. April 1956.
243 **Klaus Barbie.** Er würde die Widerstandskämpfer zu Tode foltern. Sei es durch Schläge, Peitschen, Stöcke, heiße Eisen oder Elektroschocks. Die damaligen Zeugen vergaßen auch Jahre später nicht, wie brutal seine Verhörmethoden waren.

1945–53, Philippinen: Die US-Fallen gegen linke Huks[244] wurden zu einer Zeit aufgestellt, als philippinische Widerstandskämpfer noch gegen die japanischen Invasoren kämpften. Nach dem Krieg wurden die Huks brutal niedergeschlagen.

1947–48, Italien: US-Geheimdienste bewaffnen die Mafia als rechte Terrorgruppe gegen Kommunisten und Sozialisten. Zu diesem Zweck wurden Gangsterexperten aus den USA nach Italien geholt.

1946–49, Griechenland: Im „Griechischen Bürgerkrieg" sorgten neben britischen Truppen auch US-amerikanische Truppen und Waffen für die Niederlage der antifaschistischen Widerstandsbewegung. Die CIA gründete die berüchtigte Heimatschutzpolizei KYP.

1950, Puerto Rico: US-Kommandos unterdrücken einen Aufstand für die nationale Unabhängigkeit.

1950–53, Korea: Die USA greifen auf der Südseite in den Konflikt zwischen dem stalinistischen Nordkorea und der Syngman-Rhee-Diktatur in Südkorea ein und erhalten die Zustimmung des UN-Sicherheitsrates. Die US-Luftwaffe zerstörte rund 120.000 Einrichtungen in Nordkorea. Der US-Sprengstoffeinsatz entspricht fast der Hälfte aller von den Vereinigten Staaten im Zweiten Weltkrieg eingesetzten Bomben und Munition. In Südkorea starben mehr als 500.000 Menschen, in Nordkorea mehr als 2 Millionen. (Siehe: Koreakrieg)

1953, Iran: Die gewählte Mossadegh-Regierung beschloss 1951, die Anglo-Iranian Oil Company zu verstaatlichen. In einer Volksabstimmung im August 1953 wurde dies mit 99,4 % der Stimmen beschlossen. Zwei Wochen später führt das von der CIA ausgebildete und kontrollierte Offizierskorps einen Putsch durch. Zuvor wurden britische Ölunternehmen von einem ame-

---

244 Hukbalahap (auch die Huks genannt), war eine antijapanische Widerstandsbewegung auf den Philippinnen zur Zeit des Zweiten Weltkrieges.

rikanischen Konsortium übernommen. Die USA holen den Schah zurück und liquidieren die iranische Demokratie.

1954, Guatemala: Die legitime Arbenz-Regierung in Guatemala will im Rahmen einer Landreform das US-Unternehmen United Fruit Company verstaatlichen, woraufhin die CIA einen Staatsstreich gegen die Regierung organisiert. Unter dieser neuen Militärdiktatur, die von der CIA an die Macht gebracht wurde, wurden 140.000 Einheimische getötet oder verschwanden spurlos.

1956, Ägypten: Die US-Regierung und die CIA wollen die Regierung von Präsident Nasser destabilisieren, der zu einem der Führer blockfreier Länder geworden ist. Im Juli 1956 zogen die Vereinigten Staaten ihre Anleihen für den Assuan-Staudamm zurück, das zentrale Projekt zur Entwicklung der ägyptischen Landwirtschaft. Daraufhin verkündete Nasser, dass der Suezkanal enteignet worden sei und dass die von nun an zu zahlenden Gebühren ihnen zustünden. Daraufhin griffen Großbritannien, Frankreich und Israel Ägypten mit Militäroperationen an. Nach England übernehmen die USA die oberste Leitung der „Suez-Krise".

1958, Libanon: Die USA marschieren mit 14.000 Marinesoldaten in das Land ein.

1961, Kuba: 1959 kam es schließlich zur Revolution gegen den Diktator Batista unter der Führung von Fidel Castro. Doch als das Monopol versuchte, den Landbesitz zu reduzieren, sah sich Kuba mit einem Embargo und verschiedenen Sabotageakten der Vereinigten Staaten konfrontiert. Im März 1960 wurde der französische Frachter „Coubre" im Hafen von Havanna von CIA-Agenten in die Luft gesprengt; 81 Menschen wurden getötet und mehr als 300 verletzt. In Guatemala bildete die CIA eine Söldnerarmee aus, die im April 1961 in die Schweinebucht im Osten Kubas einmarschierte. Breits zwei Tage zuvor wurden die kubanischen Verteidigungsstellungen von US-Flugzeugen bombardiert. Söldner- und Waffentransporter wurden durch großes US-Kapital finanziert, insbesonere durch die United

Fruit Company, die der größte Grundbesitzer im vorrevolutionären Kuba war.

1961, Kongo/Zaire: CIA-Söldner töten Lumumba, den ersten postkolonialen Präsidenten, der eine antiimperialistische Haltung einnahm. Söldner übernehmen nach und nach die Macht. 1965 wurde Mobutu Präsident und war den Vereinigten Staaten ausgeliefert, die ein jahrzehntealtes Terrorregime errichteten.

1962, Laos: Obwohl die Genfer Konvention die Anwesenheit ausländischer Truppen in Laos verbietet, beauftragten die CIA und die Kennedy-Regierung die „US Army Klandestine", eine Geheimarmee, die in Vietnam intervenierte. Die opiumproduzierenden Bergstämme haben 35.000 Mitglieder. Die Ausgaben des Militärs werden teilweise durch Gewinne aus dem Drogengeschäft finanziert.

1963–1975, Vietnam: Sie errichteten 1963 eine offene Militärdiktatur. Sie inszenierten 1964 den „Zwischenfall im Golf von Tonkin" in der Nähe der Hauptstadt Nordvietnams und bombardierten Nordvietnam ab 1965. 2,6 Millionen amerikanische Soldaten kämpfen in Vietnam. Die Sprengkraft ihrer Bomben und Raketen ist dreimal so hoch wie im Zweiten Weltkrieg. Flächenbombardierungen mit Napalm- und Chemiewaffen hinterlassen verbrannte und vergiftete Böden. 3 Millionen Menschen starben, eine halbe Million wurde verletzt und 900.000 Kinder wurden in Vietnam zu Waisen (vergessen wir nicht die Babylift-Kinder, die mit Flugzeugladungen entführt wurden; siehe: Vietnamkrieg).

1963–1990, Südafrika: Die CIA unterstützt Geheimdienstsysteme und die Jagd auf Gegner des Apartheidsystems. 120.000 ANC Anhänger wurden getötet. Auch die Verhaftung von Nelson Mandela wird von der CIA organisiert.

1964, Brasilien: Joao Goulart, 1961 zum Präsidenten gewählt, leitete vorsichtige Sozialreformen ein. Während die CIA eine Tochtergesellschaft des US-Konzerns ITT verstaatlicht, organisiert sie einen Putsch und verhilft einer Militärjunta zur Machtübernahme.

1965, Dominikanische Republik: Präsident Juan Bosch, 1963 demokratisch gewählt, wurde wegen seiner Pläne für eine Sozialreform aus der Armee entfernt. Als eine wachsende Volksbewegung seine Rückkehr fordert, schicken die Vereinigten Staaten 23.000 Männer auf die Insel und unterdrücken den Aufstand.

1965, Indonesien: Gegen den antiimperialistischen Ansatz von Präsident Sukarno aktiviert die CIA die von ihm kontrollierte Armee. Als die stärkste Unterstützung des Präsidenten, die linke „Volksfront", versucht, die Armeeführung zu stürzen, kommt es zu einer seit langem geplanten „Gegenoffensive". Hunderttausende Anhänger Sukarnos wurden getötet. Sukarno wird durch Suharto ersetzt, einen bedingungslosen Anhänger Washingtons.

1967, Griechenland: Wenige Wochen vor den Wahlen führt die CIA einen „überlegenen Putsch" gegen die demokratische Regierung von Papandreou durch. Allein im ersten Monat danach starben 8.000 Menschen. Sieben Jahre faschistische Herrschaft begannen.

1967, Bolivien: Die CIA überwacht den Kampf der bolivianischen Armee gegen die aufständischen Guerillas und die Verhaftung der Gruppe des ermordeten Che-Guevara.

1970–1973, Chile: 1970 gewann Salvador Allende bei den Präsidentschaftswahlen die Mehrheit. Der Befehlshaber der chilenischen Armee, Rene Schneider, wird von einem von der CIA organisierten Kommando getötet, als er sich dem Aufruf der USA zu einem Militärputsch widersetzt. Nach drei Jahren der Sabotage und Destabilisierung führt Schneiders Nachfolger, General Pinochet, den CIA-Putsch durch. Präsident Allende wurde getötet und das Fußballstadion in Santiago wurde in ein Gefangenenlager für Zehntausende Anhänger des demokratischen Präsidenten verwandelt. Tausende Aktivisten der Linkspartei und der Gewerkschaft wurden von Todesschwadronen gejagt und getötet. US-Außenminister Kissinger sagte: „Ich kann nicht verstehen, dass wir einem Land erlauben sollten, marxistisch zu sein, nur weil seine Menschen verrückt sind."

1972, Honduras: Nach direkten US-Interventionen und Militärputschen in den Jahren 1972, 1975 und 1978 stimmten die USA für eine verfassungsgebende Versammlung (1980), in den Christdemokraten, Sozialisten und Kommunisten nicht gewählt werden durften.

1976, Argentinien: Auf Anweisung der CIA kommt es zu einem Militärputsch gegen die Zivilregierung. Todesschwadronen im Namen des Videla-Regimes terrorisierten das Land, Tausende wurden getötet oder verschwanden für immer. Die CIA baut Buenos Aires zu ihrem Hauptquartier aus, von wo sie Mordkommandos gegen unbeliebte Einzelpersonen und Gruppen in Lateinamerika entsenden wird.

1976/82, Angola: Die Vereinigten Staaten von Amerika unterstützen die Rebellen mit Waffen und Sonderkommandos gegen die Nationale Heilsregierung mit den rassistischen Waffen Südafrikas. Das Land ist in einen selbstzerstörerischen Bürgerkrieg verwickelt.

1980–1988, Iran/Irak: 1979 musste Schah Reza Pahlavi dem Schiitenführer Ayatolla Chomeini Platz machen. US-Präsident Carter stellt die nach ihm benannte Doktrin folgendermaßen dar: „Jeder Versuch einer dritten Macht, Einfluss auf den Persischen Golf zu nehmen, wird als Angriff auf die lebenswichtigen Interessen der Vereinigten Staaten angesehen und mit allen notwendigen Mitteln, einschließlich militärischer Gewalt, abgewehrt." Der Irak wird von den USA mit modernsten, auch chemischen Waffen ausgerüstet. Gleichzeitig unterstützten die USA den Iran, um die beiden Länder dazu zu bringen, sich gegenseitig zu vernichten. Der Waffenhandel mit dem Iran passiert den US-Kongress und so schickt man über Israel Waffen im Wert von 80 Milliarden US-Dollar an den Iran.

1980–1990, Afghanistan: Zur Finanzierung der unter der Schirmherrschaft der CIA gegründeten Al-Qaida-Organisation organisiert die CIA zusammen mit dem pakistanischen Geheimdienst die Drogenproduktion in Pakistan und den „befreiten" Gebieten Afghanistans. Dies geschieht mit der Logistik des Drogenhandels auf der ganzen Welt.

1981–85, Nicaragua: Die US-Regierung finanziert den Aufbau und Unterhalt einer Söldnertruppe in Nicaragua, die hauptsächlich aus Soldaten und Offizieren der Armee des ehemaligen Diktators Somoza besteht. Die US-Piloten schaffen über Costa Rica, Honduras und Panama Waffen heran, auf dem Rückflug mit die USA nehmen sie Drogen mit, die auf diese Weise in die USA gelangen. Die CIA kooperiert mit dem Drogenkartell Medellin. 1986 stellte der Internationale Gerichtshof in Den Haag fest, dass die paramilitärischen Aktionen der Vereinigten Staaten gegen das Völkerrecht verstoßen (Die weltweit größte Terrororganisation ist stets geschützt und genießt Immunität.).

1981/92, El Salvador: FMLN (Nationale Befreiungsfront Farabundo Marti) wurde zur entscheidenden Kraft gegen die von den Vereinigten Staaten eingesetzte Regierung. Der CIA-Agent Roberto d'Aubuisson gründete ARENA, was Tausende Dissidenten tötete, darunter Erzbischof Oscar Romero. Auch nach dem Friedensabkommen von 1992 setzt ARENA ihre von den Vereinten Nationen immer wieder verurteilten mörderischen Taten fort.

1982, Falklandinseln/Malwinen: Die USA unterstützen Großbritannien mit Satellitenaufklärung und anderen technologischen Mitteln bei seinem Feldzug zur Rückeroberung der Inseln vor Argentinien. Bei dem Angriff wurden 750 argentinische und 250 britische Soldaten getötet.

1982/84, Libanon: Mit Kriegsschiffen, Flugzeugen und Seeleuten verdrängten U-Truppen die PLO und etablierten die Phalangisten 1 als dominierende Kraft. Die Marine in Beirut wird angegriffen und die US-Marine greift das Land vom Meer aus an.

1983, Grenada: Die USA überfielen das kleine mittelamerikanische Land, liquidierten die linke Regierung und errichteten ein selbsternanntes Regime. Berichten zufolge wurden mehr als 400 Grenadas und 84 Kubaner getötet, insbesondere Bauarbeiter.

1984/86, Libyen: Die US- und NATO-Sanktionen, die das Land gegen das Gaddafi-Regime (1969–2011) boykottieren, hätten nie gerechtfertigt sein können. **Präsident Reagan** hat 1984 in seiner Nationalen Sicherheitsrichtlinie 138 den Kampf gegen den staatlich geförderten Terrorismus als vorrangiges Ziel festgelegt. Zwei Jahre später wurde Libyen zum ersten Testfall dieser neuen Lehre. 1986 wurde Libyen von der amerikanischen Luftwaffe bombardiert. 1992 wurden UN-Sanktionen gegen Libyen verhängt und die Freilassung der **Lockerbie**-Attentäter[245] beschlossen. Während das Land von außen in die Isolation getrieben wurde, konnte es dank seiner reichen Ölvorkommen zumindest enormen äußeren Belastungen standhalten. Gaddafi war auch ein Mann, der die Afrikanische Union zu einer ernst zu nehmenden Kraft machen wollte. Er wollte, dass Afrika eine einheitliche Währung für ganz Afrika bekommt, wie die Europäische Union. Er wollte allen verkünden, dass Afrika den Afrikanern gehört und dass alle Ausbeutung ein Ende hat. Und eine starke Afrikanische Union. Die Verstaatlichung des Öls hätte das Ende der US-Unternehmen und eine Werteinheit für Gold, den Dollar, bedeutet, und das wäre eine schreckliche Tortur gewesen. Deshalb musste **Gaddafi** verschwinden. Es war einfach, die vermeintliche Notwendigkeit eines Regimewechsels unter dem Deckmantel der Demokratie zu verkaufen. Es gab eine einfache Möglichkeit, jemanden wie Hillary Clinton oder den Franzosen Sarkozy zum Helden zu machen. Von diesem Zeitpunkt an war es unvermeidlich, dass Gaddafi und sein Land zu einem Dorn im Auge zwischen den räuberischen fremden Mächten werden würden, und schließlich, am 19. März 2011, erreichten sie ihr Ziel, indem sie ihn öffentlich folterten und lynchten und

---

245 Bei der sogenannten „Lockerbie-Katastrophe" stürzte am 21. Dezember 1988 ein Passagierflugzeug der Pan Am Airlines auf dem Flug von London nach New York in der Stadt Lockerbie im Süden Schottlands ab, wobei in seinem Inneren eine Bombe explodierte. 270 Menschen kamen ums Leben. Es hieß, der libysche Geheimdienstoffizier Ali Al-Megrahi, der den Anschlag verübt habe, sei den USA ausgeliefert und zu lebenslanger Haft verurteilt worden. Manche sehen ihn als Opfer von Korruption, sogar politischer Intrige, mit falschen Beweisen und Zeugen. Der libysche Staatschef Gaddafi zahlte den Opfern eine Entschädigung in Milliardenhöhe.

das Land wieder einrichteten. Gaddafis letzte Worte vor seinem Tod waren: **„Was habe ich euch angetan?"**

War Gaddafi ein irrer, tyrannischer Diktator?

Es muss so gewesen sein, denn dafür musste er sterben. Ironischerweise war es für sein Volk sehr schlimm und unerträglich, unter diesen Bedingungen zu leben, da dieser Diktator ein liebsamer Unterstützer der folgenden Linie war:

- In Libyen gab es keine Stromrechnung; Strom war für alle Bürger kostenlos.
- Es gab keine Zinsen auf die Kredite, die Banken in Libyen gehören dem Staat und die Kredite werden per Gesetz zu 0 % an alle Bürger vergeben.
- Alle Brautpaare in Libyen erhielten von der Regierung 60.000 Dinar (50.000 US-Dollar), um ihre erste Wohnung zu kaufen, um eine Familie zu gründen.
- Bildung und medizinische Behandlung in Libyen waren kostenlos.
- Vor Gaddafi konnten nur 25 % der Libyer lesen und schreiben. Heute sind es 83 %.
- Wenn die Libyer eine landwirtschaftliche Karriere anstrebten, erhielten sie kostenlos Ackerland, ein Bauernhaus, Ausrüstung, Saatgut und Masttiere, um ihre Farmen zu gründen.
- Wenn Libyer in Libyen nicht die Bildung – oder Gesundheitseinrichtungen – nicht finden können, die sie benötigen, finanziert die Regierung sie, um ins Ausland zu gehen, nicht nur kostenlos, sondern auch 2.300 US-Dollar pro Monat für Unterkunft und Fahrtenhilfe.
- Wenn ein Libyer ein neues Auto aus Libyen kaufte, subventionierte die Regierung 50 % des Preises.
- In Libyen kostet Benzin nur 0,14 Dollar pro Liter.
- Libyen hat keine Auslandsschulden und 150 Milliarden Dollar an Reserven – derzeit weltweit eingefroren.

- Wenn ein Libyer nach seinem Abschluss keine Arbeit finden kann, zahlt der Staat das durchschnittliche Gehalt des Berufs, als ob er beschäftigt wäre, bis er eine Beschäftigung gefunden hat.
- Ein Teil der libyschen Ölverkäufe wird direkt auf die Bankkonten aller libyschen Bürger gutgeschrieben.
- Eine Mutter, die ein Kind zur Welt bringt, erhält 5.000 US-Dollar.
- 25 % der Libyer haben einen Hochschulabschluss.
- Gaddafi hat das größte Bewässerungsprojekt der Welt ins Leben gerufen, das als Great Man-Made River Project bekannt ist, um Wasser in seinem Wüstenland zugänglich zu machen. Wasser ist kostenlos.
- Wohnen gilt als Menschenrecht in Libyen als Menschenrecht. Vor den internationalen Sanktionen gegen Gaddafi und Libyen in den 1980er Jahren war das Land in Bezug auf das Pro-Kopf-BIP eines der reichsten Länder der Welt, reichste Land Afrikas und sein Lebensstandard war höher als in Japan.
- Lebensstandard: 11.314 US-Dollar pro Kopf für Libyer. Wenn sie besser leben als viele westliche Bürger, kann man nicht sagen, dass Libyer arm sind. Gaddafi hat sich immer um einen durchschnittlichen Libyer gekümmert.
- Früher hing der Reichtum eines Landes nicht von den Dollar ab, mit denen es handelte, sondern davon, wie viel Gold es in seinem Schatz hatte. In Libyen gibt es 144 Tonnen Gold. Großbritannien zum Beispiel hat doppelt so viel, aber zehnmal so viele Einwohner.
- In Libyen waren Frauen nicht nur theoretisch, sondern auch praktisch gleichberechtigt.
- Libyer haben eine direkt partizipative Demokratie, die auf populären Konferenzen basiert, die andere „Demokratien" blamieren. Libyen ist das einzige nicht-terroristische Land in Nordafrika. Die Fundamentalisten hatten in Libyen keine Stimme. Unter Gaddafis Regime wurde kein einziger Terroranschlag in Libyen registriert, bis die Globalisten den Terror einführten.

Das von Gaddafi ins Leben gerufene Großprojekt „Great Man-Made River"[246] (GMMR) ist das größte Bewässerungsprojekt der Welt. Der wichtigste Reichtum Libyens ist nicht Öl, sondern Wasser. Das größte fossile Süßwasserreservoir der Welt liegt unter den Wüsten. Es versorgt das Land mit Trinkwasser und Wasser für die Landwirtschaft durch ein großes Pipeline-System. Leider wurde die GMMR während des Bürgerkriegs schwer beschädigt. Während der Revolution von 2011 bombardierten NATO-Flugzeuge Pipelines in Brega. Außerdem haben sie wahrscheinlich eine Rohrfabrik ins Visier genommen, um Gaddafis Truppen von der Wasserversorgung abzuschneiden. In letzter Zeit gab es Aufzeichnungen über Sabotage im Süden. Im März 2017 warnte das GMMR-Management, dass wiederholte Angriffe auf Brunnen in Jabal Hasavna dazu führen könnten, dass Tripolis und andere nordwestliche Städte aus dem Wasser laufen. Wenn man darüber nachdenkt, wenn man dieses Regime als „Diktatur" bezeichnet, muss man sich fragen, was und wie ein demokratisches Regime sein könnte?

Was geschah nach Gaddafi?[247]
Etwa zwei Jahre nach der NATO-Intervention in Libyen ereigneten sich im Land die schlimmsten Unruhen, jeden Tag werden die abscheulichsten Verbrechen gegen die Bevölkerung und vor allem gegen Minderheiten begangen und Terrorbanden werden nicht verhindert. Offenbar haben die NATO und die USA einen guten Job gemacht, ein anderes Land auf den Kopf zu stellen. Nach Gaddafis Tod weigerten sich die Menschen, mit der provisorischen Regierung zusammenzuarbeiten, und diese Ablehnung ging beispielsweise in Sirte so weit, dass die neue Regierung die Stadt zerstörte, um die Bevölkerung zu unterdrücken.

---

246 https://www.dandc.eu/de/article/libyen-hat-das-weltweit-groesste-bewaesserungsprojekt
247 https://alles-schallundrauch.blogspot.com/2013/09/das-land-fruher-libyen-genannt.html

In diesem wunderbaren „Demokratisierungsprozess" des Westens wurden durch einen NATO-Angriff mehr als 80.000 libysche Zivilisten getötet.

Al-Qaida und ihre mit ihr verbundenen Banden waren die Hauptinteressenten dieser Angriffe, einerseits durch die Finanzierung von Waffen aus den USA, Saudi-Arabien und Katar, andererseits durch ihre Ausbildung unterstützt. Außerdem plünderten die Terroristen die Waffenlager der libyschen Armee. Ergebnis: Libyen ist zum Zentrum des Terrors in Nordafrika geworden. Eine andere bittere Wahrheit ist, dass, nachdem Libyens Ölreichtum gestohlen und sein Vermögen beschlagnahmt wurde, die westlichen Länder das gestohlene Geld vollständig leihen wollten, anstatt es als Kredit für den Wiederaufbau zurückzugeben. Auf diese Weise würde Libyen sich anderen armen afrikanischen Ländern anschließen und auf die gleiche Weise versklavt werden. Inzwischen wurden viele Menschenrechte verletzt. Zum Beispiel wurde der Sklavenhandel unter Gaddafis Regime mit dem Tod bestraft, bis die libysche Regierung von einer Koalition unter Hillary Clinton/Obama zerstört wurde. Jetzt ist es mehr als geheim, einen schwarzen Sklaven in Libyen für 200 US-Dollar zu besitzen. Darüber hinaus werden willkürliche Festnahmen und illegale Haftstrafen erwähnt, Folter und andere Misshandlungen, illegale Morde, Verletzung der Rechte auf Meinungs- und Vereinigungsfreiheit, Menschenrechtsverletzungen, Straflosigkeit, geschlechtsspezifische Gewalt, Diskriminierung, geänderte Rechte von Flüchtlingen und Migranten, das Recht auf Gesundheit und anhaltende Bürgerkriegsunruhen. Was uns hier auffällt, ist, dass fast alle Länder in Nordafrika oder im Nahen Osten, in denen Amerika oder die USA Krieg führen oder führten, eine Partnerschaft mit einer sozialistischen Staatsordnung haben. Es scheint, dass alle genannten Länder solide Wirtschaften und öffentliche Finanzen hatten, bevor sie von den USA und ihren Verbündeten angegriffen wurden. In diesem Zusammenhang zeigt sich, wie die globalen Besatzungsbanden mit ihren unerschöpflichen Lügen die menschlichen Werte dieser Länder zu ihrem eigenen Vorteil und ohne Scham verletzt haben. In jeder Hinsicht ist klar, dass sie allergisch gegen ein Staatsmodell sind, das wirtschaftlich und sozial unabhängig funktioniert und der Öffentlichkeit viele soziale Privilegien bietet. Gaddafi wurde am 20. Oktober 2011 ermordet. Er musste getötet werden, weil Libyen mit einem erfolgreichen Sozialsystem zu einem vorbildlichen Land der Welt wurde, insbesondere zum reichsten und am weitesten entwickelten Land des afrikanischen Kontinents.

1986, Haiti: Nach dem Stopp des US-Vasall „Baby Doc" Duvalier gründeten die USA eine Militärjunta.

1986, Bolivien: Das US-Militär kontrolliert große Teile des Landes, um (angeblich) die Produktion und den Handel mit Kokain zu bekämpfen.

1989–1990, Panama: Ein Bombenanschlag zerstörte einen Teil von Panama City. 27.000 US-Soldaten haben die Noriega-Regierung gefangen genommen und verhaftet. Mehr als 2.000 Menschen sterben, 15.000 sind obdachlos. Es geht darum, Noriega zu verhaften, der wegen Drogenhandels angeklagt ist. Ein Verbrechen, das der Ex-Präsident jahrelang im Namen der CIA begangen hat. Die Invasion findet zwei Monate vor den Wahlen in Nicaragua statt.

1991, Haiti: Die CIA startet einen Militärputsch gegen den ersten demokratisch gewählten Präsidenten Jean-Bertrand Aristide. Die neue Militärjunta führt das Land zu den schlimmsten (blutigen) Menschenrechtsverletzungen seit drei Jahren.

1991 ff., Irak: Nachdem der Irak Kuwait besetzt hat, bombardieren die Vereinigten Staaten zusammen mit einigen ihrer Verbündeten den Irak und besetzen einen großen Teil des Landes. Bei den ersten Anschlägen starben 200.000 Menschen. Die andauernden Bombardierungen und das bis heute andauernde Embargo haben wahrscheinlich zum Tod von mehr als 2 Millionen Menschen und zur Flucht von Millionen geführt.

1992/94, Somalia: US-Truppen, Marine- und Luftstreitkräfte stehen im Rahmen der Mission der Vereinten Nationen im Bürgerkrieg Seite an Seite mit der ihnen entsprechenden Fraktion. Die Operation endet in einem Fiasko.

1993/95, Bosnien: Im Rahmen der NATO-Aktionen bombardieren Kampfflugzeuge serbische Stellungen und stellen die Lufthoheit bosnischer Separatisten sicher.

1995, Kroatien: US-Kampfflugzeuge bombardieren serbische Flughäfen, um sich auf einen kroatischen Angriff vorzubereiten.

1998, Afghanistan: Cruise-Missiles Angriff auf ehemalige CIA-Trainingslager in Afghanistan, wo bin Laden-Einheiten verdächtigt werden, die für Angriffe auf US-Botschaften verantwortlich sind.

1998, Sudan: Raketenangriff auf eine pharmazeutische Fabrik, die angeblich Nervengas für Terroristen produziert. Die USA erklärten später, dass dies ein Fehler war.

1999, Jugoslawien: Die NATO bombardiert Jugoslawien unter der Führung der USA. Die NATO bezeichnet die 78-tägige Bombardierung, die gegen internationales Recht und sogar das NATO-Abkommen verstößt, als „humanitäre Aktion", da sie darauf abzielt, die Menschenrechtsverletzungen des Milosevic-Regimes zu stoppen. Die NATO setzt Urangranaten und Splitterbomben ein. 2.000–4.000 Menschen werden getötet, bis zu 6.000 verletzt, Bombenanschläge auf Chemiefabriken, Erdgasanlagen und Ölraffinerien verschmutzen weite Gebiete. Kosovo wird sich von Jugoslawien trennen und de facto ein NATO-Protektorat werden. (siehe: Jugoslawienkrieg)

Charta der Vereinten Nationen[248]

Die Charta der Vereinten Nationen ist eine Art Verfassung der Vereinten Nationen und wurde am 26. Juni 1945 von ihren 50 Gründungsmitgliedern in San Francisco unterzeichnet und trat am

---

248 https://www.lpb-bw.de/charta

24. Oktober 1945 in Kraft. Es ist ein internationaler Vertrag und daher für die Länder, die ihn ratifiziert haben, rechtlich bindend. Die Charta besteht aus einer Präambel und 19 Kapiteln und enthält ihre Grundsätze, ihre Mitgliedschaft, Maßnahmen bei Bedrohung oder Verletzung des Friedens, regionale Abkommen, internationale Zusammenarbeit im wirtschaftlichen und sozialen Bereich, die Erklärung der Gebiete ohne Selbstregierung sowie die Aufgaben und Befugnisse der Hauptorgane der Vereinten Nationen. Das Hauptziel der Charta ist Frieden und die Sicherheit in der Welt zu schützen bedeutet, eine friedliche Lösung von Streitigkeiten zu gewährleisten. Auch „Menschenrechte und Menschenwürde" sind in der Charta verankert. Um die Bedingungen festzulegen, unter denen Gerechtigkeit in den Vereinten Nationen gewährleistet werden kann, ist der Internationale Gerichtshof als Justizorgan auch in der Charta festgelegt.

„Wir als Nationen der Vereinten Nationen verpflichten uns, unseren Glauben an die grundlegenden Menschenrechte, an die Würde und den Wert der menschlichen Persönlichkeit, an die Gleichheit von Männern und Frauen und an alle Nationen, Groß und Klein, zu bekräftigen, Bedingungen zu schaffen, unter denen Gerechtigkeit und Achtung der Verpflichtungen aus Verträgen und anderen völkerrechtlichen Quellen aufrechterhalten werden können, sozialen Fortschritt und einen besseren Lebensstandard in mehr Freiheit zu fördern, um zukünftige Generationen vor der Geißel des Krieges zu retten, der der Menschheit zweimal in unserem Leben unaussprechliches Leid gebracht hat. Und für diese Zwecke ist es notwendig, tolerant zu sein und als gute Nachbarn friedlich zusammen zu leben, unsere Kräfte zu vereinen, um den internationalen Frieden und die internationale Sicherheit zu schützen, dafür zu sorgen, dass bewaffnete Gewalt nur von gemeinsamem Interesse genutzt wird – ohne die Erlaubnis des Sicherheitsrats können Staaten militärische Gewalt nur nutzen, um sich zu verteidigen, wenn sie Opfer eines bewaffneten Angriffs werden –, Politik und Verfahren zu verabschieden und internationale Institutionen zu nutzen, um den wirtschaftlichen und sozialen Fortschritt aller Völker zu unterstützen. Um diese Ziele zu erreichen, haben wir uns entschlossen, gemeinsam zusammenzuarbeiten. Dementsprechend haben unsere Regierungen diese Charta der Vereinten Nationen durch ihre in der Stadt San Francisco versammelten Vertreter, deren Treuhänder ordnungsgemäß eingereicht und bei dieser Gelegenheit eine internationale Organisation gegründet, die „Vereinte Nationen" genannt wird."

Diese Charta scheint zu Tränen rührend humanistisch, aber sind die Ereignisse im wirklichen Leben nicht völlig anders? Noch schmerzhafter sind die parasitären Kräfte, die weiterhin mit blutigen Händen unter uns herumgeistern, während wir, die von der Vorstellung der Normalität besessen sind, uns immer noch beharrlich von den Bemühungen derer abwenden, die verstehen, was vor sich geht!

Zitate zum Nachdenken:

„Der Mensch hat dreierlei Wege klug zu handeln: erstens durch Nachdenken, das ist der edelste, zweitens durch Nachahmen, das ist der leichteste, und drittens durch Erfahrung, das ist der bitterste!"
Konfuzius

„Wer bereit ist, Freiheit zu opfern, um Sicherheit zu gewinnen, verdient weder das eine noch das andere, und wird am Ende beides verlieren!"
Benjamin Franklin

„Als die Nazis die Kommunisten holten, habe ich geschwiegen, ich war ja kein Kommunist. Als sie die Sozialdemokraten einsperrten, habe ich geschwiegen, ich war ja kein Sozialdemokrat. Als sie die Gewerkschafter holten, habe ich geschwiegen, ich war ja kein Gewerkschafter. Als sie mich holten, gab es keinen mehr, der protestieren konnte!"
Martin Niemöller

„Wie das Vieh, das in Gefangenschaft geboren wurde, nicht verstehen kann, was Freiheit bedeutet, so kann auch die Menschheit, die in der Lüge geboren wird, nicht erkennen, was Wahrheit ist!"
Matthias Lubos

„Die Wahrheit ist eins: unveränderlich. Das Gegenteil ist die Lüge, die sich ständig verändert und vermehrt. Wenn wir nur eine Lüge aufdecken, stürzt der Rest dann nicht wie ein Kartenhaus zusammen?"
Nurcan Gross

SCHLUSSWORT

Mittlerweile sind wir in einer unbestreitbaren Anspannung und das spüren wir bis in die Knochen. Unser gesamtes System basiert auf groß organisierter Kriminalität auf globaler Ebene, die von Lügen, Bestechung, Erpressung, Terrorismus, Mord, Kriegen, Drogenhandel, giftigen Medikamenten und chemischen Lebensmitteln bis hin zu menschlicher Ausbeutung reicht. Und wenn diese der Menschheit nicht genug schaden können, kommen noch künstlich erzeugte Epidemien und Naturkatastrophen (HAARP, Erdbeben, Brände etc.) hinzu. Es ist zweifellos schwierig, die Beziehungen dieser Konstrukte untereinander zu verstehen oder vielmehr zu akzeptieren. Natürlich sind Tatsachen, die unsere Weltanschauung auf den Kopf stellen können, nicht leicht verdaulich, insbesondere wenn wir sie zu einer Frage des Glaubens machen. Aber Überzeugungen sind immer auf Beweise angewiesen. Wir haben genügend Fakten, also müssen wir nur alle Puzzleteile zusammenaddieren und die Ereignisse in diesem Zusammenhang auswerten. So können wir erkennen, dass immer wieder dieselben Namen, Organisationen, Strukturen und dieselben Vorgehensweisen vor uns auftauchen. Wir können leicht verstehen, dass wir in einer aufgeblasenen Lügenkonstruktion leben.

Beispielsweise wird uns die seit Jahren verbreitete Klimalüge unter dem Namen **CO_2-Fußabdruck** zugeschrieben. **Tatsächlich ist der CO_2-Fußabdruck eine Erfindung der fossilen Industrie!**

Das Konzept wurde 1994 von Mathis Wackernagel und William Rees entwickelt, die bei der **Werbeagentur Ogilvy & Mather** arbeiteten. Die Werbeagentur O & M wurde 2004 vom Öl- und Gaskonzern BP mit der Installation des „Carbon Footprint Calculator" beauftragt. In der **BP**-Raffinerie in Texas kamen zwischen 1974 und 2004 nicht nur 23 Menschen ums Leben, sondern es kam 2005 auch zu einem katastrophalen Unfall mit seit mehreren Jahren defekten Maschinen. Nach Angaben der **WirtschaftsWoche** ist allein **Shell** im gleichen Zeitraum für 1,6 Milliarden Tonnen CO_2 verantwortlich. Wenn in diesem Fall ein Verbrecher gesucht werden soll, wird klar, dass die Hauptverbrecher die Unternehmen der Industriebarone sind, die über die Macht auf der Erde verfügen. Atmosphärenschädlinge, die sich heute ausbreiten, haben sich in individuelle „**CO_2-Fußabdruck**"-Propaganda verwandelt, die angeblich von Menschen und nicht von diesen Unternehmen ausgeht.

Was wollen sie damit erreichen?

Auf diese Weise bringen sie uns Schritt für Schritt ihrem Ziel näher, nämlich der völligen Versklavung der Menschheit. Der ehemalige europäische Präsident **Juncker** sagte genau das: „Wir beschließen etwas, stellen das dann in den Raum und warten einige Zeit ab, ob was passiert. Wenn es dann kein großes Geschrei gibt und keine Aufstände, weil die meisten gar nicht begreifen, was da beschlossen wurde, dann machen wir weiter."

Es handelt sich also um das „**kochende Froschsyndrom**" (Boiling-Frosch-Syndrom[249]). Ausgehend von diesem Gedanken können wir im Handumdrehen – wie sie es immer tun – dazu gebracht werden, dies zu glauben und für das Ausatmen von CO_2 besteuert zu werden (das ist kein Scherz, darüber wurde bereits in bestimmten Kreisen geredet). Die Zeit wird knapp, denn der Countdown für die Pläne für die Menschheit ist fast abgelaufen. Und wir können es uns nicht mehr leisten, diese Lügen weiter zu glauben, diesen Luxus haben wir nicht mehr. **Gewohnheiten führen uns zur Vorstellung von Normalität. Aber was nicht normal ist, wird massenweise ständig ignoriert, jedoch nicht von den Machthabern, sondern von uns selbst, dem Wesen in der Massenmenschenhaltung.**

---

249 Wenn man einen Frosch in heißes Wasser setzt, wird er sofort wieder herausspringen, aber wenn er in kaltem Wasser langsam erhitzt wird, bleibt er dort, bis er verbrüht.

Während geopolitische, strategisch geplante Agenden, Interaktionen und viele damit verbundene soziale Ereignisse darauf abzielen, Ablenkung zu schaffen, widerspricht das Gesamtbild der Zukunft der Menschheit unseren Überzeugungen. Das totalitäre System hat immer ein Standardszenario und wird seit Jahren kontinuierlich angewendet. Zuerst wird Angst und Panik erzeugt, dann werden Regeln und Beschränkungen eingeführt, die angeblich zum Wohle des Volkes sind. Es wird einfacher, wenn die Mehrheit sich anpasst und es aus freiem Willen umsetzt (wir haben es zum Zeitpunkt der Impfung gesehen). **Auf diese Weise lässt sich eine Machthegemonie nahezu widerstandslos erringen, was eine erfolgreiche Taktik der „Herdenpsychologie"** darstellt.

Mit dem Bewusstsein der Herdenpsychologie zu handeln bedeutet, in den Abgrund gezogen zu werden!

Heute entwickeln wir Maschinen mit künstlicher Intelligenz, die nicht von Emotionen wie Menschen beeinflusst werden. Diese

Maschinen sind in der Lage, auf Knopfdruck präziser, effizienter und schneller zu arbeiten als wir. Schließlich erfordern die neuen Technologien immer weniger Arbeitskräfte, und infolgedessen scheint es unvermeidlich, dass in naher Zukunft fast alle Arbeitskräfte durch Maschinen (Roboter) ausgetauscht werden. Und wie nützlich wird dann eine Masse von Menschen sein, die, wie die Elite (Kissinger) sie nennt, „**nutzlose Esser**" sind?

Diese Esser sind nicht nur nutzlos, sondern verbrauchen auch die Ressourcen des Planeten, verschmutzen, vermüllen und schädigen weiterhin die Natur. Zudem kann es zu einer Abschwächung des Kontrollmechanismus mit ihrem Fortpflanzungspotenzial kommen. Nach der Logik der Eliten werden wir zu dem Schluss kommen, dass die menschliche Bevölkerung so klein wie möglich gehalten werden sollte.

„Wir töten die halbe Menschheit – und es wird schnell gehen! – Der Plan der Elite"

Die Autoren **Eileen DeRolf** und **Jan van Helsing** schreiben in ihrem Buch: Im Laufe der Jahre haben verschiedene Autoren über die bevorstehende Neue Weltordnung (NWO) und eine kleine Elite – hauptsächlich Privatbankiers – geschrieben, die die Welt übernehmen wollen. Die Corona-Pandemie war eine geniale Möglichkeit, einen finanziellen Zusammenbruch zu verschleiern, Bargeld zu vernichten, Pflichtimpfungen durchzuführen und möglicherweise Menschen zu chippen. Und es gibt einen Plan: einen Plan für den Menschen der Zukunft, der mindestens halbiert werden soll. Manche gehen sogar noch weiter: Das Georgia Guide Stones-Denkmal schlägt beispielsweise vor, die menschliche Bevölkerung auf 500 Millionen zu reduzieren.

Die Neue Weltordnung selbst wurde unter anderem durch die Agenda 21 und die Agenda 2030 bereits öffentlich propagiert. Die Aktivistin Eileen DeRolf beschreibt dies ausführlich am Beispiel der Vereinigten Staaten: Wie heimlich die Infrastruktur eines neuen Wirtschaftssystems aufgebaut wurde, das auf öffentlich-privaten Partnerschaften, freiem Unternehmertum und der schrittweisen Enteignung von Land durch Haus- und Grundbesitzer basiert. All dies geschieht unter dem Deckmantel von Umweltschutz und Nachhaltigkeit. Außerdem hat der Autor Jan van Helsing mit dem Insider Hannes Berger und dem Climate-Engineering-Spezialisten Andreas Ungerer im Anhang ein langes Interview geführt, welches folgende Themen beinhaltet: Beispielsweise Staaten werden Firmen – Künstlicher Corona-Virus – Handel der Geburtsurkunde an der Börse – Trumps und Putins Rollen in diesem Spiel – 5G-Netz – Wetterkrieg.

In der Tat ist es ein wenig naiv zu sagen, dass diese Eliten, weil sie es so gut meinen, über die Zukunft der Menschheit nachdenken oder die Bemühungen zur Rettung des Planeten antreiben und daher Pläne haben, die menschliche Bevölkerung zu reduzieren. Sie wollen eine absolute totalitäre Macht haben, also, irgendwie die Rolle Gottes spielen.

Die Reduzierung der Menschen vollzieht sich bereits auf bestimmten Wegen:

- **Durch Vergiftung:** Lebensmittel und Getränke enthalten Schadstoffe und Chemikalien (z. B. Fluorid). Mit GVO-Produkten, Luftverschmutzung, Strahlungen (W-Lan, Smartphone, Mikrowelle usw.), mit Chemtrails (seit den 1990er Jahren geht es kontinuierlich voran). Durch Medikamente, z. B. bei Impfungen.
- **Bei Krankheiten:** Als Folge der oben aufgeführten Vergiftungen (besonders in den letzten 50 Jahren) kam es zu einer Zunahme von Krebsfällen (die hundertmal mehr Menschenleben forderten als epidemische Erkrankungen), schädlichen Behandlungen und Medikamente, im Labor erzeugten Mikroorganismen (Viren, Bakterien), epidemischen Erkrankungen. Finanzierte Biolabore auf der ganzen Welt sind immer noch aktiv (außer ukrainische Labore, Dank an Putin).
- **Mit künstlichen Katastrophen:** Die meisten scheinbaren Überschwemmungen, Tornados, Brände, Erdbeben und an-

dere Naturkatastrophen, insbesondere in den letzten 20 Jahren, wurden vorwiegend künstlich erzeugt (siehe: HAARP). Obwohl die Leistungs- und Zerstörungsgrenze der HAARP-Technologie für uns ungreifbar scheinen mag, reicht sie viele Jahre zurück (Tesla) und ist immer noch Ziel eines aktiven Programms (z. B. Hatay/Türkei-Erdbeben).

- **Mit Terror, Attentaten und Kriegen:** Diese blutigen Massaker, die sich seit Jahrhunderten vor unseren Augen abspielen, wurden durch die Zerstörung der Twin Towers (USA) im Jahr 2001 beschleunigt und sind seitdem Teil der täglichen Nachrichten. Sie alle sind gezielte und zentralisierte Konstruktionen derselben Quelle. Es wird immer noch auf der ganzen Welt mit aktiver Zerstörungskraft getestet, auch in Guerilla- und Bürgerkriegen.

Deagel-Liste[250]

Wenn Sie von dieser Liste noch nicht gehört haben, lesen Sie bitte die Website. Deagel.com (es gibt auch eine berühmte, umstrittene Liste) ist ein Informationsdienstanbieter, der von verschiedenen Geheimdiensten gespeist wird. Diese Seite bezieht ihre Informationen aus offiziellen Geheimdienstquellen und Beschreibungen. Und bei Deagel.com werden diese offiziellen Informationen ausgewertet, zusammengefasst und manchmal kommentiert. Alle Länder der Welt sind hier auf einer speziellen Seite aufgelistet, die von Zeit zu Zeit aktualisiert wird und einige Vorhersagen über diese Länder macht. Die interessanteste dieser Schätzungen befasst sich mit der Veränderung (Abnahme)

---

250 https://web.archive.org/web/20200627041103/http://www.de-agel.com/country/
forecast.aspx?pag=2&sort=GDP&ord=DESC

der menschlichen Bevölkerung. Wenn Sie hinschauen, können Sie sehen, was die Statistiken für 2025 vorhersagen.

Auf der Deagel-Seite wird gewarnt, dass mit einem Zusammenbruch des Finanzsystems zu rechnen sei, der den Lebensstandard so sehr verändern werde, dass einerseits viele Menschen sterben und andererseits viele Menschen (vermutlich) auswandern (aber wohin?). Insbesondere die jüngsten Prognosen für Frühjahr/Sommer 2018 haben weltweit für große Aufregung gesorgt. Die Zahlen sagen einen drastischen Rückgang der menschlichen Bevölkerung bis 2025 voraus, vor allem in den entwickelten westlichen Ländern. Zum Beispiel: Bis 2025 wird erwartet, dass die Bevölkerung in Deutschland von 80 Millionen auf 28 Millionen, in Amerika von 326 Millionen auf unter 100 Millionen, in Italien von 63 Millionen auf 43 Millionen, in Frankreich von 67 auf 39 Millionen und in England von 65 auf 14 Millionen sinkt.

Aber was wollen sie mit den restlichen Menschen machen, nachdem sie die Bevölkerung reduziert haben? Ist es die Schaffung einer sogenannten „Neuen Welt"-Ordnung?

Schon möglich!

Die Neue Welt der Zukunft wird als eine zentralisierte Weltregierung etabliert!

Um eine Weltregierung zu errichten, muss zunächst alles Alte zerstört werden. Es bedeutet also den Zusammenbruch aller Regierungsformen und Systeme. Mit anderen Worten: Es gibt keine Monarchie, keine Demokratie und keinen Faschismus und Kommunismus (an und für sich dasselbe).

Na dann, was wäre es dann wohl?

Es muss **eine oligarchische Regierung** (eine privilegierte Minderheitsmacht) sein, je nach politischer Definition ist es die korrupte und ausnahmslos vollständige Versklavung dessen, was bisher hinter den Kulissen (Tiefstaat) getan wurde. Anscheinend ist die neue Welt nur ein Machtwechsel. Allerdings scheinen diese dargestellten Bedingungen eine Nachahmung zu sein, die mit der traditionellen demokratischen Behandlung gleichgesetzt wird. Was hat Herr **Schwab** in seinem Buch gesagt: „Du wirst nichts haben, aber du wirst glücklich sein!" Aber „nichts haben" bedeutet, dass wir auch keine Freiheit haben können. Mit anderen Worten: Wenn alle unten aufgeführten Punkte verwirklicht werden, verlieren wir möglicherweise auch unsere menschlichen Werte. Die Menschen der neuen Welt sollten keine Nationalität, keine Ziele, keine Religion, keine Liebe, kein Geschlecht, keine Identität haben, damit das ideale Umfeld für absolute Ausbeutung angepasst wird. Das ist es, worüber man hier gut nachdenken sollte!

- **Abschaffung der Nationalstaaten und der nationalen Identität:** Da der Mensch nicht weiß, wer er ist oder wo er hingehört, verliert er die Verbindung zu seinen Wurzeln und wird zur leichten Beute.
- **Zerstörung von Religionen:** Wenn alle Religionen Liebe und Brüderlichkeit als Grundprinzipien definieren, die menschlichen Tugenden stärken und sich an Gerechtigkeit und rechtliche Gründe halten, ist es für sie unmöglich, dieser neuen Ordnung nachzukommen, also müssen sie komplett zerstört werden.
- **Die Familieninstitution und ihre Bindungen zerstören: Ebenso wie bei der Entnationalisierung müssen die letzten Verbindungen und Stützen der Menschheit zerstört werden.**
- **Orientierung an Asexualität** (mit Homosexualität und anderen Methoden): Dieses seit langem aktuellem Thema wird heute besonders unterstützt und politisch missbraucht. Einerseits geht es darum, Menschen durch den Abbau der Institution Familie in die Einsamkeit zu drängen (Feminismus gehörte auch dazu, auch die Zahl der Menschen, die Roboter heiraten, nimmt zu), andererseits soll es eine Geburtenkontrolle geben. Nicht nur Homosexualität wird gefördert, sondern auch Transsexualität. Diese Ideologie will, dass das

biologische Geschlecht nicht nur einer größeren Anzahl medizinischer Manipulationen unterzogen wird, sondern auch rechtlich dem Vergnügen des Einzelnen überlassen wird. Nach Ansicht der Transgender-Lobby sollen auch Minderjährige im Namen der Selbstbestimmung das Geschlecht ändern können – ohne ärztlichen Rat und Zustimmung der Eltern. Mit dem neuen Gesetz, das in Kürze in Europa/Deutschland in Kraft treten soll, können sich Kinder, die 14 Jahre alt werden, beim Standesamt frei als Mann oder Frau registrieren lassen. Sie können sicher sein, dass in naher Zukunft der Abschnitt „Geschlecht" auf unseren Ausweisen leer bleiben wird und sogar die Namen der Mutter und des Vaters möglicherweise der Vergangenheit angehören.

- **Frühe Sexualität:** Zunehmend erreicht die Debatte über Geschlecht und Vielfalt ein neues Niveau. Wenn wir uns beispielsweise einige Kinderfernsehfilme ansehen, werden wir nach und nach mit sexistischen Anspielungen konfrontiert. Vielleicht besteht ein Zweck darin, Pädophilie harmlos erscheinen zu lassen und zu suggerieren, dass es in Zukunft in Ordnung sei, Sex mit Kindern zu haben. Doch das verwirrt nicht nur die Kinder, es ist auch klar, dass es sich um Kindesmissbrauch handelt. So plante beispielsweise ein Kindergarten in Hannover einen Pausenraum für „Sexspiele", es wurde angekündigt, dass es sich dabei um eine Art „Körpererkundungsraum" handeln solle. Man schrieb einen Brief an die Eltern, in dem man die Regeln erklärte, was sie in Panik versetzte. Das Jugendministerium hat dieses Projekt vorerst gestoppt, es ist jedoch nicht bekannt, welche anderen Ideen sie in Zukunft entwickeln und versuchen werden, es ganz offiziell in die Wege leiten. Wir haben oft mitgekriegt, was in Kirchen und Koranschulen passiert ist. Heutzutage können verschiedene Manipulationen und Versuche, dieses Problem mit Aktivitäten zu normalisieren, sich vermehren, wenn wir nicht vorsichtig genug sind.

- **Das Finanzsystem zum Absturz bringen und Bargeld abschaffen:** Wir alle wissen bereits, dass sich das heutige Finanzsystem in einem großen Schockzustand befindet und Themen wie die Abschaffung von Bargeld und die Einführung von digitalem Geld auf der Tagesordnung stehen. Es besteht kein Zweifel, dass auf diese Weise eine absolute Kontrolle erreicht werden soll.

- **Kein Eigentum:** Ein schrittweiser Prozess, der das Eigentum an einem Vermögenswert und/oder die Erhaltung des eigenen Vermögens erschwert (Nachhaltigkeit eingeschränkt, z. B. hohe Steuern, gesetzliche Verpflichtungen usw.), überschreitet die Grenzen des Möglichen, wird zunehmend behindert, und infolgedessen wird in Zukunft niemand mehr in der Lage sein, es zu erhalten.

- **Lebensmittelkontrolle:** Lebensmittelkontrollen gibt es schon seit langem, sie wurden in vielen Abschnitten detailliert beschrieben und sind nun unbestreitbar aktiviert.

- **Aktivierung des Smart-City-Projekts:** Welches Projekt ist in diesem Zusammenhang nach dem Erdbeben in Hatay/Türkei geplant?

Antworten wir gleich: „**Smart-City-Projekt**"!

Der Bürgermeister teilte bereits Details des Projekts mit, das er gemeinsam mit den **Vereinten Nationen** für den Bau in Hatay initiiert hatte[251]. Wissen wir, was dieses harmlos klingende Projekt ist?

Die Definition einer Smart City ist grob gesagt ein Lebensraum, der mit hochtechnologischen, elektronischen Sensoren arbeitet, um Gebiete mit hoher Kriminalität zu neutralisieren und die öffentliche Sicherheit zu gewährleisten, indem er für Notfälle gerüstet ist, und der unter Verwendung der erfassten Daten zur Verwaltung von Ressourcen und Dienstleistungen erstellt wird, der effizienteste Weg (wird uns gesagt). Aber Vorsicht, lassen Sie es nicht zu einer Art „**Orwell**

---

251 https://www.ilkkursungazetesi.org/haber/baskan_savas_birlesmis_milletler-smart_city_ile_baslattigi_projenin_detaylarini_paylasti-26446.html

1984"[252] werden, das künstliche Intelligenz nutzt, also ständig überwacht und alles kontrolliert!

Vielleicht kommen diejenigen, die dort eingesperrt werden, nie wieder raus.

- **Menschen zu Bio-Robotern verwandeln:** Leider ist es eine perverse Realität, die entwickelt wurde, um Menschen mit gehorsamer künstlicher Intelligenz zu verschmelzen. Bisher steigt die Zahl der Gechippten vermutlich (die Dunkelziffer) über die Millionenhöhe.

So lächerlich dies alles klingt, sowas von nahezu Verschwörungstheorien sein mag, ist es aber eine bittere Wahrheit der Menschheit geworden.

Falls einige Skeptiker noch mehr Beweise dafür bräuchten, die Aussagen oder Schriften, die diese Eliten selbst geäußert haben, würde es ausreichen?

SIE SAGEN ES JA SELBST![253]

David Rockefeller, Weltbankier und Bilderberger-Mitglied:
„Wir sind der Washington Post, der New York Times, dem Time Magazine und anderen großen Publikationen dankbar, deren Chefredakteure an unseren Treffen in der Vergangenheit teilnahmen und die Zusage der Vertraulichkeit fast 40 Jahre lang respektierten. Es wäre für uns unmöglich gewesen, unsere Pläne für die Welt zu entwickeln, wenn wir all die Jahre im Rampenlicht der Öffentlichkeit gestanden hätten. Nun ist unsere Arbeit jedoch durchdacht und bereit für eine Weltregierung. Die sup-

---

252 Orwells Roman 1984, totalitäres, vollständig überwachtes, kontrolliertes System. Auch zwischenmenschliche Beziehungen sind unter Kontrolle, selbst Innenräume sind mit Kameras ausgestattet, die ständig eingeschaltet bleiben müssen.

253 https://dieunbestechlichen.com/2020/05/zitate-zur-neuen-weltordnung-weltregierung-video/

ranationale Souveränität von Welt-Bankern und einer intellektuellen Elite ist sicher der nationalen Selbstbestimmung, welche in den letzten Jahrhunderten praktiziert wurde, vorzuziehen."

Henry Kissinger, amerikanischer Politiker: „Heutzutage wäre Amerika empört, wenn UN-Truppen Los Angeles besetzen würden, um die Ordnung wiederherzustellen. In naher Zukunft wird es dankbar sein! Insbesondere dann, wenn man den Leuten erzählt, dass von außerhalb ein Bedrohung existiert – egal, ob die Bedrohung real ist oder lediglich propagiert –, die unser aller Existenz bedroht. Dann wird es so sein, dass die Leute der ganzen Welt flehen werden, sie vor diesem Bösen zu retten. Das Einzige, was jeder Mensch fürchtet, ist das Unbekannte. Wenn das präsentierte Szenario eintritt, werden die Menschen ihre persönlichen Rechte freiwillig aufgeben, wenn ihnen im Gegenzug das persönliche Wohlergehen durch die Weltregierung garantiert wird."

Winston Churchill, britischer Premierminister (1940–45 und 1951–55): „Derjenige muss in der Tat blind sein, der nicht sehen kann, dass hier auf Erden ein großes Vorhaben, ein großer Plan ausgeführt wird, an dessen Verwirklichung wir alle als treue Knechte mitwirken dürfen!"

Richard N. Gardner, CFR Foreign Affairs Magazine, April 1974: „Kurz, dass „Haus der Weltordnung" wird man eher von unten nach oben hin statt von oben nach unten herab aufbauen müssen. (…) Denn wenn es darum geht, die nationale Souveränität zu zerstören, ist es viel effektiver, sie Stück für Stück erodieren zu lassen als den altmodischen Frontalangriff durchzuführen."

Jacob Rothschild, Bankier, Brief an Henry Makow[254]: „Wir kontrollieren die wichtigsten Finanzen der Welt, aber auch eure

---

254 (2022) https://forums.mixedmartialarts.com/t/jacob-rothschilds-letter-to-henry-makow/3719178/11

Regierungen, die großen Mediennetzwerke, die meisten Arbeitsplätze auf dem Planeten und sogar das Geld auf euren Bankkonten. Das sind die Fakten, die ihr nicht ändern könnt. Die Menschen tun im Allgemeinen gerne so als ob, und im Allgemeinen glauben sie alles, woran sie die meisten anderen Menschen glauben sehen, oder sie tun einfach das, wozu sie von den Medien geführt werden und was wir wollen. (...) **Jacques Attali**[255] ist ein treuer Schüler unserer Projekte der Neuen Weltordnung, die auf eine globale Kontrolle über viele Dinge hinauslaufen, mit einer Weltregierung, deren Mittel leider genau die Dinge erfordern, die eure Gefühle verabscheuen, nämlich eine materielle Nivellierung für Gleichheit und eine radikale Reduzierung der Weltbevölkerung. (...) Für die Neue Weltordnung brauchten wir eine viel tiefere und dauerhafte Befolgung. Wenn die überwältigende Mehrheit der Menschen nachgibt und Ihnen erlaubt, ihnen eine Substanz zu injizieren, die jeder freie und denkende Mensch wie Sie ablehnen würde, ohne einmal zu wissen, was die Substanzen sind, aber ihren Regierungen und unseren Mediennetzwerken vertrauen, dann ist das mit Sicherheit der wichtigste Sieg, auf den unsere Struktur hoffen kann."

Larry P. McDonald, amerikanischer Politiker: „Der Drang der Rockefellers und ihrer Verbündeten ist es, eine Weltregierung zu kreieren, welche Kapitalismus und Kommunismus vereint unter ihrer Kontrolle. Meine ich eine Verschwörung? Ja, das tue ich.

---

255 Attali schreibt in seinem Buch: „**In Zukunft wird es darum gehen, einen Weg zu finden, die Population zu reduzieren.** (...) Natürlich werden wir nicht in der Lage sein, Menschen hinzurichten oder Lager zu errichten. Wir werden sie los, indem wir sie glauben machen, dass es zu ihrem eigenen Besten ist. (...) Wir werden etwas finden oder verursachen, eine Pandemie, die auf bestimmte Menschen abzielt, eine echte Wirtschaftskrise oder nicht, ein Virus, es spielt keine Rolle, die Schwachen werden ihm erliegen, die Ängstlichen und Dummen werden daran glauben und sich behandeln lassen. (...) Die Selektion der Idioten erledigt sich dann von selbst: Sie gehen von selbst zur Schlachtbank."

Ich bin überzeugt davon, dass so ein Plan existiert, sie (die Eliten) planen es und **ihre Absichten sind unglaublich bösartig!**"

Werden all diese bösartigen Pläne stattfinden?

Wenn die Pläne der Elite aufgegangen wären, wäre es unmöglich, heute schon darüber zu sprechen. Zum Beispiel: Impfpässe, die nach der Pandemie mitgebracht werden sollten, traten nicht in Kraft, die geplanten Pflichtimpfungen (mehrmals im Jahr) scheiterten, der angestrebte Dritte Weltkrieg wird nicht stattfinden (es gibt keine NATO-Intervention im Krieg zwischen der Ukraine und Russland, sonst wäre dies der Beginn eines Weltkriegs). Sie haben vieles versucht, um der Bevölkerung Schaden zuzufügen und den Planeten so zu gestalten, wie sie es wollten. Können sie uns weiter Unterdruck setzen, und uns noch andere Ängste einjagen? **Ja, noch können Sie das!**

Im Moment werden die letzten Karten auf den Tisch gelegt und die letzten Züge gemacht, und was kann noch dazu kommen?

Eine neue Krankheit, eine neue Virusepidemie, eine neue Naturkatastrophe oder Angriffe radikaler islamistischer Gruppen, vielleicht sogar eine **Schein-Alien-Invasion** sollten wir erwarten. Heute ist mit dem Projekt „**Blue Beam**"[256] schon al-

---

256 Angeblich gibt es hochfrequente geostationäre Lasersatelliten in der Erdumlaufbahn, die verwendet werden können, um eine Alien-Invasion nachzuahmen (es wird gesagt, dass es bis zu 10.000 Satelliten um die Erde gibt, von denen nur Elon Musks Starlink-Projekt über 3.500 Satelliten hat). Diese Technologie ermöglicht auch Projektionen von Gott am Himmel (je nach Region Abbildungen der Propheten Muhammad und Jesus). „Project Blue Beam", obwohl real, ist auch eng mit HAARP und Chemtrails verbunden, die als Verschwörungstheorien weit verbreitet sind. Substanzen, die durch Chemtrails emittiert werden, machen die Atmosphäre für solche Aktionen verfügbar, und die Partikel werden mit HAARP in die richtige Schwingung gebracht, um als Projektionsfläche zu dienen, und eine Illusion wird als Realität wahrgenommen.

les möglich. Es könnte auch in erdgebauten, UFO-imitierten Flugobjekten[257] existieren. Wenn wir alle diese Themen untersuchen, wenn wir uns die Schriften und Diskurse der Elite ansehen, glauben Sie, dass es möglich ist, sie einfach den Verschwörungstheorien zuzuordnen?

Wann kann man eine Verschwörungstheorie als Verschwörungstheorie definieren?

Natürlich von dem Moment an, in dem es keine Verschwörungspraktiken mehr gibt. Bis dahin hören wir uns die Worte von **Perikles**[258] an:

„Wisse, das Geheimnis des Glücks ist die **Freiheit**, das Geheimnis der Freiheit aber ist der **Mut**. Zum Glück brauchst du Freiheit, zur Freiheit brauchst du Mut!"

So dann: **Hab Mut zum Bewusstsein, hör nie auf zu denken und denk nie daran aufzuhören, Fragen zu stellen!**

---

257 Es handelt sich um eine Technologie, die mindestens 50 bis 60 Jahre nach Tesla entwickelt wurde. Es wird gesagt, dass diese Objekte erkannt werden, z. B. bunte, bewegliche Blinklichter, mechanisches Aussehen unter dem Schiff (Rohre, Teile usw.), sie können Störungen in elektrischen Geräten verursachen. Auf jeden Fall können nicht Hunderte von ihnen in der gleichen Region erscheinen, sie können mit Hologrammbildern kombiniert werden. Es besteht jedoch die Gefahr, dass sie die Ausrüstung eines Kampfflugzeugs besitzen.

258 Staatsmann in Athen

ÜBER DAS BUCH

Die Autorin erhebt keinen Anspruch auf Authentizität für den Inhalt des Buches, da sie nur ihre eigene Sichtweise durch eine intensive Recherche zusammen komprimiert hat und wiedergibt. Insofern schließt die Autorin Haftungsansprüche jeglicher Art aus, die durch falsche Schlussfolgerungen entstehen werden könnten.

Außerdem erhebt sie keinen Anspruch auf die Richtigkeit und Gültigkeit aller in diesem Buch zusammengestellten Erkenntnisse, insbesondere zu naturwissenschaftlichen und technischen Fragestellungen. Ebenso sind die Beschreibungen der Personen, deren Namen in diesem Buch genannt sind, in der Regel beruhen diese auf bereits veröffentlichten Informationen. Sie enthalten nur Auszüge aus bereits geschriebenen Büchern, Artikeln in den Medien oder sind eine Zusammenstellung ihrer eigenen Diskurse.

DIE AUTORIN

Nach einem Kunst- und Architekturstudium lebt Nurcan Gross derzeit als freischaffende Künstlerin und Autorin in Köln. Ihre vielseitigen Interessen reichen von Illustration, Grafikdesign hin zu Kunsthandwerk und Gestaltungen im Möbelbau. Bisher hat die Autorin Gedichte, Kurzgeschichten und zwei Sachbücher veröffentlicht. „Entpuzzelt" ist die erste Veröffentlichung im Vindobona Verlag. Sie erzählt: „Es ist nicht möglich gewesen, Nietzsche oder Kafka im Alter von 12 Jahren zu lesen und zu begreifen. Obwohl ich den Inhalt des Buches nicht verstand, erkannte ich, dass es sich um etwas handelte, das sich von der alltäglichen Denkweise weit abhob."

DER VERLAG

VINDOBONA
VERLAG · SEIT 1946
ein Verlag mit Geschichte

Bereits seit 1946 steht der Vindobona Verlag im Dienst seiner Bücher und Autoren. Ursprünglich im Bereich periodisch erscheinender Journale tätig, präsentiert sich der Verlag heute als kompetenter Partner für Neuautoren am deutschen, österreichischen und schweizerischen Buchmarkt. Engagement, Verlässlichkeit und Sachverstand – das sind die Grundpfeiler, auf denen der Verlag seit jeher sicher steht.

Sie möchten mit Ihrem Werk das vielseitige Verlagsprogramm bereichern? Der Vindobona Verlag garantiert Ihnen eine professionelle Prüfung Ihres Manuskriptes durch das Lektorat sowie eine zeitnahe Rückmeldung.

Genauere Informationen zum Verlag finden Sie im Internet unter:

www.vindobonaverlag.com